2019

中国证券投资基金年鉴

ALMANAC OF CHINA'S SECURITIES INVESTMENT FUNDS

公募基金行业20周年特刊

总第11卷

中国证券投资基金年鉴编辑委员会　编

中国经济出版社
CHINA ECONOMIC PUBLISHING HOUSE

图书在版编目（CIP）数据

中国证券投资基金年鉴. 2019 / 中国证券投资基金年鉴编委会编.
--北京：中国经济出版社，2020.3
ISBN 978-7-5136-6092-1
Ⅰ.①中… Ⅱ.①中… Ⅲ.①证券投资-基金-中国-2019-年鉴
Ⅳ.①F832.51-54
中国版本图书馆CIP数据核字（2020）第039993号

责任编辑 张 巍
责任印制 马小宾
出品单位 中财鉴财富信息技术研究（北京）有限公司

出版发行 中国经济出版社
印 刷 者 北京富泰印刷有限责任公司
经 销 者 各地新华书店
开　　本 889mm×1194mm 1/16
印　　张 35　彩色印张 4
字　　数 760千字
版　　次 2020年3月第1版
印　　次 2020年3月第1次
书　　号 ISBN 978-7-5136-6092-1
定　　价 860.00元
广告经营许可证 京西工商广字第8179号

中国经济出版社 **网址** www.economyph.com **社址** 北京市东城区安定门外大街58号 **邮编** 100011
本版图书如存在印装质量问题，请与本社发行中心联系调换（联系电话：010-57512564）

20周年

1998–2018

致敬 公募基金行业20周年

共筑 普惠金融中国梦

中国证券投资基金年鉴

ALMANAC OF CHINA SECURITIES INVESTMENT FUNDS

序一

基金业20年：而今迈步从头越

1997年，国务院证券委颁布《证券投资基金管理暂行办法》，拉开了公募基金规范发展的序幕。1998年3月，第一家公募基金管理公司国泰基金管理有限公司成立，基金金泰和基金开元正式设立。2002年，首家中外合资基金管理公司招商基金管理有限公司获批成立。伴随经济增长和对外开放，我国公募基金迈入多元、开放发展阶段，产品、策略日益丰富，公司治理日益与国际接轨，维护信义义务的制度文化逐步形成。公募基金发展20年来，经历了2008年金融危机和2015年股市异常波动的考验，没有发生系统性行业风险，为超过6亿个人有效账户提供了专业理财服务，成为普惠金融典型代表。截至2019年11月末，境内公募基金产品数量达到6398只，资产管理规模达到14.2万亿元。

回顾20年发展历程，公募基金取得的成就缘于以下正确做法。

一是尊重法治，敬畏风险。在第一家公募基金管理公司成立之前，国务院证券委即颁布了《证券投资基金管理暂行办法》，确立了集合投资、受托管理、独立托管和利益共享、风险共担等基金基本原则，奠定行业制度基本方向。2004年6月，《中华人民共和国证券投资基金法》（以下简称《基金法》）正式实施，成为基金行业根本大法，为行业行稳致远奠定坚实基础。伴随《基金法》实施，中国证监会先后颁布了《证券投资基金管理公司管理办法》等六个行政规章。“一法六规”奠定我国基金业依法监管、规范发展基本格局。2012年12月，《基金法》完成重大修订，并于2013年6月正式实施。新《基金法》围绕信托投资主体间权利义务关系，进一步优化行政监管机制，强化行业自律。从机构内部治理、基金产品风险特征披露、从业人员忠实审慎义务，到基金中介机构权利义务要求，公募基金行业围绕集合投资工具风险和持有人权益公益保护构建了完整的法治体系。

二是积极开放，重视治理。从1997年《证券投资基金管理暂行办法》到2014年《证券投资基金法》，无不充分借鉴吸收国际成熟市场有效经验，积极与国际接轨。2001年12月，中国宣布加入WTO。2002年，中国证监会即发布《外资参股基金管理公司设立规则》，开启基金业开放竞争之路。为明晰公司治理权责，有效防范和化解风险，防范关联交易和不正当利益输送，保证经营活动合法合规，保护基金持有人利益，中国证监会在吸收借鉴海外经验的基础上，发布了《证券投资基金管理公司内部控制指导意见》。成熟市场治理理念和经验的引进为我国公募基金业健康发展奠定扎实根基。

三是恪守初心，建设信义文化。早在1999年，10家基金管理公司自发组织，轮流举办基金业联席会议，推动行业自律。2001年8月，经10家管理公司提议，中国证券业协会牵头成立了基金公会。2002年12月，中国证券业协会证券投资基金业委员会成立。2010年10月，在《基金法》修订思路指导下，开始筹建中国证券投资基金业协会。2012年6月6日，中国证券投资基金业协会正式成立。在《基金法》授权和中国证监会监督指导下，协会围绕行业初心使命，不断强化自律管理，提升行业服务，持续推动基金行业治理体系和治理能力现代化进程。2019年11月，在证券基金行业文化建设动员大会上，中国证券投资基金业协会发布《公募基金行业文化建设倡议书》，倡导全行业恪守信托精神，忠实于投资者最佳利益；敬畏法治，筑牢自律文化长城；践行社会责任，引领价值投资；以“合规、诚信、专业、稳健”为中心，铸造坚不可摧的信义义务行业文化。

四是主动变革，拥抱金融科技。金融科技的应用对基金业发展产生重大推动作用。2003年，中国证监会开始发布基金财务指标、净值表现、投资组合等编报规则，以及基金日报、周报、季报、半年报、年报等的内容与格式准则，运用可扩展商业报告语言（XBRL）形成了覆盖基金运作全过程的数字化信息披露体系。2006年，中国证监会开始建设基金综合监管系统（FIRST），基金业非现场检查手段全面升级，充分的信息披露和强大的异常行为监测，为公平交易、规范运作、防范道德风险和市场风险，奠定了基础。为解决基金估值随意和操纵风险，中国证监会关于证券投资基金估值业务的指导意见和行业协会一系列会计核算指引，持续完善了公募基金公允价值估值体系。20年来，公募基金已经在净值化管理和公允价值计量方面形成最佳实践。2011年，《证券投资基金销售管理办法》发布，要求“基金销售机构、基金注册登记机构应当通过中国证监会指定的技术平台进行数据交换”。基金注册登记与运作数据集中备份到中央数据交换平台，为行业数据安全高效流转和大数据监管奠定了基础，实现了账户分布式存储，提高了基金账户的安全性和不可篡改性，有效保护了投资者权益。

《中国证券投资基金年鉴2019—公募基金行业20周年特刊》梳理了中国基金业发展脉络，分析了公募基金管理人、托管人以及中介服务机构发展历史，就基金业对外开放形成了专题报告，对中资资管机构出海10年进行了回顾和展望，也对基金行业社会责任进行了前沿分析。本书凝聚了诸多行业机构和专业人士的真知灼见，值得认真品读。基金业20年，是普惠金融实现跨越式发展的20年；是多措并举实现强有力发展的20年；是脚踏实地实现开拓式发展的20年。行业机构和专业人士对20年成就和发展的梳理，一定能让读者对基金业20年发展历程有更全面深入的理解，相信在全行业的协同奋进下，基金业的下一个20年会更精彩。

洪　磊

中国证券投资基金业协会党委书记、会长

序二

革故鼎新，共迎公募基金高质量发展新时代

公募基金正处于一个机遇与挑战并存的关键时期。

伴随着中国经济社会的飞速发展以及多层次资本市场的逐步成熟，中国公募基金行业在历经了20年从无到有、从小到大的高速发展历程之后，步入严监管、强竞争、高质量发展的新时代。

不可否认，公募基金行业始终走在金融业改革发展的前沿，自成立之初就坚持立法先行、规范有序的发展之路，充分借鉴国际最佳实践，以专业的投研能力树立了金融标杆，提升了资产管理行业的制度水准，在多层次资本市场体系建设中发挥了重要作用。

但也要看到，近年来公募基金在国内资产管理市场表现并不理想：公募市场需要进一步完善，投资理念有待培育成熟，自身投顾能力相对不足等等，产生上述问题的原因是多方面的。

当前，全球政治经济格局正经历冷战结束以来最深刻的变革，尤其是中国正迈入全面高质量发展的新时代。

金融是国家重要的核心竞争力。党的十八大以来，习近平总书记对资本市场作出了一系列重要指示批示，为新时代资本市场改革与发展指明了方向；党的十九大报告提出，要“深化金融体制改革，增强金融服务实体经济能力，提高直接融资比重，促进多层次资本市场健康发展”。

处在风云际会的历史交汇点，如何探索基金行业发展新模式、打造新标杆、引领新突破成为行业高质量发展的重要课题。

“向改革开放要动力”是新时代的中国发展路径。

在一系列重要指示的引领下，公募基金领域近两年来发生了诸多变化：

首先是资管新规的出台，开启了大资管行业统一监管新时代。

资管新规进一步统一和规范了行业监管标准和规则。新规下，商业银行、券商、保险、信托、基金等各类金融机构站在同一起跑线上，开始在资管市场的大舞台上同台竞技。中国目前已是全球第二大财富管理市场。在中国目前财富管理市场中，公募基金是最公开、最透明、投资成本最低的理财工具，理应在市场中占据主导地位。这就需要公募基金转变投资理念、提升投顾能力。

其次是银行理财市场转型持续推进，银行系资管将成为我国资管业的重要一极。此举将给公募基金与银行理财子公司之间的竞合关系以及资管格局带来深刻的影响。

从市场化走势与监管引导的方向看，在权益类投资领域不断拓展，或许是公募基金拉开和其他类别机构差距的有效途径与发展方向。

再次是养老目标基金推出，公募基金迎来崭新的发展阶段。

伴随着国内老龄化程度的加深，养老投资

需求日益扩大，养老目标基金也成为公募基金2019年的重要发展方向。公募基金作为我国最具代表性的普惠金融工具，理应也必将承担起理财养老的重托。未来公募基金行业应当以更积极的姿态担当养老重托，为我国老百姓的养老生活提供财务上的有力支持，养老需求也必将给公募基金带来长远的发展前景。

最后，随着金融市场的不断开放，外资资管机构陆续进入中国资管行业的格局之下。

自2020年4月1日起，在全国范围内取消基金管理公司外资股比限制。这将意味着，延续22年以内资控股公募行业的格局即将打破。

金融市场的双向开放，一方面为国内基金公司在全球范围内展业提供了广阔空间，另一方面为境外优秀资管机构进入打开了政策空间，进一步激发了市场活力。但由此导致的基金公司相互的竞争程度可能远远超过银行和保险机构。在新的竞争格局下，中国公募基金要想成为真正独立的、能进能出的市场主体，必须要革新理念，要以提升发展质量和市场竞争力为改革的最终目标，提升投资能力、合理化产品布局才是基金公司的立身之本。

不管是资管新规的出台、公募产品注册制改革、基金投顾业务试点，还是强化长期业绩导向、引导中长期资金入市；还是积极扩大对外开放，以及对上市公司违规行为强化监管、加大退市力度等举措，无一不在增强发展权益市场的信心，无一不是在强化市场化要素配置的方向前行，无一不是促使资管行业的高质量发展，无一不是彰显了党和国家对现代金融体系的完善与治理能力的提升。

《中国证券投资基金年鉴》自2002年创办以来，一直客观记录中国基金行业的成长，是业内首部大型国家级年刊。一路参与并见证了中国公募基金的成长，未来将继续服务于中国公募基金的新时代。

“这个新时代，是承前启后、继往开来、在新的历史条件下继续夺取中国特色社会主义伟大胜利的时代，是决胜全面建成小康社会、进而全面建设社会主义现代化强国的时代”。作为资产管理的先行者，公募基金行业是中国资本市场发展的一个缩影，是现代经济体系的重要一环，公募基金要获得长足发展，需要一系列的完善和改革，这当中不仅仅是公募基金行业的变革，更是整个金融市场环境的除旧革新。

凡是过往，皆是序章。

放眼未来，公募基金的发展方向在证监会日前召开的“全面深化资本市场改革工作座谈会”中即可找寻答案：推进公募基金管理人分类监管、推动公募机构大力发展权益类基金、强化证券基金经营机构长期业绩导向、推动更多中长期资金入市、推动公募基金纳入个人税收递延型商业养老金投资范围等内容必将深刻影响公募基金行业生态。

我们期待，中国公募基金将更好地维护市场稳定、推动市场发展、助力经济转型升级，成为大众投资者最为青睐的投资工具。

张承惠

国务院发展研究中心金融研究所原所长

中国证券投资基金年鉴编委会主任

《中国证券投资基金年鉴》编辑委员会

Members of the Editorial Board of *Almanac of China's Securities Investment Fund*

黄小薏　华宝基金管理有限公司总经理

王　彬　国投瑞银基金管理有限公司总经理

宗　喆　中加基金管理有限公司总经理

贺燕萍　西部利得基金管理有限公司总经理

苏彦祝　创金合信基金管理有限公司总经理

卢伟忠　九泰基金管理有限公司总裁

李长桥　方正富邦基金管理有限公司总裁

李　仆　华润元大基金管理有限公司总经理

尹庆军　国金基金管理有限公司总经理

杨爱斌　鹏扬基金管理有限公司总经理

王晓耕　新疆前海联合基金管理有限公司总经理

朱　瑜　国开泰富基金管理有限责任公司总经理

宋永明　民生加银基金管理有限公司副总经理

刘　伟　益民基金管理有限公司原督察长

于业明　太平洋资产管理有限责任公司董事长

金志刚　泰康资产管理有限责任公司公募事业部负责人

李　勇　中国工商银行总行资产托管部总经理

王全刚　中国农业银行总行托管业务部/养老金管理中心负责人

高万里　中国农业银行总行个人金融部高级专家(副总经理级)

郭德秋　中国银行总行托管业务部总经理

冀乃暹　中国银行总行个人数字金融部副总经理

蔡亚蓉　中国建设银行总行资产托管业务部总经理

《中国证券投资基金年鉴》编辑委员会

Members of the Editorial Board of *Almanac of China's Securities Investment Fund*

刘亦千　上海证券有限责任公司基金评价研究中心总经理

贾　志　平安证券股份有限公司总部研究所基金研究团队执行总经理

张剑文　中证鹏元资信评估股份有限公司董事长

参与编写单位

Company Authors

中国证券投资基金业协会

上海证券交易所产品创新中心

深圳证券交易所金融创新实验室

香港中资基金业协会

南方基金管理股份有限公司

华夏基金管理有限公司

嘉实基金管理有限公司

银华基金管理股份有限公司

广发基金管理有限公司

汇添富基金管理股份有限公司

华宝基金管理有限公司

建信基金管理有限责任公司

天弘基金管理有限公司

博道基金管理有限公司

中国工商银行总行资产托管部

招商银行总行财富管理部投资类产品研发团队

中信证券托管部

中信建投证券经管委金融产品及创新业务部

上海天天基金销售有限公司

通力律师事务所

Morningstar晨星（中国）研究中心

华泰证券研究所

招商证券研究发展中心

华宝证券研究创新部

天相投资顾问有限公司

《中国证券投资基金年鉴》编辑部

Editorial Department of *Almanac of China's Securities Investment Fund*

主　任：黄　霞　黄芙蓉

副主任：赵　君

责任编辑：赵赛虎　朱晓涵

市场主管：刘　行　穆宪勇　周宗林

设计排版：刘　娜　李瑞棋

公募基金行业

20周年

1998–2018

编委会成员

编委会名誉主任

夏 斌

国务院参事、国务院发展研究中心
金融研究所名誉所长

王连洲

全国人大财经委《证券投资基金法》
起草工作组首任组长

编委会主任

张承惠

国务院发展研究中心金融研究所原所长、研究员

主 编

陈道富

国务院发展研究中心金融研究所副所长、研究员

副主编

范勇宏

鹏扬基金管理有限公司

董事长

肖　风

浙商基金管理有限公司

董事长

杨小松

南方基金管理股份有限公司

总裁

邓召明

鹏华基金管理有限公司

总裁

王立新

银华基金管理股份有限公司

总经理

林传辉

广发基金管理有限公司

总经理

张军红

建信基金管理有限责任公司

总裁

编委会成员

编委会委员

编委会委员

编委会成员

编委会委员

编委会委员

编委会成员

编委会委员

编辑说明 Editor's Note

《中国证券投资基金年鉴》(以下简称《年鉴》)创办于2002年，是中国首部系统、全面记录中国证券投资基金行业发展进程的大型史料性工具书。

一、本卷《年鉴》系总第11卷，为客观反映中国证券投资基金行业20年的变迁与发展，《年鉴》对篇章进行了调整与充实，本卷《年鉴》分为七部分，包括：第一部分20年专论篇、第二部分20年发展篇、第三部分证券投资基金产品篇、第四部分数据统计篇、第五部分经营机构篇、第六部分20年大事篇、第七部分附录。

二、根据中国证监会对证券投资基金（以下简称基金）的分类标准，基金分为封闭式基金和开放式基金，开放式基金进一步划分为股票型基金、混合型基金、债券型基金、货币市场基金。在此基础上，为了方便研究，《年鉴》将FOF、商品类基金、QDII基金单列分类。2015年中国证监会对基金产品分类进行调整，《年鉴》也相应对历史数据进行调整。

三、《年鉴》中的“基金”特指公募证券投资基金；为增加检索途径，目录编排按各章节顺序进行；篇章中，经营机构篇、20年大事篇均以时间为序进行编纂，20年发展篇、证券投资基金产品篇、经营机构篇和附录等章节内容的数据截至时间为2018年12月31日。数据统计篇中由于四舍五入，总计与分项相加略有误差。

四、《年鉴》相关数据依据公开披露信息加以汇总，包括基金年报、中报、季报、基金招募说明书、基金合同生效公告、基金清算报告等相关公告及各基金公司官网，并经参与本次编纂的各行业单位相关人员审核确认；部分内容参考了相关行业监管单位及媒体对外公开的信息，包括国家统计局、国家外汇管理局、中国人民银行、中国证监会、中国银保监会、人力资源和社会保障部、上海证券交易所、深圳证券交易所、中国证券投资基金业协会、中国证券业协会、中国保险资产管理业协会等官网公开信息；基金图片由各基金公司、商业银行及行业相关单位提供。

本卷《年鉴》系公募基金行业20周年特刊。《年鉴》集行业之力共同编撰出版，其编纂工作得到了中国证券投资基金业协会、上海证券交易所、深圳证券交易所，以及行业专家、各编委单位的鼎力支持，他们对《年鉴》相关内容提出了宝贵意见，对提高《年鉴》的编辑质量起到了重要作用。在此，我们向所有参加编写，关心，支持、帮助年鉴编辑出版工作的同志和单位表示衷心的感谢和敬意。

中国证券投资基金年鉴编辑部

2020年元月

目 录 CONTENTS

第二部分 20年发展篇

Part Ⅱ Development of Public Offering of Fund Industry over the Past 20 Years

目 录 CONTENTS

目 录 CONTENTS

第三章　行业机构经营数据统计

目 录 CONTENTS

目 录 CONTENTS

目 录 CONTENTS

目 录 CONTENTS

第一部分　20年专论篇

Part I　Monographs on the Public Offering of Fund Industry over the Past 20 Years

当前中国经济运行的主要特征、判断与思考

公募基金——中国资本市场对外开放的先行者

中国公募基金20年巨变与思考

记忆中的1998

时代机遇创造基金业成长最大红利

公募基金下一个20年创新发展趋势

基金公司发展竞争力

资产管理的基础、未来与路径

以文化建设引领公募基金行业发展

迎接公募基金养老投资新时代

当前中国经济运行的主要特征、判断与思考

国务院发展研究中心金融研究所副所长、《中国证券投资基金年鉴》主编 / 陈道富

当前中国经济运行处于关键关口，是抓住战略机遇期的重要时间窗口和经济运行的关键临界点，需要结合内外格局的重大变化和微观主体的运行状态，作出准确判断，着眼于中国经济运行实际，注重“标本兼治”。

一、当前经济运行的主要特征

当前经济运行较为疲软，微观主体面临的困难较多，资金链仍较紧张，信心不足，部分企业存在退出压力。物价受供给侧冲击出现上涨，制约了货币政策的空间。2020年经济仍面临下行压力，需要未雨绸缪，提前为此做好政策储备。

（一）经济接近关键临界点

1. 经济运行供需两弱

从最终需求来看，社会零售总额反映的消费同比增速出现下降。考虑到城镇居民可支配收入2019年9月累计同比增速仅为7.9%，加上就业形势不容乐观，消费倾向有所下降。中国居民的杠杆率（居民债务 / GDP）近些年出现较快上涨，从2012年的35.48%上升到2018年的63.55%，占居民可支配收入的比重也从2013年的94.1%上升到2018年的145.45%。消费金融公司近些年来不良率快速上涨，在某种程度上反映了居民收入与消费之间的不匹配程度有所加大。以美元计价的出口出现负增长，对美出口负增长情况更加显著。受资金、项目以及机制等的制约，政府主导的基础设施同比增速下降。

从生产端看，2019年9月工业增加值累计同比增速6.6%，在2019年大幅减税降费的情况下，工业企业利润增速降幅有所减缓，从2019年年初的-14%上升到2019年9月的-2.1%。

2. 绝对指标比相对指标反映的经济状况更困难

2019年有两个指标，其绝对值和相对值出现较为明显的分化。

一是固定资产投资。以可比口径统计的固定资产投资总额累计值同比增速，7、8、9月分别增长5.7%、5.5%和5.4%。但如果以统计局公布的固定资产投资总额累计值的绝对额计算同比增速，由于2018年和2019年的企业数量出现较大变化，在理论上不具有可比性，但反映总体的固定资产投资变化情况，7、8、9月的同比增速分别为-1.94%、-3.5%和-4.6%，已从正增长转向负增长，且负增长的幅度逐月扩大。第二产业的固定资产投资相对数和绝对数偏离更加明显。以可比口径计算的7、8、9月的同比增速分别为3.4%、2.1%和2%，但以绝对额计算的不具有可比性的同比增速分别为-10.87%、-14.73%和-23.44%。这反映虽然现存企业仍有微弱的固定资产投资增速，但在总量意义上固定资产投资已出现收缩，主要是大量投资主体退出市场（这里仍有统计挤水分

的因素）。

二是GDP增速。从实际GDP（剔除GDP平减指数）增速看，中国经济运行在2018、2019年保持相对平稳，季度增速从2017年3月的6.8%下降到2019年三季度的6.00%。但如果从名义GDP来看，中国的经济增速下降较为明显，同期从11.45%下降到7.57%。从历史上看，名义GDP低点在6%左右。

3. 需充分关注现有可预期事件的宏观冲击

实体经济有内在的稳定机制，会逐步吸收不同事件带来的正反面冲击，加上数据统计具有一定时滞，因此在一定波动范围内，宏观数据与微观运行会有一定的偏离。近10年来出现过多次宏观数据与微观运行的偏离。2019年又出现了宏观数据和微观运行的偏离，需引起充分关注。具体来说，需高度关注以下事件可能的滞后影响。

一是中美贸易摩擦的经济影响尚未充分显现。从前期中美贸易摩擦的经济影响看，不但存在所谓的“J曲线”效应和各种“抢出口”现象，而且中美微观主体还在可能的范围内分担和吸收可能的冲击，没有向经济体系充分外溢。不论是对加关税带来的成本，还是因汇率贬值带来的获益，几乎没有向上下游传递，特别是没有向消费者传递。第一批的关税影响已基本被消化，但后期的关税效应，还没有在微观主体的经营行为、利润和上下游充分体现。尤其在考虑到可能的产业转移后更是如此。需高度关注中美贸易的后续走势以及可能潜在的宏观影响。

二是房地产的宏观调控带来的经济、金融影响。2019年加强了对房地产的宏观调控，特别是对流入房地产的各类金融资源加强了管理。房地产行业的土地和住房销售、新开工以及开发投资虽然还保持在较高的增长水平，但很多中小房地产企业出现了经营困难，一些头部企业开始降价销售和减少土地购买以保持必要的流动性。房地产行业调整的宏观影响还需要进一步观察。

三是金融风险暴露可能带来的被动紧缩。2019年规模以上工业企业数量出现较大幅度减少，从2018年的约37.8万家减少到2019年的约36.8万家。企业数量的减少，可能会对银行的不良贷款产生不利冲击。从消费贷款的不良率来看，近些年持续上升。受各种因素的综合影响，中小银行出现较为明显的分化。2020年还是资产管理新规过渡期到期的年份。金融既反映经济运行，在一定时期又会加速经济的调整，需高度关注。

四是失业率可能的非线性变化。2019年城镇登记失业率有所上升，虽仍处于年初确定的目标之内，但微观调研发现，目前有不少企业由于对未来还看不清楚，出于防止今后招不到技术骨干等非经济原因，维持了部分员工的就业。就业的变化可能存在非线性变化的阈值。

（二）宏观流动性合理充裕但微观主体流动性趋于紧张

前三季度以社会融资总量和M2同比增速衡量，分别增长10.8%和8.4%，略高于名义经济增速，能总体上满足经济发展需要。在包商银行和锦州银行冲击下，货币市场仍能保持相对稳定，流动性合理充裕。但以下三方面的数据显示，中国微观主体，特别是民营企业的流动性虽然略有缓解但仍较紧张。

一是M1同比增速仍处于较低水平。2019年1月M1同比增速曾下降到0.4%，是有M1统计数据以来的最低点。进入下半年的几个月有所回升，但仍在3.4%水平左右波动。这显示企业的经营活动不活跃，资金状况较为紧张。

二是工业企业应收账款和票据的余额大幅增加，账期拉长。截至2019年8月，工业企业应收账款和票据的平均余额达到16.92万亿元，2017年和2018年的平均余额分别为12.85万亿元和13.82万亿元。从平均账期看，2019年前8个月的平均账期为55.16天，2017年和2018年则分别为38.27天和46.52天。

三是出现了票据融资和结构性存款同步增加的情况，民营企业债券融资净减少。大型和中小银行，2017年12月的结构性存款6.95万亿元，票据融资3.38万亿元。到2019年9月，结构性存款增加到10.85万亿元，增加了3.9万亿元；票据融资增加到6.94万亿元，增加了3.56万亿元。结构性存款和票据融资都大幅增加，且增加的额度大体相近。除金融、地产外的民营企业债券发行额持续低于偿还额，2019年9月达到-177.41亿元。

（三）供给冲击、需求疲软和适应性预期共同影响物价走势

2019年以CPI衡量的物价出现上涨，9月达到3%的通胀目标，10月更是达到3.8%。当前的物价形势呈现多种因素共同影响的复杂局面。

一是以猪肉价格上涨为主引发相关替代品价格上涨，带动CPI的价格上涨。2019年8、9月猪肉的同比涨幅分别达到46.7%和69.3%，拉动CPI上涨0.62个和0.65个百分点，禽肉类价格同比上涨30.9%和46.9%，拉动CPI上涨1.31个和2.03个百分点。这部分的价格上涨主要是供给冲击，如环保、猪瘟等因素。

二是剔除肉禽类后的CPI和PPI走势一致，均出现同比增速下降（或同比降幅扩大）。剔除肉禽类价格后的CPI在7、8、9月的同比涨幅分别为2.05%、1.49%和0.97%，PPI的涨幅分别为-0.3%、-0.8%和-1.2%。这两类物价指数更多反映经济的需求状况，表明经济总需求出现一定程度的萎缩。

三是通胀预期在金融市场有所反映。9月CPI数据公布后债券市场的收益率有所上行，反映金融市场对通胀的预期有所增强。

二、基本判断与思考

当前的经济运行情况较为复杂，产生的原因内外交织，且宏观和微观并不完全一致，需要结合“百年未有之大变局”和“战略机遇期”综合判断，谨慎应对。

（一）战略期和转型下行期中的“看见”与“熬过”

近年来，各种“黑天鹅”不断。“黑天鹅”原指小概率但又具有相当系统重要性的事件。这类事件频繁发生，说明整体上已不是小概率事件了。这更可能是由于世界的演变已不是现有的主流视角所看到的逻辑，中国和全球均已处于“百年未有之大变局”。世界处于新一轮技术革新取代上一轮技术范式的前夜，上一轮技术范式所主导的经济变迁已导致较为严重的世界分化和收入、财富分配差异，效率逻辑开始让位于维持共同体的公平、正义逻辑。中国既处于这个“大变局”之中，又处于关键的“转型”时期，目前表现出较为明显的“破”和“立”的转换和经济下行特征。

在这种背景下，一方面需要企业的董事长们有格局，能“看见”未来的机会，能为新一轮技术变革提前布局。这一阶段的“战略机遇”，来源于规则重构带来深层次利益格局（包括全球和国内）调整，也来源于需要高度智慧的“转危

为机”的潜在机会，还来源于新技术范式带来全面经济社会转型的再调整。无论哪种类型的机遇，都需要跳出原有的格局和视野，“看见”原来主流逻辑所不能看见的世界，类似于无中生有的从“0”到“1”的开创，需要真正的企业家精神和睿智才能挖掘和支撑。另一方面需要企业的总经理们能“熬过”新旧转换期间的“破坏性创造”和历史遗留问题的“冬天”。新的机遇被社会所认识，特别是被广大消费者所认知，需要大量时间和投入，将机遇用产品、盈利等体现出来，但这又受制于消费者的现有认知和是否能勇敢尝试。与此同时，“旧世界”由于成本上升，盈利下降，甚至出现产能过剩，尤其是用高杠杆维持必要盈利率带来的脆弱性，在经济下行期间不具有可持续性。加上现有机会被充分认知而被社会过度追捧，呈现为一波接着一波的“资产泡沫”。新机遇、新规则要想在这个世界确立，需要现有资源的支撑，即使速度较快但“小荷才露尖尖角”，无法立即成为企业的“立命之本”。目前的经营困难，尤其是资金链紧张，将考验现有微观主体。只有“熬过”调整期的“剩者”才能抓住看见的未来机遇，才能“为王”。

因此，在宏观政策上，既需要为创新提供足够的试错空间，具有必要的容忍度，大力推进供给侧结构性改革，又要为微观企业熬过调整期提供必要的环境，加大逆周期调整力度。在新旧转换关键期，宏观上为微观企业“熬过”调整期创造适宜条件可能更为紧迫。

（二）潜在增速与增长目标的思考

受上一轮技术红利、全球化红利消退的影响，加上中国劳动力人口开始下降，新经济增长点尚未形成支撑，虽然全要素生产率在前期下降的基础上略有恢复，但中国潜在增长率近些年出现下降。2020年翻番目标要求中国在2019和2020年维持6.2%左右的经济增长。考虑到中国经济统计数据的偏差，特别是刚完成的第四次经济普查数据，有可能弥补中国可能被漏计的GDP统计，有助于中国增长目标的实现。为此，中国宜充分考虑在现有资源和机制下，经济所能真实支撑的经济增长水平，并由此确定合理的经济增长目标。

但是，同时也要看到，当前经济潜在增长速度受制于原有经济增长逻辑和现有机制。具体分析中国经济运行存在的困境，绝大部分只有通过深层次改革，尤其是体制机制，甚至是观念和增长逻辑上的调整才能突破。因此，只有大力推进供给侧结构性改革，才有可能打开增长空间，进而逐步提高潜在经济增长速度，为中国更高增长创造条件。为了保持充分就业，维持社会稳定，需要保持必要的经济增长速度，尤其是应避免经济陷入非线性调整（断崖式调整），中国需要始终大力推动供给侧结构性改革，挖掘和开拓经济增长潜力，不能完全受制于由过去推演和计算出来的潜在经济增长速度。

有鉴于此，中国需要在充分调动各方积极性推进供给侧结构性改革的基础上，结合现有资源和机制约束，合理确定经济增长目标。

（三）供给侧结构性改革、市场出清与逆周期调节

当前中国使用供给侧结构性改革、逆周期需求管理和社会托底政策等的三角宏观调控框架。我理解，其中供给侧结构性改革属于改革，用于打开增长空间，提高经济增长潜力；逆周期需求管理用于平稳经济调整节奏，对冲改革影响并为改革创造良好宏观环境，稳定经济调整节奏以减

轻微观主体不必要的过度调整痛苦；社会托底政策用于保证共同体的稳定，实现经济效率外的公平与正义。

近些年中国采取以供给侧结构性改革为主线，根据经济运行状况，调节逆周期需求管理力度，防范系统性风险，加大社会政策力度的宏观调控思路。个人理解，改革是主动变量，是政府根据新时代转型要求，主动推动体制机制改革。需求管理是被动适应，适应改革进程和经济运行状况。

其中有两个可能的倾向需要关注：

一是改革的宏观调控化。将改革作为宏观调控的工具，从宏观调控角度分析和理解各项改革，而不是从体制机制内在运行角度推进改革，实际上破坏了改革的主线地位，将改革与宏观调控并列，甚至从属于宏观调控，使得改革显得过于“宏观”。这将导致在落实和执行改革举措中出现了较多的矛盾和偏差，有些甚至将这种情景都归结为“改革必要成本”。**二是将应对短期经济波动都寄希望于具有长期效应和“治本”的改革**。改革效应的展现是需要时间的，而且在其效应逐步显现过程中，其对经济增长的影响是会有波动的，相当多改革在短期对经济增长甚至会有负面冲击。中医在治病过程中讲求“标本兼治，缓则治其本，急者治其标”。在处理改革、发展和稳定三者关系中，也需要坚持这些原则，既不能只消灭症状，破坏了根本，埋下未来隐患；也不能只是调理根本，导致症状破坏了系统的稳定性。当前的经济处于较为复杂的局面，经济运行也接近临界点，需要谨慎处理“治本”和“治标”的关系。微观主体的“生存”和“活力”是宏观调控和经济增长的根本。因此，需让微观主体既面临必要的优胜劣汰的市场压力，也不能因为不合理因素而过于集中退出。

当前经济运行确实到“出清”阶段。经济转型升级需要通过微观主体的“生死轮回”实现转型升级，需要市场出清为新经济增长释放出必要资源。但调整过程也面临“扶正”与“驱邪”的关系。是在“扶正”基础上“驱邪”，还是在“驱邪”基础上“扶正”？即使不考虑“正”与“邪”是相对和可以相互转化的，这也将高度取决于对中国经济稳健性和未来内外格局的判断。经济越稳健，内外格局越有利，就越可以加大“驱邪”力度，否则需要加大“扶正”力度。

（四）发挥中国特色，适度加大逆周期需求管理力度

当前环境下中国需要适当加大逆周期需求管理政策，财政政策继续提力增效，货币政策稳健中性。考虑到当前货币政策传导阻滞，财政政策的拉动效果不太显著，中国宜借助供给侧结构性改革理顺机制、稳定预期、畅通渠道，更要充分利用中国特色，采取多种措施，其中有两点需重点关注。

一是多种举措强化微观主体流动资金的合理满足。在经济下行和改革调控期，货币政策传导机制出现了一定程度的阻滞。可考虑从影响微观主体流动性合理循环的关键因素入手推动改革，强化政策。地方政府和国企获得了大量金融资源，当前是应收账款和票据的重要时期。为此，可重点强化地方政府和国企的社会责任，要求这些主体主动对应收账款确权，使用权属和期限较为明确的应收票据，缩短应收账款和票据的账期。严格控制这些机构可能利用其市场地位获取额外的财务利益的行为，为

供应链上的中小民营企业输入必要的流动性。与此同时，开发提高应收票据流动性的各种市场和工具，为持有票据的中小企业提供必要的流动性支持。

二是推动企业加大技改投入。2020年仍是设备更新改造的重要时间窗口，中国又面临技术升级改造的关键时期，有必要进一步加大首台套、设备加速折旧等税收优惠政策，提高企业的技改投入，并将其与这一轮的技术革新相互结合。

地方政府和国有企业在中国经济生活中发挥着重要作用。与此同时，自身也实现了“做优做强做大”。这两年在资金价格、工业用电等方面深化了改革，出台了政策。在当前经济环境下，中国宜进一步发挥地方政府和国企的积极作用。除了用好金融机构信用这些主体外，还需要加强改革和管理，切实降低要素价格，降低包括资金、用能、物流等方面的成本，为经济的转型升级创造良好的条件。

公募基金
——中国资本市场对外开放的先行者

中国证券投资基金业协会原会长 / 孙　杰

中国证券服务业对外开放和国有大型企业境外上市，是在加入WTO的过程中逐步展开的，是与中国其他要素市场开放基本同行，是中国改革开放40年的重要组成部分。

我很幸运，参加工作伊始就幸运地赶上了改革开放的快车。

我曾经在证监会国际部、基金部工作，有幸了解境外一些相关事件。在访问西班牙的股票交易所时，我看到了成为博物馆的交易所旧址。由12块玻璃组成的穹顶，分别刻有12个海外国家的名称。证券市场无疑强化了西班牙在海外领地的拓展。再追溯更早时期，有学者考证，意大利人哥伦布在罗马筹资进行海外探险未果，最后得到西班牙王室支持，以类似有限合伙制形式提供了探险资金。英国早期产生的衡平法，为资产托管制度奠定了基础。1868年英国政府主导发起、世界公认的第一只公募基金，用以投资美国铁路债券。这一整套以受托人义务的忠诚和谨慎原则为核心的制度安排，为居民投资理财提供了制度保障，影响了此后一个半世纪全球的资产管理行业的发展。

我曾陪同时任证监会主席尚福林见过“美国资本集团”代表团，他们展示了一张1931年成立的基金票据，该份基金的最初票面金额为1万美元。时隔72年后，这只基金的价值逾6000万美元。当时，我以为听错了，又问了一次，得到确认。这只基金至今还在运行，截至2017年底，这只基金的价值达到1亿多美元。美国鼓励基金的发展，成为基金大国，规模相当于全世界近50万亿美元基金总额的44%。中国是储蓄率高达40%以上的国家，美国家庭放在银行的储蓄仅占其财富的13%。但他们的财富中，有23%放在公募基金里；有50%以上直接、间接持有股票；用于养老账户的占18%（有重复计算）。就是这样一个直接融资的金融体系，支撑着美国近百年的经济高速发展和发达的养老体系。

中国证券市场就是在这宏大的改革开放大背景下产生的。人们已经熟知了当年股票市场的萌动，以及一批“躁动”的海归和改革先驱们的故事。我是半路出家，是资本市场的后来者。但我很幸运地感受了改革的脉动，听到了开放的海涛。一些对外开放事件的见闻至今记忆犹新。

艰难的入世谈判

在当时的历史条件下，不论资本市场对外开放的广度和深度如何，我们毕竟开启了中国资本市场服务业开放的大门。

我到证监会时，中国包括证券服务业开放的对WTO出价已经报上级批准。1998年在证监会整合扩编之际，我来到证监会国际部。上班没几周，就赶上WTO谈判。时任证监会分管外事的副主席陈东征对我说，你到经贸部参加谈判吧。就这样，我和综合部门的副主任谢庚参加了有关会议和谈判。

与美谈判，有个大问题反复争执，其中之一就是金融服务业的对外开放。在保险业，美国一定要在寿险行业突破51%的持股比例，以及保险的销售。银行业的发展对整个经济命脉影响太大，所以很早就形成了相应的方案底线。关于证券服务业，当时非常谨慎。据了解，主要考虑因素是中国证券市场规模小且脆弱；证券服务业竞争力不强、基金业刚起步且法律不健全；资本项下没有可兑换，因此开放度有限。去经贸部与美国对手谈时，美国一位叫Lundesager的代表十分坚持提高券商和基金的外资股权比例，抓住中方的第三个理由不放，反复解释证券服务业开放不等于资本项下开放，不会导致美元的流出，并且为中国的居民和机构提供投融资服务，还带来了经验与技术。中方用WTO“Infant Industry”（当时翻译为幼稚产业）的保护条款据理力争。经贸部的女代表还用非常严厉的语言驳斥美方代表。最后，很不情愿地通过了。在整个加入世贸组织的谈判过程中，充满了国内外利益格局的调整和相关利益群体的激烈博弈。在谈判最激烈的几个时期，美国代表团4次威胁要走。

原以为中美达成协定后，欧盟没有障碍，因时任欧盟副主席是对华友好的布里坦，曾表示中美达成协议后欧盟没有太多问题。不料欧盟主管换届，拉米根据十几个成员国的诉求提出许多条件。外经贸部部长石广生在2000年3月28号召集会议，他说欧盟成员国多且发展不平衡，现在内部有很大的压力，欧盟急于在国际社会树立独立的形象，不是和美国谈完了就没事了。欧盟自认为在保险业等方面比美国发达，拉米最终提出了保险、电信、证券、汽车、烟草、动植物、陶瓷等七项对美国没有谈的内容。

在布鲁塞尔欧盟总部非正式磋商时，对方也了解我们将坚持底线。但为了让其成员国接受，第二天中欧双方还是在后排12个成员国观察员的监督下，认真重复了激烈的争论。同时，拒绝了英国关于联合利华要求中国交易所上市的要求。以跨境上市不属于金融服务业范畴为由，对方收回诉求。

回头看来，中国基金业加入WTO承诺（33%～49%），前三年有一个过渡期，最后屏障是51%的绝对控股权，总体上是适宜的。当然也有历史局限。一是外方因股权少，对合资公司的支持有限。有些不太知名的公司进来，有点财务投资之嫌。二是外方股东和高管对中国情况不熟悉，许多做法、理念和文化还很不适应，使得公司业绩没有显示出来。三是世界最大的几家基金公司，如贝莱德、富达、先锋、资本集团等公司都没有尝试设立合资基金公司。在与其交流中了解到，有些大公司曾在其他新兴市场有过非常不愉快的合资经历，不得不撤出那些市场。因此，尽管中国市场潜力巨大，他们仍显示出惊人的耐心。

在当时的历史条件下，不论资本市场对外开放的广度和深度如何，我们毕竟开启了中国资本市场服务业开放的大门。基金的引入和对外开放，对完善金融业、促进居民储蓄转化为资本、发展养老金体制具有深远的意义。

随着以基金为主体的资产管理机构的进入，其历经几百年形成的经营理念和管理方式，对中国资本市场的运作产生较大的影响。首先是，在合资前，证监会要求拟成立基金公司机构，须先与外资伙伴合作一年，学习和增进了解，这使许多中方股东从一开始就瞄准国际水准。其次，合资预期增强了基金公司在国内市场开始研究倡导价值投资理念，对证券市场的健康发展有很重要的意义。就市场运营而言，合资基金公司外方股东比较重视风险控制，努力使合资公司的风险控制与其境外机构处于同等水平。此外，外资还对业务规范和公司经营战略提供了有价值的经验。就内部管理而言，合资公司重视人力资本价值，在用人机制、激励机制等方面引入境外的管理方式，形成更具吸引力的人才环境，也对公司治理发挥了相应的作用。这也是许多新成立的基金公司主动要求引入外资股东的原因之一。

中国在重视法制和对外开放中建立的基金行业，总体是健康的，直到现在为止没有出现重大风险和重大问题。这也是我们加入WTO的重要意义之一。

借QFII引入首批优质投资者

QFII实施后，一些海外国家的央行、主权基金、养老金，还有许多国外大学的基金，像耶鲁、哈佛基金会等优秀的机构投资者相继都进来了，这其中也包括了没有在华建立合资基金的著名大型资产管理机构。

1998年，梁定邦（时任证监会顾问）向有关领导提出在中国证券市场实施QFII的建议。QFII是一国在货币没有实现完全可自由兑换、资本项目尚未开放的情况下，有限度地引进外资、开放资本市场的一项过渡性的制度。我国台湾地区，以及韩国、巴西等都有过这方面的尝试。

2001年春节后上班的第一天，我看到时任证监会主席周小川批示国际部研究QFII。主要研究三个问题：QFII/QDII、公司治理准则、IOSCO（国际证监会组织）的目标和原则。公司治理的研究后来转交给国家发展规划专家委员会。关于QFII，高层领导最初考虑是引入境外5年封闭式基金，投资中国股市，初期规模为40亿元。在研究方案的过程中，境外投资者表示5年时间太长，并且中国是新兴市场，不确定性太高，较难满足成熟市场募集资金的政策法规，也不利于形成有一定规模和稳定的投资机构群体。所以，我们把最初引入境外封闭式基金的设想改为注重境外投资机构的质量和市场经验。QDII则作为政策储备，进入研究计划。

多年的试点显示，引进QFII制度是一项成功的开放举措。一是合格的境外机构投资者富有专业经验，注重理性投资，是约束上市公司的重要市场力量，对改进和完善上市公司治理结构可以起到一定的推动作用。二是QFII作为引进外资的一种方式，有助于增加中国市场的资金供给，并配合国有股减持等一系列改革措施的有效实施，有利于增加境内市场的流动性和规模，增强投资者信心。正是在QFII实行10多年后，MSCI才把中国A股纳入其指数，让国际市场更多地了解中国市场。三是通过示范效应和良性竞争，可促进中国内地机构投资者提高专业水平，有利于监管机构积累经验，为将来人民币资本项下逐步可兑换做前期准备。

在QFII政策推出之前，社会上一度存在许多负面的看法，担心他们会做空、冲击市场，其实这是对QFII的认知不足。中国台湾地区在1992年推出QFII，整个市场没有发生大的问题。印度曾经部分实行QFII概念，重点选择机构投资者（养老金、慈善基金、公募基金等），韩国、巴西都不同程度实行类似QFII的概念。为了澄清误解和统一认识，证监会在深圳召开QFII的研讨会，证监会大部分主任和许多境内外业界人士参与了，目的是把QFII的概念和利弊向社会说清楚，澄清一些不准确的看法。

上报QFII方案的过程也一波三折。第一次把方案报到国务院后，相关领导经过综合考虑，批示还要进一步研究。方案又做了一些调整。2002年10月，高层领导批示QFII在严格条件下进行试点。QFII实施后，一些海外国家的央行、主权基金、养老金，还有许多国外大学的基金，像耶鲁、哈佛基金会等优秀的机构投资者相继进来了，这其中也包括没有在华建立合资基金的著名大型资产管理机构。

生不逢时的QDII

虽然一开始结果有些沉重，但这毕竟是中国资本市场改革开放的一段历史，为日后的证券市场逐步开放积累了许多经验教训。

在2001年前后，香港方面曾向中央政府提出，建立投资香港市场的合格内地机构投资者（以下简称QDII）的基金，以便使内地部分外汇资金在有控制的情况下，有限地进入香港资本市场，缓解国际市场对香港的负面影响。QDII推出的大背景是，在1997年亚洲金融危机时，中央曾有力地支持了“香港汇率保卫战”。这次香港希望中央政府能够通过建立QDII制度，再次支持低迷多时的香港股市。此外，中国内地的储蓄率越来越高，客观上各类资金也需要全球风险配置的渠道。

设立境外投资的封闭式基金方案因外部环境因素变化，被搁置下来。2006年，华安基金公司与雷曼兄弟早已做好了技术层面的准备。在QDII的研发中主要把握住了几个要点。第一是资金安全。他们选择保本型产品，将大部分资金投资固定收益，只有2%～3%的资金投资高风险品种。这样，即使市场出现重大风险，至少固定收益大体可以保证收益稳定。第二，谁来保证资产安全，讨论结果是委托托管银行监督资金安全使用。在中国的基金法里，托管银行与基金管理人同样是受托人。中国工商银行迅速拿出了托管方案。由于有些基金是境外银行托管，中国工商银行提出实行双重托管即中国和境外的银行双重托管，这样可以掌握资金去向和有关数据。在报送华安基金QDII方案获批并实施后的一年内，证监会制定了正式的管理办法，并于2007年7月实施。

在华安基金推出QDII产品一年后，即2007年下半年，一批QDII产品相继推出。但是这些产品生不逢时，遇到了罕见的全球金融风暴，各基金无一幸免，都使投资者蒙受了巨大损失。尽管一开始结果有些沉重，但这毕竟是中国资本市场改革开放的一段历史，为日后的证券市场逐步开放积累了许多经验教训：一是让中国的投资者进一步了解境外市场的风险；二是促进机构对境外市场和投资品种的研究；三是在交易制度及外汇兑换等一系列制度安排上做了大量的探索和调整，使之符合国际化运作的要求。也正是经历了这段历史，才能为后来顺利推出沪港通、深港通、互联互通，乃至即将成行的沪伦通提供了宝贵的经验。

结束语

中国证券服务业的对外开放，是在加入WTO的过程中逐步展开的，是与中国其他要素市场开放基本同行，是中国改革开放40年的重要的组成部分。在这个开放过程中有过波折、有过风雨、有过担忧、有过争论。但是并没有出现以前的担心，没有出现对资本市场波动的推波助澜，没有导致大规模的倒闭和人才流失。资本市场开放带来的积极成效是巨大的。市场化的理念深入人心，资本市场纪律开始得到人们的重视，一大批适应现代金融业和企业的管理人才脱颖而出。

中国公募基金20年巨变与思考

香山财富研究院联席理事长 / 范勇宏

1998年3月27日，20亿元南方开元基金和20亿元国泰金泰基金同时宣告成立，标志着中国真正意义的证券投资基金正式成立，也标志着中国有了真正意义的专业机构投资者。20年来，伴随着中国经济高速发展、居民财富急剧增加以及资本市场快速发展，公募基金行业发生了很大变化，尤其在以下四个方面变化巨大。

一、公募基金从无到有，从小到大，发展成为中国资本市场上重要的机构投资者，成为中国金融市场的重要组成部分。

20年来，基金规模实现了从1998年初期的40亿元到2018年1月底的12.17万亿元的大跨越；基金管理人由1998年5家发展到2018年1月底的128家；业务模式由初期的纯公募封闭式基金管理发展为全面的综合性的资产管理，除公募基金外，还管理社保基金、企业年金、机构专户等资产管理业务；投资理念日趋成熟，由初期的大散户、市场交易者逐步发展为理性投资者、价值投资者；投资者对基金的认识也从陌生、半信半疑到认可和接受，并逐步转为基金长期持有者；上市公司对基金的态度也发生了巨大变化，从1998、1999年“防火防盗防基金”的极度排斥转变为积极主动地向基金宣传推荐自己，并以基金能成为公司股东为荣；基金经理投资能力不断提高，长期投资业绩明显改善。从1998年3月27日上证综指1223点开始，到2018年3月上证综指3200多点，20年股市暴涨暴跌，又历经2008年极弱市场和2015年股市大幅调整，上证综指仅增长2倍。其间，一大批优秀基金经理以高达几倍甚至10多倍的业绩增长大幅度战胜市场，为基金投资者创造了长期的良好回报。20年来，基金通过汇集广大中小投资者的闲散资金，形成规模巨大的资金，投资于那些优秀的企业和企业家，服务了实体经济，促进了经济转型和资本市场的健康发展。

二、公募基金越来越大众化、普及化，成为发展普惠金融的重要载体，成为中国家庭实现财富长期保值增值的主要理财工具。

20年基金产品不断创新，产品种类越来越丰富，由1998年仅有的5只封闭式股票基金发展到2017年底的4841只。到2017年底，公募基金持有人户数约6亿户，管理各类养老金超过1.47万亿元，平均每2个中国公民就有1个是基金持有人，一个新的大众化的金融产品在中国落地生根、开花结果。基金理财不再是口号，而是成为人们生活方式的一部分。作为大众理财工具，公募基金已经成为社会公众实现财富长期保值增值的重要方式。由于货币基金具有安全性、高流动性、稳定收益性特点，大部分人把原来放在银行的活期储蓄转到了货币基金上。货币基金不仅流动性好，而且收益率比银行储蓄高，深受广大中小投资者的欢迎。特别是余额宝、腾讯理财通的推出，人们可以利用自己碎片化的时间进行财富管理，不受传统银行营业时间、地点的限制，给千千万万中小投资者创造了极大的便利，大大提高了效率，让小散户不仅享受了高端客户的待遇，而且也提高了自己的投资收益。以余额宝、腾讯理财通为代表的货币基金的普及和大发展，是普惠金融的重大创新，不仅唤醒了亿万普通投资者的理财意识，极大地提升了公募基金规模，而且使公募基金更加大众化、普及化，成为普惠金融最重要的载体。货币基金打破了传统金融机构依靠牌照坐地收钱的强势思维，是对传统金融业的一次深刻革命，有利于普惠金融体系的建立和发展，对于中国加快建立现代金融体系具有重要意义。货币基金、养老金、企业年金等基金产品惠及万众，让无数普通人享受了金融服务的公平，这样的普惠金融更有社会意义。

三、基金管理人公司治理发生重大变化，从以股本为核心逐步转变为以人本为核心，并出现专业人士控股的基金管理公司，这是过去20年来公募基金行业乃至金融行业公司治理发生的最大变化。

5年前，按公司法设立的基金管理公司与普通的实业公司并没有什么区别，都是实行以股东为核心的公司治理结构。基金管理是一个高度依赖人力资本的行业，专业性强，对人才要求高，更适合像律师事务所一样建立以专业人士为本的公司治理结构。良好的基金公司治理，可避免公司经营短期压力，有利于调动员工积极性为基金投资者创造更好的长期回报。作为以投资为核心的基金管理公司，如何建立以人为本的基金治理体制和机制至关重要。为此，公募基金行业20年来一直在苦苦追求和探索。2014年，中欧基金、天弘基金率先破冰，实现了员工持股。2016年4月，首家全部由专业人士作为发起股东设立的汇安基金管理公司成立。同年7月，首家“私转公”鹏扬基金管理公司宣告成立。之后，5家由专业人士控股的基金管理公司相继成立。批设由专业人士担任基金管理公司的主要股东和非主要股东，充分肯定了人力资本在资产管理行业中的核心作用，有利于完善公司治理，有利于建立长效激励和约束机制。从1998年初期由纯国有金融机构控股发起设立基金管理公司到2016年才实现了由专业人士作为主要股东发起设立基金管理公司，这是中国公募基金管理制度的重大创新，标志着基金公司法人治理进入了一个新的历史发展阶段。由专业人士控股金融机构，在新中国金融发展史上还是第一次，具有划时代的重大历史意义，对未来中国基金业乃至于整个资产管理业的长远健康发展将产生深远的影响。

四、私募基金迅速崛起，成为中国基金业的重要组成部分，成为中国资本市场上的重要机构投资者。

公募基金的发展，不仅积累了投资经验，建立了投资文化，而且培养了一大批年轻的优秀投资人才，为私募基金的诞生、发展打下了良好的基础。2007年，最早一批明星基金经理离开公募，加入到阳光私募基金创业行列，成为第一批“公奔私”的弄潮儿。随着私募基金的合法化，近年来私募基金管理人数量和规模增长明显加快。2018年2月底，私募证券投资基金管理人8639家，管理私募证券投资基金规模2.60万亿元。一批规模大、运作规范、长期业绩良好的私募基金脱颖而出，显示出旺盛的生命力。在较短的时间内，一些绩优私募股票基金规模超过百亿，其规模远超部分中小公募基金管理公司管理的股票基金规模，在主动股票投资管理方面显示出很强的市场竞争力。私募基金主要为高净值投资人群提供理财服务，是公募基金的有益补充。私募基金与公募基金并行发展，已成为资本市场不可或缺的重要机构投资者。在私募证券基金快速发展的同时，私募股权基金也得到了超常规大发展。2018年2月底，私募股权、创业投资基金管理人13682家，私募股权投资基金规模6.61万亿元、创业投资基金规模0.66万亿元。创业基金、私募股权基金的大发展，极大地推动了大众创业、万众创新，有力地促进了产业转型升级和新经济发展，对服务实体经济和资本市场健康发展发挥了重要作用。

当然，20年的变化远不止这些。20年的变化是巨大的，也是当年改革者所没想到的。记得1997年，社会大众对基金这个“舶来品”很陌生，即使专业人员也是一知半解，很多人误认为基金就是“基金会”。基金作为西方资本主义市场经济、信用制度高度发达的产物，在美国等发达资本主义国家得到了快速的发展，取得了巨大的成功。但在信用制度不健全，更注重亲情文化的东方，一个没有抵押、没有担保、不保本又不保息的基金产品，人们相信吗？在新兴的中国证券市场上能发展起来吗？很多人是有疑问的。1997年11月国务院《证券投资基金管理暂行办法》出台之际，正值亚洲金融危机肆虐，亚洲股市“哀鸿遍野”，中国股市也是萎靡不振。公募基金就是在这样内忧外患的条件下开启了他的艰难探索之路，并在中国一步步发展起来。20年实践证明，基金投资者不仅接受了这个“舶来品”，而且越来越成熟了，对基金收益和投资风险也有了更深的理解和认识。即使有的年份基金投资出现了亏损，甚至比较大的亏损，有的投资者抱怨甚至气愤，但相对也比较理性。投资者认为，我在基金里赚了钱，那是我的投资水平高，是我努力研究的结果；如果在基金里亏了钱，我也不能怪罪基金管理人，因为基金合同中既没有保证收益，也没有预期未来收益，投资风险写得清清楚楚，我应该主要找我自己的原因，继续提高自己的投资研究水平。20年来，在金融行业普遍存在着刚性兑付的情况下，公募基金没有不良资产，没有刚性兑付，也没有一家基金管理公司因经营不善而被接管或破产倒闭，这在中国金融发展史上是很少见的，也是一个东方国家公募基金发展史上的奇迹。

公募基金之所以能够发展起来，得益于一开始就充分借鉴和吸收了发达国家先进的投资基金制度经验和做法，建立了一套完整的中国投资基金管理制度，包括独立托管、净值管理、公开披露、严格监管、公司治理、诚信自律等法律体系和相对市场化的控制手段，在制度顶层设计层面最大限度地保护了基金持有人的合法权益。投资基金制度优势是中国基金业健康发展的关键因素，即以基金制度为先导，进而严格执行、加强监管，并在实践中不断完善，这是中国公募基金发展最成功的经验。过去20年金融机构因违法违规经营而被整顿接管的事件时有发生，公募基金行业20年既没有发生刚性兑付和区域性金融风险，更没有发生系统性金融风险，的确来之不易。在当下中国全面整治金融乱象、打破刚性兑付、防范和化解金融系统性风险的今天，公募基金20年管理制度的一些经验和做法值得思考、值得借鉴。

展望未来，公募基金的大发展有赖于养老金的大发展，养老金是公募基金长期健康发展的基石和希望。伴随着各类养老金规模的持续增加，公募基金无论规模、质量，还是影响力将迈上新的台阶，步入新的时代。随着金融监管体制的重大改革、资产管理新规的颁布实施，中国基金业正经历20年来未曾有的大变局，迎来发展的黄金时代。可以预料，在建立中国普惠金融以及现代金融体系的新征程中，公募基金将发挥更大的作用，有着更加光明的未来。

下一个20年，中国公募基金的变化和故事将更加精彩！

记忆中的1998

博道基金管理有限公司董事长 / 莫泰山

1997年11月，国务院颁布《证券投资基金管理暂行办法》。当年11月底，我硕士即将毕业，先以借调的方式到中国证监会工作。不知是天意还是巧合，我被安排到还在筹建中的基金部，自此与基金结下了不解之缘。1998年，是我职业生涯的第一年，也是基金行业的起点之年，也正因为这一特殊的缘分，那一年经历的很多事至今历历在目。

筹建中的基金部，从证监会不同部门抽调7个人，有黄红元、李正强主任领导，还有王彦国、李佩霞、李霞、王雪松处长和刘建平，我到后不久，尚健、何斌也陆续到位。那时证监会刚入驻金融街，我去报到的时候，金阳大厦旁边还是泥泞的工地。基金部的筹建办公地，就设在大厦4楼北侧的4011室。

这是一间不大的办公室，却即将见证基金行业的诞生和发展，也将见证基金行业的多个第一。而在此之前，这里不仅是基金监管政策起草和酝酿的地方，俨然还有点中国基金行业筹建大本营的味道。因为，第一批基金公司将由谁发起设立？第一批基金产品是什么类型？第一份基金契约和招募说明书将披露一些什么内容？都将经由这里酝酿并最终揭晓。

印象中，自从到了“4011”，我和同事的日子就变得非常忙碌，加班成为家常便饭。1998年一开年，各项准备工作就在紧张而有序的节奏中推进。公司处在处长李佩霞的带领下，开始忙着审核头两家公司的设立申请材料。而我所在的市场处，王彦国、王雪松处长忙着把酝酿多时的基金契约和招募说明书的内容与格式定稿对外发布。我刚开始被安排整理领导讲话、搜集资料等工作，不久被委派一项“重要任务”。为做好投资者教育工作，领导决定在《中国证券报》开辟一个基金知识普及专栏，每天介绍一个基金的知识点，任务落在了我的头上，压力着实不小。一是能力有限，而时间又非常紧；二是文章出处权威，不容有失；三是在没有任何行业实践的情况下，必须认真吃透《证券投资基金管理暂行办法》（以下简称《暂行办法》）中所有的立法精神，把他平实地还原给大众。有两周左右的时间，我每天一到办公室，第一件事就是坐下来赶稿子，因为下午要截稿，还要留出给领导审阅的时间。狼狈的时候，憋得满脸通红，焦虑不已。幸好有领导把关，文章出去后，尽管没什么热烈反馈，倒也没听说有什么差错。

1998年2月底，我们开始陆续接到最早设立的两家基金公司——南方、国泰提交的基金产品设立申请。《暂行办法》出台后，为区别于此前各地零星设立、运作不太规范的“老基金”，由证监会按《暂行办法》批准设立的基金，被称为

“新基金”，而且第一批被称为“试点基金”。承载着试点的重任，一切都高标准、严要求。两只基金都设计为封闭式，限额20亿元，通过交易所的新股发售系统发行，发行完后上市交易。这些在产品申报之前，就已在4011室酝酿请示完毕，并与公司达成共识。所以，我们的产品审核工作，主要精力放在打磨出台基金业第一份基金契约和招募说明书上面。这两份文件，是试点“新基金”的首秀，不仅将接受市场和公众的审阅，并将约定今后很多年基金运作的纲领和原则，以及相关当事人的权利义务，需尽可能考虑到各种情况，显得格外重要，必须认真谨慎对待。我们是以基金公司的申报材料为基础进行修改完善的，南方的起草人是王立新和李旭利，国泰的起草人是钱华和丁昌海，他们根据内容与格式指引提交的草本就已厚达近百页，我们以南方的材料为草本，希望修订出一个通行的范本。印象中我们进行了不下几十遍的修改。那时，王雪松处长带着我，和基金公司材料起草人员一起，把材料通读，然后共同逐句、逐字审阅，边看边讨论、修改，往往是通改了一遍觉得完善了很多，再读一次又发现有很多可以改进的地方。我还记得，就“每份基金单位拥有一票表决权”这些字眼，都反复斟酌。由于试点工作安排紧凑，时间紧迫，材料审核往往要延续到夜里。记得在最后阶段，有一次修改讨论延续到夜里9点后才告一段落，王立新和李旭利离开就近吃饭去了。这时，刚忙完其他工作的黄红元主任和李正强主任加入进来，现场指导，我给王立新总打电话让他们马上回来，记得王总在电话里说：“我点的面才刚端上，一口没吃”，不过还是不再有二话，马上到位。基金行业的第一份基金契约和招募书就这样诞生了。

1998年3月23日，南方、国泰基金公司的两只基金产品分别在深、沪交易所发行。由于采用的是交易所的新股申购系统，为防止出现过去新股申购过程中的不规范现象，就以中国证监会办公厅的名义（筹建中的基金部还不能对外发文），事先下发了基金发行的规范通知。发行当日，基金部联合机构部到证券公司各营业网点巡查，我这一组由现私募部主任、当时的机构部处长陈自强带队，一天走了若干个营业网点，听取汇报并现场查看情况。记得到下午3点收市后，我们巡视到的那家网点柜台依然人头涌动，很多投资人的申购单还来不及提交处理，显得非常着急。好在没过多久营业部便广播，这次申购单接收时间延长到下午4点，投资人这才放心。我想，肯定是坐镇总部指挥的领导迅速协调交易所做出的明智决定吧。巡查完后返回会里，发现领导忙着会同机构部处理当天的违规申购行为，我也被留了下来。机构部负责牵头的是吴清副主任，等处理完毕，已是夜里10点多，我和黄红元主任搭吴清主任的“顺风车”回家，吴主任一启动车，就感觉身体有点不适，又休息了一会，才重新启程，领导应该是太疲劳了。

首批两只基金的发行，应该说非常成功，合计冻结申购资金1600多亿元。不过这里面有多少投资人是冲着基金买的，又有多少是当新股申购的，真的不得而知。不久，两只基金上市交易，为避免投资人与以前的老基金混淆，黄红元主任特意建议基金简称为“基金开元”“基金金泰”，而不是按惯例称为开元、金泰基金，真是用心良苦。次日，央视对两只基金的成功发行进行了报道。

1998年，当时的证监会分管领导在会见美林集团全球总裁时，提议美林为刚刚诞生的中国基金行业代表团提供为期1个月的系统培训，当时的5家基金公司和托管行各派1名代表，证监会则派王雪松、刘建平和我参加。由于课程安排充实，全程没有翻译，所以每人都需通过证监会国际部人员进行的英语口语面试，我当时也“蒙混”过关。整个代表团由王雪松处长带队，于7月启程，当时在美林香港工作的李锴，全程陪同我们。美林方面十分重视，安排了密集的培训课程，内容涵盖基金监管、投资管理、销售、估值、托管等方方面面。讲师团中，既包括美林内部的资深人士，还包括美林重要合作伙伴派出的代表，其中有已转任律所合伙人的前美国证券交易委员会（SEC）的投资管理部（相当于基金部）主任。这是我第一次参加的“准国际培训”，由于自身英文并不过硬，加之实践尚浅，所以当时能领会的估计不足五成。不过，培训的经历和见闻依然形成了强烈的冲击，留下深刻的印象。

总体而言，我们近距离地感受了发达资本市场的运转，也对一个强大的资产管理行业的面貌有了一个大体的轮廓。当然，我们当时主要的关注点是在如何做好基金监管，如何保证行业规范运转的层面。由于美国主要推行的是公司型基金，而且在基金层面设立独立董事，与中国的契约型基金路径选择不同，当时交流的不少话就集中在这上面。对于这一问题，那位美国SEC前投资管理部主任的解答给我留下深刻的印象。她解答的大意是“一个国家选择怎么样的基金运作和监管框架，可能取决于法律沿革等很多因素，但作为监管者，无论面对什么框架，永远要考虑机制是否有足够的监督和制衡（Check and Balance）安排”。她认为，这是美国基金行业乃至美国整个国家，运转良好的重要原因。这一席话让我经常回味。回到北京后，代表团每人都被要求用英文在证监会的会议室做一次集中专题汇报，我报告的题目是关于美国基金的独立董事制度，其中也特意提到了培训期间让我印象深刻的“Check and Balance”。

一个月的培训，紧张而又活跃。记忆中，除了密集的课程，还有新泽西那永远的蓝天白云以及酒店旁边大片如茵的草坪。我们课后也会欢聚，或讨论，或打篮球、踢足球，一起在那度过了一段充实而又愉快的培训时光。代表团成员，还包括缪建民（代表人保国际，由美林方邀请）、郭特华、杨柳、邵杰军、李海红、戴勇毅、邓建民、曹继东、刘光耀等人，寥寥十几人几乎代表了当时的整个基金行业。那时，整个行业的规模只有100亿元，不过和美方交流过程中我们从没有过一丝因规模小而自卑的心理，也许是对基金行业的美好未来一直满怀强烈的信心吧。美方人员也非常友好，客气而热情，也许有同样的原因吧，我想。

1998年，世界并不太平。我们在美国学习期间，正值克林顿的丑闻开始发酵，亚洲金融危机正愈演愈烈。在国内，当年经济依然面临消除过剩产能、扩大内需的严峻挑战，以至于朱镕基总理第一次在两会记者招待会上发出了“无论前面是地雷阵还是万丈深渊，我将鞠躬尽瘁，死而后已”的雷霆宣言。那一年，百年一遇的大洪水，更让形势变得严峻、复杂。现在想来，我们的基金行业，开始于一个风雨飘摇的时期，但却起步平稳、不负众望。偶尔翻阅过去的资料，发现在1999年的1月，我为在宁波召开的行业联席会起草的领导讲话稿中，有那么两段话，做了很好的概括。一段总结了1998年基金运作的总体优良业绩“基金运作以来业绩良好，基金资产净值稳中有升。截至1999年1月1日，5只基金的单位资产净值Ⅰ、Ⅱ平均为1.03634和1.07638，累计增幅为3.63%和7.64%，而同期上证综指平均跌幅为13.9%，深圳成指平均跌幅为27%。基金的规范运作和良好的业绩为基金投资者和基金业的发展积累了宝贵的经验，并奠定了一定的基础”。另一段则描述了基金作为机构投资者的应有担当：“8月17日，沪深股市大幅下挫近8%，17、18日5只基金买入约10亿元绩优股，占两日交易量的5.6%。大盘在19日强劲反弹，止跌企稳；基金注重所投资股票的业绩，倡导理性投资。根据开元、金泰、兴华基金公布的投资组合，所投资股票1997年的平均每股收益、净资产收益率分别为0.8元、20%左右，远高于市场0.27元、7.8%的平均水平，得到市场认同。”

今天，作为行业内的从业人员，再来回顾这段历史，非常感慨第一批基金从业人员在行业从无到有的过程中、在风雨飘摇的时期，能够顶住压力，取得良好业绩，并在关键时刻彰显机构投资者的应有本色，为基金的成功试点打下坚实的基础，做出不可磨灭的贡献。

在1998年的后续日子，工作依然忙忙碌碌。印象中，为了确保基金公司管理多只产品的运作模式有序运转，领导开始带领我们研究基金的交易和结算模式问题，并最终确定了一直沿袭至今的基金租用交易席位的模式。而在1998年底，我们又按照领导的要求，开始启动开放式基金试点的早期研究。

记忆中的1998年，总是那么忙碌、那么充实、那么充满激情。20年过去了，基金业取得长足发展，当年的很多事似乎微不足道了。但于我而言，当年的点点滴滴依然鲜活、生动。黑格尔曾言：“历史是一堆灰烬，但灰烬深处有余温。”我非常感恩，由于命运的眷顾，让我刚毕业就得以加入正在筹建的证监会基金部。2018年春节，我在老基金部同事的微信群中给大家拜年，并写道：“基金20年，感恩岁月让我遇到这么好的领导和同事，老基金部永远是我的精神家园。”这是我内心真实的想法；我也感恩，得以在一个蓬勃发展的行业中从业，这个行业虽然历经一些波折，但总体发展迅速，奋发有为，尤其是一批行业老人，依然在其中孜孜以求，令人尊敬。而一些人，由于这样那样的原因，或是离开了监管部门的领导岗位，或是离开了基金行业，但依然对行业抱有热忱和关心，令人感动；我们需要共同感恩的，是基金行业的第一代拓荒者，无论是当年监管部门的领导还是业界第一批精英，没有他们当年的天才设计和不懈努力，也没有今天基金行业的良好局面。我们基金行业从业的每一个人，都应该感恩这些拓荒者给我们拓展的广大天地，留下的宝贵财富。

记忆又回到了1998年，在那次美国培训后的汇报演讲中，我以“I believe……The latest one will become the largest one!”结束演讲，表达对刚刚起步的中国基金业的强烈信心。而在我们基金行业已取得长足发展的今天，重温这句话，既感到自豪也焕发出继续朝目标奋进的使命感。

正所谓：不忘初心，牢记使命。新的20年，我们再出发！

时代机遇创造基金业成长最大红利

中国银行总行财富管理与私人银行部原副总经理 / 杨 柳

1987年，我进入银行业，先后在中国银行信贷、信托投资公司、托管和财富管理与私人银行部等部门任职，亲历了中国基金行业20年来从无到有、从小到大的完整历程，也算是这一行业发展的重要见证人。

30多年身处银行业，我个人经历可以说与基金行业密切相关：我曾参与制定《证券投资基金管理暂行办法》（1997年）；负责代销中国银行的第一只基金，长期从事基金托管、代销、投资和财富管理工作；见证基金行业从小到大，从默默无闻到茁壮成长为大众理财的重要选择。

第一幕

危中有机

中国基金业在危机中启程

回顾过往，我算是中国基金业诞生的见证者和最早制度设计的参与人。

1997年11月14日，国务院证券委员会颁布《证券投资基金管理暂行办法》（以下简称《暂行办法》），这是20年前基金业创设时具有里程碑意义的法规，它浓缩了现代基金行业在欧美发达国家近百年发展积累的制度成果，对基金的设立、募集、交易、基金托管人和基金管理人职责等进行了详细规定。

那时候，国内对基金这一新兴事物并不熟悉，为了推出这个开创性的《暂行办法》，金阳大厦很多个夜晚灯火通明，参与制定基金行业规范的相关专家和证监会的工作人员经常为一些制度、条款和未来影响探讨到深夜，很多制度设计都吸取了西方基金业发展的制度文明，更为重要及关键的是适应我国国情，所有制度性的开创性探索，为中国基金业的起步和规范发展奠定了最早的基础制度框架。

从当初制定基金管理暂行办法、创设基金行业的初衷看，当时的A股市场是以散户为主的市场，市场投机氛围浓厚，中国需要向先进国家学习，建立以机构投资者为主的资本市场，完善市场的投资者结构，同时提倡理性投资的文化，引导广大普通投资者理性理财。20年后的今天，公募基金的管理规模、市场影响力已今非昔比。这个《暂行办法》已经具备了现行《基金法》最基本的原则和立法精神。例如，强调投资者利益保护，建立了规范透明的托管制度，构建了基础的市场法律关系等。后来《基金法》的制定和修改都是围绕这个基础制度框架展开的，尤其是基金托管制度的设立，让基金业成为各类资管业态中运作最为透明和规范的行业。

基金业虽然也出现过“老鼠仓”，但没有出现资金丢失现象，这正是因为有完备的资金托管制度。基金运作遵循经营和管理分开的原则，托管人具有制约和监督职责，这些强有力的约束性制度保障着投资者利益，执行基金章程等关键性制度保证了基金资产的安全。

范勇宏在《基金长青》一书中也提及中国基金业诞生的国际背景：1997年亚洲金融危机加快了中国基金业诞生的步伐。国际对冲基金翻云覆雨，对东南亚、东亚国家和地区的货币发起猛烈攻击，短时间内对市场造成极大冲击，危害程度远超市场预期。亚洲金融危机让人们感受到了基金的巨大威力，这给当时即将开放资本市场的中国巨大警示，如何抵御国际投机者攻击，培育出抗衡国际资本的本土基金引发有识之士的大量研究和探讨。

在亚洲金融危机的大背景下，中国基金业在危机中启程。1997年上半年，国务院证券研究会联合央行和证监会研究制定投资基金管理办法；同年10月中国证监会基金监管部成立，拉开了中国基金业发展的序幕；同年年底在广东举办首届基金培训班，第一批基金从业人员诞生。

1997年11月14日，《暂行办法》颁布；12月12日，证监会发布《关于申请设立基金管理公司有关问题的通知》《关于申请设立证券投资基金有关问题的通知》，中国的公募基金公司和公募基金产品呼之欲出。

第二幕
艰难起步
市场寒冬中代销基金

在1998年首只公募基金诞生时，基金还是新兴事物，股市也只有1200点，银行代销基金和做投资者理财教育面临着艰难起步。

当时老百姓不知道什么是基金，有的人认为这是扶贫基金，南方人觉得婚宴时凑的份子是基金，还有的误解基金是骗子，完全不知道基金是一种新型的理财工具。

为了做好国内首批开放式基金的代销工作，中国银行业做出了很大努力。以中国银行为例，为做好基金销售和投资者教育工作，中国银行自上而下做了大量工作：时任中国银行董事长刘明康亲自安排基金代销工作任务和目标；我主导和编写了《基金投资100问》等宣传小册子，普及基金理财知识；中国银行自上而下开设了行长培训班、支行行长培训班、理财经理培训班，开展系统的基金知识培训；加紧改造适合基金代销的银行系统等。

虽然国内银行在基金代销方面起步晚，但起点却很高。当时中国的交易系统的效率和便捷度就优于一些发达国家，基金代销系统从一开始就迈入了自动化时代。

当时在很多发达国家，基金交易是通过支票的方式，买卖基金的程序非常复杂繁多。然而，中国基金业代销直接越过了纸质流程，跨越到自动化交易阶段。银行直接基于客户的银行卡为客户开通基金账户，经客户授权后，投资者账户资金可以直接自动转账申购基金产品，流程高效简洁，实现了自动化。

国内最初的基金都是封闭式基金。由于老百姓对基金并不了解，也缺乏投资者教育，封闭式基金上市后就会产生20%左右的溢价，基金一上市就能赚到钱，自然受到追捧。但我们当时就意识到，封闭式基金上市溢价现象无法长久，因为基金购买的是股票、债券、货币等资产组合，资产组合本身在成立或上市初期并不自然产生成长性或附加价值；另外，市场供求关系变化导致溢价，供求关系变化后，上市溢价也无法延续；而且从海外经验看，封闭式基金由于锁定一定期限，缺乏流动性，应该是折价交易的。

因为封闭式基金规模锁定，基金投资运作不会面临频繁申赎导致的规模波动，这是基金公司很喜欢的模式，所以当时基金公司对开放式基金兴趣不大。同样由于规模稳定，后续无需依赖渠道持续销售，也吸引了不少银行争相托管这类封闭式基金。

第三幕
牛市浮躁
基金火爆常常意味着牛市顶点到来

在2006—2007年大牛市中，基金销售异常火爆，很多投资者却在高点加速入场。

由于当时电子银行还没有普及，2006—2007年基金销售主要还是通过银行柜台，在那一波大牛市里，老百姓大清早排队买基金的盛况空前，有的因为排队买不到基金而捶胸顿足，也有的投诉银行网点捂盘惜售，尤其是在牛市顶点前，百亿元大基金纷至沓来，资金疯狂入市。每当基金销售异常火爆时，常常也意味着牛市顶部的加速到来。“基金业赚钱，投资者亏钱”的现实后来一直被市场和普通投资者诟病， 把适当的产品卖给适当的投资者，改善公募行业规模导向的弊病也成了整个行业需要直面的当务之急。在国内不论是监管机构，还是银行机构、基金公司，都希望改善“基金业赚钱、投资者亏钱”的现象，倡导理性投资、长期投资和价值投资，不要跟风、不要追高，同时认准投资时机，从资产配置的角度去持有基金。

从资产配置角度买基金，就是投资前应该根据家庭的财务状况，在充分了解各类资产波动特征下，将配置的各类资产限制在适当的比例。比如投资者有100万元，用50万元去买股票基金，20万元买债券基金，20万元持有银行理财，剩下10万元应对日常资金流动性需求，把基金投资作为整体投资的一部分去配置，做到长期投资和理性投资。

做资产配置不能超越时代。随着当前居民财富和理财需求的增长，资产配置的“黄金时代”正在到来，各种智能化的金融科技在中国银行和其他同业的运用，也为银行的客户资产配置服务提供了技术保障。投资者要做好基金投资，务必掌握四原则：一是要坚持价值投资理念，以合理的价格和市场时机去持有基金；二是倡导基金定投，平滑投资风险；三是在市场火爆时冷静思考，执行好投资纪律，避免“一窝蜂”买基金；四是坚持资产配置的理念。

针对客户在大牛市时排队哄抢基金、引发贪婪和恐慌情绪蔓延的现象，银行业也在积极通过智能化系统改造，提升和完善线上交易系统，有序疏导线下基金销售拥堵带来的弊病。

以中国银行为例，在2015年的大牛市中，经过智能化改造后的银行系统已经完全可以接受大量客户网上申报交易的要求，即便基金销售十分火爆，但银行柜台排队买基金的火热场面已经相对冷却，投资者更习惯通过网上渠道申购基金。

第四幕
涅槃重生
QDII基金“血的教训”换来“大放异彩”

2007年底，公募基金怀揣着“资金出海”“全球资产配置”的梦想扬帆出海，南方、华夏、嘉实、上投摩根等4家基金公司合计募集1200

亿元合格境内机构投资者（QDII）基金开展海外投资，当时也在银行业引发2007年大牛市后一轮大的销售热潮，不少客户通过份额配售方式才获得基金份额。

然而，好景不长，在随后的2008年世界金融危机中，QDII基金净值大幅下挫，截至2008年末，率先成立的4只出海基金亏损皆在40%以上，亏损最多的超过60%，投资者损失惨重。

这是一个血的教训，投资者必须吸取，在市场最狂热的时候一定要保持冷静、理智投资，在大家最疯狂的时候要格外注意市场风险。

作为外汇外贸专业银行转型过来的国有商业银行，中国银行在QDII基金托管和代销中自然具有先发优势，但在具体产品合作中中国银行也是有所取舍。当时，我们看到部分基金投向了海外层层嵌套和风险集中的金融产品，由于最底部金融资产并不明晰，为了投资安全，中国银行拒绝了有些基金公司的合作要求。后来看，这一决定也是具有前瞻性，是明智的。

2007年底首批出海QDII基金“折戟沉沙”，让市场大失所望，这也导致2008年以后银行渠道再度代销的QDII基金很难销售，投资者对QDII基金的投资热情跌落到了冰点。

回顾当初QDII基金热销的原因，我认为一方面是因为当时国内资金缺乏“出海”投资通道，QDII基金首次为普通投资者提供了跨境投资的渠道，引发投资者追捧；另一方面，当时港股正处在2007年大牛市期间，不少资金希望借道QDII基金抓住港股上涨的赚钱机会。

不过，“血的教训”不能否定QDII基金仍然是全球资产配置的好产品。除了国内市场以外，海外市场仍然存在很多投资机会，也有很多优秀的企业可供投资，做投资需要有更广阔的视野，让更多优秀的高成长企业带给国内投资者财富保值增值的机会；另一方面，QDII基金在投资运作上需要坚持价值投资，只有充分了解国外市场和企业，并以更好的业绩回馈投资者，才能持续获取客户的认可。

2017年QDII基金的良好业绩让这类产品再度受到投资者关注，持有QDII基金仍是分享海外企业成长红利的重要机遇。未来，QDII基金仍将大有市场，并在未来国内老百姓全球资产配置中大放异彩。

未来寄语

对中国基金业20年成长的观察和感受，感觉最深的有三点：

一是时代机遇是基金业成长发展的最大红利。随着改革开放的逐步深化，中国实现了国家富强和居民财富的迅速增长，“投资者有财可理”成为基金行业蓬勃发展的时代背景，国强民富，百业兴旺，基金行业的大发展离不开“中国崛起”的大时代背景。

二是信托文化和投资者利益保护是基金业的生命线。在《基金法》框架下，基金业“委托投资，代客理财”，要继续完善基金行业的信托文化，强调投资者利益保护，严厉打击“老鼠仓”，继续打造规范透明的市场形象，建设基金业的良好声誉。

三是基金业应继续打造自身的主动投资能力，用良好业绩回馈投资者的信任。基金公司要继续厚植为投资者带来长期回报的能力，不断增强自身主动管理能力，不要过分强调发展货币基金，这不是基金公司需要打造的核心投资能力。

注：本文系作者接受《中国基金报》记者采访专稿，略有调整。

公募基金下一个20年创新发展趋势

银华基金管理股份有限公司总经理 / 王立新

作为一名行业老兵，我有幸伴随基金行业一路成长，与公募基金共度了无数美好时光。公募基金行业在监管机构的呵护下，在众多同仁的共同努力下，从无到有，由小到大，过程充满了求索奋进的艰辛与困惑，但更多的是喜悦与骄傲。

从过往来看，公募基金发展了20年，已经成为老百姓最重要的投资证券市场的工具之一，也成为社保等养老机构最重要的投资管理人之一。未来20年，公募基金有望继续成为资管行业发展最快、最规范的机构投资人之一，公募基金将在引导投资理念、稳定资本市场方面继续发挥积极作用。

一、公募未来创新发展的四大方向

站在公募基金20周年这个时间节点，中国资产管理行业即将迎来前所未有的变局。我认为，未来公募基金主要有以下四大发展方向：

（一）服务中国老百姓养老是基金业发展的重要方向之一

随着人口老龄化程度不断加剧，养老需求旺盛，加之我国社保养老存在巨大缺口，养老金当期收不抵支现象凸显，亟待发展壮大养老第三支柱。而通过长期投资增值来减缓居民养老压力，公募基金可以发挥长期投资优势，为解决老龄化到来的长远问题做出更多贡献。

针对服务养老投资，公募基金做好了投资理念和制度建设等各项准备。

中国公募基金经过20年的发展，相较其他资产管理行业更为成熟。2017年公募FOF面市。经历了大涨大跌后，资产配置的理念逐步被广大投资者接受，公募基金将成为养老资金管理最重要的资产管理机构之一。

2018年3月，证监会发布《养老目标证券投资基金指引（试行）》，意味着公募基金正式以专门的产品线“养老目标基金”参与到养老理财中。

事实上，公募基金的定位就是为老百姓服务、为普通投资者提供更好的投资工具，这是公募基金设立的初心。随着未来我国养老金税收优惠试点的推出，老百姓未来将在个人养老投资中享受税收优惠，公募行业未来将在服务老龄化社会、缓解我国居民养老压力方面做出贡献。

（二）被动产品、工具类产品未来将迎来大发展

目前我国的被动产品发展不足，但随着未来配置型的产品如FOF、养老金、机构资金需求越来越多，工具类产品的需求也会越来越大，中国ETF市场未来还有很大发展空间。

当然，目前指数基金规模较小与大盘指数滞涨存在一定关系，美国股市的上涨让绝大多数主动产品跑不过大盘指数，但在我国市场部分细分

指数可以跑赢沪深300，有可能会率先迎来规模扩容的阶段。

（三）新技术将带动资产配置类服务崛起

新技术高速发展，以人工智能、大数据、云计算、区块链等技术为核心的金融科技，正在改造公募基金的业务运营流程，改变基金公司与外部合作方的关系，也影响着金融服务触达客户的方式。

从需求端看，老百姓对资产配置产品、提升投资体验存在很大需求，但普通投资者很难理解和学习这类投资；随着新技术的突破，普通老百姓也可以享受到高净值客户享受的资产配置服务，这是一个很大的市场。

今后，探索、培育和增强技术实力对于基金业务模式改造将起到更关键的作用。

在公募擅长的买方投研方面，数据、研究与技术高度结合，网络文本信息等非结构化数据正在逐步成为重要的投资决策依据，机器学习算法的引入也使得决策的精度有了显著的提高。

随着智能投顾的大发展，大数据和AI对投资管理的影响也在逐步深化。可以预见20年后，部分投资管理工作就会被机器人替代，机器人为投资者做好大类资产配置，提升持有收益体验都将发生巨大的变化，新技术对未来20年的改变将比以往更加快速和深刻。

（四）公募基金未来将迎来机构化投资的大潮

公募基金的定位是为各类投资人提供基础产品和投资管理服务，未来很多财富管理机构可能会委托公募基金来做资产管理，公募基金将扮演最主要的投资管理人角色。

从美国经验来看，公募基金规模在资管机构中占据的比例最大，它不但是财富管理最好的管理人，也是各类养老机构、老百姓养老金401k的投资管理人。从这个定位和角色来看，公募基金在中国的资产管理市场上还有很大发展空间，将提供最广泛的资产管理服务，有望成为资本市场最大的机构投资者。

总而言之，随着国家经济的快速发展和居民财富的持续增长，看好大资管行业的发展前景逐渐成为行业的共识。而整个金融业、银行业都得向大资管行业转型，公募基金作为财富管理的重要载体，也将在这一过程中持续受益。

二、基金业四大难题待解

回顾过去20年逐渐发展壮大的过程，公募基金行业取得的成就有目共睹。20年来，公募基金行业的成熟度逐渐提升：比如证券投资基金行业规则不断完善；产品创新不断，产品种类不断丰富，对不同资产、不同风险收益特征基本实现了全覆盖；投资管理能力不断提高；投资者对公募基金的认识不断增强。

但是与全球证券投资行业的领头羊相比，仍然存在较大的差距，成长空间巨大。一些问题与不足也无法回避，主要表现在以下四个方面：

（一）长期业绩表现骄人，但部分投资者赚钱效应不高

从统计结果来看，自1999年到2017年，主动偏股型基金平均每年收益接近20%，在19个完整年度中有13个跑赢上证综指；债券型基金自2005年起，平均年化收益达到7.09%，在13个完整年度中有12个获得正收益，高于大部分理财产品。

但由于投资者未能坚持长期投资，行业的实

际发展情况与投资者的投资回报之间存在偏差。

（二）产品日益丰富，但结构失衡

目前，公募基金数量超过5000只在运作，管理规模超过13万亿，已经成为财富管理行业最重要的组成部分。20年来，证券投资基金从最初的权益资产逐步覆盖债券、货币、商品乃至众多海外市场的资产。

但是，行业规模的扩张更多归因于货币基金，其占比已经提升至60%以上。而更能体现管理能力的股票型混合型基金规模却增长缓慢，占比仅在25%左右，行业内部结构明显失衡。如何提升非货币类公募产品规模，成为当前的工作重点之一。

（三）行业乱象逐步治理，制度建设不断完善

公募基金20年，也是监管不断规范，制度不断完善的20年。2004年《基金法》出台，公募基金的管理得到了规范，市场乱象明显改善，基金经理投资行为的专业性体现出来。2013年新《基金法》实施、2014年《公募基金运作管理办法》出台，公募基金运作更加标准化、规范化，基金从审核制向注册制的转变也进一步加速了公募的发展。

随着余额宝的兴起，货币市场基金规模出现爆发式增长。2016年随着银行委外资金的加入，债券基金也迎来发展高潮。至此，公募基金迎来快速发展期，投资者人数不断上升。

如果说2008年前是权益基金的天下，那么2014年以后则是固收类基金独领风骚。但与此同时，公募基金整体结构变得失衡，基金公司流动性风险累积，引发监管的担忧，出台了《流动性新规》《资管新规》征求意见稿等一系列法规，引导公募基金等资管产品回归投资本源，降低金融风险，通过专业化、规范化的管理为投资者实现长期可持续的回报。

（四）投资者教育取得部分成效，但仍然任重而道远。

公募基金行业的投资者教育工作一直存在不足。偏股型基金的年平均收益接近20%，但很多投资者却没有赚到钱，很大程度上是因为部分投资者买入了超出自己风险承受能力的产品，高波动叠加追涨杀跌的行为导致投资者实际收益远低于基金收益，成为行业的一大憾事。

值得庆幸的是，近年来随着全民理财的兴起，在监管部门、基金公司、销售机构的共同努力下，投资者教育的内容不断丰富，投资者对风险的认识逐步加深。FOF的诞生更是开启了基金资产配置的新时代。然而，追涨杀跌、追逐热点是人的本性所驱使，这一现象仍没有得到很好地改善，投资者教育任重而道远。

值得欣慰的是，随着全资管行业刚性兑付的现象得到清理，加之近两年定期开放式权益类基金产品因投资价值受到认可而热销，让我们相信投资者教育之路会更加顺利。

展望未来，20年对于中国公募基金行业而言并不是终点，而是新的开始。不仅仅是银华基金，整个基金行业都还非常年轻，未来将是机遇和挑战并存，希望基金行业不断谱写新的精彩篇章。这不仅仅是我个人的诉求、公司的未来、行业的方向，亦是时代的要求。

基金公司发展竞争力

汇添富基金管理股份有限公司董事长 / 李　文

2018年，是贯彻落实党的十九大精神的开局之年，是改革开放40周年，也恰逢中国公募基金行业成立20周年。在中国证监会和基金业协会的坚强领导下，在一代代公募人的激情奋斗下，公募基金历经20年发展，从无到有、由小到大，取得了令人瞩目的成绩：公募基金管理人由最初的“老十家”发展到目前的130余家，管理规模超13万亿元，产品数量超5000只，为数以亿计的个人投资者和包括养老金、银行、保险在内的机构投资者提供理财服务，积极发挥专业机构投资者的作用，持续推动资本市场建设和实体经济高质量发展。

一、公募基金行业的竞争力

在20年发展实践中，公募基金充分借鉴国际经验，结合行业实际，打造了独特的竞争优势，成为整个大资管行业的标杆和典范：

一是先进的制度设计。《基金法》及其配套法规体系搭建了完善的制度框架，受托制度、每日估值、组合投资、公开披露等运作模式实现了行业的公开透明，有力地打破了刚性兑付，推动了投资者理财观念的转变，促进了资产管理行业的规范发展。

二是专业的投资能力。公募基金坚持价值投资、长期投资理念，为投资者创造了长期稳健的回报。自开放式基金成立以来至2017年底，偏股型基金年化收益率平均16.5%，债券型基金年化收益率平均7.2%，累计回报超2.23万亿元，累计分红2.06万亿元。

三是严格的合规风控。公募基金建立了以基金法和证监会为代表的监管体系、以基金业协会为代表的自律体系、以交易所和外部审计为代表的监督体系，以及基金公司自身的内控体系，四大体系相辅相成，共同构成整个合规风控体系，有效防范着市场风险、合规风险、操作风险、道德风险等各类风险。

四是丰富的产品布局。公募基金从第一只封闭型基金发展到现在涵盖100多品类、5000多只基金的产品体系，投资策略日益多元，投资品种有序拓宽，较好地满足了各类投资者多样化的财富管理需求。

五是全面的销售体系。公募基金已形成包括直销平台、商业银行、证券公司、期货公司、保险机构、证券投资咨询机构、独立基金销售机构等在内的，覆盖线上线下的，多渠道销售体系，成为普惠金融的有力抓手。

二、新时代拥抱新变化

党的十九大作出中国特色社会主义进入新时代的重大判断，为公募基金行业的发展指明了方向。新时代有新变化，我们认为公募基金行业需要拥抱以下六方面的变化：

一是监管的统一化。资管新规及其配套细则的出台引领整个大资管行业走向规范统一发展的道路，对于始终坚持规范发展的公募基金而言是挑战更是良好的发展机遇。公募基金需要继续坚守资管业务本源，不断强化勤勉尽责的信义义务，持续提升投资管理能力。

二是客户的机构化。随着利率市场化的推进和大资管的发展，客户日益呈现机构化特征，与银行、保险等机构间的合作也已经从传统的代销、托管、委托等逐步向更高阶段、更深层次发展，这将会为公募基金行业的发展带来更多机会。

三是资金的长期化。伴随着公募基金20年的发展，投资者正逐渐建立起长期投资的理念，投资者行为日趋理性；同时，养老金体系的不断完善，将为公募基金带来更多的长期资金，公募基金必须肩负起养老金投资管理主力军的重任，稳步推进FOF产品、养老目标基金产品，并积极推进个人养老金制度落地。

四是投资的多样化。直接融资的发展和多层次资本市场的完善，将全面提升基础市场的量和质，权益、固定收益和包括期权期货在内的衍生品市场都将迎来大发展，这将为公募基金产品创新提供更加丰富的机会。

五是业务的国际化。过去几年，中国在加快资本市场对外开放的道路上不断取得突破，包括沪深港通的推出、QFII/RQFII制度改革、A股纳入国际指数、放宽金融机构的外资持股比例上限、外资机构纷纷设立WFOE开展私募基金管理业务等。公募基金需要尽快开拓视野，与海外资管机构加强交流合作，积极开展产品和服务创新，打造真正具备国际竞争力的一流资产管理行业。

六是生态的科技化。技术在改变世界。大数据、云计算、区块链、人工智能等技术的发展，将对公募基金行业在销售渠道、产品设计、客户服务、投资研究、合规风控、营运清算等全业务流程产生重大乃至颠覆性影响，公募基金公司需要高度关注新技术的应用，坚持围绕客户需求探索并应用先进技术，持续优化行业生态。

三、持续提升核心能力、强化核心竞争力

站在新时代的起点，公募基金需要回归本源、立足本业，持续提升核心能力，更好地服务客户理财、服务实体经济发展，我们认为核心能力包括以下四方面：

一是投资管理能力。投资管理是公募基金存在的根基，它包括清晰的投资理念、科学的投资流程、完善的投研体系等。

二是合规风控能力。合规风控是公司长期稳健发展的保障，它包括正确的合规风控理念、完善的合规风控组织架构和严谨的合规风控体系等。

三是客户服务能力。客户服务是为客户创造价值的最终体现，它需要整合公司前中后台资源，建立统一的客户服务平台，为不同类型的客户提供高质量的资产管理服务。

四是业务创新能力。业务创新是推动公司发展的引擎，包括产品创新、服务创新和组织创新等，根本目的是为了更好地抓住客户痛点、更好地满足客户理财需求。

核心能力是公司整体所呈现出的关键能力体系，而真正打造这些能力的是公司的核心竞争力。汇添富作为行业第47家成立的基金公司，发展到现在资产管理规模近7000亿元、服务客户超

8000万人的资产管理集团，在14年不断的探索和试错中，形成积累了一些体会，我们认为核心竞争力包括以下四方面：

一是稳定长期的治理。治理是公司长期发展的基础，包括股东结构保持稳定、股东理念着眼长期、股东充分重视人力资本价值等。汇添富的3家创始股东始终保持高度稳定，信任并支持公司独立运作；公司高管完全市场化招聘，考核激励着眼长期，注重公司核心竞争力的提升；2016年在股东单位的大力支持下，公司顺利完成员工参股工作，员工、公司、股东利益进一步绑定。

二是团结进取的团队。资产管理业是一个“人合”的行业，人力资源是最重要的资产。汇添富公司高管班子团结进取、稳定包容，高管平均从业年限超过20年，经验丰富、充满激情；注重团队的内部培养和梯队化建设，每年坚持从国内外顶尖高校招聘，并初步形成领军人才、骨干人才、专业人才、潜力人才的良好梯队；鼓励员工自我成长，不断提升专业能力，做行业最硬核的脑袋。

三是高效规范的管理。管理是服务公司经营发展的保障。汇添富每年年初结合公司战略确定年度工作主题，形成共识、强化执行、逐年完善；高度重视IT系统建设，为各项业务发展和管理效能提升提供有力支持；持续加强合规风控建设，主要业务与管理实现制度化、手册化、信息化，并不断优化提升。

四是传承发展的文化。文化是公司的灵魂和核心。汇添富视企业文化为生产力，坚持传承并创新发展公司特色的企业文化。汇添富坚持客户第一、员工第二、股东第三的使命，坚持“打造中国最受认可的资产管理品牌”的目标，坚持“一切从长期出发”的经营理念，坚持“只要是决心做的事就必须做成业内最佳”的哲学、坚持“客户第一、正直、激情、团队、感恩”的价值观，坚持“幽默、分享、尽最后1%努力”的每日三问，并在公司发展实际中创新发展新的文化理念。

回望20年，中国公募基金行业走过了国际资产管理行业60多年的发展道路，然而目前基金行业仍处于初级阶段，仍然存在发展结构不均衡、与人民群众日益增长的金融需求不匹配的问题，客户需求巨大、发展前景广阔。

在新时代大资管统一发展的环境下，无论是银行、保险还是公募基金，都应该回归到以客户为中心，围绕客户需求寻找自身定位，充分发挥各自核心竞争力，加强合作、互利共赢，从而更好地满足客户的财富管理需求、服务资本市场和实体经济的发展。公募基金行业应不忘初心、砥砺前行，在下一个20年，真正发展成为一流的富有国际竞争力的资产管理机构，奋力开创新时代资本市场改革开放新局面，为实现中华民族伟大复兴承担起行业的责任和使命。

资产管理的基础、未来与路径

嘉实基金管理有限公司总经理 / 经　雷

“在北上广深，一百元钱可能就是一个人的一两顿午饭钱。但如果这一百元钱放在一家资产管理机构，就能够为年金客户多获取一百元钱收益。那么，当这一百元钱收益再通过企业还给养老金的领取者，尤其是边远地区的领取者时，就不再是简简单单的‘午餐钱’，而是能够让养老金的领取者多买几斤肉或者几斤油，是能够改变或是改善主人生活质量的一百元钱。”这是一位企业客户来公司交流时对我说的一番话，也是我在嘉实基金投资研究团队经常讲的关于“100元”的故事。

这便是资产管理，以信任为基础，以人为基本单元，为社会创造财富，为居民提高生活品质。

人与信任：理解资产管理的基础与本质

自20世纪科学革命以来，人类关于科学的探索有三个举足轻重的发现，分别是原子、字节和基因。如《The Gene》里所言：“这三个概念之间的类似点是，它们都各自代表了一个不可分割的基本组织单元：原子之于物质、字节之于数字化信息、基因之于遗传和生物信息。”所以，只有把认知沉淀到最底层单元，才有能力去对更完整的整体做出足够深刻的认知和理解。

那么，对于资产管理来说，其最底层或最基础的单元究竟是什么呢？不是资本市场，不是底层资产，也不是我们常讨论的策略组合，而是——人。

资产管理最底层、最基础的单元应该是人。因为归根结底，资产管理都是由人来操作——人在决定整个宏观、中观和微观的基本面分析；人在研究投资标的；人在设计和创造投资策略以及相关产品；也是由人来进行交易、做风控。即便是当下的人工智能技术，其所技能和模仿的也是人的能力，是人的赋能。所以，整个资产管理的过程，其实就是人不断发挥主观能动性，不断去面对客观世界的未知，并做出反应和应对的过程。

已知永远是有限的，未知永远是无限的。我们对于未来最大的已知和确定，正是它的“不确定性”。芝加哥学派创始人Frank Knight在其著作《风险、不确定性和收益》中提到，不确定性其实是一种更为纯粹的风险，它的客观存在无处不在，并且不可避免。不确定性意味着风险，只有承担风险才有可能获得价值。所以，对资产管理从业者来说，管理好风险与获取机遇同等重要。

恰恰在这个过程中，最重要的仍旧是人。以嘉实基金为例，主动去管理不确定性与风险，是我们自始至终的诉求。我们着力通过我们的学识、认知、分析能力以及获得财富的思想，对不确定性和风险进行科学管理，尽可能地降低不确定性所带来的风险影响。这些所有过程所依靠的基础单元就是人，尤其是人的思想。

因此，资产管理机构要塑造卓越的资产管理能力，最基础的是通过人的主观能动性去解锁世界的未知，最终在管理好风险的基础上使得客户利益最大化。

既然资产管理的基础单元是人，关于其本质的理解也涉及对人的关系的理解。这也体现在资产管理机构常说的“八个字”：受人之托、代客理财。这“八个字”分量很重，凝聚着人与人交往，以及人与社会交往的硬核“信任”。

资产管理本质上就是信任关系。信任是链接客观未知和人主观能动性之间的桥梁。不管是人类进入商品社会初始的物质交换时代，还是现在的货币交易时代，信任一直是交易或者交换过程的基础。只有和客户建立起了“信任”的桥梁，客户才会放心地把钱交给资产管理机构代为管理。信任在个人与个人之间层面是相信，当个人寄托团队时，信任的灵魂便上升到了“信誉”。

那么，如何建立起这种人类高度的信任？我觉得没有复杂的技巧。从嘉实基金的理解来看，建立信任的基础，就是我们行业的认知、标准、品行、灵魂，以及价值观。

“纺锤型”的供给端与更聪明的客户端：资产管理的产业特征趋势

马克思在《资本论》第一卷提及，把商品转化为货币的过程，就是货币最基础的交易过程。商品交换推动货币产生，而货币的产生则逐步衍生金融和其更细分的领域，例如资产管理。

作为行业的资产管理不可能一蹴而就。从全球看，20世纪80年代至90年代末，资产管理行业已经进入奠基末期。这一时期，虽然一些早期的资产管理机构陆续退出了舞台，但是资产管理本身却是公认的具有高吸引力的成长型业务。最典型的特征就是，诸多大型金融集团加快了收购精品资产管理机构的步伐和行动。

进入21世纪，全球资产管理行业开始进入由投资能力和发展布局双驱动的收并购时期，越来越多的资产管理机构开始不断寻求和深化其在业务上的区分度和特色化。其中，典型的特征就是规模更大的资产管理机构品牌开始诞生并不断强化。

当下，资产管理行业正面临新的、更加复杂的宏观环境背景。其中，金融科技影响加剧、收益率走低、全球人口老龄化、以及资产管理回归正统的趋势是最值得关注的四种宏观情景。

在这宏观环境的影响下，资产管理行业出现了一些趋势性特征，其中最明显的就是资产管理的消费型产业特征。消费型产业的特征有哪些？简单说，就是产品的制造端会源源不断地产出，竞争力会越来越激烈，同时客户也变得越来越聪明。我们可以从供给端和客户端具体来看。

从供给端的资产管理机构来看，行业将呈现“纺锤型”结构趋势。“纺锤型”结构是指资产管理机构在全球资产管理行业加速整合的背景下，在行业两端的公司会更具有优势。纺锤的两端，一端是规模优势，即“平台”；另 端是突出特长，即“精品”。具有规模优势的大型资产管理机构要在行业中胜出，必须进一步发展为能满足客户所有要求的平台性公司；而规模较小的资产管理机构，则必须在某一个领域做得非常精、非常尖，才能有较好的生存空间。

从需求端的客户来看，投资者变得更加聪明，其对于资产管理的购买需求也因此呈现一些显著变化。首先是，零售客户机构化，机构客户需求专业化。然后是，客户对产品创新、个性化、客户服务体验的需求越来越高。我们可以参考一份来自Casey Quirk在2018年的调查，其中75%的受访客户表示在寻求更为个性化的投资服务；76%的受访客户表示客户服务体验是决定其是否更换资管机构的关键因素。最后是，客户对费率的敏感度将会进一步提升。

对于这些变化，很多资产管理机构从自身优势出发做出努力，并且所给出的路径也可能千差万别。比如嘉实基金，与业内其他资产管理公司就会不一样。随着客户越来越聪明，供给端越来越多，嘉实基金认知到工业化是最优选的路径。嘉实基金正在进行"人"向"逻辑"的转变。资产管理的制造端还是人，但是这个人回归到最初层面的是思想，而思想才是投资最基础的源泉。

大Alpha与小Beta：基于中国非有效性市场的资产配置路径

我们探讨金融理论的时候，往往提及有效市场理论。这一理论是20世纪70年代芝加哥大学的金融学家Eugene F. Fama提出来的。这个理论奠定了欧美资本市场的基础，也更适用于欧美市场。

嘉实基金所深度认知的是，中国市场具有弱有效性或非有效性，其市场信息的传播是逐层而非同时。因此，建立在西方市场基础之上的市场有效理论模型并不适用中国，基于西方有效市场假设下的配置优化理念也不适用于中国。在中国市场，有效前沿也并不再以市值作权重指数；在中国需要更有优势的资产配置工具或路径。

那么，什么是更适合中国非有效市场的资产配置路径？在回答这个问题之前，我们需要先清晰地看到在国内非有效市场前提下，呈现的相对的大Alpha和小Beta特征。

根据嘉实基金博士后科研工作站长期对中美市场Alpha与Beta的研究：从长期角度看，美国作为高度成熟的市场，Beta在6%～7%水平，Alpha在-1%～-2%水平；作为非有效市场，中国市场的Beta在5%左右，Alpha是在5%。

同时，中美资本市场上基金经理的Alpha能力和传统因子暴露对于Alpha超额收益的贡献程度呈现截然相反的情形。长期看，美国主动基金很难有超额收益，并且基于有效市场理论构造的价值、动量、市值、波动等传统因子贡献了正向的超额收益。因此对于Beta收益高、传统学术因子有效的美国市场，配置因子类Smart Beta是适当的。

而在中国市场上的主动管理依旧有正的超额收益空间，基金经理的Alpha能力仍是基金投资主要的收益来源，这也是基于嘉实基金对于A股市场"主动管理，深度基本面研究，研究驱动投资"的理解。嘉实相信，在中国市场做配置，更应该从主动基金经理的思想出发，由思想向流程化、系统化、标准化的策略转换，构造有中国特色的Smart Beta。在这一领域，嘉实基金也有很多举措。如Super ETF品牌，其最大的特色正是不再是由传统因子驱动，而全部是基于思想而驱动。2019年成功发行的基本面50ETF和即将推出的中证500成长估值ETF均是思想驱动的Super ETF的代表性案例，这2只ETF的跟踪指数都不是传统意义上的因子指数，而是分别借鉴了投资大师的投资思想和具有中国特色的本土投资思想所形成的指数。这2只指数近5年来表现优异：基本面50相对上证50有6.3%的年化超额收益；中证500成长估值相对中证500有9.7%的年化超额收益。

不过我们需要认识到，在投资世界中，思想并不是某种单一策略，面对纷繁复杂的资本市场，单一的思想也无法满足客户多元化要求。所以，我们需要不断尝试的是把各类思想汇聚起来。譬如，价值投资、基本面研究、“护城河”理论、GARP投资等都可以是嘉实基金Super ETF的思想来源。伴随嘉实投研向工业化的转变，以及吸纳更多有效的思想纳入体系之中，我们坚信会把嘉实的投资制造能力以及策略产品锤炼得更加符合客户对于卓越业绩和可持续业绩的要求。

在CFA Institute网站上，关于金融的根本目的是这样表达的：“提高社会财富与居民生活质量，对社会做出贡献。”作为资产管理人，嘉实基金经常会问三个问题：一是我为客户做了哪些？二是我为客户赚了多少钱？三是我为客户规避了什么风险？嘉实基金始终将客户利益放在第一位。而更重要的是，自始至终，嘉实基金信仰“利他”，希望能通过资产管理的核心能力，使我们“服务财富增长，助力产业腾飞”的使命不断落地、落实。

以文化建设引领公募基金行业发展

建信基金管理有限责任公司董事长 / 孙志晨

从诞生之初，公募基金行业即恪守“受人之托，代人理财”的初心与使命，凭借价值投资理念与规范制度运作，历经二十余年的矢志耕耘，成长为服务大众理财与居民养老的专业化力量，形成了忠实于持有人利益的公募基金文化底色，同时为促进资本市场价格发现、维持国家金融稳定、促进实体经济健康发展提供了不竭动力。

当前，我国经济已由高速增长阶段转向高质量发展阶段，正处在转变发展方式、优化经济结构和转换增长动能的关键时期。新时代呼唤新担当，助力国家经济高质量发展是公募基金行业不可推卸的责任，而整个行业要想行稳致远的发展，完成时代赋予的使命，亟需打造健康良好的行业文化，发挥文化的力量引领方向、促进发展、塑造形象。

在2019年11月21日召开的证券基金行业文化建设动员大会上，中国证监会党委书记、主席易会满将新时代证券基金行业文化的核心理念和重要内涵提炼为“合规、诚信、专业、稳健”，既有对行业过往的传承，又包含了新时代、新环境下的创新；中国证券投资基金业协会党委书记、会长洪磊向公募基金行业发起了行业文化建设的倡议书，提出公募基金应“恪守信义义务、敬畏法治、践行社会责任”，将行业文化进一步具象化，为公募基金行业提出了明确的奋斗目标。

把握行业文化内涵，勇于担纲时代使命

行业文化是一个行业在社会文化和经济文化背景中逐步形成的共同的价值理念、精神信念、经营思想、道德准则和行业规范等，是行业得以存续、发展、进化的原动力。年届弱冠的公募基金行业，已初步形成了独具特色的行业文化。但在过去的发展中，与公募基金行业规模、业绩、利润等“硬指标”的快速扩张相比，以行业文化为代表的“软实力”仍有提升空间。以“合规、诚信、专业、稳健”为中心，铸造恪守信义义务、敬畏法治、践行社会责任的行业文化，是对于时代内涵的深刻把握，是将引领公募基金未来行稳致远、健康持续发展的关键之匙，更是公募基金履行服务实体经济、深化资本市场改革、防范金融风险这一时代使命的必然要求。

合规文化，是公募基金行业赖以生存的生命线。要以“合规创造价值”的信念，使合规成为一切经营活动的前置和自觉行为，不为短期超额收益打制度、规则的“擦边球”。守住合规底线、履行诚信义务、突出专业特色、保证稳健经营，始终忠于持有人利益，让合规文化构成公募基金行业赖以生存的生命线。

诚信文化，是公募基金行业立业兴企的基础。“受人之托，代人理财”的基本属性，决定了公募基金行业必须要高度关注客户利益，坚守诚信，忠于责任。只有“立言立行，善作善

成”，才能赢得客户持久的信赖与尊重，才能保持基业长青。

专业文化，是证券基金机构创造客户价值、牢牢把握核心竞争力的根本。只有成为财富管理专家，才能在资产管理行业全面对外开放的背景下和不同类型资管机构充分竞争的格局中领跑行业，才能使我们的服务更深入、更到位、更有附加值，才能赢得客户、同行的尊重。

稳健文化，是公募基金行业全面系统管控风险、稳中求进的有力保证。只有构建审慎客观、系统全面的风控体系与内控合规管理的长效机制，才能始终保持风险可测、可控、可承受；只有做到组织能力发展与业务规模增长相匹配，才能实现可持续发展。

恪守信义义务，首先要坚持审慎勤勉之责，以“持有人利益重于泰山”的信念严格约束自身行为，将投资者最佳利益始终牢记心头；敬畏法治和规则，以“合规创造价值”的理念守住一切经营活动的底线甚至创造经营活动的“高线”，依法合规经营，树立行业的公信力和品牌度，以严格的自律行为，构筑以信用为基础的自律文化长城；践行社会责任，重视责任投资、坚持价值投资，以自身所擅长的价格发现、优化资源配置等优势，促进更多在ESG领域有所作为的优质企业和高新技术企业脱颖而出，把资源匹配到国家经济转型和绿色可持续发展最需要的地方，在助力中国经济由高速增长向高质量发展的转变中发挥更大的主观能动性。

积极实践文化建设，铸就企业核心竞争力

在企业文化建设实践之中，建信基金一直将其置于公司发展战略的统筹引领位置，以企业文化铸就建信基金的核心竞争力。从2005年成立伊始，建信基金就提出企业文化建设和发展战略，并制定了较为完整的企业文化和与之配套的制度体系。成立十余年来，建信基金始终不忘为持有人“建设财富生活”的初心，秉持“诚信、专业、规范、创新”的核心价值观，贯彻“持有人利益重于泰山”的理念，逐渐成长为行业领先的综合型资产管理公司。

文化的内涵是发展变化的内在规律，企业文化只有适应时代和企业发展的内在规律，并不断被赋予新的内容，才能助力企业不断向前。近年来，行业创新加速孵化，公募FOF、养老目标基金接连问世，产品种类不断丰富，客户需求逐渐多元；科学技术迅猛发展并渗入各个业务环节，建信基金以金融科技赋能，开始推动“智慧人HI+人工智能AI”的深度融合；而随着资管新规等的出台，资本市场迎来统一化、规范化、专业化的重要发展契机。在新的时代格局之下，为了及时应对变化、提升核心竞争力，建信基金于2017年正式开启了企业文化重检项目，旨在全面梳理重检公司企业文化体系的现状，立足新形势下战略升级的客观需要。

建信基金企业文化重检和升级的实施过程，主要分为调研、实施、整合落地三个阶段。在前期调研中，进行文化重检工作研讨，聚焦文化核心问题、探讨了文化升级方向与主要措施。在充分调研的基础上，分阶段进行企业文化建设实施。一是企业文化梳理重检，广泛开展内部访谈和外部文化体系对标研究，初步提出文化现状评估与升级方向的建议；二是文化理念体系方案设计，聚焦关键问题，组织专题研讨，广泛凝聚共识；三是优化核心理念的传导机制，主要从企业文化管理的制度设计、动态流程化管理、员工手册更新等方面，完善企业文化核心理念落地措施。

企业文化建设的最终目的是要将文化贯彻落实到公司的经营管理和业务发展中，切实发挥企

业文化核心理念和价值观作用。前期调研、实施完成后，逐步将各类成果整合落地：一是完成并下发文化手册，组织各部门员工认真学习、深刻领会。二是有序推进文化手册的具体实施方案，包括文化培训、理念宣贯、形象物展示、职场设计等。三是将企业文化建设在各部门年度KPI考核中单列，强化文化的传导、执行和落实，将文化渗透到日常工作中。

经过企业文化重检项目，建信基金完成了自身企业文化的升级与重塑，使之与时代要求一致、与行业趋势吻合、与公司发展匹配。具体来看，此次企业文化重检的成果，一是从基础层面形成了完整的企业文化理念。建信基金以“可信赖的财富管理专家，资产管理行业的领跑者”为愿景，以“善建财富、相伴成长”为使命，秉持着“创新、诚信、专业、稳健、共赢”的核心价值观，坚守“创新引领、协同共赢”的发展理念，创新启用“梧桐”为企业文化的象形物，打造“梧桐精神”，寓意“吾同”和“五同”，即同心、同行、同创、同享、同赢。二是从经营层面制定了完整的组织行为规范。建信基金企业文化的《组织行为篇》是公司文化核心理念对各项经营管理行为及资源配置活动基本逻辑的梳理和规范，结合公司发展战略与经营管理实践，系统地阐述核心价值观在组织行为层面践行落地的方式。三是从人员管理的角度制定了覆盖不同层级员工的行为规范。建信基金企业文化的《员工行为篇》囊括了全部层级。其中，《高级管理人员行为规范》是公司董事长、总裁、副总裁、首席官、总监等高级管理者需要共同遵守的行为规范；《中层管理人员行为规范》是公司部门级机构的总经理、副总经理、总经理助理等专业管理人员需要共同遵守的行为规范与行动指南；《员工行为规范》是公司全体员工共同遵守的行为规范与行动指南。

响应行业文化号召，不断提升企业文化

公募基金的行业文化与各家基金公司的企业文化是统领协调、相互影响、共生共赢的关系，而行业文化的落地生根关键在于企业如何将行业文化融入到自身的企业文化中，不断吸收、深化与发扬，这将是整个公募基金行业为迎接时代挑战、谋求更大发展所面临的共同课题。在对公募基金行业文化内涵不断学习的基础上，结合建信基金在企业文化建设中的实践经验，总结四项举措如下：

一是精神驱动，文化建设与业务发展协同发展。时代是思想之母，思想是时代之帆。习近平新时代中国特色社会主义思想坚持问题导向，从古今相互贯通、国内外相互关联、理论与实践相互结合的高度来把握与认识问题。公募基金行业的企业文化建设要把党的政治核心作用和党员的先锋模范作用，转化成推动公司高质量健康发展的现实生产力，强化党的领导与公司治理的有机结合，形成文化与发展的双赢格局和良性循环。

二是健全机制，统筹推进企业文化建设。优秀的企业文化是“内化于心、外化于行”的，将文化建设的基本要求制度化、规范化，嵌入到企业的业务、风险与合规等各个管理环节之中，以制度承载道德理念、固化良好品行、强化文化认同。具体来说，即是建立企业文化建设组织领导机制，成立企业文化建设工作领导小组，形成一把手亲自抓，班子成员共同管，各部门合理安排，广大员工认真落实的文化建设格局。

三是创新形式，筑牢企业文化建设的根基。文化是最需要创新的领域，“不日新者必日

退”。必须坚持不断创新企业文化载体和形式，通过搭建学习培训、个人发展、文化活动多个平台，把员工个人发展目标纳入公司整体发展的总目标中。同时，务必将企业文化建设的根基打牢，计划坚持贯彻、措施掷地有声，在行动上见真章、求实效。

四是融合认同，科学制定企业文化建设规划。提升全体员工对文化建设的认同度，以建立企业命运共同体为目标和核心内容，本着企业文化为公司发展服务的原则，制定文化建设的近期目标和长期目标，围绕目标和工作重点提出对各部门的具体要求、工作任务和步骤，做到内容明确、要求明确、责任明确、期限明确。

“求木之长者，必固其根本；欲流之远者，必浚其泉源。”文化建设是一项不容易“出政绩”的基础工程，但只要肯下苦功、真抓实干，必将给行业以持久丰厚的回报。在金融改革不断深化、资本市场迈向高质量发展的新阶段，响应行业文化号召，深化企业文化建设，是公募基金行业走向健康持续发展的必经之路。建信基金愿与行业伙伴携手同行，坚守初心、不负使命，努力开创公募基金行业文化建设新格局，为建设规范、透明、开放的资本市场注入新动能、提供新支撑。

迎接公募基金养老投资新时代

华夏基金管理有限公司总经理 / 李一梅

20世纪末，伴随着改革开放的进程，中国第一批基金管理公司诞生。20年来，中国基金行业从无到有，从小到大，不断探索创新，逐渐成长为资本市场的重要力量。随着社会经济发展和国民财富不断增长，公募基金行业正迎来新的历史性发展机遇。

随着中国人口老龄化不断加深，应对养老难题已经成为国家战略层面的重要议题，养老金三支柱均衡发展的重要性日益凸显。拥有20年投资管理经验的公募基金理应积极参与国家养老金体系建设，肩负起为养老金保值增值的重任，实现与养老金的良性互动和协同发展。未来，随着多层次养老金体系不断健全和基金市场化运营不断深入，养老金将成为公募基金下一个20年发展的重要推动力。

一、公募基金是养老金投资运营的主力军

作为养老金投资的良好载体，公募基金参与养老金投资管理的历史悠久。自2002年参与社保基金投资管理开始，公募基金拉开了全面服务养老金体系建设的序幕。至今，公募基金参与管理了包括全国社保基金、企业年金及基本养老金等在内的全部养老金类型。依托于专业能力和优势，公募基金始终在为养老金的保值增值贡献专业力量，成为了养老金投资运营的主力军。

第一，公募基金是最契合养老金运营要求的财富管理机构。中国公募基金建立伊始，就借鉴了境外的先进经验，同时比境外更加注重市场监管与风险控制。因此公募基金成为资产管理行业中运作最规范、治理结构最完善的机构。同时，中国的公募基金基于信托关系，坚持投资者利益至上，引入基金管理人和基金托管人的双重受托安排。基金管理人负责基金财产的投资运作，基金托管人负责基金财产的安全保管，并按照规定对基金管理人的投资运作进行监督。这种基于信托责任的制度化安排，得到广大投资者和监管部门的认可。因此，作为金融行业最规范的财富管理机构，公募基金更加契合养老金运营对于安全性的要求。

第二，公募基金是养老金最主要的投资管理人。从管理资格来看，全国社保基金18家境内委托管理人中，公募基金占据16席，在基本养老金21家投资管理人中，公募基金有14家，在企业年金和职业年金22家投资管理人中，公募基金占11家。从管理规模上来看，截至2017年末，全国委托管理的企业年金、社保基金规模超过2.57万亿元，其中由公募基金管理的规模达1.46万亿元，规模占比近60%。从投资业绩来看，公募基金投资业绩稳健，历年收益率普遍高于市场平均水平。自2012年监管部门披露信息以来，截至2017年末，公募基金管理的企业年金历史平均收益率为6.4%，在券商、保险、基金三类投管人中位居前

列。此外，养老目标基金自2018年9月市场首发以来也在快速发展，公募基金作为管理人，在养老金投资运营中不断创新发展，服务国家养老大局，在养老金投资管理中占据重要地位。

第三，公募基金为养老金提供了丰富的投资产品，储备了优秀的投资管理人才。公募基金拥有丰富的产品类型，能匹配养老金多方面投资需求。经过20年的探索成长，公募基金已经发展成为全功能的资产管理平台，投资领域广泛，产品类型丰富，可以满足养老金对不同风险收益产品的需求。特别是2018年推出的养老目标基金，通过目标日期基金、目标风险基金等为广大个人客户提供一站式养老金融产品。公募基金为国民的“老有所养”积极探索和布局，持续贡献专业力量。另一方面，公募基金培育了一大批专业的投资管理人才。中国已有公募基金管理公司130余家，从业人员近2万人。经过20年发展，公募基金从业人员普遍积累了扎实的专业知识和丰富的管理经验。同时，由于业绩披露的公开透明，公募基金的竞争要远高于其他行业，高度市场化的机制锤炼了一大批专业人才。特别是在二级市场投资方面，公募基金的投资能力明显优于其他资产管理行业，成为养老投资管理的主力军。

二、养老金是公募基金发展的重要推动力

养老金长期属性明显，资产增速稳定，为基金行业提供着稳定的资金来源。把握养老金的市场机遇，服务好养老金投资，将推动基金行业健康稳健持续发展。

第一，养老金是公募基金发展的稳定器和压舱石。公募基金管理的普通基金容易受市场影响而频繁申赎，导致规模波动较大。而养老金相对而言更加具有稳定性和持续性。从我国来看，全国社保基金投资运营规模从2001年的800亿元持续增长到了2017年的2.2万亿元，企业年金也从2007年155亿元稳定增长到了2017年的1.3万亿元。即使在市场面临短期涨跌乃至经济周期波动时，养老金规模也在稳健增长，未来，养老金将为公募基金发展提供稳定的资金来源。

第二，养老金能够促进公募基金践行长期价值投资理念。养老金着眼于保障投资者老年收入，从缴费、存续期投资到退休领取，时间跨度大，是最典型的长期资金。对于短期市场涨跌，养老金可以“用时间换空间”，通过长期持有分享未来资本市场上涨的收益。这能促进公募基金充分贯彻长期投资理念，投资于真正有价值的标的，通过长期投资实现基金增值。通过养老金的长期投资管理，既促进了公募基金践行长期价值投资理念，又有利于促进资本市场规模扩大，增强资本市场的稳健性和有效性。

第三，养老金能够推动公募基金的繁荣与发展。国际经验表明，养老金的发展会为基金行业带来发展红利。美国在20世纪70年代建立IRA和401（k）制度后，养老金行业获得迅速发展，基金行业也随之崛起。美国公募基金的年化规模增长率在401（k）计划引入之前的10年为10.96%，401（k）计划引入之后的10年达到22.97%。养老金制度的改革带来了美国公募基金的迅速扩容与繁荣发展。在中国，随着人口老龄化程度的不断加深，养老金制度也将不断推进和完善，养老金市场将稳定扩容，这必将为基金行业带来重要发展机遇和发展红利。同时，随着养老金基金投资范围不断扩大，投资工具不断增多，客观上也在推动基金行业产品和服务的创新，为公募基金长远发展注入了持久驱动力。

三、公募基金积极投身养老新时代

首先，公募基金要全面提高投资研究能力，

为养老金创造长期稳定的投资回报。公募基金的本源就是“受人之托，代人理财”，投研能力是基金管理行业的立身之本。公募基金要不断强化这一核心竞争力，持续创造回报，才能赢得投资者的长久信任。公募基金经历了资本市场多年的打磨，投资体系已经较为成熟，投资经验也得到了很好的积累。基金公司在二级券种选择以及操作能力方面具有领先优势，应继续加强权益类资产的精细化投资管理。同时，随着养老金资产配置的重要性不断提升，以及养老目标基金的发行，公募基金要逐渐向专业的养老解决方案供应商的角色转变，更加重视资产配置能力的提升，引进国际先进的资产配置框架和方法，坚持长期投资、价值投资，为养老金基金创造丰厚的价值增值。

其次，公募基金要推动行业创新，丰富产品供给和投资策略。在公募基金20年的繁荣发展过程中，创新一直是重要的助推器。随着公募基金服务养老金规模和类型的不断扩大，公募基金作为投资产品和投资策略的提供方，应持续提升产品创新能力，将现有的投资策略不断细化并落实，根据养老金的不同投资需求形成多元化、特色化的产品供给。同时，应借鉴海外先进经验，推动养老金拓宽投资范围，增加投资工具，为养老金投资提供丰富多样的产品选择，助力养老金基金稳健增值。

再次，公募基金应发挥专业服务优势，坚持做好投资者教育。公募基金在做养老金投资的同时，要重视投资者教育服务，不断引导投资者培养养老投资习惯，树立长期投资理念。一方面，要唤醒国民养老意识，提升对养老投资的重视程度，特别在服务第三支柱养老金建设时，完成养老投资意识唤醒等一系列工作是公募基金提供专业服务的重要内容；另一方面，养老规划和投资是长期的，公募基金要发挥专业力量，推动养老投资者树立并坚持长期投资理念，才能真正分享市场所带来的长期回报。

最后，公募基金要履行社会责任，强化社会责任投资。养老关系国计民生，积极承担养老责任是基金公司应尽的社会责任。基金公司应充分发挥买方优势，积极践行社会责任投资。一方面，通过市场化资源配置的方式，为经济可持续发展提供长期资金，积极促进实体经济基本面的持续优化；另一方面，基金公司要借鉴海外经验，树立做积极股东的理念，充分发挥公募基金在上市公司治理中的作用，真正从投资者权益出发，为养老金投资者创造可持续的投资价值。

在养老金业务方面，华夏基金在成立之初就视其为重要战略方向，也是业内4家首批获得全部养老金业务资格的基金公司之一。

经过17年的养老金管理实践，华夏基金构建了完整的养老金投资管理体系，保持了行业领先地位。截至2018年底，公司管理各类养老金规模近1900亿元。其中，企业年金管理规模超过940亿元，连续10年位居基金行业首位。养老金产品管理规模超过120亿元，管理全国社保基金、基本养老基金等多个组合，规模近850亿元。公司还高度重视养老金第三支柱业务，2018年发行成立了业内首只养老目标基金。

我们坚信，养老金将成为基金行业下一个20年发展的重要动力源。华夏基金将坚持做行业的先行者和创新者，发挥专业能力，成为更加令投资者信任，更加卓越，更加国际化的资产管理公司，助力中国养老金体系健康可持续发展。

第二部分 20年发展篇

Part II Development of Public Offering of Fund Industry over the Past 20 Years

中国基金行业发展脉络与展望

中国基金管理人发展分析报告（1998—2018）

公募基金运营发展分析报告

公募基金产品创新发展分析报告

沪市ETF市场发展报告

深市ETF市场发展报告

余额宝实践及对基金行业的影响

基金经理行为分析：老资历与少壮派业绩比较及投资风格变迁

中国基金业对外开放专题报告

中资资管机构出海10年回顾与展望

中国基金托管人发展分析报告（1998—2018）

从券商托管角度看公募基金发展20年

商业银行基金代销业务发展分析报告

证券公司代销基金业务发展报告

独立基金销售机构发展报告

基金专户子公司发展分析报告

基金行业20年法律体系发展历程

基金行业社会责任专题报告

中国基金行业发展脉络与展望

□ 华泰证券研究所

中国基金业自1985年诞生至今三十余年，却走完了西方近百年历程，经历了萌芽期、初创期、现代基金期、规范发展期、快速成长期、徘徊期、创新增长期和严监管等八大发展阶段。截至2018年6月底，公募基金资产净值占A股市值25.26%，占2018年上半年GDP比重30.31%。虽然行业发展速度较快，但体量在资本市场中所占比重仍较小。

随着大资管时代“去杠杆、降通道”系列政策实施，传统依赖于委外、通道业务以及牌照红利优势的规模竞争难以为继，公募基金面临更为严峻的竞争环境，从而倒逼其内动力加大创新和改革。内部威胁如产品缺乏差异化、对渠道控制力不足、优秀人才流失；外部威胁如其他机构创新型产品服务蚕食着基金公司的市场份额、银行渠道高度集中化、银行投资服务转型下对好产品的渴求等。因此，在面临竞争强化、监管趋严下，基金业如何才能在资管市场中闯出一番新天地成为全行业共同思考的问题。

基金行业的创新从未停止过，只是今天对创新的要求更高，过去的创新是改革的未来的启明星。以排名竞争为例，如天弘基金借助和支付宝的跨界结合使得余额宝规模获得快速提升、华夏基金凭借品牌口碑优势稳居前三、工银瑞信基金依靠特色投资领域赢得市场青睐、易方达基金凭借积极进取的投资策略稳坐规模前五大交椅等。相信未来基金行业排序仍会变化，而竞争的关键还是看谁先改革、谁先把握住行业的政策环境与发展机遇，以及谁的创新能力更强。

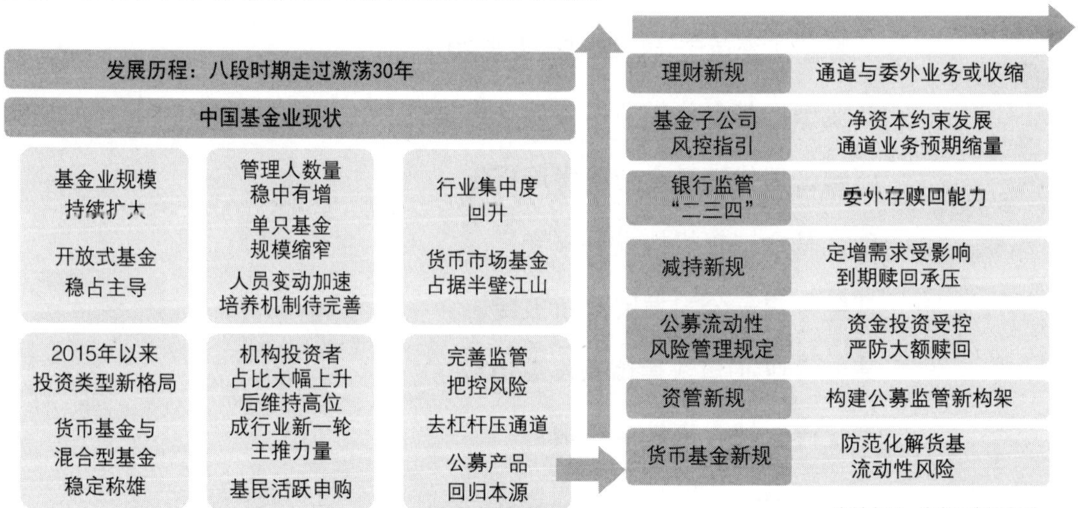

资料来源：华泰证券研究所

图1　中国基金行业现状与展望逻辑

资料来源：天天基金网、华泰证券研究所

图2 近十年前十大公募基金公司规模增长情况

一、发展历史：来路尚短，螺旋式成长

中国基金业自诞生至今，经历了萌芽期、初创期、现代基金期、规范发展期、快速成长期、徘徊期、创新增长期和严监管八大阶段。

（一）萌芽期——中国投资基金的早期尝试：1985—1990年

改革开放后，海外成熟金融工具逐步介绍到中国，以满足逐渐富裕起来的国人对理财朦胧的意向。中国国内金融机构与海外机构合作，适时推出面向海外投资者的“中国投资基金”，这是中国基金业的早期启蒙。

（二）初创期——公司制基金的早期尝试：1991—1997年

1991年10月，中国第一批老基金“武汉证券投资基金”“深圳南山风险投资基金”成立。1992年37家投资基金获准发行，“淄博乡镇企业基金”经中国人民银行批准于1993年8月在上海证券交易所挂牌，这是国内首档上市交易基金。

（三）现代基金期——“老十家”开启现代契约型封闭基金时代：1997—2001年

1997年11月14日，国务院颁布《证券投资基金管理暂行办法》，标志着中国基金业从此进入规范化发展时期。此时公司制基金退出或变形为其他合伙制基金形式或私募股权基金，契约型基金主导发展，面向社会大众的公募基金和面向特殊投资者的私募基金开启现代基金新时代，以封闭式基金为主。1998年3月，基金金泰、基金开元发行成立开启封闭基金投资时代。1998—1999年，南方、国泰、华夏等10

家基金管理公司先后成立，成为“老十家”。

（四）规范发展期——基金法规范发展的开放式基金时期：2001—2005年

封闭式基金获得社会大众火热认购，但是封闭运作使得规模发展受限，且单位净值和成交价两个交易价格引起投资者认知的困难，自2001年9月中国首只开放式基金“华安创新”成立，正式拉开公募基金进入开放式基金时代的序幕，基金规模不再受限。2002年底，开放式基金增至17只。2003年10月28日，《证券投资基金法》颁布实施，基金业进入新的重要里程，标志着中国基金业进入崭新的发展阶段。2005年以前基金公司在资本市场上话语权不高，基金行业规模相对较小，坐庄模式大行其道。

（五）快速成长期——股权分置改革催化牛市基金大发展：2005—2007年

2005年底，股权分置改革完成。A股逐渐走出一轮上升行情，基金赚钱效应显现，并为中国投资者所熟悉，基金成为继股票之外大众最为关注的证券产品。当时基金出现热销，投资者须按比例认购基金。至2007年，证券市场迎来单边上涨行情，公募基金行业规模呈现井喷式增长，基金规模最高达3.2万亿元，基金话语权得到较大提升，和前期庄家模式不同的是，基金信奉价值投资，卖方研究也随之崛起。

（六）徘徊期——在美国引发的全球次贷危机下艰难发展：2007—2014年

受次贷危机影响，中国证券市场出现震荡下跌，基金净值大幅缩水，众多投资者纷纷赎回投资份额，导致公募基金份额大幅度缩水。2008年，公募基金净值缩减至1.9万亿元。基金公司之间的竞争与博弈开始呈现白热化态势，50%的基金公司仍然在流出资金，且整体行业资产管理份额持续下降，直至2008年“4万亿”财政刺激政策祭出，股市又开始复苏行情。

（七）创新增长期——基金创新蓬勃发展规模频创新高：2014—2015年上半年

2014年底，新一轮牛市开启，基金行业迎来快速增长。基金公司旗下公募基金资产净值自2013年底的2.93万亿元增长至2015年上半年的7.1万亿元，基金子公司专户业务管理总资产规模自2013年底的1.44万亿元增长至2015年上半年的9.05万亿元，基金行业总规模创历史新高，远超2007年的巅峰时期。在此期间，分级基金、定增基金、打新基金等新产品蓬勃发展。

（八）从严监管期——金融行业去通道化、去杠杆发展：2015年下半年至2018年

2015年下半年，股市发生反转，基金市场规模增速放缓，规模扩张维持在合理水平。自2016年基金子公司风控指引和银行理财新规征求意见稿出台后，净资本约束规模增长，非标投资通道限制使得存量资金从基金流出，通道规模承压。2017年以来，一系列监管文件对资管产品投向、流动性以及底层资产做出了更明确的要求，特别是2018年4月落地的资管新规重塑大资管行业格局。监管变革中将引领公募回归本源，未来行业将更加规范发展。

二、行业现状：快速集中发展，投资者成熟度不高

（一）基金资产管理规模稳中有升

公募基金公司业务分为两类，一是公募类业务、二是专户类业务，专户业务可分为主动管理型业务和通道业务。近年来，基金整体规模稳健发展壮大，经历了两个阶段的快速发展，分别是在2006—

2007年大牛市期间基金规模达到3万亿元，2014—2015年牛市和货币市场基金的创新发展使得基金规模突破10万亿元。自2016年底开始，受市场行情影响，尤其是基金专户监管趋严，通道业务承压，基金专户规模进入平台期，总体来看，基金整体规模增速放缓。截至2018年6月底，全部基金公司管理公募基金资产净值已达12.8万亿元。专户业务方面由于通道业务承压，规模快速缩水。据基金业协会数据，截至2017年底，基金公司专户主动管理产品资产规模3.26万亿元，占比65.7%；通道产品规模1.70万亿元，占比34.3%。

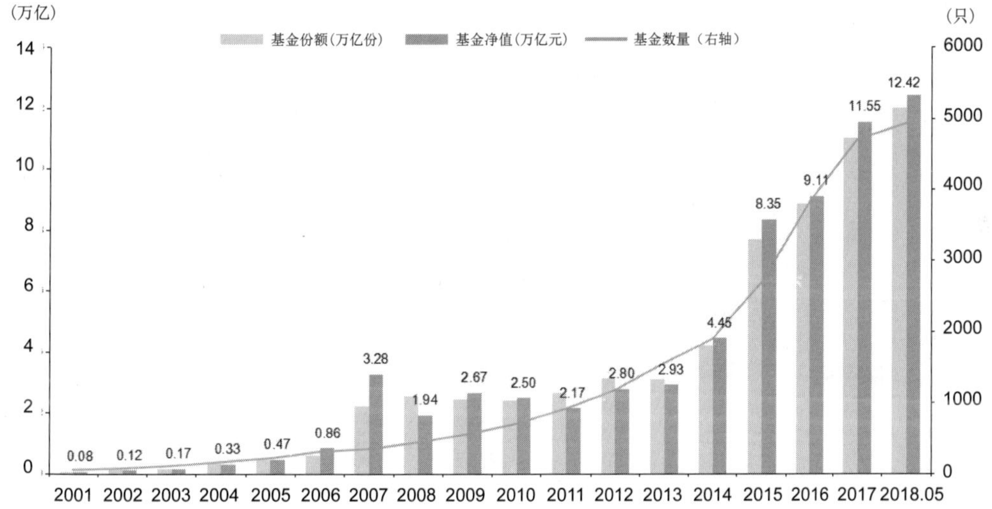

资料来源：Wind、华泰证券研究所

图3　基金公司管理公募基金份额、资产净值与数量发展

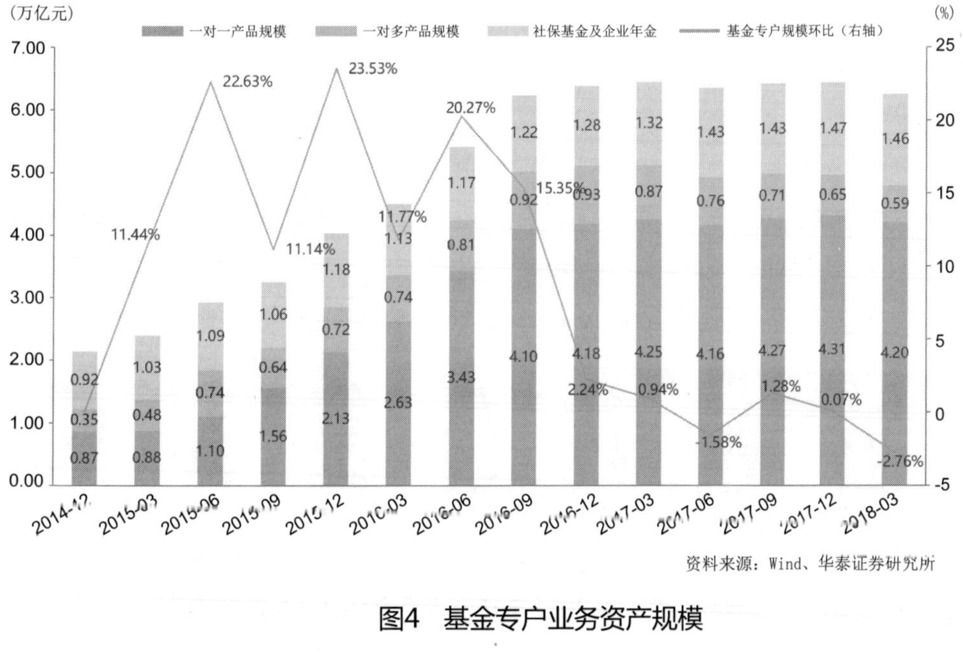

资料来源：Wind、华泰证券研究所

图4　基金专户业务资产规模

（二）基金产品类型和资产类别多元化

从封闭基金到开放式基金，契约型基金产品类型呈现多样化。2003年债券基金、指数基金，以及系列基金的出现，2004年和2005年LOF、ETF在中国市场上崭露头角，2006年QDII面世向国内投资者提供海外投资途径，2007年开始的创新基金更是将国内基金业推向一个高度专业的投资时代。

经过20年发展，国内投资范畴覆盖了股票型、债券型、混合型、货币市场、商品、股权基金、中港互认基金等多种类别，交易类型包含传统封闭式、ETF、开放式、LOF以及创新封闭式、分级基金等交易方式，投资区域覆盖国内外。

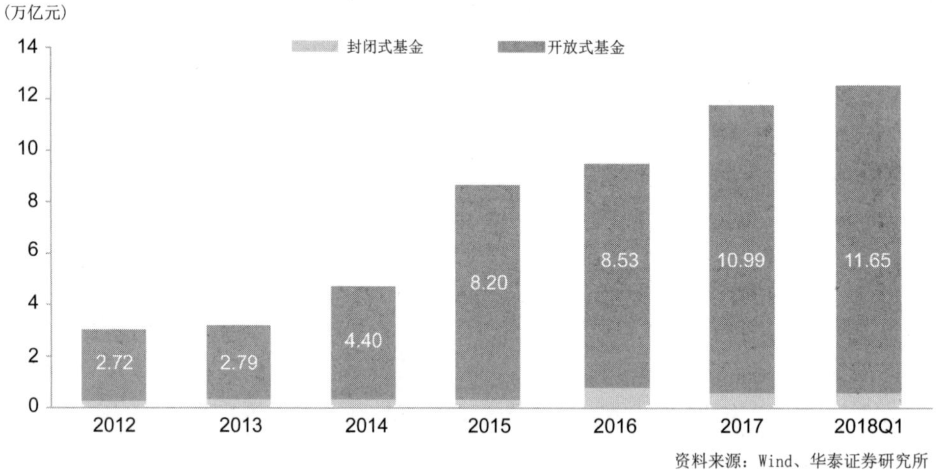

资料来源：Wind、华泰证券研究所

图5　2012—2018年开放式基金与封闭式基金产品资产净值

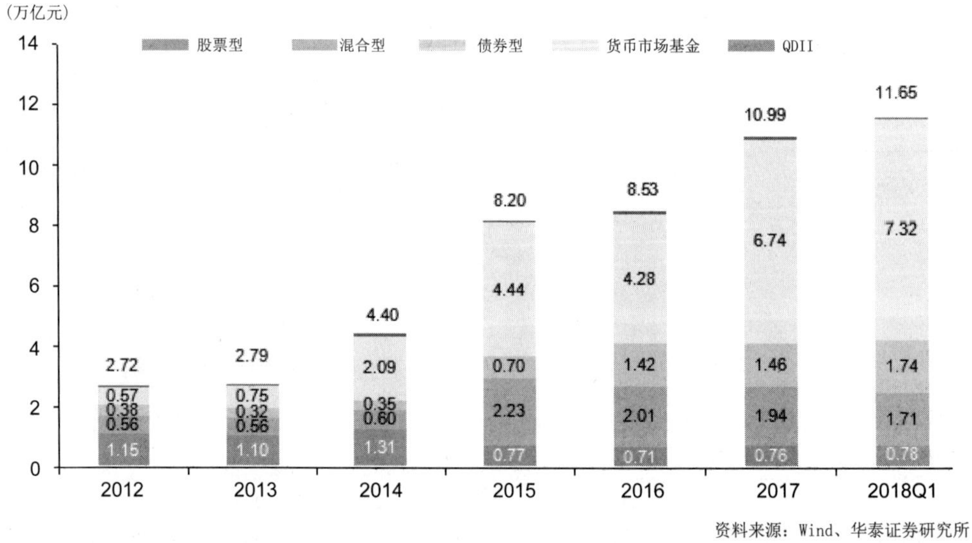

资料来源：Wind、华泰证券研究所

图6　2012—2018年开放式基金产品分类资产净值

（三）资金来源日趋广泛

机构投资者占比自2015年开始大幅扩张，近三年来维持高位。2007年以来，基金持有人结构机构化趋势明显，机构投资者占比自2007年的10.5%稳健提升至2014年的28.6%，并于2015年跨越提升至56.9%，首次超过个人投资者占比。虽然2017年受委外新规等监管政策影响，机构投资者占比有所回落，但近三年机构投资者占比整体仍维持高位。

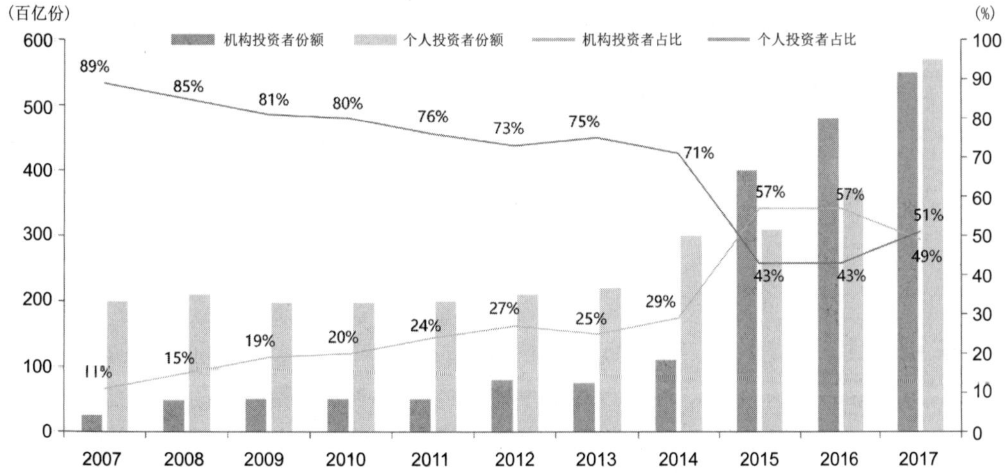

资料来源：Wind、华泰证券研究所

图7　2007—2017年基金行业投资者分类份额及占比

基金公司及子公司专户是承接机构资金的主要载体，各有侧重。基金专户以承接委外做主动管理为主，为机构投资者提供稳健投资选择，进而促成基金专户规模迅速做大。基金子公司专户以承接通道业务为主。纵向看，基金公司专户承接的各类机构资金都有较大幅度的规模成长。基金公司专户资金总额自2014年1.22万亿元增长至2017年4.84万亿元，共增长3.62万亿元。横向看，基金公司专户资金来源结构中银行委外是支柱。截至2017年底，基金公司专户4.84万亿元规模中银行委外占比五成。

表1　2014—2016年基金公司专户资金来源

资金来源	2014年		2015年		2016年	
	规模（亿元）	占比（%）	规模（亿元）	占比（%）	规模（亿元）	占比（%）
银行	6972	57.0	17200	60.3	27280	58.1
信托	1245	10.2	2249	7.9	3176	6.8
保险	711	5.8	1406	4.9	2651	5.6
企业	606	5.0	1237	4.3	2536	5.4
证券公司	361	2.9	1153	4.1	2473	5.3
基金及关联人	259	2.1	309	1.1	1395	3.0
个人	1220	10.0	2441	8.6	2083	4.4
其他机构	858	7.0	2514	8.8	5394	11.5
合计	**12240**	**100**	**28509**	**100**	**46988**	**100**

资料来源：基金业协会、华泰证券研究所

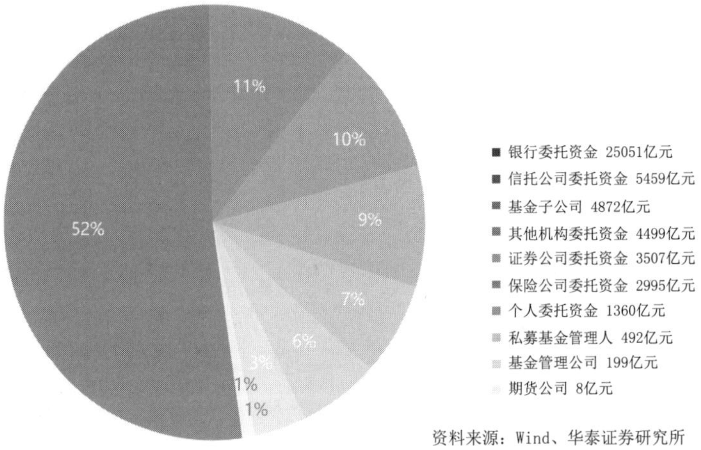

资料来源：Wind、华泰证券研究所

图8　2017年基金公司专户资金来源

（四）基金公司和产品集中化并压缩主动管理型基金发展

近几年，基金市场集中度回升，货币市场基金和短期理财基金的大发展导致基金公司强者恒强，渠道为王，中小基金公司生存困难。2007年证券市场迎来单边上涨行情，基金公司管理规模呈现井喷式增长，中小型基金公司迎头赶上，前三大基金公司的市占率（CR3）和前十大基金公司的市占率（CR10）大幅下降。2008—2014年行业徘徊期，基金公司之间竞争与博弈出现白热化态势，行业集中度稳中有降。而2014年后由于货币市场基金的机构投资者现金管理作用凸显，货币市场基金尤其是天弘余额宝基金大量销售，叠加基金公司主动管理能力差异分化，资管行业马太效应出现端倪。主要体现在：一方面，行业集中度开始出现回升迹象，至2018年5月底，CR3和CR10的份额分别达26.3%和51.1%；另一方面，货币市场基金带来基金公司产品结构分布的不对称和向货币市场基金集中的趋势，在规模为王的竞争趋势下，大大制约了主动管理型基金发展。

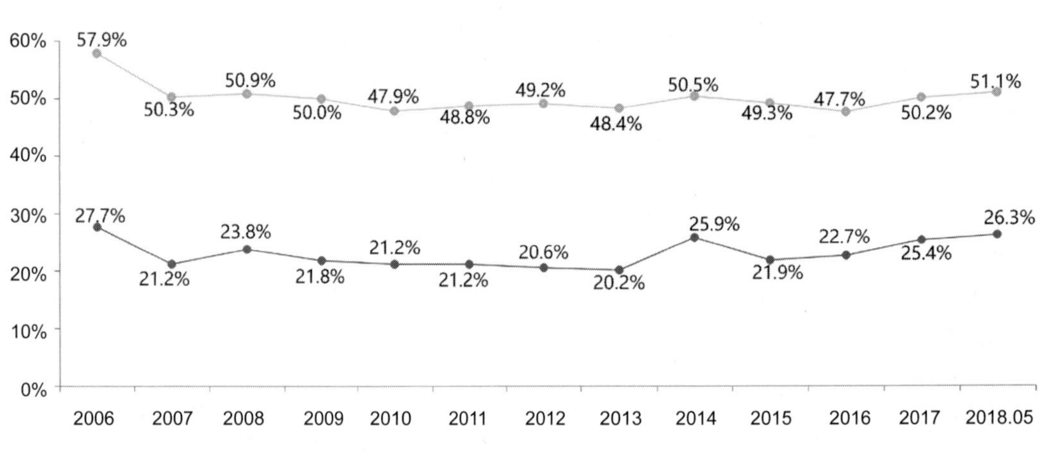

资料来源：天天基金网、华泰证券研究所

图9　2006年至2018年5月基金行业市场集中度

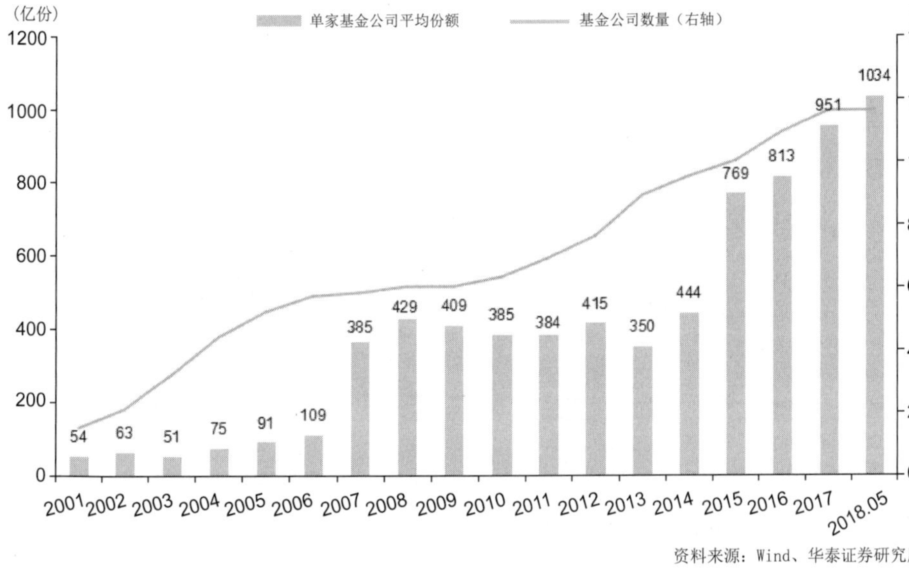

资料来源：Wind、华泰证券研究所

图10　2001年至2018年5月基金公司数量及平均份额

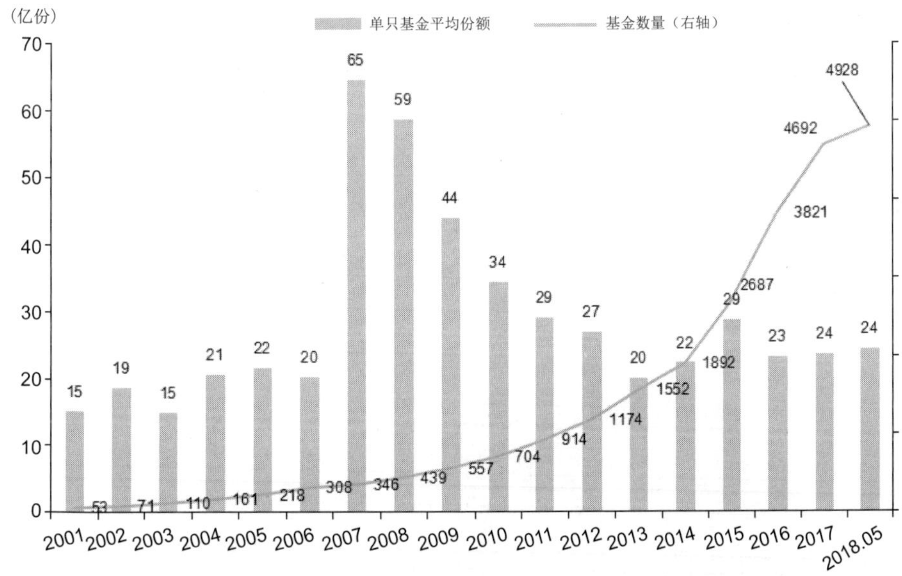

资料来源：Wind、华泰证券研究所

图11　2001年至2018年5月基金产品数量及平均份额

（五）基金投资者换手依旧频繁

中国基金行业发展过程中，一直伴随着较高份额换手率，每年申购赎回规模维持在高水平。2004—2007年申购赎回规模超过了规模存量，2008—2011年申购意愿有所回落，2012—2013年申购赎回日渐活跃，2014年中国基金业申购赎回频率不断提升，规模扩张近200%。频繁换手离不开行情的原因，但是很大程度上在于几轮大涨大跌行情后，投资者对基金投资长期收益的信心不足，再加上投资行为明显的顺周期性，也造成不好的投资体验，进而影响到行业的长远发展。

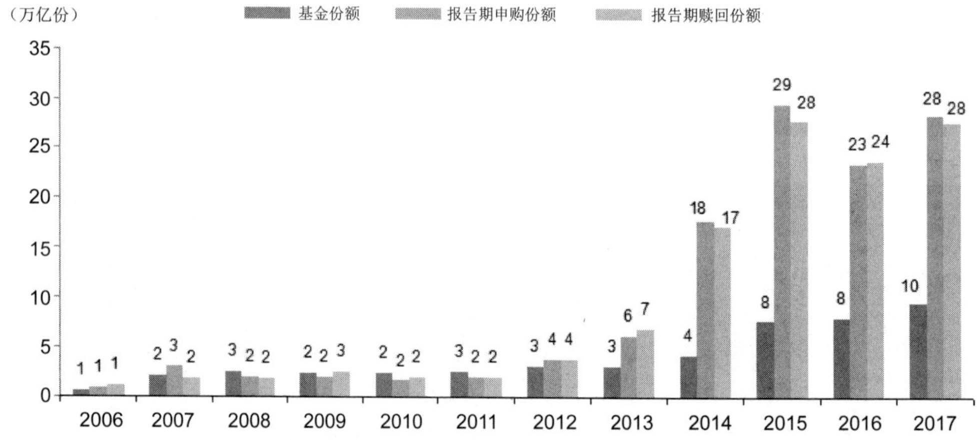

资料来源：Wind、华泰证券研究所

图12　2006—2017年基金份额、报告期中申购份额及报告期赎回份额

三、监管变革：规范业务，防范风险

（一）理财新规征求意见稿：非标投资限制通道，银基通道业务承压

2016年7月，《商业银行理财业务监督管理办法（征求意见稿）》对非标投资进行限制，信托通道成唯一可以对接银行理财资金的途径。“去杠杆、压通道”加速推进，基于非标资产投资的基金子公司专户规模收缩。截至2018年一季度，基金子公司专户产品数量和规模实现双降，其中数量降至0.95万只，环比下降26.9%；管理规模6.82万亿元，环比下降31.18%，去通道效果明显。

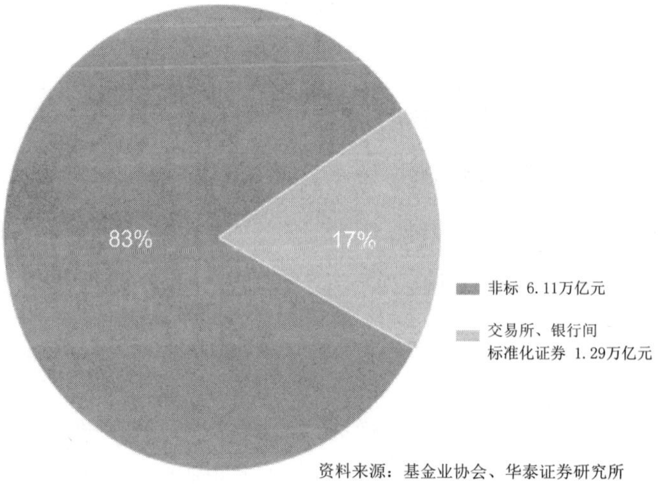

资料来源：基金业协会、华泰证券研究所

图13　2017年基金子公司专户资产投向

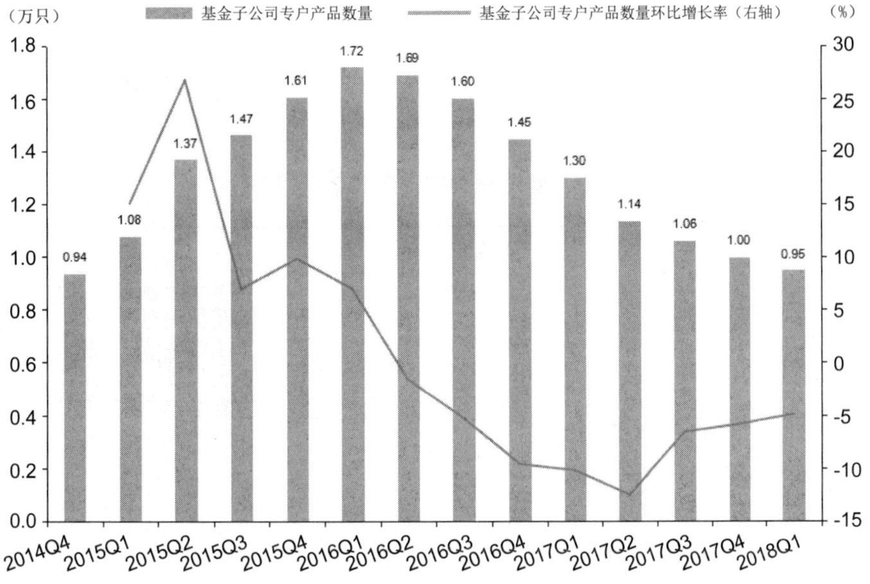

资料来源：基金业协会、华泰证券研究所

图14　基金子公司专户产品数量及增长率

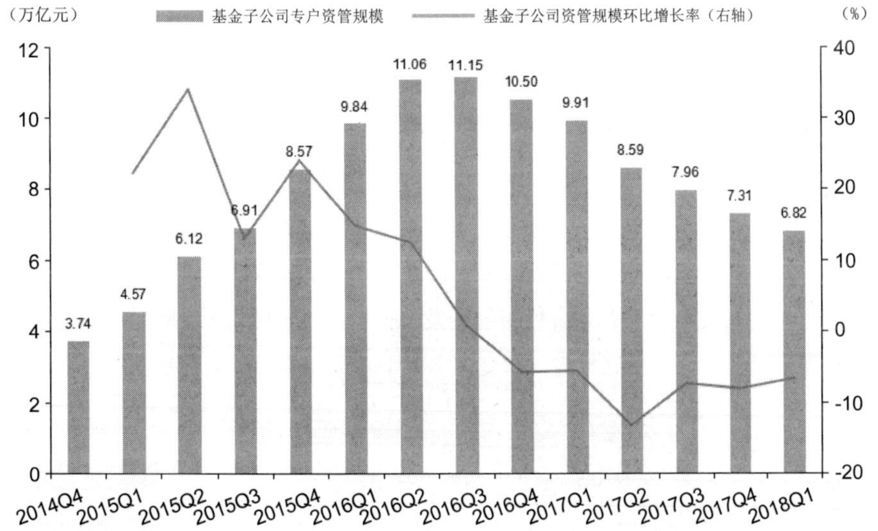

资料来源：基金业协会、华泰证券研究所

图15　基金子公司专户资管规模及增长率

（二）基金子公司风控指引：锚定净资本，控制风险资本投资

证监会于2016年11月发布《基金管理公司子公司管理规定》《基金管理公司特定客户资产管理子公司风险控制指标管理暂行规定》，明确资产管理业务应根据相应要求纳入风险资本计算范围。“风控指引”要求，调整后的净资本不得低于各项风险资本之和的100%。假设基金子公司所有资本存续期满后可开展

业务的资金为1000亿元，全部投入风险系数最低的投资类资管产品，以0.2%的风险系数测算风险资本为2亿元，若以最高风险系数3%测算，风险资本将高达30亿元。因净资本要求束缚，基金子公司业务承压，规模于2016年四季度出现下行拐点。

表2 基金专户子公司风险资本计算

	项目		风险系数（%）
一对一特定客户资产管理业务风险资本	投资类专户业务	标准化金融工具	0.0
		投资类资管产品	0.2
		未上市股权	0.4
		其他投资	0.8
	融资类专户业务	非标准化债券资产	0.8
		融资类资管产品	1.0
	其他		1.5
一对多特定客户资产管理业务风险资本	投资类专户业务	标准化金融工具	0.0
		投资类资管产品	0.4
		未上市股权	0.6
		其他投资	1.0
	融资类专户业务（贷款、非标债权类资产）	抵押、质押类	1.5
		保证类	2.0
		信用类	3.0
	融资类专户业务（融资类资管产品）		2.0
	其他		3.0
资产证券化业务风险资本	交易所挂牌资产支持专项计划		0.4
	其他支持专项计划		0.8
附加项目风险资本	开展跨境投融资的资管计划		0.5
	结构化资管计划		1.0
	委托第三方机构提供投资建议的证券投资资管计划		0.5

资料来源：证监会、华泰证券研究所

（三）银行监管“三三四”：穿透底层资产，委外产品存赎回压力

2017年3月起，原银监会及其办公厅相继下发8份文件，其中“三违反”“三套利”“四不当”要求对银行业内存在的风险进行摸底排查，对交叉金融中基金业的影响主要是委外资金的赎回压力。

资料来源：银监会文件、华泰证券研究所

图16 监管8份文件各司其职，有点有面

银行委外占比约六成。凭借制度优势和牌照价值，基金专户拥有庞大的销售渠道和丰富的客户资源，最接近“代客理财”的资管本质。基金专户的主动管理业务是银行委外业务的主要载体，2017年基金专户中来自银行的资金占51.7%。从专户投资风格看，当年主动管理占比65.7%。因此测算银行委外规模约1.6万亿元。

表3　基金专户资金来源及业务种类

类别	2015年		2016年		2017年	
	规模（万亿元）	占比（%）	规模（万亿元）	占比（%）	规模（万亿元）	占比（%）
资金来源						
银行	1.72	61.0	2.73	58.1	2.51	51.7
信托	0.22	8.0	0.32	6.8	0.55	11.3
个人	0.24	8.7	0.21	4.4	0.14	2.8
合计	**2.18**	—	**3.26**	—	**3.2**	—
业务种类						
主动管理	2.28	76.3	3.50	68.7	3.26	65.7
通道业务	0.71	23.7	1.60	31.3	1.70	34.3
合计	**2.99**	—	**5.10**	—	**4.96**	—
银行委外资金测算：4.96×51.7%×65.7%=1.60万亿元						

资料来源：基金业协会、华泰证券研究所

穿透底层资产，资本计提引发流动性承压。按照文件要求银行自查时需穿透底层资产，依据“实质重于形式”原则准确进行会计核算、风险计量并足额计提资本，从而造成资金面紧张。银行对部分流动性高的资产提前赎回，以缓解自身流动性压力。基金专户产品大多投资于债券、股票，将有一定赎回压力。

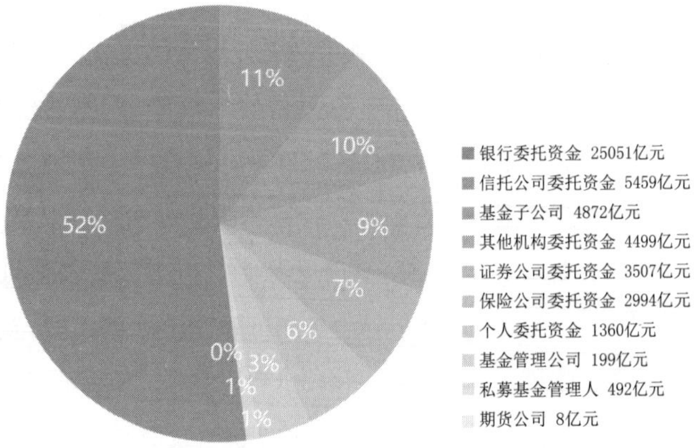

资料来源：基金业协会、华泰证券研究所

图17　2017年基金专户产品投向情况

自查嵌套加杠杆，提前赎回以满足监管要求。部分银行委外资金通过嵌套加杠杆，从而获得较高的收益率。文件要求银行自查是否存在利用委外资金进一步加杠杆、加久期、加风险等现象，不得违规放大投资杠杆。银行为满足监管要求，赎回部分委外资金，从而对基金规模产生一定的赎回压力。

市场情绪引发震荡风险。此次原银监会密集发布8份文件，对银行的业务情况和风险管理进行明确规定，一定程度上影响了市场情绪，进而可能引起市场震荡。部分投资者出于对股票和债券风险的考虑，在短期内赎回资金，造成银行资金面收紧，传导到包括基金在内的委外机构，也形成一定的赎回压力。

（四）减持新规：定增需求承压，到期赎回压力增大

2017年5月27日，证监会发布《上市公司股东、董监高减持股份的若干规定》（证监会公告〔2017〕9号），沪深交易所相应出台减持制度的专门细则，主要从适用范围、减持限制、减持披露、减持罚则方面进行细化。新规自公布之日执行。

表4 股东减持新规细则

项目	新规
扩大适用范围	1.大股东+董监高+Pre-IPO股东+定增股东 2.通过集合竞价交易取得的股份除外 3.因司法强制执行、执行股权质押协议、赠予等方式取得股份的减持适用本规则
减持限制	1.针对非公开发行股份：在解禁后12个月内不得减持超过其持股量的50% 2.针对集中竞价减持：在连续90个自然日内不得减持超过公司股份总数的1% 3.针对大宗交易减持：在连续90个自然日内不得超过公司股份总数的2%，且受让方在受让后6个月内不得转让 4.针对协议转让减持导致丧失大股东身份：出让方、受让方应当在6个月内继续遵守减持比例和信息披露的要求 5.董监高辞职，仍须按原定任期遵守股份转让的限制性规定
减持披露	1.事前披露：大股东、董监高拟在未来6个月内通过集中竞价交易减持股份的，需提前15个交易日报告并公告其减持计划，披露减持股份的数量、来源、原因以及时间区间和价格区间 2.事中披露：实施减持计划过程中，其减持数量过半或减持区间过半时，应当披露减持的进展情况 3.事后披露：要求大股东、董监高在其披露的减持计划实施完毕或者减持期间届满后2个交易日内，再次公告减持的具体情况
减持罚则	即对违反《实施细则》、规避减持限制或者构成异常交易的减持行为，深交所可以采取书面警示、通报批评、公开谴责、限制交易等监管措施或者纪律处分

资料来源：《上市公司股东、董监高减持股份的若干规定》、华泰证券研究所

退出延长压制定增需求。新规对定增股东减持进行规定：定增投资者解禁后12个月集中竞价减持不得超过定增股份的50%，将进一步延长定增投资的时间周期，至少要2.5年（1年锁定期+1年减持50%+0.5年减持剩下50%），即参与定增到全身而退需要2.5年甚至更长时间，投资周期的延长导致定增市场吸引力下降，从需求端压制定增需求。结合年初再融资新规限定市价发行折价率收窄，且限制上市公司非公开发行频率及募资规模，再融资新规和减持新规将分别从供给端和需求端压缩定增市场，未来定增项目和规模将进一步缩减，加速引导定增回归长期价值投资。

（五）公募流动性风险管理规定：资金投资受控，严防大额赎回

证监会于2017年9月1日发布《公开募集开放式证券投资基金流动性风险管理规定》（以下简称《流动性新规》）。《流动性新规》从持有人的集中度、资产的集中度、资产的流动性、货币市场规模等方面制定了相应的规则，限制货币市场基金规模的进一步增长，提高了货币市场基金的流动性，同时也降低了收益率，对货币市场基金的运作影响深远。

强化投资者集中度管理，严防委外定制。新设基金产品监管趋严，若单一投资者持股达到50%，不得使用摊余成本法，将采取发起式基金形式，抬高设立门槛；存续产品也不得出现单一投资者持股过半的现象。出现单一投资者持有份额达到或者超过20%的基金产品，基金管理人需严格披露。此项规定中50%的份额上限和发起式基金的要求，基本封堵了银行委外通过公募套利通道。

投资比例监管加强，旨在降低流动性风险。在“双十比例”限制的基础上，《流动性新规》进一步明确了对于流通股的投资限制，同一管理人管理的全部开放式基金持有上市公司流通股不得超过15%，全部投资组合不得持有超过30%。此次规定避免持股比重过高，防止市场操控，进而保护投资者权益。

多渠道确保赎回流动性。基金管理人应每日对基金组合资产中7个工作日可变现资产的可变现价值进行审慎评估与测算，确保当日确认的赎回申请不超过7个工作日可变现资产的可变现价值，防止超出基金资产变现能力盲目确认赎回申请，保障产品流动性。当发生大额赎回等特定情形时，还可以采用收取短期赎回费、极端情形估值和摆动定价等备用工具，来确保投资者被公允对待，保障中小投资者合法权益。

货币市场基金监管更趋严格。对于新设机构类货币市场基金，不仅要以发起式形式设立，还要采用公允价值估值法，而不是摊余成本法对基金组合资产进行核算。同时，80%以上的基金资产需投资于现金、国债、中央银行票据、政策性金融债券，以及5个交易日内到期的其他金融工具，确保货币型基金投资标的流动性充裕。将货币市场基金规模与其风险准备金挂钩，确保管理规模与风险管理能力及风险覆盖水平相匹配，控制个体风险传染。对货币市场基金设定比普通公募基金更为严格的流动性指标限制，加大对货币市场基金的风险管控。

（六）《资管新规》：规范监管体系，公募基金标准化资产受益

2018年4月27日，经国务院批准，央行、银保监会、证监会、外管局联合印发《关于规范金融机构资产管理业务的指导意见》）（银发〔2018〕106号）（简称《资管新规》），就资产管理业务范围内涵盖的银行、信托、证券、基金、期货、保险、私募基金等金融机构发行的资管产品进行统一监管。《资管新规》从资管嵌套、资金池运作、非标投资、刚性兑付及非金融机构无序开展业务等维度控制风险。

表5　资产管理行业面临五大变化

风险点	新规变化	面临变化
资管嵌套	资产管理产品只可嵌套一层资产管理产品；对各类产品的杠杆率提出要求；建立金融统计体系	彻底打破多层嵌套模式，套利空间逐步消失
资金池运作	不得开展或者参与具有滚动发行、集合运作、分离定价特征的资金池业务，期限匹配	从根本上解决资金池问题，减轻银行的流动性压力
非标投资	对非标重新定义，且非标投资应遵守金融监督管理部门制定的有关限额管理、流动性管理等监管标准	类信贷产品投资占比显著降低，标准化资产将成为主流，促进直融市场发展
刚性兑付	净值化管理，对刚性兑付给予处罚措施	“保本保收益”的刚性兑付彻底打破，净值化产品将成为主流，及时反映基础资产的收益风险
非金融机构无序开展业务	非金融机构不得发行、销售资产管理产品	正规、专业的金融机构将成为资管行业的主导

资料来源：《关于规范金融机构资产管理业务的指导意见》、华泰证券研究所

公募基金引导规范发展，专户通道业务受限。公募基金相对规范，主动管理能力较强，《资管新规》提出的方案多为引导和规范公募基金发展，限制专户通道业务。针对基金公司资管存在的分级基金和专户通道业务问题，资管新规采取了相应应对措施，去杠杆，不可分级。

公募基金主动管理先发优势明显，大资管协调监管下相对受益。从产品层面看，公募产品分级受限，千亿分级基金受影响，但考虑到新规实施以来分级资金热度逐渐式微，预计到2020年底过渡期内分级资金或逐渐退出市场，对市场影响较为有限。另外，持仓集中度限制放宽，对于“同一金融机构发行的全部公募资产管理产品投资单只证券或者单只证券投资基金的市值不得超过该证券市值或者证券投资基金市值”的比例从原来的10%上调至30%。从公募基金行业层面看，公募基金仍是最符合监管导向的子行业，主动管理先发优势明显，在大资管协调监管背景下相对受益。此外，公募基金产品有望成为重要资产投向，迎来更多增量资金。

（七）货币基金新规：“T+0”赎回设限，货币基金纳入流动性管理

2018年6月1日，证监会与央行联合发布《关于进一步规范货币市场基金互联网销售、赎回相关服务的指导意见》（以下简称《指导意见》），明确防范化解货基流动性风险。《指导意见》明确：第一，规范货币市场基金互联网销售行为。第二，对单个投资者持有的单只货币市场基金，设定在单一基金销售机构单日不高于1万元的“T+0 赎回提现”额度上限。第三，除取得基金销售业务资格的商业银行外，禁止其他机构或个人以任何方式为“T+0赎回提现”业务提供垫支。第四，规范宣传推介和信息披露活动。第五，要求非银行支付机构不得提供以货币市场基金份额直接进行支付的增值服务，不得从事或变相从事货币市场基金销售业务，不得为“T+0赎回提现”业务提供垫支等。公募基金用货基冲规模难以为继。

四、未来展望：回归本源，重塑业态

（一）政策定调，重塑业态

2017年7月，第五次全国金融工作会议在北京召开。自2012年1月召开的第四次会议以来，中国金融市场经历了债、股、汇率剧烈波动和资管行业的快速发展，金融风险问题叠加经济新常态使金融安全的关注度提高到新层次。会议明确提出金融是国家重要的核心竞争力，金融安全是国家安全的重要组成部分，金融制度是经济社会发展中重要的基础性制度。强调金融工作有三项任务：服务实体经济、防控金融风险、深化金融改革。重点把握四个原则：第一，回归本源，服务经济社会。第二，优化结构，完善金融市场、机构、产品体系。第三，强化监管，防范化解金融风险。第四，市场导向。

监管定调下资管业态重塑，一是敦促资金支持实体经济，大力发展直接融资，呼应政策导向的公募基金迎来战略发展机遇期；二是风控更趋严格。

（二）敦促支持实体，降低融资成本

在服务实体的措施方面，第五次全国金融工作会议提出要把发展直接融资放在重要位置，形成多层次资本市场体系，细化到基金行业，直融通过各类投资项目的资产证券化来实现降杠杆。PPP项目资

产证券化与类REITs项目成为了直接融资类基金的主要投向，在“去杠杆、压通道”的监管背景下，PPP项目公募基金化的前景将日渐广阔。

相比于高风险高杠杆金融产品，与实体经济相挂钩的金融产品未来发展可期。2017年下半年，监管部门连续推出PPP项目相关通知，PPP项目+ABS模式成公募基金发展新机会，债权与股权基金模式将从中获扩容空间，地方政府类PPP项目与“一带一路”项目投资机会将成基金资金新流向。通过基金开展的直接融资模式将顺应未来中国资金市场新趋势。发掘促进实体经济的投资项目、合理降低项目融资成本将成为中国基金行业发展的新重点。

（三）严控金融风险，引导行业转型

伴随着大资管时代基金业监管力度的不断加大，以及银行理财业务新规、风控指引、减持新规及资管新规的相继出台，不断修正着基金业的发展方向，市场化、法治化、国际化的方向也对基金提出了更高要求。

推进压通道、去杠杆，量化把控基金行业风险。回顾2016年证监会与基金业协会发布的《基金管理公司子公司管理规定》《基金管理公司特定客户资产管理子公司风险控制指标管理暂行规定》《私募投资基金募集行为管理办法》《证券期货经营机构私募资产管理业务运作管理暂行规定》等文件，其核心监管思想一致，即通过去杠杆、压通道、设置风险准备金、设置参与主体准入门槛等方式对私募基金、基金子公司进行风险监管。

量变引起质变，风险约束引导行业主动转型。风险资本约束或将对基金子公司造成如下影响：一是推动基金专户子公司减少高风险资产配置；二是基金母公司对子公司增加注册资本；三是基金公司压缩其专户子公司通道业务规模。未来监管机构将从风险资本、风险准备金两方面共同对基金子公司风险进行监管，在此种监管思路的指导下，未来基金子公司将有望回归资管本质，由“被动”的通道业务转向“主动”的资产管理。

中国基金管理人发展分析报告（1998—2018）

□ Morningstar晨星（中国）研究中心　黄　威

历经20载风雨征程，中国公募基金从无到有，规模从小到大，依托专业优势，坚持价值投资和长期投资的理念，逐渐发展成为深受广大投资者信赖的财富管理工具，同时也为投资者创造了显著的回报。回首20年，公募基金的蓬勃发展离不开投资者的信任与托付，离不开监管机构的规范与指导，更离不开基金管理人的辛勤耕耘与努力付出。

本文主要从基金公司的发展与行业竞争格局、基金公司发起人的演变与发展、基金公司独特的经营模式和基金公司的发展趋势等多个角度出发，旨在梳理和回顾基金公司20年的发展历程，以及展望基金公司未来的发展趋势。

一、基金公司发展与行业竞争格局

（一）基金公司数量与管理规模同步扩张

伴随公募基金行业的发展，基金公司的数量也呈逐年扩张之势。截至2018年底，公募基金公司数量增至141家，其中已发行公募产品的基金公司有124家。如图1所示，2003、2004年是基金公司成立的密集期，两年间新成立基金公司合计达23家，2013年则是基金公司成立的高峰期，全年新成立基金公司数量达17家。此后，基金公司也步入快速扩张阶段，2014—2018年平均每年新增基金公司数量近10家。

与此同时，基金公司的管理规模也日趋壮大。如图2所示，截至2018年底，公募基金（不含联接基金）规模突破13万亿元，是1998年公募基金规模的1234倍；基金公司的平均管理规模为937亿元，是1998年的52倍。

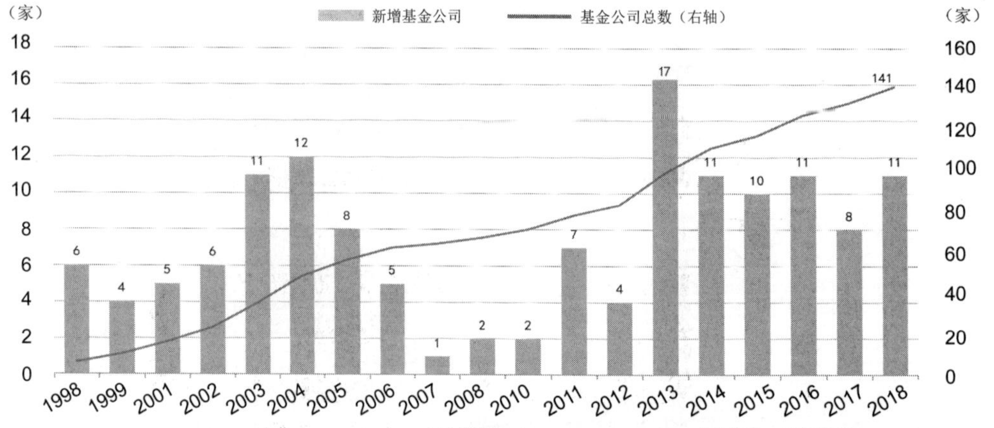

数据来源：Morningstar Direct、基金年鉴　数据截至2018/12/31
注：包括具有公募资格的其他资产管理机构，按其获批公募资格时间统计

图1　历年新增基金公司数量及基金公司总数量

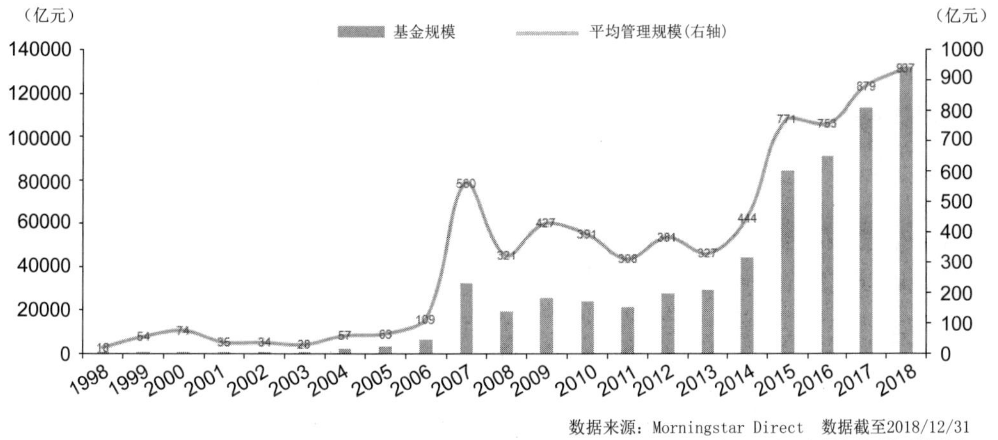

数据来源：Morningstar Direct　数据截至2018/12/31

注：规模统计不含联接基金

图2　公募基金规模及基金公司平均管理规模

（二）行业高度集中化

尽管基金公司数量和规模同步扩张，但大部分市场份额主要集中于少数几家公司，因此行业呈现高度集中化的竞争态势。如图3所示，最近10年规模前10名基金公司（不含货币和联接基金）的平均市场份额占比为46%，几乎占据了公募基金的半壁江山，行业集中化程度较高。规模较大的基金公司均成立较早，体现一定的先发优势。截至2018年底，规模前10名的基金公司均成立于2006年之前。

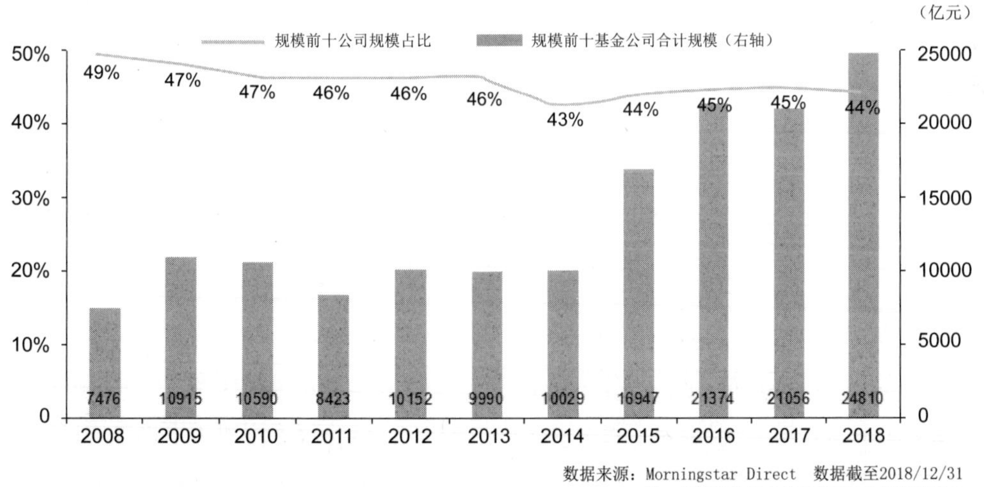

数据来源：Morningstar Direct　数据截至2018/12/31

注：规模统计不含货币市场基金和联接基金

图3　规模前10名基金公司合计规模及规模占比情况

二、基金公司发起人的演变与发展

（一）股东背景趋于多元化

除上文提到的成立时间较早有助于基金公司做大规模外，股东发起人的支持更是不容小觑。历经

表1 规模前10名基金公司一览

规模前10名基金公司	成立年份	管理规模(亿元)	股东类型
易方达基金	2001	3203	信托系
广发基金	2003	2941	券商系
汇添富基金	2005	2566	券商系
华夏基金	1998	2556	券商系
博时基金	1998	2430	券商系
中银基金	2004	2429	银行系
嘉实基金	1999	2364	信托系
南方基金	1998	2291	券商系
招商基金	2002	2043	银行系
建信基金	2005	1987	银行系

数据来源：Morningstar Direct　数据截至2018/12/31
注：规模统计不含货币市场基金和联接基金

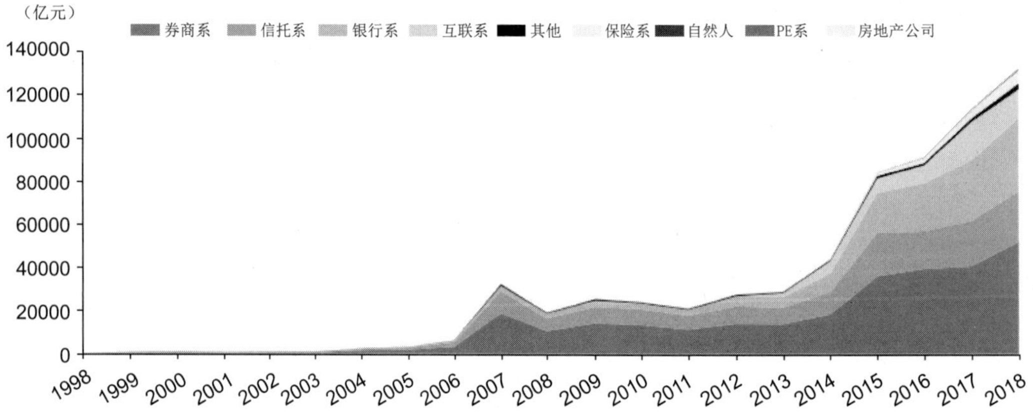

数据来源：Morningstar Direct　数据截至2018/12/31
注：规模统计不含联接基金

图4 不同派系基金公司规模变化

20年发展，基金公司的股东从单一化逐渐走向多元化，早期主要以券商系和信托系为主，随后银行系和保险系陆续进入，其中银行系基金公司发展尤为迅猛，最近几年已超越信托系，稳居公募行业第二大派系。

截至2018年底，规模前十基金公司中银行系占据3席。互联网系则依托互联网渠道优势和货币基金崭露头角。此外，最近几年PE系、自然人股东和房地产公司发起设立的基金公司也陆续涉足公募行业，大有百家争鸣之势。下面重点介绍券商系、银行系、互联网系和自然人股东基金公司的演变与发展历程。

（二）券商系基金公司

截至2018年底，券商系基金公司增至65家，合计管理规模达5.2万亿元，占公募基金规模的37.5%，稳居公募行业第一大派系的地位。根据组织形式划分，券商系基金公司大致可以分为两类：一类是参股基金公司，至2018年底共有52家；另一类是具有公募资格的券商和券商资管公司，共有13家。早期券商系基金公司主要以参股形式为主，最近几年来券商资管公司逐渐兴起。

究其原因，主要是由于早期券商和券商资管难以获批公募业务牌照，只能通过参股的形式涉足公募基金业务，或通过“大集合”理财业务等类公募产品服务于投资者。2012年12月28日修订通过的《证券投资基金法》将投资者超过200人的券商集合资产管理计划定性为公募产品，券商资管中的“大集合”理财业务就此止步。2013年2月18日，证监会发布《资产管理机构开展公募证券投资基金管理业暂行规定》，其中允许符合条件的券商、保险和私募等资产管理机构开展公募业务，这为券商资管参与公募基金业务开辟了新的途径。同年，上海东方证券资产管理有限公司获批成为首家发行公募基金的资管机构，开启了券商资管直接参与公募基金的新时代，随后券商资管公司逐渐发展壮大。

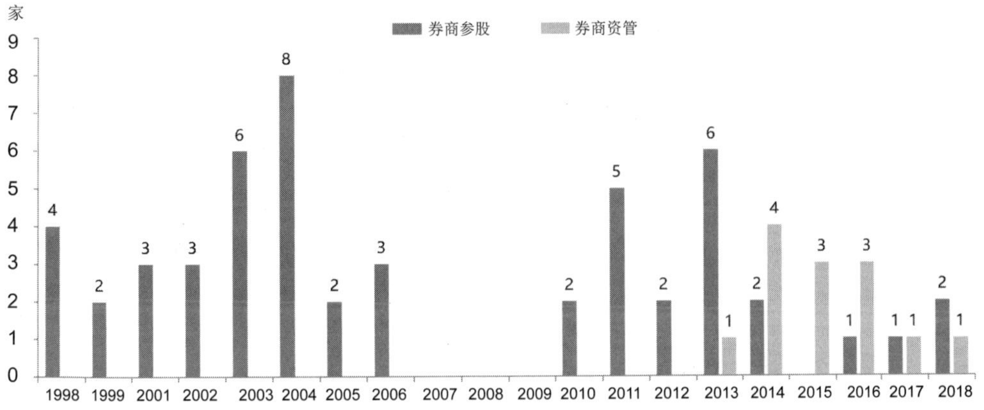

数据来源：Morningstar Direct　数据截至2018/12/31

图5　券商系基金公司成立时间分布

表2　券商资管公司一览

公司名称	获批公募业务资格年份	管理规模(亿元)
上海东方证券资产管理有限公司	2013	846.44
中银国际证券股份有限公司	2015	646.46
长江证券（上海）资产管理有限公司	2016	80.99
财通证券资产管理有限公司	2015	78.51
浙江浙商证券资产管理有限公司	2014	13.56
山西证券股份有限公司	2014	11.54
华泰证券（上海）资产管理有限公司	2016	10.24
中泰证券（上海）资产管理有限公司	2017	9.18
国都证券股份有限公司	2014	5.33
东兴证券股份有限公司	2015	1.55
华融证券股份有限公司	2013	1.14
渤海汇金证券资产管理有限公司	2014	1.01
北京高华证券有限责任公司	2015	——

数据来源：Morningstar Direct　数据截至2018/12/31
注：管理规模统计不含货币市场基金和联接基金

（三）银行系基金公司

截至2018年底，银行系基金公司共有15家，合计管理规模3.37万亿元，占公募基金规模的25.58%，稳居公募行业第二大派系的地位。从基金公司成立时间看，2004—2008年是银行系基金公司密集成立期，先后成立8家，随后于2013年到达高峰期，全年新成立基金公司高达5家。从管理规模上看，银行系基金公司的管理规模从2013年后出现爆发式增长，尤其是2015年，新增管理规模近万亿元。这一方面受益于股市牛市行情，另一方面则是受委外资金的推动，促使银行系基金公司规模快速扩张。对于公募基金而言，规模扩张除了来自投资业绩的推动外，销售渠道也起到至关重要的作用。从目前公募基金的销售渠道来看，主要包括银行、券商、保险、直销和第三方销售机构等，其中银行渠道和客户资源优势最为突出，因此背靠银行系股东的资源支持，银行系基金公司规模得以突飞猛进。同样，券商系基金公司也凭借券商的渠道优势得以快速发展。

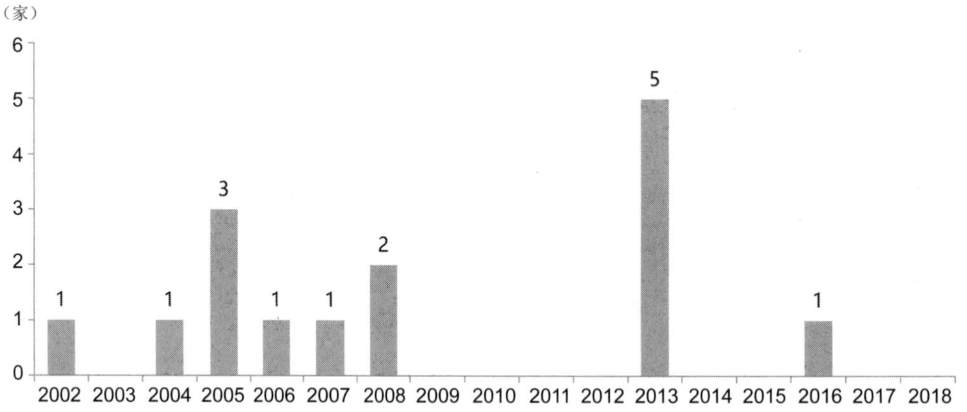

数据来源：Morningstar Direct　　数据截至2018/12/31

图6　银行系基金公司成立时间分布

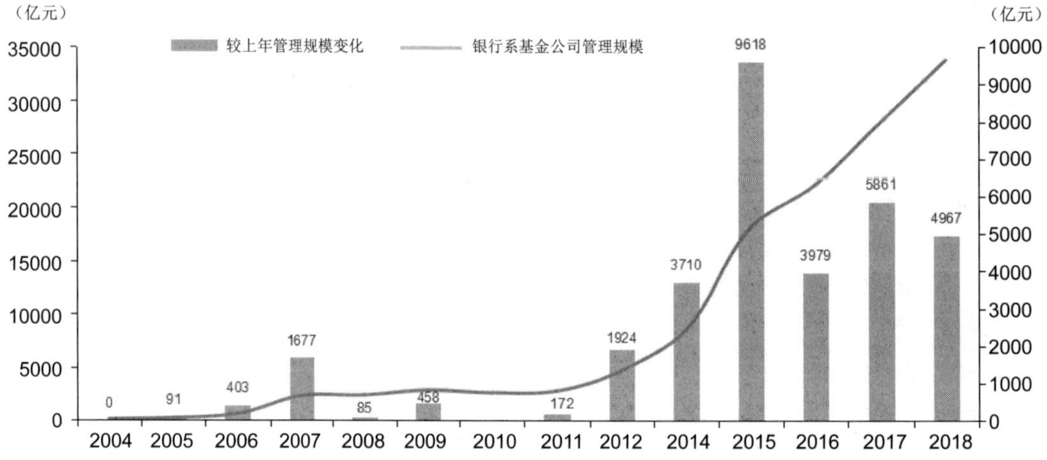

数据来源：Morningstar Direct；数据截至2018/12/31
注：招商基金和中银基金于2007年变更为银行系

图7　银行系基金公司历年管理规模及规模变化

然而，银行系基金公司未来可能会面临银行资管子公司的竞争压力，2017年以来在金融去杠杆和资管去通道的大环境下，基金公司的通道业务出现大幅收缩，在新出台的资管新规下，银行资管子公司获批，以前需要借助公募基金的业务可以内部消化，结果必然会挤占银行系基金公司的资源，如通道业务、非标业务和渠道资源等，因此也会对银行系基金公司的发展造成压力。

（四）互联网系基金公司

2013年10月10日，支付宝母公司浙江阿里巴巴电子商务有限公司出资11.8亿元认购天弘基金的注册资本，交易完成后浙江阿里巴巴将持有天弘基金股本的51%，标志着首家互联网系基金公司的诞生。相比于传统的银行和券商渠道，新兴的互联网平台销售渠道表现毫不逊色，天弘基金正是依托支付宝互联网平台强大的销售渠道，管理规模得以飞速扩张。值得注意的是，其规模扩张的驱动力主要来自单一的余额宝货币基金。如图8所示，自2013年始，天弘基金规模伴随着余额宝规模的急剧增长而水涨船高，截至2017年底，余额宝规模占天弘基金管理规模比例高达88%。不过好景不长，出于对流动性风险的考虑，2017年10月1日起施行的《公开募集开放式证券投资基金流动性风险管理规定》对货币基金的风险准备金做出新的要求，其中明确规定“不符合货币基金流动性新规‘200倍’风险准备金的，将被收取双倍或更高的风险准备金”，受此影响，天弘基金不得不采取限制余额宝规模疯长的举措及缴纳更高的风险准备金，2018年余额宝规模随之缩减。

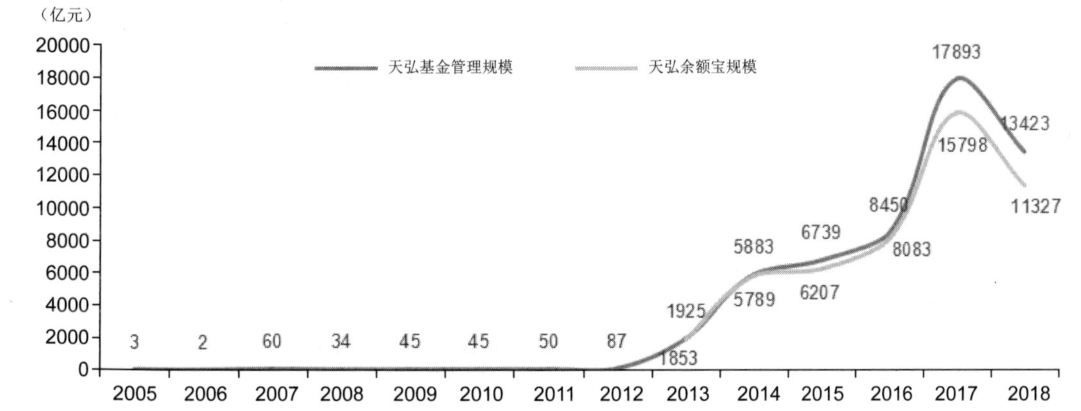

数据来源：Morningstar Direct　　数据截至2018/12/31

图8　天弘基金管理规模与天弘余额宝规模变化

（五）自然人股东

早期参与发起设立公募基金公司的股东多以机构为主，如券商、信托、银行和保险等。近年来随着监管政策的放开，专业人士发起设立公募基金公司逐渐兴起。2014年6月13日，证监会发布《关于大力推进证券投资基金行业创新发展的意见》，其中明确鼓励支持民营资本、专业人士等各类市场主体设立基金公司，以降低公募牌照价值，探索和完善公募基金的股权治理结构，激活基金公司创新的内在动力，促进公募基金行业的良性发展。2015年2月，泓德基金获批，成为首家第一大股东为自然人的公募基金公司，同时也揭开了自然人设立公募基金公司的序幕。如表3所示，截至2018年底，由自然人股东发起设立的公募基金公司扩至15家，自然人股东多为行业资深专业人士，大部分来自公募基金行业中的优秀基金公司，部分则是由公募转向私募后又回归公募，他们大多都参与和见证了公募基金行业由小到大的发展历程，熟悉和认可公募基金的运作机制，这批专业人士的回归无疑给公募基金行业注入了新的活力，尤其是在完善公募基金股权治理结构和股权激励机制等方面。

专业人士回归公募基金热潮一方面是受政策面驱动，监管层出台的一系列法规给专业人士控股公募基金公司开辟了新的途径；另一方面则是私募监管趋严，公募行业的发展渐入佳境。相比于私募基金，公募基金业务和产品线更加多元化，覆盖人群更广泛，社保基金和养老基金也更倾向委托公募基金来管理。

表3 自然人股东基金公司成立时间一览

基金公司	设立年份	第一大股东
泓德基金	2015	王德晓
汇安基金	2016	何斌
鹏扬基金	2016	杨爱斌
博道基金	2017	莫泰山
东方阿尔法基金	2017	刘明
恒越基金	2017	李曙军
凯石基金	2017	陈继武
合煦智远基金	2017	郑旭
蜂巢基金	2018	唐煌
中庚基金	2018	孟辉
睿远基金	2018	陈光明
同泰基金	2018	刘文灿
淳厚基金	2018	邢媛
惠升基金	2018	张金锋
博远基金	2018	钟鸣远

数据来源：Morningstar Direct　数据截至2018/12/31
注：中庚基金设立年份按照其获批公募资格时间

（六）中外合资基金公司

为了引进海外先进的资产管理经验，2001年年底《境外机构参股、发起设立基金管理公司暂行规定(征求意见稿)》颁布，中外合资基金公司的设立开启。2002年《外资参股基金管理公司设立规则》颁布，基金业对外开放的序幕正式拉开。同年12月，首家中外合资基金公司成立。

历经20年发展，合资基金公司数量和规模也在不断壮大。如图9所示，截至2018年底，中外合资基金公司数量扩至43家，管理规模达6.2万亿元，占公募基金总规模的47%。此外，规模（不含货币和联接基金）前十的基金公司中有三家为合资公司。尽管外资股东的介入会给基金公司带来积极影响，但中外股东间的文化差异也难免导致管理上的分歧，需要时间不断调整和适应。整体而言，从目前来看，合资公司的经营略逊于内资公司，但其中也不乏行业翘楚，如上投摩根、景顺长城和华泰柏瑞等。然而，随着国内金融业进一步对外开放，未来合资公司的发展或许又是另一番景象。

经国务院批准，2018年4月29日证监会发布《外商投资证券公司管理办法》，其中明确基金公司对境外投资者进一步开放，允许外资持股比例达到51%，这意味着外资绝对控股基金公司成为可能。对外资的进一步开放，一方面有助于内资公司学习海外成熟的管理经验及改善公司治理结构，另一方面也加剧了内资和外资基金公司的竞争，可以预见在不久的将来，外资控股基金公司会陆续出现，内资和外资基金公司的激烈竞争或许也会给投资者带来福音，比如促使费率进一步下降。不仅如此，在上述管理办法实施三年后，国内将完全放开对外资持股比例的限制，这一举措势必激发外资单独设立基金公司的热情，目前已有不少海外知名基金公司来华设立私募基金公司，开始为三年后进军公募做准备。

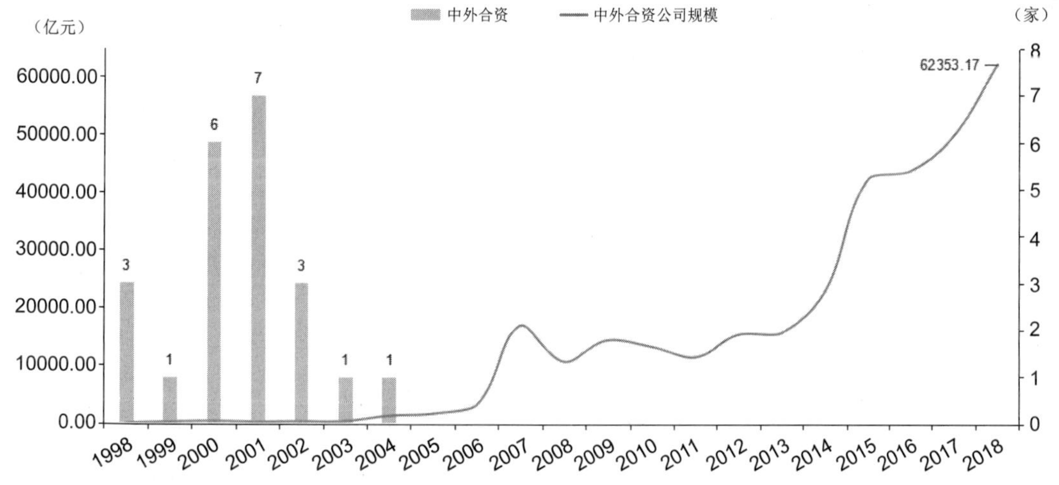

数据来源：Morningstar Direct　　数据截至2018/12/31

图9　中外合资基金公司成立时间分布及历史规模变化

三、基金公司独特的经营模式

随着公募基金行业的不断壮大，基金公司的数量和管理规模与日俱增，基金公司之间的竞争也日趋激烈，除了销售渠道这一必争之地外，产品线的布局时机、产品线的多样化、投研人才和投资业绩等因素都成为了驱动基金公司发展的重要动力，其中投资业绩更是资产管理行业的立身之本，能否为投资者创造价值决定着一家公司到底是生存还是毁灭。在巨大的竞争压力之下，各家基金公司穷其所能，扬长避短，通过整合优势资源，形成了各自独特的发展经营模式，如主打量化产品线的华泰柏瑞基金以及大佬云集的中欧基金等，通过深耕各自擅长的领域都获得了长足的发展。下面以三家具有代表性的基金公司为例来介绍其独特的经营模式。

（一）易方达基金：产品布局精准，固收实力领先

易方达基金成立于2001年，是一家产品线覆盖全面、业绩表现优异且规模增长较快的综合性资产管理公司。截至2018年底，易方达基金管理规模（不含货币和联接基金）3202.6亿元，位居行业第一。规模的稳步扩张除了销售渠道的助力，还离不开对产品线布局时机的把握，以及投资业绩的持续稳健。尽管易方达在产品创新上并非行业领先，但总能紧跟行业创新步伐，把握时机精准布局，如及早布局固收产品线和跨境ETF等。因此，易方达也是较早一批完善产品线且实力较强的基金公司。在管理业绩上，易方达基金整体表现出色，偏股型产品基金经理能够坚守自身风格，中长期业绩表现稳健，固收类产品管理能力更是行业领先，主要归功于雄厚的固收投研团队及优秀的投研平台。截至2018年底，易方达固收类产品规模1220亿元，占非货币管理规模的38%左右。

（二）中欧基金：改革先行，群英荟萃

中欧基金成立于2006年，属于中小型基金公司中发展较快的一家。2013年底，中欧基金规模刚过百亿元，到2018年12月底，管理规模猛增至1885亿元，5年规模扩张超过18倍，公司规模快速扩张的背后和率先发起事业部制改革又有着千丝万缕的联系。

2013年底，国内基金公司开始试行事业部制改革，中欧基金有幸成为改革先行者，随后经历诸多困难和波折后，顺利于2014年4月成为业内首家实现员工持股计划的公募基金公司，也是行业较早实现事业部制的基金公司。事业部制的成功推行，尤其是激励机制的改革，成功帮助中欧汇聚了众多颇具实力的投研人才，其中不乏明星基金经理，如曹名长等。他们的加入提升了公司的名气和管理能力，并有效促进了公司规模的快速增长。

（三）华泰柏瑞基金：主打量化品牌

华泰柏瑞基金成立于2004年，是一家中外合资基金公司，拥有丰富的产品线，但主打产品非量化基金莫属。截至2018年底，公司旗下共有10只公募量化产品，合计规模124亿元，占公司管理规模的12.8%左右，也是主动量化基金规模（不含专户）最大的基金公司之一。量化产品的出色表现离不开量化模型的支撑，而量化模型的成熟稳定取决于量化团队的研究实力，正是依托以田汉卿女士为核心的量化团队的精雕细琢，华泰柏瑞量化产品线得以脱颖而出，也为投资者创造出了显著的回报。

四、基金公司未来发展趋势

经过20年的砥砺奋进，公募基金行业不断向前发展，但与海外成熟市场相比，仍然处于初级阶段，因此难免会被成长中的烦恼所困扰，如权益类基金规模发展趋缓、基金经理任职稳定性较差，以及“公奔私”现象频发等。为了促进公募行业良性发展，基金公司未来或许会呈现以下几大发展趋势。

（一）股权激励机制逐渐完善

近年来随着公募基金快速扩容，投研人才缺口逐渐加大，与此同时，基金经理稳定性差、留职率

低等已经成为行业顽疾。究其原因，一方面是由于公司治理结构和激励机制上的缺陷，另一方面则是短期考核和淘汰机制。为了克服这一难题，股权激励机制的推行或许是良方之一。但不可否认的是，股权激励机制的推行仍然困难重重，尤其是股东身份多样且复杂的大型基金公司，他们往往在股权激励制度方面难以达成一致，从而导致股权激励的推行举步维艰，而中小型公司推行起来阻力相对较小。值得高兴的是，最近几年兴起的自然人股东基金公司或许会给行业注入新的活力，有利于促进股权激励机制的推行和完善。

（二）外资控股基金公司比例逐渐提高

从政策面看，随着时间的推移，对外资开放程度也将进一步扩大，部分合资基金公司极有可能寻求向外资控股基金公司转变。然而，外资试图控股基金公司也并非坦途，尤其是话语权较弱时，外资可能会通过撤资，转而向三年后的独资公司迈进。从当前海外大型基金公司纷纷进入国内成立私募的势头看，未来外资控股基金公司或外资独资基金公司的比例将逐渐提高，这一转变不仅有利于促进国内公募行业发展向海外成熟市场靠拢，也有利于形成良好的竞争生态，真正给投资者创造价值。

（三）立足长期价值投资及深耕大类资产配置

随着养老金市场化投资运营的全面启动及养老第三支柱制度的推行，公募基金行业有望迎来重大历史发展机遇期。2018年2月11日，证监会发布实施《养老目标证券投资基金指引（试行）》，各大基金公司纷纷组建团队，积极申报养老目标基金产品。从海外发展经验和当前指引要求来看，目标风险和目标日期基金两类产品有望成为养老目标基金的主流形式，这两者都主要采用FOF形式，强调大类资产配置，同时注重控制风险，并在此基础上获取长期稳健的收益。因此，基金公司未来若想在养老目标基金上获得竞争优势，势必需要立足长期价值投资以及深耕大类资产配置。

公募基金运营发展分析报告

□ 广发基金管理有限公司

自1998年基金行业诞生以来，公募基金行业历经20多年的变革和发展，基金运营的保障，为公募基金的创新和快速发展做出了重要贡献。本文从公募基金运营的角度出发，按照回顾过去、把握当下、展望未来的思路研究基金运营20多年来的发展。基金运营从初始的后端运作到参与前端产品设计，从初始的“刀耕火种”到不断优化流程、加强内部管理和推进信息化进程，为基金行业得以快速发展发挥了重要作用。然而，当前基金行业面临着运营刚性成本、运营创新压力、运营风险增加等挑战。如何突破这些挑战，需要公募基金运营未来向专业化、智能化、集约化方向发展。

一、回顾过去：公募基金运营发展历程

1998年3月，“基金开元”和“基金金泰”的成立，标志着基金行业的诞生。而基金运营，正是伴随着基金产品的成立而出现。基金运营涉及产品设计筹备、成立、运作、清算等众多环节，需要交易、注册登记、估值核算、资金清算、信息披露等多业务线条的高效协作。

20多年来，基金行业发生了天翻地覆的变化。从产品数量来看，从1998年的2只基金，到目前的6000多只，产品线的完善、产品数量的增加，对运营效率的要求不断提升；从业务类型来看，从最开始的普通权益类基金到固定收益类基金、量化对冲基金、ETF、QDII基金等，产品类型的创新也要求运营的创新；从用户体验而言，从初始的柜台交易、T+3赎回，到手机APP终端、T+0赎回到账，这些不断优化的客户体验，实际上都源自于基金运营复杂的自我探索和升级。运营的保障，为公募基金20多年来的创新和快速发展做出了重要的贡献。

基金规模的爆发式增长、基金类型和投资标的的不断丰富，让传统的基金运营方式不得不做出改变。从“刀耕火种、一切靠手工”的萌芽期逐渐进入到“高效专业、精耕细作、服务多元”的成熟期。基金运营在业务支持、业务流程、信息化等方面都在不断发展。

（一）基金运营从中后端运作，到逐渐参与前端产品设计

一只基金的运作之旅，前端主要是产品设计、产品筹备、产品发行和成立。后端是产品的交易、份额登记、资金清算、估值核算及信息披露。中后台以往只是在新产品成立后才开始接手产品的运营工作，鲜少参与产品的前期设计。现在中后台在产品立项之初，就积极参与进来，对投资范围、交易品种、估值规则等提出自己的专业建议。

交易支持方面，交易员根据市场上最新推出的交易品种、交易策略，为新产品的设计出谋划策，促进新产品的立项与落地。基金会计初始主要负责后端的产品估值工作。这些年来，随着场外银行间交易、开放式基金交易的增多，基金会计的功能也向前端延伸，包括头寸管理、交收管理等，基金会计业务处理的效率直接影响产品交易效率。此外，随着基金产品的复杂化和估值方法的多样化，基金会计开始逐渐参与前端产品设计。例如，运用摊余成本法、业绩报酬的计提、产品特殊估值方法、增值税计提、产品分红等，基金会计为基金产品设计提出专业建议和支持。近年来，一些特殊品种的ETF，例如黄金ETF、债券ETF等，从最初始的产品设计方案本身都需要基金会计的大量参与。随着业务的发展，注册登记也逐渐参与到前端多项产品的设计和创新，例如各类直销和代销的T+0项目、银行日间授信业务等，配合业务部门进行系统改造的同时，在合作模式、份额登记和申赎资金交收方面起着不可或缺的作用。

（二）基金运营不断优化内部业务流程，加强内部管理

作为运营部门，并不直接产生显而易见的经济效益。20年来，运营部门通过不断优化内部业务流程，加强内部管理，降低运营成本，为基金运作提高效率、提高准确性、完善用户体验，做出了多种优化和创新。

细化分工，专业化支持基金运作。从初始的股票型基金，到不断丰富的业务类型，各运营线条开始出现更细化的分工。交易管理方面，从扁平化的交易员管理模式到现在按照交易业务类型细分为A股交易小组、QDII交易小组、指数交易小组、港股通交易小组、场外交易小组、交易运营小组等，精准定位、术业专攻、差异化的梯队建设和管理模式更符合新时代的交易管理理念。基金会计方面，按核算产品类型划分为公募债券组、公募权益组、专户组、QDII组、数据组等。一些基金公司根据业务线条进行专业化分工，将基金会计分为估值核算和资金清算两个大类，估值核算又根据不同的业务维护类型进行细化分工，资金清算也根据不同交易条款类型进行划分，有些基金公司成立了隶属于运营的研发团队。注册登记方面，根据业务不同，分为TA组和资金组，TA组主要做份额登记和清算，资金组负责资金清算。信息技术方面，根据不同角色，划分为系统研发组、系统运营组、数据中心组、资源和基础架构组等。这些细化的分工，能够更加针对性、专业性地为产品运作服务，极大地提高了业务支持的专业化水平。

优化流程，保障运营的高效准确。交易支持方面，经过多年不断迭代优化，产品交易所、银行间交易执行流程已可以支持现有业务开展，场外交易流程已覆盖各类一级市场业务，其电子化、批量化特点可以支持资产规模、客户数量的大幅增加。一级市场申购和同业存放业务均通过系统执行，通过优化业务流程，场外业务从投资经理、交易员到清算交收人员已实现全流程批量化、电子化运作，极大地提高了操作效率。目前，广发基金一名交易员最多同时执行过7只新股共368批次的询价、网下申购和中签。基金会计方面，根据业务需要，优化合同审核流程、定存业务管理流程、分红业务流程、头寸发布流程、资金划款流程、估值核算流程、信息披露流程，极大地提高了业务支持效率。例如，国内QDII

基金的赎回周期普遍为T+8日，远长于A股基金赎回周期，导致客户体验较差。广发基金敏锐意识到通过优化运作流程来实现缩短赎回周期的可能性，与境内、境外托管行对交易、结算、资金划拨、换汇等运作流程进行了细致讨论和研究，结合各基金的不同特性与各托管行提供的不同服务制定了不同的优化方案，成功实现旗下所有股票型QDII基金的赎回周期缩短至T+4日，显著提高了客户的投资效率和体验。

强化制度，规范操作并降低风险。交易支持方面，为实现对交易全流程的风险监控，各公司建立完善的交易管理制度，包括《集中交易制度》《公平交易制度》《异常交易监控与报告制度》等。基金会计方面，制定了《估值业务管理制度》《部门人员管理制度》《停牌股票估值管理办法》《信息披露制度》等，此外还根据业务细节，建立了详细的业务手册，对所有的业务操作制定规范。注册登记方面，建立《开放式基金运行参数及信息交流管理制度》《开放式基金资金清算管理制度》《注册登记业务管理制度》《注册登记业务流程图》等。技术支持方面，信息技术相关部门内部制度对标外部关键制度，建立三级文档制度体系，从三级的运行记录和操作规范到二级的管理办法再到整个部门的一级管理制度，参照《证券期货业信息系统运维管理规范》，借鉴ISO27000的管理理念，以及《证券期货业信息系统安全等级保护基本要求》的相关规定，形成全方位的信息系统运维管理体系。通过体系的建设，规范运维人员的安全操作，确保信息系统的安全、稳定运行。

（三）基金运营信息化过程加速，系统成为助力运营的重要利器

自动化助力运营。基金行业日益发展成熟和壮大，资产管理规模发展迅速，基金产品数量爆发式增长，基金产品创新层出不穷，如何提供高效、稳健的运营支持成为基金运营部门面临的挑战。各公司相继引入自动化调度平台，在此基础上自主研发各类Robot系统，实现了自动化开闭市、自动化巡检、自动化净值披露等多种自动化功能，从而减轻了运营人员的重复劳动、降低了运营成本、减少了运营差错。交易所交易方面，广发基金于2012年率先引入瑞银（UBS）算法交易，通过对软硬件的多次扩容，快速成为市场上算法交易容量最大、交易量最多的基金公司。交易所市场交易过程中，对于股票指令、回购指令、股指期货指令，尤其批量指令，交易员可选择算法交易执行，提高交易效率。银行间交易方面，通过系统建设实现投资交易系统指令到本币交易系统指令的半自动处理，省去手工输入报价环节，减少差错率。从10年前交易员手工逐笔委托到现在各式程序化交易层出不穷，各样交易策略举不胜举。交易员不再是敲单机器，程序化交易解放了交易员双手的同时也释放了交易员的大脑，让交易员能更关注市场本身，更敏锐地感知市场的变化，更专注于交易策略的研究和应用。

自主研发助力运营。各公司建设统一运营平台，构建各类运营系统，加速基金运营信息化，协助公司高效运营。以自主研发能力处于业内领先水平的广发基金为例，其自主研发的基金运作管理系统（FOS）覆盖基金的募集准备、发行成立、产品运作及清盘等全生命周期的业务流程，构建丰富的产品信息库，整合核心业务系统，有效提升产品运作效率。自主研发的场外交收管理系统（BTA）以“智能化”交收为切入点，全景式覆盖各类场外交易，使得广发基金成为市场上唯一一家直连上清所、中债登两家结算机构的基金公司，且支持电子直联银行。场外业务从投资经理、交易员到清算交收人员实现

全流程批量化、电子化运作，极大地提高了操作效率，降低了操作风险。通过BTA系统，银行间交易成交单的数据传送及反馈实现从前台交易到基金会计再到托管行的全电子化、不落地的传送。目前，银行间交易从前台成交到指令传送至托管行仅需3分钟，交易结算效率市场领先。自主研发的注册登记资金清算运营管理系统（TFO）提高了注册登记运营自动化水平，该系统集任务提醒、任务执行、结果检查和任务监控于一体，将诸多日常业务由人工执行转换为系统执行，对日常使用的各类报表进行整合。例如，净值核对的时间原来需要40分钟，通过系统仅需几十秒即可完成自动核对；TA清算事前、事中、事后检查，确保TA清算准确无误；销售商确认汇总数据的交互时间由2小时缩短到半小时。TFO的开发和使用实现信息共享，提高了工作效率和运营的自动化水平，降低了业务风险。博时基金的机器人项目（IROBOT）也是自主研发助力运营的重要创新，早在2012年博时基金就开创性地提出“机器人自动估值”理念，项目经过多期优化和长期的压力测试，目前IROBOT4.0版本可以稳定支持公司所有基金品种，覆盖境内所有投资标的估值核算。“IROBOT机器人”项目实现标准化运营模块（智能数据接收读取、凭证制作、账务核对、信息披露等）自动化处理，项目将估值系统运行效率最大化，可同步并行所有产品核算工作，整个估值过程无需人工干预即可自动完成，该项目提高了业务处理的及时性和规范性，将运营人员从繁重的日常工作中解放出来。

大数据建设助力运营。数据的挖掘和分析，也成为助力运营发展的重要手段。各公司启动建设企业数据管理，构建一体化数据服务体系以支撑基金运营管理。通过多样化的采集工具和标准化的采集规范，实现全公司业务数据、产品数据、客户基本信息和客户行为，以及外部资讯数据的集中。建立统一的数据交换平台，实现节约资源、控制数据质量，例如风控系统和客服系统同时需要客户的基本信息，数据中心可以一次采集多次使用，节约了系统资源，同时经过对客户信息进行整合和清洗后，风控系统和客服系统得到的客户数据实现一致。目前，广发基金数据中心将采集的数据经过清洗、整合、加工处理，按照逻辑主题划分为产品主题、客户主题、营销主题、投资主题、用户行为主题和外部资讯主题等数据模型。构建企业级的统一数据视图，规范数据处理过程，提升数据质量，建立了安全、稳定、可信赖的数据仓库，为经营管理、投资分析、风险管理、信息披露奠定了数据基础。在客户服务中，数据中心建设客户多维度数据标签，为客服提供完整的客户分析画像；在营销管理中，数据中心为统一营销管理平台，提供完善渠道营销数据，助力基金公司实施营销过程管理；同时数据中心为基金的机构报告、监管报送等提供数据支持。

二、把握现在：公募基金运营面临的挑战

（一）产品数量扩张、单产利润率下降与运营刚性成本之间的矛盾

1. 基金运营成本与产品数量正相关，运营能力伸缩性较差

自2015年以来，基金产品发行速度呈爆发式增长。每只产品背后都有一位基金会计、每单交易都需要有交易员下单、产品资金清算笔数也随着产品数量增加而增多。头寸管理、基金开户、清算划款、

估值核算等运营工作的工作量与产品数量正相关。在产品数量不断增多的过程中，相应的以产品为单位的运营工作也随之增多。目前主要通过增加交易员、基金会计人员、资金清算人员以及开发业务辅助系统等来缓解运营压力。这二者一定程度不可避免地增加了人力成本及研发成本。

2. 基金平均管理费率呈逐年下降趋势，导致单产利润率下降

我们统计了存量公募基金2001—2018年基金平均管理费率，如下图所示，股票型基金平均管理费率除在2014—2016年出现过短暂的上升外，整体趋势上处于波动降低趋势，从2002年的1%下降到2018年的0.85%。债券型基金平均管理费率下降趋势明显，从2002年的0.68%降低到2018年的0.38%；混合型基金平均管理费率从2002年的1.5%降低到2018年的1.21%；货币型基金平均管理费率从2003年的0.33%降低到2018年的0.14%；QDII基金平均管理费率从2007年的1.83%降低到2018年的1.19%。基金平均管理费率总体呈下降趋势，而产品数量与运营成本正相关，导致基金单产利润率下降。

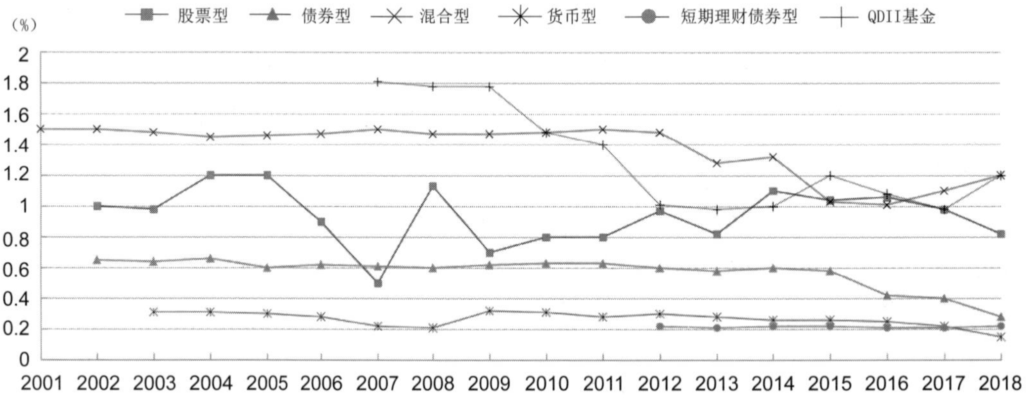

根据 Wind数据整理，其中基金分类取自证监会基金分类

图1　存量基金平均管理费率年度变化

3. 解决这一矛盾需要依赖业务流程优化和系统创新

随着业务不断发展，产品数量扩张，运营工作的难度和强度不断增加的同时，基金运营的成本和风险也不断增加，如果还是沿用既有的运营模式势必要求不断配置人力财力来保证运营，而人员的线性增长一方面带来管理成本，另一方面也将后台的风险敞口扩大化，这意味着基金行业智能化运营升级已经成为必然趋势。要不断改变“手工作坊式”的操作才能适应形势的变化发展，这就需要不断增大业务辅助系统的研发投入，控制人力运营成本，降低产品数量与单产成本之间正相关程度，达到边际成本递减的规模效应，实现运营管理的自动化、智能化、精细化。

（二）新业务的出现、用户需求提升、外部监管趋严都要求运营不断创新

新业务品种要求运营创新。除了传统的规模增长带来的运营改革需求，任何一个新的基金类型以及新的投资标的推出，都需要运营制定与之相匹配的清算交割、估值核算、系统测试、信息披露等方面

的业务细则。近年来，市场陆续推出的新业务包括融资融券、期权、港股通、国债ETF、黄金ETF、基金互认、市价法货币、买断式逆回购、按周付息定存、FOF基金、利率互换业务等。这些新业务都要求整个运营链条从交易下单到资金清算、估值核算等，都进行业务规则的改革和创新。市场竞争对基金创新提出要求，基金运营就必须在中后台迅速予以满足。

提升用户体验要求运营创新。面对竞争加剧的基金市场，抓住用户体验也是提高市场竞争力的重要手段。近年来，不断提升的用户体验，也要求运营不断创新。例如，广发基金于2018年9月实现“闪电达•次晨”服务，不设赎回额度限制，当日15点前提交赎回后，当日还可享受收益，正常情况下下一交易日早上6点资金即可划出，实现“T+0.5”快速赎回。该服务是运用互联网金融运营管理平台早晨自动划款功能实现的，提高了客户资金的到账效率和客户的满意度，同时也节省了运营成本。

外部监管趋严要求数据治理创新。随着业务快速发展以及监管环境趋严，各公司都暴露出数据品类缺失、数据准确性难以保证、数据口径不统一、数据需求部门反馈数据响应慢，但同时数据生产部门感觉统计工作量大等问题，目前行业主要通过建立数据指标库和数据质量建设来应对这一问题。数据指标库建设方面，一些公司成立专门的数据小组，建立数据标准相关规范和数据指标库，提高部门间、系统间数据共享能力。例如，广发基金建立基金运作指标库（FIB），以数据治理为核心目标，对涉及公司投资组合运作过程中的各项行为和要素生成的相关数据进行整合、加工、存储、优化后形成的一个指标集合以及这一指标集合的管理、监控和应用工具。项目主要涵盖产品运作数据的指标体系、以日为频度的数据和指标质量监控体系、灵活的报表制作和抽取工具。基金运作指标库上线后，极大地提高了各类数据报送的效率和准确性，使数据更准确，响应更迅速，统计更灵活多维。数据质量建设方面，制定数据质量管控规范，建设覆盖资产运作、营销、投研资讯等核心数据准确性和及时性的稽核规则，持续扩充稽核规则库。引入数据质量监控平台，落实数据质量检核规则，实现数据质量自动检查、监控，完成事中、事后的数据检查和稽核。

（三）产品结构复杂、投资品种多样带来的运营风险增加

资金交收规则复杂，增加产品头寸管理工作风险。交易品种的多样化，在丰富产品投资范围的同时，也给中后台运营带来一定的挑战。不同市场、不同交易交收规则、不同交易对手、甚至不同的交易时间都不同程度地增加了头寸管理的工作难度。为了有效控制头寸风险，需要制订详实的头寸管理流程和应急方案。运营部门对组合资金头寸实行盘前、盘中、盘后双人复核、双系比对的检查管理机制。如发生银行间资金未到账等特殊情况则立即请示投资经理是否采取应急措施；若无法取得联系，紧急情况下交易员有权进行应急交易以保证组合头寸安全。

扩大交易对手，一定程度增加了交易违约风险。为了防范对手方违约，需要严格遵守《银行间交易对手库分类管理办法》，对不同对手库的交易对手赋予不同的交易业务权限。银行间交易对手库按照对手的体量、排名、活跃度、信誉度分为备选库、限制库和禁止库，对交易对手库每年进行调整；当银行间市场发生重大风险事件或交易对手发生重大变化时，交易团队也会及时调整交易对手库。对于同业

存款和同业存单业务，遵循主体评级原则，挑选实力雄厚、风控严谨的银行建立定期存款和同业存单业务对手库；对首次开展定期存款业务的银行，严格实行实地考察验证，严控资金存放风险。

业务规则多样和估值方法复杂，增加了估值核算风险。随着公司业务的发展，基金会计负责核算的产品只数多达上百只，核算产品的种类包含境内公募基金、专户、社保、QDII基金等，产品类型丰富，业务规则多元。估值方法近年来也呈现复杂化趋势，有摊余成本法、业绩报酬、限售股估值、特殊估值调整等。此外，产品数量的增加伴随着运营人员增加，经验不足三年的人员占比较高，如何防止估值核算出现差错，是基金运营需要解决的一个大问题。各基金公司纷纷建立风险控制机制，监控估值核算风险。例如，广发基金的BCW业务监督预警平台是业内首个实时监控、逐级预警、可扩展的电子化风险监督和事件预警平台，是为了监控估值流程和制度的执行、降低估值错误风险而开发的。通过抽取估值系统数据以及其他外部系统数据进行比对、将不同产品横向比对、对部分指标设定阈值范围等方法，及时预警错误的估值结果，降低估值风险。目前包含100多项监控规则，涉及重大事件提醒、行情数据检查、头寸检查、权益数据检查、凭证数据检查、交易数据检查、估值结果预估检查、参数设置检查、TA业务检查等。它脱胎于估值核算风险的事后检查，进一步发展成为面向于整个公司的风险监督预警信息系统，是基金运营为降低估值核算风险作出的重要创新和尝试。

三、展望未来：公募基金运营向专业化、智能化、集约化方向发展

二十多年来，基金运营与时俱进，不断探索和变革。基金运营从后端参与前端，不断优化内部管理，推进系统化建设等，为基金行业的健康发展保驾护航。但同时，基金运营面临着刚性成本问题、创新压力问题、风险控制问题等，给基金运营当下的发展带来较大的挑战。

展望未来，公募基金运营需要以人才专业能力为基础，以智能化系统和精细化分工为辅，向专业化、智能化、集约化方向努力，才能持续助力基金行业的繁荣发展。

（一）专业化——提高人才专业能力，助力运营专业化发展

作为轻资产行业，基金运营人员的专业素质和工作能力是公司的核心竞争力之一。各基金公司可以从内部培养、部门内部轮岗、组织定期讨论和培训、同业交流和学习等方面进行人才的专业储备和培养。

交易管理方面，对于标准化的场内交易，注重培养交易员的交易技巧、技术分析能力、反应速度、对数字敏感程度，以及抗压能力、风险控制能力和沟通能力。对于非标准化的场外交易，注重培养交易员的多线程操作能力、工作效率、沟通协调能力、细致认真程度和风控合规意识。

基金会计方面，会计专业化水平是衡量基金会计的重要指标，基金会计人员应当对会计准则、会计政策、估值方法等有熟练地掌握；此外，随着基金会计逐渐参与前端产品设计，具备沟通能力、思考分析能力、创新能力也是未来衡量基金会计的重要标准。同时，系统自动化、智能化的趋势，也要求着重培养既懂会计业务又熟悉IT的综合型人才。

注册登记方面，准确高效地完成清算是对注册登记人员的基本要求，随着业务不断地发展创新，

在配合前台业务部门工作的同时，注册登记人员已经逐渐参与到前端产品的开发，这就对人才的沟通协调能力、风险防范能力、业务创新能力有了更高要求。

信息技术方面，在人员能力结构优化上，需重点补充业务需求分析人员、融合架构运营人员、信息安全人员、传统及开源架构软件研发人员等，应着力培养和引进具备综合能力的金融复合型科技人才。

（二）智能化——科技赋能金融，利用信息技术提高运营效率，降低运营风险

金融科技已成为金融领域中最引人瞩目的焦点，利用大数据、云计算、AI等新技术与金融融合，构建出“智能运营”“智能风控”等各类应用场景，在数据化的基础之上提升业务运营管理的效率和成果，必将是未来基金行业业务发展的新支点。

1. 智能运营

在运营管理方面，可利用新技术提升运营效率，降低人工成本，将传统运营模式进行“数字化、智能化”升级。机器人在运营管理过程中的运用，将现有系统高效互动，借助软件模拟，将一定规则的重复流程自动化，以机器人代替一系列人工操作。在人工智能方面，还可尝试利用声纹识别、图像识别技术优化客户服务中的运营。运营转型正当其时，通过这些新型技术手段从“集中运营”向“精益运营”“智慧运营”迈进，例如行业已经实现的信息发布自动化、日间开闭市自动化、智能客服问答等。

2. 智能风控

在智能风控方面，可利用机器学习技术对市场消息数据、历史交易数据、客户行为数据等进行学习和分析，提前得出风险发生的趋势，从而能够有效地对风险采取预防措施，降低风险带来的损失。同时，还能通过机器人技术将机械化任务进行可视化、自动化，有效降低人工操作风险。行业正在探索风险管理与金融科技的结合，例如风险事件预测及提醒、自动化数据比对分析等。

（三）集约化——识别运营工作中的标准和非标准环节，实现精细化分工

未来将针对运营工作中可标准化的业务环节进行集约化、电子化。针对非标准化的业务，将采取流程化、模块化为主，人工复核为辅的方式实现精细化分工，降低操作风险。

1. 标准业务的集约化、电子化

识别交易所交易、银行间交易、场外交易、资金清算、估值核算、注册登记、信息披露等不同运营环节的标准化程度。对于标准业务，例如交易所交易下单、估值数据的读入、清算划款、定期报告等，进行集约化的分工，制定标准的操作流程。同时，推动业务的电子化、自动化，减少人为操作风险。识别人员专长，对标准化的业务配备专业细致的操作人员。

2. 非标准业务的流程化、模块化

对于运营工作中的非标准业务，例如场外交易、新业务的测试和开发、合同审核、特殊产品的估值等，需要梳理非标准业务的流程，约束流程而非业务细节，降低风险。对于非标准业务还可以进行模块化的分工，配备具有创造能力、沟通协调能力的专业人员。

公募基金产品创新发展分析报告

□ 南方基金管理股份有限公司

自1998年3月首批基金公司成立至今，公募基金走过了20个年头。在这20年中，基金行业从零起步，经历了艰辛创业、高速成长、徘徊探索、创新发展等不同阶段，已经成长为一个管理资产规模12.4万亿元、服务万千家庭的行业，成为中国资本市场和中国资产管理行业中最重要的组成部分之一。基金行业的成长，见证了中国资本市场的建设和发展历程，同时也是中国资本市场发展历程中代表创新、变革、成长的重要篇章。

一、公募基金产品创新的发展历程

1998年3月27日，基金开元和基金金泰的成立拉开了中国证券投资基金试点的序幕。一直以来，公募基金肩负着推动普惠金融的使命，秉持“受人之托，代人理财”的资产管理本源，通过产品的不断创新以及产品线的持续完善，从不同角度满足了投资者的内在需求。产品创新为基金行业发展提供了源源不断的动力，并成为公募基金行业不断发展和壮大过程中的一条主线。从创新驱动的方式来看，过去20年，产品创新主要经历了“牌照红利”“市场竞争”两个主要阶段，实现了由“监管主导”向“市场主导”的转变。

（一）牌照红利时代：“监管主导、自上而下”的创新

在2012年以前，行业处于起步期，产品创新主要是大类基金品种从无到有的创新，是证监会主导的自上而下的创新。如2001年9月华安基金成立首只开放式基金“华安创新”、2002年9月南方基金成立首只债券基金“南方宝元”、2003年6月成立首只保本基金“南方避险增值”、2003年12月华安基金成立首只货币基金“华安现金富利”、2004年10月南方基金成立首只LOF基金“南方积极配置”、2004年12月华夏基金成立首只ETF“华夏上证50ETF”、2007年9月南方基金成立首只QDII基金“南方全球”、2012年8月华夏基金成立首只跨境ETF“华夏恒生ETF”等。在证监会领导下，短短10余年，债券、货币、QDII、指数、ETF等各类产品实现了从无到有的跨越，基金行业产品类型得到极大完善和补充，也为后续公募基金的产品创新奠定了基础。

（二）市场竞争时代：“市场主导，自下而上”的创新

2012年以后，随着中国公募基金行业的发展，大类产品布局日益完善，政策端推动的新产品类型不再是唯一创新驱动力。如在投资策略方面，更多投资策略、投资工具、投资主题被发掘，出现了如定开打新、大数据主题等系列产品的创新；在销售渠道方面，除了线下零售外，互联网渠道也成为行业竞

争的新高地，特别是以余额宝为代表的货币基金，极大迎合了广大投资者在风险与流动性方面的需求，成为广大投资者理财的重要选择；在客户需求方面，公募基金对客户需求的不断挖掘也为产品创新带来了新的驱动力，如定制债基等机构定制产品、南方瑞合“赚钱才收固定管理费”的费率创新等。此外，这一阶段也涌现出了如国企改革ETF、嘉实元和等跨界创新，实现国家经济战略与普通投资者需求的有效衔接，极大延展了公募基金服务实体经济的广度和深度。当前，公募基金进入了百花齐放的市场竞争时代，这也对未来行业产品创新提出了更高的要求。

二、产品创新实践的多元化路径思考

（一）投资标的和投资策略不断丰富

在20年发展中，公募基金产品线日益完备，资产类别从最初的权益资产逐步覆盖债券、货币、商品乃至众多海外市场的资产；投资主题从全行业覆盖逐步发展到聚焦单一行业或典型主题；投资方式从主动管理逐步拓展至被动投资、量化对冲等；投资风格则衍生出价值、成长、平衡等多个类型。公募基金的产品开发思路也从最初的“先有产品再找客户”的模式发展到针对不同市场环境和客户需求推出专业的产品。

一是资产标的的创新，如债券型基金、货币市场基金、商品型基金等。以债券型基金为例，国内首批封闭式基金和开放式基金均为权益类基金，风险较高，2002年A股市场全年下跌17.5%，权益类基金盈利受到市场影响，新基金销售也陷入困境，投资者更偏好能够带来持续稳定收益、低风险的产品。在此背景下，首只债券型基金“南方宝元”应运而生，由于该产品适应了当时的市场环境，是对公募基金投资标的种类的极大补充，产品募集规模达到40亿元，轰动一时。在此之后，市场中也出现了如首只货币市场基金（2003年12月30日）“华安现金富利”、首批商品型基金（2013年7月18日）“华安黄金ETF”“国泰黄金ETF”等多元的资产类别。

二是投资策略的创新，如指数基金、行业主题基金、避险策略基金、量化策略基金等产品。以指数基金为例，2002年11月8日，国内首只指数基金“华安180指数增强型基金”（变更为华安MSCI中国A股）正式成立，标志着指数化的投资理念被引入国内资本市场。指数基金凭借费用低廉、管理透明、多样化及分散化等优点，受到广大投资者的认可和追随，并逐步成为市场中创新的主流模式之一。此外，在投资策略的创新方面，市场中出现了如首只避险策略基金（2003年6月27日）“南方避险增值”、首只量化策略基金（2009年3月20日“嘉实量化阿尔法”）等创新产品。特别是，首只主题基金（2005年1月6日）“博时主题行业”成立以来，行业主题基金的覆盖面日益广泛，包括定增、打新、军工、证券、医药、环保等。

（二）组织形式和参与主体日益多元

公募基金产品的创新还体现在运作方式等产品组织形式的发展，同时也体现在通过创新收费方式和完善费率结构来进一步优化投资者、管理人和基金经理之间的委托代理关系之上。

一是在运作方式方面，出现了开放式、定期开放式的模式创新。早期由于公募基金行业刚刚起步，基金的运作形式采用较为单一的封闭式。这种方式在后续运作中也存在相应的问题，如长封闭期的设置无法很好地满足投资者的流动性需求。2001年9月，华安创新、南方稳健成长等首批开放式基金成立，投资者可以通过每日申购赎回，对管理人形成激励约束机制。由此，公募基金行业逐渐发展成以开放式为主、封闭式为辅的产品形态。此后，具有固定封闭期的定期开放型基金成为一种颇具特色的运作方式。定期开放基金在开放式与封闭式基金的基础上实现了创新，一方面，从基金管理角度，降低频繁申购、赎回带来的流动性冲击，有益于提高基金投资组合的稳定性，投资的仓位也更加灵活；另一方面，从投资人角度，能够帮助投资者克服人性追涨杀跌的缺点，以长期价值投资的方式参与财富管理。

二是在优化委托代理关系方面，出现了如分级基金、浮动费率等创新安排。分级基金通过在产品内部引入杠杆机制，成为可以同时满足三类具有不同风险收益偏好投资者需求的工具型产品。又如浮动管理费模式的创新探索，是实现基金管理人、基金经理与投资人之间利益共享和风险共担的良好尝试。2018年8月，首只"赚钱才收固定管理费"的基金南方瑞合发行，创新性地以费率创新、发起式运作的模式，将基金管理人与投资者的利益深度捆绑，体现了基金公司坚定为客户创造价值的使命和担当。这一创新模式在提升客户安全感、解决基民痛点的同时，也对基金管理人的投研能力提出了更高的要求，有利于促进基金公司提高核心竞争力、回归资产管理本源，提升公募基金行业的社会价值和品牌形象。

（三）交易方式和交易效率持续优化

传统开放式基金的申购赎回只能在场外进行，申赎模式单一，而基金的场内交易相比传统开放式基金具有更高的流动性和交易效率，同时成本优势显著。

场内基金交易中，ETF和LOF的出现为市场带来了新的创新活力。上市型开放式基金（LOF）引入二级市场交易机制，为开放式基金开辟了新的投资交易渠道。从2004年10月行业首只LOF"南方积极配置"成立以来，LOF基金产品不断丰富，投资策略包括主动和被动，资产类型覆盖股票、债券、商品。交易型开放式指数基金（ETF）又是对基金交易机制的一大创新，也是基金类型的一大丰富。ETF既可在交易所内实现实物申赎，也可以在二级市场上使用现金进行实时交易，具备费用低廉、流动性好、交易便捷等优势，是极具开发前景指数化投资工具。2004年12月，华夏上证50ETF的成立标志着国内ETF产品正式推出。随后，市场上陆续推出了跨市场ETF、跨境ETF、债券ETF以及黄金ETF等多类创新型产品，投资范围逐渐拓宽，投资策略不断丰富。

同时，ETF相关的金融创新不断优化着ETF产品生态。2009年，华安上证180ETF联接基金、交银180治理ETF联接基金的推出，解决了普通投资者由于资金量限制难以在一级市场申购的问题。2015年2月，首只ETF期权即上证50ETF期权在上交所上市，标志着ETF产品生态的进一步完善，从单纯的ETF投资模式转向充分利用市场工具的多种策略百花齐放的投资模式。

（四）跨界创新和平台合作不断涌现

随着中国证券市场及公募基金行业发展的不断深化，公募基金行业主体也愈加多元化。同时在互联网时代下，公募基金的行业格局也正在经历转变，利用多元平台跨界创新的举措和各类跨界合作产品不断涌现。

以货币市场基金为例，与交易所、互联网等跨界创新使得货币市场基金迎来爆发式增长。一是场内货币基金的出现，大大提高了资金利用效率和交易效率。此前，场外货币基金在申赎效率方面通常为T+2日可用，货币基金的现金管理功能也因此受限。而随着场内货币基金的问世，其既可以享受传统货币基金的收益，又可满足投资者账户内闲置资金的T+0交易需求。同时，从股民的角度来说，场内货币基金也可以实现投资股票和低风险理财的无缝连接，既能享受到利息，而且若二级市场出现投资机会，赎回时也可以马上进行股票交易。二是互联网货币基金出现，使得货币基金交易更加便捷，成为了全民理财的一种新方式。2013年，支付宝与天弘基金推出“余额宝”，其背后是天弘增利宝货币基金，这是首只跨界合作的互联网货币基金；腾讯紧随其后推出“理财通”服务，也从货币基金开启互联网与金融的跨界合作。之后，各网络平台上挂钩货币基金的宝宝类产品不断发展，改变了基金销售格局。相比以银行作为销售渠道的传统基金，互联网货币基金的便捷性更好，且交易实时到账，很好地契合了客户对流动性的需求。

与此同时，公募基金也在国企改革、REITs等创新领域进行了跨界合作的探索。近年来，混合所有制改革、REITs、国企改革等成为投资界关注的热门词汇，公募基金将投资范围拓展到这些全新的领域。如2014年嘉实元和首募100亿元，提供了分享混合所有制改革投资收益的机会，又如2015年鹏华前海万科REITs30亿元的发行规模，打开了公募基金投资不动产领域的窗口；再如2016年汇添富上海国企ETF首募152亿元，开启了基金产品服务于国企改革的大幕。这些产品的成功推出，打破了以往基金产品创新的边界限制，充分体现了公募基金行业的探索和创新精神。

三、当前行业产品创新面临的形势

随着中国经济高速发展，居民财富迅速增加，国内资产管理行业也取得了长足的发展。在市场竞争日益激烈、监管趋于严格、客户需求变化较快的大环境下，公募基金产品创新也迎来新的机遇和挑战。

一是监管的规范化。资管新规出台标志着资管行业“大跃进”的时代结束，未来资管业务的规范要求更高，规模增速放缓的同时，质量会得到提升。在当前依法、全面、从严监管的背景下，产品创新的难度增加，更加需要顺应国家改革、政策变迁、社会需求和监管导向。

二是投资的多元化。居民大类资产配置和服务实体经济呼唤进一步拓宽公募基金的投资范围（如房地产REITs、商品、ABS、外汇等），完善投资工具的使用（如股指期货的放开）、丰富投资理念（如社会责任）和投资策略（如量化对冲、事件驱动、智能beta等）。

三是产品的特色化。目前，国内机构投资者的兴起、FOF的发展使得资产配置需求增加，进一步呼吁底层基础产品多元化、特色化和风格清晰化。同时，互联网时代马太效应愈发明显，资金和客户更加集中于绩优产品、特色产品和创新产品。

四是客户的机构化。随着行业的发展和成熟，机构客户占比已达到公募基金客户的一半以上，同时基本养老、企业年金、第三支柱的推出和海外资金涌入进一步加快了机构化进程和资金长期化。随着机构投资者队伍的不断壮大，在为资产管理行业带来发展机遇的同时，也对基金管理公司的投资运作、产品设计、后台创新等各方面能力提出了更高的要求。

五是服务的科技化。随着互联网金融时代的到来，以大数据和人工智能为代表的金融科技对公募行业带来了深刻变化，随着对数据获取、处理和分析能力的提升，公募基金将对客户需求有更为深入的了解，也必将为行业带来新的变革和挑战。

六是业务的国际化。随着QDII和QFII制度的建立和完善、沪港通使得三地市场连为一体、A股纳入MSCI新兴市场指数、ETF纳入互联互通、海外机构合作日益增多，公募基金行业正与中国资本市场一起稳步有序地推进对外开放的进程，这也对国际化服务、国际化投资的能力提出了更高的要求。公募基金需要尽快开拓业务范围，积极开展产品创新，满足客户日益国际化的资产配置需求。

四、未来资产配置时代的创新思考

在经历市场的急涨急跌之后，投资者对于资产配置的关注开始升温。在基金种类不断丰富、产品数量显著增加的背景下，如何实现多元资产配置、有效控制组合波动，同时从更多的收益来源中追求稳定投资回报，成为越来越多投资者新的关注焦点。随着公募FOF、养老目标日期基金的落地，全民资产配置时代已然到来，公募基金将通过专业化资产配置、多重分散风险、专业投顾服务的方式，让投资者享受更为便捷化、定制化的投资服务，也为其带来更为稳健的投资收益。在此背景下，产品创新将进一步从“产品导向”向“客户需求导向”转型，推动基金公司从“投资管理机构”向“财富管理机构”转型，从“产品制造商”向“整体解决方案提供商”转型。

一是为客户配置财富，提供标准化一站式解决方案。随着基金种类和数量的丰富和增加、基础市场波动加大，投资者择基难、择时差、赚钱难成为行业发展的最大痛点之一。在资产配置时代，基金公司将不再是单一的产品供应和制造商，而是进一步由精细化投资转变为配置化多资产投资，以一站式、专业化的解决方案满足客户的财富管理需求，让投资者放心、安心、好选。特别是随着公募基金参与养老金第三支柱的建设，以目标风险(TRF)、目标日期(TDF)为代表的一站式解决方案将帮助投资者进行未来储蓄与投资，满足家庭财富保值增值的需求，在未来创新如养老金产品、教育储蓄金产品等综合性财富管理解决方案将成为行业新的竞争方向。

二是与客户需求结合，提供定制化的资产配置方案。随着基金行业的发展和进步，越来越多的基金管理公司开始重视客户价值，产品创新由原先的闭门造车向客户销售转变成为根据客户需求提供解决方案。在未来资产配置的新时代，公募基金将进一步借助大数据和资产建模等方式，更为精准细致地挖掘客户需求、分析客户行为、刻画客户画像，并根据客户的风险收益偏好、财富管理目标、投资经验等信息，提供定制化、差异化的资产配置解决方案。随着市场竞争的日益激烈，充分了解、挖掘客户的理财需求并设计、实施合意的解决方案，才是财富管理机构的核心竞争力之所在。

三是进一步完善产品功能，优化改善客户投资体验。随着客户需求、市场竞争逐渐成为行业产品创新的新驱动因素，各类产品在推出后均不断为改善客户体验而进行优化，如余额宝、T+0申赎机制、支付功能改善等。未来各类产品也必将在客户端、销售端、投资端等各方面迎来革命和创新，运用数字化、场景化、社交化等创新技术手段直面投资者，更好地满足其财富管理需求。

沪市ETF市场发展报告

□ 上海证券交易所产品创新中心

自1993年美国推出首只ETF基金以来，全球ETF基金如雨后春笋般快速成长。经过26年发展，ETF凭借费率低、管理运作透明，以及可在一二级市场实现套利等优点，日渐成为全球各类投资者进行资产配置和风险管理的有力工具。

中国首只ETF基金于2004年由华夏基金推出，之后几年一度出现停滞。2010年在上海证券交易所鼓励下国内ETF市场呈现发展小高潮，全年共有11只ETF基金发行。2018年是国内ETF市场飞速发展元年，产品规模和发展速度均实现了历史性突破。截至2018年底，境内交易所挂牌上市的ETF数量186只，资产总规模超过5000亿元。

本报告将全景展示国内ETF行业发展的整体概貌及沪市ETF市场发展情况，为投资者深入了解ETF产品特性、行业发展动态以及行业发展趋势提供参考。

一、ETF市场迎来爆发式增长

2018年是境内ETF市场飞速发展的一年，资产规模和产品数量都实现了历史性突破。投资者投资ETF的热情高涨，2018年境内共有40只ETF成立，至年底境内交易所挂牌上市的ETF数量达到186只，投资标的涵盖股票、债券以及商品等大类资产，资产总规模5076亿元，约合725亿美元，增长43.8%。除去货币ETF，资产规模相比2017年同期增加1434亿元，增幅62%。从场内份额变化来看，全市场非货币ETF份额2419亿份，相比年初增长160%。总体来看，2018年不论是发行数量还是资产规模都创造了历史之最。

二、沪市ETF市场实现跨越式发展

截至2018年底，沪市共有134只ETF挂牌交易，资产标的涵盖股票、债券、黄金、货币等各大类资产，市值规模4351亿元，占境内ETF市场总规模的85.63%。2018年沪市各类ETF的交易总额7.17万亿元，占境内ETF总成交额的70%以上。

（一）沪市ETF规模快速增长

沪市ETF总市值从年初的3077亿元，增长到2018年底的4344亿元，增长幅度41.18%。各类ETF规模都实现增长。其中，货币ETF增长最快，市值规模从年初的1389.5亿元迅速增长到1975.1亿元，增幅42.1%；其次是股票型ETF，规模增长595.6亿元，增幅39.9%。如果将跨境ETF合并计算，沪市权益型ETF2018年的规模从1596.7亿元增长到2195.9亿元，增长599.3亿元，创历史新高。

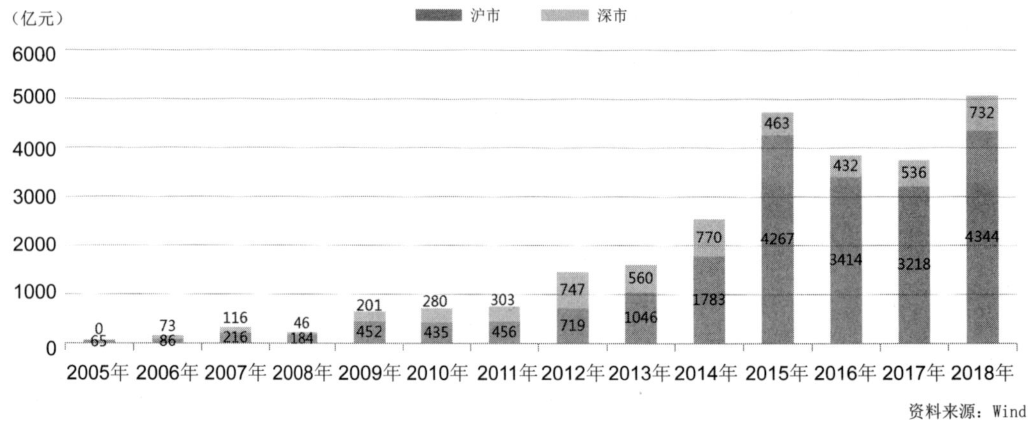

图1　境内ETF市场资产规模变化情况

表1　沪市基金市场概况

产品类型	数量（只）		市值（亿元）		成交额（亿元）	
	2017	2018	2017	2018	2017	2018
单市场股票 ETF	33	35	780.5	811.75	2247	4552.6
跨市场股票 ETF	41	58	713.1	1277.4	1790.1	5049.1
债券 ETF	4	8	38.1	96.3	1191.7	440.4
黄金 ETF	2	2	52.8	84.1	3148.3	2952.1
货币 ETF	26	23	1389.5	1975.1	66988.3	54854.6
其他（跨境等）	8	8	103.1	106.8	2455.7	3811.9
小　计	114	134	3077.1	4351.45	77821.1	71660.7

数据截至2018年12月31日

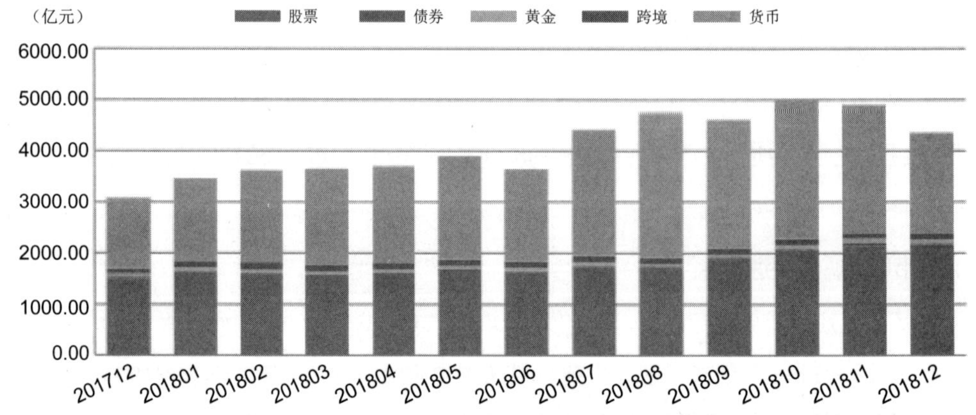

图2　沪市ETF资产规模变化

（二）市场资金持续净流入

在A股市场持续低迷的情况下，沪市ETF市场保持资金净流入。2018年，沪市全部ETF申购总金额5441.7亿元，赎回总金额3900.2亿元，净申购金额1541.4亿元。

2018年除6月、9月、11月和12月外，其余月份的净申购额均为正。其中，7月和10月净申购规模最大，分别达到639.8亿元和507亿元。

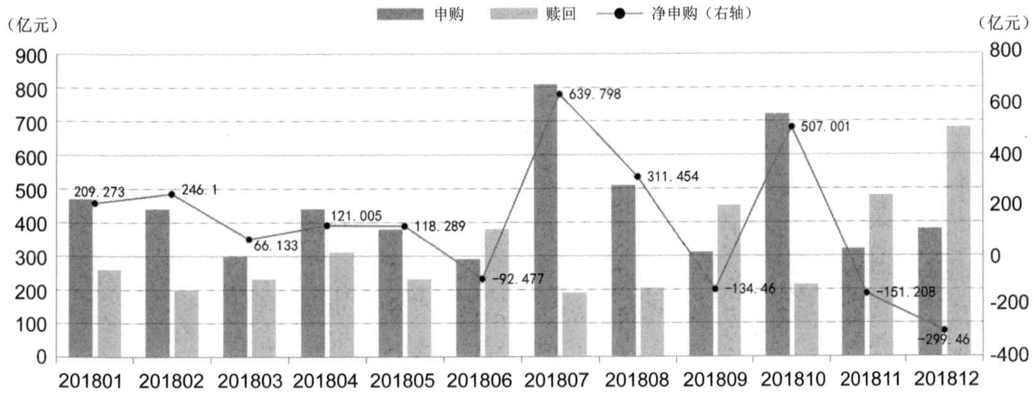

图3　2018年沪市ETF申赎情况

（三）沪市ETF整体成交略有下降，不同产品出现明显分化

总体来看，2018年沪市ETF的二级市场成交总规模7.17万亿元，较2017年全年成交量减少8.2%。全市场月均成交额约为5953亿元，较2017年月均6485亿元的成交规模下降9.7%。但不同类别的ETF产品之间表现出明显差异，股票ETF交易量出现爆发式增长。而受流动性新规影响，2018年以来货币ETF成交量显著下降，成为影响整个市场成交规模下降的重要因素。此外，债券ETF成交规模也下降较为明显；黄金ETF成交量同比也略有下降。

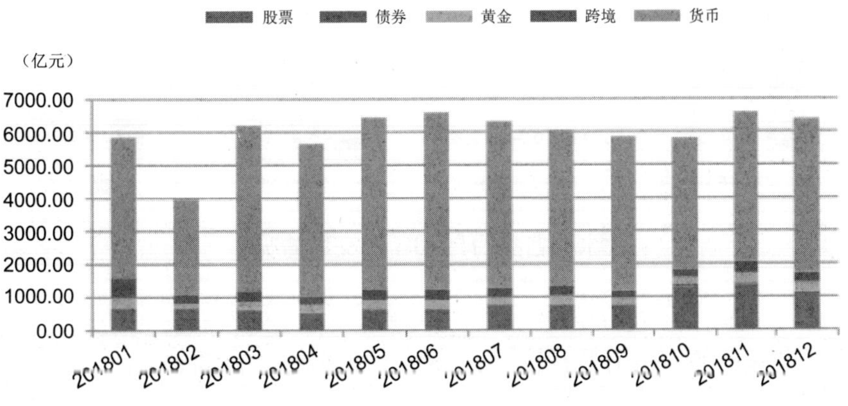

图4　沪市ETF交易情况

从资产类别来看，沪市股票型ETF贡献了ETF总交易金额的主要部分。权益类ETF近2年来增长迅速，尤其是2018年以来，成交金额接近翻番，2018年以来日均成交量同比增长89.91%，日均成交金额同比增长98.98%，逆市大幅增长。债券类ETF、黄金ETF在2017年成交量仍有不错的增长，但2018年以来下滑较为明显。债券类ETF自2018年以来日均成交量同比下降67.74%，日均成交金额同比下降67.25%，黄金ETF2018年日均成交量同比下降13.73%，日均成交金额同比下降14.99%。而货币ETF则连续两年成交量和成交金额出现18%左右的下滑。总体来看，权益类ETF2018年成交量大幅增加，市场活跃度明显提升。

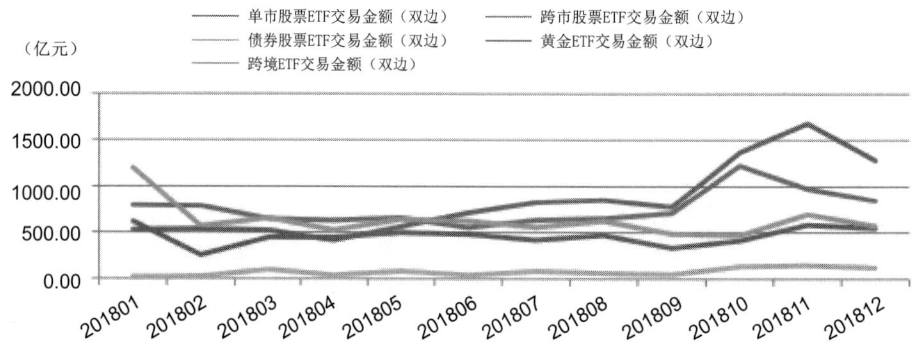

图5　各类ETF2018年月度交易规模

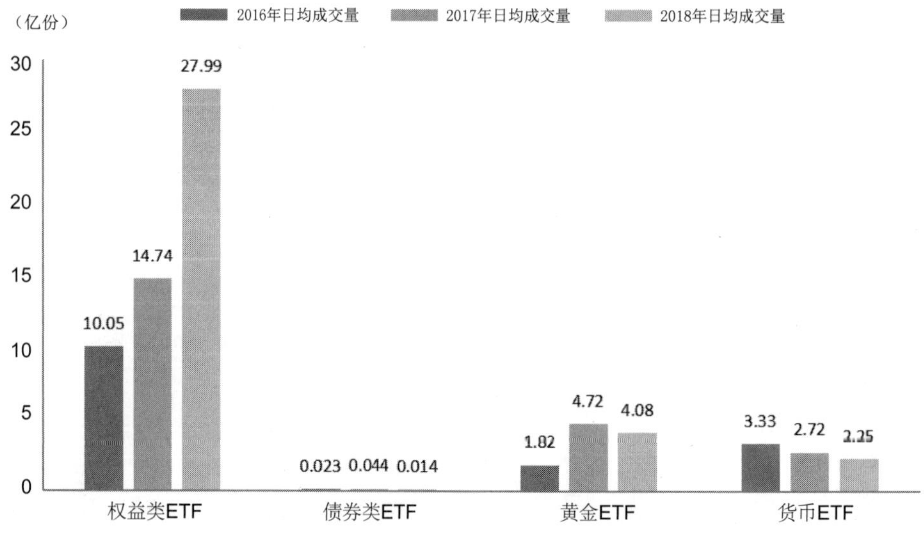

图6　各类ETF近3年成交量情况

（四）沪市机构投资者持有ETF规模较大，券商自营和基金持有比例最高

从持有规模来看，截至2018年底，个人投资者持有沪市ETF的市值总规模为963.62亿元；机构投资者持有沪市ETF市值总规模为3380.48亿元。虽然个人投资者的数量众多，但是机构投资者持有的规模最

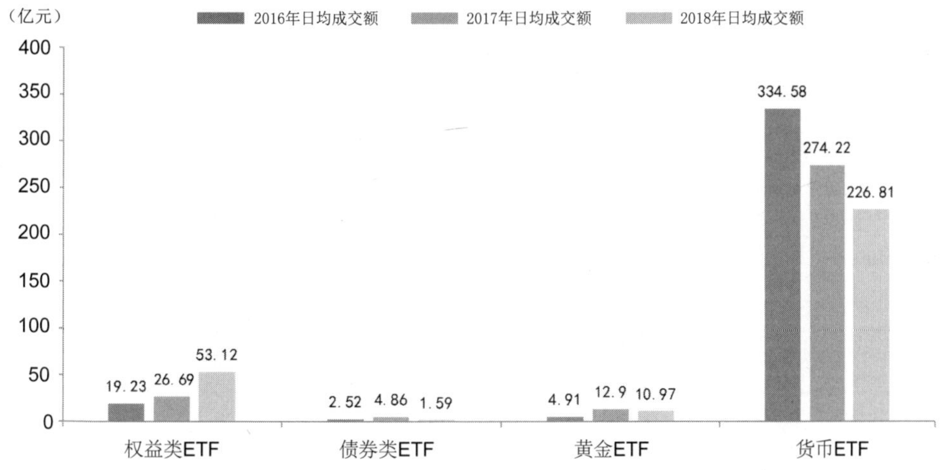

图7　各类ETF近3年成交金额情况

大，两者的持有比例大约为2:8。

从持有份额来看，截至2018年底，个人持有沪市ETF份额为312亿份，机构持有份额为864亿份，两者占比分别为27%和73%。

从资产类别来看，债券ETF中机构持有的规模和份额占比最高达95%。其余，单市场股票ETF、跨市场股票ETF、黄金ETF和跨境ETF无论是从份额还是规模角度，机构持有量均远大于个人。

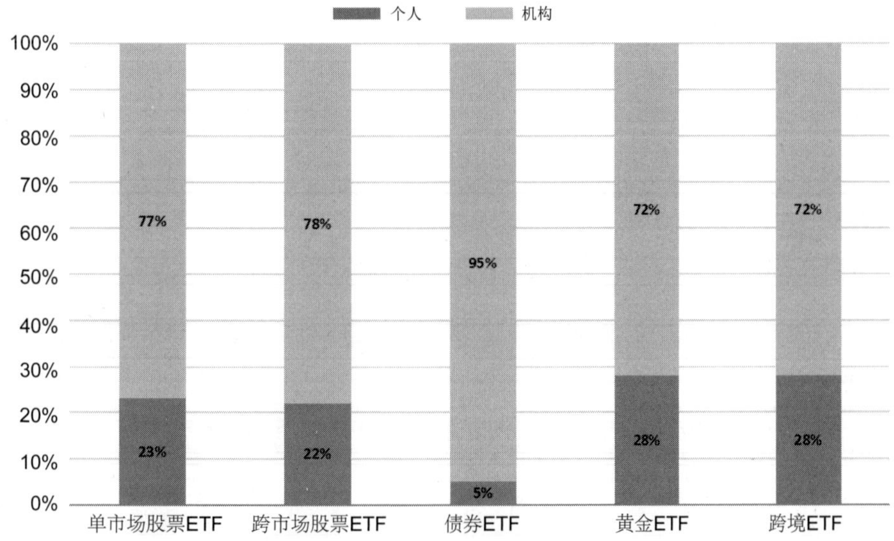

图8　ETF持有市值分布情况

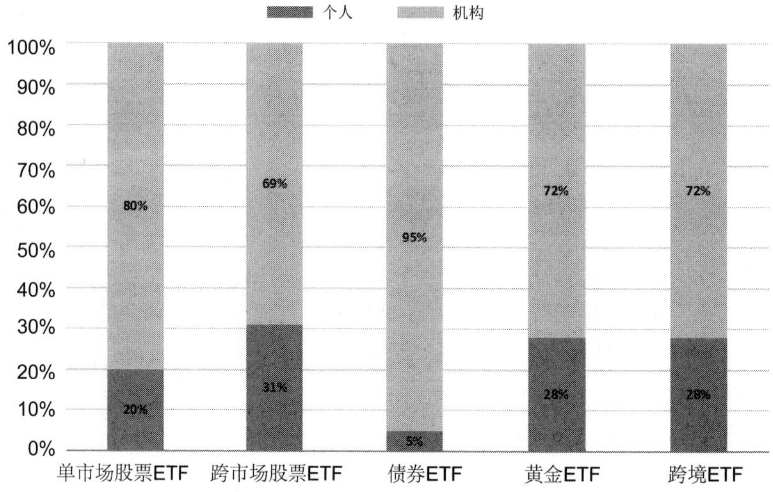

图9 ETF持有份额分布情况

进一步区分投资者账户类型，分别统计不同类型投资者的ETF日均持仓市值。统计数据显示，券商自营和基金在ETF持仓规模排名中处于靠前位置，2018年全年日均持仓规模达2000亿元以上。其余账户如券商套保、其他一般法人、保险、QFII和信托账户持仓也较高，ETF日均持仓市值均超过100亿元。

（五）个人投资者交易规模占比与机构投资者基本持平

2018年沪市ETF个人交易总规模占比50%，与机构投资者基本持平，其中个人投资者交易规模在单市场股票ETF占比47%，跨市场股票ETF占比36%，低于机构投资者；而在债券ETF、黄金ETF和跨境ETF占比均高于机构投资者，分别为77%、58%和68%。

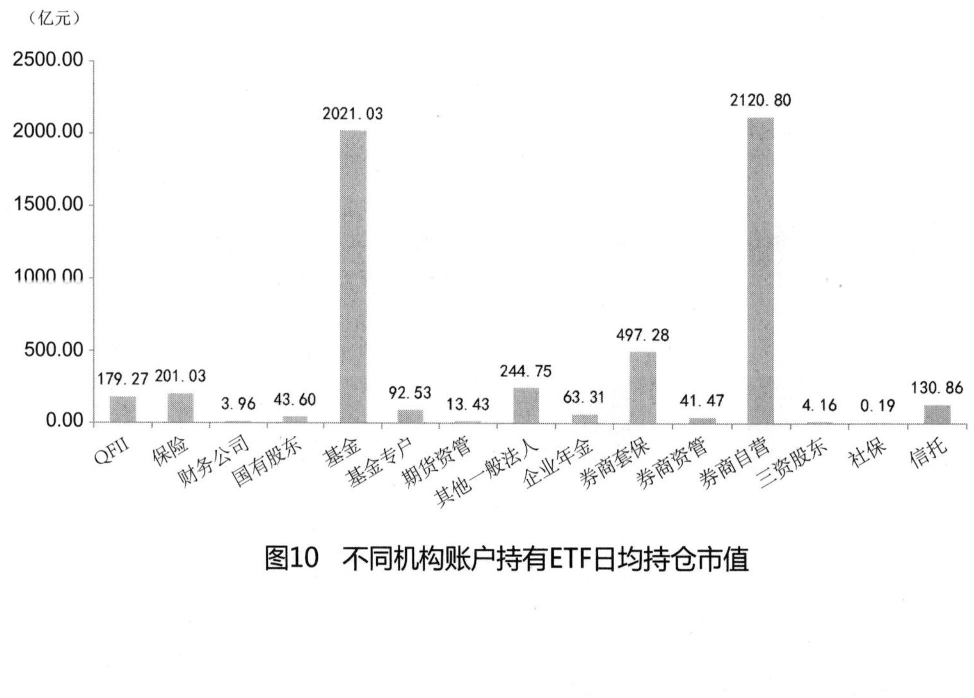

图10 不同机构账户持有ETF日均持仓市值

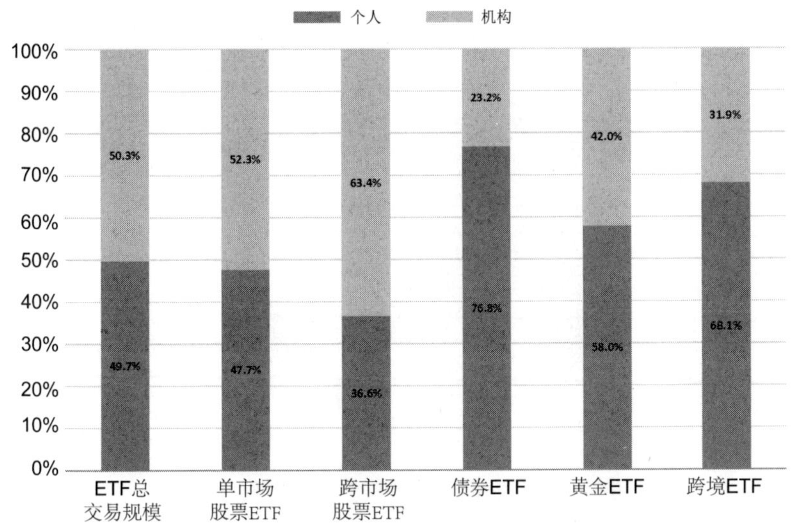

图11　2018年沪市ETF投资者交易结构占比

（六）机构投资者增持直接推动沪市ETF规模快速增长

2018年沪市ETF累计新增份额511亿份，机构和个人增持占比分别为60%和40%。尤其是10月份，ETF份额净申购量快速增长，净申购量130.7亿份，占2018年份净申购总额的25%。

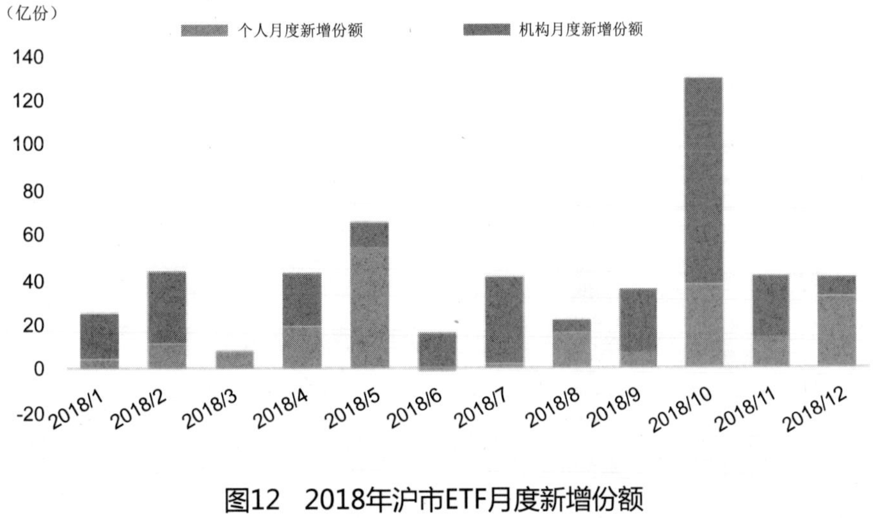

图12　2018年沪市ETF月度新增份额

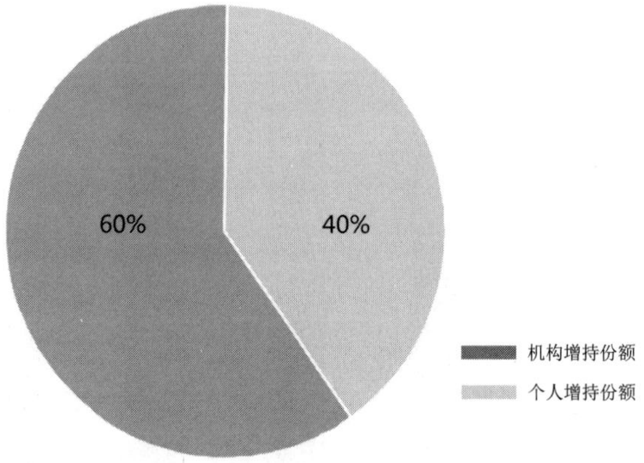

图13 累计新增份额投资者结构

从细分资产类别来看，股票型ETF贡献了净申购量的主要部分，净申购数量累计480.07亿份。其中，单市场股票ETF净申购量76.42亿份，跨市场股票ETF净申购量为403.64亿份，两者合计占全部沪市ETF净申购总额的79%。股票型ETF净申购中，个人和机构增持股票ETF占比分别为39%和61%。

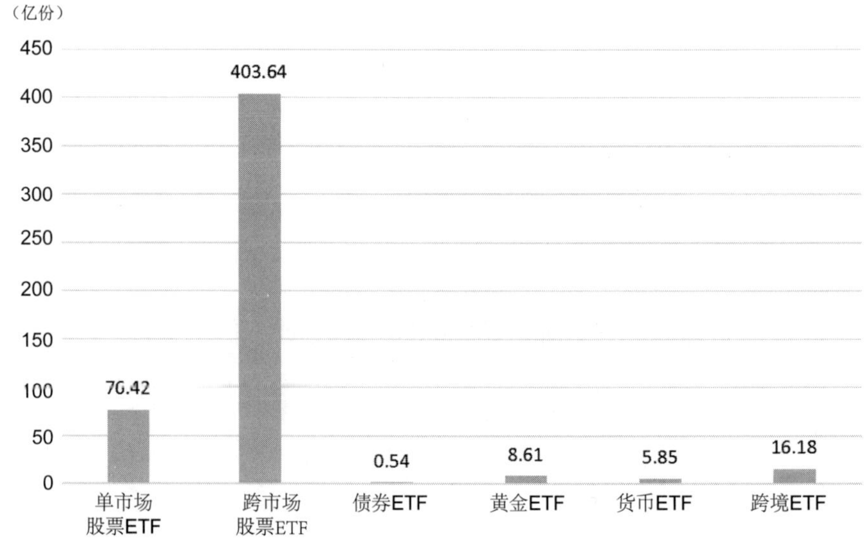

图14 各资产类别ETF净申购量

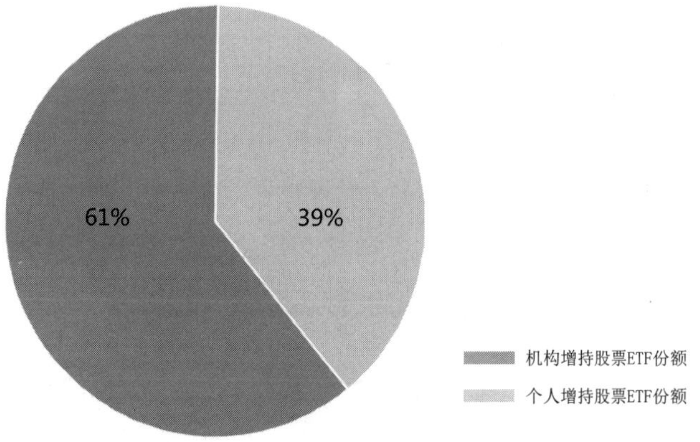

图15　股票ETF累计新增份额投资者结构

从新增ETF规模来看，2018年沪市ETF累计新增总规模931亿元，其中个人新增规模274亿元，占沪市ETF新增总规模的29.4%；机构新增规模657亿元，占沪市ETF新增总规模的70.6%。机构账户中保险账户新增规模最大，其次是基金账户。2018年保险账户累计新增ETF规模273亿元，基金账户累计新增ETF规模238亿元，两者分别占机构类新增ETF规模的42%和36%。

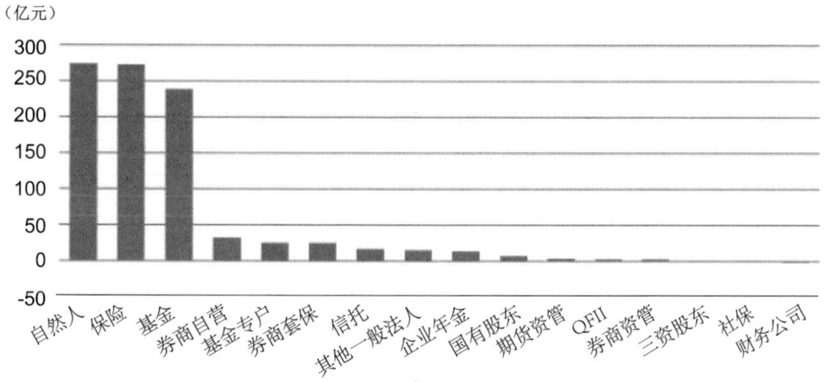

图16　不同账户ETF2018年全年累计新增ETF规模

从新增ETF的来源分析，保险账户全部通过净买入单一渠道获得ETF份额，基金账户通过净申购增持ETF份额，净申购总额大于净卖出总额。个人账户通过净申购和净买入两个渠道增持ETF份额，两者比例约为5:3。

（七）机构与个人资金10月入市较多

统计数据显示，2018年累计新增ETF规模最多的个人账户以净申购和净买入两个渠道增持ETF，全年净申购规模累计171亿元，净买入规模累计103亿元，新增ETF规模累计274亿元。除1月、5月和7月，其余月份资金均为流入，其中10月份资金流入规模最大，占全年累计流入资金的30%。

累计新增ETF规模排名第二的保险账户均以净买入渠道增持ETF份额，全年累计新增ETF规模达273亿元。买入规模比较大的月份为2月、6月、7月和10月，其中10月份资金进入量最大，占全年累计新增规模的42%。

排名第三的基金账户主要以净申购渠道增持ETF份额，全年净申购规模累计457亿元，净卖出规模累计为226亿元，新增ETF规模累计238亿元，其中10月份资金流入规模最大，占全年累计流入资金的22%。

表2 2018年全年不同账户新增ETF来源分析

（单位：亿元）

账户类型	净申购金额	净买入金额	累计新增ETF规模
自然人	171.28	102.66	273.94
保险	0.00	272.57	272.57
基金	456.90	-218.46	238.44
券商自营	205.90	-173.47	32.43
基金专户	-0.12	25.22	25.09
券商套保	58.53	-33.47	25.07
信托	17.88	-1.00	16.89
其他一般法人	7.04	8.37	15.41
企业年金	0.00	13.99	13.99
国有股东	2.89	4.77	7.65
期货资管	0.06	3.70	3.76
QFII	11.93	-8.65	3.28
券商资管	-0.48	3.71	3.23
三资股东	0.00	0.20	0.20
社保	0.00	0.17	0.17
财务公司	-1.18	-0.32	-1.50

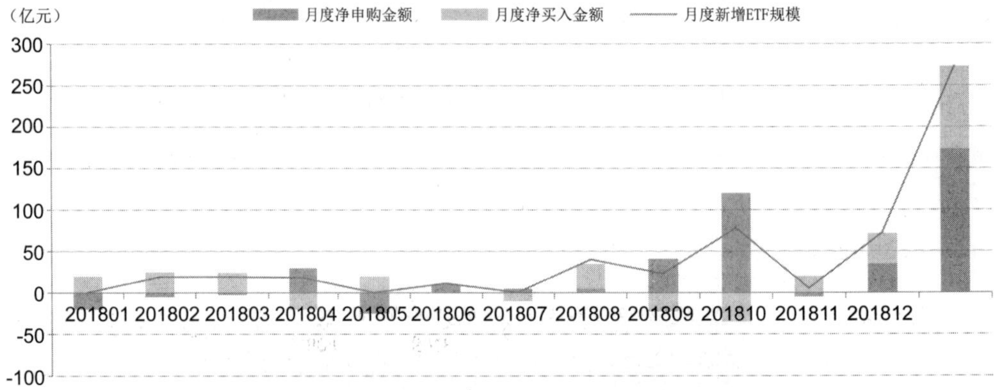

图17 自然人账户2018年1—12月新增规模统计

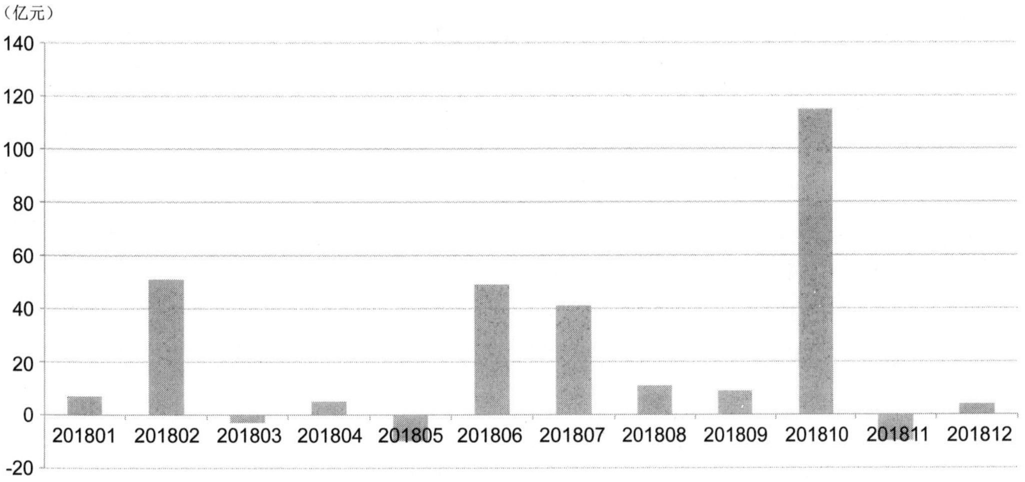

图18　保险账户2018年1—12月新增规模统计

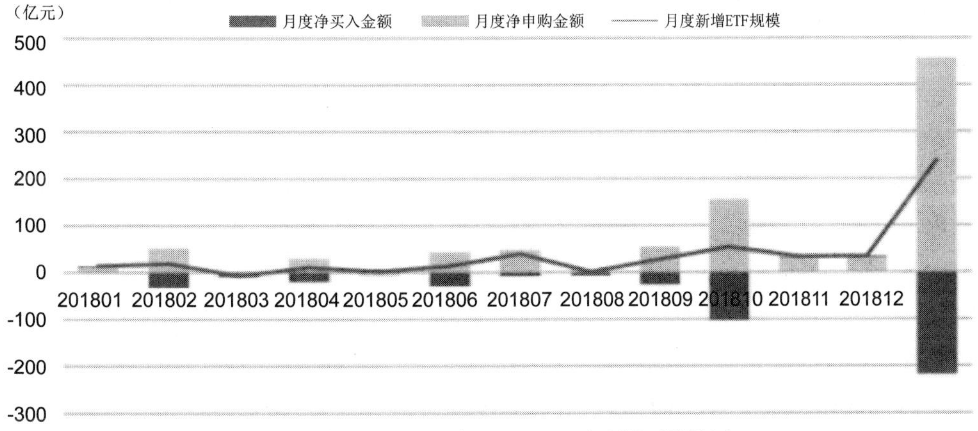

图19　基金账户2018年1—12月新增规模统计

（八）ETF持有者主要分布在经济发达地区

总体来看，投资者持有ETF的数量与经济发展水平、金融市场发展水平高度相关。经济发达的地区投资者持有ETF的意愿更为强烈。从账户数量来看，广东、上海、江苏、山东、浙江等省市的ETF账户数量较多，合计账户数量31.1万户，占整个市场的比例为41%。从持有规模来看，上海、广东、浙江、北京、江苏等地区的投资者持有的ETF规模相对较多，五省市合计持有规模为623亿元，占全市场总规模的比例高达53%。相应地，新疆、甘肃、贵州、青海、重庆、西藏等省市区投资者持有ETF的规模相对较小。

三、ETF市场发展展望

展望未来，国内ETF市场将迎来新的发展机遇。随着未来中国经济发展模式转型，新一轮改革开放成效的不断凸显，相关监管政策的持续推进以及在此过程中投资者财富管理理念的转变，ETF创新步伐会不断加快，产品布局将更加丰富，投资者参与程度也将越来越高。

表3　沪市ETF投资者地区分布情况

省市名称	持有人数量	持有金额（元）	省市名称	持有人数量	持有金额（元）
上海	66097	19922434194.25	河北	26930	2510461275.45
广东	85165	17049218439.24	山西	15995	2263163285.39
浙江	51246	9180501313.84	陕西	18694	1918507532.02
北京	32131	8279373619.97	天津	12184	1744051985.58
江苏	56018	7860277448.20	广西	14568	1470824338.51
四川	46492	6029387151.30	云南	9663	1388570352.76
湖北	43687	4961300187.65	吉林	11184	1345793856.58
福建	27008	4746915175.85	内蒙古	7280	981598862.07
山东	52909	4310248011.17	新疆	8220	980600483.04
湖南	32487	4029191147.29	甘肃	7994	877753184.85
黑龙江	17382	3033299512.95	贵州	4647	555025166.94
河南	35852	2913993399.31	海南	2595	398167091.33
安徽	22141	2804710952.10	重庆	3657	289628979.30
江西	21687	2691573577.62	宁夏	2231	226127972.01
辽宁	22956	2558374530.64	青海	1572	198531793.21
西藏	213	24854343.44			

2019年，国内ETF行业将呈现以下发展趋势：

（一）标的范围持续扩大，ETF布局进一步完善

2018年，国内ETF产品创新以特色主题指数为主。央企结构调整ETF、跟踪MSCI系列指数ETF和地方债ETF相继推出，为投资者提供了更加多元化的资产配置工具。

2019年，国内ETF标的资产范围将持续扩大，产品种类不断丰富。基于上海金、金币、原油、铜等的商品ETF和商品期货ETF将实现突破，ETF标的资产类型和投资者风险对冲工具得到丰富；行业和主题ETF将迎来快速发展，跨市场ETF品种进一步丰富，国企改革主题ETF的数量和规模快速增长，以科创板为主题的ETF将会受到市场热捧；在现有完全复制和抽样复制跟踪指数的基础上，基金管理人对Smart Beta ETF、增强型ETF和主动管理ETF等产品的开发速度会加快。

（二）债券ETF迎来巨大发展机遇

随着市场对固定收益类基金产品需求日益增加，债券ETF将迎来巨大发展机遇。一方面，各期限国债、利率债、信用债以及政策性金融债等品种都会成为债券ETF的可选标的，产品种类会进一步丰富；另一方面，债券ETF的出现将极大地改善底层标的流动性，从而提高债券市场的活跃度。以往一些流动性本身并不好的债券品种，例如地方债可以通过对应的ETF在二级市场上买卖间接提高其市场流动性。

此外，从风险管理角度，组合债基金的推出将为交易所债券市场信用风险管理提供创新性的解决方案，为投资者提供风险对冲工具。

（三）ETF成为交易所实现互联互通的重要桥梁

市场间的联通不仅能够提高交易效率、便利投资者参与，也是提高各市场流动性、促进各市场共同繁荣共同发展的重要途径。2019年，随着交易所国际化发展战略的推进以及ETF交易机制优化，ETF将继续发挥桥梁作用，在风险可控的前提下联接更多市场。以中日ETF市场互联互通为起点，交易所将实现与更多境外市场的互联互通，推出更多跨境ETF，为证券市场投资者提供分享其他市场发展与收益增长的多元化渠道。

（四）拥抱互联网，探索ETF交易新模式

目前，只有券商客户能够通过场内市场进行ETF申赎与交易，场外包括银行客户等在内的更大范围的投资者群体缺乏参与ETF市场的渠道。这对国内ETF市场发展以及ETF功能发挥产生一定制约。2019年，依托交易所的技术与资源优势，交易所将探索研究基于互联网的基金份额转让平台，为庞大的场外投资者群体提供简单直接的参与渠道。ETF市场参与渠道的拓展与参与方式的完善将推动ETF市场规模的扩大，并为各类金融产品提供更加广阔的交易平台。

（五）探索建立ETF集中申购机制

ETF的一级市场申购需严格按照申赎清单执行，投资者必须拥有一揽子成份股或现金申购对价才能申购ETF份额。2019年，为了便捷投资者申购ETF份额，研究推出ETF集中申购机制将极大地激发市场申购ETF的热情，在不损害基金原持有人利益的前提下，允许投资者定期或不定期采用更为灵活的方式申购ETF份额，从而实现ETF规模的快速增长。

（六）持续优化做市商机制

2018年国内ETF市场的成交额9.9万亿元。随着市场规模的增长，ETF市场流动性也在不断提升。为了提高ETF流动性，2018年，上交所发布《上海证券交易所基金流动性服务业务指引（2018年修订）》，主要从加强管理、修正绩效考评方法、强化监管等方面对ETF做市商制度进行完善。2019年，在研究吸收境外成熟市场ETF做市商制度的基础上，交易所将持续优化ETF做市商制度，包括扩大做市商范围和优化激励，以此平衡做市商的权利与义务，完善ETF做市业务的管理，促进做市机制更好地发挥市场功效。

（七）机构投资者将成为ETF市场生力军

随着保险资金、养老资金等长期资金入市，凭借运作透明、管理效率高等优点，ETF将成为国内机构投资者投资A股市场的首选工具。并且，作为深化改革开发举措的重要组成部分，中国资本市场对外开放的步伐自2017年开始不断加速。一方面，金融机构市场准入大幅放宽，有利于引入境外金融机构在被动投资方面的成熟经营理念，增加ETF等指数基金和其他创新基金的产品供给，促进我国基金销售模

式的转型；另一方面，随着A股相继被MSCI、富时罗素、标普道琼斯等境外重要指数纳入编制范围，境外资金投资中国资本市场的需求将持续提升，投资渠道也不断增多。由于境外机构投资者在境内配备的投研、交易人员还相对不足，ETF凭借透明、便捷、高效的特点，未来有望成为境外资金重要的投资工具。

（八）ETF衍生品将不断丰富

ETF期权尽管发展时间较短，但发展速度极快，已经成为全球衍生品市场的重要组成部分。2015年2月，中国第一只ETF期权即上证50ETF期权在上交所上市。经过3年多的发展，ETF期权市场运行平稳，市场规模稳步增长。期权的经济功能得到有效发挥，不仅为投资者提供了有效的风险管理工具，也为推动现货和衍生品市场协调健康发展发挥了重要作用。

随着目前期权市场的稳健发展与投资者的成熟，推出更多ETF期权既是市场迫切需求，也是未来的必然趋势。

深市ETF市场发展报告

□ 深圳证券交易所金融创新实验室

2018年，中国境内ETF市场快速发展，定价效率和投资者参与度有所提高，市场持续向好的发展局面基本形成。其中，深市ETF市场以股票类产品为主，资产规模大幅上升，产品定价效率及流动性提高，发行商头部效应显著。为加快境内ETF市场发展，深圳证券交易所（以下简称深交所）进行相关的市场和监管制度建设，并积极开展投资者大讲堂。

本报告主要分析境内ETF市场的发展概况，总结深市ETF市场的发展，以及深市代表性ETF产品运行情况，梳理境内ETF市场制度建设取得的进展，为开展下一步工作提供参考。

一、境内ETF市场发展概况

2018年境内ETF市场规模稳步增长、产品不断丰富、投资者参与积极性显著改善、持续向好的发展局面基本形成。

一是境内ETF市场以股票类产品为主。截至2018年底，境内共有185只（统计结果为2019年3月仍上市交易的ETF产品，不包括已摘牌产品）。上市交易的资产规模5092.1亿元。其中，非货币类产品158只，资产规模3112.4亿元，占境内ETF产品总资产规模的61.1%，主要包括股票、跨境、商品和债券类产品。股票类产品占主导，产品138只，资产规模2755.5亿元，占境内ETF产品总资产规模的54.1%；债券、跨境和商品类产品数量分别为9只、7只和4只，资产规模分别为104.0亿元、137.3亿元和115.7亿元，分别占境内ETF产品总规模的2.0%、2.7%和2.3%；货币类产品27只，资产规模1979.6亿元，占比38.9%。

二是境内ETF市场持续发展，产品数量和资产规模达近10年最大值。近10年来，境内ETF市场持续发展，产品数量和资产规模都有所增长，产品数量和资产规模在2018年达最大值（图1）。2018年境内ETF产品资产规模较上年增长41.6%。从产品类别来看，2018年各类产品资产规模均较上年呈增长趋势，其中，债券ETF增幅最大，达181.7%，货币、股票、跨境和商品类产品的增幅分别为41.9%、38.8%、25.6%和66.1%。

三是境内ETF产品定价效率有所提高。整体而言，2018年境内ETF产品定价效率较高，年均折溢价率为0.2%（产品年均折溢价率绝对值的规模加权平均值），小于1%，较上年降低16.7%。从日均折溢价率来看，境内ETF产品在214个交易日（共243个交易日）中小于1%，其中11个交易日小于0.5%；从单只

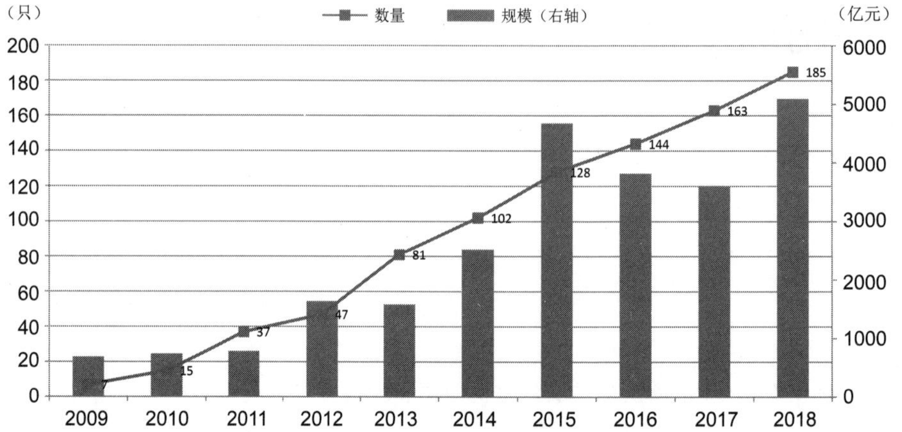

数据来源：Wind[①]

图1 2009—2018年境内ETF市场发展情况

产品年均折溢价率来看，境内共138只ETF产品小于1%，其中113只产品小于0.5%。从产品类别来看，债券类产品的定价效率最差，年均折溢价率1.1%，跨境类、股票类、商品类和货币类产品的定价效率依次递增，年均折溢价率分别为0.6%、0.2%、0.1%和0.02%。

四是境内ETF产品流动性有所下降。2018年，境内ETF产品的日均换手率[市值加权日均换手率，其中日均换手率=（年成交额/交易天数）×2/（当年年末资产规模+上年年末资产规模）]为9.1%，较上一年下降1.3个百分点。货币ETF产品的流动性最高，日均换手率17.8%；其次是跨境类产品16.4%；商品、债券和股票类产品日均换手率依次下降，分别为12.9%、2.8%和2.6%。从变化趋势来看，不同类别产品有所不同。股票和跨境类产品的日均换手率分别较上年增加1.5和6.4个百分点，货币、债券和商品类产品同比下降5.5、5.2和3.9个百分点（图2）。

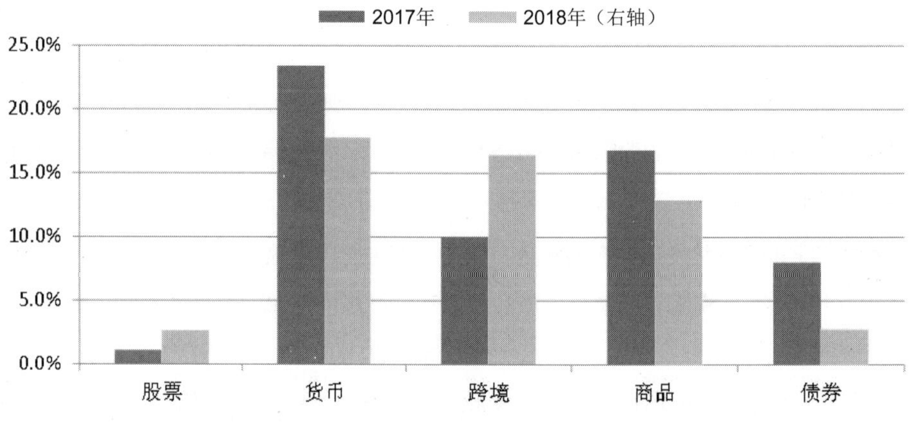

图2 2017—2018年境内ETF市场产品日均换手率

五是境内ETF市场投资者数量大幅增长，但以机构持有为主的投资者结构未发生变化。近10年来，境内ETF市场投资者数量呈先升后降的趋势，2010年投资者数量首次超100万（图3），2018年达到

注：①如无特殊说明，本节内容数据均来自Wind数据库。

最大值，为129.2万，较上年增加50.8%。截至2018年底，个人投资者持有境内ETF产品772.5亿份，占份额总数的25.7%，较上年上升2.2个百分点；机构投资者持有2238.9亿份，占比74.3%，仍是ETF产品的持有主体。从产品类别看，个人投资者持有股票、货币、跨境、商品和债券类产品的比例依次递减，分别为28.6%、24.8%、19.2%、10.5%和6.9%。

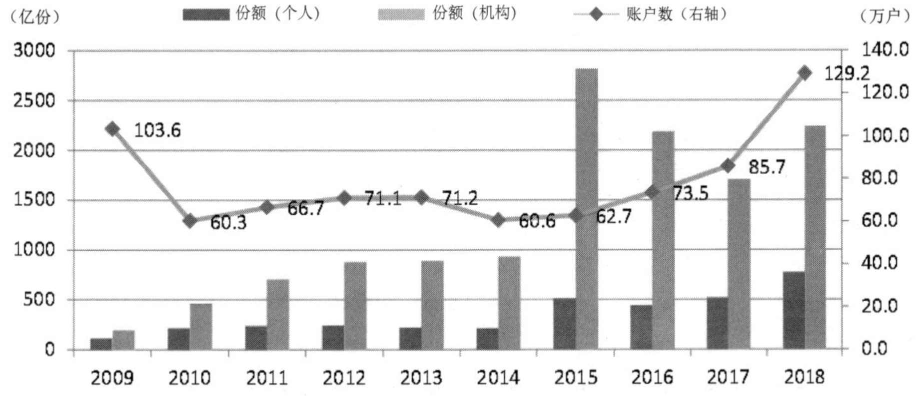

图3　2009—2018年境内ETF市场投资者结构

六是境内ETF市场基金公司先发优势明显，ETF产品管理费率分布较为集中。截至2018年底，境内ETF市场共有32家基金公司。从基金公司非货币类产品资产规模来看，排名前5的基金公司分别为华夏基金、易方达基金、南方基金、华泰柏瑞和华安基金，资产规模合计为2263.2亿元，占境内非货币类产品资产规模的72.7%，5家基金公司布局ETF产品的时间均相对较早（表1）。

表1　基金公司管理非货币产品规模和份额

基金公司	首次发行ETF时间	产品数量（只）	资产规模（亿元）	资产规模占比（%）
华夏基金管理有限公司	2005-02-23	13	784.9	25.2
易方达基金管理有限公司	2006-04-24	14	390	12.5
南方基金管理股份有限公司	2010-02-02	18	387.3	12.4
华泰柏瑞基金管理有限公司	2007-01-18	5	369.1	11.9
华安基金管理有限公司	2006-05-18	8	331.9	10.7
合计		**58**	**2263.2**	**72.7**

境内ETF产品管理费率差异不大，多集中在0.5%上下。截至2018年底，境内ETF产品管理费率在0.15%～0.8%之间，平均管理费率0.46%。按三个区间划分：费率为0.5%的产品最多，共134只，占比72.4%；费率低于0.5%的产品次之，占比21.1%，其中包括2只费率等于0.15%的货币型产品；费率高于0.5%且小于等于0.8%的产品共12只，占比6.5%，主要为7只跨境产品和5只策略、主题类产品（表2）。

表2 境内ETF产品管理费率情况

管理费率区间	产品数量（只）	占比（%）
大于等于0.8%	0	0
大于0.5%且小于0.8%	12	6.5
等于0.5%	134	72.4
小于0.5%且大于0.15%	37	20.1
等于0.15%	2	1.0
平均费率	——	0.46

二、深市ETF市场总体情况

一是深市ETF市场以股票类产品为主。截至2018年底，深市ETF产品总数54只，资产规模731.7亿元，占境内ETF市场总资产规模的14.4%。深市ETF以股票类产品为主，股票类ETF共46只，资产规模达652.0亿元，占深市ETF总资产规模的89.1%；商品、跨境、货币和债券类产品的数量分别为2只、2只、3只和1只，资产规模分别为36.4亿元、39.3亿元、4.0亿元和0.93亿元，占比分别为5.0%、5.4%、0.5%和0.1%。

二是深市ETF产品资产规模达近4年最大值。近10年来，深市ETF产品资产规模呈先升后降再升的趋势，2018年深市ETF产品资产规模达近4年最大值（图4），较上年增长59.8%。从产品类别来看，商品、跨境和股票类产品资产规模增长明显，涨幅分别达119.4%、78.8%和57.7%；货币和债券类产品资产规模有所下降，降幅分别为28.4%和55.0%。

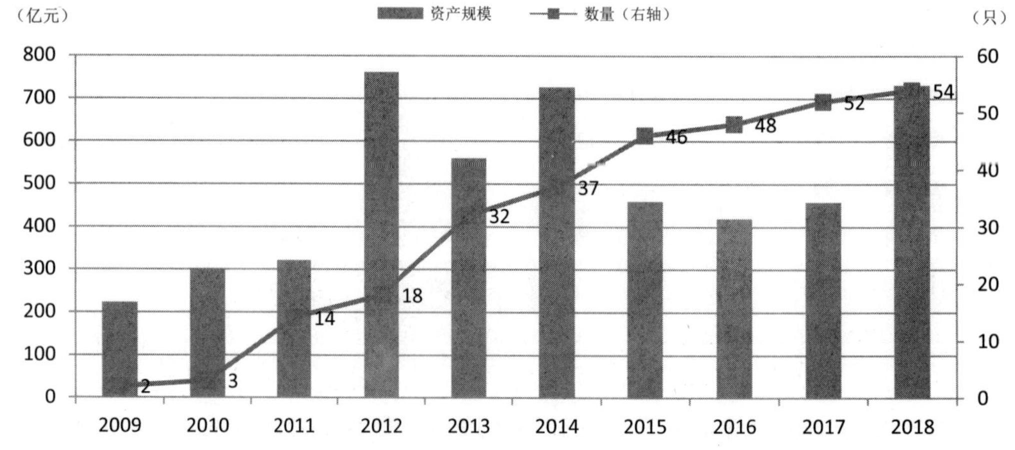

图4 2009—2018年深市ETF产品资产规模和数量概况

三是深市ETF产品定价效率有所提高。2018年深市ETF产品定价效率有所提高，年均折溢价率0.3%，低于1%，较上年降低36.2%。从日均折溢价率来看，深市共114个交易日（总共243个交易日）小于1%；从单只产品年均折溢价率来看，32只产品（共54只）小于1%，其中23只产品小于0.5%。从产品类别来看，债券类产品的定价效率最差，年均折溢价率1.66%，跨境类、股票类、商品类和货币类产品的定价效率依次递增，年均折溢价率分别为0.4%、0.3%、0.1%和0.002%。

四是深市ETF产品流动性有所上升，各类产品流动性分化现象明显。2018年深市ETF产品流动性有所上升，日均换手率17.6%，较上年上升4个百分点。从产品类别来看，流动性分化现象明显。债券类产品流动性较差，日均换手率0.3%；货币类产品流动性较好，日均换手率539.3%；股票、跨境和商品ETF的日均换手率分别为2.9%、12.6%和1.4%。从各类产品的变化趋势来看，商品ETF的日均换手率较上年有所下降，降低3个百分点，股票、货币、跨境和债券类产品的日均换手率都有所上升，分别增长2、363.3、0.2和0.1个百分点（图5）。

五是深市ETF市场投资者参与度大幅提高，仍保持以机构投资者为主的投资者结构。2018年深市ETF市场投资者数量大幅增加，投资者总数41.7万，较上年增长62.0%。个人投资者持有比例略有上升，但仍保持以机构投资者为主的市场结构。2018年机构投资者持有深市ETF产品241.0亿份，占深市ETF市场总份额的63.3%，个人投资者持有比例36.7%，同比上升7.2个百分点。就产品类别来看，个人投资者持有比例相对较高的产品为货币和股票型ETF，其中货币型ETF以个人投资者持有为主，占比90.9%；股票型ETF次之，达41.7%；债券类、跨境类和商品类产品的个人持有比例依次递减，分别为11.4%、10.5%和3.8%。

六是前两家基金公司ETF资产规模占深市ETF市场总规模的6成。截至2018年底，深市ETF产品由18家基金公司管理。从管理规模来看，易方达和嘉实两家基金公司分列前两名，在深交所上市ETF产品的资产规模分别为231.6亿元和207.8亿元，合计为439.4亿元，占深市ETF总资产规模的60.0%。

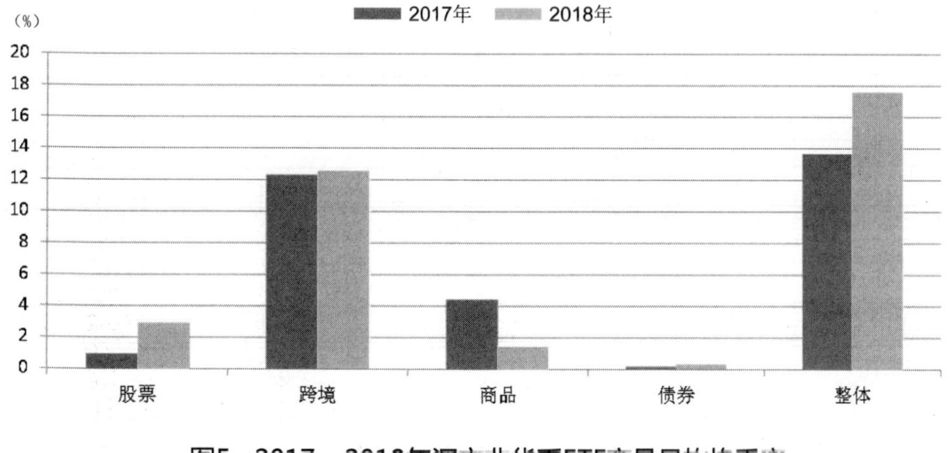

图5 2017—2018年深市非货币ETF产品日均换手率

三、深市代表性ETF产品运行情况

深市ETF以股票类产品为主，嘉实沪深300ETF、易方达深证100ETF、华夏中小板ETF和易方达创业板ETF分别为深市代表性股票类ETF产品（以下简称代表性ETF产品）。截至2018年底，代表性产品资产规模合计426.7亿元，占深市ETF产品总规模的58.3%。上述代表性ETF产品的运行情况总结如下：

（一）深市代表性ETF产品的发展存在显著差异

一是2018年代表性ETF产品份额都有所上升，易方达创业板ETF扩张最为显著。 2018年，沪深300ETF、深证100ETF、中小板ETF和创业板ETF资产规模分别上升2.2%、-17.1%、-24.6%和259.8%，份额分别上升34.5%、26.0%、19.7%和404.3%。嘉实沪深300ETF和易方达创业板ETF的资产规模和份额都有所上升，其中易方达创业板ETF资产规模和份额大幅上升，扩张最为显著；易方达深证100ETF和华夏中小板ETF资产规模则有所下降。

二是嘉实沪深300ETF和易方达创业板ETF是最为重要的ETF产品，易方达深证100ETF和华夏中小板ETF相对边缘化。 截至2018年底，嘉实沪深300ETF、易方达深证100ETF、华夏中小板ETF和易方达创业板ETF资产规模分别为187.6亿元、33.6亿元、19.8亿元和185.9亿元，份额分别为56.0亿份、10.1亿份、8.6亿份和155.0亿份。嘉实沪深300ETF和易方达创业板ETF规模均占到深市ETF市场总资产规模的四分之一左右，份额占比也相对较大，是深市最重要的ETF产品，相较而言，易方达深证100ETF和华夏中小板ETF规模和份额过小，有边缘化趋势。

三是自上市以来易方达创业板ETF发展较快，华夏中小板ETF规模和份额有所下降。 2011—2018年易方达创业板ETF资产规模和份额的年均复合增长率分别达54.9%和51.4%，为增长最快的ETF产品，嘉实沪深300ETF、华夏中小板ETF和易方达深证100ETF资产规模自上市以来的年均复合增长率为3.3%、-4.5%和1.5%，份额年均复合增长率分别为-16.2%、-11.1%和-11.8%。自上市以来，易方达创业板ETF发展较快，华夏中小板ETF规模和份额都有所下降，易方达深证100ETF和嘉实沪深300ETF规模有所上升，份额有所下降。

表3　深市ETF产品的资产规模和份额概况

产品	基金资产规模			基金份额		
	资产规模（亿元）	增长率（%）	年均复合增长率（%）	基金份额（亿份）	增长率（%）	年均复合增长率（%）
嘉实沪深300ETF	187.6	2.2	3.3	56.0	34.5	-16.2
易方达深证100ETF	33.6	-17.1	1.5	10.1	26.0	-11.8
华夏中小板ETF	19.8	-24.6	-4.5	8.6	19.7	-11.1
易方达创业板ETF	185.9	259.8	54.0	155	404.3	51.4

注：年均复合增长率的计算区间ETF产品上市日至2018年年末

（二）深市代表性ETF产品流动性有所上升

一是代表性ETF产品日均换手率有所上升，易方达深证100ETF上升幅度较大。2018年深市代表性ETF产品日均换手率都有所上升，其中易方达深证100ETF上升幅度较大，易方达创业板ETF次之，华夏中小板ETF增幅最小。2018年嘉实沪深300ETF、易方达深证100ETF、华夏中小板ETF和易方达创业板ETF日均换手率增幅分别为65.4%、131.6%、0.3%和81.1%。

二是易方达创业板ETF流动性最好。2018年，易方达创业板ETF流动性高于其他产品。截至2018年底，易方达创业板ETF日均换手率、日均成交量和日均成交金额分别达7.0%、6.1亿份和8.8亿元，高于其他产品；嘉实沪深300ETF日均换手率最小，为0.3%。自上市以来，易方达创业板ETF日均换手率最高，嘉实沪深300ETF最低，嘉实沪深300ETF、易方达深证100ETF、华夏中小板ETF和易方达创业板ETF日均换手率分别为0.8%、3.6%、4.5%和14.9%。

表4　2018年ETF产品流动性概况

产　品	日均换手率(%)			日均成交量（千万份）			日均成交额（千万元）		
	换手率	增长率(%)	上市以来	成交量	增长率(%)	上市以来	成交金额	增长率(%)	上市以来
嘉实沪深300ETF	0.3	65.4	0.8	1.5	70.7	8.2	5.9	65.6	23.3
易方达深证100ETF	1.8	131.6	3.6	1.6	150.4	24.5	6.4	121.7	33.3
华夏中小板ETF	1.6	0.3	4.5	1.2	1.3	4.7	3.6	-9.0	13.5
易方达创业板ETF	7.0	81.1	14.9	60.6	390.1	25.6	87.8	307.0	45.6

（三）深市代表性ETF产品定价效率表现不同

一是沪深300ETF、易方达深证100ETF、易方达创业板ETF定价效率有所上升，易方达创业板ETF涨幅最大。2018年嘉实沪深300ETF、易方达深证100ETF和易方达创业板ETF日均折溢价率分别较上年有所下降，降幅0.7%、14.0%和80.8%，折溢价率在±0.5%以内天数占比涨幅分别为1.8%、11.8%和94.1%，其中易方达创业板ETF上升幅度最大；华夏中小板ETF定价效率有所下降，日均折溢价率较上年增加143.8%，折溢价率在±0.5%以内天数占比较上年下降23.3%。

二是易方达创业板ETF定价效率较高。2018年易方达创业板ETF定价效率优于其他产品，华夏中小板ETF定价效率最差。从折溢价率在±0.5%以内天数占比来看，2018年易方达创业板ETF占比最高，为96.3%；嘉实沪深300ETF、易方达深证100ETF和华夏中小板ETF依次递减，分别为88.5%、84.8%和74.5%。从日均收盘折溢价率来看，2018年易方达创业板ETF最低，为0.2%；易方达深证100ETF、嘉实沪深300ETF和华夏中小板ETF依次递增，分别为0.27%、0.31%和0.32%。

表5 2018年ETF产品定价效率

产品	日均折溢价率(%)			折溢价率在±0.5%以内比例(%)		
	折溢价率	增长率	上市以来	比例	增长率	上市以来
嘉实沪深300ETF	0.31	−0.7	0.35	88.5	1.8	81.5
易方达深证100ETF	0.27	−14.0	0.35	84.8	11.8	83.8
华夏中小板ETF	0.32	143.8	0.23	74.5	−23.3	90.8
易方达创业板ETF	0.17	−80.8	0.34	96.3	94.1	85.4

（四）深市代表性ETF产品跟踪误差表现各异

一是嘉实沪深300ETF跟踪误差有所下降，其他产品均有所上升，深证100ETF上升幅度最大。2018年易方达深证100ETF、华夏中小板ETF和易方达创业板ETF年化跟踪误差均较上年有所上升，分别增长591.4%、17.3%和352.3%，嘉实沪深300ETF较上年有所下降，降幅11.5%，嘉实沪深300ETF跟踪误差有所下降，其他产品有所上升，其中易方达深证100ETF年化跟踪误差增幅较大，易方达创业板ETF次之。

二是嘉实沪深300ETF跟踪误差最小，易方达创业板ETF最大。2018年嘉实沪深300ETF年化跟踪误差最低，为0.4%；华夏中小板ETF、易方达深证100ETF和易方达创业板ETF依次递增，分别为0.4%、0.8%和1.7%。自上市以来，嘉实沪深300ETF年化跟踪误差最小，为0.53%；易方达深证100ETF、华夏中小板ETF和易方达创业板ETF依次递增，分别为0.93%、1.59%和1.89%。

表6 2018年ETF产品跟踪误差（年化）

产品	跟踪误差(%)	上市以来跟踪误差(%)	跟踪误差增长率(%)
嘉实沪深300ETF	0.40	0.53	−11.5
易方达深证100ETF	0.78	0.93	591.4
华夏中小板ETF	0.43	1.59	17.3
易方达创业板ETF	1.72	1.89	352.3

（五）主板和中小创指数ETF的投资者结构存在差异

一是易方达创业板ETF和华夏中小板ETF个人与机构投资者持有比例基本持平。截至2018年底，易方达创业板ETF和华夏中小板ETF个人投资者持有比例分别为50.7%和53.9%，个人与机构投资者持有比例基本持平。易方达创业板ETF上市首年以个人投资者持有为主，随后3年持有比例呈下降趋势，到2013年以机构持有为主，机构持有比例超70%；2014—2018年个人持有比例在43%～57%之间，均值为48.3%。华夏中小板ETF创立初期以个人投资者持有为主，2007—2014年个人投资者均值超过70%，2015年个人投资者持有比例出现大幅下降为44.8%，2015—2018个人持有比例在45%～55%之间，均值约为47.7%。

二是嘉实沪深300ETF和易方达深证100ETF以机构投资者为主。截至2018年底，嘉实沪深300ETF机构持有比例92.8%，易方达深证100ETF机构持有比例68.7%，均以机构持有为主。嘉实沪深300ETF自上市以来以机构持有为主，2012—2018年机构持有比例在90%～95%之间变化，均值达93.0%；自设立之日起，深证100ETF以机构投资者持有为主，随后三年持有比例有所下降，2008年机构持有比例达到最小值，为35.9%，2009—2018年机构持有比例在60%～80%之间变化，均值73.9%，以机构持有为主。

四、境内ETF市场建设

经过多年发展，深市ETF市场涵盖股票、债券、黄金、货币等投资标的，并覆盖境内和境外主要投资市场，正逐步成为投资者资产配置的重要平台。深交所将持续加强与市场各方的交流协作，立足深圳基础市场的优势和特色，丰富产品体系，优化交易机制，深化投资者教育保护工作，全面提升服务水平。

（一）深交所通过投资者大讲堂，提高投资者参与度

为帮助投资者了解ETF产品的基本知识、投资交易策略以及需要关注的风险，更好地参与ETF产品的投资，深交所组织了“ETF大讲堂”系列培训活动。2018年3—12月，深交所基金部在全国主要中心城市先后举办27场ETF大讲堂，覆盖53家券商和926家营业部，有超过7132名个人投资者参加了培训活动。

（二）推进债券ETF发展模式创新，跨市场产品整装待发

境内债券ETF目前都属于单市场产品。由于中国境内债券发行与交易主要集中于银行间市场，单市场债券ETF模式不利于境内债券ETF市场的做大做强。2018年以来，在各监管部门的联合推动下，交易所在跨市场债券ETF发展模式的创新方面取得重要进展。交易所联合中国结算与中债登、上清所等银行间市场托管机构就跨市场债券ETF申赎模式进行多次磋商，已形成可供执行的具体方案。

余额宝实践及对基金行业的影响

□ 天弘基金管理有限公司

一、发展背景

（一）基金行业产品和营销模式亟待突破，天弘基金坚持创新探索

余额宝模式是天弘基金在2011年后基金行业新的背景下坚持创新探索的成果。

2011年下半年，天弘基金新的管理团队到位，当时基金行业刚刚经历了3年多的熊市，客户亏损面大、行业公信力下降，权益类产品规模增长乏力，固定收益类产品又受到银行理财和信托产品大发展的挤压，行业呈现被边缘化态势。面对行业发展困境，规模较大的公司尚有发展的底子，但不少小公司发展困难。天弘基金团队分析认为，小公司走加大风险拼业绩或者加大成本拼渠道的道路，风险都很大，“小公司走老路，干是找死，不干是等死”。行业发展困境的根源在于产品和营销模式以及由此衍生的投资管理体系的扭曲。

面对上述行业背景，天弘基金团队确立了几点业务的战略思考：一是坚定看好公募基金的发展前景；二是公募基金回归到以简单清晰的产品、持续稳健的回报为普通大众服务的定位；三是不追求产品数量、首发规模，不拼业绩相对排名，追求绝对收益；四是大力发展直销，并以电子商务为主要方向，通过电商平台搭载为主要路径，让“基金产品走进生活”。

基于此，天弘基金于2011年9月成立由首席市场官任组长的电子商务小组，推动与阿里巴巴和支付宝在基金入淘、基金第三方支付方面的合作，并于2012年下半年开始探索与支付宝就货币基金展开合作，于2012年底主动提出余额宝模式。

（二）阿里理财业务亟待突破,支付宝为客户增值需求强烈

从丰富平台价值、布局金融理财服务的角度出发，阿里巴巴于2009年开始进行理财业务探索，最初团队仅几人。2011年，基金淘宝店业务和支付宝基金第三方支付业务开始进入实施准备阶段。2012年5月，支付宝取得基金第三方支付牌照，但基金淘宝店业务由于监管政策未出台未能在2012年开展，阿里与基金公司的营销合作没有明显成果，理财业务亟待突破。

与此同时，支付宝日益增加的备付金越来越受关注，为客户提供备付金增值服务逐渐成为其内在需求，为此支付宝在2012年下半年开始探索货币基金购物支付的业务。2012年底，天弘基金团队提出的为支付宝实名用户定制货币基金、以支付宝为唯一推广平台的业务模式契合了支付宝这一内在需求，双方确定合作意向。

（三）监管环境发生变化，电商平台走近基金

2011年前后，面对公募基金当时的发展困境，监管层关注到基金公司在营销方面存在过度依赖银行代销渠道、营销成本不断上升、创新空间被严重挤压的状况。在这种情况下，本着“加强监管，放松管制”的监管理念，监管层积极推动行业创新，为行业注入新活力，在基金营销格局方面推出了一系列的举措，包括推动建立基金第三方支付体系，批准设立第三方代销机构，鼓励基金行业借助电商平台发展基金销售业务，促进营销体系多样化等。特别是2012年下半年，证监会基金部组织一系列调研会议，推动基金行业与电商平台结合，起草了《证券投资基金销售机构通过第三方电子商务平台开展业务管理暂行规定》，并于2013年3月正式出台,为基金电商业务的拓展创造了良好的制度环境，同时也调动了互联网和电商企业的积极性。

二、发展路径

在上述背景下，天弘基金于2011年开始探索与淘宝合作开设基金淘宝店，但由于监管政策没有出台，淘宝店迟迟没有上线，与此同时天弘基金也在研究货币基金产品创新事宜，并逐渐将合作重点转向支付宝。2012年12月底，天弘基金向支付宝提出余额宝业务模式建议，得到了热烈响应，随后支付宝将余额宝定位为集团2号项目。经过充分的业务设计讨论和需求梳理之后，支付宝、天弘基金和金证股份集中开发力量，用两个多月时间共同研发了业内创新的直销系统，顺利实现了电商运营需求与基金规则的对接，同时也解决了海量业务和高并发等技术难题。

期间，为了让创新业务合法合规开展，天弘基金和支付宝多次与监管部门进行沟通，得到监管部门对余额宝业务模式的认可，并在业务试运行阶段及时补上快捷支付备案材料等相关内容。2013年7月5日，证监会例行发布会认为余额宝各个业务环节均处于有效监管中。

正因为有前期充分的法律法规梳理以及密切的监管沟通，电商运营需求与基金规则的紧密对接，以及创新的技术实现等支撑，余额宝业务从上线开始就一直处于健康发展状态。2013年6月13日，余额宝上线支付宝平台，用户数和规模都得到了快速发展。

为了最大限度地满足用户需求，同时保证余额宝的稳健运营，2018年5月4日，余额宝开始对接多家基金公司的货币市场基金，不再仅对接天弘余额宝货币市场基金，截至2018年12月底，余额宝已对接22只货币市场基金。

虽然余额宝现已对接多只货币市场基金，但余额宝模式是由天弘基金团队主动提出，与支付宝团队合作开发上线的，是互联网金融创新的典型代表，目前天弘余额宝货币市场基金仍是国内规模最大、用户数最多的一只货币基金。因此本文提到的余额宝发展背景、创新成果、相关启示以及数据均指天弘余额宝货币市场基金。

（一）余额宝用户数持续增长

自余额宝上线以来，用户数持续增长，截至2018年12月底，余额宝用户数已经超5亿，已全面覆盖全国2000多个县级行政区和18岁以上各年龄段人群，在全国一、二、三、四线城市实现了较均衡发展，是世界上用户最多的公募基金，成为最为普惠的理财产品。天弘基金也借助余额宝产品创新一跃成为国内服务客户最多的基金管理公司，为5亿多用户提供灵活便利的普惠金融服务。

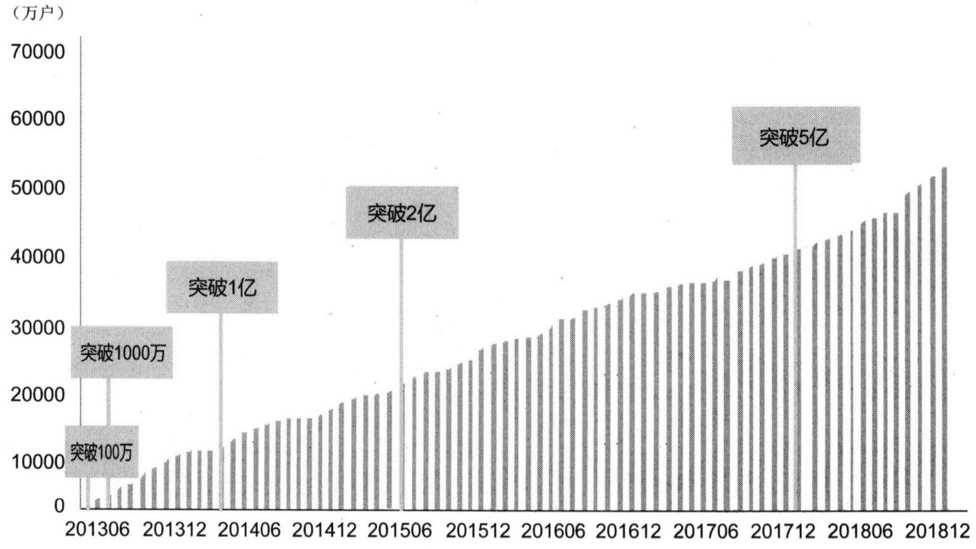

图1　余额宝用户数走势图

（二）余额宝规模快速发展

余额宝上线5年多，期间规模得到了快速发展，按其规模走势可大致分为业务起步期、快速发展期、平稳发展期、快速增长期和规模控制期五个阶段。

业务起步期：余额宝上线26天规模即达到百亿元，上线3个月规模突破500亿元。

快速发展期：2013年下半年市场恰逢“钱荒”，从10月开始余额宝进入快速发展期，到2014年2月，短短5个月余额宝规模从500亿元增长至5000亿元。

平稳发展期：余额宝规模突破5000亿元后开始进入两年的平稳发展期，到2016年1月底余额宝规模为6500亿元。

快速增长期：从2016年2月开始，受市场环境影响，余额宝规模再次出现快速增长。2017年2月余额宝规模突破1万亿元，成为世界规模第一的货币基金，并在全球所有公募基金的规模排名中跻身前十位。

规模控制期：2017年3月31日，证监会发文就《公开募集开放式证券投资基金流动性风险管理规定（征求意见稿）》对外公开征求意见，余额宝作为系统重要性产品其规模的快速发展也受到了监管部门

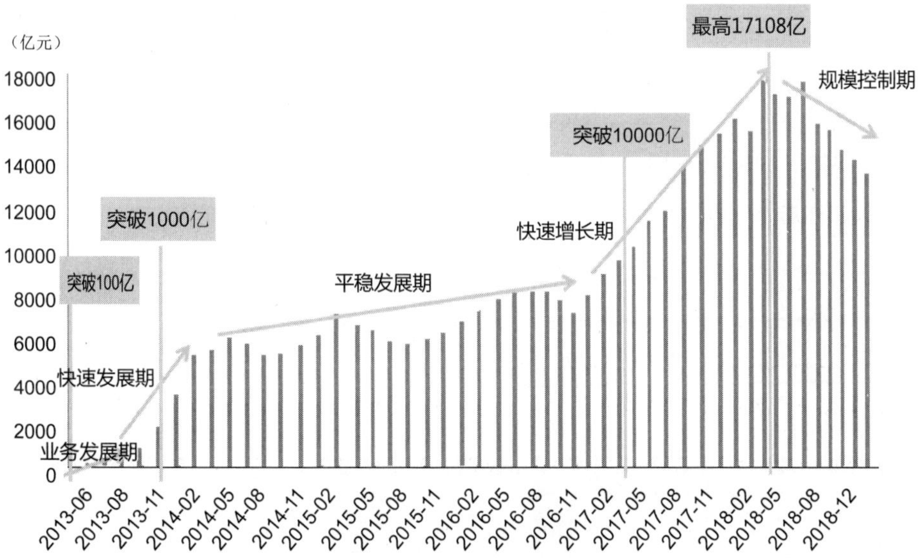

图2 余额宝规模走势图

的关注。为了保证余额宝的稳健运行，天弘基金与蚂蚁金服（支付宝）开始主动控制余额宝的规模，于2017年5月27日和2017年8月14日分别两次调整余额宝的个人交易账户持有额度上限，目前个人交易账户持有额度上限为10万元。但由于用户实际需求的存在，余额宝的规模依然继续增长，到2018年一季度末规模达到1.68万亿元。为了让余额宝能够持续服务众多用户，2018年5月4日余额宝开始对接多只货币市场基金，天弘基金与蚂蚁金服（支付宝）主动将天弘余额宝货币市场基金的规模分流给其他货币市场基金。截至2018年12月底，天弘余额宝货币市场基金的规模已控制在1.13万亿元左右的水平。

三、创新成果

（一）互联网助力金融，创新极致客户体验

1. 借助支付宝实名认证体系充分拓展客户边界

传统的线下基金认购/申购流程一般需要客户现场填写表单，程序较为复杂，且起购金额一般为千元以上，客户门槛高。但借助支付宝实名认证体系，余额宝用户可以实现便捷开户。当新用户点击转入时，只需要勾选协议，支付宝就会将用户所有与基金交易开户相关的信息实时同步给天弘基金，由天弘基金后台系统完成账户开立。这种极简体验充分拓展了传统基金行业的客户边界，帮助支付宝实名客户迅速成为余额宝客户，加之1元起购进入门槛极低，与支付宝客户在线支付行为高度契合，余额宝业务的客户增长自然且迅速。而余额宝远高于活期利率的基金收益率和丰富的应用场景对非支付宝客户也具有强大的吸引力，反过来带动了支付宝实名用户的增加。

2. 新型直销模式赋予产品全新价值

新型直销模式是指天弘基金租用支付宝信息技术系统来搭建直销系统，并将这一系统嵌入支付宝平台当中，租用支付宝的“余额宝”入口及相关技术系统采集客户开户及交易指令，并传输到天弘直销系统进行业务处理，同时委托支付宝代天弘基金向客户列示其基金净值、交易纪录等信息。天弘基金是基金的管理人和注册登记机构，也是唯一的销售机构，支付宝则同时扮演着基金第三方支付机构和直销合作机构两个角色。

在余额宝业务之初，天弘基金团队提出的新型直销模式不仅解决了支付宝在没有基金销售牌照下如何合法合规参与到业务中的难题，还通过复杂的业务逻辑实现了极致的用户体验。

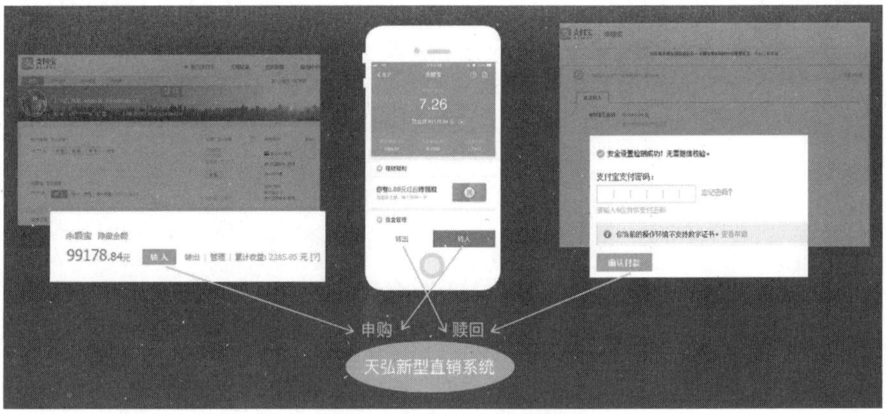

图3 客户体验流程图

如图3所示，在新型直销模式中，余额宝客户只需点击“转入”和“转出”（或者用余额宝进行支付），就能以与过去在支付宝“充值”“提现”“转账”和淘系平台“支付”非常类似的体验，实现基金产品的申购和赎回。按照基金业务规则，用户申购和赎回资金需要T+1日甚至更晚才能确认和使用，但天弘基金和支付宝团队在遵循基金业务已有规则和保证互联网用户体验问题上进行了深入论证，将基金业务处理与客户资金流动有效结合，创造性地实现了申赎资金在客户余额宝余额中的实时增减功能，实现了所见即可用的极致用户体验。为了进一步提升用户体验，天弘基金在货币基金每月结转收益的惯例下创造性地将余额宝改为每日结转收益，使得用户可以每天看到余额宝收益显示在其账户金额的增加中。

新型直销模式给客户提供了不改变原有支付体验的全新货币基金交易体验，为客户提供了全新的产品价值。

（二）产品定位独具特色，理财产品走进生活

在余额宝的设计和运营上，不同于一般货币市场基金作为现金管理类工具的定位，余额宝的产品定位独具特色。余额宝的客户定位为普通个人，回归了货币市场基金和公募基金行业服务个人投资者的

本源。余额宝的功能定位在初期为支付工具，到现在定位为整个阿里和蚂蚁的底层账户，整个产品的功能定位一直十分清晰，并且在运营中不断被强化，功能越来越完善，支付场景越来越多。上线5年多，天弘基金和支付宝不断强化余额宝的定位，并以阿里平台为主阵地，持续优化用户的余额宝支付需求，拓展余额宝支付和应用场景，实现了理财产品走进生活的目标。

（三）大数据和创新技术的运用保障产品稳健运行

1. 充分借助大数据进行投资管理

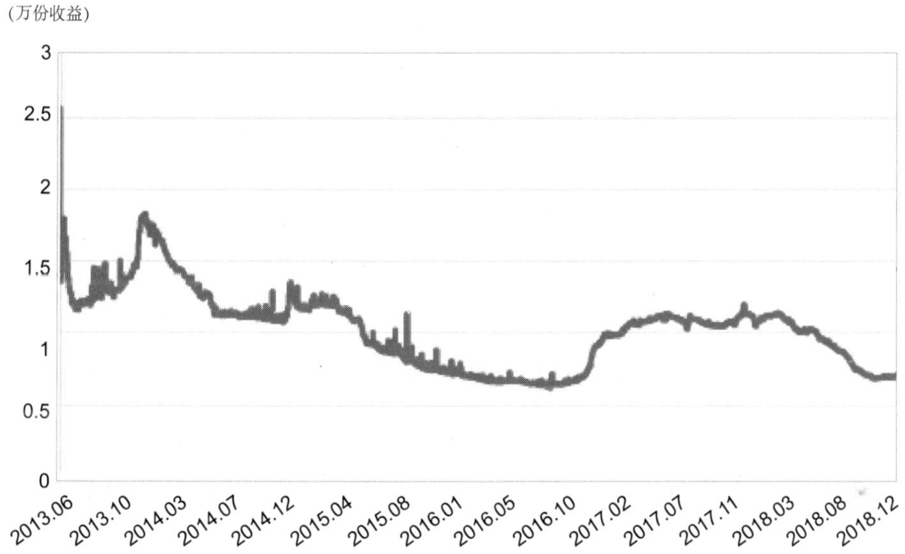

图4　余额宝万份收益走势图

如图4所示，余额宝每日万份收益的波动率很小，整体业绩也体现了市场收益率水平，表现平稳。余额宝投资业绩表现与其产品模式和大数据的运用高度相关。

由于余额宝网购支付神器的定位，余额宝资金流动体现出客户数多、客单价低、交易频繁的特点，众多用户由其生活需求为主发起的分散化的流动性需求在平台上汇成有序的、可预测的资金流动，为基金流动性管理带来极大的帮助。

为了做好基金流动性管理，天弘基金在业务上线初期就每日多次进行流动性预测，为基金经理提供投资参考。天弘基金于2014年6月建立大数据中心，专门为投资团队提供流动性预测、分析服务。

通过余额宝海量数据和大数据分析方法，天弘大数据中心会对余额宝的申赎情况进行不同期限的预估。基金经理参考预估数据进行投资，可以最大程度地减小流动性风险。首先，每个交易日09:00和13:00，天弘大数据中心都会对当日余额宝申购和赎回量进行预测，提供给基金经理作为当日投资的参考，预测平均误差在2%以内。其次，在春节、双11等重要时点和对余额宝申赎可能造成较大影响的事件前，天弘大数据中心都会对之后一段时间的申赎和规模变化情况进行评估和预测，使得基金经理可以及时安排和调整投资策略，将事件对流动性带来的影响降到最低。此外，天弘大数据中心还会对余额宝长期的规模走势进行分析和判断，以帮助基金经理确定长期的投资策略。

依托对大数据的充分运用，余额宝上线5年多，在“双11”购物节这样流动性需求巨大的情景下，都保持了稳定的投资业绩。

2. 创新技术实现支撑海量业务

技术实现是余额宝业务一直以来的难点，因为要满足数亿用户开户、每日千万级别交易和每日千万级账户的收益结转，这样的需求对于采用传统IOE架构的技术体系来说，几乎是不可能完成的任务。

为了支撑海量业务，天弘基金在余额宝业务系统上做了大量创新。在业务设计之初，设计了直销加TA的新型直销系统，建立了创新的系统业务逻辑，同时有效凭借支付宝的系统能力，在上线初期就妥善解决了系统的并发问题。余额宝业务上线后，随着客户数的快速增长，系统容量又出现了瓶颈，天弘基金与阿里云合作，将余额宝直销系统部署上云，借助云计算平台和技术实现强大且可灵活扩展的业务处理能力，并使IT投入成本极大降低。

随着业务的发展，余额宝直销系统持续升级，包括收益发布提速、后进先出改造、预授权、普通提现等多项重大技术发布，同时对余额宝在支付宝网站和手机钱包的前端也进行了多次迭代升级，不断丰富业务功能、优化客户体验。

余额宝上线5年多，技术系统一直平稳健康运行，正是稳定的系统让业务的快速发展成为可能。

四、成果及启示

（一）余额宝为公募基金行业发展注入新活力

余额宝的出现给资产管理行业尤其是公募基金行业带来了深刻变化。

一是极大地拓展了行业客户数量。余额宝的出现是一次全民理财教育，大大拓展了客户边界，使得原来公募基金接触不到的广大人群成为理财的潜在客户，公募基金客户数由之前的几千万户增长到5亿多户。

二是余额宝改善了代销独大的营销格局，极大提升了直销占比。原本直销在基金公司一般占比不超过8%，余额宝出现后宝宝类产品层出不穷，基金公司与互联网机构合作频繁，行业直销占比整体上升明显，监管层一直推动的营销格局突破得以实现。

三是余额宝激发了以产品功能和客户体验驱动的基金产品创新。按驱动因素来分，基金产品创新大致可以有三条主线。第一条主线是投资标的和投资策略创新驱动。第二条主线是产品组织形式和参与主体关系方面的创新驱动。余额宝的出现让基金产品创新展开了第三条主线，产品功能和客户体验驱动，比如场内货币基金、定期支付基金等，余额宝也是这条主线上的产物，这些背后是客户行为演变和技术进步的大背景。

四是给小公司的发展起了创新示范作用。余额宝的成功让很多公司意识到跨界创新的价值，越来越多中小公司开始进行业务创新，走差异化发展道路，寻求弯道超车的机会。

（二）余额宝促进了金融生态的改进

余额宝吸引和促进了广大中小客户进入理财领域，推动了大众理财意识的改善，帮助更多客户分享经济发展和金融服务的价值。

余额宝的成功也给互联网公司起了很好的示范作用，越来越多互联网公司投身互联网金融领域，金融行业呈现全新的竞争格局。

余额宝良好的客户体验，也使得金融行业重新审视自己的服务，并且通过优化服务来提升竞争力。

（三）余额宝为电商平台提升竞争力和增加客户黏性提供了新的可能

余额宝不仅对于金融行业意义重大，对于电商平台来说也同样意义重大。余额宝对于阿里平台本身的作用显而易见。一方面明显增强了阿里平台的竞争力，余额宝上线后支付宝客户备付金不降反升就是一个明证，越来越多的客户因为余额宝反而将更多资金投入到支付宝的账户体系；另一方面支付宝的客户黏性也得到极大的提升，每日有千万左右的客户登陆查看余额宝收益。

在余额宝的示范效应之下，其他电商平台也纷纷推出宝宝类产品，以新的方式来提升平台的竞争力和增加客户黏性。

基金经理行为分析：老资历与少壮派业绩比较及投资风格变迁

□ 华宝证券研究创新部

中国公募基金行业发展至今已有20年历史，公募基金经理更迭了一代又一代，基金经理人数、结构及基金产品数量均经历了明显的变化。

本文从基金经理发展变迁、从业年限与业绩关系、投资风格与超额收益来源变迁三方面展开，以揭示老资历与少壮派基金经理在投资行为方面的异同。

一、基金经理发展及变迁历史

（一）基金经理从业年限分布：少壮派始终占多数派

截至2018年12月，权益类公募基金经理（除去被动指数类）共1243人，绝对人数在2015年大牛市之后增长速度加快，从2014年12月533人到2018年12月期间净增710人，增长1倍有余。从业年限分布方面，2018年12月基金经理从业时间不足3年的占总人数比例为55.6%，6年及以下的占比达83.2%，而从业时间长达10年以上的老将仅有3.7%。

不过，虽然少壮派仍然占据了一半以上的比例，相较于历史长期水平，基金经理平均从业年限已经有了明显上升。由于中国公募基金行业发展时间较短，在2006年以前，3年及以下的少状派比例持续在90%以上。到2012年，6年及以上的老资历公募基金经理比例已经达到20%以上，但是2015年的“奔私潮”促使大批老将离开，同时新增基金经理人数增多，6年以上经验的基金经理占比下降到15%左右。2016年以后，由于市场稳定，以及公募基金改善激励机制，基金经理离职率和新增率均减少，老资历的基金经理占比缓慢增多。

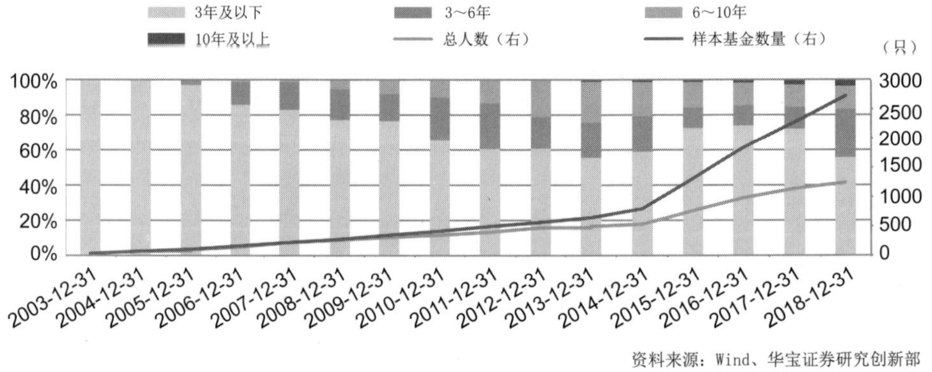

资料来源：Wind、华宝证券研究创新部

图1　2004年以来权益类(除被动指数)基金经理人数、从业年限分布及基金数量变化

（二）基金经理新增与离职：早期人员拓展迅速，牛市新增、离职增多

从2004年以来权益型（除去被动指数）基金历年新增的基金经理（开启公募基金经理生涯）与离职基金经理（不再管理公募产品）比率呈现出以下几个比较明显的特征：

（1）**2004—2018年连续15年，新增基金经理始终高于离职基金经理**。产品数量增多伴随着人员增多，不断注入的新鲜血液，促进了公募基金行业发展更迭。

（2）**在2008年股灾以前，新增基金经理占比始终保持在60%以上的高位，这是公募基金行业初期高速发展的体现之一**。2008年股灾让公募基金行业遭受了严重打击，新增基金经理比率大幅下降，此后除2015年大牛市外，新增基金经理比率均保持在40%以下，且2017年及以后稳定在25%左右。虽然基金经理绝对数量仍在增加，但后期由于数量基数较大新增率放缓。

（3）**基金经理离职率虽然远比新增率低，但多数年份也在20%以上的较高位置**。无论是另寻发展还是由于其他原因离开，都体现了公募基金行业较高的流动性和旺盛的行业代谢。在离开的基金经理中，有相当一部分基金经理奔向私募。其中在2007年和2015年的牛市期间，火爆的行情开启了老公募基金经理“奔私潮”，这两年的离职率分别达到29.5%和32%。

（4）**2016年以来，基金经理离职率均在15%以下，相较于历史保持低位**。一方面是由于市场环境，另一方面也由于近几年公募基金行业推行更加有效的激励机制，促使更多优秀的基金经理继续留在公募。

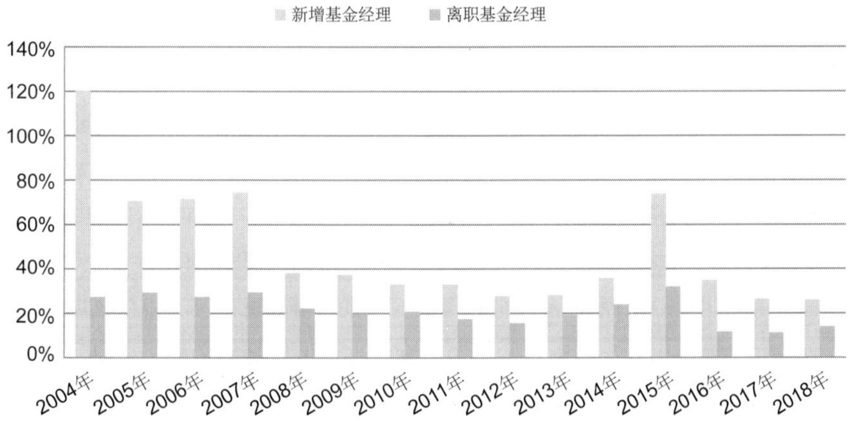

资料来源：Wind、华宝证券研究创新部

图2 2004年以来权益类（除被动指数）基金经理新增率与离职率

二、基金经理从业年限与基金经理业绩关系研究

公募基金市场中不乏从业之初做出亮眼业绩的年轻基金经理，但是A股市场的一轮牛熊周期通常在4-5年及以上。在管理主动偏股产品的过程中，对于从业时间较短的年轻基金经理，可能面临历史投资经验不足，经历行情阶段不够丰富，面对牛熊转换时无法通过经验获取投资指导；对于从业时间较久的

基金经理，虽然穿越多轮市场牛熊，也有可能存在没有及时更新投资范式、适应新市场环境等问题。对于投资者来说，选择“老资历”“少壮派”也可能会对投资的结果产生一定的影响。

本文通过统计和分析以期对基金经理的筛选和投资给予一定的参考，但由于A股年限较短，样本数量较为有限，在实际的投资中需与市场行情变化、基金经理本身特征等紧密结合。

（一）基金经理从业年限与业绩关系：初露锋芒，老当益壮

一个明星基金经理可能需要多年养成，也可能在短短几年内成熟。因此，基金经理在同类产品中的排名可能受到基金经理从业年限增长的影响。将从业年限相同的基金经理放在一起比较各自当期的排名位置，可以观察出基金经理从业年限与业绩变化的波动情况。

灵活配置类、偏股混合类和普通股票型三类产品由于权益仓位限制不同，收益与目标风险差异较大，管理难度也有一定的区别。但是从三类产品的统计结果看，基金经理的经验年限与业绩波动趋势有相似之处，也有略微的不同。从共同点看，三类产品的基金经理群体均出现“初露锋芒—中期瓶颈—老当益壮”的过程。

初露锋芒：3年经验之内的基金经理不仅没有体现出不稳定的业绩，而且体现出不输于市场平均水平的特点，在基金经理第1年的从业生涯中，三类管理产品平均业绩达到前20%的人数占比均超过20%。其中，普通偏股型基金第1年从业基金经理业绩在前20%的人数占比达26.5%。由于股票型基金仓位变动幅度较小，管理难度较低，新人更容易做出出色的业绩。而灵活配置型基金中新人业绩在前20%的比例略低，60%以后的比例略高，灵活配置类产品的管理对新人而言难度更大。

中期瓶颈：随着基金经理进入职业发展中期，在没有足够资深之前，基金经理增加的经历从统计结果看并不能带来业绩的明显增长。在从业第7-8年时，三类产品的基金经理均出现业绩前20%人数比例下降，或者80%以后人数比例增多的情况。一部分基金经理随着年限的增长，在经验边际增长有限的同时，可能无法及时适应新的市场环境变化、新的投资理念，或者随着个人体力精力的下降，出现了一定的业绩下滑。这意味着公募基金经理并非从业年限越久就能带来越好的业绩，基金经理必须及时调整自身，不断学习，与时俱进，保持良好状态，才能在激烈竞争的公募行业中立于不败之地。

老当益壮：在经历了职业中期的洗牌后，留下的基金经理既有长期积累的经验，也得以在激烈竞争中保持一定的自我进化能力，业绩普遍相较于青春时期的少壮派有较为明显的提升。管理灵活配置型、偏股混合型中从业第11年的基金经理排名在前20%的比例分别为27.8%和26.2%。由于管理普通股票型基金从业10年及以上的基金经理不到10人，因此未纳入统计，但也可以较明显看出从业第9年的基金经理业绩前20%比例明显上升。

从挑选业绩最佳基金经理的角度来说，从业经验超过10年的基金经理是相对比较安全的选择，尤其是管理灵活配置类难度比较大的产品。普通股票型产品本身数量较少，管理股票型基金且拥有10年以上经验的基金经理非常稀有。在图6的统计中，高达30%的普通股票型基金经理在第9年投资生涯进入同期当年同类产品业绩的前20%，比例大幅提升。由于A股市场年限较短，样本数量有限，样本内达到投资年限9年的股票型基金经理仅10人。其中多数人在第9年遇到2018年的熊市行情，所面临市场环境较为相

似。在2018年的行情中，注重回撤及风险控制有助于基金经理做出相对更好的业绩。

此外，股票型基金权益仓位的投资范围变动较小，管理难度较低，有明显相对高比例的基金经理在第1年管理时业绩进入前20%。因此，对于普通股票类基金，轻资历的基金经理也不失为一种好的选择。

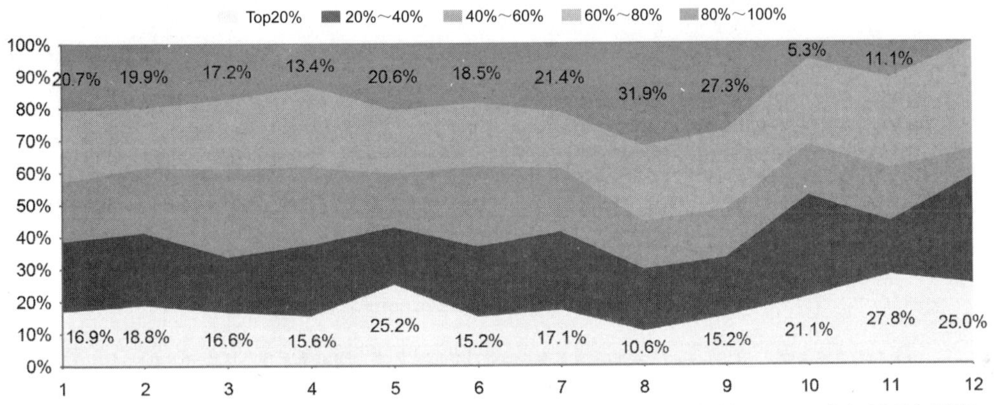

资料来源：Wind、华宝证券研究创新部

图3 基金经理从业年限变化与业绩排名占比（灵活配置型产品）（去除长期低仓位品种）

注：1. 计算方法为：$R_t^{n\%}=\frac{N_t^{n\%}}{N_t}$，其中t代表基金经理管理年限的第t年，$N_t$ 代表管理年限第t年且在t年管理灵活配置型产品的基金经理人数，代表任职第t年、$N_t^{Topn\%}$ 在t时点管理灵活配置型产品并且旗下所有灵活配置类产品在同类产品中第t年期间平均排名进入n%排名区间段的人数。

2. 横轴数字n表示基金经理从业的第n年，纵轴数字表示在相应的第n年基金经理不同业绩层次人数占比。

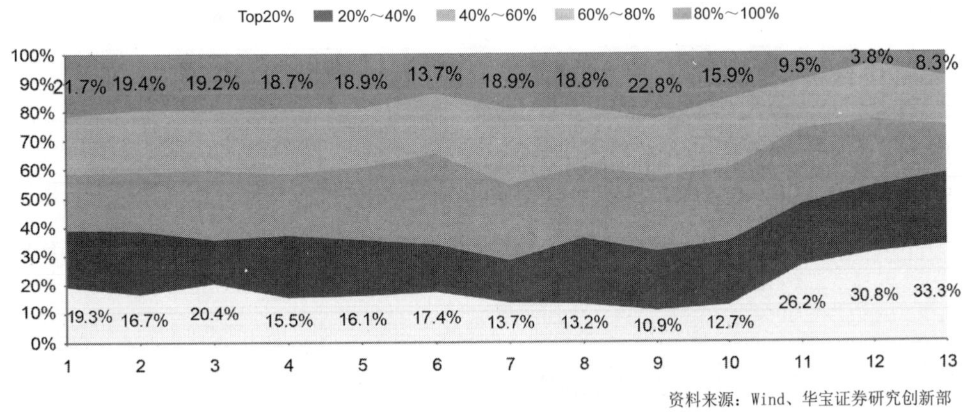

资料来源：Wind、华宝证券研究创新部

图4 基金经理从业年限变化与业绩排名占比（偏股混合型产品）（去除长期低仓位品种）

注：1. 计算方法为：$R_t^{n\%}=\frac{N_t^{n\%}}{N_t}$，其中t代表基金经理管理年限的第t年，$N_t$ 代表管理年限第t年且在t年管理偏股混合型产品的基金经理人数，代表任职第t年、$N_t^{Topn\%}$ 在t时点管理偏股混合型产品并且旗下所有偏股混合类产品在同类产品中第t年期间平均排名进入n%排名区间段的人数。

2. 横轴数字n表示基金经理从业的第n年，纵轴数字表示在相应的第n年基金经理不同业绩层次人数的比例。

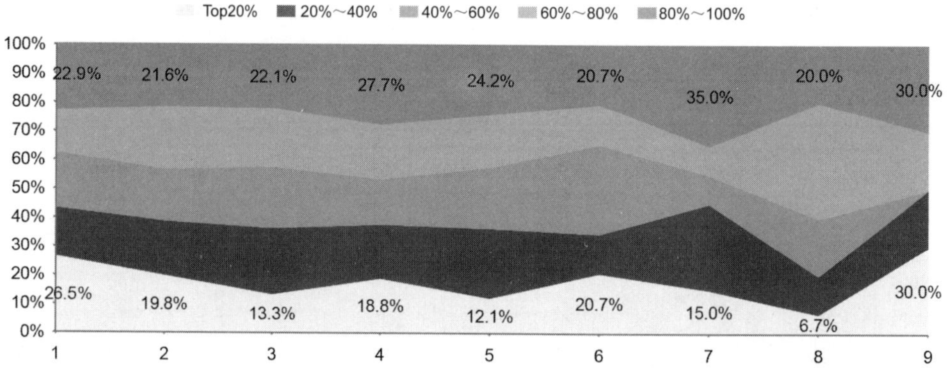

资料来源：Wind、华宝证券研究创新部

图5　基金经理从业年限变化与业绩排名占比（普通股票型产品）

（去除长期低仓位品种）

注：1. 计算方法为：　$R_t^{n\%}=\frac{N_t^{n\%}}{N_t}$，其中t代表基金经理管理年限的第t年，$N_t$代表管理年限第t年且在t年管理普通股票型产品的基金经理人数，代表任职第t年、　$N_t^{Topn\%}$　在t时点管理普通股票型产品并且旗下所有普通股票类产品在同类产品中第t年期间平均排名进入n%排名区间段的人数。

2. 横轴数字n表示基金经理从业的第n年，纵轴数字表示在相应的第n年基金经理不同业绩层次人数的比例。

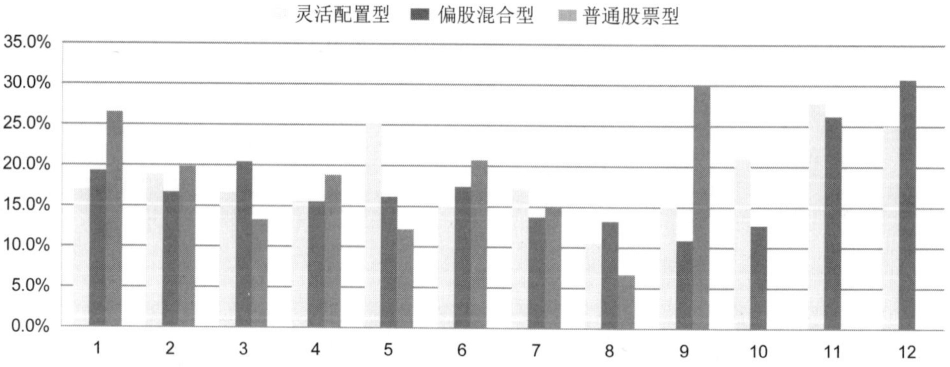

资料来源：Wind、华宝证券研究创新部

图6　三类权益型产品基金经理从业年限变化与业绩top20%人数占比

注：1. 由于管理年限在10年及以上的普通股票型基金经理人数不足10人，统计结果不予以显示。

2. 横轴数字n表示基金经理从业的第n年，纵轴数字表示在相应的第n年基金经理不同业绩层次人数的比例。

（二）不同时期老资历VS少壮派业绩表现：老资历行情适应力强

少壮派相较于老资历来说，经历的市场行情阶段较少，在不同行情环境下的表现可能有一定的差异。在不同的市场行情下，观察各个从业年限阶段基金经理的业绩排名分布（偏股混合、普通股票与灵活配置分别与自身同类产品比较）可以体现出少壮派和老资历在不同行情下的业绩特征。根据Wind全A走势形态，可以将市场行情从2014年以来分为大牛市、熊市（2015）、平稳震荡、结构牛、熊市（2018）、快牛6段不同的市场状态。在各个市场状态期间（末期），样本基金经理整体少壮派仍然占多数。

	2014/7/18 2015/6/12	2015/6/12 2016/2/26	2016/2/26 2017/5/12	2017/5/12 2018/1/26	2018/1/26 2019/1/4	2019/1/4 2019/3/18
行情特征	大牛市	熊市	平稳震荡	结构牛市	熊市	快牛
3年及以下占比	55.98%	61.80%	69.40%	68.05%	65.92%	45.98%
3-6年占比	25.48%	22.98%	18.18%	17.80%	19.77%	37.93%
6-10年占比	17.37%	13.66%	10.86%	11.31%	10.29%	11.24%
10年及以上占比	1.16%	1.55%	1.55%	2.83%	4.02%	4.85%
样本内统计总人数	259	322	451	601	622	783

资料来源：Wind资讯，华宝证券研究创新部

图7　2014—2019年不同市场行情时期主动偏股型基金（去除低仓位）
不同从业年限基金经理分布

从业绩前30%的群体看，从业10年以上的老资历表现亮眼，几乎在各个行情阶段都有比其他从业年限基金经理更高进入业绩前30%的比例。这充分体现了老资历基金经理非常强的市场环境适应性和自我进化的能力。在2017年、2018年，老资历前30%的相对优势缩小，可能是由于2017年以来市场风格向蓝筹转变，造成了一部分老将前期经验优势下降。从业3年及以下的新人基金经理在2014年以来的多个上涨市场中（2015年大牛市、2016—2017震荡市和2017年结构牛市）均有相对较高的30%比例，说明新人在多个上涨行情中表现更加出色。而在2015年下半年快速下跌的极端熊市中和2019年以来的急短牛市中，新人的前30%比例有较明显的下降。经验较浅的基金经理可能更难以适应短时间内极端变化的行情。而处于3～6年和6～10年段的基金经理表现不稳定，无明显规律，尤其是6～10年基金经理变动较大。这也与先前所说的基金经理自身经验更新迭代的周期相吻合，7年经验左右的基金经理面临更多进化自身经验、适应市场的问题。

从业绩前30%～60%的群体看，各个从业年限群体的基金经理占比差异不明显。经验在3～6年的基金经理和从业10年以上的老资历派在多个行情中出现了相对略高的占比，一部分从业年限较久的基金经理可能更加倾向于保持“中庸”的状态。

从业绩60%以后的群体看，10年以上的老资历基金经理几乎在各个行情阶段均占比最低，经验十足的老人业绩靠后的可能性较低，业绩更加稳健。而新人虽然也有相当的比例可以挺进前30%，但是在2015年熊市、2017年慢牛和2019年急短牛市中也出现了业绩位于60%以后比例较高的现象，尤其是在2015年的熊市中表现最为不理想。从业经验6～10年的基金经理在一半以上的行情阶段业绩在60%之后的比例较高，一部分基金经理在职业发展中期面临瓶颈上的突破。

（三）小 结

从统计结果看，少壮派与老资历基金经理各有千秋。从业年限较短的新人基金经理有相当一部分可做出亮眼的业绩，尤其是管理难度较低的产品更容易发挥新人基金经理优势；10年经验以上的老资历派业绩更加稳健突出，且表现出多种市场行情的良好适应性，可谓老当益壮。从业年限处于中期的基金

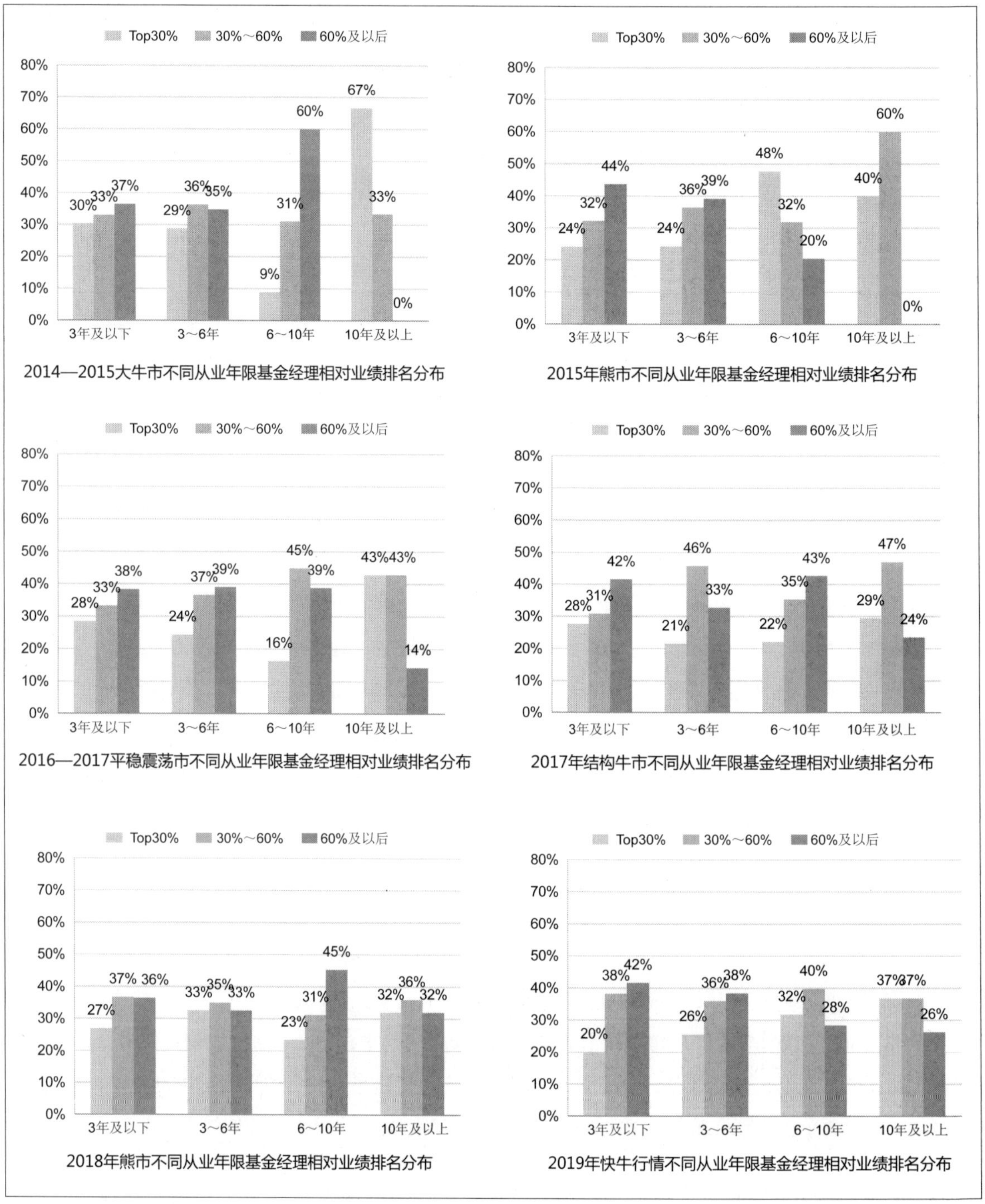

资料来源：Wind、华宝证券研究创新部

图8 不同行情阶段平均业绩TOP30%基金经理从业年限与样本整体从业年限分布差

注1：每一个比例数据计算方法为：$R_t^{n\%}=\frac{N_t^{n\%}}{N_t}$，其中t代表基金经理管理年限段，$N_t$代表在行情阶段p时期并且管理年限在t区间段的统计基金经理总人数，$N_t^{Topn\%}$代表在行情阶段p时期、管理年限在t区间段、并且旗下管理的所有类别产品在行情阶段p时期同类产品内平均排名进入n%排名区间的人数

经理可能由于投资体系适应性、个人精力等问题，在统计结果上有较高的概率遇到业绩上的瓶颈，但是在实际投资中，群体的数据不可盲目套用在个体身上。在选择基金经理时，不仅需要关注基金经理在不同从业年限期间可能遇到的相应问题，还需要回归到基金经理个人本身的投资能力、投资风格、投资理念等因素综合考量。基金经理的投资风格与创造超额收益的来源，既受到基金经理本身投资特征的影响，也受到市场环境变迁的影响。

三、公募基金投资风格及超额收益来源变迁

从历史不同阶段看，主动偏股型公募基金的业绩与市场行情密切相关。随着公募行业发展、中国市场经济环境的变化和股票市场风格的变化，基金经理的投资风格也历经几轮变迁。同时，基金经理获取超额收益的来源也随着市场行情此起彼伏。

（一）公募基金投资风格变迁

通过各个时期主动偏股公募基金不同风格的数量占比情况，可以看出主动偏股公募在大小盘、价值成长风格方面不同时期切换明显，这也与经济环境的发展密切相关。

从大小盘维度，在2013年之前小盘风格基金为极少数。早期传统行业如石油化工、煤炭、钢铁等发展迅速，股票表现亮眼，公募基金的主配集中在大盘风格。而在2012年国家倡导“大众创业、万众创新”后，小盘股开始发力，市场“以小为美”，小盘风格的公募基金比例迅速增加，直到2017年后市场回归价值蓝筹风格，小盘基金比例明显下降。从价值（低市净率）与成长（高市净率）维度看，成长历史以来长期占据主导，公募行业整体配置估值长期相对偏高。直到2017年后市场价值、蓝筹风格表现突出后，以寻找低估值为主的价值风格类基金占比逐渐增高。

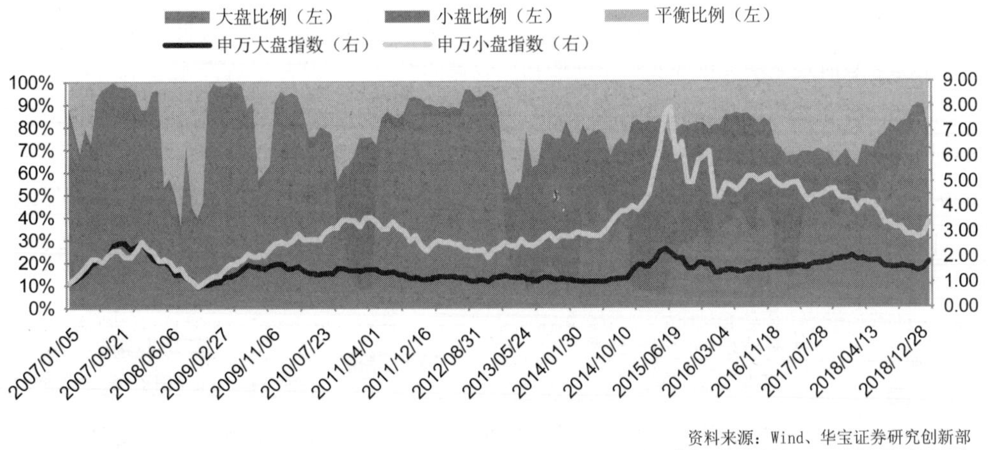

资料来源：Wind、华宝证券研究创新部

注：基金风格界定以Sharpe净值回归方法得出

图9　2007—2018年大盘、小盘类公募基金占比变化与申万大、小盘风格指数走势

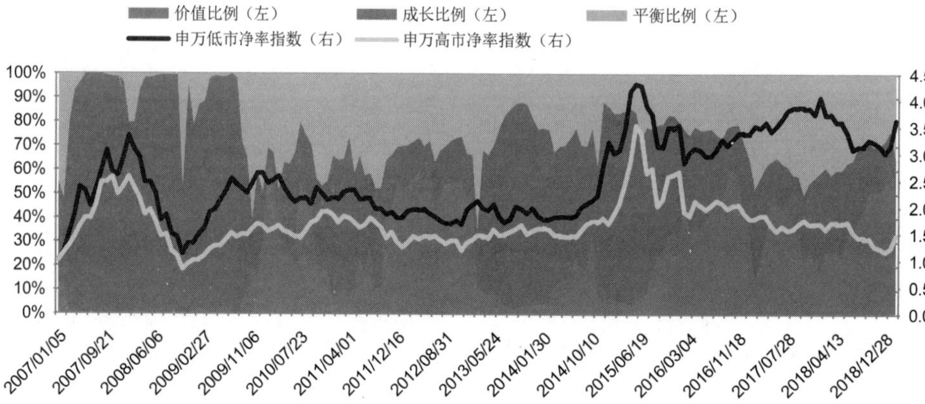

资料来源：Wind、华宝证券研究创新部
注：基金风格界定以Sharpe净值回归方法得出

图10　2007—2018年价值、成长类公募基金占比变化与申万高、低市净率指数走势

（二）历年业绩前30%公募基金超额收益来源变迁

从历年业绩前30%主动偏股基金的行业配置得分、选股超额收益得分和仓位变动的情况中，可以看出公募基金的超额收益来源并非一成不变。市场环境不断变化，不同的行情下基金经理需要进化自身的投资体系，适应新的市场环境。

从行业配置的角度看，2017年是行业配置最重要的年份，业绩前30%的基金行业配置得分相比其他时期明显升高。在2017年行业收益分化明显的时期，行业配置的重要性显著增加。而在2014年、2016年，各个行业表现分化较小，基金经理较难通过行业配置获取超额收益。

从选股的角度看，2017年也是选股可获得超额收益最高的一年，优势细分子行业、行业龙头优质股的表现远胜于质地一般的个股。市场结构差异明显，这也使得2017年成为指数表现平平，但是主动偏股型基金有机会大放异彩的时期。而在其余很多时期，业绩前30%的基金在选股方面并没有像2017年如此突出。虽然多数时期无法提供像2017年创造超额收益的机会，但是超额收益永远是主动型基金追逐的目标。例如2016年虽然市场结构化差异没有2017年明显，但是可以看出前30%基金在2016年整体的选股表现相对稳定，仍可以通过选股获取一定的超额收益。

从仓位的变化上看，历年业绩前30%基金的仓位基本顺应了每个时期的市场涨跌情况，多数时期仓位与市场同涨同跌。在2016年的平稳震荡时期，市场涨跌幅的影响力缩减，仓位的重要性下降，权益仓位整体较低。

持仓时间	年度业绩top30%基金 行业配置平均分	持仓时间	年度业绩top30%基金 加权选股超额收益
2014Q1	14.28	2014Q1	1.96%
2014Q2	11.00	2014Q2	−3.36%
2014Q3	12.93	2014Q3	−0.34%
2014Q4	9.87	2014Q4	0.30%
2015Q1	12.06	2015Q1	2.35%

（续上表）

持仓时间	年度业绩top30%基金行业配置平均分	持仓时间	年度业绩top30%基金加权选股超额收益
2015Q2	16.07	2015Q2	0.55%
2015Q3	16.67	2015Q3	2.39%
2015Q4	11.18	2015Q4	−0.47%
2016Q1	17.32	2016Q1	4.08%
2016Q2	12.99	2016Q2	1.50%
2016Q3	13.05	2016Q3	−0.89%
2016Q4	15.27	2016Q4	1.90%
2017Q1	18.88	2017Q1	10.91%
2017Q2	16.27	2017Q2	3.02%
2017Q3	20.27	2017Q3	6.72%
2017Q4	14.23	2017Q4	0.73%
2018Q1	16.14	2018Q1	5.20%
2018Q2	12.82	2018Q2	1.58%
2018Q3	12.49	2018Q3	−0.25%
2018Q4	16.78	2018Q4	−2.00%

资料来源：Wind、华宝证券研究创新部

图11　2014年以来历年业绩top30%主动偏股基金行业配置得分变化与选股超额收益变化

注1：基金在单季度t的行业配置能力分数为= $M^t=\sum_{i=1}^{n} a_s * d_s^t$ 其中i表示某行业，a_i为前十大重仓股配置的行业s市值比占基金前十大持股投资市值比，d_s^t为行业s指数在季度t期初至期末涨跌幅在所有类别行业指数的排名。配置得分值域[1,28]，得分越高，行业配置收益越好；

注2：基金在单季度t的加权选股超额收益为 $ER_s=\sum_{i=1}^{n} w_{si}^t \times (e_{si}^t - r_{si}^t)$，其中为基金在行业s中的历史累计行业内选股加权超额收益，n为季度t期间基金持有行业s中的股票个数，i代表股票i，e_{si}^t 为在t期基金持有s行业中股票i的占全部股票投资市值比例，r_{si}^t 为在t期基金持有s行业中股票i在t期的收益，w_{si}^t 为在t期s行业指数的收益。

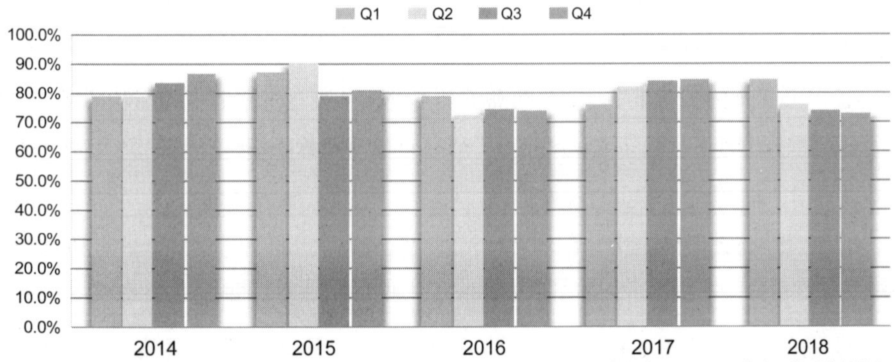

资料来源：Wind、华宝证券研究创新部

图12　2014年以来年度业绩top30%偏股型基金权益仓位变动（去除指数涨跌幅）

中国基金业对外开放专题报告

□ 华宝基金管理有限公司

1998年，中国首批基金公司成立；2002年12月底，首家中外合资基金公司招商基金成立。至此，在中国公募基金20年发展历程中，合资基金公司的兴起已占据了4/5的时间。业界、学界及政府层面普遍认为，公募基金的开放程度较高，合资基金公司及海外资管机构带来了从管理制度到投资体系、风险控制等多方面的宝贵经验。

本文将简要梳理中国公募基金行业对外开放、国际融合的发展历程，同时以合资基金公司为分析重点，总结对外开放过程中的经验教训，以及未来发展机遇。

一、公募基金20年对外开放历程回顾

20年不算很长，但20年的时间也足以发生一些深刻的变化，产生一些重要的趋势。

梳理近20年基金业对外开放的历程，可以看出，基金行业的对外开放、对外融合，并不是一个小世界里的波澜与风景，它与中国加入世贸组织以来，深刻地融入世界贸易体系和经济分工这样一个大环境紧密相关，也受中国对外开放政策和全球经济波动的明显影响。可以从以下几个方面观察这一历程。

（一）中外合资基金公司的兴起、磨合和新机遇

2001年12月中国加入WTO，允许外资持有基金公司的股权比例不超过33%，同时约定3年后这一比例提升至不超过49%。2002年12月底，由招商证券和荷兰国际集团等共同发起的招商基金管理有限公司成立，这是中国首家中外合资基金管理公司。此后，2002—2004年，首批合资基金公司相继成立。

2005年以来，中国兑现入世承诺，允许外资参股比例由33%上升至49%，由此引来一轮合资基金公司成立的高潮。2005　2007年，合资基金公司纷纷成立，数量增长较快，一批合资公司的外方股东在此期间争相增资至49%上限；合资基金公司规模也快速扩张。在此期间，合资基金公司是大众关注的焦点，市场和投资者对这些机构能带来海外先进的理念、先进的管理制度充满期待，合资公司发展势头向好。

2008—2017年，受全球金融危机冲击和在中国市场本土化发展难度的影响，合资基金公司发展进入平淡期：部分基金公司外资股权几经易主，部分公司外资股东撤出。外资还是内资不再是公众看待基金公司的重点，与此同时，一批内资基金公司开始崛起，从资产规模到整体实力均超越了排名前列的合资公司。

2018年，中国明确宣布基金公司外资持股比例可放宽至51%，外资由此可以控股基金公司，外资参与公募基金行业的深度将大为拓展。

（二）国家对外开放进程决定了公募基金国际化高度

如开篇所述，公募基金行业的对外开放与大环境紧密相关。这其中的原因，一方面，与公募基金行业监管较严，在许多业务的开展上受牌照、资质的制约有关；另一方面，中国资本市场的开放程度也决定了外资得以较通畅开展资管业务的一些基础设施、基础条件建设。例如，在人民币没有实现完全可自由兑换、资本项目尚未开放的情况下，QFII、RQFII制度成为中国引进外资、开放资本市场的一项过渡性制度安排，也深远地影响到了公募基金的机构客户拓展和国际交流。

表1　基金业对外开放进程

时 间	事 件	意 义
2002年	QFII制度正式推出	中国资本市场对外开放的标志性事件之一。QFII成为中国市场重要参与者，也是公募基金十分重视的机构投资者
2006、2007年	基金公司QDII业务起步：2006年9月，华安基金发行首只QDII基金；2007年6月，证监会发布《合格境内机构投资者境外证券投资管理试行办法》，对市场准入、审批程序、境外投资顾问设置、资产托管以及资金运作等方面做出了具体详细的规定	此后中国QDII业务得到较快发展，公募基金开始正式“出海”
2008年	南方、易方达、嘉实、华夏等基金公司率先在香港设立分支机构	这些机构（子公司等）成为基金业跨境投资的重要桥梁
2011年12月	证监会、央行、外管局联合发布《基金管理公司、证券公司人民币合格境外机构投资者境内证券投资试点办法》，允许符合条件的基金公司、证券公司香港子公司作为试点机构开展RQFII业务。同期，华夏、嘉实、易方达、博时、南方等9家基金公司旗下香港子公司首批拿到RQFII资格	RQFII资格获批帮助国内基金业进一步参与国际资产管理和海外业务拓展
2014年11月	沪港通正式开通	上海与香港股票市场交易互联互通机制起步
2015年	首批内地香港互认基金获得注册	两地资本市场互联互通、开放交融的重要事件
2016年9月	首家外商独资资管公司在华成立	外资对中国市场的关注和投入再掀一轮高潮
2016年12月	深港通正式启动	两地市场互联互通影响深远，香港逐渐成中国公募基金最重要的海外投资阵地
2018年4月	内地与香港债券市场互联互通的管理暂行办法出台	两地市场的开放交融有望掀开新的一页
2018年6月	国际知名指数编制公司MSCI正式将A股纳入其新兴市场指数	中国资本市场国际化进程的重要一环，有望为A股带来显著增量资金和新的估值体系
2018年8-9月	中国证监会就《上海证券交易所与伦敦证券交易所市场互联互通存托凭证业务监管规定（试行）》完成征求意见过程	“沪伦通”有望年内正式落地
2018年9月	全球第二大指数公司富时罗素宣布，将自2019年6月起，将中国A股纳入其指数体系	A股国际化脚步加快，相关事项将深层次影响市场生态和基金业投资环境

（三）海外先进制度、体系逐渐推进中国公募基金行业发展

“基金”的理念与体系本身就是舶来品，自2002年合资基金公司出现以来，行业内普遍认同需要向海外学习先进经验，包括成熟的投资理念、企业管理、产品设计和风险控制等。近年来，中国基金行业开始起步探索的一些新兴战略方向也是吸取海外经验。总体来看，相比其他金融机构，公募基金行业的国际化程度走在前列。同时，无论合资还是内资，各家公司积极吸取海外先进经验的态度较为一致。

近20年来，基金行业向海外学习的先进经验、理念大致体现如下：

投资理念	产品理念
价值投资、长期投资	大力发展工具型基金产品、ETP产品
风险与收益相匹配、平衡	注重产品创新，注重产品线布局与完整
量化投资、指数投资、衍生品投资	拓展低风险基金产品
资产配置理念	发展海外市场投资工具、资产配置工具
绿色金融、绿色投资、ESG投资、社会责任投资	发展Smart Beta因子策略投资产品
投资技术与投资策略	**战略发展方向**
投资组合技术	发展海外业务，加强国际合作
避险对冲技术	布局固定收益投资等低风险业务
多元资产配置技术	另类投资
宏观策略	资产配置与FOF投资
统计套利策略	养老金业务，打造养老体系第三支柱
行业轮动策略	智能投顾
事件驱动策略	资管行业与互联网的结合
合规与风险控制	**管理制度与企业文化**
业务要求合法合规	弱化明星基金经理效应，强调团队合作
引进国外先进的内控体系和风险管理方法，建立较完善的风控体系	开放共享的企业文化
全面风险管理的理念，将风险管理融合到投资的每一个环节	较好的培训机制和人才晋升体系
市场营销和品牌建设	
重视投资者教育	
共享海外基金营销及品牌经验	
重视信托义务，以客户为中心，持有人利益至上	

二、合资基金公司的发展现状、问题和机遇

（一）合资基金公司成就中国基金业半壁江山，成果斐然

近20年来，合资基金公司的发展取得了夺目的成就，这也是中国基金业对外开放的重要成果。这些成就一是反映在合资基金公司从数量到资产管理规模对于全行业的贡献上，二是反映在更软性的制度、体系、理念等方面（参见上表）。

从公司数量和资产规模占比来看合资基金公司在公募基金行业中的地位：

截至2018年末，中国基金管理人共有141家，其中基金公司126家，国内合资基金公司达到44家。

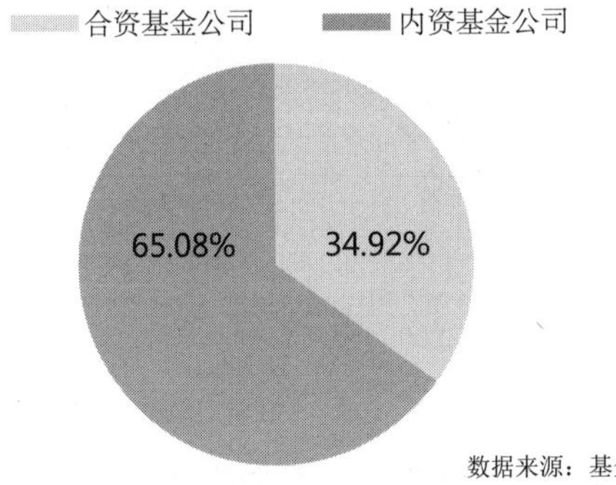

数据来源：基金年鉴；截至2018年12月31日

图1 合资基金公司数量占比

60%的合资基金公司外资持股比例大于等于33%；37.21%的公司外资持股大于等于49%。在政策允许范围内，基金行业获外商投资较多，参与比例较高。

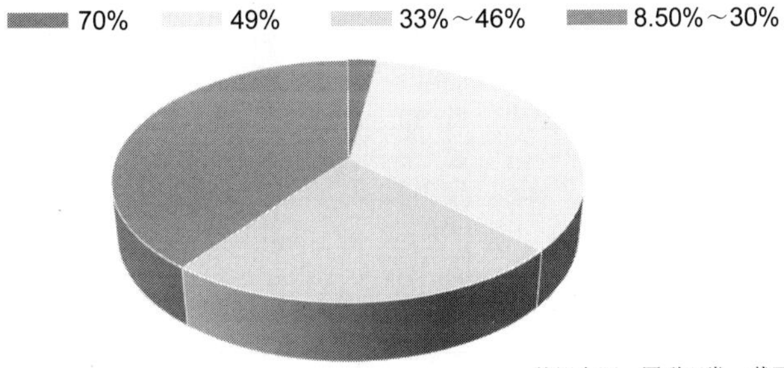

数据来源：国联证券；截至2018年7月25日

图2 合资基金公司外资持股情况

根据基金年鉴数据，截至2018年末，44家合资基金公司合计资产管理规模达6.17万亿元，占据全行业47.41%的比重。

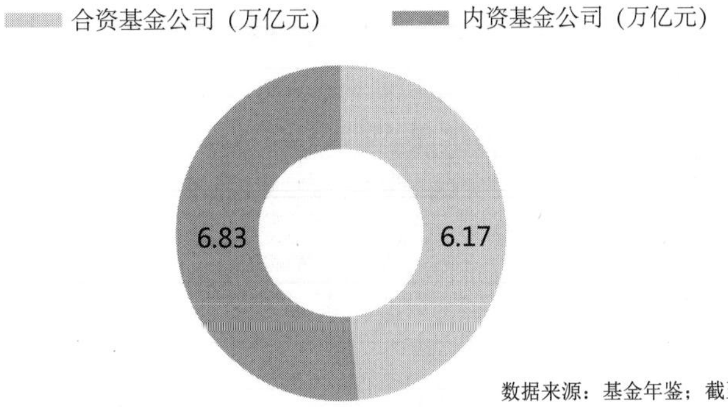

数据来源：基金年鉴；截至2018年12月31日

图3 合资基金公司资产规模

资产规模排名前十位的基金公司中，合资基金公司共有4家，占据40%席位。

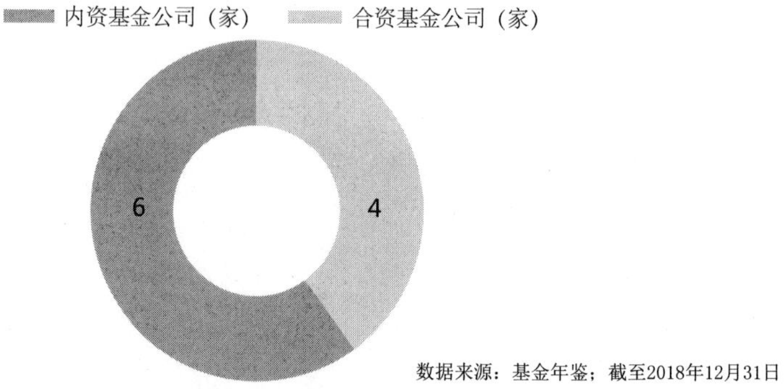

图4　前十大基金公司中的合资公司数量

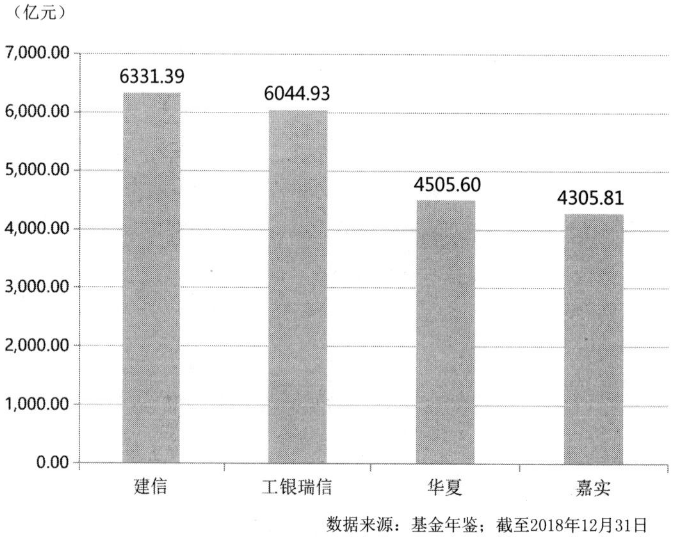

图5　前十大基金公司中的合资公司规模

同时，千亿基金公司中普遍有外资参股。截至2018年末，全市场公募基金资产规模在千亿以上的基金公司32家，其中合资基金公司20家。

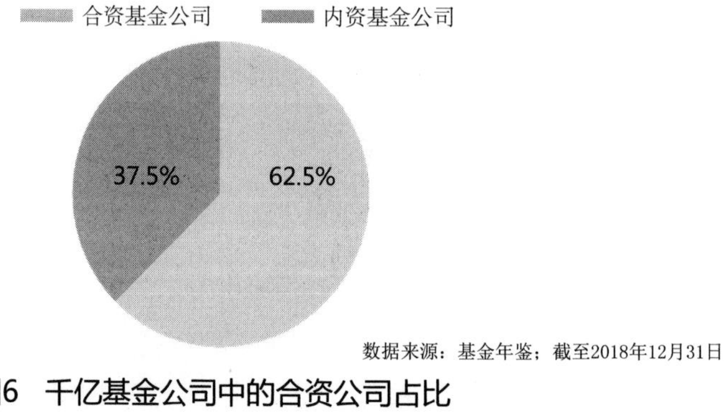

图6　千亿基金公司中的合资公司占比

此外，众多海外金融巨头或知名资产管理集团进入中国内地，成为国内基金公司的外资股东，这也是中国基金业对外开放中的重要成果。这些国际金融集团的经验与资源，仍然是推动中国基金行业长远发展的一项重要基石。

表2　基金公司外资股东中的部分海外金融巨头

邓普顿国际股份有限公司	德国安联集团
美国华平投资集团	汇丰环球投资管理（英国）有限公司
景顺资产管理有限公司	摩根富林明资产管理（英国）有限公司
英国保诚集团股份有限公司	法国安盛投资管理有限公司
摩根士丹利国际股份有限公司	东方汇理资产管理公司
三菱UFJ信托银行	星展银行有限公司
瑞士信贷（香港）有限公司	贝莱德投资管理（英国）有限公司
德意志资产管理有限公司	施罗德投资管理有限公司

资料来源：国联证券、Wind

（二）合资基金公司发展现状及出现的问题

以上总结了合资基金公司近20年发展历程中所取得的成就，但必须看到，目前合资基金公司的发展势头已被内资公司反超，在一批资产规模较为庞大、综合实力不断增强的头部基金公司（主要表现为资产规模前十强公司）中，不仅内资公司已占据半壁江山，而且其余公司中，外资股东的持股比例普遍不高，可能更多扮演的是财务投资者的角色。

表3　前十大基金公司中合资公司的外资持股比例

合资基金公司	行业排名	外资股东	外资持股比例（%）
工银瑞信	3/124	瑞士信贷银行股份有限公司	20.00
建信	4/124	美国信安金融服务公司	25.00
华夏	7/124	加拿大鲍尔公司	27.80
中银	8/124	贝莱德投资管理（英国）有限公司	16.50
嘉实	10/124	德意志资产管理公司	30.00

数据来源：银河证券、国联证券；截至2018年6月30日

此外，合资基金公司在全行业中的数量和规模占比出现一定下降趋势。

表4　合资基金公司的数量与资产规模

	合资基金公司数量（家）	数量占比（%）	合资基金公司资产管理规模（万亿元）	资产规模占比（%）
2010年末	36	58.06	1.18	46.89
2018年末	44	31.21	6.17	47.41

数据来源：基金年鉴

部分合资公司股权结构不稳，外资股东反复“换人”或彻底退出，这也是2008年以来一个较为突出的现象。例如招商基金、金元顺安基金、中融基金、西部利得等公司变身为纯内资公司，外资股东退出；此外，部分基金公司的外方股东出现几度变换，股权结构不稳。一些公司后来进入的外资股东往往作为财务投资者入驻，话语权弱化，不再参与公募基金管理人的实际运营。

业界还普遍感受到以下几个问题：

1. 合资公司面临中外股东磨合难题

摩擦所在	内资股东	外资股东
经营理念	较看重中短期规模与利润，注重把握短期发展机遇	看重品牌声誉，在长短期目标冲突时会有所取舍
风控要求	看重灵活处理问题，必要时可以“擦边球”	倾向严格合法合规开展业务，全流程实行合规监控，弹性较小
人才激励	强调团队合作，不提倡过度突出个人和明星基金经理路线	明星基金经理话语权较强

2. 合资基金公司的本土化难题

本土化难题是合资基金公司不可避免的矛盾，业界已有许多讨论，例如：管理过于精细，业务审批流程过长，行政效率较低；各方面业务标准要求较高，公司品牌形象投入较多，经营成本高企；海外背景管理层与政府、监管层及公司普通员工的沟通不够，难以完全融入本土经营环境；部分合规要求在落实中“水土不服”从而导致一些业务发展相对滞后，在激烈的行业竞争中逐渐落于下风；薪酬福利制度弹性不够，相比大型内资公司缺少吸引力；海外投资理念在中国市场的实践中遭遇挫折，创新产品的市场推广遇冷等。近些年来，合资公司的光环不再突出，与以上种种“烦恼”之下合资基金公司发展速度减慢有关。

（三）合资基金公司的发展经验、教训总结

截至2018年秋，合资基金公司已在中国走过16年发展历程，对中国资管行业的发展带来了许多宝贵的经验和贡献，在本文前半部分尤其是“海外先进制度、体系逐渐塑造中国公募基金行业”一节中已有集中阐述，此处主要是分析、总结合资基金公司发展历程中体现出来的一些主要问题和经验教训。

经过以上较为全面的梳理之后，我们觉得有些问题并不是合资基金公司或者是基金行业本身的问题，而是与市场发展的成熟度以及中国经济对外开放的深度有关。当然，也有一些发展的弊端是可以在反思中予以调整、改善的。

1. A股市场的有效性、中国资本市场的成熟程度尚未较好地匹配外资所带来的先进投资理念和投资策略等

经过2017年如火如荼的白马蓝筹行情，以及A股加入MSCI前后市场对于价值投资理念的日趋认同，A股市场的有效性相比一二十年前已是大为提升，但在此之前投资者重炒作轻投资、重收益轻风险、偏

重概念轻视价值等情况屡见不鲜，这也大大制约了外资机构和合资基金公司一些较先进投资理念、投资策略的发挥，导致容易出现水土不服、投资效果上难以形成说服力等情况，同时中国多层次的资本市场发展尚不够深入、衍生品等避险工具较为匮乏等，也限制了海外一些先进投资策略在国内市场的应用。这方面合资基金公司所具有的优势资源，某种程度上是“英雄无用武之地”。

2. 合资企业发展优势减退与对外开放的大环境有关系

前文分析指出，基金行业的对外开放要放在中国经济对外开放、资本市场对外开放的大背景下去看，值得注意的是，在过去10来年中，合资企业发展优势减退似乎是各行各业普遍出现的状况，舆论界对此有过一定探讨，这一情况可能与中国经济发展阶段和政策环境等综合性因素有关。

3. 缺少渠道优势和没跟上移动互联网的发展浪潮可能是合资基金落后的重要原因

在公募基金行业起步前期，合资基金公司可谓是市场的宠儿，各界对于他们的期望非常高。但目前来看，在基金行业“第一梯队”的一批大公司中还是以内资公司为主要力量。这种格局的改变有非常深层次的原因，其中不得不提到渠道优势对于资管机构的重要性。

一是中国银行业的一些巨头（往往是头部基金公司的大股东）经过2003、2004年左右的相继重组、改制、上市后，面貌焕然一新，内部治理和整体实力均发展向好。例如工商银行在世界500强中都是名列前茅的集团，其实力和地位并不亚于海外金融巨头。二是中国具有广阔而庞大的消费市场，中国一些脱颖而出且在全球都奠定了一定影响力的企业，他们的崛起也大多是依赖于中国市场提供的良好需求和容量。所以，在中国市场上的竞争“量的取胜”可能并不亚于“质的竞争”。而提到在本土的渠道优势，合资基金公司的外资股东显然无法与中国的大银行、券商和保险公司相抗衡。三是基金公司设立和产品发行的审批日益提升效率，行业竞争步步加剧，由此更凸显了渠道优势的重要性。

此外，近15年中，中国互联网行业的快速发展，BAT等一批世界风范的巨头崛起，也给各行各业带来了深刻的冲击和洗礼。就公募基金行业来说，最显著的例子就是阿里巴巴挟余额宝入主天弘基金，改写了整个基金行业的格局。从BAT、京东、华为等科技/互联网行业的翘楚公司（民营、股份制）来看，他们所拥有极其灵活的反应机制、对于中国本土市场和消费者心理牢牢把握，以及较为狼性的企业文化，显然与资管领域内那些注重稳健、决策较慢，且中国市场在其业务比重中占比不高的国际金融集团文化，有较大差异。而这种差异或者说滞后，一定程度上也埋下了合资基金公司发展的隐忧。

三、合资基金未来发展及公募基金国际化进程的思考

以上较多地讨论了合资基金公司发展过程中遇到的挫折和原因，但需要指出的是，20年的时间终究是较短的区间，而且中间也经历了A股市场有效性不断提升，政府行政效率逐渐改善的过程，这促使我们有必要以发展的眼光看待问题：即此时的短板或者弊端，是否从中长期来看反而是保障行业稳健发展的有利因素？反过来，合资基金公司一些明显的优势也有可能演变成制约发展的不利因素。总之，需要更为辩证地去看待一些问题，尤其是在这个飞速发展的时代，各方面环境、条件都在发生变化，不宜下过于绝对的结论。

从合资基金公司的内在机制来看，一方面，海外机构所带来的较为成熟的投资理念、产品体系、风控体系等，终将成为未来资产管理机构长远发展、健康发展的有力基石。另一方面，中国对外开放也启动了新的步伐：2017年末，中国官方机构表态，外国投资者直接或间接投资证券、基金管理、期货公司的投资比例限制将放宽至51%，同时该措施实施3年后，外商投资比例将不受限制。此外，2018年9月，李克强总理在出席2018年夏季达沃斯论坛开幕式时就明确表示，中国将以更大力度推进改革开放。他指出，中国将进一步放宽市场准入，继续降低关税总水平；为各类所有制企业、内外资企业打造一视同仁、公平竞争的营商环境。

外部环境释放了种种有利的信号，而对海外金融机构来说，可以获得基金公司51%的股权实现控股，这可能是更具有现实意义的政策利好。对此，基金业界普遍认为，此举措影响非常深远，不仅部分合资基金公司的外资股东会寻求控股权，而且未来外资还可能成立独资基金公司，更全面地贯彻自己的理念。可以预见，外资控股甚至全资企业加入国内竞争，将促使中国基金行业更加多元化，从而有力推动中国基金行业发展。

谈及公募基金国际化进程，需要高度重视相关市场发展趋势：中国高速增长的高净值人群海外配置需求，以及海外投资者中正在兴起的A股配置需求。总体来看，与国际成熟资产管理机构相比，中国基金公司在多方面还相距较远，基金公司的国际化仍然任重道远。

中资资管机构出海10年回顾与展望

□ 香港中资基金业协会

2018年是一个与众不同的年份，它是中国改革开放40周年，也是中国公募基金发展20周年。而对于一群在香江扎根的中资基金人来说，2018年更为特殊，因为它标志着中资资管公司探索的第一个10年。

回望10年征途，香港中资资管机构从无到有，经过不懈地奋斗和探索，在香港这个国际性舞台获得了一席之地。相信通过总结这10年的发展，中资人能更好地看清当前的形势和中资资管机构未来的发展前景。

一、出海香江第一步，RQFII机遇迎突破

2008年，中国证监会发布《关于证券投资基金管理公司在香港设立机构的规定》，为境内公募基金“走出去”亮了绿灯。同年，南方、嘉实、华夏、易方达4家公募基金公司在香港设立子公司。

初到香港，离岸中资资管主要是为内地母公司的QDII基金提供投资顾问服务，然后逐步尝试发行主动管理港股的基金、点心债基金等产品。

2008年是不平静的一年。中资基金香港子公司成立伊始，美国次贷危机爆发，金融风暴席卷全球，香港作为亚洲金融中心亦感受到了凉意。同时，初来香港“创业”的中资基金人，渐渐体会到业务拓展的难度——银行销售渠道在香港已经相当成熟，几个家喻户晓的国际和本地大银行在香港布局多年，网点遍布大街小巷，一定程度上垄断了散户的基金投资渠道。初来乍到的中资基金机构发现，若要在银行渠道销售自己的基金产品，难度大、收效微。

2011年，RQFII（RMB Qualified Foreign Institutional Investors人民币合格境外机构投资者）政策出台，各中资基金机构立刻意识到这是千载难逢的机遇——中国A股市场终于要通过RQFII的形式，对外开放了。

改革开放以来，中国经济迅速发展，在2010年超过日本，成为全球仅次于美国的第二大经济体。中国在经济建设上的成绩有目共睹，不少海外投资者也希望参与资本市场，抓住中国发展的红利。然而，彼时中国A股的交易限制仍然非常严格，海外投资者很难参与交易。RQFII制度的推出无异于打开了这道大门。不少香港中资机构都想借力于RQFII制度，实现产品规模上的突破。

多家中资基金公司，包括南方东英、华夏、易方达和嘉实团队当时均看好A股ETF（交易所买卖基金）产品。

RQFIIA股ETF具有多个优势。首先，它意味着有史以来，离岸市场有了实物A股ETF，而不是通过合成结构。实物ETF用RQFII额度直接买卖A股，相比于合成A股ETF来讲，可以更精确地追踪指数。其次，ETF作为一种在证券交易所买卖的、类似于股票交易模式的基金，它绕开了银行渠道，避免基金公司对渠道的大幅让利，从而让基金公司真正享受到管理费带来的利润。

事实证明，中资基金人的判断是正确的。RQFII A股ETF一经推出，迅速受到市场追捧。RQFII制度的推出，也为香港的ETF市场注入了新的活力。2012年起，香港ETF市场的成交额开始出现明显的上升，产品数量也急剧增长。据港交所数据，截至2018年11月底，香港交易所买卖产品日均成交额约为48亿港币，远超2012年的21亿港币，产品数量也超过了120支。

凭借对QFII/RQFII机遇的把握，首次出境的中资资管机构成功在香港站住了脚跟。正如香港交易所在2017年的研究报告中指出：人民币ETF（主要是香港证监会批准的人民币RQFIIA股ETF）是目前为止最受欢迎的离岸人民币产品。

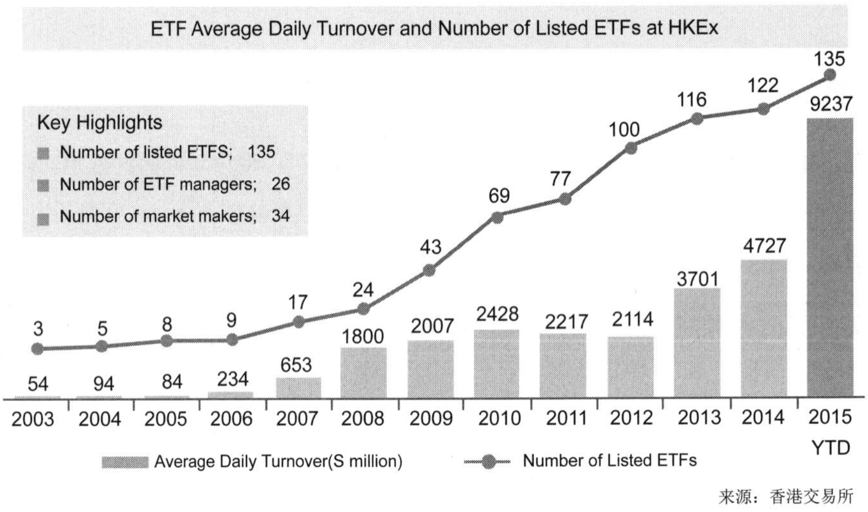

图1　香港ETF日均成交额及ETF产品数量

在全球批准的6050亿元RQFII额度中，香港以3050亿元占据了全球超过50%的市场份额，香港的中资资产管理人获批额度更是高达2800亿元，占到香港额度超过80% 。

二、成立中资基金业协会，群策群力，促进中国资本市场进一步开放

随着中资基金机构在香港市场渐渐积累了一定的客户基础和品牌认可度，香港的中资机构逐渐增多，急需一个协会性质的组织，共同探讨行业发展、集合同业诉求、以第三方机构的形式与有关部门进行制度上的沟通。

在国家大力推进资本市场开放及人民币国际化的大背景下，香港中资基金业协会由多家在港中资

资产管理领军机构在2013年6月联合发起，并于2013年9月5日在香港成立。经过5年发展，协会目前拥有约80家会员机构，管理着上百支基金产品。协会成员主要包括中资背景的基金公司，连同保险、银行、券商的资产管理部门，以及部分与资产管理业务相关的服务机构。

（一）加强业内交流，促进与监管机构沟通

香港中资基金业协会通过汇聚在港中资资产管理机构的中坚力量，增进海外中资资管业内交流，提高业务水平，规范及促进行业自律和健康发展；加强中资资管和监管机构的沟通，为国家资本市场开放提供第一手的市场资料，并为现行政策的优化和新政策的推出献计献策；配合国家资本开放和人民币国际化的策略，借助香港中资基金业协会这一平台进一步拓宽境外投资者投资中国资本市场、分享中国经济发展成果的管道，为RQFII等政策在香港的长期持续发展保驾护航，助力中国资本市场开放。

香港中资基金业协会一直与内地和特区政府、监管机构保持着积极的沟通和互动。针对沪深港通、“ETF通”、基金互认等互联互通政策，努力发挥自身作用，进行多边探讨和沟通，这中间的每一步进展，每一次新的变化与优化，都凝聚着中资人从国际资本市场和国际投资人获得的反馈和在海外开展业务多年来的经验和判断。

所有的努力都得到了回报。随着沪深港通顺利开展和扩容、QFII/RQFII制度深化，以及其他一系列政策的推出和优化，全球资本市场开始接纳中国资本市场，继人民币成功加入SDR后，2017年MSCI宣布把A股纳入新兴市场指数，紧接着还将有富时罗素指数纳入A股。这其中的每一步都凝聚着中资资产管理人付出的努力。

（二）推出离岸中资基金大奖，激励中资机构进步

为了把优秀的香港中资资产管理人的资管智慧展现给更多的海外投资人，香港中资基金业协会联合彭博举办了“离岸中资基金大奖”，表彰表现优异的中资资产管理人。从2015年到2018年，离岸基金大奖成功举办4届，成为香港中资资产管理行业的业界盛会。奖项广泛表彰在股票、债券、多元资产配置、ETF、另类投资等领域表现卓越的基金产品和资产管理公司。

除此之外，“离岸中资基金大奖”也对为中资资管做出卓越贡献的合作伙伴和服务提供商进行表彰和推荐，提高整体的服务水平，努力为中资资管营造高质量的经营环境。

三、开放进程加快，“投出去”“引进来”面临政策性机遇

中资资管在亚洲金融中心香港已经打下了基础，就发展境外资管市场积累了宝贵的经验，未来面临着多重机遇。同时，随着国际资管机构对新兴市场的加速布局，中资资管也将面临更激烈的竞争。

（一）国际指数纳入中国市场，环球资金顺流而入

2018年，MSCI正式开始纳入A股。尽管A股市场在2018年表现相当低迷，仍不改外资部署A股市场的热情。2018年沪深港通北向资金净流入近3000亿元人民币，外资持有A股流通市值占比从2%上升到7%，

比肩境内的险资、公募机构。中国证监会副主席方星海在公开场合预计，2019年外资流入A股市场的资金有望达到6000亿元人民币，比2018年的规模还要翻一番。

这6000亿元中，一方面与MSCI有望进一步提高A股权重从5%至20%有关，另一方面也与A股将会纳入富时、道琼斯等国际指数有关。

中资资管在香港市场耕耘10年，积累了广泛的国际客户，培育了海外市场对中国市场的兴趣，对互联互通等投资渠道的法律法规非常熟悉。如今A股被纳入国际指数，对于中资资管是一个难得的“引进来”的关键机会。

精准的产品定位，广泛的客户关系，是中资资管趁此机会壮大规模的重要基础。

（二）中国个人财富增长，香港是实现资产全球配置的重要平台

瑞士信贷研究院的《2018年全球财富报告》显示，中国位居全球财富排行榜第2位，财富总数达到52万亿美元，紧跟美国之后。报告预计未来5年里，中国的财富总额还将增加23万亿美元，在全球财富中所占的份额从2018年的16%上升至2023年的19%。

中国投资者的资产配置较为单一，主要集中在房地产和存款中，随着财富的积累，多元化配置成为日益上升的需求。香港作为最大的离岸人民币中心，可以给内地投资者提供多元化的资产配置工具，从ETF到私募基金，从权益类到另类投资，各个类别均有优秀的产品。同时，中资资管深谙内地投资者的需求，也更擅长为其提供有针对性的解决方案。

“投资走出去”的需求是中资资管正在努力把握的机遇。尤其是即将到来的各个中国资本市场开放的政策，包括“ETF通”等，有望成为中资资管继RQFII政策后的又一个关键的规模增长点。

四、竞争加剧，中资资管仍面临诸多问题

（一）10年从无到有，业绩和规模仍有待提高，销售渠道也处在建立阶段

香港是中资资管出境的第一站，在过去10年实现了从无到有的巨变。但从整个市场来看，中资资管在香港仍处于初期发展阶段，产品业绩、规模、销售网络都刚刚起步。

根据香港证监会2018年7月发布的《2017年资产及财富管理活动调查》显示，截至2017年底，香港持有提供资产管理服务牌照的机构数目1477家，其中内地机构334家。从规模上讲，由内地相关基金集团管理的证监会认可基金资产净值目前仅有2950亿港元，而香港的资产及财富管理业务资产达24.27万亿港元，内地机构所管理的资产仅占1.2%，非常有限。许多机构还处在初始的产品布局、销售网络布局的阶段，产品可追溯的业绩期短，资金实力也比较有限。

如何让内地投资者欣赏香港的资产管理产品，如何让中资资管在香港市场占据更大的市场份额，是处在瞬息万变、竞争加剧的资管行业的中资资管人必须思考和找出解决方案的问题。

（二）国际巨头加快拓展中国市场，同业竞争激烈

随着全球投资人对中国的了解深入，国际资本也不再满足于对中国只进行配置型投资。投资人的性质、风格、行业的不同，境外对投资中国的需求趋于多元化、具体化。

欧美领先的金融机构在海外市场上耕耘多年，拥有强大的资本支持和广泛的客户网络布局，并与市场参与各方保持着紧密的业务联系。如贝莱德、领航等资管巨头近年来积极拓展中国市场，在产品、费率等各方面与中资机构竞相角逐。相比之下，中资金融机构初涉海外市场，实力上尚无法与这些欧美巨头分庭抗礼，有时也在竞争中处于不利地位。

五、找准定位，铭记“创业”心态，把握下一个10年

回看香港中资资管机构的第一个10年，迎着中国资本市场开放的东风，把握QFII/RQFII的机遇，中资人在香港经历了从无到有的发展。

如今，国际资本市场对中国市场的关注度、认可度日渐提高。一方面，MSCI纳入A股是中国资本市场融入国际市场的一个重大的里程碑，这样的融合将在下一个10年深化和加快。另一方面，中国改革开放的步伐将继续加大，沪深港通的深化、基金互认、“ETF通”等双向的互联互通政策将给予内地投资者更多接触境外资管产品的渠道。

在这些机遇面前，中资人也面临着更加复杂的国际形势和宏观环境。中美贸易摩擦还没有彻底解决，地缘政治事件在近几年也更加频繁地出现，处在转型期的中国经济也面临着增速下行的压力。宏观环境给资管行业带来的挑战明显增大。

在这样的大背景下，中资资管人更要时刻保持敏锐的市场触觉，明确自身定位——是要走以被动投资为主、产品多元化的大机构，还是小型专业机构？是提供精细化、订制化服务的主动管理者和解决方案专家，还是主推配置型和低收费产品的规模经营者？针对这一定位，更要用长远的眼光布局自己的产品线，沿着自己的长期战略，走好每一步。

吹尽黄沙始见金。下一个10年，相信香港中资资管机构能在磨炼中加速成长，在百舸争流的香港市场取得更大的成就，用优异的业绩和诚信的服务积累更多的认可，在推动中国资本市场发展的道路上奋勇争先，为中国资本市场的开放以及与国际资本的接轨作出更大的贡献。

中国基金托管人发展分析报告（1998—2018）

□ 中国工商银行总行资产托管部

1998年，南方、国泰、华安、华夏、博时等首批基金管理公司成立，正式拉开了中国公募基金行业发展大幕。同年，人民银行、证监会批复“工农中建交”五大国有商业银行为国内首批托管银行，标志中国资产托管行业正式起步。中国资产托管业务发端于公募基金托管，并与公募基金携手共进、蓬勃发展。

20年来，公募基金行业快速成长，基金规模从40亿元增长到13万亿元，基金管理人由5家发展到119家，基金产品数量由5只增长到5000余只，持有人户数达到6亿，公募基金行业已经成为中国资产管理行业最重要组成部分。同时，资产托管行业也实现长足发展，从无到有，从小到大，托管资产规模已经突破120万亿元。在扎根资本市场、服务公募基金等资产管理行业的过程中，托管人充分发挥第三方监督作用，保障投资者权益，成为促进基金行业健康发展、防范金融风险的重要保障。

一、公募基金引入托管机制的初衷

早在1987年，中国银行和中国国际信托投资公司等金融机构就开始在境外开展基金业务。从1992年开始，国内的基金陆续在北京、深圳、沈阳等地出现；同年10月8日，国内首家被正式批准的基金管理公司——深圳投资管理公司成立；到1993年，规模大小不一的基金迅速发展至70家。在基金实际运作中，由于缺少独立保管基金资产、监督投资运作的托管人角色，挪用资产、侵占委托资产和利润、突破投资限制、操纵业绩等现象时有发生，基金资产的安全性、资产价值的准确性难以保证，继而严重损害了投资人利益。国内基金业自1994年开始陷入低谷，信任缺失、监督缺位成为当时制约公募基金和资产管理行业发展的最大难题。

为此，中国人民银行和证监会对资产管理行业发展进行顶层设计，在公募基金领域率先引入托管机制，形成投资人、管理人、托管人三方制衡，从体制机制着手破解这两个难题。一方面，借助托管机制安全保管投资资产，提升资管业务；公开透明度，从而消除投资人与管理人之间的信息不对称，建立和强化委托代理投资中的信任关系；同时以国有商业银行强大的信用水平为资管机构增信，从而提升了整个资产管理行业和全社会信用水平，解决了信任缺失问题。另一方面，借助托管机构的独立第三方身份，对资产管理行业资金流、信息流进行全流程、实时性的穿透监督，防范逆向选择和道德风险，从而解决监督缺位的问题，为监管目标的落实提供了有力支持和有效补充。

1997年底，《证券投资基金管理暂行办法》的颁布，拉开了中国资产管理行业快速发展的序幕，托管机制正式被引入中国。1998年，随着基金开元、基金金泰、基金兴华等首批封闭式基金的成立，

“工农中建交”等五大商业银行在同年首批取得托管业务资格，托管机制在中国正式建立。2004年6月1日起施行的《证券投资基金法》再次在法律层面确立了基金托管人的法律地位，总则中明确规定证券投资基金需由托管人托管，并在第三章中详述了基金托管人的履职条件及责任。2013年新修订的《证券投资基金法》沿用了这一表述。

二、引入托管机制后的公募基金行业

1998年是国内公募基金行业、资产管理行业起步之年，也是托管行业起步之年。《证券投资基金法》实施后，公募基金行业才走上规范发展的道路。在法规强制公募基金引入托管机制后，托管人与管理人作为受托人，分别履行保管、监督与投资管理的职责，在份额持有人、管理人、托管人之间形成所有权、使用权、监督权三权分立的治理结构。

托管人作为独立第三方，为保障投资者权益、公募基金规范运作提供了制度基础和保障，对促进公募基金健康发展发挥了至关重要的作用。一是托管人的介入使得投资资产的所有权、使用权与保管权分离，形成了科学的治理结构，有效地保障了资产的安全性；二是托管人对投资管理人的投资行为进行监督，督促合规运作，对投资管理人可能的违法违规行为进行提示和报告，切实保护了资产的安全；三是托管人通过核算估值、与管理人建立对账以及信息披露机制，促进基金产品实施净值管理，实现信息公开披露，保障了委托人的切身利益。

过去20年的实践充分证明，托管机制所提供的增信作用和监督功能是促进资产管理行业快速发展的重要基石。公募基金在1998年率先引入托管机制后规模稳步增长，在广大投资者信赖的背后离不开托管人的保驾护航。托管人以安全保管资产和独立监督基金运作为己任，使得公募基金在历经20个年头后仍然保持着健康规范的行业风格和强劲的增长潜力，在经营管理中从未出现过因为挪用客户资金、卷款潜逃等致使投资者利益受损的重大风险事件，在实践中证明了托管机制对金融风险防控的显著成效。

公募基金不仅最早引入托管机制，也一直采用最严格、最规范、最标准化的“强托管”模式，托管在运作规范、业务创新、风险防控、信息公开等方面的深度介入和支持，助力公募基金成为国内资产管理行业安全、稳健的标杆，虽历经数次牛熊转换和市场波动，却始终保持平稳运行。与此同时，当下监管机构关注的刚性兑付、监管套利、投资资产穿透等问题，在公募基金行业也早已得到解决。在国内大资管领域，公募基金是唯一一个获得市场普遍认可的子行业，完善的顶层设计和健全的托管机制对规范基金治理结构、保障行业健康发展发挥了重要作用，为大资管全行业树立了良好示范。

20年来，公募基金实现了飞跃式的发展，业务模式由初期的封闭式基金管理发展为开放的、全面的、综合性的资产管理，除公募基金外还管理社保基金、企业年金、机构专户等各类资产管理业务，不仅成为老百姓最重要的投资证券市场的工具，也成为社保等养老机构最重要的投资管理人。未来，公募基金有望继续成为资产管理行业发展最快、最规范的机构投资人，将在引导投资理念、稳定资本市场方面继续发挥积极作用。

三、“强托管”将成为主流托管模式

以公募基金为先导，托管机制在资产管理行业中的应用日益广泛，为推动行业健康发展发挥更大作用。其中，信托公司在1982—2002年进行了5次大规模清理整顿，2004年引入托管机制后，至今规模发展至26.3万亿元；证券公司从20世纪80年代末到2004年经历了三次整顿，在2004年引入托管机制并进行综合治理后发展至16.9万亿元；此外，银行理财和保险也经历了从无到有的过程，规模分别达到29.5万亿元和14.9万亿元。

随着托管制度的不断推进，托管机制全面嵌入基金、保险、信托、银行理财、券商资管等领域，对资管规模的覆盖率由2012年的67%攀升至2017年近100%。托管行业规模也从2009年的9万亿元增长至2017年末的120万亿元，年均增幅超过40%。可以说，过去20年基金行业与托管行业实现了相互促进、共同成长，成为中国金融行业规范发展的典范。

然而，托管人在守护投资者权益、保障资管行业健康发展、防范金融风险的过程中，也深深体会到不同托管机制下金融风险的巨大差异，目前主要存在三种不同的托管机制：

一是“强托管”模式。在公募基金、全国社保、企业年金及保险资产等场内产品托管业务中，托管人承担共同受托职责，对投资过程的资金流、信息流进行实质性监控与监督，全面履行保管、清算、核算、估值、监督、信息披露等职责，有效防范挪用风险。

在“强托管”机制下，中国公募基金行业从最初不到100亿元发展到目前的14万亿元，总体上保持相对平稳的运行；此外，开展场内投资的基金专户、券商资管计划等产品规模约7万亿元，保险资产也有10万亿元左右，再加上全国社保、企业年金等，“强托管”模式下的资产管理规模合计约30万亿元，在大资管行业占比1/4左右，这部分是大资管行业最健康的部分。

二是“弱托管”（或“保管”）模式。在信托、银行理财及通道类券商资管计划和基金专户等非标投资类产品中，托管人虽然开立托管专户保管现金资产，但仅对资金划款指令进行形式性审核，无法全流程监督资金流转情况。在这种模式下，托管人由资管人选择，由于没有类似基金法那样的强制约束，托管人的第三方监督职能往往无法有效发挥。该模式下的资管规模70万亿～80万亿元，占比2/3左右。

三是“无托管”模式。在部分私募股权投资基金领域、P2P借贷等互联网金融领域，尚未引入托管机制。这类产品处于“无托管”状态，风险较大。在“弱托管”和“无托管”领域，托管人独立三方监督机制缺失或者落实不充分导致风险高发，而应用“强托管”模式的公募基金最为规范、健康。

因此，《关于规范金融机构资产管理业务的指导意见》明确规定“资产管理产品应当由具有托管资质的第三方机构独立托管，实施实质性的独立托管”，进一步明确强调了托管机构的独立第三方地位，从法规层面予以更大肯定。未来，在规范资产管理行业健康发展、防范系统性金融风险的过程中，“强托管”应该成为大资管新规最有力的推动者和最有效的践行者。托管银行应将“强托管”模式由公募基金向其他资管领域推广，更加注重降低信息不对称、实施独立第三方监督，把宏观监管要求落实到具体资管业务上，更好地配合监管部门治理资管领域潜在风险，推动资产管理行业实现更高质量的发展，为维护国家金融安全保驾护航。

从券商托管角度看公募基金发展20年

□ 中信证券托管部

2018年是公募基金行业发展20周年。回眸20年，公募基金行业坚守“受人之托，代人理财”的初心，坚持严格监管的制度安排，从无到有，从小到大，取得了令人瞩目的成绩，也成为了普惠金融的典范。托管制度作为公募基金行业监管和运作体系的基石，见证了公募基金行业每一次的发展变革，可以说公募基金的20年也是国内托管行业不断壮大的20年。

本文从券商托管的角度出发，按照过去、现在和未来的顺序探究公募基金托管业务和托管机构走过的20年，结合券商托管业务的发展及特色，探寻券商托管在公募基金托管领域的优势，并给出在资管新规下券商托管机构对公募基金托管行业的思考。

一、过去篇：券商托管在公募基金托管行业的发展历程

国内托管机构一开始集中在商业银行，1998年“工农中建交”五大行率先获得公募基金托管资格，随后陆续有商业银行获得托管牌照。2013年证监会发布《非银行金融机构开展证券投资基金托管业务暂行规定》，打破了之前商业银行一统基金托管的局面，券商托管业务开始起步。2014年中信证券获得基金托管资格。

（一）券商托管在私募基金托管行业中的蓬勃发展

券商托管业务的开展虽然晚于商业银行，但由于市场细分和目标客户群体的不同，伴随着私募基金的爆发式增长，券商托管业务发展十分迅速。自2014年初中国基金业协会启动私募基金登记备案以来，各类私募基金登记活跃，私募基金管理人纷纷自主发行新产品，券商在提供传统的销售、研究服务外，还可以提供包括产品设计、合同拟定、证券经纪、资产托管、份额登记、估值核算、信息披露等外包和托管服务。全方位一站式服务加上低成本、高效率的优势，使得券商托管业务与私募基金行业一同快速成长起来。截至2018年底，16家券商托管机构运营的私募基金产品超过3万只，接近全部备案私募基金产品的一半。

（二）券商托管在公募基金托管领域砥砺前行

在公募基金托管领域，商业银行依然在托管市场上占据绝对优势地位，拥有九成以上的市场占有率。截至2018年12月31日，工商银行以20524.04亿元的公募基金托管规模排名第一，随后是建设银行和中信银行，公募基金托管规模分别为18732.02亿元和17443.28亿元。而券商托管中，公募基金托管规模最高的是国泰君安证券，为567.43亿元，具体如图1所示（数据来源：中国银河证券基金研究中心发布

的《2018年年末基金托管人公募基金托管规模榜单》）。公募基金托管规模常分为含货币市场基金和不含货币市场基金两个版本，从剔除货币市场基金的统计口径来看，工商银行、建设银行、中国银行、交通银行和招商银行牢牢占据着公募基金托管规模的前5名，工商银行剔除货币市场基金后的托管规模为8615.11亿元。券商在剔除货币市场基金后的统计来看，公募基金托管规模排名首位的是招商证券，为115.89亿元，如图2所示。

根据证监会2018年12月公布的证券投资基金托管人名录，共有45家机构拥有公募基金托管牌照，

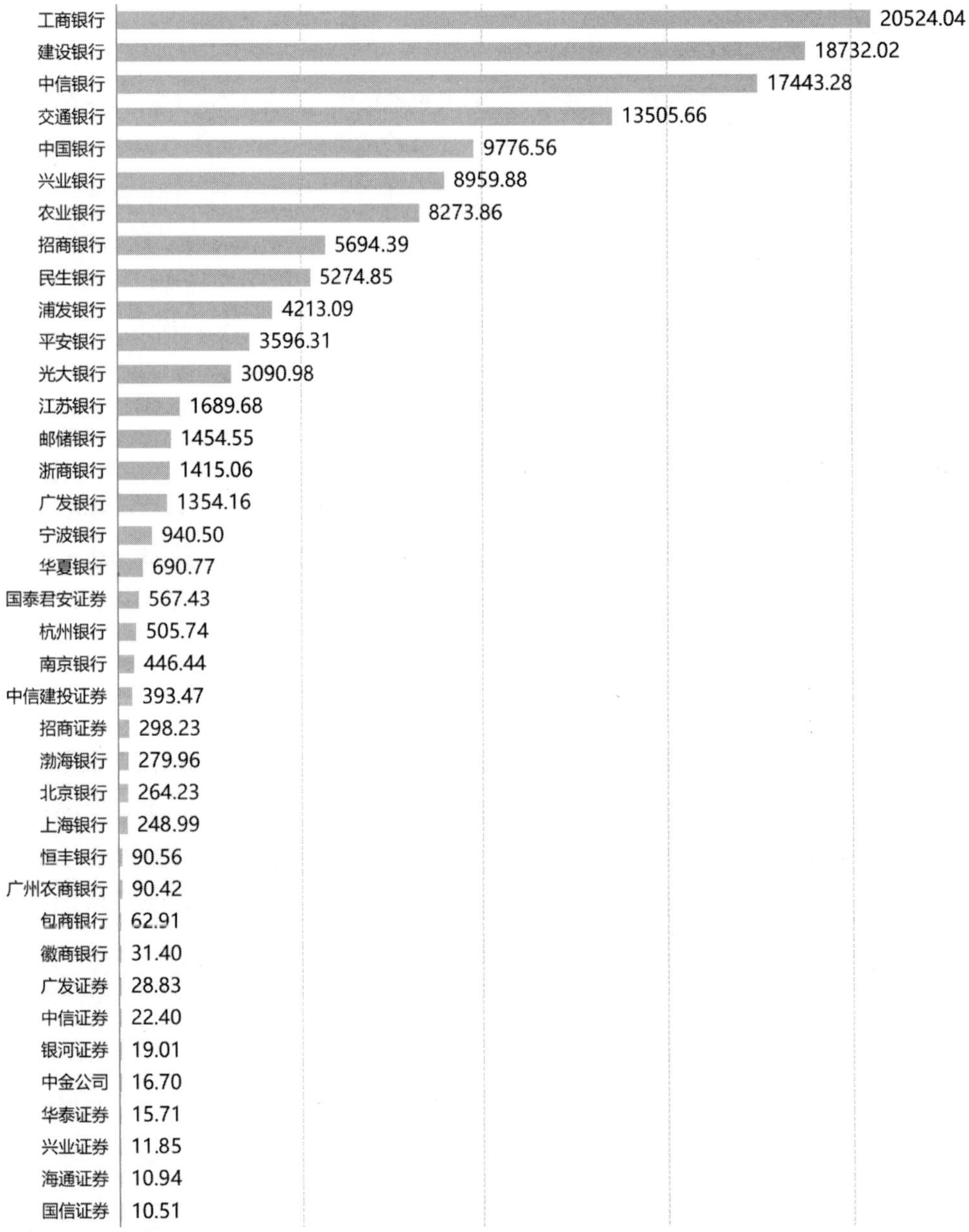

数据来源：中国银河证券基金研究中心发布《2018年年末基金托管人公募基金托管规模榜单》

单位：亿元

图1　2018年末基金托管人公募基金托管规模排行榜（含货币基金口径）

其中银行29家、券商16家。在公募基金托管领域，商业银行在起步阶段就拥有着先发优势，并且形成了规模效应，在市场格局中占据着绝对统治地位；券商起步较晚，市场占比小，但也意味着潜力巨大。

数据来源：中国银河证券基金研究中心发布《2018年年末基金托管人公募基金托管规模榜单》

单位：亿元

图2 2018年末基金托管人公募基金托管规模排行榜（不含货币基金口径）

二、现在篇：券商在公募基金托管业务中的特色和优势

回顾完券商托管在公募基金托管领域的发展历程后再看现在，券商也在公募基金托管市场上积极布局，通过市场细分寻求业务机会。随着新基金公司的成立和新基金产品的不断发行，公募基金托管市场的潜力是巨大的，市场的多元化需求同样存在。与商业银行相比，券商托管在以下方面具备相应的特色和优势。

（一）券商依托销售、研究、交易等环节的支持，可以提供综合化的托管服务

公募基金主要的销售方式是代销和直销，代销又分为银行渠道、券商渠道和第三方独立基金销售机构，这几类销售渠道的目标客户、展业平台和业务发展手段有显著的差异。近年来随着公募基金规模越来越大、产品越来越丰富，销售渠道也从最初银行代销“一枝独大”发展到如今直销、银行代销、券商代销三足鼎立态势，并且第三方销售机构的互联网金融也在公募代销业务中迅速崛起并占据越来越大的市场份额。传统金融机构和互联网基因相结合的第三方平台，试图同时在代销和直销市场深耕抢占份额，如图3所示。券商代销在非货币类基金的销售中占据一定优势，尤其是场内交易型基金以及股票型基金的领域，券商针对目标群体的销售优势较为显著。

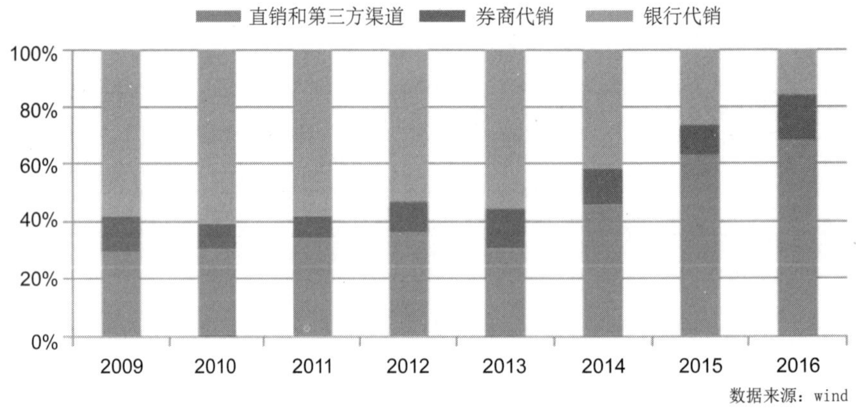

图3　2009—2016年各渠道公募基金销售份额占比变化情况

券商托管则可以利用券商自身的客户资源和销售渠道提供代销服务，利用券商在市场、行业、产品上的研究优势提供研究支持，利用券商交易所会员的优势提供交易通道和复杂产品的结算支持，通过一揽子的综合化金融服务，拓宽与公募基金合作的深度和广度。

（二）券商资本市场上的专业优势为托管助力

与商业银行相比，证券公司更加贴近资本市场，对于创新交易品种的产品特性和结算特点有着更深刻更迅速的认识，能为资产管理产品的创新提供有力支持。对于ETF、分级基金等场内交易型产品，券商托管在清算交收、净值计算等方面有着自身的专业优势，资产管理机构通过券商托管产品可以更加专注于投资分析和市场研究。随着金融产品创新和专业化程度的不断提高，券商在托管清算、系统支持和风险管理等方面的优势会愈发凸显。

（三）公募基金试点券商结算模式背景下，券商可提供交易、结算、托管一条龙服务

公募基金在过往实践中长期采用托管行结算模式，基金管理人租用券商席位，通过自身交易系统直连交易所下单，由托管行代表基金产品与中登公司完成场内清算交收，这一模式下券商不承担结算职责仅是通道作用。2017年12月以来，监管部门为了促进证券行业中介机构的归位尽责，强化“以监管会员为中心”的交易行为监管模式，进一步提升市场的交易结算风险防范能力，部分基金公司、证券公司和托管人启动了公募基金交易结算模式转换的试点研究工作。在券商交易结算模式下，公募基金交易活动纳入券商经纪业务体系统一管理，券商要对基金管理人交易委托进行前端控制和异常监控，通过客户结算账户办理包括托管基金在内的全部客户的证券资金结算业务，并负责全部客户的明细结算。在这样的背景下，券商托管可为公募基金提供销售、交易、结算、托管、研究、风险监控、技术系统一条龙服务，券商托管在行业内的竞争优势得到加强。

（四）券商托管在客户个性化需求响应、效率和议价空间上更加灵活

券商加入托管市场，为基金公司提供了更多的选择。券商托管可以针对客户在产品、合同、运营等业务环节的个性化需求提供针对性的解决方案，利用科技创新能力和综合服务能力从多个维度满足基金管理人资产托管和机构发展运营的需求，包括系统直连、税务咨询、风险管理、绩效评价、基金运营外包服务等支持，在托管服务的效率支持和议价空间上也更加灵活。

三、未来篇：资管新规下券商托管业务发展的思考

资管新规发布后，托管在资产管理行业的重要性进一步凸显，新规第十四条规定“本意见发布后，金融机构发行的资产管理产品资产应当由具有托管资质的第三方机构独立托管，法律、行政法规另有规定的除外”。这为整个托管行业带来了新的机遇，尤其是目前无托管和弱托管的资管领域，资管新规为托管全面嵌入各类资管产品、切实发挥第三方独立监督职责提供了政策依据，托管业务作为资管行业基石的作用愈发明显。

从监管层面看，在资管新规发布后，资管产品已经实现统一监管。基于此，在托管业务管理层面，建议能制定细则实现全资管产品的统一托管，允许具备证券投资基金托管牌照的券商承接商业银行理财产品和信托公司资金信托计划的托管业务。

资管新规要求资管产品打破刚兑，实行净值化管理，这对已有多年经验的公募基金而言是较为有利的。对券商托管而言，同样面临着广阔的市场机遇，既包括公募基金行业发展对于托管端带来的潜在市场，还包括资管产品估值外包、交易支持、注册登记等运营外包服务机会的增多，以及托管服务从基础服务向增值服务拓展的新业务增长点的涌现等等。

回首过去，展望未来。公募基金行业奋勇前行的20年也见证着托管业务从无到有，蓬勃发展的20年。券商开展基金托管业务对托管行业的发展有着积极意义，尤其是在打破行业垄断，以及推进证券公司创新业务发展方面有重要作用。在公募基金托管领域，商业银行的主导地位虽然暂时难以撼动，但券商可以利用自身优势和特色为基金管理人提供差异化的托管综合服务。随着托管市场的不断发展及券商托管服务的不断完善，券商托管业务未来市场空间和发展潜力大为可观。

商业银行基金代销业务发展分析报告

□ 招商银行总行财富管理部投资类产品研发团队

2018年是改革开放40周年，是公募基金行业20周年。20年来，公募基金一直走在中国金融改革发展的康庄大道上，从发行第1只基金产品开始至2018年成长为超过5000只基金的产品体系，从首只募集资金开始发展为存量达13.5万亿元规模的资本市场中坚力量。

纵观公募基金20年发展历程，其快速增长离不开与销售机构的共赢发展，从渠道贡献度上看，商业银行基金销售是公募基金规模快速增长的决定性力量。站在公募基金20周年的时间坐标上，回顾研究商业银行基金销售业务发展历程与变革，对明确公募基金销售机构的发展定位与方向，促进公募基金行业未来发展有着重要意义。

本报告课题组经过收集研读资料，从历史演化视角进行回顾分析，研究公募基金与银行销售机构协调发展路径，预判未来可能的发展方向。我们认为可以将公募基金及销售机构服务划分为六个主要阶段，分别是行业诞生期、初创发展期、爆发增长期、发展瓶颈期、创新发展期、配置服务期。在每个阶段，按照宏观经济、境内市场、服务需求与销售机构服务模式的逻辑进行分析阐述。最后，对未来商业银行基金销售服务可行性模式进行展望。

一、行业诞生期：1998—2000年

在1997年版《证券投资基金管理暂行办法》颁布前，市场上已经存在投资基金72只，部分已经在证券交易所挂牌。由于缺乏规范与监管，在前期基金发行运作中暴露出各种问题，资产质量恶化趋势严重，1993年后基金发展基本处于停滞状态，亟需建立规范的基金市场。

1997年全球经济躁动不安，受到以乔治·索罗斯量子基金为首的国际投机者冲击，亚洲金融危机肆虐，东南亚多个国家遭受沉重打击，外部经济环境不断恶化，境内股债市场受亚洲金融危机影响步入险境，市场波动加大，建立并发展运作规范、专业管理、可以与国际资本抗衡的本土基金被提上日程。

在此背景下，经证监会批准，南方、国泰、华夏、华安、博时、鹏华等6家基金公司相继成立，基金开元、基金金泰等首批封闭式基金产品设立发行，标志着公募基金行业发展正式拉开帷幕。1998年，基金开元、基金金泰、基金兴华、基金安信、基金裕阳5只传统封闭式基金的发行规模总计100亿元，认购资金高达5366亿元，平均超额认购倍数55倍，基金行业初战告捷。

在此阶段，投资者以股票投资为主，缺乏对基金的基本认识，对于基金这一新生事物，部分

图1　1997年亚洲金融危机导致A股市场剧烈回调

投资者甚至存在一定误解。比如，部分市场投资者把“基金金泰”当成新股申购，上市后当成新股来炒作，1块钱的每份基金资产，市场交易价格一度追捧到2.43元。

从销售服务上看，由于这一阶段发行的基金都是封闭式基金，普通客户需要通过证券交易所购买，基金销售服务主要是证券交易所提供办理交易手续服务，服务内容相对单一。

整体来看，公募基金的产生有着深刻的政治经济和行业背景，监管机构根据当时的内外环境形势，为行业规范、市场稳定、资本市场长期发展考虑，决心推出公募基金。作为新兴事物，公募基金上市伊始就受到市场追捧，也反映出投资者专业度不足，以及在当时条件下基金销售服务相对简单的状况。

二、初创发展期：2001—2005年

亚洲金融危机后，国际宏观形势发生深刻变化，全球经济形势并不明朗。2001年中国加入世界贸易组织后到2005年间，国内政策主要目标是防止高度通胀和通缩，改善信贷资产质量，同时通过巩固和提高中小企业产值比例稳定就业。

与此同时，在美国互联网泡沫影响下，以网络股为主的上市公司股价出现大幅增长。2000年互联网泡沫破裂后，全球资本市场步入熊市。A股市场也未能幸免，在2001年6月14日上证指数创出2245点历史新高后，经历了新世纪后第一个漫长的熊市，上证指数从2001年6月14日的2245点下跌到2005年6月6日的998点。

由于股指震荡下跌，市场情绪持续低迷，前期发行的基金产品浮亏严重，公募基金行业发展陷入低迷期。期间，市场需求催生了产品创新，由于封闭式基金限制赎回，投资者流动性受到约

图2　2001年1月至2005年6月上证指数走势图

束，在基金净值持续回调的背景下，要求基金开放的呼声越来越高。公募基金行业顺应需求进行产品创新，以2001年华安基金发行华安创新开放式基金为标志，公募基金进入新的发展阶段，产品形态从封闭式基金走向开放式基金。

在此阶段，投资者对公募基金的认识得到深化，由于首次持有公募基金经历牛熊转换，公募基金产品从前期牛市浮盈转变为浮亏，这一过程促使投资者客观冷静看待公募基金产品；基金并非只赚不赔，而是会受到资本市场走势的影响。

从基金销售来看，市场低迷，销售处于乏力状态，基金行业发展陷入停滞状态。监管层和基金公司开始探索行业发展新思路，由此商业银行开始介入公募基金销售服务，借助自身渠道优势、信用优势、专业优势等开展投资者教育，逐步构建公募基金销售业务板块，比如招商银行于2001年开始与早期成立的基金公司开始合作公募基金代销业务。

整体来看，在经历了诞生期的爆发式增长后，伴随着资本市场的牛熊转换调整，投资者对基金产品的认识得以全面深化，公募基金行业初创期遭遇困难，面对发展低迷状态，期望通过产品创新和渠道创新，寻求新的发展动力。

三、爆发增长期：2006—2008年

2006—2008年间，世界经济经历了剧烈动荡。2006—2007年，美国经济高歌猛进。2008年美国次贷危机爆发，全球主要市场经济增速断崖式下跌，受此影响资本市场也再次经历牛熊转换。

国内经济从2004年开始，逐步完成从经济萧条向经济景气周期的转换，2005—2006年呈现出高增长与低通胀配合的良好格局。不过，随着经济增长率在2007年上半年逐季加速，固定资产投资增长过快、国际贸易顺差过大以及银行体系流动性过剩等问题更加突出，通胀开始快速上升。此轮

宏观调控导致的经济景气从2007年下半年起转折下行。2008年美国次贷危机席卷全球，以出口导向为主的国内经济也受到明显影响。

A股市场在经济高速增长、企业盈利持续提升、流动性充裕的背景下，出现了一轮波澜壮阔的大牛市，自2006年初开始一路上涨到2007年10月6124点的历史性高点，后来在次贷危机影响下断崖式回调至2008年11月的1664点。伴随着A股市场波澜壮阔的上涨行情，公募基金行业出现爆发式增长，2007年公募基金资产规模达到3万亿元，牛市期间大部分客户盈利丰厚。

整体来看，由于本轮是历史性牛市，周期长、幅度大，投资者参与十分广泛，市场对公募基金的认知迅速提升，随后经历的快速下跌也让投资者进一步加深了对基金产品风险收益特征的认知。

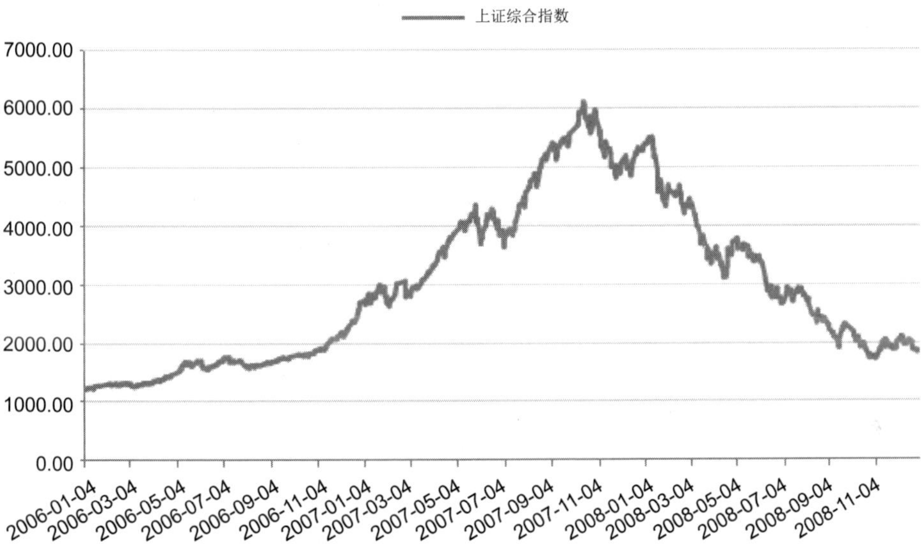

图3　2006年1月至2008年12月上证指数走势图

在此阶段，市场发行的基金数量与规模快速增长，同一市场环境下基金产品表现存在巨大差异，部分银行销售机构开始关注基金产品的研究和筛选，提供产品优选榜单服务，由此开始尝试提供投资顾问服务。正是在这一时期，招商银行首创五星之选基金评价指标体系，开启“五星之选”榜单式基金销售服务模式。

整体来看，伴随景气周期和流动性宽裕，资本市场出现历史性牛市，公募基金规模也得以快速发展，规模和发行产品数量都有爆发式增长。由于经历历史性牛熊转换，投资者对基金产品风险收益特征的认识刻骨铭心，如何选择合适的产品成为客户投资的难点，商业银行作为公募基金专业销售机构，开始尝试投资顾问服务，开启了银行基金销售业务新的篇章。

四、发展瓶颈期：2009—2011年

2009—2011年，美国次贷危机的影响开始出现转折。2008年11月至2010年11月，美联储连续推出两

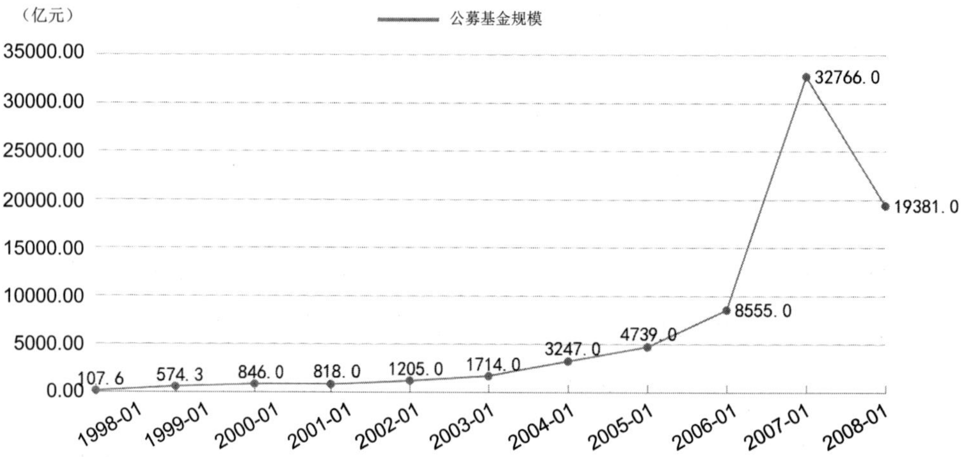

图4　2006—2007年牛市期间公募基金规模快速扩张

轮量化宽松政策，通过释放流动性形成财富溢出效应，刺激经济增长。为对冲次贷危机对经济的负面影响，中国推出4万亿元投资等一系列措施，通过宽松货币政策叠加积极财政政策刺激经济增长。

A股市场在2008年断崖式下跌至1664点后，于2009年7月快速反弹至3478点的阶段新高，随后一路阴跌，自此市场长期保持震荡下行态势。

资本市场失去财富效应，市场再次遇冷，公募基金行业规模出现大幅缩水，规模停滞在2万亿元左右，行业发展进入瓶颈期。对于投资者而言，市场持续低迷，对基金品种的投资需求进一步细化，整体上从追求相对收益逐步转变到绝对收益和产品精选。

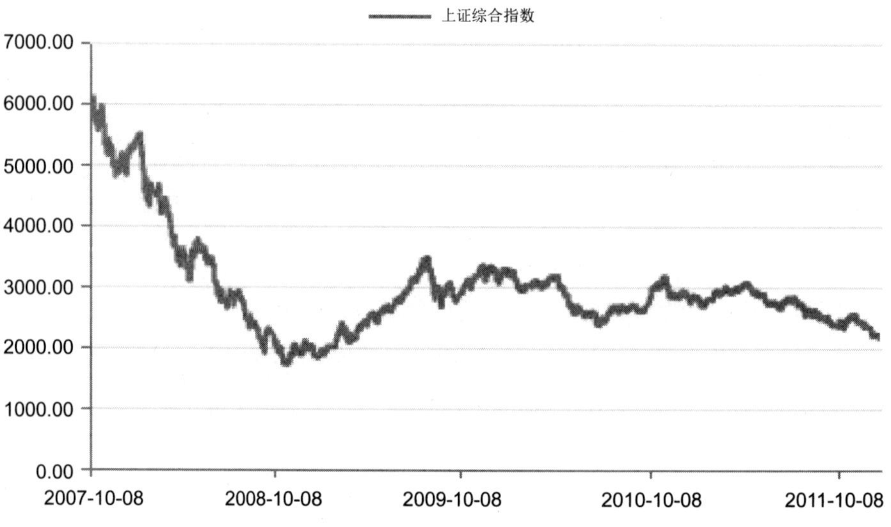

图5　2009年市场反弹后处于持续回调态势

在此阶段，商业银行顺应客户需求，开始注重完善基金产品研究方法论，开展优选基金筛选、尝试组合配置等工作，期望通过深入研究和精选公司，寻找优质的基金服务机构。比如，招商银行与南方基金在南方避险、南方保本等具有特色的产品上展开深度合作。2011年，招商银行推出“定量去劣+定性定优”的“五星之选”分析框架，形成 “核心+卫星”的榜单产品。

整体来看，国内经济在后次贷危机阶段处境艰难，资本市场长期调整，失去赚钱效应，公募基金发展再次进入艰难期。经过多轮牛熊转换甚至是巨额亏损后，投资者的投资策略也实现从相对收益到绝对收益的转变。同期，商业银行的基金销售服务则致力于完善基金产品研究方法论，寻找优质的基金管理机构。

五、创新发展期：2012—2015年

在后次贷危机时代，世界经济继续温和复苏，进度出现明显分化。发达经济体中，美国经济逐步回归稳定增长轨道，英国经济增速加快，欧元区经济持续低迷、通缩压力凸显，日本经济大幅波动、内生增长动力不足。新兴经济体受外部环境不利、自身经济结构调整的双重影响，经济延续中低速增长态势。境内来看，管理层采取宽松的货币政策，在金融监管上保持宽松态度，鼓励金融创新，通过企业、居民加杠杆刺激经济增长。

伴随流动性持续宽松，A股市场出现先结构性后整体、先中小后权重的疯牛行情，在政府严控场外非法配资的政策下，资本市场的非理性上涨才得到有效抑制。

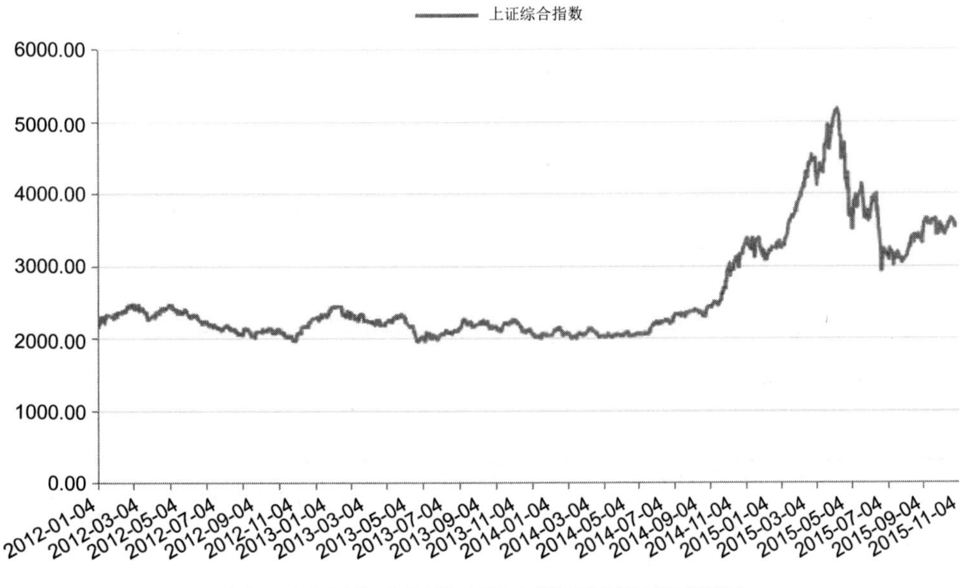

图6　2015年市场非理性上涨后持续剧烈回调

在鼓励金融创新背景下，公募基金行业也推出大量的创新产品，伴随着互联网金融的高速发展，宝宝类、分级基金、行业主题基金品类逐渐丰富，基金整体资产规模快速提升。市场投资者对基金产品乃至金融产品有全新认知，由于资金实力和投资经验快速增长，流动性宽松带来投资需求多样化，市场上

出现大量可选投资产品，投资类型呈现多元化态势。

伴随社会财富管理需求快速增长，互联网技术发展，全产品、全渠道的服务业态逐步出现，多种投顾服务模式并存，开始出现线上线下多样化服务模式。2014年成立的余额宝，与淘宝这一线上平台的客户触达能力共振而出现爆发式增长，广大投资者迅速深化了对金融和基金产品认知。同时，第三方基金销售机构开始兴起，东方财富等第三方线上机构开始提供基金销售服务，对银行机构提供的基金服务提出更高要求。

整体来看，在流动性充裕和鼓励创新机制作用下，公募基金行业与互联网发展产生共振，催生出产品设计创新、服务模式创新、渠道服务创新。这些新的业态和服务模式，对传统银行的基金销售产生挑战，倒逼银行基金销售提供更高标准、更丰富的服务。

六、配置服务期：2016年至今

2016年至今，世界经济整体上处于复苏态势，但结构上分化严重。美国经济一枝独秀快速增长，欧盟区经济整体弱势复苏，日本经济缓慢走出泥潭。美联储在2015年12月进行次贷危机以来第一次加息，截至2018年三季度已经连续加息8次，对全球市场产生重要影响。国内经济进入新常态，整体上经济增速长期处在“L”型走势中，宏观经济的重点从稳增长转向防风险，主要措施是供给侧改革、淘汰落后产能、去杠杆、严监管等，实现新旧动能转换，由此开始了艰难的转型升级之路。

A股市场在2015年的疯牛结束后，在维稳管理政策下出现阶段性反弹，以低估值、高盈利为主的价值风格投资得到市场追捧。随着人工智能、大数据技术的突破性发展，公募基金行业也出现创新性变化，智能投顾蔚然兴起，公募FOF为代表的强调大类资产配置的品类得到迅速发展。

自2016年至今，投资者感受到的是慢牛行情、结构化行情，特别是绩优白马股受到市场持续认可，

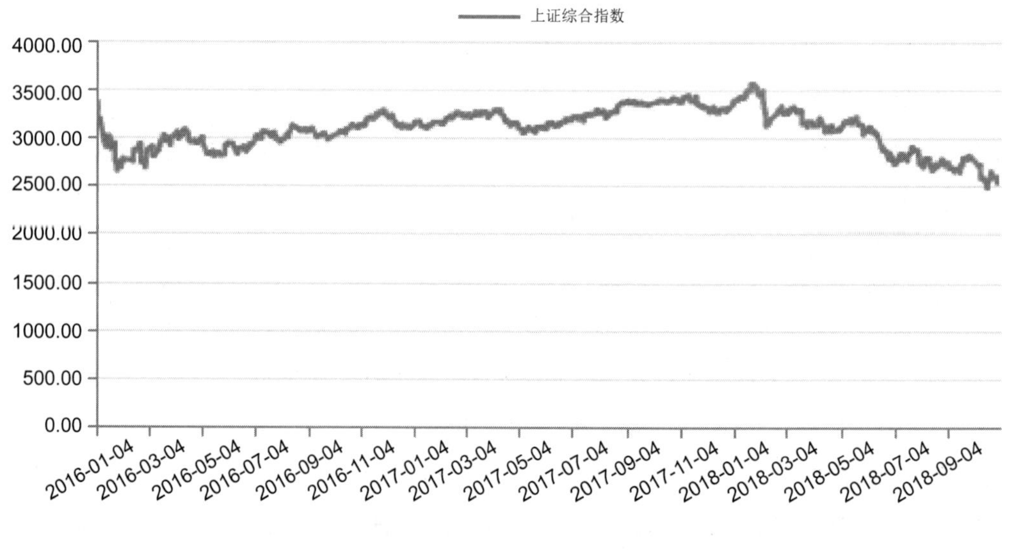

图7　2016年以来价值风格慢牛行情为客户带来稳健收益

价值投资理念被广泛接受，投资者通过资产配置逐步获取稳健收益，且注重风险防范。

银行基金销售服务则从单一基金产品销售开始全面转向配置化销售，通过智能投顾、FOF、组合推荐的方法，按照资产配置的原则满足客户投资需求，资产配置理念已经成为资产管理机构、销售服务机构与投资者的共识与重要利益契合点。招商银行自2016年12月底推出摩羯智投，规模突破100亿元，平均年化收益7%，夏普比率超过2，以“低波动、稳增长”的风险收益特征得到了客户的认可。

整体来看，在经济中长期转型升级的背景下，投资者的经验更为丰富，投资选择更加理性，注重风险与收益的有效结合，资产配置已经深入人心。公募基金销售与信息技术结合推出智能投顾服务具有划时代意义，成为未来公募基金销售服务业务的重要发展方向。

七、未来发展展望

从政策环境看，监管层快速推进金融行业对外开放，未来境外专业投资与服务机构力量将会快速增长；从业内竞争看，目前财富管理专业服务机构如雨后春笋，持牌基金销售渠道已有129家，市场竞争加剧；从市场需求看，居民对金融消费的需求也在不断提高，居民财富管理理念在历史经验、市场信息、专业机构的综合作用下逐渐深化转变，对财富管理服务提出更高要求。以上政策环境、竞争态势、居民需求决定了基金销售机构必须不断革新，通过专业服务创造价值。

展望未来，商业银行基金业务的发展方向将是真正意义上的投顾服务，核心是有效链接基金管理方与投资者，通过投资顾问服务输出投资价值观，根据客户需求提供大类配置、产品配置、投资操作的具体建议，帮助客户获取长期稳定回报。在服务方式上，除传统的面对面、一对一服务模式外，还应当充分拥抱人工智能技术这一更高效的交互方式，为客户提供专业的、有针对性的顾问服务，解决客户的投资困惑。在服务内容上，则需要根据客户需求不断广化与深化，包括但不限于财经事件点评、基金问题交互、投资服务、自主选基、组合投资、基金诊断、基金定投等资讯支持。在服务渠道上，则应根据互联网时代投资者特别是新生代投资者的习惯提供多样化渠道，主要是线上线下相结合、服务形式创新等。

2018年是公募基金成立20周年，站在新的起点上，展望下一个20年，我们对公募基金行业未来的发展充满期待。资本市场不断变化，市场竞争日益激烈，投资者需求多元发展，科技创新日新月异，商业银行将通过专业研判应对资本市场，通过专业的投顾服务迎接市场竞争，通过资产配置、智能投顾、多样化渠道建设满足客户需求，同时热情迎接科技创新赋能效应。在未来道路上，商业银行将继续坚持正确的发展方向，与基金公司、投资者携手共赢，共同推进公募基金行业谱写新的篇章、迈向新的辉煌。

证券公司代销基金业务发展报告

□ 中信建投证券经管委金融产品及创新业务部

中国的基金行业诞生于中国的证券行业。

中国的证券行业也将是中国基金行业永远的推动者。

1998年，是中国基金行业发展元年。“老十家”基金公司陆续成立，而这十家基金公司全部由证券公司作为主要发起人，这些基金公司的高级管理人员有很多也来源于证券公司。可以说，基金行业的诞生离不开中国的证券行业。

表1 “老十家”基金公司初始券商股东汇总

基金公司	成立日期	初始券商股东
国泰基金管理有限公司	1998-03-05	国泰证券
南方基金管理股份有限公司	1998-03-06	南方证券
华夏基金管理有限公司	1998-04-09	华夏证券、北京证券
华安基金管理有限公司	1998-06-04	申银万国证券、山东证券
博时基金管理有限公司	1998-07-13	国信证券、光大证券
鹏华基金管理有限公司	1998-12-22	国信证券、浙江证券
嘉实基金管理有限公司	1999-03-25	北京证券、广发证券
长盛基金管理有限公司	1999-03-26	中信证券、湖北证券
大成基金管理有限公司	1999-04-12	光大证券、大鹏证券、广东证券
富国基金管理有限公司	1999-04-13	海通证券、申银万国证券、江苏证券

一、证券公司代销基金业务发展概览

（一）传统封闭式基金

1998年3月17日，基金开元、基金金泰公告发行，标志着基金行业走上历史舞台。2只基金全部在交易所场内系统发行，客户全部通过证券公司进行认购。当时两只基金募集火爆，盛况空前，其中基金开元冻结资金826.03亿元，基金金泰冻结资金790.45亿元，基金行业迎来开门红。值得一提的是，各大券商作为发起人纷纷通过自有资金对基金进行大额认购，成为基金的中长期机构投资者。

由于投资者把基金当成新股，所以在基金行业发展初期，基金销售并不十分困难，但随着被炒高的价格回归价值，乃至最终折价，基金销售出现了一定的困难，但在困难局面下证券行业依然助力完成了基金的发行与成立，未发生基金无法按期成立的情况。统计显示，在首只开放式基金发行前，基金行业共计发行封闭式基金募资551亿元，这些封闭式基金是基金业发展的基石，保障了基金公司在困难时期的生存。

表2 传统封闭式基金发行情况

基金代码	基金简称	发行份额(亿份)	发行公告日期
184688	基金开元	20	1998-03-17
500001	基金金泰	20	1998-03-17
500008	基金兴华	20	1998-04-17
500003	基金安信	20	1998-06-11
500006	基金裕阳	20	1998-07-14
184689	基金普惠	20	1998-12-23
184690	基金同益	20	1999-03-29
500002	基金泰和	20	1999-03-29
184691	基金景宏	20	1999-04-24
500005	基金汉盛	20	1999-04-27
500009	基金安顺	30	1999-06-05
184692	基金裕隆	30	1999-06-07
184693	基金普丰	30	1999-07-06
500018	基金兴和	30	1999-07-06
184698	基金天元	30	1999-08-16
184699	基金同盛	30	1999-09-05
500011	基金金鑫	30	1999-10-12
184695	基金景博	3	1999-10-20
500007	基金景阳	2	1999-10-20
500016	基金裕元	2	1999-10-26
184701	基金景福	30	1999-12-21
500015	基金汉兴	30	1999-12-21
184696	基金裕华	2	2000-04-19
184702	基金同智	3	2000-05-10
184705	基金裕泽	2	2000-05-12
184703	基金金盛	2	2000-06-27
500010	基金金元	2	2000-07-07
184708	基金兴科	2	2000-07-13
500021	基金金鼎	2	2000-08-01
500025	基金汉鼎	2	2000-08-16
184718	基金兴安	2	2000-09-18
184710	基金隆元	2	2000-10-16
500035	基金汉博	2	2000-10-16
184713	基金科翔	3	2001-06-15
500029	基金科讯	2	2001-06-15
184712	基金科汇	2	2001-06-20
500028	基金兴业	2	2001-07-24
500039	基金同德	2	2001-07-27
184706	基金天华	8	2001-08-03
500038	基金通乾	20	2001-08-20
184711	基金普华	2	2001-08-24
500013	基金安瑞	2	2001-08-28
184709	基金安久	2	2001-08-29
500019	基金普润	2	2001-09-01
184738	基金通宝	2	2001-09-03

数据来源：中信建投证券、Choice金融终端

（二）开放式基金

破冰

证券公司自开放式基金筹备起就积极支持其业务发展。2002年7月，首批两家券商获得基金销售资格。当月，国泰君安证券开始代销国泰金鹰增长基金，华夏证券开始代销华夏成长混合基金，这标志着证券公司正式开始代销开放式基金。

行商

在开始代销业务的初期，银行依然是基金销售的主要渠道，证券公司基金销售举步维艰，甚至有不少券商开展代销业务半年颗粒无收。但随着龙头券商将基金销售工作上升到经纪业务转型的战略地位上，从原有“坐商”向“行商”转型，从传统的炒股客户群扩大到广大的普通百姓，并在投资者教育、客户挖掘、交易引导等工作中主动投入大量力量，在一定阶段相比银行表现出了更大主动性，当市场行情趋暖时，基金销售份额逐步提升，特别在权益类基金销售中占比曾一度很大。

2005年随着LOF产品发行，证券公司基金销售迎来一次小高潮，根据2005年1月《上海证券报》报道，在南方积极配置基金的发行中，券商销售占比达到42%。在一些基金特定品种中，比如交易型开放式指数基金（ETF）和分级基金的发行中，券商销售占据绝对的领先地位。根据证券业协会、基金业协会公布的《投资者情况调查分析报告》统计，证券公司销售基金的市场占比在2005年达到19%，之后若干年，经历了挑战与复苏，证券公司基金销售份额整体稳定。

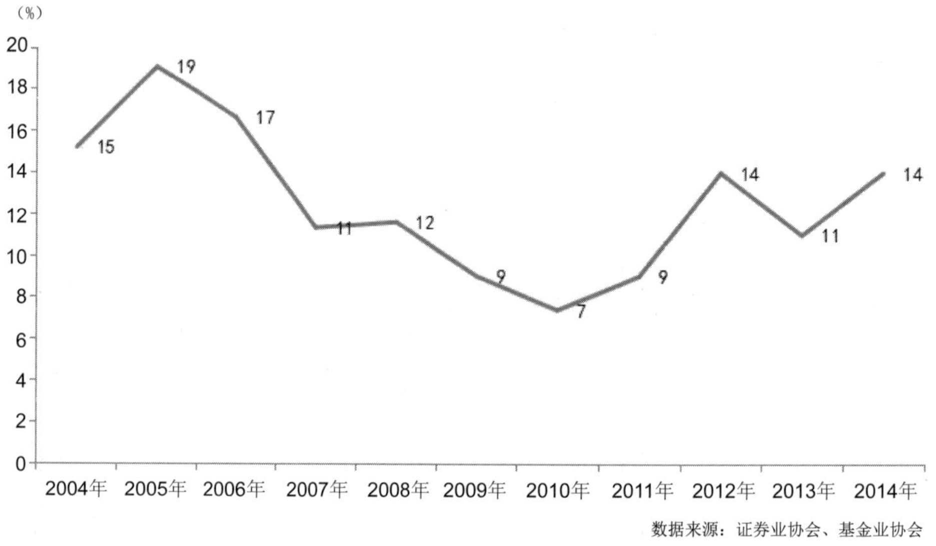

图1　券商基金销售量市场占比

挑战

然而，由于基金行业给予券商的激励方式主要集中在基金首发阶段，后续客户维护的激励标准显著降低，客户维护费标准也显著低于银行等代销机构，造就了券商与基金间独有的综合服务盈利模式。

在这种有点畸形的盈利模式传导下，部分券商在一定阶段暴露出“重首发，轻维护”的问题。这也形成了类似“打新股”“种子基金”的销售模式，基金开放后稍有盈利就迅速赎回，导致了基金规模的巨大波动，同时客户自身没有长期投资，也就没有享受到基金真正给投资者带来的收益。这样的销售模式无法持续，无法带来客户积累，也最终会被历史所淹没。

新生

经过市场几轮牛熊转换，基金销售业务也经历几起几落，证券公司不断反思与成长。坚持走财富管理转型道路，坚持资产配置与价值投资理念，坚持客户培育，真正以客户的利益为核心开展业务，更多的证券公司回归到正确的道路上，基金销售业务得以涅槃重生。在一些封闭期较长的定开产品中，券商的销售占比反而比较高。可喜的是，在独立基金销售机构、互联网巨头基金销售如火如荼的今天，证券公司基金销售市场份额并没有出现断崖式下降，反而出现了持续稳定的增长，这点难能可贵。证券公司基金销售业务体现了相当的市场韧性和生命力。

在2018年初的基金销售热潮中，以及年中首批战略配售基金的销售过程中，券商销量占比均超过20%，券商基金销售的力量得到充分体现。在可预见的未来，券商依然是基金销售不可或缺的重要力量。

二、券商代销渠道的优劣势

（一）优势

专业性以及专业投资顾问队伍

券商专业做投资，与证券市场紧密相连，具有一定的投资专业性，在产品设计、产品选择、大类资产配置上具有多年经验积淀，专业是券商的立身之本。同时，券商培养了大批熟悉证券市场，具有扎实金融知识功底的投资顾问。这些投资顾问为投资者提供专业的资产配置和产品选择服务，延伸了基金销售的流程，形成完整的售前、售中、售后服务体系，使投资者可以享受投资后持续的专业服务。

实际上，投资者在基金投资中需要差异化服务，不仅需要专业的基金研究评价服务，还需要投资教育、投资诊断、心理按摩，以及建立投资信任感，这些可能不是冷冰冰的机器所能提供的，或许就是专业投资顾问所能提供的特殊价值，券商自身的专业性与专业投顾队伍，或将是券商区别于其他代销机构的最核心竞争力。

以场内基金为代表的全投资平台

券商全力支持交易所基金的创新，在上市开放式基金（LOF）、交易型开放式指数基金（ETF）、创新封闭式基金、分级基金的发行和交易中，券商承担了主要的基金销售和基金交易工作，为国家金融领域、基金领域、交易所创新做出了重要贡献。场内基金交易，提升了基金的流动性价值，打通了基金申赎与投资者交易的环节，为客户提供了多种投资选择，同时提升了投资效率，为投资者创造了新的价值，未来发展空间十分广阔。

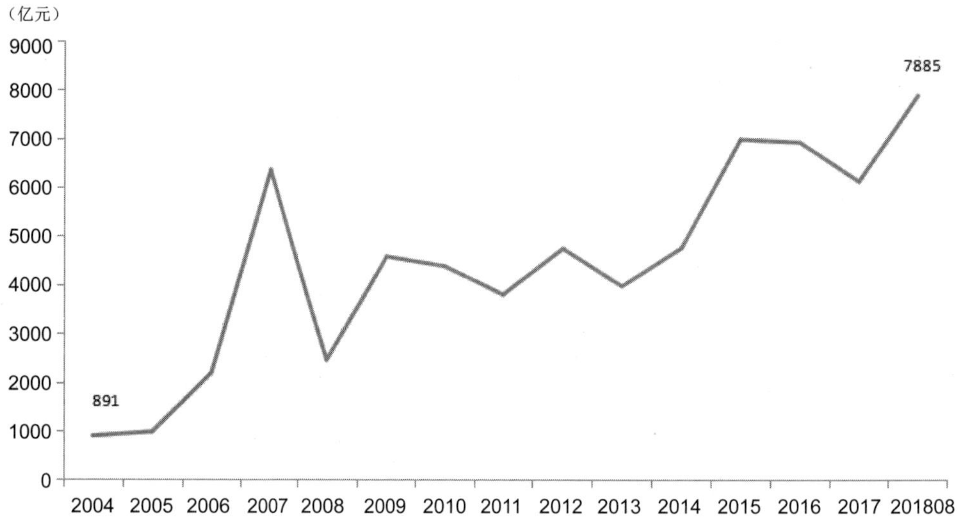

数据来源：Wind、中信建投证券；截至2018年8月30日

图2　场内基金资产净值变化图

从代销基金数量来讲，证券公司在各销售渠道中也处于领先位置，远远领先于商业银行。与此同时，券商平台可以投资A股、B股、期货、期权、债券、银行理财、港股等多维度金融品种，可以为投资者提供一站式投资解决方案、资产配置方案。

表3　证券公司与商业银行代销基金数量前5名对比

券商基金代销机构	代销基金数量（只）	银行基金代销机构	代销基金数量（只）
中信建投证券	3355	交通银行	2604
中国银河证券	3303	招商银行	2509
平安证券	3289	中国银行	2185
中信证券	3285	中国工商银行	2154
光大证券	3251	平安银行	1985

数据来源：Wind；截至2018年8月30日

（二）劣势

互联网基因

正因为券商平台专业性强，平台跨度大，限制多，因此在互联网端的客户体验很难做到极致，一项系统改动可能会牵扯到多品种、多系统，因此在系统修改的及时性、灵活性等角度很难和业务单一的互联网平台相抗衡。

在资金监管层面，券商的资金监管采用极其严格的“三方存管”模式，在资金划转的便捷性方面，比如互联网独立基金销售机构普遍采用的货币基金“T+0”实时资金可取，券商很难实现。

在账户监管方面，比如开户流程中，券商受制于券商独有的账户监管体系，开户流程也较独立基金销售机构复杂，一定程度上降低了客户体验。

媒体基因

券商监管环境与独立基金销售机构不同，除了遵守基金销售相关的法规外，还需要遵守证券行业的监管法规，还受到行业分类评价的约束，在开户、宣传推介、营销活动方面相比其他销售机构相对保守。

三、券商代销基金业务的未来出路及建议

（一）全面拥抱互联网

互联网体验是大势所趋，未来无处不网上，无处不移动，客户体验将是决定客户服务质量的重要因素。即使是投顾人的服务，也需要借助互联网的平台，这个平台就需要券商死磕自己，补短板，克服自己基因的缺陷，勇于向前。

（二）全面拥抱人工智能、大数据

在人工智能、大数据浪潮下，券商基金销售业务也必须跟上，让科技赋能自身成长。券商可以在智能投顾、智能资产配置、智能基金组合、智能信息流、智能账户管理等领域为投资者提供服务，同时在智能客户管理、大数据分析、数据挖掘等方面为投资顾问提供抓手，提升基金销售服务品质，践行“价值投资、长期投资、组合投资”理念。

（三）全面拥抱专业

专业首先依赖于专业的资源整合，特别是研究资源。券商有强大的资本市场研究能力，包括研究基金、研究市场、研究行业等，尤其在建立科学专业的基金评价体系、产品引进体系、客户需求与产品的匹配体系等方面，有很多工作可以做。另外，券商还拥有强大的投资、资管、投行、债承、直投、衍生品的资源，能够与公募基金形成互动，资源整合，并能够主动发起、定制公募基金产品或者制造公募基金组合产品，从而为投资者打造专业的投资空间。

专业也依赖于专业化的投顾队伍，人是建立差异化的基础，也是建立信任的基础，是建立差异化服务竞争的基础。能否形成完整的售前、售中、售后服务体系，依赖于人才队伍的建设，也依赖于人才队伍的财富管理知识体系建设，未来服务客户炒股的理财规划师可能很少，更多的理财规划师将会是聚焦在机构和个人特别是普通个人投资者的资产配置、养老规划、理财产品选择与跟踪、全流程财富管理跟踪、理财教育与理财心理建设等方向。

专业也依赖于发展路径的选择。诚然，每家券商都可能形成差异化的发展路径，但在“博弈投机”和“价值投资”中，基金所代表的价值投资将拥有更大胜率，多数券商必然会走财富管理转型之路，把财富管理做精做细，把基金销售做精做细做扎实，这是摆在券商面前非常重要的工作。

独立基金销售机构发展报告

□ 上海天天基金销售有限公司

一、独立基金销售机构发展历程

（一）诞生背景

在2011年以前，公募基金的销售渠道主要为银行、券商代销和基金公司直销3种。据证券业协会统计，2010年在公募基金销售总额中，银行、券商、直销渠道的占比分别为60%、9%、31%，银行代销渠道占比最大。从发展来看，当时的渠道结构存在不少问题。

一是销售成本居高不下，彼时基金申/认购费率普遍在1%～3%之间。此外，基金公司还需要支付给银行不菲的客户维护费。

二是基金销售以任务为导向而非以客户为导向，售后服务缺失，满足不了投资者的需求和期望。首先，在服务“专业性”方面，由于代销基金并非银行主营业务，专业水平相对有限；其次，直销渠道缺少来自代销渠道的客户联系方式，无法进行服务；再次，客户经理们往往只着眼于完成销售任务，售前无客观分析，售后也不会主动跟踪，服务持续性不足。

正是在这样的背景下，第三方独立基金销售机构迎来发展契机。

2011年6月，《证券投资基金销售管理办法》修订，允许专业人士作为股东发起设立基金销售机构，并于2011年10月1日起正式实施。

2012年2月22日，众禄投顾、好买财富、诺亚财富、东方财富等首批4家机构获批独立基金销售资格，业内关注的第三方独立基金销售机构终于面世。

（二）发展现状

自2012年首批4家机构获得独立基金销售牌照以来，独立基金销售机构的市场占比迅猛增长。据Choice数据显示，截至2018年8月底，国内市场有109家独立基金销售机构。

从行业发展现状来看，独立基金销售机构在代销数量上呈现出较大分化：一方面，天天基金、好买基金、蚂蚁基金、盈米财富、同花顺、众禄基金、陆金所、长量基金、肯特瑞基金等9家机构代销的基金数量均在3000只以上，其中天天基金网代销数量最多，超过5600只；另一方面，除49家机构代销基金数量超过1000只，还有34家机构代销数量在100只以下，18家机构代销数量不足10只。

从基金销售规模看，独立基金销售机构成长迅速，大有赶超银行渠道之势。以2017年为例，基金代销前三的银行分别为工商银行、招商银行和农业银行，基金代销规模分别达9232亿元、7055亿元和3373亿元，天天基金、腾安的基金代销规模分别为4124亿元、3300亿元。

根据天天基金控股股东东方财富2018年半年报显示，2018年上半年公司互联网金融电子商务平台基金销售额达3025.55亿元，同比增长90.8%；以基金代销为主的金融电子商务服务的营业收入5.84亿元，同比增长63.68%。此外，恒生电子半年报显示，其参股的蚂蚁基金营业收入为7.27亿元，同比增长252.43%。

二、独立基金销售机构特质

（一）创新驱动

互联网独立基金销售机构秉承互联网“平等文化、产品为王、模式创新”的优秀基因，通过创新快速迭代，提升客户体验，不断满足市场需求。

以货币市场基金为例，从2003年国内首只货币市场基金诞生到2018年第二季度，货币市场基金资产净值占比超过整体公募基金资产净值的60%，达到7.7万亿元，在基金行业的地位举足轻重。前些年，货币市场基金规模迅速增长的一个重要因素便是互联网独立基金销售机构的创新，这种创新主要体现在大幅提升客户的投资体验。

2013年，蚂蚁金服推出直销模式的余额宝，短短5年时间，规模从0飙升到1.5万亿元，天弘余额宝也成为世界上最大的货币市场基金，拉开了互联网货市场币基金销售大幕。紧随余额宝，天天基金在2013年上线活期宝。截至2018年8月，活期宝累计销量超过1.2万亿元，共计接入27只货币基金产品。

究其根本，互联网货币基金成功的秘诀在于创新。主要体现在以下几个方面：一是降低申购门槛。原来的货币市场基金申购门槛是100元或者1000元，而独立基金销售机构直接将门槛降低到1元，且支持各种银行渠道支付，不受次数限制。二是份额确认及时，收益看得见。通过打通互联网平台与基金公司后台，基金申购赎回确认及时准确，且在确认后用户可以每日查看收益，大大提升了用户体验。三是操作简单便捷，支持移动设备。在传统理财渠道中，产品购买方式比较单一且复杂，而诸如余额宝等互联网产品可以随时随地在移动客户端支持一键申购，投资收益实时可见。

（二）普惠金融

独立基金销售机构的互联网属性决定了其商业模式是流量转化，简而言之，互联网基金销售平台的策略是提供亲民体验的产品来吸引尽可能多的客户。因此，在独立基金销售机构平台的用户结构中，散户比例远远高于机构客户，这也使得平台更加重视客户服务，践行普惠金融：一方面，互联网基金销售平台通过产品创新、模式创新降低用户门槛，改善用户体验，奠定了庞大的客户数量基础；另一方面，依赖网络推广的独立基金销售机构，在极大满足广大客户理财需求的同时也宣传了理财知识，间接起到投资者教育工作；此外，通过网络平台优势销售基金，大大降低了客户的理财成本。

以天天基金网为例，由于背靠财经门户网站东方财富网，天天基金网用户访问量在业内排名前列。2018年上半年，天天基金网日均页面浏览量为690.87万人，其中交易日日均页面浏览量为922.67万人，非交易日日均页面浏览量为245.97万人；天天基金服务平台日均活跃访问用户数为160.89万人，其中，交易日日均活跃访问用户数为199.81万人，非交易日日均活跃访问用户数为86.21万人。在用户数量上，天天基金网自2016年下半年开始与日俱增，网站影响力持续上升。

三、独立基金销售机构与传统销售渠道优劣势对比

（一）投资者触达

CNNIC《中国互联网络发展状况统计报告》显示，截至2017年12月，中国网民数量7.72亿。在投资者触达层面，独立第三方销售机构有着无可比拟的优势。

基金渠道	优势	劣势
银行、券商代销渠道	线下网点建设完备，延伸广阔，易触达非互联网人群	购买金额起点高，多数基金为1000元起购，服务目标客户多为高净值客户
基金直销渠道	投资者忠诚度高，对基金品牌认可度强，有利于基金公司开展客户维护工作	触达用户数量有限
独立基金销售机构	主要以互联网销售为主，服务对象为网民，触达客户具有多年龄段、多资金层覆盖的特点	无法触达非网民及对互联网模式无足够信任度的投资者

（二）销售模式

第三方独立销售机构集约式的销售模式，让投资者能以更低的成本购买基金。

基金渠道	优势	劣势
银行、券商代销渠道	依托营销经理一对一销售，能为投资者创造更好的服务体验	需要培养大量营销人员，销售成本居高不下
直销渠道	无需支付尾佣，销售成本在所有渠道中最低	直销渠道销售金额占比相对代销渠道较少，无法满足基金公司的销售需求
独立基金销售机构	集约式销售，在保证客户选择度的情况下，投资者购买成本最低	在没有营销经理的情况下，对于投资知识较为匮乏的投资者而言，基金选购较为困难

（三）销售激励

依托强大的末端营销人员队伍和激励体制，传统代销渠道的营销动能更为强大，优秀零售银行的基金代销金额常年呈现螺旋式上升趋势。

基金渠道	优势	劣势
银行、券商代销渠道	营销人员可获取销售提成，销售体系末端的营销动力更强	营销人员为了更高的提成，可能出现推介不适合的产品、销售行为不合规、“飞单”等违规行为
基金直销渠道	激励更注重于客户的长期忠诚度培养	相对于传统代销渠道，激励程度略为不足
独立基金销售机构	激励更看重整体基金销量，以及看重用户持有时长，营销方向偏向于将适合的产品推介给适合的人	末端营销人员较少，对高端用户的服务相对不足

（四）产品选择

独立第三方销售机构销售基金产品的数量，较传统渠道更多，让投资者能有更多选择。

基金渠道	优势	劣势
银行、券商代销渠道	与基金公司合作时间较长，产品引入体系成熟	对于中小型代销商而言，产品引入数量相对不足
直销渠道	所属公司旗下基金品类全覆盖	无法引入其他基金公司产品
独立基金销售机构	引入基金产品相对最为全面，头部第三方销售机构已完成4000只以上的基金产品引入	与基金公司的合作时长不及传统代销渠道，为第三方独立销售机构设计的定制化产品仍然较少

四、独立基金销售机构发展展望

（一）公募基金业发展趋势

中国基金业已进入资产配置时代。从国外发达市场经验来看，养老金的不断投入和政策支持是FOF产品得以发展壮大的最重要因素，FOF的稳健收益特征也正好满足了养老金投资的需求和目的。经过数十年发展，美国FOF数量已达数千只，规模高达2万亿美元。以此为鉴，中国FOF发展动力充足，其发展水平和完善程度有望向国外先进经验靠拢。

目前，国内养老金和企业年金绝大部分仍然以投资债券资产为主，收益率偏低，并没有很好地满足投资人的诉求。这部分巨额资金若能进入FOF，也将大力推动其发展。

此外，公募基金近年相继推出指数型基金产品，以追踪各类市场指数和行业指数的指数型基金备受市场追捧。从长期来看，随着投资者更加理性、机构投资者占比提升，市场的有效性增强，主动投资获取超额收益的难度将越来越大，高效益的被动投资有望脱颖而出，同时能够进一步推动基金管理费用的降低。目前，基金投资仍集中于股票、债券和货币等标的，未来大类资产配置品种将加大对指数品种、商品期货和房地产基金等投资，这将有助于丰富FOF的投资组合策略。

（二）互联网销售机构扮演角色

目前，基金公司正积极关注养老金和FOF带来的市场新机遇，并着力布局拓展潜在的市场空间，但两者的市场门槛和需求潜力仍存在较大差异。第三方独立销售机构将充分彰显自身的特质和优势，在助力市场发展方面扮演重要角色。

从未来发展看，机构委外资金规模有望进一步扩大，多元化分散投资的概率也将越来越大，公募基金承接机构委托投资的机会仍然存在。不可否认，完善的风控系统、投资体系和投资管理流程是公募基金稳定投资能力的重要前提。但通过第三方独立销售机构进行委外资金管理，依托其丰富的品类和更低廉的费率，各机构将可获得更好的服务体验。

目前，第三方独立销售机构正综合各风险等级的客户投资需求，尝试通过将投资品牌化、多元化，以及智能投顾服务的布局，为客户提供更加高效的一体化综合化服务。同时，将凭借其大数据分析、融资能力和平台搭建能力，有针对性地为投资者提供更加个性化的投资环境，也为基金公司提供合理化和智能化的发展建议。

（三）独立基金销售机构竞争格局

随着百度、阿里、腾讯和京东四大互联网巨头纷纷获批第三方独立基金销售牌照，未来第三方销售的竞争格局无疑将愈演愈烈，四大互联网巨头将利用自身的超高用户流量和用户黏性，抢夺市场份额。为了促进基金行业的良性发展，不同互联网平台应充分发挥自身的优势，从不同的客户需求和客户层次出发，对自身的产品和平台进行清晰定位，尽可能捕捉现存市场的空白，避免盲目打价格战，努力实现互促共赢的局面。

总而言之，未来公募基金行业将借助由养老金等方式继续深入发展，投资者的综合化和多元化服务需求也会随着行业发展而不断拓展，多元的独立第三方销售机构也将充分利用自身优势和互联网平台促进买卖双方的深度融合，从而促进基金行业的良性健康发展。

基金专户子公司发展分析报告

□ 王 恒

2012年11月，为推进基金管理公司（以下简称基金公司）更好服务实体经济，满足投资理财需求与融资服务需求，中国证券监督管理委员会（以下简称证监会）颁布实施相关法规，允许基金公司设立基金销售业务子公司和特定客户资产管理业务子公司（以下简称基金子公司）。

6年来，在监管层的持续规范和指导下，基金子公司取得了长足发展，也经历了从“量”到“质”的洗礼，更经历了规范整顿和业务转型的阵痛，正努力转型成为更有专业特色的现代财富管理机构。

基金子公司有效地拓展了基金公司的业务范围，丰富了基金公司的组织体系，已经成为基金公司拓展新型业务领域的重要渠道之一，助力其实现业务的多元化经营、满足资产的多样化配置需求，快速扩大管理规模，进一步提升市场竞争力。

本文主要从基金子公司的起源和业务发展、基金子公司的业务类型和特点、基金子公司的监管导向和规范发展、基金子公司的发展趋势等角度出发，旨在梳理和回顾基金子公司的发展历程以及展望基金子公司未来的发展趋势。

一、基金子公司的起源和业务发展

（一）基金子公司的起源

从国外的经验看，子公司模式是基金公司适应专业化经营及开拓新业务领域或区域需要的产物，既解决了经营专业化、管理效能化等体制问题，也解决了并购扩张、公平交易、利益分配等机制问题。

困局生变，2011年中国基金业遇到的一些发展瓶颈是2012年基金子公司诞生的主要原因。从2008年开始，伴随着股市行情的下行，中国基金业资产总规模的增长进入下行通道，规模滑坡、回报不足、投资者信心匮乏、销售遭遇瓶颈、高管离任、银行理财产品快速发展带来竞争，导致整个基金行业迫切希望变革与突破，特别是能够突破业务范围单一、可投资领域局限、产品同质化严重、过于依赖证券市场等既有约束。这期间，有个别基金公司探索通过设立子公司的方式实现自我突破，这可以视为基金子公司的探索雏形。

2012年6月7日，中国证券投资基金业协会（以下简称基金业协会）成立大会暨第一届年会召开，会议主题为“我们需要一个强大的财富管理行业”。会议指出：基金公司应当加快向现代财富管理机构转型，加快创新发展步伐，坚持从实体经济需要出发，通过设立专项资产管理计划，投资实体资产，扩大专户产品的投资范围，服务于实体经济。会议强调：证监会将继续加强基础制度建设，不断优化有利于行业发展的外部环境，争取在拓宽基金公司业务范围、扩大基金投资标的、松绑投资运作限制、优化公司治理、规范行业服务行为等方面取得突破性进展。

2012年9月26日，证监会公布修订《基金管理公司特定客户资产管理业务试点办法》。同日，证监会就草拟的《证券投资基金管理公司子公司管理暂行规定》公开征求意见。该暂行规定共4章，主要包括子公司的界定、子公司的设立、子公司的治理与运营、日常监管和法律责任等方面的内容。2012年10月31日，证监会发布修订后的《证券投资基金管理公司子公司管理暂行规定》。自此，相关法规在基金子公司的制度设计上第一次形成“基金公司设立子公司—子公司申请特定客户资产管理业务资格—子公司发行专项资产管理计划—基金销售机构可以销售专项资产管理计划”的逻辑闭环，允许基金公司成立子公司开展专项资产管理业务，使基金公司的投资领域从原有的上市证券类资产拓展到了未通过证券交易所转让的股权、债权及其他财产权利等实体资产，一定程度上拓展了基金公司的业务范围，丰富了基金公司的组织体系。

2012年11月14日，首批基金子公司——工银瑞信投资管理有限公司 （以下简称工银瑞信投资）、深圳平安大华汇通财富管理有限公司(以下简称平安大华汇通)、嘉实资本管理有限公司(以下简称嘉实资本)获批成立，同年12月又有9家基金子公司获批。2013年行业进入快速扩张期，这一年共有50家基金子公司成立。2014年监管政策趋严，基金子公司的发展势头明显减弱。证监会对于基金公司成立不满1年或者其管理的公募基金规模低于50亿元的，暂缓审核其设立子公司的申请。因此，2014年仅有11家基金子公司获批成立、2015年仅有6家基金子公司获批成立。2015年9月深圳英大资本管理有限公司获批后再无基金子公司获批设立。

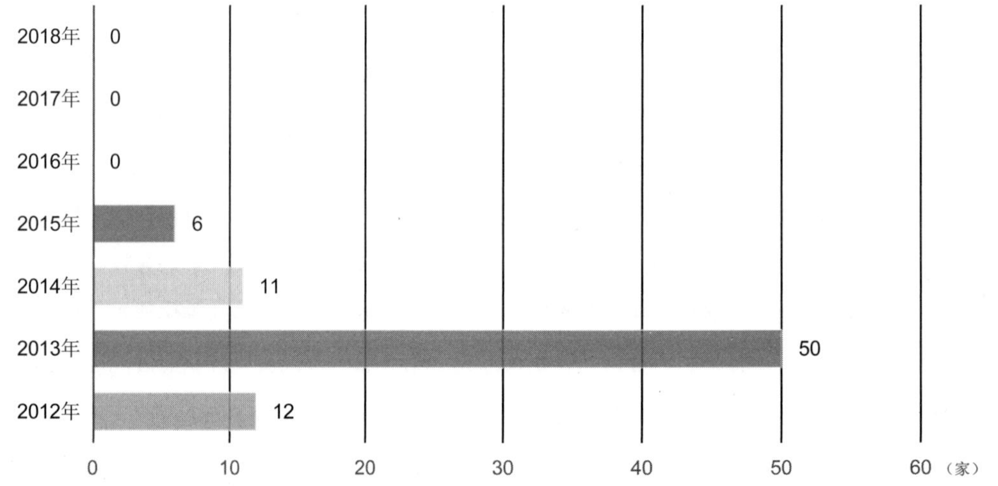

资料来源：基金业协会
数据截至：2018/12/31

图1 历年获批的基金子公司数量

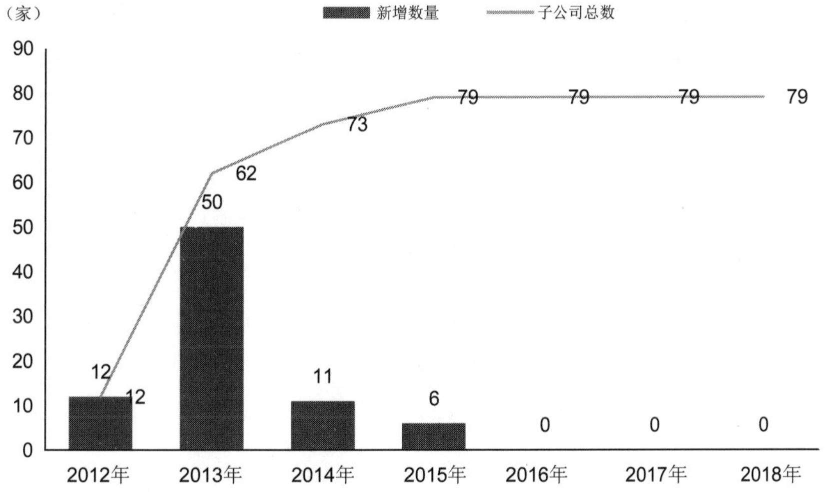

资料来源：基金业协会
数据截至：2018/12/31

图2　历年新增基金子公司数量及总数

（二）多元化股东背景

根据证监会数据统计，截至2018年底，基金公司共有126家，其中79家设立了基金子公司，占比63%。

由于基金公司大多为证券公司（以下简称券商）、银行、信托公司控股机构，所以基金子公司也顺其自然地大多为券商、银行、信托公司控股，其中银行控股的（以下简称银行系）基金子公司为21家，券商控股的（以下简称券商系）基金子公司38家，信托公司控股的（以下简称信托系）基金子公司18家。

根据《证券投资基金管理公司子公司管理暂行规定》，基金公司设立子公司，允许在基金行业任职的自然人充当股东。这意味着，基金业首次放开了员工持股、股权激励，开创了基金业又一机制创新。基金子公司不但为基金行业找到新的赢利点，更为基金业一直以来的激励难题提供了试点探索。

2012年2月1日，万家基金发布公告称，其子公司万家共赢资产管理有限公司（以下简称万家共赢）设立申请获批。其股权结构是万家基金为主要股东，持有51%股权；歌斐资产管理有限公司出资35%；上海承圆投资管理中心（有限合伙）出资14%；出资方式均为现金出资。注册资本6000万元。与众不同的是，上海承圆投资管理中心（有限合伙）为万家基金现有核心员工出资成立，由4个合伙人组成，包括拟任总经理伏爱国，整个团队是在万家基金原专户部门基础上组建。这也意味着业内盼望的基金子公司股权激励破题。至今为止，万家基金、华富基金、广发基金、易方达基金、国泰基金、长信基金、东吴基金、财通基金和华安基金等9家的子公司实施了股权激励，其中股权激励比例最高的易方达基金子公司，达到60%。首家注册在上海自贸区的华安基金子公司股权激励也达到49%。在具体实施形式上，华富基金和财通基金是以自然人直接持股的形式，国泰基金和易方达基金采取通过设立有限责任公司形式持股，其余均是以合伙企业的形式进行股权激励。合伙制具有较强的激励和约束机制，也可以避免双重收税。2016年底发布实施的基金公司子公司管理规定中明确，基金公司从业人员不得在子公司参股，子公司实行专业人士持股计划应仅限于本公司人员。2017年，此前一些基金公司母公司员工通过子公司实现股权激励的平台进行加速清理，比如易方达基金增持易方达资产至100%，并增资至10亿元，其股权激励平台清退。据不完全统计，增资后通过子公司实现股权激励的基金公司仍有3家，即嘉实基金、银华基金、广发基金。

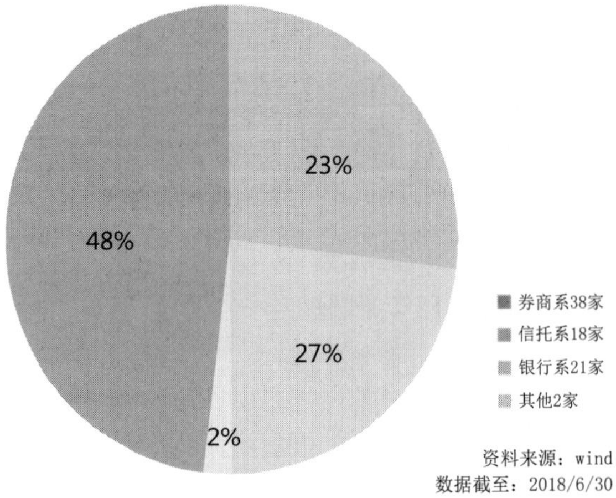

资料来源：wind
数据截至：2018/6/30

图3　按基金公司控股股东分类的基金子公司类别数量

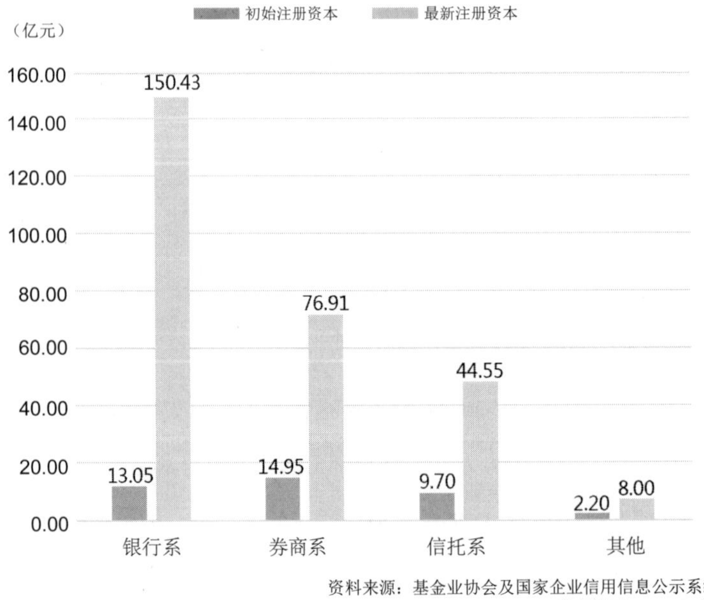

资料来源：基金业协会及国家企业信用信息公示系统
数据截至：2018/6/30

图4　按基金公司控股股东分类的基金子公司注册资本演变

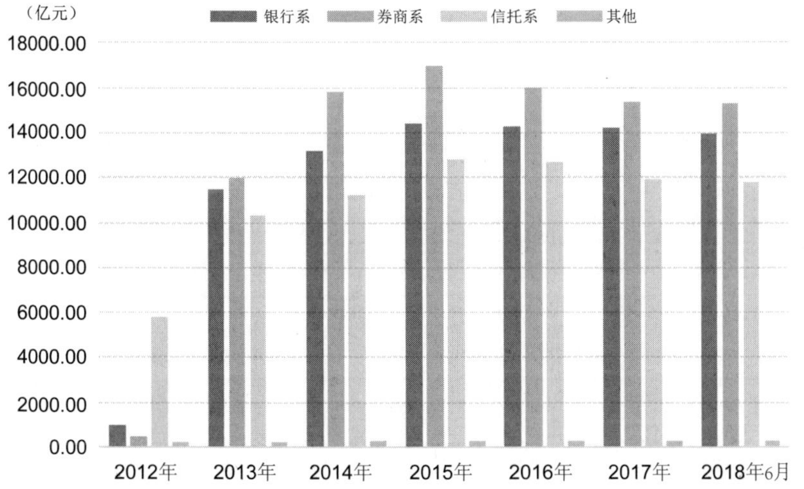

资料来源：wind
数据截至：2018/6/30

图5　按基金公司控股股东分类的基金子公司存续规模变化

1. 银行系基金子公司

截至2018年6月30日，银行系基金子公司21家，合计管理规模13987.40亿元，占比34.15%，稳居基金子公司行业第二大派系的地位。银行旗下基金公司设立子公司，不仅扩大业务范围，也增强业务灵活性。银行系基金子公司无疑拓宽了银基合作渠道。银基合作票据业务、表外完成的增量业务融资需求以及创新复杂的结构化产品都涵盖在银行系基金子公司业务中。其中民生银行、工商银行、招商银行等旗下子公司（民生加银资产、工银瑞信投资、招商财富）规模超千亿元。民生加银资产、工银瑞信投资是业内率先成立的首批基金子公司，业务开展较早。

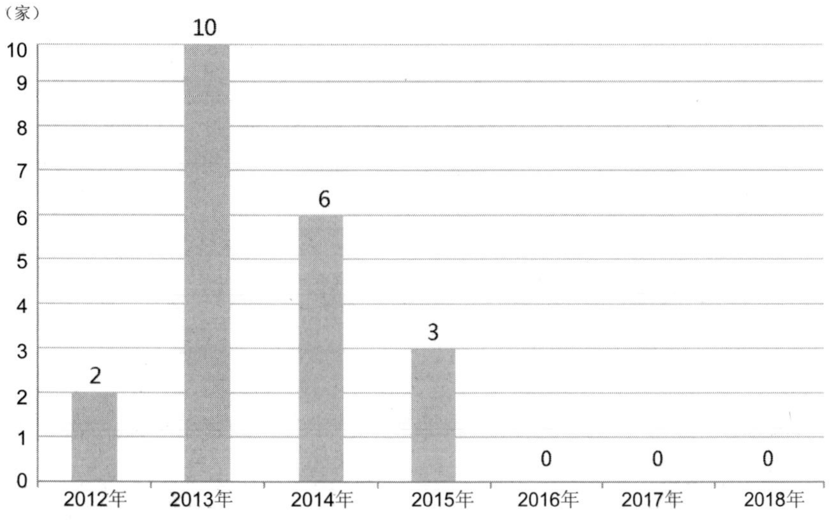

资料来源：wind
数据截至：2018/6/30

图6　银行系基金子公司成立时间分布

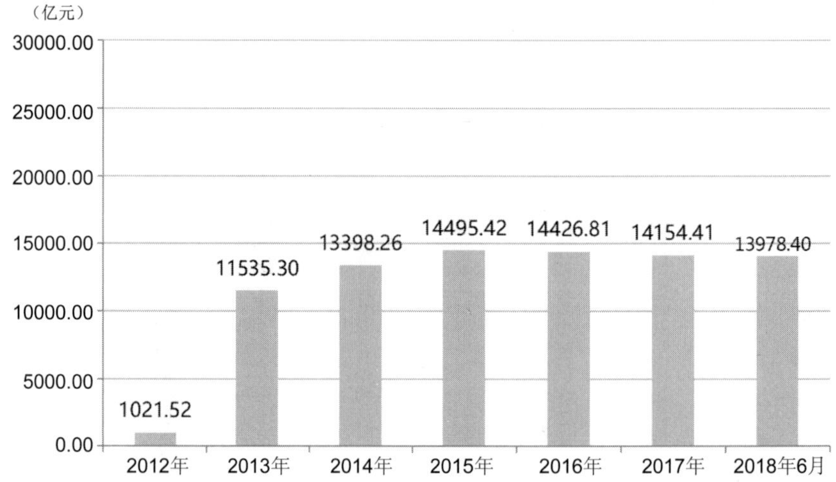

资料来源：wind
数据截至：2018/6/30

图7 银行系基金子公司历年管理规模及变化

2. 券商系控股基金子公司

截至2018年6月30日，券商系基金子公司38家，数量居各系之首，合计管理规模15135.59亿元，占比36.96%，稳居基金子公司行业第一大派系地位。券商系基金子公司迅速发展，一方面是由于基金子公司在投资范围、产品和费用收取方式上更为灵活，能够把更多的力量集中在特定的业务领域；另一方面，基金子公司的成立也是基金公司组织形式和业务发展模式多元化的集中体现。多元化的有效探索符合监管部门的政策鼓励，同时也能起到改善资本结构，增强资本市场持续融资能力和财务风险抵御能力。

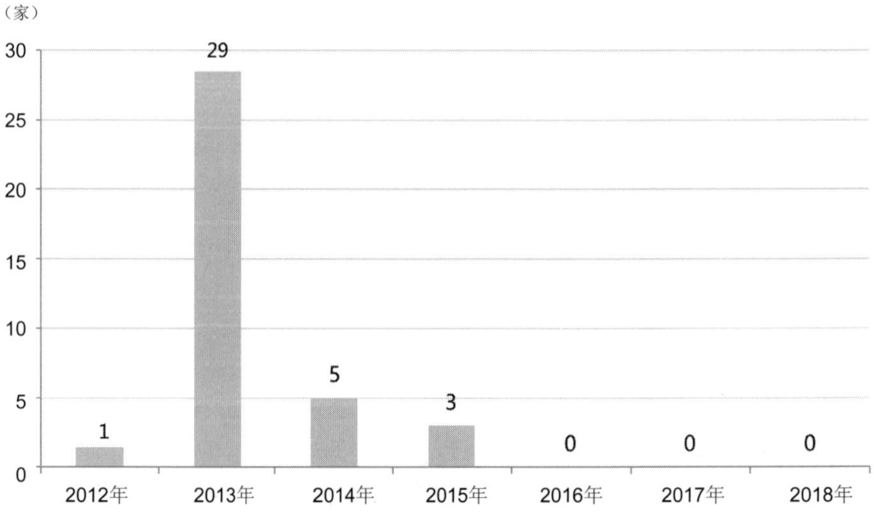

资料来源：wind
数据截至：2018/6/30

图8 券商系基金子公司成立时间分布

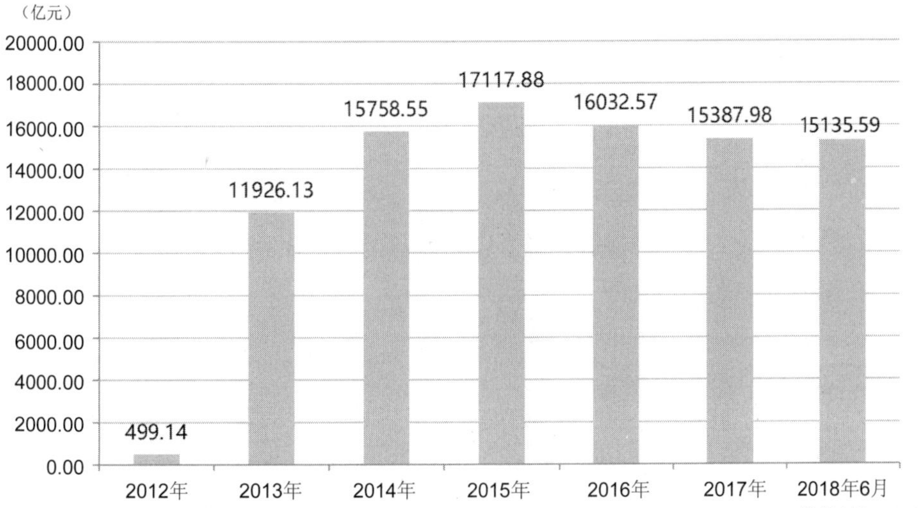

资料来源：wind
数据截至：2018/6/30

图9 券商系基金子公司历年管理规模及规模变化

3. 信托系控股基金子公司

截至2018年6月30日，信托系基金子公司18家，合计管理规模11645.21亿元，占比28.44%，稳居基金子公司行业第三大派系地位。其中中铁信托控股宝盈基金75%、平安信托控股平安大华基金64%、吉林信托控股天治基金61.25%，三家信托的股东背景实力强大，分别是大型央企、大型金融集团及地方政府控股的国有企业。

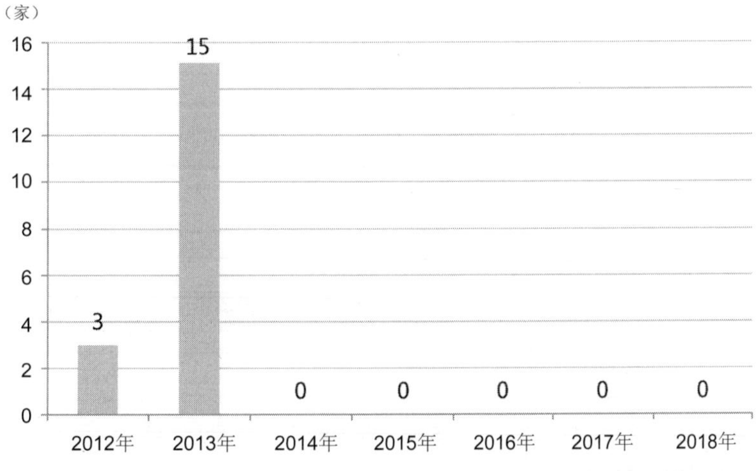

资料来源：wind
数据截至：2018/6/30

图10 信托系基金子公司成立时间分布

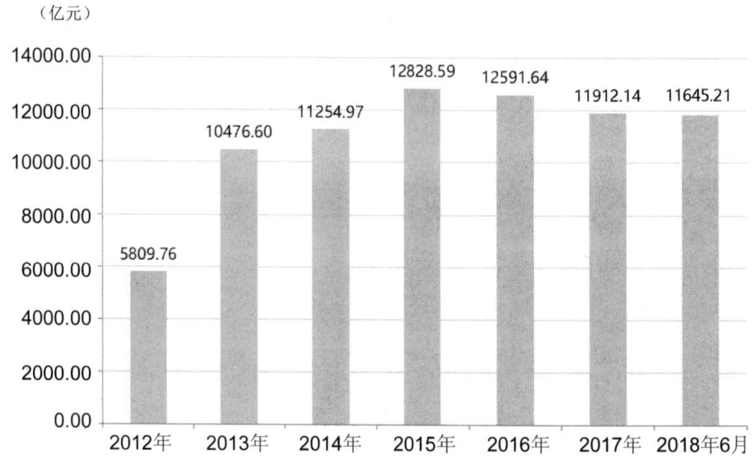

资料来源：wind
数据截至：2018/6/30

图11　信托系基金子公司历年管理规模及规模变化

（三）基金子公司的业务发展历程

自2012年11月首批基金子公司成立以来，因产品投资限制少、无资本金约束等政策红利，加之其业务运作灵活等，基金子公司管理的资产规模快速增长。截至2013年底，其管理资产规模近万亿元；2015年基金子公司的资产管理规模超过了母公司所管理的公募基金规模；2016年三季度达到11.15万亿元的最高点。不少原本规模较小的基金公司集中资源发展子公司，业务规模快速扩张，从而实现了弯道超车。但自2016年中开始，监管新政陆续推出，子公司业务发展趋缓；2017—2018年，监管政策愈发趋严，受监管政策和市场环境影响，基金子公司资产管理规模、产品数量持续双降。

截至2018年7月，基金子公司存续规模5.97万亿元，跌破6万亿大关。

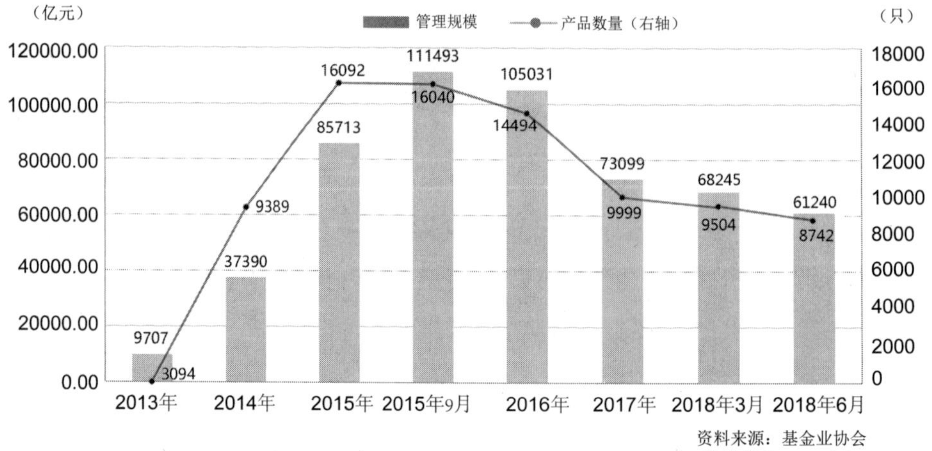

资料来源：基金业协会
数据截至：2018/6/30

图12　2013—2018年基金子公司管理规模及产品数量

1. 2012—2016年规模快速增长，业务体量拾级而上

从2012年11月首家基金子公司获批（本文相关的数据统计第一个完整年度从2013年开始，下同），基金子公司业务规模快速扩张，3年翻了近10倍。虽然2014年开始调整规范，子公司新设数量锐减，但其资产管理规模继续壮大。截至2015年底，基金子公司业务规模85712.74亿元，在各类资产管理业务中名列第2位，超过了公募基金资产规模，占整个行业规模的22.4%，相比2014年的3.74万亿元增长了129.14%。2015年进入前20强的基金子公司规模均超过1300亿元大关。

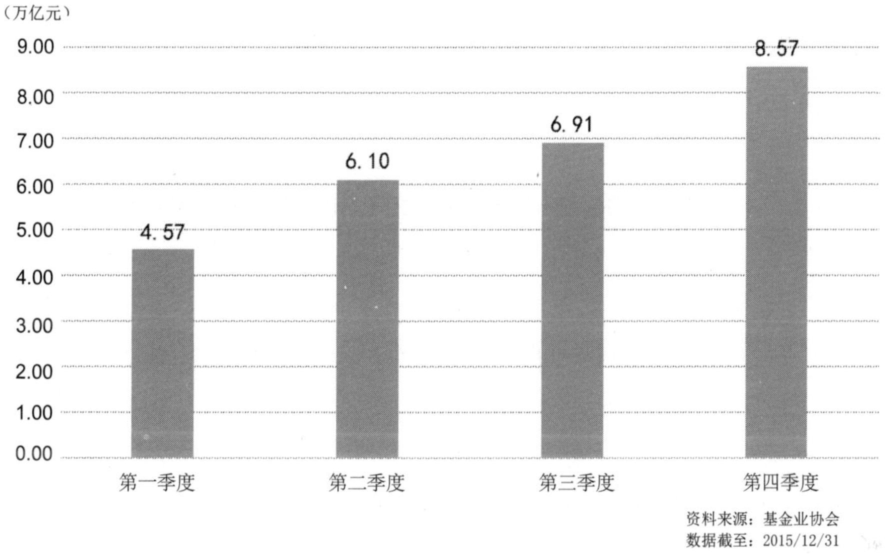

图13　2015年基金子公司管理规模（季度）

经历超常规发展后，2014年4月26日，证监会下发《关于进一步加强基金管理公司及其子公司从事特定客户资产管理业务风险管理的通知》，严控"一对多"通道业务，一定程度上限制了高净值个人客户的资金来源，由此2015年基金子公司业务开始出现瓶颈，但由于惯性所致。2016年管理规模呈现前升后降的态势，三季度仍达到了11.15万亿元的最高点。截至2016年底，基金子公司业务存续产品14494只，管理资产规模10.5万亿元，较2015年底增加1.93万亿元，增长22.5%，全年月均规模增长1609亿元。

2016年既是基金子公司管理资产规模最高点所在的一年，又是一个分水岭。下面重点介绍2013—2016年基金子公司管理资产的有关情况。

（1）2013—2016年基金子公司的资金来源分析

2013—2016年基金子公司的资金来源中，银行资金占比最大，且其比重稳步上升。基金子公司与信托、券商和基金子公司同业等金融机构的合作更加紧密，而个人和企业资金的规模占比逐步降低。

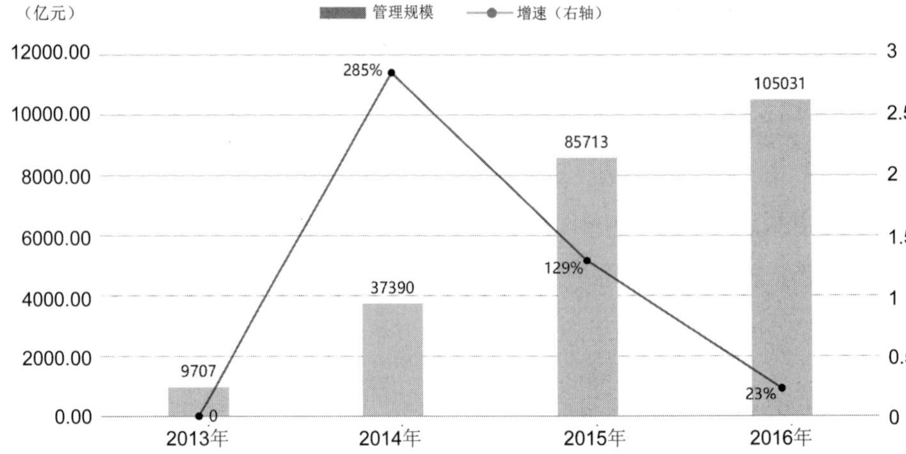

资料来源：基金业协会
数据截至：2016/12/31

图14 2013—2016年基金子公司管理规模及增速

2016年来自金融机构的委托资金总计占比82.1%，高于2015年的76.4%和2014年的66.5%。从资金来源的规模看，2016年银行委托资金6.42万亿元，较2015年的5.29万亿元增加1.13万亿元，增长21.4%；信托公司委托资金5522亿元，较2015年的3737亿元增长47.8%；券商委托资金3432亿元，较2015年的2490亿元增长37.8%；基金子公司及关联人委托资金10300亿元，较2015年的4723亿元增长118.1%；个人客户委托资金5547亿元，较2015年的7938亿元减少30.1%；企业委托资金7157亿元，较2015年的7720亿元减少7.3%。

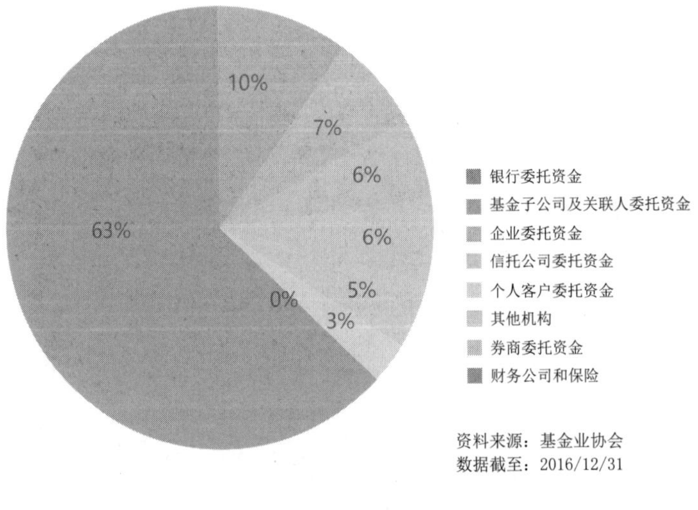

资料来源：基金业协会
数据截至：2016/12/31

图15 2016年基金子公司资金来源占比

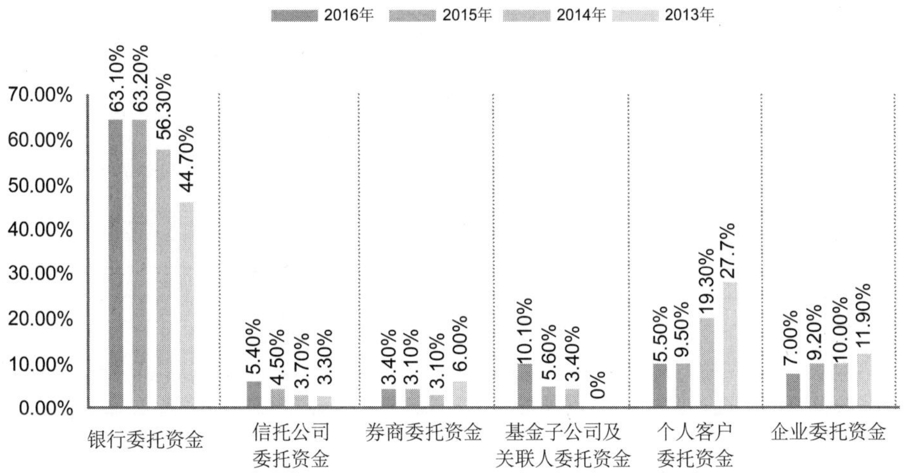

资料来源：基金业协会
数据截至：2016/12/31

图16　2013—2016年基金子公司资金来源占比变化

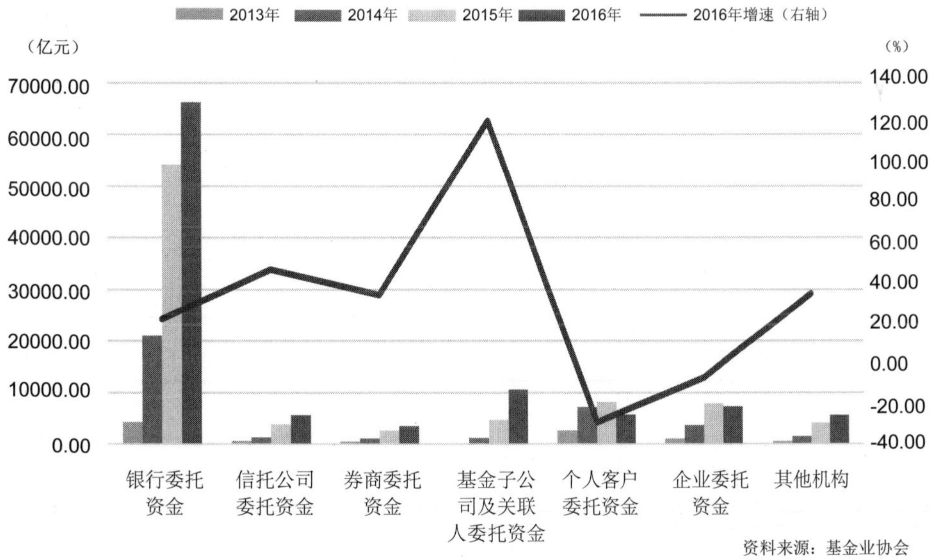

资料来源：基金业协会
数据截至：2016/12/31

图17　2013—2016年基金子公司资金来源规模变化

(2) 2014— 2016年基金子公司的资金投向分析

从资金投向来看，基金子公司主要投向非标市场。2014—2016年，基金子公司投向非标市场的占比分别为86.9%、84.4%和82.8%；投向交易所、银行间市场的占比分别为9.7%、10.3%和12.8%；其余为少量现金及其他投资。投向非标市场的占比稳定在80%以上。从更细分的资金投向来看，基金子公司以融资类业务、金融机构资产投资、证券投资为主，另有少部分股权投资、收益权投资等其他投资。

2016年基金子公司通过信托贷款、委托贷款、收益权等方式进行的债权投资规模为3.95万亿元，占比37%；投资基金专户、证券资管、银行理财、信托、私募基金等规模为3.47万亿元，占比32.3%；投资股票、债券、基金等证券规模1.38万亿元，占比12.8%；投资资产收益权规模5052亿元，占比4.7%；股权投资规模4030亿元，占比3.8%；同业存款及现金规模3105亿元，占比2.9%；另有少量股票股权质押。

表1 2016年基金子公司资金投向、规模及占比

投向	投资金额（亿元）	占比（%）
股票	3472	3.2
债券	6238	5.8
证券投资基金	2300	2.1
资产支持证券及其他证券	1732	1.6
期货衍生品保证金	67	0.1
银行委托贷款、信托贷款	21783	20.4
以收益权、股权为形式的债权投资	17751	16.6
其它资产收益权	5052	4.7
股权投资	4030	3.8
商业银行理财计划	4504	4.2
信托计划	5673	5.3
保险资产管理计划	257	0.2
证券公司资产管理计划	8055	7.5
基金公司及子公司资产管理计划	12982	12.1
期货资产管理计划	100	0.1
私募基金	3147	2.9
股票股权质押融资	651	0.6
信贷票据信用证保理	2658	2.5
同业存款含协议存款	2050	1.9
现金	1055	1.0
其他	3468	3.2
总 计	**107034**	**100.0**

资料来源：基金业协会
数据截至：2016/12/31

2016年基金子公司继续发力上市公司定向增发、股票股权质押、债券投资等业务，积极参与实体经济投资，投向实体经济的总规模为4.72万亿元，占总资产规模的44.9%。其中投向一般工商企业的规模1.95万亿元，占比41.3%；投向房地产的规模1.28万亿元，占比27.2%；投向地方政府融资平台的规模8640亿元，占比18.3%；投向基础产业的规模6249亿元，占比13.2%。

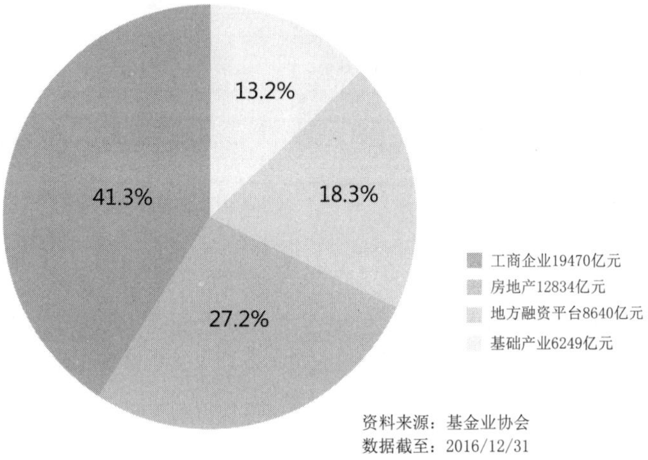

图18　2016年基金子公司实体经济资金投向和占比

受市场及监管等因素的影响，2014—2016年基金子公司投向实体经济的资金占总资产规模的比重分别为57.3%、43.1%和44.9%。在实体经济资金投向中，投向一般工商企业的规模占比从2014年的33.4%上升至2016年的41.3%，投向房地产的规模占比从2014年的39.9%下降至2016年的27.2%；而投向地方融资平台的规模占比则从2015年的14.3%回升至2016年的18.3%。

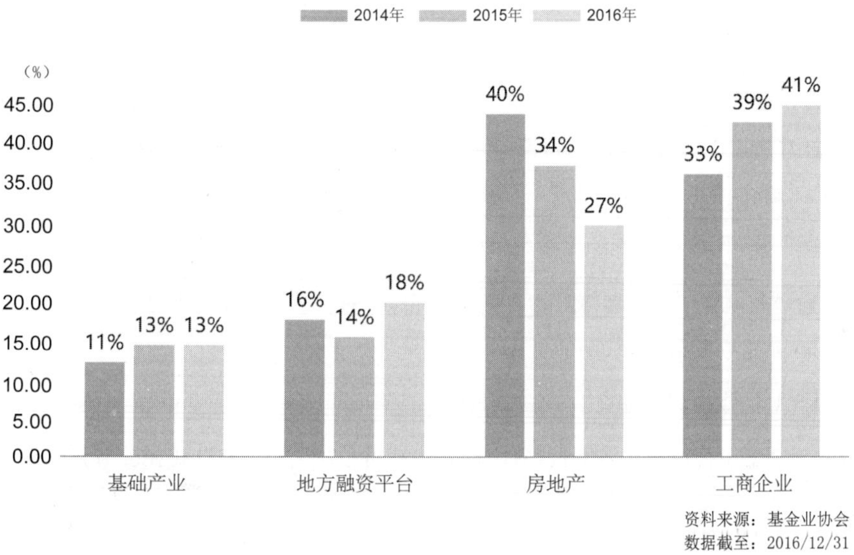

图19　2014—2016年基金子公司实体经济资金投向占比

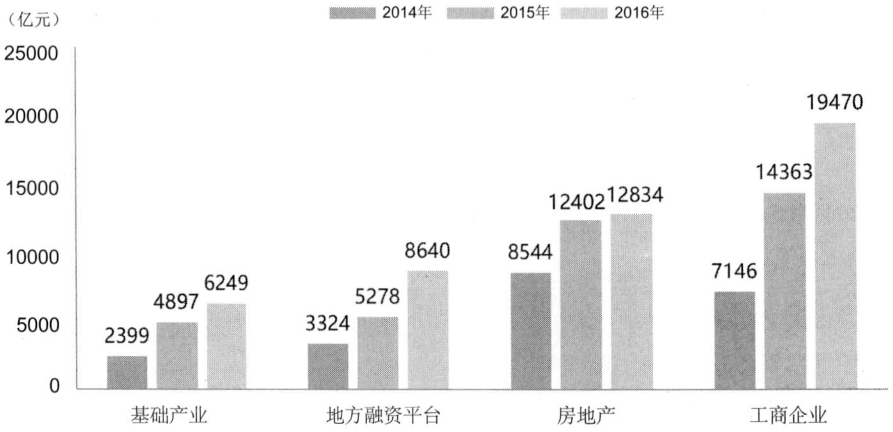

资料来源：基金业协会
数据截至：2016/12/31

图20　2014—2016年基金子公司实体经济资金投向规模

2. 2017—2018年监管趋严，规模数量双降

自2016年中开始，监管新政陆续推出，基金子公司资产管理规模和产品数量双降。2017—2018年，监管政策愈发趋严，基金子公司资产管理规模、产品数量延续了双降趋势，同时基金子公司按监管新规要求增加资本金，努力探索业务转型方向。为避免与母公司同业竞争，基金子公司仍以发展融资类业务和金融产品配置为主。

截至2017年12月31日，基金子公司存续产品9999只，管理资产规模7.31万亿元，较2016年底减少3.19万亿元，下降30.4%，全年月均减少2661亿元。

从产品类型来看，截至2017年底，一对一专户存续产品5749只，管理资产规模6万亿元，占比82%，较2016年底减少2.21万亿元，减幅27%；一对多专户存续产品4250只，管理资产规模1.31万亿元，占比18%，较2016年底减少9795亿元，减幅43%。

从管理方式来看，基金子公司专户主动管理类产品资产规模合计1.82万亿元，占比24.9%，较2016年下降4个百分点；通道产品管理资产规模5.49万亿元，占比75.1%，较2016年上升4个百分点。新设产品2220只，新设规模7802亿元，同比下降80%。其中，新设“一对一”产品规模5086亿元，新设“一对多”产品2716亿元，两类产品的规模同比分别下降83%、86%。

截至2018年7月，基金子公司产品备案117只，设立规模143.38亿元，存续规模5.97万亿元，跌破6万亿元大关。

图21　2017年基金子公司资产规模变化

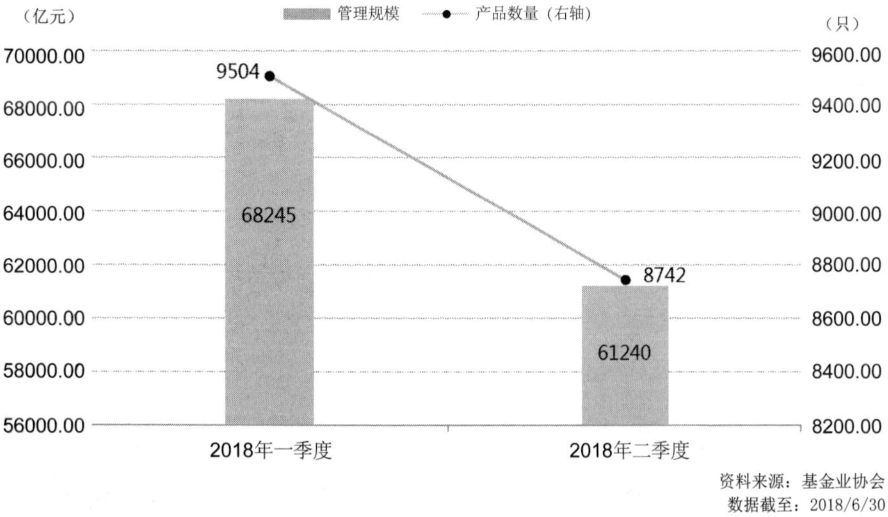

图22　2018年上半年基金子公司管理规模与产品数量变化

（1）2017年基金子公司的资金来源分析

2017年，在资金来源上，银行委托资金仍是主要资金来源，全年5.25万亿元，占比73.2%。不过与2016年相比，资金来源中下降最为明显的是个人客户的委托资金（因资金来源和投向等数据仅统计年报里有，2018年统计年报未出，故本文无法统计分析2018年的资金来源等数据，下同）。

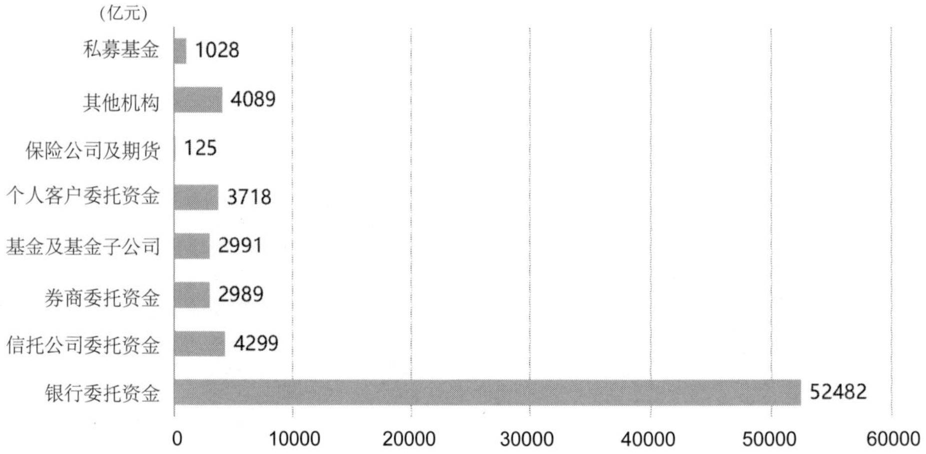

资料来源：基金业协会
数据截至：2017/12/31

图23　2017年基金子公司资金来源规模变化

(2) 2017年基金子公司的资金投向分析

2017年，基金子公司投资持牌金融机构资管产品、私募基金的规模占比仍然最大，但同比仍减少了25.3%；而通过信托贷款、委托贷款、收益权等方式进行的债权投资规模2.55万亿元，占比34.4%，同比减少35.6%。

值得注意的是，从最终投向来看，基金子公司投向实体经济规模合计3.59万亿元。其中，投向一般工商企业的规模1.40万亿元，较2016年底减少27.8%；投向房地产的规模8821亿元，同比减少31.3%；投向地方政府融资平台的规模9638亿元，同比增加11.6%；投向基础产业的规模1.06万亿元，同比增加69.3%。

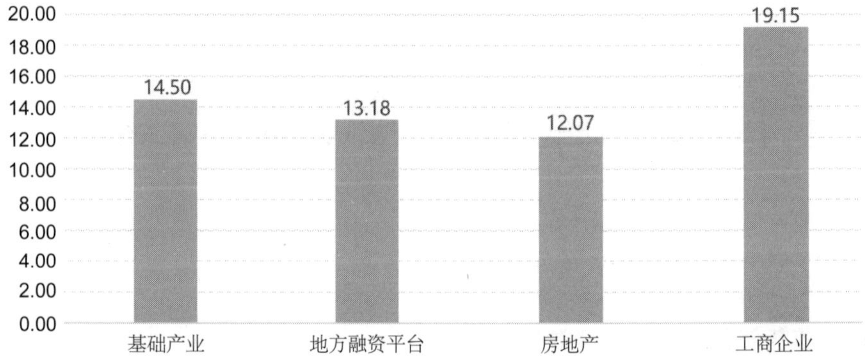

资料来源：基金业协会
数据截至：2017/12/31

图24　2017年基金子公司实体经济资金投向占比

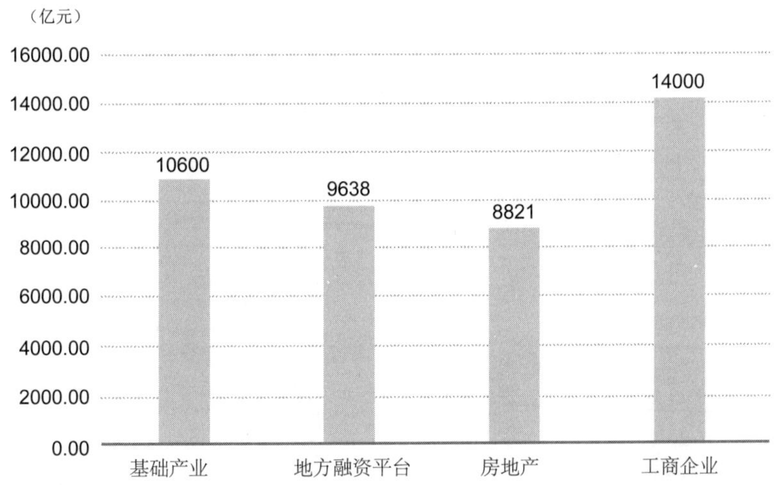

资料来源：基金业协会
数据截至：2017/12/31

图25　2017年基金子公司实体经济资金投向规模

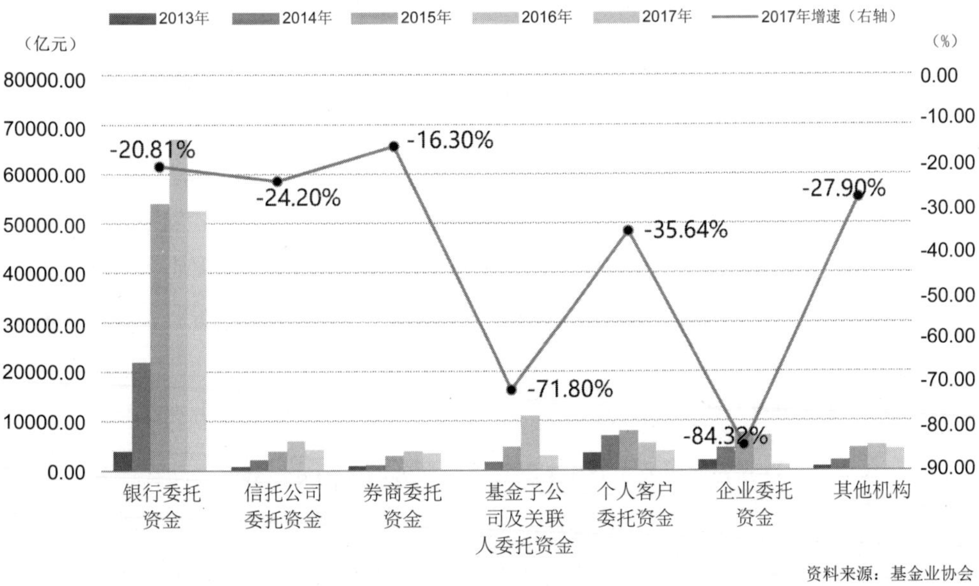

资料来源：基金业协会
数据截至：2017/12/31

图26　2013—2017年基金子公司资金来源规模变化

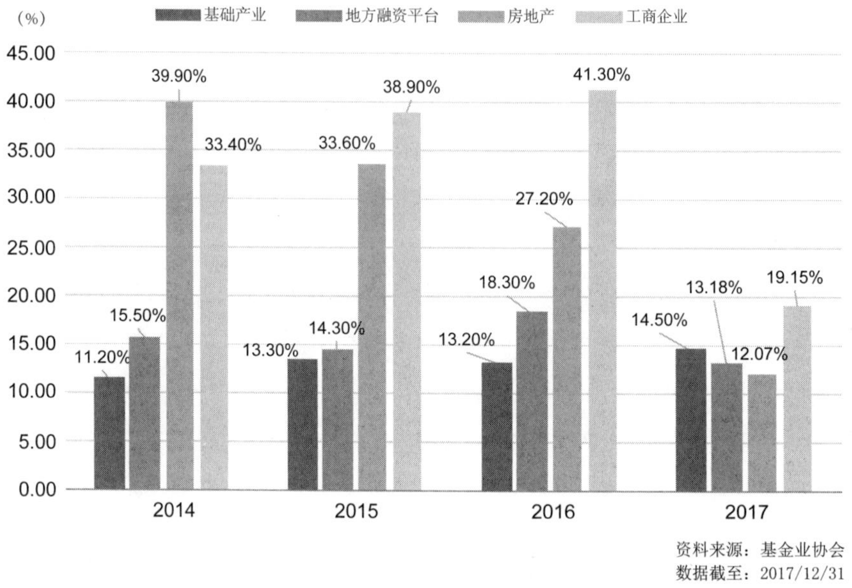

图27 2014—2017年基金子公司实体经济资金投向占比

二、基金子公司的业务类型和特点

由于基金子公司成立之初，没有风险资本和净资本等“门槛”，条件相对宽松，其投资领域全方位覆盖一、二级市场和股权、债权市场，成为传统“银行、证券公司、保险公司”三大渠道的重要补充。在企业发展的不同阶段，基金子公司能够为其提供包括风险投资(VC)、股权投资(PE)、债权融资、并购重组、股权激励等一系列金融服务，并更加注重客户的遴选和持续的扶持和培育，发挥“金融保姆”优势，实现共同成长。同时，相较于公募基金参与国企改革所面临的诸多政策限制，基金子公司投资非上市国企股权也具有天然的政策优势，且不受持股比例限制。不仅如此，其一方面能够发行企业资产证券化产品、推动企业直接融资；另一方面，还能够开展投贷联动业务，为企业量身定制结构化融资模式，长期融资与短期融资相匹配、直接融资与间接融资相结合。此外，还能开展一、二级市场联动业务等。

基金子公司业务可以分为通道类业务和主动管理类业务两大部分，其中主动管理类业务又可分为传统融资类业务、投资类业务、资产证券化业务等。

下面简要介绍基金子公司开展的主要业务类型和特点。考虑2016年是基金子公司业务发展的一个分水岭，时间上以其为典型重点介绍。

（一）通道业务

通道业务最早的形式是银行和信托的合作模式。基金子公司的通道业务，在某种程度上便是银信合作的变种，由银行或其他金融机构出资委托基金子公司成立资产管理计划，给银行或其他金融机构指定的客户发放贷款或进行股权投资等业务。2016年基金子公司通道业务的资产规模高达7.47万亿元，占比

71.1%。自2016年中开始，监管新政陆续推出，规范限制了通道类业务的发展。

2017年通道业务管理规模6万亿元，比2016年减少27%。

2018年上半年延续下降趋势，截至2018年6月30日，基金子公司通道业务存续规模5.09万亿元，比2017年下降近1万亿元，降幅15.16%。

（二）非标业务

与母公司专户不同的是，基金子公司既可以投资标准化的产品，也可以投资非标产品。基金子公司主要以融资业务为主，在方式上主要采用财产收益权融资和债权融资，最终投向房地产、地方政府融资平台、基础设施建设等。

2016年基金子公司投向非标市场的规模为8.87万亿元，占比82.8%。这其中大部分和通道业务重合，也有部分属于基金子公司主动管理的类信托业务。基金子公司主动进行项目开发、产品设计、交易结构安排和尽职调查等风险控制措施，而非单纯借用通道收取通道费。主动型业务主要集中在房地产融资和与地方政府合作的基建类项目上。相比于单纯做通道，主动管理收费更高，利润空间更大，当然投入成本、风控要求等也更高。

因2016年中开始限制基金子公司的非标投资，2017年基金子公司非标投资规模6.11万亿元，占比82.6%；比2016年减少0.2%。

2018年上半年，因多项监管规定约束，基金子公司非标业务开展空间急剧压缩，多家基金子公司非标业务几乎停滞。

（三）资金池业务

2014年，证监会下发“26号文”，明令禁止基金子公司开展资金池业务。2016年7月14日，证监会公布《证券期货经营机构私募资产管理业务运作管理暂行规定》，要求不得开展或参与资金池业务，并处罚了因违规开展资金池业务的基金子公司。

基金子公司资金池业务通常是多个客户资金对应多个资产标的，资金和资产的期限不匹配，通过滚动申购赎回运作。由于资金池业务资金端往往是成本较低的短期资金，而投资标的则为收益率较高的非标资产，从而带来较大利差，扩大收益率。其运作有四大特点：滚动发行、集合运作、期限错配和分离定价。初步估算，2016年规模最高时基金子公司的资金池业务规模近万亿元。之后由于监管严禁资金池业务，该业务持续萎缩直至全面退出。

（四）标准化业务

虽然基金子公司在非标业务上具备巨大优势，但依托母公司强大的投研团队以及较为丰富的投资管理经验，基金子公司也开展了一定的标准化业务。

2016年基金子公司投资股票、债券、基金等证券规模达到1.38万亿元，占比12.8%。其中股票3472亿元，占比3.2%；债券6238亿元，占比5.8%；证券投资基金2300亿元，占比2.1%；资产支持证券及其他证券

1732亿元，占比1.6%；期货衍生品保证金67亿元，占比0.06%。

2017年基金子公司投资股票、债券、基金等证券规模1.18万亿元，占比15.9%，同比减少14.8%。

（五）资产证券化业务（以下简称ABS）

基金子公司具有资产证券化牌照，可以通过盘活企业的存量资产、提高企业资产的周转效率，为企业提供除了传统股权和债权融资渠道外的资产性融资渠道，同时也通过交易所市场直接融资实现了降低实体企业融资成本的目的。

在资产证券化方面，子公司将一些非标信托债权资产进行包装后，在交易所或者场外市场进行交易。特别是通过和银行合作来开展信贷资产证券化。

尤其在2016年监管新规不断出台后，基金子公司都将ABS业务作为业务转型重点方向，积极布局。

2016年基金子公司ABS业务规模1732亿元，其中华夏资本、长城嘉信和博时资本ABS规模分别达到147.75亿元、123.42亿元、115.79亿元。仅计算前20名规模的话，2016年底基金子公司ABS业务规模占全部整个行业前20榜单ABS规模的22.46%，而9月底这一数据为23.6%，基本处于持平状态。不过在2016年6月底这一数据仅为17.5%，显示自2016年下半年开始基金子公司持续发力ABS业务。

2017年共有86家机构备案通过产品533只，总规模9226.82亿元，其中证券公司59家备案产品455只，规模7829.70亿元；基金子公司27家备案产品78只，规模1397.12亿元。

从投资标的来看，2016年以来，基金子公司发行的ABS产品多以消费贷、企业债权、应收账款及小额贷款等为底层资产。而2017年底以来，基金子公司开始发行以不动产投资信托REITs为底层资产的大规模ABS产品。

（六）其他业务

基金子公司还开展了许多其他业务，如股权投资、量化投资、FOF、股权质押、同业存款等等。其中主动进行的私募股权投资，2016年规模4030亿元，占比3.8%；直接投资私募基金，规模3147亿元，占比2.9%。2017年私募股权投资规模3359亿元，占比4.5%，同比减少16.6%。

三、基金子公司的监管导向和规范发展

自2012年11月首批基金子公司成立以来，监管层不断加强对基金子公司的监管和规范指导，通过“八条底线”、净资本要求、风险控制指标管理等一系列监管措施防控风险。在新的监管框架之下，基金子公司业务发展迎来转型，由“被动”的通道业务转向“主动”的资产管理，开启“净资本约束”时代。

下文按时间顺序对基金子公司的监管政策进行汇总，并对监管导向做简要介绍。

（一）监管导向一：严禁通道和资金池业务

通道业务一般都会涉及层层嵌套的资产管理模式，复杂的产品结构，使得管理人很难仅凭单一通道

产品的运作情况，判断是否具有风险，这就使得过去规模庞大的通道业务有很大的风险隐患。加之基金子公司起始资本金较低，根本无法承担大规模的兑付责任。而资金池业务通常会出现资金端和资产端的现金流在期限结构上的错配，造成资金投向不清晰透明，单只资管产品无法对应单项资产，无法做到单只产品的单独核算，无法进行估值和测算投资收益。在多只资管产品对应多项资产的情况下，投资者无法确切辨识投向具体资产项目，无从判断每只产品的收益来源，投资风险在多项产品及投资者之间相互转移，或者投资者的资金被用于偿还旧产品，即借新还旧，风险自然也难以衡量及区分，追偿难度加大。另外资金池业务也加大了资管产品的流动性风险，一旦难以募集到后续资金或者投资者大额赎回，容易发生流动性紧张。由于滚动发行下产品预期收益率不同，因此与投资者预期收益不匹配，为按照预期收益率给付投资者收益，通常脱离对应标的资产的实际收益，因此不能与资产真实的合理价值挂钩。此外，资产池内的资产的盈利能力决定能否兑付投资者的收益，一旦资产池中资产缺乏产生现金流能力，则会造成无法兑付的现象。因此，监管层加强了对这两方面的风险防范。

2014年4月25日，证监会发布《关于进一步加强基金管理公司及其子公司从事特定客户资产管理业务风险管理的通知》规定：1）规范子公司通道业务，禁止“一对多”专户开展通道业务；2）禁止开展资金池业务，切实做到资金来源与运用一一对应。

2015年3月5日，基金业协会发布《证券期货经营机构落实资产管理业务“八条底线”禁止行为细则》，再次强调不得开展资金池业务。

2016年7月14日，证监会公布《证券期货经营机构私募资产管理业务运作管理暂行规定》，要求不得开展或参与资金池业务。

2017年5月19日，证监会在新闻发布会上首提全面禁止通道业务，强调不得让渡管理责任。

（二）监管导向二：增加资本金要求以降杠杆

基金子公司一开始除了不低于2000万元注册资本的要求外，便没有与信托和券商资管相对应的风险资本和净资本的约束，导致2016年时全行业杠杆高达1800多倍，因此监管部门强化监管，督促基金子公司将其高企的杠杆降下来。

2014年4月的《关于进一步加强基金管理公司及其子公司从事特定客户资产管理业务风险管理的通知》，要求提高基金公司设立基金子公司门槛，此后基金子公司获批通过数量快速减少。

2015年3月的《证券期货经营机构落实资产管理业务“八条底线”禁止行为细则》规定分级资产管理计划的杠杆倍数不得超过10倍。

2016年7月的《证券期货经营机构私募资产管理业务运作管理暂行规定》要求：1）禁止结构化资管产品直接或间接为优先级份额认购者提供保本保收益安排；2）依据投资范围及投资比例将结构化资管产品分为股票类、固定收益类、混合类和其他类，并根据不同类别产品的市场风险波动程度相应设定不同的杠杆倍数上限。股票类、混合类结构化资产管理计划的杠杆倍数不得超过1倍，固定收益类结构化资产管理计划的杠杆倍数不得超过3倍，其他类结构化资产管理计划的杠杆倍数不得超过2倍；3）对资管产品的投资杠杆做了适度限制。结构化资产管理计划的总资产占净资产的比例不得超过140%，非结构化集合资产管理计划（即“一对多”）的总资产占净资产的比例不得超过200%。严格防范结构化资管产品嵌套投资风险，禁止结构化资管产品向下嵌套投资其他结构化金融产品的劣后级份额。

2016年12月15日起正式实施的《基金管理公司特定客户资产管理子公司风险控制指标管理暂行规定》对基金子公司的资本金做了最明确和严格规定。主要提出了四项要求：一是净资本绝对指标，即“净资本不低于1亿元”，保证基金子公司具有基本的展业实力；二是净资本相对指标，即“净资本不得低于各项业务风险资本之和的100%”，保证基金子公司具有足够的资本抵御各项业务可能造成的非预期损失；三是净资本流动性指标，即“净资本不得低于净资产的40%”，旨在防范流动性风险、保证基金子公司能够及时变现相关资产履行到期债务；四是杠杆率指标，即“净资产不得低于负债的20%”，旨在控制和防范公司负债风险。

（三）监管导向三：强化合规和风险管理，回归本源，防控风险，规范发展

为严控风险，监管部门一直持续强调加强合规和风险管理，督促提升基金子公司的内部治理水平和风险防范能力,全力促进基金行业长远健康发展。

2013年11月26日，基金业协会发布《关于加强专项资产管理业务风险管理有关事项的通知》，旨在规范基金管理公司及其子公司的专项资产管理业务，加强该项业务风险管理。主要包括：1）建立健全风险管理制度，特别应当建立合作方以及项目遴选机制；2）严格执行销售适用性原则；3）对投资管理进行规定，对不同专项计划实行分别核算、分别管理；）完善内部管理机制。

2014年2月24日，证监会发布《基金管理公司从事特定客户资产管理业务子公司内控核查要点（试行）》，对公司治理、项目管理、销售管理、风险管理与监察稽核、运营管理、公司财务、人员管理、信息技术、风险隔离与利益冲突防范、母公司管控等十个大项做了具体规范，并要求督导基金公司及其子公司应积极配合会计事务所的内控核查工作。此外，这一内控核查要点在2015年和2017年分别做了重新修订。

2014年4月，证监会公布《关于进一步加强基金管理公司及其子公司从事特定客户资产管理业务风险管理的通知》，要求基金子公司应当强化合规管理，牢牢守住合规底线：不得损害客户利益和不当宣传推介产品。

2016年11月29日，证监会公布《基金管理公司子公司管理规定》，这是对2012年11月开始施行的《证券投资基金管理公司子公司管理暂行规定》的修订。修订主要体现在五个方面：一是明晰“子”公司定位，引导母子公司形成业务协同、专业互补的良好经营格局；二是完善内部治理，系统性规制子公司组织架构及潜在利益冲突；三是强化风险管控，促使子公司业务发展规模与风险管控能力相匹配；四是优化监管协作机制和监管报告机制,提高日常监管效能；五是支持基金行业更好服务资本市场，为优质基金公司的未来发展预留空间。

2017年的《关于规范金融机构资产管理业务的指导意见（征求意见稿）》和2018年发布的《关于规范金融机构资产管理业务的指导意见》，都在强调“服务实体经济、防控金融风险、深化金融改革”，按照“坚决打好防范化解重大风险攻坚战”的决策部署，坚持严控风险的底线思维，坚持服务实体经济的根

本目标，坚持宏观审慎管理与微观审慎监管相结合的监管理念，坚持有的放矢的问题导向，坚持积极稳妥审慎推进的基本思路，全面覆盖、统一规制各类金融机构的资产管理业务，实行公平的市场准入和监管，最大程度地消除监管套利空间，切实保护金融消费者合法权益。

《指导意见》强调按照产品类型统一监管标准，从募集方式和投资性质两个维度对资产管理产品进行分类，分别统一投资范围、杠杆约束、信息披露等要求；坚持产品和投资者匹配原则，加强投资者适当性管理，强化金融机构的勤勉尽责和信息披露义务；明确资产管理业务不得承诺保本保收益，打破刚性兑付；严格非标准化债权类资产投资要求，禁止资金池，防范影子银行风险和流动性风险。分类统一负债和分级杠杆要求，消除多层嵌套，抑制通道业务；加强监管协调，强化宏观审慎管理和功能监管。

四、基金子公司未来发展的初步思考

自2012年11月首批基金子公司诞生起，为公募基金探路非公募业务的子公司风雨兼程，为整个资产管理行业做出了突破性、创新性的尝试，规模不断壮大。也正因为其超常规发展，行业普遍存在重回报、轻投入，在人力资源、投资能力、风控管理、信息系统等方面的投资都不足以支撑其可持续发展。

自2013年起，监管层就不断推出监管新政，持续推动基金子公司探索转型，拓展新业务领域，寻找新业务发展模式，培养内生竞争力，向真正的投资专家转型。

在当下的经济新常态中，金融业正发生着深刻变化，基金子公司应逐渐从通道、房地产融资、地方政府平台融资等传统业务中抽身，主动求变，着力发展类投行业务，注重自身的主动管理和风险控制能力的打造。

基金子公司作为从基金行业中诞生专注于投资“未通过证券交易所转让的股权、债权及其他财产权利”的资产管理公司，未来的发展目标是：努力成为全能型私募资产管理机构，或者努力打造专注于特定细分投资策略和市场风格领域的专业型资产管理机构。

2018年4月资管新规出台，要求资管机构回归资管本源、严控通道业务、禁止多层嵌套，也为基金子公司指明了新的发展方向，基金子公司对未来出路的探索仍在继续。基金子公司将转型回归到“受人之托、代人理财”的本质，大类资管、投研能力和风险定价将成为基金子公司实现可持续发展的努力方向。

（作者系东海基金管理有限责任公司督察长）

基金行业20年法律体系发展历程

□ 通力律师事务所

2018年是中国基金行业发展20周年。从1998年首批基金公司成立，到2018年《关于规范金融机构资产管理业务的指导意见》出台，基金行业在监管部门的指导和行业自身的努力下，逐步建立了理念先进、内容完备、运作透明的基金行业法律法规体系，堪称中国资管行业规范发展的典范。

1997年，国务院颁布《证券投资基金管理暂行办法》，中国证券投资基金进入初步规范发展阶段。在此框架下，1998年3月，首批基金公司和首批封闭式基金相继面世。2000年10月，《开放式证券投资基金试点办法》发布，开放式证券投资基金登上历史舞台。2003年，《中华人民共和国证券投资基金法》发布。2013年，新《中华人民共和国证券投资基金法》实施。

20年来，相关配套公募基金法律法规及自律规则发布210多项，对公募基金投资运作、销售管理、信息披露管理等进行了明确的细化规定，确立了风险自担的产品设计和销售规范、强制托管制度、每日估值制度、信息披露制度、公平交易制度以及严格的监管执法体制，推动公募基金成为投资者保护最充分的行业，公募基金的制度优势保证了行业20年的繁荣发展。

本文主要从中国基金法律法规发展的五个主要阶段，梳理基金法律体系的发展历程。

一、证券投资基金元年和前基金法的初步规范阶段 (1997—2003)

1997年11月14日，国务院证券委员会发布《证券投资基金管理暂行办法》(证委发〔1997〕81号，以下简称《1997基金暂行办法》)，标志着中国证券投资基金进入规范发展阶段。为有效实施《1997基金暂行办法》，中国证券监督管理委员会(以下简称证监会)在1997—1999年制定并发布《证券投资基金管理暂行办法实施准则》第1号至第6号(证监基字〔1997〕3号，证监发〔1999〕11号、53号，以下简称《1997基金暂行办法实施准则》)，对基金契约、托管协议和招募说明书的内容与格式、基金管理公司章程必备条款、证券投资基金信息披露规则、基金从业人员资格管理等作出细化规定。

《1997基金暂行办法》规定申请设立基金管理公司的条件和申请基金托管人资格的条件。对于申请设立基金管理公司的主要发起人限定为证券公司和信托公司，并在2001年引入“好人举手”制度。依据上述规定，1998年2月24日中国工商银行成为首家取得证券投资基金托管人资格的商业银行。1998年3月5日和3月6日，中国最早的两家基金管理公司——国泰基金和南方基金分别成立。

《1997基金暂行办法实施准则》除了对基金管理公司和基金托管人的准入首次作出规定外，更重要的是对证券投资基金的设立、募集、交易、投资运作提出了较为全面的规范要求，明确了证券投资基金“证券投资”的属性、奠定了分散风险的投资理念、确立了基金份额持有人大会这一重要的基金份额持有人利益保护机制。

1998年3月，中国首批封闭式基金——基金金泰和基金开元成立。由此，1998年被视为证券投资基金元年。

2000年10月8日，证监会发布《开放式证券投资基金试点办法》（证监基金字〔2000〕73号），开启开放式基金试点序幕，证券投资基金的运作方式从单一封闭式发展到封闭式与开放式并存。2001年9月21日，华安基金管理有限公司经证监会批准设立中国首只开放式基金——华安创新证券投资基金。

二、《2004基金法》与“一法六规”体系初步成型（2004—2005）

2001年4月28日，全国人大常委会通过《中华人民共和国信托法》（中华人民共和国主席令第50号，以下简称《信托法》），该法于2001年10月1日起施行。《信托法》的公布为《中华人民共和国证券投资基金法》（中华人民共和国主席令第9号，简称《2004基金法》）的制定和公布奠定了坚实的法律基础。国务院办公厅2001年12月29日发布的《关于<中华人民共和国信托法>公布执行后有关问题的通知》（国办发〔2001〕101号），进一步明确了基金管理公司所从事的证券投资基金管理业务为“营业性信托活动”，且监管机构为中国证监会。

历时4年半，2003年10月28日，第十届全国人大常委会第五次会议三审通过《2004基金法》，这是中国基金业里程碑式的事件。《2004基金法》对于证券投资基金的法律设计以信托关系为基础，明确基金管理人与基金托管人的双受托人的法律地位，坚持《信托法》下的信托财产独立原则，将基金份额持有人利益保护的原则上升到法律高度，这些基本制度和原则对基金业影响深远，成为15年来中国证券投资基金发展的基石性制度。

根据《2004基金法》相关规定，证监会在2004年发布《证券投资基金行业高级管理人员任职管理办法》（证监会令第23号）、《证券投资基金运作管理办法》（证监会令第21号，以下简称《2004运作办法》）、《证券投资基金销售管理办法》（证监会令第20号，以下简称《2004销售办法》）、《证券投资基金信息披露管理办法》（证监会令第19号）、《证券投资基金管理公司管理办法》（证监会令第22号，以下简称《2004基金公司管理办法》）、《证券投资基金托管资格管理办法》（证监会令第26号）等配套部门规章，逐步建立了以“一法六规”为核心的基金法律法规体系。

“一法六规”在基金公司管理方面，将主要股东的范围扩大到证券公司和信托公司之外的其他从事金融资产管理业务的机构，引入独立董事制度，确立“督察长”这一基金公司特有的高级管理人员制度。在人员管理方面，明确了基金公司高级管理人员的范围、资格条件和审批程序以及董事（特别是独立董事）的任职条件。在基金运作方面，明确了基金募集申请条件、开放式基金申购赎回的基本机制、基金的类别和对应的投资风格、基金份额持有人大会的召开机制。在基金销售方面，明确了持牌销售原则，规定各类基金销售机构准入条件，对基金推介和销售行为提出系统规范。在信息披露方面，明确了基金信息披露的主体、方式以及各类信息披露的类型和要求，并制定了基金信息披露内容格式准则和信息披露编报规则，使得各类信息披露文件的内容、格式、编报和披露都有规可循。在基金托管方面，规定了商业银行可以申请托管资格以及申请条件。通过《2004基金法》配套部门规章的制定和发布，“一法六规”的基金监管法律体系基本成型。

三、证券投资基金监管体系的完善(2005—2010)

(一)机构监管方面

证监会针对基金公司的业务范围、内控及公司治理、风险准备金和固有资金管理、从业人员管理，制定了不同的规范。

基金公司的业务范围开始逐步多元化。2006年2月23日，证监会基金部发布《关于基金管理公司向特定对象提供投资咨询服务有关问题的通知》(证监会基金部通知〔2006〕8号)(该文件2015年废止)，允许基金公司向合格境外机构投资者、境内保险公司及其他依法设立运作的机构等特定对象提供投资咨询服务。2007年11月29日发布、2008年1月1日起施行的《基金管理公司特定客户资产管理业务试点办法》(证监会令第51号)允许基金公司接受特定客户募集资金开展包括单一客户特定资产管理业务和多个客户特定资产管理业务在内的私募资产管理业务。基金公司的业务范阔拓展到了投资咨询和私募资产管理业务领域。2008年4月8日，证监会发布《关于证券投资基金管理公司在香港设立机构的规定》(证监会公告〔2008〕12号)允许基金公司在香港设立子公司或者其他形式分支机构，从事资产管理业务。

基金公司的内部控制规范以《2004基金公司管理办法》相关规定为基本原则，具体规范主要以2002年的《证券投资基金管理公司内部控制指导意见》(证监基金字〔2002〕93号)为依据。2006年，证监会制定的《证券投资基金管理公司治理准则(试行)》(证监基金字〔2006〕122号)首次提出基金公司良好公司治理的主要标准，成为迄今为止基金公司内部治理结构方面的主要标准。针对基金公司内控和公司治理中重要的特殊高级管理人员——督察长，证监会2006年5月8日发布《证券投资基金管理公司督察长管理规定》(证监基金字〔2006〕85号)，界定了督察长的职责，规定了督察长的执业素质和行为规范，明确要求督察长负责组织指导基金公司监察稽核工作和监督检查基金公司内部风险控制情况。

针对基金公司的风险准备金，为执行《2004基金公司管理办法》的相关规定，证监会于2006年发布《关于基金管理公司提取风险准备金有关问题的通知》(证监基金字〔2006〕154号)，要求基金公司按管理费5%计提风险准备金，风险准备金余额达到基金资产净值的1%时可以不再提取，风险准备金仅可投资于国债等高流动性低风险的资产。2007年制定的《基金管理公司提取风险准备有关事项的补充规定》(证监会计字〔2007〕1号)明确前文所述“风险准备金”为一般风险准备，并对于“专项风险准备”制定了财务管理规定。2008年证监会再次发文，将一般风险准备的管理费计提比例从5%修改至10%，自此管理费10%的风险准备计提比例执行至今。

针对基金公司的固有资金，证监会2005年下发《关于基金管理公司运用固有资金进行基金投资有关事项的通知》（证监基金字〔2005〕96号，以下简称《2005固有资金基金投资通知》），规定基金公司净资产5000万以上的方可运用固有资金进行基金投资且投资比例不得超过净资产的60%，禁止固有资金投资ETF，要求固有资金投资封闭式基金应遵守不超过总份额10%的比例限制且原则上应持有到期，达到一定比例的份额变化需及时披露。对于固有资金投资本公司管理的开放式基金，该通知要求只能通过代销机构进行，且对于LOF基金不能参与二级市场交易，持有期限不少于6个月，持有比例不超过基金总份额10%，申购和赎回需提前2个交易日公告。

（二）人员管理方面

证监会2006年10月27日发布《基金管理公司投资管理人员管理指导意见》（证监基金字〔2006〕226号），针对基金公司投资管理人员在利益冲突和利益输送防范确定了基本的行为规范，并针对基金公司对投资管理人员的监督管理，在公司的离任职管理、投资授权、投资风险控制、公平交易、信息管理和保密、个人利益冲突行为管理、员工对外言论管理、评价与考核、合规教育等方面做出详细规定。该意见在2009年修订，至此基金业形成了基本统一的公司固定电话录音、投资和交易人员交易时间手机统一保管、办公区域视频监控、即时通讯工具实时监控并留痕的严格的投研合规管理文化。

在这一时期，基金从业人员的个人投资主要执行《关于加强证券投资基金监管有关问题的通知》（证监基字〔1998〕29号）的规定，该通知规定“管理公司、基金托管部工作人员不得直接或间接买卖股票和基金，或替他人买卖股票和基金”。2007年证监会发布的《关于基金从业人员投资证券投资基金有关事宜的通知》（证监基金字〔2007〕171号）允许基金从业人员投资开放式基金，但仍不得投资封闭式基金。2012年6月12日证监会发布《关于基金从业人员投资证券投资基金有关事项的规定》（证监会公告〔2012〕15号），规定基金从业人员投资基金的种类完全放开，但根据职位不同需遵守6个月或1年的锁定期限制。

从2007年基金业首起利用未公开信息交易（俗称“老鼠仓”）的案件发生起，基金从业人员特别是利用未公开信息交易的违规行为开始受到监管机构高度关注。相关人员因“老鼠仓”行为被证监会行政处罚的案件逐年增加，处罚依据主要是违规炒股以及损害基金份额持有人利益。2009年2月28日，全国人大常委会会议通过《中华人民共和国刑法修正案（七）》（中华人民共和国主席令第10号），宣告“老鼠仓”入刑，违法人员所涉行业也从基金行业扩展到其他行业，从此“老鼠仓”的法律责任追究从单一行政处罚变为刑事处罚和行政处罚并行。

（三）基金投资运作方面

依据《2004基金法》的规定，公募基金的投资范围一直采用“白名单”制，除上市交易的股票、债券外，其他证券品种需中国证监会规定基金方可投资。2004—2008年，证监会通过发布文件先后允许基金投资政策性金融债、权证、资产支持证券、非公开发行股票、分离型可转债、央票等。在2010年后，随着证券期货市场品种的多样化，证监会进一步放开了基金参与股指期货、中期票据、银行存款、中小企业私募债、国债期货、短期公司债券、并购重组私募债、同业存单、股票期权、融资融券及转融通证券出借业务、港股通交易等。

（四）产品审批方面

证监会除依据《2004运作办法》进行公募产品审批外，制定了专门的审核指引，既涉及一般申请审核要求，也包括特定类型基金的审核指引，例如中短债基金、债券基金C类收费模式、ETF联接基金、QDII基金等。2010年11月，证监会公布的《关于保本基金的指导意见》(证监会公告〔2010〕30号)主要对于早在2003年就开始出现的保本基金从保本保障机制方面作出了完整的规范。

2006年11月2日成立的华安国际配置基金是率先开始试点的QDII基金。2007年6月18日，证监会发布《合格境内机构投资者境外证券投资管理试行办法》(证监会令第46号)及相关实施规则，允许申请取得合格境内机构投资者资格和外汇额度的基金公司发行投资于境外证券市场的基金。

（五）基金销售方面

2007—2009年，证监会发布《证券投资基金销售业务信息管理平台管理规定》(证监基金字〔2007〕76号)、《证券投资基金销售机构内部控制指导意见》(证监基金字〔2007〕277号)、《证券投资基金销售适用性指导意见》(证监基金〔2007〕278号)、《关于证券投资基金宣传推介材料监管事项的补充规定》(证监会公告〔2008〕2号)、《开放式证券投资基金销售费用管理规定》(证监会公告〔2009〕32号)。这些规定对于销售机构完善销售系统功能和内部控制体系、执行基金投资者风险匹配制度、规范宣传推介行为、确立基金销售费用体系，发挥了重要作用。

四、基金法律法规的新一轮修订和创新产品浪潮 (2010—2015)

2012年12月28日，第十一届全国人大常委会第三十次会议通过修订后的《中华人民共和国证券投资基金法》(中华人民共和国主席令第71号，以下简称《2013基金法》)，从2013年6月1日起施行。此次基金法修订的主要内容包括公募基金管理人市场准入、监管和基金运作，将私募证券投资基金纳入《2013基金法》，针对基金服务机构作出专门性规定，并确定了证券投资基金行业的自律组织——中国证券投资基金业协会(以下简称基金业协会)。此次《2013基金法》的修订，对于2012年以后的公募基金管理人市场准入变化、中国基金业协会的成立、私募基金管理人登记和私募基金备案管理等产生了深远影响。就公募基金而言，《2013基金法》允许符合条件的资产管理机构直接申请公募基金管理资格，基金公司主要股东的条件也进一步放宽，甚至允许自然人作为基金公司的主要股东，大幅度削减基金公司变更和高级管理人员的行政许可(2015年对《2013基金法》再次修改后全面取消了高级管理人员的行政许可)，允许基金从业人员经向公司事前申报并经审查通过后进行证券投资，正式将泄露未公开信息和利用未公开信息交易的行为列为《2013基金法》禁止行为，鼓励专业人士持股，丰富监管部门的监管措施和支付手段，放宽基金托管人的准入限制，使商业银行之外的其他金融机构参与公募基金的托管业务成为可能，增加了基金份额持有人大会的二次召集制度，首度提出“基金合并”概念，基金发行审核制调整为注册制，有条件允许公募基金从事重大关联交易。

与上述背景相应的，自2010年开始，基金行业法规开始了新一轮的修改完善。

（一）机构准入和公司管理方面

2012年9月，证监会修订并公布《证券投资基金管理公司管理办法》（证监会令第84号）和配套的实施规定。此次修订按照“加强监管、放松管制”的总体思路，降低基金公司准入门槛和放松业务管制，完善公司治理，强化监管措施，对基金公司的股东条件、股权结构、公司治理、经营管理和风险控制等方面作出了若干重大调整。

证监会于2013年2月18日发布《资产管理机构开展公募证券投资基金管理业务暂行规定》（证监会公告〔2013〕10号），允许符合条件的中国境内依法设立的证券公司、保险资产管理公司以及专门从事非公开募集证券投资基金管理业务的资产管理机构向证监会申请开展公募基金管理业务。证监会另于2013年4月2日发布《证券投资基金托管业务管理办法》（证监会、银监会令92号），允许商业银行以外的其他金融机构申请基金托管资格。国务院于2013年12月10日发布《国务院关于管理公开募集基金的基金管理公司有关问题的批复》（国函〔2013〕132号），根据《2013基金法》的规定对公募基金公司主要股东、持股5%以上的非主要股东和境外股东的资格条件作出规定，允许符合条件的自然人作为基金公司的主要股东或者持股5%以上的非主要股东。根据《2013基金法》的修订以及前述规定，从2013年起公募基金管理人和基金托管人的构成开始发生新的变化，一批由私募基金管理人或者自然人作为主要股东发起设立的公募基金公司、获得公募基金管理资格的证券公司和保险资产管理公司，以及获得公募基金托管资格的证券公司（及其资管子公司）陆续出现。

证监会于2013年8月2日公布《基金管理公司固有资金运用管理暂行规定》（证监会公告〔2013〕33号，以下简称《2013固有资金管理规定》），并替代《2005固有资金基金投资通知》。《2013固有资金管理规定》取消《2005固有资金基金投资通知》对基金公司固有资金投资基金的最低净资产、基金类型、比例等若干限制，鼓励基金公司运用固有资金投资本公司管理的基金和其他投资组合，允许基金公司固有资金进行金融资产投资以及进行与经营资产管理业务相关的股权投资，但要求高流动性资产的比例不得低于50%，并禁止固有资金投资上市交易的股票、期货及其他衍生品。

证监会于2013年9月24日公布《公开募集证券投资基金风险准备金监督管理暂行办法》（证监会令第94号，以下简称《2013风险准备金管理规定》）明确基金公司风险准备金余额达到上季末管理基金资产净值的1%时可不再提取，并将计提风险准备金的主体从基金管理人扩展到基金托管人。风险准备金余额达到上季末托管基金资产净值的0.25%时可不再提取，风险准备金的保值运用范围也从存款和国债为主扩展到央票、央企债券、金融债券等。

（二）专户及子公司业务方面

2012年9月的另一重大法规修订是修订后施行的《基金管理公司特定客户资产管理业务试点办法》（证监会令第83号）。该办法的修订，拓展了基金公司特定客户资产管理业务(以下简称专户业务)的投资范围，取消了管理费、托管费、业绩报酬的收取比例要求，而在若干修订内容中影响最深远的莫过于允许基金公司设立专门的子公司，通过设立专项资产管理计划开展专项资产管理业务，而专项资产管理计划的投资范围除标准化金融工具外，更可以投资于未通过证券交易所转让的股权、债权及其他财产权利，以及中国证监会认可的其他资产。

（三）基金投资运作方面

2014年7月7日，证监会公布《公开募集证券投资基金运作管理办法》（证监会令第104号,以下简称《2014运作办法》），该办法自2014年8月8日起施行，2012年修订的《证券投资基金运作管理办法》（证监会令79号）同时废止。《2014运作办法》执行了修订后《2013基金法》规定的基金注册制,对于发起式基金注入了“种子基金”的全新内核，重新定义了基金的类别，特别对于股票型基金的股票仓位下限从60%提高至80%，并新增了基金中基金(FOF)这一新的类别，投资限制引入杠杆比例，明确重大关联交易应当履行的程序，针对“迷你基金”提出限期整改的要求。

（四）产品审批方面

2004—2008年基金发行审核采用“单通道制”,即基金公司前1只基金获批且成立后方可上报下1只基金。2008年，证监会为鼓励基金产品创新，为重大创新产品开通“绿色通道”。2009年，证监会开始推动实行基金产品分类排队、分类审核的制度。2012年3月，证监会进一步放松通道管制，固定收益类基金、主动投资的偏股类基金、指数类股票基金的通道合并为境内基金通道，基金公司可以同时上报3只基金募集申请，而QDII基金、创新产品和专户产品的通道继续保留。

2011年，证监会发布《股票型(混合型)证券投资基金基金合同填报指引(试行)》，按该指引撰写基金合同的产品，将简化审核程序。2012年6月，证监会新增了发起式基金审核通道。同年12月,证监会发布《关于深化基金审核制度改革有关问题的通知》（中国证监会基金部通知〔2012〕50号），彻底取消产品审核通道，基金公司根据市场需求自行决定上报数量和类型，常规产品按简易程序20个工作日内完成审核。证监会还发布了与之配套的4种产品类型的基金合同填报指引，对采用该填报指引撰写基金合同的产品，证监会将按照简易程序审核。

至2013年6月1日修订后的《2013基金法》施行，公募基金发行制度正式从核准制变更为注册制。

（五）基金销售方面

2011年6月修订的《证券投资基金销售管理办法》（证监会令第72号，以下简称《2011销售办法》）允许在华外资商业银行申请基金销售资格，修订了各类机构申请基金销售资格的条件，特别是准许独立基金销售机构申请基金销售业务资格，新增基金销售支付结算的相关要求，将过往证监会对于基金宣传推介、销售费用、销售适当性、销售信息管理平台的若干监管要求并入《2011销售办法》，并首次提出基金销售机构可以收取增值服务费。

2011年9月23日，证监会发布《证券投资基金销售结算资金管理暂行规定》（证监会公告〔2011〕26号），对基金销售结算资金管理作出细化规定。2013年3月修订的《证券投资基金销售管理办法》（证监会令第91号，以下简称《2013销售办法》）公布实施，允许期货公司和保险机构申请基金销售业务资格，适度放宽了申请主体的合规记录条件。

五、防范风险、加强监管的新阶段（2015年至今）

自2015年以来，由于基金子公司的风险暴露、2015年“股灾”以及2016年年底货币流动性危机、投资者纠纷和诉讼数量大幅增加等若干行业性事件，基金行业的监管力度明显加强。

（一）基金公司管理与治理方面

2017年6月6日，证监会公布《证券公司和证券投资基金管理公司合规管理办法》（证监会令第133号），首次提出“合规创造价值”“合规是公司生存基础”的重要合规理念，明确普遍适用的合规基本原则，强化合规管理的公司全覆盖，要求梳理“全员合规”理念，明确基金公司各层级机构、负责人以及从业人员的合规管理职责，为督察长提供履职保障，强化督察长和合规部门独立性和权威性，并对基金公司合规部门的最低合规管理人员数量、业务部门配备专职/兼职合规管理人员、公司全员纳入合规考核范围以及进行年度合规管理有效性评价提出了明确要求。

（二）专户及子公司监管方面

在基金子公司方面，从基金业协会2015年3月发布的《证券期货经营机构落实资产管理业务“八条底线”禁止行为细则》（中基协字〔2015〕44号）到2016年7月14日证监会公布的《私募资产管理业务规定》，围绕“去杠杆”“去通道”“去非标”对基金子公司较为广泛存在的分级产品、通道产品、非标类产品作出了限制。2016年11月29日证监会公布的《基金管理公司子公司管理规定》（证监会公告〔2016〕29号）强化了基金公司对子公司的控制要求，并禁止母子公司同业竞争，规范子公司固有资金管理和运作，禁止子公司再下设机构，加强母子公司人员隔离，禁止子公司股权激励错位，提出母公司全面风险管理的总体性要求，增加专户子公司风险准备金制度，并借鉴证券、信托等机构的监管经验，建立风险控制指标体系。专户子公司的风险控制指标体系具体由同步公布的《基金管理公司特定客户资产管理子公司风险控制指标管理暂行规定》（证监会公告〔2016〕30号）作出规定，核心内容是引入净资本指标和风险资本指标，以建立能够综合反映并有效防范各类业务风险的风险控制指标体系。

随着《关于规范金融机构资产管理业务的指导意见》的出台，2018年10月22日证监会发布《证券期货经营机构私募资产管理业务管理办法》《证券期货经营机构私募资产管理计划运作管理规定》（以下合称《资管细则》），作为《关于规范金融机构资产管理业务的指导意见》配套实施细则。

在具体内容方面，《资管细则》主要有七方面重点规则：**一是统一法律关系，明确基本原则**。依法明确各类私募资管产品均依据信托法律关系设立，并在此基础上确立了“卖者尽责、买者自负”等基本原则。**二是系统界定业务形式，厘清资产类别**。统一现有规则“术语体系”，系统界定业务形式、产品类型，以及标准化、非标准化资产。**三是基本统一监管标准**。覆盖机构展业的资格条件、管理人职责、运作规范和内控机制要求等方面。**四是适当借鉴公募经验，健全投资运作制度体系**。包括组合投资、强制托管、充分披露、独立运作等方面要求。**五是压实经营机构主体责任**。专设一章，系统规定证券期货经营机构开展私募资管业务的风险管理与内部控制机制要求。**六是强化重点风险防控，补齐制度短板**。重点加强流动性风险防控，以及利用关联交易向管理人或者托管人的控股股东、实际控制人输送利益的风险。**七是强化一线监管，加强监管与自律协作**。健全信息报送和信息共享机制，加强派出机构一线监管，强化责任追究。

在过渡期安排方面，《资管细则》立足当前市场运行特点和存量资管业务情况，设置了与《关于规范金融机构资产管理业务的指导意见》相同的过渡期，并且作出了“新老划断”的柔性安排。过渡期内，各证券期货经营机构在有序压缩存量尚不符合《资管细则》规定的产品整体规模的前提下，允许存量尚不符合《资管细则》规定的产品滚动续作，且不统一限定整改进度，允许机构结合自身情况有序规范，逐步消化，实现新旧规则的平稳、有序衔接。过渡期结束后，对于确因特殊原因难以规范的存量非标准化债权类资产，以及未到期的存量非标准化股权类资产，经证监会同意采取适当安排妥善处理。

（三）基金投资运作方面

2015年12月17日，证监会公布《货币市场基金监督管理办法》（证监会令120号），在拓展货币市场基金投资品种的同时，加强了货币市场基金投资比例限制，针对流动性风险增加了高流动性资产的投资比例要求，提高了正回购资金余额的控制要求，缩短平均剩余期限，提出非对称偏离度监管要求，细化货币市场基金宣传推介的监管要求，针对货币市场基金的互联网营销，要求遵循“突出基金本质”的原则，并专门对货币市场基金的风险控制作出规定。

2017年3月17日，证监会证券基金机构监管部通过《机构监管情况通报》方式发布公募基金投资者集中度管理的若干要求，针对2015年开始集中涌现的银行委外定制基金提出规范化要求。2017年8月31日，基于过去两年多时间公募基金在信用风险、集中持股、货币市场基金规模无序增长以及定制基金等方面所暴露的流动性风险，证监会发布《公开募集开放式证券投资基金流动性风险管理规定》（证监会公告〔2017〕12号），对于基金管理人的流动性风险管理内控体系、基金持有流通股的集中度、投资流动性受限资产的比例、逆回购交易风险管理、投资者集中度管理、申购和赎回管控、风险缓释工具的使用，以及针对货币市场基金在久期管理、投资标的信用评级及集中度、估值体系、规模与风险准备金挂钩、机构类货币市场基金的赎回管控等相关方面作出了详尽规定。

（四）基金销售方面

2016年12月12日，证监会公布《证券期货投资者适当性管理办法》（证监会令第130号），全面适用于基金公司和基金销售机构。该办法新提出了专业投资者与普通投资者的分类，大幅加强对普通投资者的适当性保护，重新确定产品风险等级划分的标准，严格要求投资者与产品的风险匹配，并且禁止错配推介，对于网点销售强制“双录”，对于线上销售则要求电子数据留痕。

（五）《资管新规》应运而生

2018年4月27日，为规范金融机构资产管理业务，统一同类资产管理产品监管标准，有效防控金融风险，更好地服务实体经济，中国人民银行、中国银行保险监督管理委员会(以下简称银保监会)、证监会、国家外汇管理局(以下简称国家外管局)联合发布《关于规范金融机构资产管理业务的指导意见》(银发〔2018〕106号，简称《资管新规》)。《资管新规》确认了银行理财的公募产品地位，对公募产品采用统一的投资范围、净值管理、投资比例限制要求，公募基金将面临来自银行理财公募产品的有力竞争。除此之外，公募基金受《资管新规》冲击较大的是分级基金的整改任务。

对于基金公司和专户子公司的私募资产管理业务而言，《资管新规》统一了资管产品的类别体系和分类标准，重新确定了私募资管产品的合格投资者标准，禁止刚性兑付，严格限制摊余成本法估值，统一负债杠杆，禁止多层嵌套和规避监管要求的通道业务，强化非标准化债权、股权及其受(收)益权投资的期限匹配要求，基金公司及专户子公司的私募资产管理业务将会受到《资管新规》较大冲击。

回首基金行业20年，完备的法律体系和规范的运作，为基金行业的长期繁荣和稳健发展奠定了坚实的制度基础。展望下一个20年，随着基金行业法律法规体系的不断完善，基金管理人将更加谨慎勤勉地履行职责，投资者的利益将得到更好的保护。同时，基金行业必将在大资管时代为广大投资者提供更好的投资产品和服务，为中国经济发展作出更大的贡献。

基金行业社会责任专题报告

□ 天相投资顾问有限公司

20年鼎故革新，中国公募基金行业在严格履行信托责任和传递信托价值的同时，逐步形成多元化价值导向，从生存为先到强调社会价值的创造，积极践行社会责任投资理念，ESG投资方兴未艾。

一、积极践行社会责任投资理念，ESG投资方兴未艾

社会责任投资（SocialResponsibleInvestment，SRI）是基于社会责任理念的一种投资方式，在选择标的企业时不仅关注其财务、业绩方面的表现，同时关注企业社会责任的履行，在传统的选股模式上增加企业环境保护、社会道德以及公共利益等方面的考量，是一种更全面考察企业的投资方式。当前海外非常流行的ESG投资，即投资决策时重点关注环境、社会和公司治理三方面，正是社会责任投资理念的产物。

（一）积极践行社会责任，社会责任投资基金纷纷成立

社会责任投资与传统投资相比，将投资决策与经济、社会、环境相统一，是一种具有三重考量的投资。其投资目的不单为实现资本最大程度地增值，还具有公益性投资目标，通过投资促进企业改善公司治理、环境及职工权益等方面的问题，再加上对传统财务的考虑，使经济和社会都能得益。

公募基金行业对社会责任投资的关注和探索逐步深入。对比2008年以来的社会责任调查情况，可以看到，社会责任投资问题调查反馈率从2008年的17家上升至2018年的117家。将社会责任履行情况纳入关注的基金公司数量从2008年的14家上升至2018年的84家，2017—2018年将社会责任考察纳入评价标准的基金公司数量显著增加，体现出基金行业整体上对社会责任投资的关注和进一步探索。

基金公司在筛选社会责任履行效果时，往往会兼顾正负指标。调查显示，2018年有84家基金公司构建两种指标体系，从正反两个方面对投资标的的社会责任履行效果进行考量，决定是否将其纳入投资组合。

一是正面筛选。具体指标包括员工利益保障、净资产收益率、可持续发展、依法纳税、遵纪守法、公益慈善等六方面。**二是负面排查，**主要从环境污染、节能减排方面存在问题、受到监管处罚或媒体的公开谴责、公司治理结构存在重大缺陷、存在诚信问题、产品存在严重安全隐患问题、出现财务造假事件、不公平对待中小投资者、公司主要领导存在问题等八方面进行排查，将存在以上问题的公司剔除出股票池或者从选股名单中删除。

此外，各家基金公司往往多措并举，全面还原投资对象的社会责任履行情况。比如，红土创新、

表1　历年社会责任投资调查及反馈情况

时间	样本数量	反馈数量	反馈比例（%）	关注数量	关注比例（%）
2008年	41	17	41.50	14	34.20
2009年	57	57	100	28	49.10
2010年	59	59	100	41	69.50
2011年	68	68	100	43	63.20
2012年	70	70	100	44	62.88
2013年	83	83	100	46	55.42
2014年	92	92	100	45	48.91
2015年	97	97	100	54	55.67
2016年	106	106	100	63	59.43
2017年	115	115	100	66	57.39
2018年	117	117	100	84	71.79

数据来源：基金业协会历年公募基金社会责任报告

华商、嘉实、易方达、银华、长盛和中庚等基金公司会基于ESG因子系统进行股票和债券投资的研究、投资和风险管理，以增强投资回报和防控风险，从而更好地履行资产管理者的社会责任。

调查显示，截至2018年底，共有4只社会责任投资基金（ETF及其联接基金按1只计算），分别是：兴全社会责任混合基金、建信上证社会责任ETF及联接基金、建信社会责任混合基金和汇添富社会责任混合基金。此外，符合低碳环保、美丽中国、可持续发展、绿色、公司治理、养老等社会责任投资等方向和理念的基金86只。

多家基金公司编制社会责任投资指数，跟踪上市公司社会责任投资情况。比如，兴全基金建立国内首只跨沪深两市的社会责任指数“巨潮-第一财经-兴业全球基金社会责任指数”，该指数选取100只股票，来反映沪深市场社会责任履行表现良好的公司股票价格变动的趋势。此外，建信基金、财通基金也分别与中证指数合作，开发了各自的社会责任投资指数。

（二）倡导绿色投资倾向，ESG投资方兴未艾

中国ESG投资起步较晚，但得到政府、监管机构和市场主体的高度重视。2015年4月，在人民银行支持下，中国金融学会成立绿色金融专业委员会，系统性地提出构建中国绿色金融政策体系的建议。2016年9月，G20杭州峰会首次将“绿色金融”纳入议题并写进峰会公报。“十三五”规划纲要明确提出“建立绿色金融体系，发展绿色信贷、绿色债券，设立绿色发展基金”。2016年8月七部委联合发布《关于构建绿色金融体系的指导意见》，全面部署绿色金融的改革方向，绿色金融的政策力度进一步加大。

ESG投资在中国尽管刚刚起步，但各大资管机构并未停止在相关产品上的探索和研究。2018年4

月下旬，绿色金融峰会在北京召开，华宝基金总经理黄小薏提出通过“ESG+Smart Beta”来进行长期投资的构想：“综合考虑风险、收益、回报、时间框架、投资者需求等维度，打造一个系统性框架，未来如果通过发行此类策略的产品，汇聚大众资金投向优质ESG公司，这种机制有可能产生巨大的威力。”2018年11月上旬，2018第四届中国并购基金年会在苏州召开，中国证券市场设计研究中心（联办）总干事王波明呼吁，中国资本市场应回归本源，为中国经济发展提供长期资本做出更大贡献。2018年11月下旬，2018中国ESG论坛在北京召开。在大会上，全国社会保障基金理事会副理事长陈文辉呼吁国内的投资机构、行业协会、监管部门都能够高度重视ESG投资，加快与发达国家市场的接轨，推动中国经济可持续发展。

二、逐步形成多元价值导向——从生存为先到强调社会价值创造

2018年5月，《中国基金业社会责任宣言》发布，在多位基金行业人士看来，这标志着中国基金行业履行社会责任进入新阶段。公募基金行业已逐步形成多元价值导向，从生存为先到强调社会价值的创造。在坚守信托责任，传递信托价值的同时，一些基金公司也在扶贫助学、爱心捐赠、公益慈善、发展环保等领域做出了积极探索。

（一）坚守信托责任，传递信托价值

“受人之托，代人理财”是公募基金业的本质。在整个大资管行业中，公募基金是最具代表性的资产管理业务形态，按份募集、组合投资，管理人按照持有人利益优先原则履行谨慎勤勉职责，基金持有人按份承担风险获取收益。与其他资产管理业态相比，公募基金最大的优势是《基金法》赋予了基金财产的独立性地位，信托法律关系落实到产品运作各个层面，包括风险自担的产品设计和销售规范、强制托管制度、每日估值制度、信息披露制度、公平交易制度以及严格的监管执法，是信托关系落实最充分的大众理财行业。

中国证券投资基金业协会会长洪磊表示，资产管理行业的基本法律关系是信托关系，基金管理人要恪尽受托义务，做到卖者尽责。无论经济、金融、社会形势如何演进，国际国内竞争环境如何变化，资产管理行业都需要坚持初心，坚守投资者利益优先的价值观和以信用立身的行为准则，处理好几大基本关系：一是处理好与投资者的关系，二是处理好与资本市场的关系，三是处理好与被投企业的关系。

（二）多元价值导向，强调社会价值创造

在坚守信托责任，传递信托价值的同时，公募基金行业也强调社会价值的创造，基金管理公司纷纷在扶贫助学、爱心捐赠、公益慈善、发展环保等领域做出积极探索，逐步形成多元价值导向。

在公益慈善方面，近年来，各基金公司持续保持资源投入，选择公益慈善主题，开展特色实践活动，积极履行社会责任，为社会普及公益慈善意识、提升社会福利水平做出了较大贡献。基金公司纷纷开展以关心贫困青少年教育等为主的公益慈善活动项目，公益慈善事业投入资金屡创新高。

统计数据显示，2018年65家基金公司开展了240个公益慈善活动项目，共投入资金约7640万元（不含投资者教育投入），较上年投入资金有所下降，项目受益人数约743.02万人（灾区受益人数及大型集体受益人数未纳入统计口径），较上年的45万人增长近15倍，反映了慈善事业推广的范围越来越大，受益人数亦随之增加。

表2 2010—2018年基金公司开展项目和投入资金情况

年份	参与调查公司数	反馈该数据公司数	开展公益、慈善项目个数	投入资金（除特别注明均为不含投资者教育费用）（万元）	受益人数（灾区受益人数未纳入统计口径）（万人）
2010	59	55	216	8295（含投资者教育）	61
2011	68	47	177	4172	10
2012	80	45	201	4388	20.6
2013	83	45	179	4572	21.34
2014	92	44	192	5168	19.48
2015	97	49	162	4587	13.80
2016	106	42	184	5729	33.45
2017	115	37	240	8941	45
2018	117	65	240	7640	743.02

数据来源：基金业协会历年公募基金社会责任报告

在环境保护方面，统计数据显示，截至2018年底，117家受调研基金公司中72家开展了专门的电子对账单推广活动，100家建立了节水节电节约用纸等绿色办公制度，81家建立了降污减排制度。如博时基金提倡办公垃圾科学分类；在打印机旁设置环保纸箱存放不重要的单面文件，推荐环保纸打印模式；减少一次性塑料品的采购；设有废旧电池、硒鼓墨盒、旧报刊书籍回收仓库，清洁公司定期上门回收等。此外，上投摩根基金等向中国绿化基金会捐款植树造林；工银瑞信基金等组织员工参与植树活动，为生态文明建设和绿色发展贡献力量。

三、公募基金运营的社会责任——投资者服务的主动实践

近几年，公募基金运营在履行社会责任进程中，在投资者服务上的主动实践方面有较大进步，取得了不俗的成就。

（一）投资者教育制度进一步完善

一是制度健全。几乎所有基金公司都将投资者教育工作作为基础，将保护投资者合法权益作为基金存续的核心议题。数据显示，截至2018年底，参与调查的117家基金公司均开展了投资者教育工作。其中107家投资者教育工作职责清晰、分工明确，35家专门成立了投资者工作小组，20家有明确的投资者教育体系，52家依据公司规章制度或相应政策开展了投教工作。**二是投入加大**。117家公司中的103家

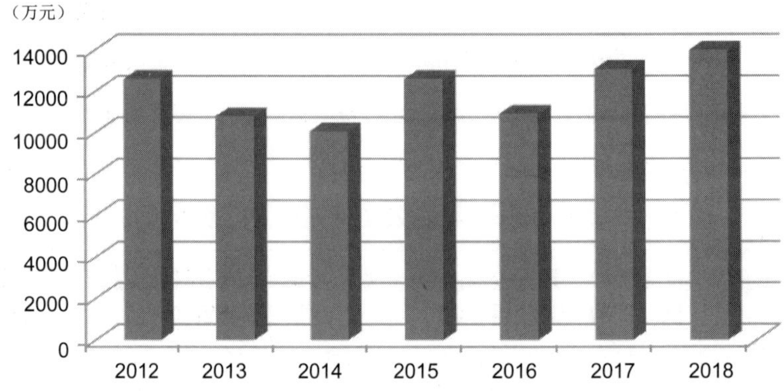

数据来源：基金业协会历年公募基金社会责任报告

图1　2012—2018年投资者教育工作投入资金

公司共计投入约13998万元，相比2017年小幅增加；23家公司明确了2019年投资者教育活动费用预算，预计投入约3130万元，平均每家的投资者教育支出预算为136万元。**三是客户教育形式多样**。92家公司在2018年举办线下投资者教育专项活动，占比79%；112家公司通过网络、手机微信等新兴媒介进行投资者教育专项活动。值得一提的是，微信、微博、邮件、短信、在线交流等新兴媒介逐渐成为投资投资者教育的主要渠道和形式。

近年来，各基金公司均严格按照管理办法的规定，开展销售适当性管理工作，不断从源头上减少将金融产品提供给风险不匹配投资对象的概率，而且有效帮助客户了解自身风险承受能力，合理配置资产并理性投资，从而提高了客户对公司业绩整体的满意度。参与调查的117家公司中大部分建立了个性化的客户管理制度，还通过大数据建模、电话回访、公司官方微博、微信公众号、讲座、邮件、短信回访等形式向投资者传递基金各种信息，丰富了客户管理方式。

（二）信息披露制度进一步透明化，客户利益进一步提升

大多数基金公司目前对信息披露都比较规范。自2013年起至2018年底，各公司都未发生信息披露滞后事件，反映出基金公司整体对自身信息披露工作质量的评价较为积极正面。

多年以来，大多数基金公司都制定了客户信息保护相关的制度，明确了客户信息获取、更改、存储等各流程的具体保护措施，从过去的宽泛要求到现在的务实措施和监管，各大公司在此方面的进步十分明显。具体措施有：与员工签订保密协议，建立体系化或流程化的制度来保护客户信息，进行岗位制约和权限设置，严格执行客户信息查询、传输、储存等环节制度的执行等。2018年参与调查的117家基金公司中，115家通过制定客户信息保护相关制度或对重点风险环节进行严格约束的方式，切实履行客户信息保护的义务，赢得广大投资者的信任。

近几年，满意度评价已经不局限于物理渠道和客服电话，而是越来越重视最广大客户的满意度评价质量，几乎所有公司都开展了满意度调查，覆盖面大、受众较广是当前基金公司满意度调查的最大特

点，成为定位自身、对标找差的主要途径之一。

近几年，基金公司对于特殊人群提供的特殊服务方面，在服务质量上一直在稳健提高。2018年有16家针对特殊人群提供了特殊服务，形式上多种多样，既体现了公司的人文关怀，又凸显了公司对各类客户的重视程度，赢得社会认同，树立了基金行业的形象。

2018年参与调查的117家基金公司中有90家进行了分红，金额1587.99亿元，较2017年的710.38亿元大幅上升，切实保障了客户的利益。

（三）产品和服务创新、国际标准和认证、投研投入方面进一步规范

2018年参与调查的117家基金公司中，33家在产品创新或服务创新方面获得业界认可和奖项，20家通过各类国际标准与认证。基金公司员工总人数为22437人，平均每家公司员工数192人，相比过去几年有所增加，新基金公司成立发展迅速，对基金行业人员的增加起到促进作用。这些从另一个侧面体现了公司在服务投资者方面的主动实践，对提升公司的服务职能起到良好的促进作用。

四、从资产管理到财富管理，回报社会责任——社会福利事业上的贡献和实践

对公募基金来说，2018年无论从产品创新、产品数量和规模都取得了不菲的成绩，各大公司逐渐转变过去的单一资产管理，逐渐向为客户提供全方位的财富管理转型，并且都借助各种资源从事公益慈善主题的发展，开展特色实践活动，积极履行社会责任，为社会普及公益慈善意识、提升社会福利水平做出了较大贡献。各大公司在这些方面的进步，主要分为内部福利、公益慈善输出和服务创新几大方面。

（一）内部福利全面周到

为员工提供体检服务保障。绝大多数企业都为员工进行健康检查，还有为数不少的企业对女性员工增加了妇科体检项目。

1/3以上的基金公司为员工建立了心理健康援助机制或心理咨询项目，以缓解金融行业从业人员沉重的工作压力、紧张的工作节奏带来的心理健康影响。还有部分公司通过聘请外部专业心理咨询机构进行讲座及咨询服务、发放心理健康宣传资料、组织文体活动小组，部分公司通过内部谈话沟通和心理调查问卷的形式了解和舒缓员工压力。

接近90%的基金公司建立了灾难疏散和紧急避险程序。在参与调查的117家公司中，53家定期进行消防应急演习，积极配合物业、消防等机构，定期检查各项安全设备，消除各类安全隐患，为新员工介绍消防疏散通道和消防器材的使用，提高员工的风险意识，保证公司经营秩序和人员人身安全。

接近80%的基金公司为孕期、残疾或行动障碍员工提供便利。参与调查的117家公司中有90家为孕期员工、残疾或行动障碍的员工提供了相关工作便利，维护了员工权益，提升了员工的幸福指数；有100家举办了户外活动、年终旅游或其他项目，如员工运动会、郊游踏青钓鱼、室外烧烤、工会组织旅

游、员工摄影比赛等，在促进团队凝聚力的同时，也丰富了员工的业余生活，增强了员工的身体素质。

（二）公益慈善务实有效

公益慈善以关心贫困青少年教育、保护环境为主。2018年在参与调查的117家基金公司中，65家公司共计开展了240个公益慈善活动项目，开展公益慈善活动的基金公司相比上年增加28家，但开展的活动项目数量与上年持平。同时，基金公司还积极参与防治污染和其他公害、保护，以及改善环境等符合社会公共利益活动、倡导公众亲近自然、关爱环境、体验低碳生活、提高环境保护意识等。

参与调查的基金公司中，65家共计投入资金约7640万元，项目受益人数达743万人，虽然在金额上较2017年有所下降，但是覆盖了更多的受益人群，反映出基金行业投入公益慈善事业的力度在稳步加大。

在参与调查的117家基金公司中，13家设立了专门的基金会，15家设立了专项基金进行慈善、公益事业的管理和运作。13家基金会自成立以来累计捐赠总额3.46亿元，2018年捐赠总额1.31亿元。15只专项基金成立以来累计对外捐赠总额50.83亿元，其中2018年对外捐赠总额2332.57万元。

（三）从单一资产管理到全面财富管理的转变

为了满足投资者的新型投资观念和习惯，加强基金公司与投资者的互动，提高营销的效率，2018年基金公司无论在直销还是代销方面都有所创新。创新形式主要体现在增加新型代销平台、丰富投资者教育形式、提高服务水平等方面。

近年来，越来越多的基金公司选择开拓全新的代销渠道，比如蚂蚁财富和天天基金，通过社区互动，基金公司能够精准触达用户，提供针对性的售后服务资讯、产品推荐、运营活动体验，最大限度地提升投资者的用户体验。

部分基金公司开通全国统一服务热线，与投资者进行交流，做好教育和服务，搭建新的互动平台，建立微信交流群，及时沟通交流产品销售信息等。各公司在提高服务水准的实践中，努力探索，成绩明显。

很多基金公司通过举办沙龙、拓展活动等方式，根据投资者的风险偏好以及其他要素，进行客户细分，分成不同类型的客群，向不同客群提供相应标准化和定制化的服务，以满足其对应的投资需求，并运用模式对客户进行投资理财习惯培育，陪伴客户成长。针对高净值客户，专门设立财富管理中心，组建高净值客户服务专属团队，为其提供专业优质的资产配置建议及增值服务，建立并打造高净值客户服务体系。

2018年是公募基金行业发展20周年，未来随着行业不断发展壮大，基金人将不忘初心，牢记使命，在实践中不断探索，持续发力，充分整合并利用现有的资源，紧跟行业的发展和投资者的需求，全心全意为投资者服务，做好投资者教育工作。与此同时，行业机构也希望有机会在公益慈善、环境保护等其他领域有所开拓，进一步履行社会责任，为社会作出更多贡献。

第三部分　证券投资基金产品篇

Part Ⅲ　Funds of Securities Investment

第三部分　证券投资基金产品篇

□ 招商证券研究发展中心

概 述

1997年11月，国务院发布《证券投资基金管理暂行办法》，标志着中国公募基金行业的诞生。1998年3月初，国泰基金和南方基金相继成立，并于同年3月27日分别发行“基金金泰”“基金开元”。随后，华夏、华安、博时、鹏华等基金公司纷纷成立，中国公募基金行业自此扬帆起航。

过往20年中，中国公募基金行业持续发展、不断创新，基金产品类别与形式不断丰富，形成了覆盖多种资产类别、满足不同风险收益需求的基金产品体系。基金公司的多方探索与市场变化催生的投资者需求，推动了基金产品投资领域的扩展与产品形式的创新。

投资领域不断扩张

从投资领域来看，最初发行的传统封闭式基金未规定具体股债投资范围，实际投资中以股票投资为主。2002年9月首只主要投资债券的基金“南方宝元债券”发行，标志着公募基金投资的重点从股票市场扩展到债券市场；2003年12月首只货币市场基金“华安现金货币”发行，将货币市场工具纳入公募基金投资的范围。

2006年11月首只QDII型基金“华安国际配置QDII”发行、2011年1月首只投资大宗商品的基金“诺安全球黄金QDII”发行，2015年6月首只REITs“鹏华前海万科REITs”发行，进一步拓宽了公募基金投资的资产类别。

产品形式推陈出新

从产品形式来看，1998—2000年是传统封闭式基金的天下。大部分传统封闭式基金封闭运作期长达15年，期间基金份额规模不变，投资者只能持有到期或在市场交易。由于封闭期长，上市后基金折价交易，在市场低迷阶段折价一度达到30%以上。

2001年9月，首只开放式基金“华安创新混合”发行，投资者可以每日申购、赎回，新的产品形式受到市场欢迎。

2004年10月，结合了传统封闭式与开放式基金优点的首只LOF基金“南方积极配置混合”发行。LOF为上市型开放式基金，投资者既可以在市场交易，也可以每日申购、赎回，市场交易折价较小。

紧随其后，2004年12月，首只ETF基金“华夏上证50ETF”发行。ETF为交易型开放式基金，投资者既可以在市场交易，也可以每日申购、赎回，与LOF相比，ETF指数基金净值报价更实时（ETF每15秒进行报价，LOF每日收市后提供一个净值），更方便投资者套利。

2007年7月，带有杠杆性质的分级基金登上舞台，首只分级基金为国投瑞银瑞福股票型基金，母基金为主动股票型基金。后续经2015年牛市助推，母基金为指数基金的分级基金数量和规模均远超母基金为主动股票型基金、主动债券型基金的分级基金。

2007年8月，首只创新封闭式基金“大成优选混合”发行。与传统封闭式基金相比，创新封闭式基金封闭期较短；与开放式基金相比，封闭运作期内基金规模保持稳定，更利于基金经理进行投资。

2012年5月，首只定期开放式基金“富国新天锋”发行。定期开放式基金以固定的封闭周期运作，封闭周期主要为季度、半年、一年，进一步平衡了基金经理投资操作便利与投资者对资金流动性的需求。

第一章　主动股票型基金发展与业绩评价

一、发展历史

首批封闭式基金发行时，《证券投资基金管理暂行办法》(1997颁布)仅规定股票、债券仓位比例不超过80%，对于基金分类并没有明确的规定。2004年7月发布的《证券投资基金运作管理办法》规定：60%以上的基金资产投资于股票的基金为股票型基金。

2015年修订《证券投资基金运作管理办法》时，为了加强股票型基金风格的稳定性，避免股票型基金频繁大幅调整仓位加剧资本市场的波动，提高了股票型基金仓位的下限。2015年5月颁发的《公开募集证券投资基金运作管理办法》规定：80%以上的基金资产投资于股票的基金为股票型基金。新规定出台后，部分股票型基金选择转型为混合型基金。

从历史上看，股票型基金2015年上半年出现较大幅度的增加，至2015年6月底，规模达到2819.7亿元，处于历史峰值。近年来，股票型基金规模受市场影响较大，近期有所下滑，截至2018年底，总规模为1939.8亿元。

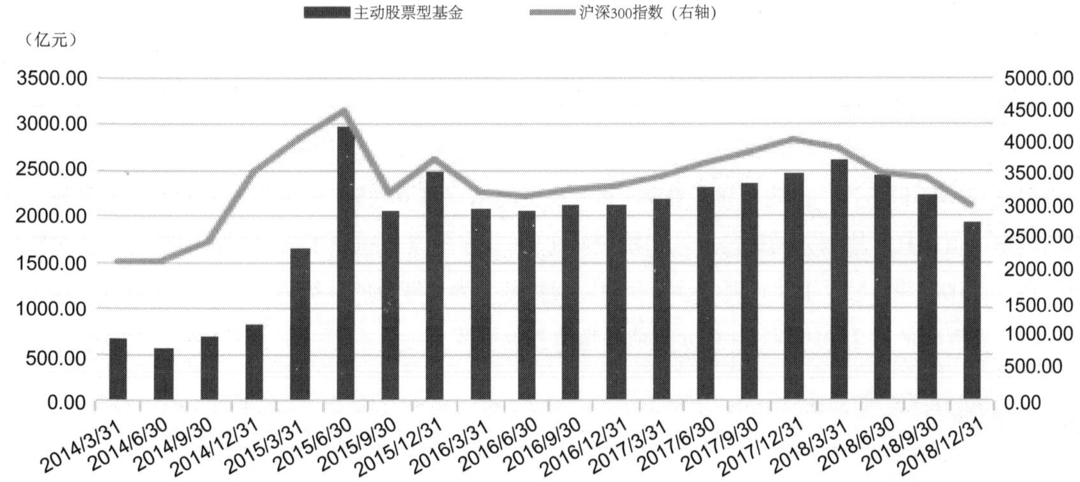

数据来源：Wind、招商证券

图1　主动股票型基金规模演变

二、细分类别

（一）投资范围及主题

从投资范围及主题来看，有的股票型基金全市场选股，有的有所偏重。行业/主题基金重点投资特定行业或主题，有些基金在契约中规定80%以上股票资产投资特定行业或主题个股，如汇丰晋信低碳先锋，80%以上的股票资产投资于受益于低碳经济领域的上市公司。

沪港深基金：既可以投资A股，又能够借助沪港通和深港通渠道投资“港股通”标的股票，在2016—2017年的港股行情中迎来一波发行热潮。由于大部分沪港深基金没有规定港股投资范围下限，部分沪港深基金实际投资中主要投资A股，港股仓位较低。

2017年6月，证监会将能投资港股的基金分为两类，并对仓位分别进行规定：新发基金名称如带有“港股”等类似字样，应当将80%以上（含）的非现金基金资产投资于港股；新发基金80%以下的非现金基金资产投资于港股的，基金名称不得带有“港股”等类似字样，港股最高投资比例不得超过股票资产的50%，沪港深基金逐渐名实相符，同时新发的非沪港深基金越来越多地将“港股通”标的股票列入投资范围。

ESG主题基金：ESG是社会责任投资中非常重要的概念，ESG 3个字母分别代表环境（Environment）、社会（society）与公司治理（Governance）。ESG投资代表对环境、社会、治理三大方面的因素整合成一个系统，从整体上对这些外在的因素进行考量，分析三方面因素对企业的影响。首只明确提出社会责任投资理念的公募基金是2008年4月发行的兴全社会责任。

（二）投资方式

从投资方式来看，最初的股票型基金以主动投资方式管理，2004年7月发行首只量化投资股票型基金“光大保德信量化核心”。量化基金采用模型选股、量化投资的方式，与主动投资的基金相比，量化基金持仓个股数量更多、换手率更高。2014、2015年牛市阶段，量化基金开始受到投资者关注，数量及管理规模迅速扩张。

（三）份额结构

2007年7月，首只分级基金国投瑞银瑞福发行，母基金为主动管理股票型基金，子份额为稳健型的瑞福优先（每年开放1次，约定年化收益6%）和进取型的瑞福进取（5年封闭期，深交所上市交易，收益由母基金净值、杠杆比例共同决定），初始份额比例5:5，不含上折、下折机制。后续分级基金经历了数次结构进化，并发展以主动管理债券型基金、指数基金为母基金的分级基金，最终指数分级基金数量最多，管理规模最大（分级基金详细介绍请见指数基金章节）。

三、数据概览

（一）发行概况

从发行规模来看，主动股票型基金发行规模最高峰为2014、2015年，仅2015年股票型基金募集规模达到2382.7亿元，单年发行数量达到92只。2018年全年主动股票型基金发行数量45只，募集规模合计325.7亿元。

从近5年来看，主动股票型基金的发行高峰从2014年三季度一直持续到2015年二季度达到顶峰，单季度发行股票型基金超过30只，募集规模接近1500.0亿元，平均募集规模44.1亿元。而从2015年三季度开始发行规模迅速萎缩并在2016年一季度，规模与数量触底，单季度仅募集12.3亿元，单只基金募集规模回落到3.1亿元。从近期来看，股票型基金发行规模逐渐回升，同时单只基金募集规模也有所回升。2018年四季度，单季度仅有10只股票型基金发行，总募集规模36.7亿元。

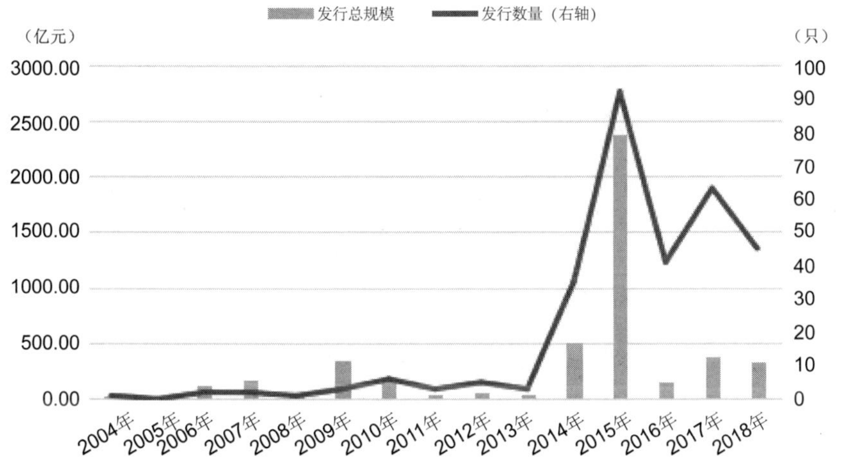

数据来源：Wind、招商证券

图2　主动股票型基金历年发行情况

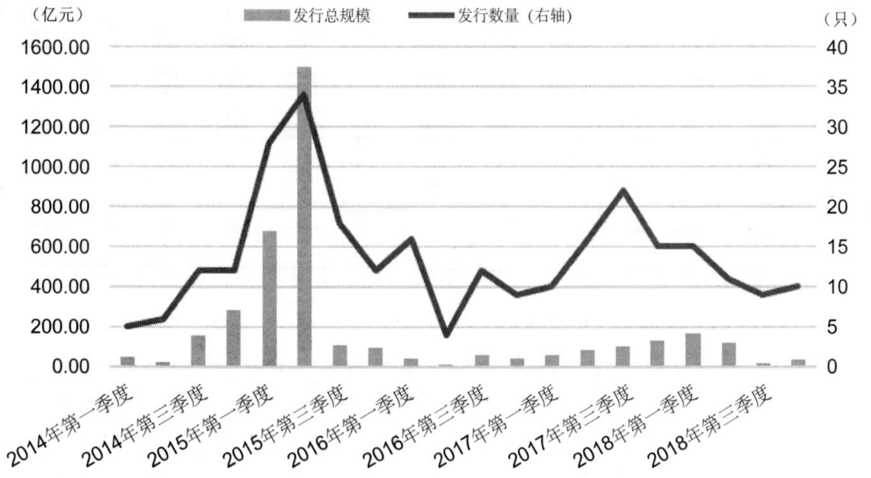

数据来源：Wind、招商证券

图3　主动股票型基金近5年季度发行情况

（二）机构占比

2018年12月31日，投资者中个人投资者占比82%，机构投资者占比18%。

自2013年以来，个人投资者投资股票型基金份额迅速增高，机构投资者占比从35%逐渐下降到10%左右。从近几个季度看，机构投资者占比有所回升，基本稳定在20%左右。

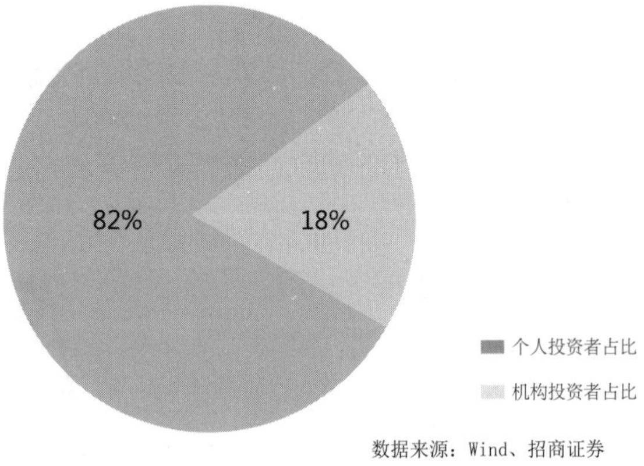

图4　主动股票型基金投资者结构（2018年12月31日）

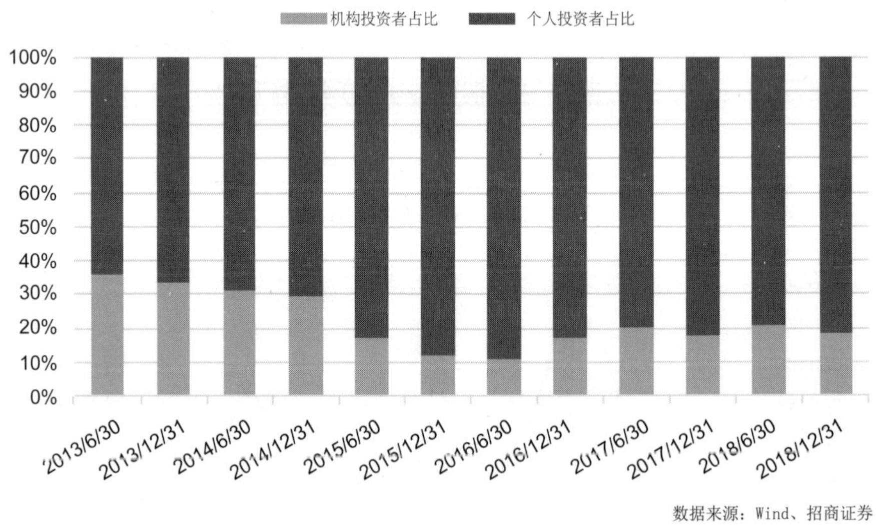

图5　主动股票型基金历史投资者结构（半年度）

（三）基金申赎与分红

从基金的申购赎回情况来看，除去2007年下半年，赎回份额数均高于申购份额数，净赎回份额数在2015年底达到最大的907.7亿份。而2017年年底，赎回份额达到历史次高的406.2亿份。

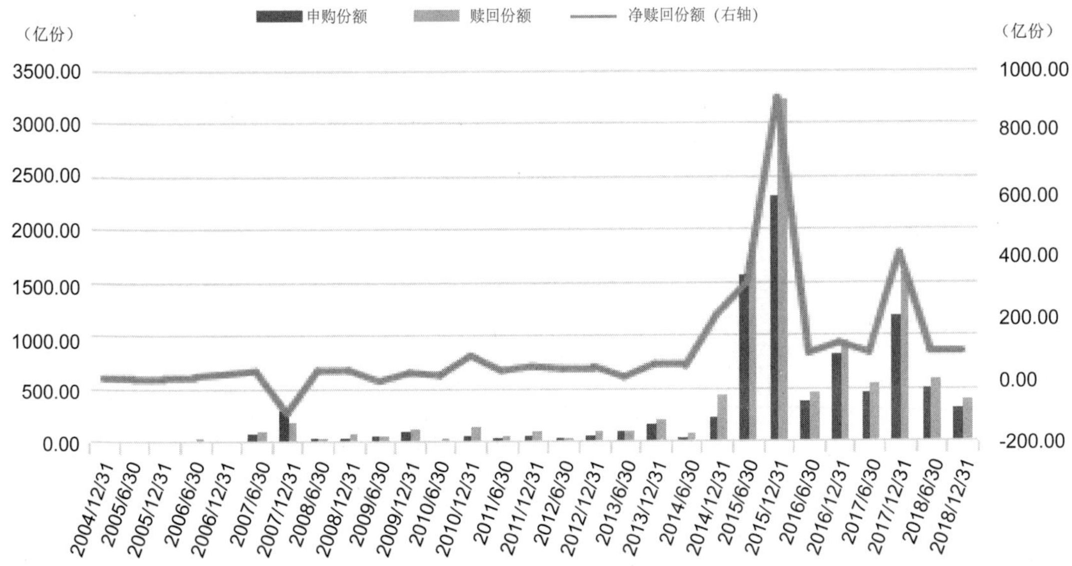

数据来源：Wind、招商证券

图6　主动股票型基金历年申赎情况

比较发行份额数与净赎回份额数，可以看到，大多数时间内，两者互有高低，总体规模较为相近。在2014年下半年与2015上半年，发行份额数大大高于净赎回份额数，而在2015年下半年与2017年下半年，发行份额数大大低于净赎回份额数。

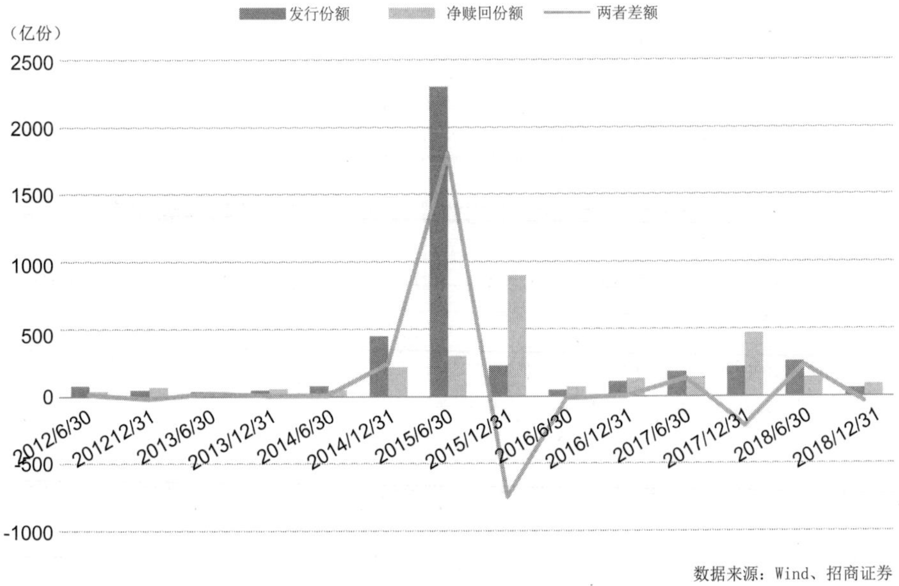

数据来源：Wind、招商证券

图7　主动股票型基金历史申赎与发行情况比较

从分红来看，主动股票型基金的分红总额在2016年达到最高值44.2亿元，而2018年分红规模为20.1亿元，也处于历史较高水平。

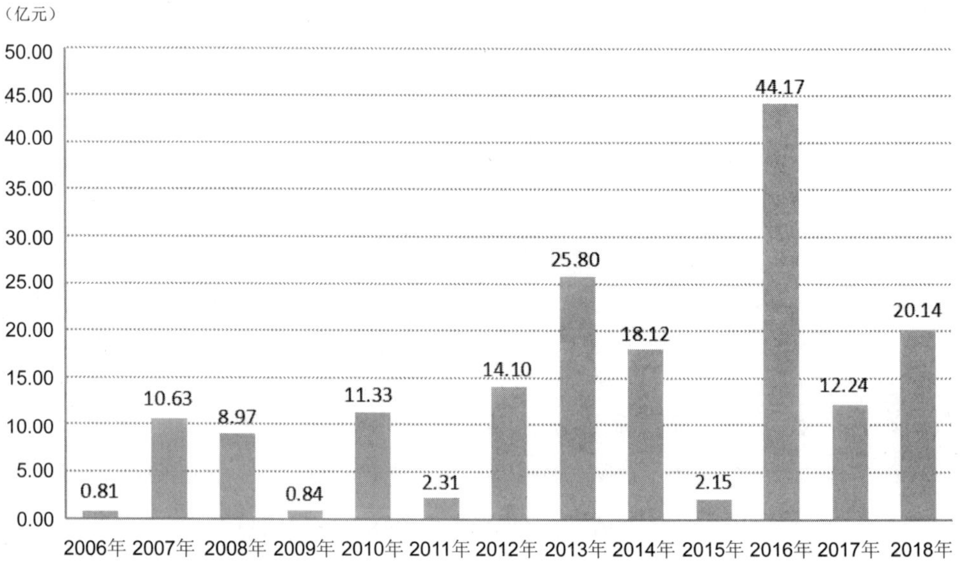

数据来源：Wind、招商证券

图8 主动股票型基金历史分红规模

四、基金的业绩与评价

（一）整体业绩

股票型基金投资股票的资产占比较高，与股票市场的相关性较高，具有高风险和高收益的特征。从历史收益表现来看，2011年以来主动股票型基金的平均业绩对比如下表所示。

表1 主动股票型基金平均业绩表现与市场主流指数的对比

（单位：%）

	2011年	2012年	2013年	2014年	2015年	2016年	2017年	2018年
上证综指	−21.68	3.17	−6.75	52.87	9.41	−12.31	6.56	24.59
沪深300	−25.01	7.55	−7.65	51.66	5.58	−11.28	21.78	−25.31
中证500	−33.83	0.28	16.89	39.01	43.12	−17.78	−0.20	−33.32
主动股票型基金平均收益	−16.17	6.33	18.42	22.40	49.73	−13.00	16.26	−24.91

年度数据均截至当年12月31日
“主动股票基金平均收益”采用算术平均值
数据来源：Wind、招商证券

注：本文“基金的业绩与评价”部分中，计算“主动股票型基金”相关的区间业绩等指标时，均选用建仓期（基金成立6个月后）结束日期早于该年度首日、且到期日晚于该年度末日的基金为样本进行计算，不包括传统封闭式基金。

从整体来看，在市场主流指数年度收益为负值的情况下，主动管理的股票型基金平均表现往往能够超越市场。此外，在市场指数经历急速上涨和下跌的情况下，主动管理的股票型基金往往能够表现更佳（2015年）。

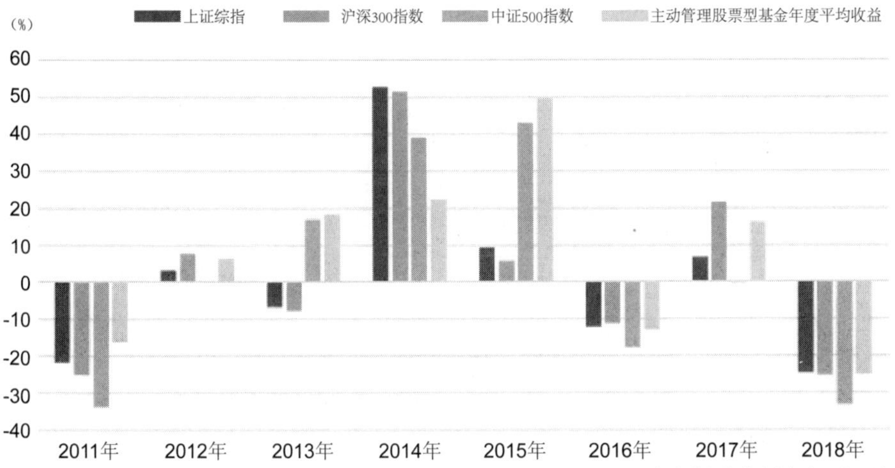

年度数据均截至当年度12月31日
“主动股票基金平均收益”采用算术平均值
数据来源：Wind、招商证券

图9　主动股票型基金与市场指数收益对比

从中证主动式股票型基金指数的业绩表现来看，10年来（2009年1月1日至2018年12月31日），主动管理股票型基金为投资者带来了较高的正收益。

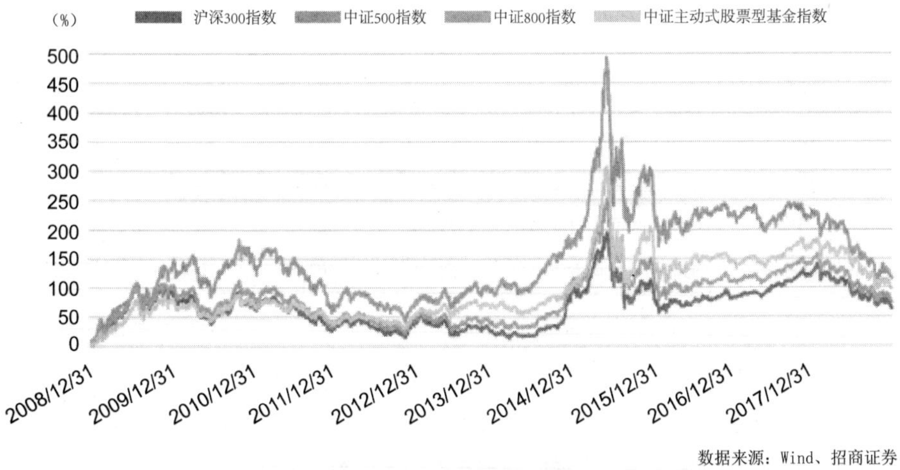

数据来源：Wind、招商证券

图10　中证主动股票型基金指数收益表现

在2004年之前，中国市场上的股票型基金均为传统封闭式基金。由于其运作模式和投资范围与之后所发行的主动管理股票型基金有所差别，在此将其进行分类探讨。

表2 传统封闭式基金的平均业绩表现与市场主流指数的对比

	2000年	2001年	2002年	2003年	2004年	2005年	2006年	2007年	2008年
上证综指	51.73	−20.62	−17.52	10.27	−15.40	−8.33	130.43	96.66	−65.39
传统封闭式基金平均业绩（%）	20.87	−6.93	−10.55	20.88	−2.57	3.97	107.22	120.91	−45.73
传统封闭式基金数量（只）	34	42	45	48	49	49	48	28	23

	2009年	2010年	2011年	2012年	2013年	2014年	2015年	2016年	2017年
上证综指	79.98	−14.31	−21.68	3.17	−6.75	52.87	9.41	−12.31	6.56
传统封闭式基金平均业绩（%）	63.67	5.11	−21.62	5.24	13.61	21.06	35.20	−13.17	——
传统封闭式基金数量（只）	21	21	20	19	14	4	4	3	0

年度数据均截至当年度12月31日
"传统封闭式基金平均业绩"：投资类型一直为股票型的传统封闭式基金年度业绩的算术平均值，满足建仓期早于区间首日及到期日晚于区间末日的条件
数据来源：Wind、招商证券

（二）业绩统计特征

从主动管理股票型基金业绩的数据统计特征来看，每年度主动管理股票型基金业绩的中位数与平均值基本一致。

表3 主动股票型基金年度业绩数据的统计特征

（单位：%）

	2011年	2012年	2013年	2014年	2015年	2016年	2017年	2018年
最大值	5.42	24.97	48.67	60.25	104.58	8.49	64.97	4.02
最小值	−33.56	−2.28	−8.18	−5.54	8.04	−36.94	−15.71	−47.95
中位数	−19.39	5.07	16.49	20.02	48.40	−13.88	15.08	−25.29
算术平均值	−16.17	6.33	18.42	22.40	49.73	−13.00	16.26	−24.91

年度数据均截至当年度12月31日
数据来源：Wind、招商证券

将主动管理股票型基金每年度的业绩从高到低进行排序，从各个排名区间的平均业绩来看，在大多数年份存在一定的业绩分化情况，各业绩梯队间存在着较大的差异。

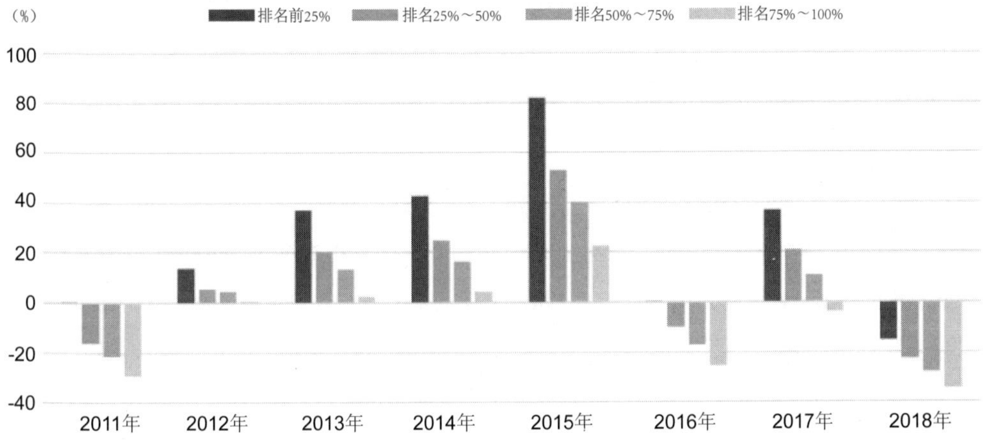

年度数据均截至当年12月31日
数据来源：Wind、招商证券

图11　不同排名区间的主动股票型基金算术平均收益

（三）风险指标

从风险控制的角度来看，在大多数年份中，主动管理股票型基金的平均年化波动率均低于市场主流指数。但是近三年来，该特征有所变化，主动管理股票型基金的波动率水平与市场指数进一步靠拢。

表4　主动股票型基金的平均年化波动率与市场主流指数的对比

（单位：%）

	2011年	2012年	2013年	2014年	2015年	2016年	2017年	2018年
上证综指	16.79	16.87	17.47	18.33	37.27	20.83	8.13	20.19
沪深300	18.78	20.37	20.73	20.79	35.39	19.97	9.31	22.15
中证500	24.70	24.12	20.98	17.71	46.88	27.14	13.61	25.50
主动股票型基金平均波动率	13.31	17.16	19.07	17.14	43.12	26.14	13.23	24.47

年度数据均截至当年度12月31日
数据来源：Wind、招商证券

第二章 股票指数基金发展与业绩评价

一、发展历史

指数基金以特定指数为标的指数，通过构建包含该指数全部或部分成分股（债）的投资组合来追踪指数走势，追求取得与标的指数同步的收益率。境内首只公募指数基金为2002年11月发行的华安上证180指数增强型基金（后变更为华安MSCI中国A增强指数基金）。目前指数基金大部分跟踪股票指数，其余跟踪债券指数。

可以看到，股票指数型基金的规模在2014年四季度到2015年二季度有明显的上涨，最高达到7512.1亿元，但受到股票市场回调的影响，在2015年三季度迅速萎缩到不足4000亿元。从近3年来看，该类基金的总规模基本保持稳定上升态势，2018年底基金规模为5443.9亿元。

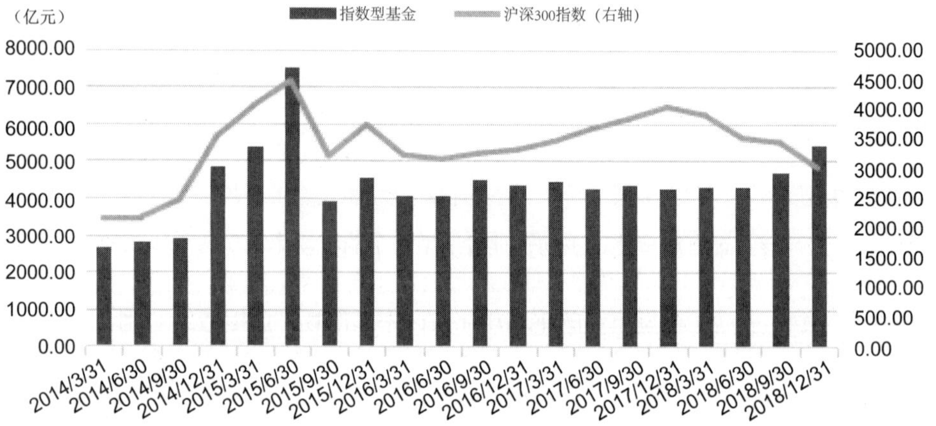

数据来源：Wind、招商证券

图1 股票指数型基金规模演变

二、细分类别

（一）投资目标

从投资目标来看，指数基金分为股票指数型基金和指数增强型基金。目前股票指数型基金资产净值规模是指数增强型基金的7倍左右。

股票指数型基金：股票指数型基金采用全复制或抽样复制指数成分股的方式进行投资，紧密跟踪标的指数，追求跟踪偏离度和跟踪误差最小化，力求为投资者获得与标的指数相同的收益。

指数增强型基金：指数增强型基金严格控制与目标指数的偏离风险，同时通过调整成份股比例、配置非成份股等方式，追求超越指数的投资收益。与股票指数型基金相比，指数增强型基金可能与跟踪标的指数产生一定的行业、市值、风格等偏离，股票指数型基金的因子暴露与跟踪标的指数基本一致。

（二）交易机制

从交易机制来看，指数基金选择开放式、ETF和LOF三种类别发行。

ETF指数基金：与开放式指数基金相比，ETF指数基金优势在于可以在二级市场直接进行盘中买卖。与LOF指数基金相比，ETF指数基金优势在于净值报价更及时（ETF每15秒进行报价，LOF每日收市后提供1个净值）；同时由于ETF采用实物（证券而不是现金）进行申赎，ETF指数基金跟踪指数误差更小。由于以上优势，跟踪同一标的指数的各类别指数基金中，ETF指数基金一般规模、交易量大于开放式指数基金和LOF指数基金。

ETF指数基金的劣势在于，ETF的最小申购赎回单位一般为50万份或100万份，只有机构投资者和少量个人投资者能参与ETF申赎。对于二级市场交易量较小的ETF指数基金，个人投资者可能既无法参与ETF申赎，又难以通过交易买卖ETF份额。

LOF指数基金：与ETF指数基金相比，LOF指数基金的优势在于申赎便利。交易和申赎ETF需要有证券账户，而申赎LOF不需要开户，也可以通过代销平台和基金官网申赎。

开放式指数基金：开放式指数基金不能在二级市场交易，只能进行申赎。许多开放式指数基金为ETF联接基金。

（三）投资资产类别

大部分股票型指数基金主要投资个股，但部分股票型指数基金为ETF联接基金，ETF联接基金主要投资对应的ETF指数基金。

ETF联接基金：ETF联接基金是将绝大部分基金财产投资于某一ETF，密切跟踪标的指数表现，可以在场外申购、赎回的基金（LOF或开放式基金）。根据证监会规定，ETF联接基金投资于目标ETF的资产不得低于联接基金资产净值的90%，其余部分应投资于标的指数成份股和备选成份股。ETF联接基金申赎最低金额为10元，有效地降低了ETF的投资门槛，让个人投资者得以参与ETF投资。为了避免双重收费，证监会规定ETF联接基金的管理人不得对ETF联接基金财产中的ETF部分计提管理费。

（四）标的指数

从标的指数来看，指数基金分为宽基指数基金和窄基指数基金。宽基指数通常指代表市场整体表现的指数，窄基指数指代表市场中细分类别表现的指数，如股票窄基指数包含行业指数、主题指数、策略指数等。

宽基指数基金：宽基指数基金追踪宽基指数，股票宽基指数成份股覆盖面较广，包含多个行业。股票宽基指数基金是国内发展最早的一类指数基金，目前国内股票指数基金大部分管理规模追踪宽基指数（按追踪资产规模排列）：沪深300指数、中证500指数、上证50指数、创业板指数、上证180指数、恒生国企指数等。

行业指数基金：行业指数基金追踪行业指数，行业指数成份股包含所定义行业的部分或全部个股，反映了该行业个股的整体走势。在2015年牛市中，行业指数基金迅速发展，其中大部分为分级基金，分级基金的杠杆放大了行业波动，推动行业指数基金规模达到顶峰。2015年6月末，跟踪国防军工类指数的资金规模接近900亿元，跟踪证券行业指数的资金规模超过600亿元。2015年下半年以来，受市场下跌叠加分级基金下折的影响，行业指数基金规模迅速回落。

主题指数基金：主题指数基金追踪主题指数，主题指数反映某一特定投资主题，成份股包含不同行业个股，反映了该投资主题的市场表现。截至2018年底，市场上最受关注的主题是央企结构调整主题，跟踪中证央企结构调整指数的3只ETF与3只ETF联接基金（剔除投资ETF部分规模）合计规模501.9亿元。

策略指数基金：策略指数基金追踪策略加权指数，策略加权指数与市值加权指数相对应，市值加权指数以市值决定成份股在指数中的权重，策略加权指数以其他规则决定成份股权重。如等权重指数所有个股权重相同，红利指数以个股股息率决定权重等。目前国内发行的策略指数基金规模较小，包含红利、低波动、低Beta、高Beta、价值、成长等几个类别。

（五）份额结构

2007年，分级基金登陆中国市场，最初母基金既有主动投资基金也有指数基金，随着分级基金的发展，最终母基金以股票指数基金为主，分级指数基金成为指数基金的重要细分类别。

分级指数基金：分级基金是在相同的一个投资组合下，通过对基金收益分配的重新安排，形成两级（或多级）风险收益特征具有差异的基金份额的基金品种。一般而言，分级基金区分为母基金份额、稳健份额和进取份额3类，约定不同的收益分配原则，使得3类基金的风险收益特征具有明显的差别。

母基金份额是未拆分的基金份额，获得基金投资的全部收益，和普通的基金没有区别。这类份额一般只能申购、赎回、分拆、合并，不能上市交易。母基金份额可以按比例拆分为两种不同收益特性的份额，一般而言其中一种是获取相对固定的约定收益，称为稳健份额。进取份额是与稳健份额对应的另一种份额则获取在分配完稳健份额约定收益后母基金的剩余收益，因而具备一定的杠杆效应。分级基金的实质是进取份额持有人向稳健份额持有人融资，从而获得投资杠杆，而稳健份额获得相应的融资利息。

最初母基金既有主动投资基金，也有指数基金，由于主动投资基金净值取决于基金经理的投资能力，而指数基金投资更加透明，最终分级指数基金发展更快，在2015年牛市中规模迅速增长。“股灾”发生后，分级基金的向下折算制度使得投资进取份额的资金损失惨重。

2018年《关于规范金融机构资产管理业务的指导意见》（简称《资管新规》）发布后，规定公募产品和开放式私募产品不得进行份额分级，分级基金正在逐渐转型退场。

三、数据概览

（一）发行概况

从历史来看，股票指数型基金在2009年与2015年出现两个发行高潮，发行规模均超过1300亿元，而2016、2017年指数基金发行规模下降到300亿元左右；2018年股票指数型基金发行103只，募集规模1092.2亿元。

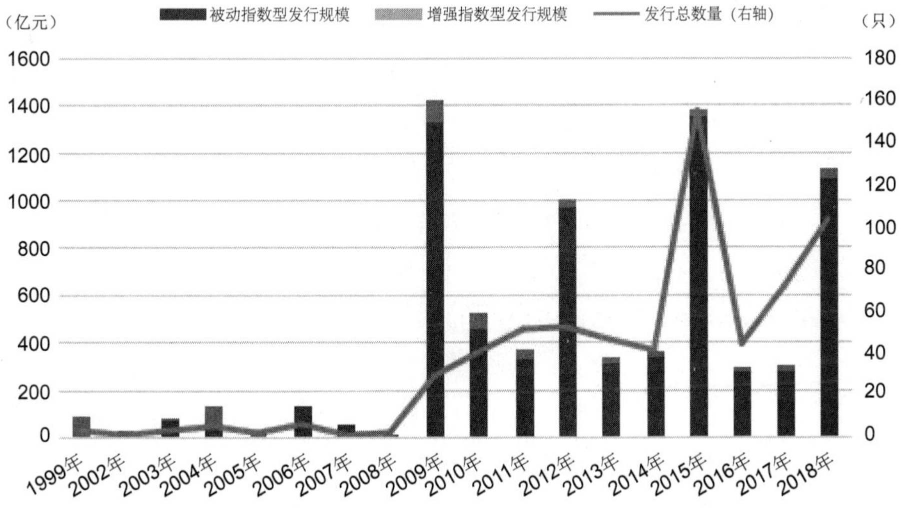

数据来源：Wind、招商证券

图2 股票指数型基金历年发行情况

从近5年来看，股票指数型基金发行规模与数量最多的在2015年二季度，发行78只，募集规模882.9亿元；从2015年四季度开始，股票指数型基金发行陷入低谷，仅有4只发行，募集规模仅为6.6亿元。

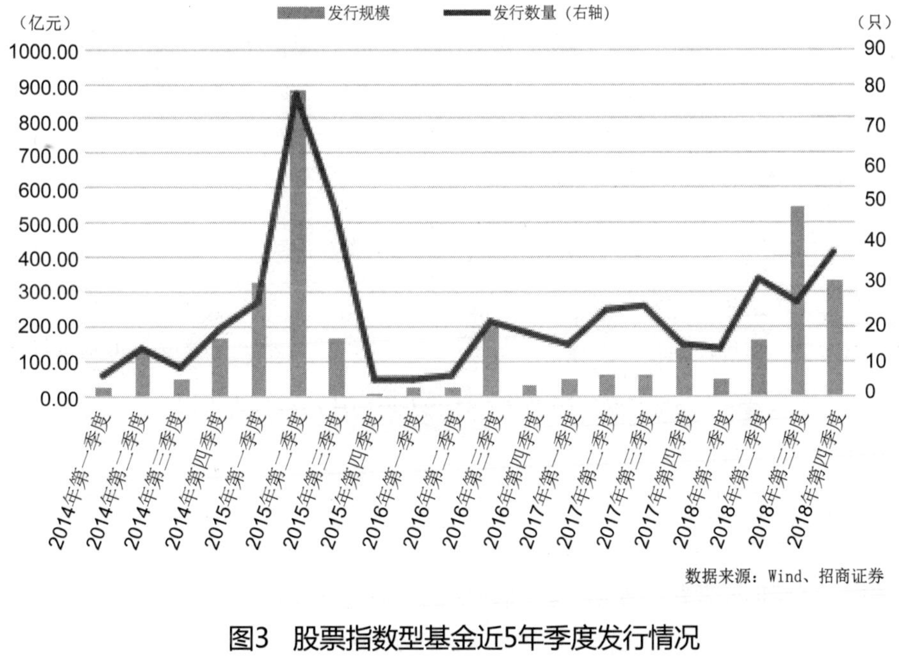

数据来源：Wind、招商证券

图3 股票指数型基金近5年季度发行情况

（二）机构占比

2018年12月31日，投资者中个人投资者占比52%，机构投资者占比48%。

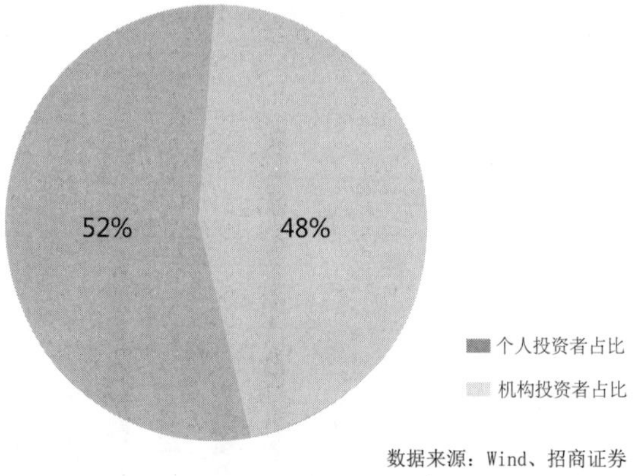

图4　股票指数型基金投资者结构（2018年12月31日）

指数型基金作为一类被动配置工具，机构投资者与个人投资者占比一直保持较为稳定的状态，两者均占50%左右。

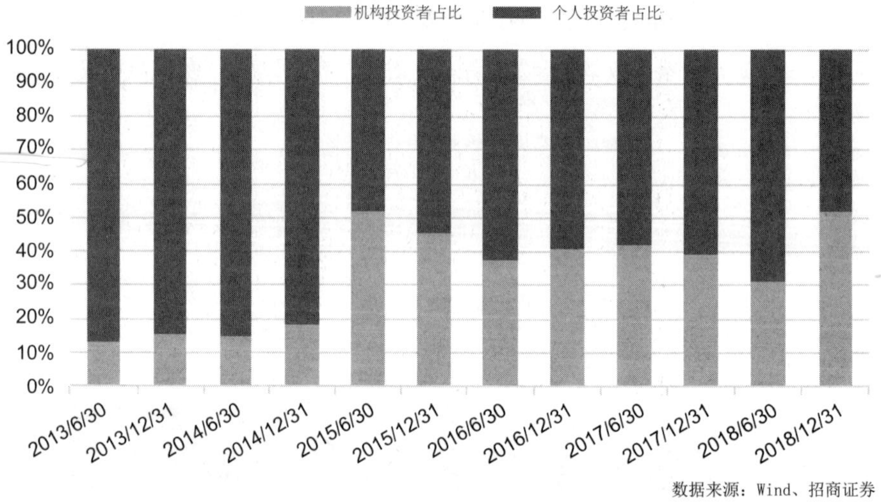

图5　股票指数型基金历史投资者结构（半年度）

（三）基金申赎与分红

从基金的申购赎回情况来看，基金历史上的申购与赎回份额数比较相似，互有高低。在2007年与2015年下半年，指数型基金出现明显的净申购现象；而在2016年上半年，指数型基金赎回规模明显高于申购规模。从半年度统计来看，申购与赎回规模最高峰均出现在2015年上半年，总申购份额11628.1亿份，总赎回份额10603亿份。而在2018年下半年，申购份额数为3019.3亿份，赎回份额数为2337.7亿份，总体呈现净申购现象。

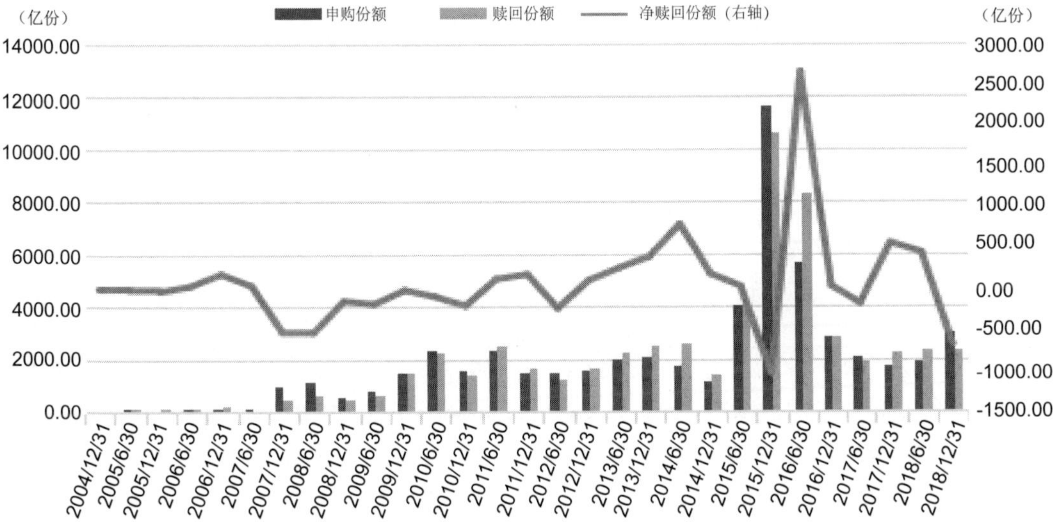

图6 股票指数型基金历史申赎情况

从分红来看，指数型基金的分红最高峰为2007年，单年分红达到204.2亿元，2018年总分红规模为62.96亿元（近10年中仅次于2016年的84.3亿元）。

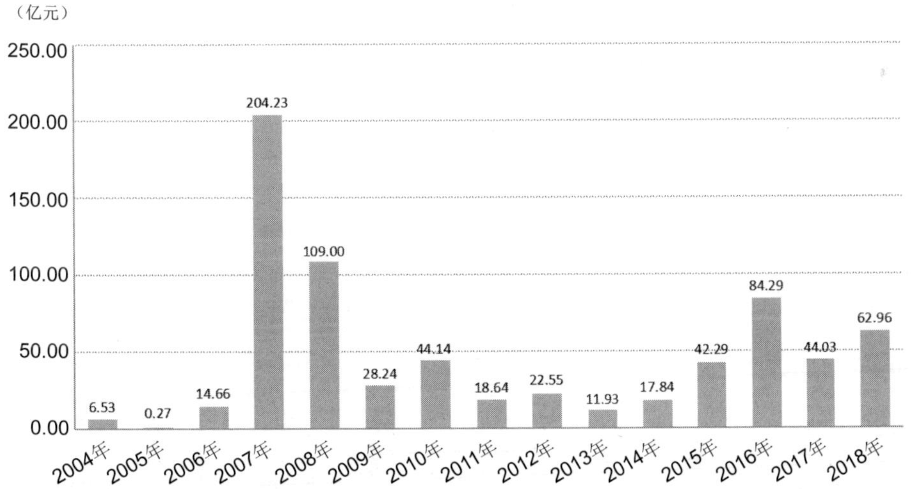

图7 股票指数型基金历史分红规模

四、基金的业绩与评价

（一）整体业绩

指数型基金主要通过跟踪各类指数，获取与指数表现相似的收益。由于债券型指数基金的业绩表现和风险波动等特征与债券型基金更为类似，且数量较少，故不纳入本部分的分析；由于QDII指数型基金的业绩表现和风险波动等特征与QDII基金更为类似，因此也不在此进行分析。

表1 指数型基金的平均业绩表现与市场主流指数的对比

（单位：%）

	2005年	2006年	2007年	2008年	2009年	2010年	2011年
上证综指	−8.33	130.43	96.66	−65.39	79.98	−14.31	−21.68
沪深300	−7.65	121.02	161.55	−65.95	96.71	−12.51	−25.01
中证500	−12.85	100.68	186.63	−60.80	131.27	10.07	−33.83
指数型基金平均收益	−1.20	113.13	130.22	−57.71	82.00	−9.75	−22.15

	2012年	2013年	2014年	2015年	2016年	2017年	2018年
上证综指	3.17	−6.75	52.87	9.41	−12.31	6.56	−24.59
沪深300	7.55	−7.65	51.66	5.58	−11.28	21.78	−25.31
中证500	0.28	16.89	39.01	43.12	−17.78	−0.20	−33.32
指数型基金平均收益	7.19	0.26	41.00	17.74	−11.21	13.48	−25.54

年度数据均截至当年12月31日
“指数型基金平均收益”：采用基金区间业绩的算术平均值
数据来源：Wind、招商证券

注：本文“基金的业绩与评价”部分中，“指数型基金”的相关计算中不包括债券指数型基金和QDII-指数型基金，同时均选用建仓期（基金成立6个月后）结束日期早于该年度首日、且到期日晚于该年度末日的基金为样本进行计算。

从整体业绩表现来看，在市场整体上涨时，权益类指数型基金的整体业绩往往低于市场指数表现；在市场大幅下跌时，权益类指数型基金的整体业绩往往表现更优。

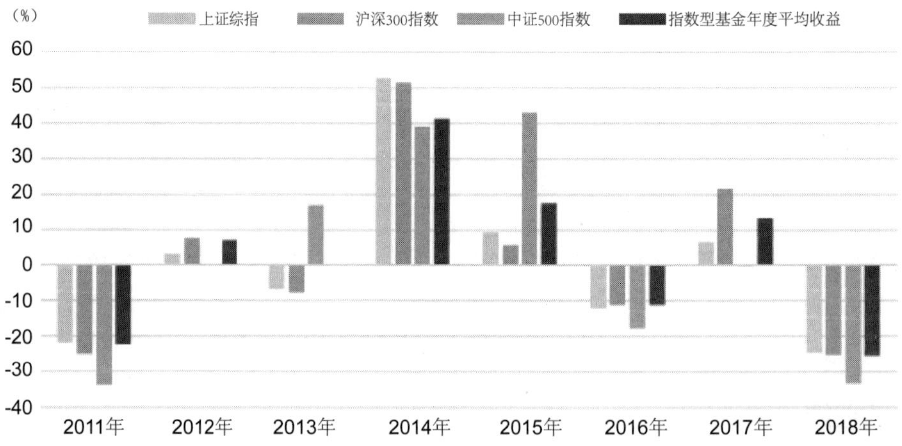

年度数据均截至当年12月31日
“指数型基金年度平均收益”：采用算术平均值
数据来源：Wind、招商证券

图8 指数型基金与市场指数收益对比

从中证被动式股票型基金指数的业绩表现来看，自2008年以来，其整体业绩表现与沪深300指数较为一致。

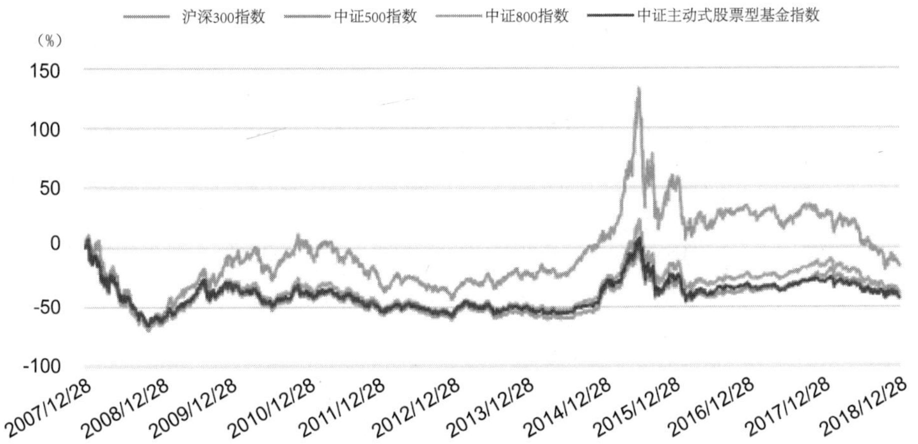

数据来源：Wind、招商证券

图9 中证被动式股票型基金指数收益表现

细分来看，权益类指数基金主要包括两个类别：股票指数型基金和增强指数型基金。这两类基金各自的算术平均业绩如下表：

表2 指数型基金细分类别的算术平均业绩

（单位：%）

	2005年	2006年	2007年	2008年	2009年	2010年	2011年
股票指数型基金	−4.53	124.48	143.04	−63.32	91.13	−11.59	−22.69
增强指数型基金	−0.25	109.72	119.96	−52.10	71.96	−7.07	−20.63

	2012年	2013年	2014年	2015年	2016年	2017年	2018年
股票指数型基金	7.26	−0.18	40.71	17.46	−11.53	12.80	−25.76
增强指数型基金	6.90	2.44	42.58	19.43	−8.39	19.79	−23.98

年度数据均截至当年12月31日
数据来源：Wind、招商证券

综合对比股票指数型基金和增强指数型基金的平均业绩表现，可以发现，2013年之前在所获平均收益为正值时，股票指数型基金的业绩表现基本均优于增强指数型基金；在所获平均收益为负值时，增强指数型基金的业绩表现基本均优于股票指数型基金。从2013年开始，增强指数型基金的业绩在每一个自然年度基本均优于股票指数型基金。

（二）业绩统计特征

由于指数型基金所跟踪的标的指数种类较多，整体表现可能存在较大的差异性，其业绩中位数与算术平均值有所差距，但是在近两年逐渐靠拢；当市场风格分化程度较高时，最优业绩和最差业绩间的差距也更大。

表3　指数型基金年度业绩数据统计

（单位：%）

	2005年	2006年	2007年	2008年	2009年	2010年	2011年
最大值	6.86	142.87	185.35	–8.80	113.64	20.71	–3.35
最小值	–4.96	27.59	57.53	–68.29	11.00	–21.78	–36.71
中位数	–1.47	120.74	134.45	–63.38	85.11	–11.98	–22.05
算术平均值	–1.20	113.13	130.22	–57.71	82.00	–9.75	–22.15

	2012年	2013年	2014年	2015年	2016年	2017年	2018年
最大值	22.43	78.51	89.04	78.05	15.25	74.92	–6.06
最小值	–6.30	–38.13	–4.54	–29.75	–31.84	–30.77	–45.64
中位数	7.84	–5.00	42.34	15.13	–10.77	14.58	–25.10
算术平均值	7.19	0.26	41.00	17.74	–11.21	13.48	–25.54

年度数据均截至当年12月31日
数据来源：Wind、招商证券

将指数型基金每年度的业绩从高到低进行排序，从各个排名区间的平均业绩来看，在股票市场风格倾向性明显、分化严重的年度（2013年、2014年、2015年、2017年），第1排名区间的平均业绩与第4排名区间的平均业绩之间的差值也较大。

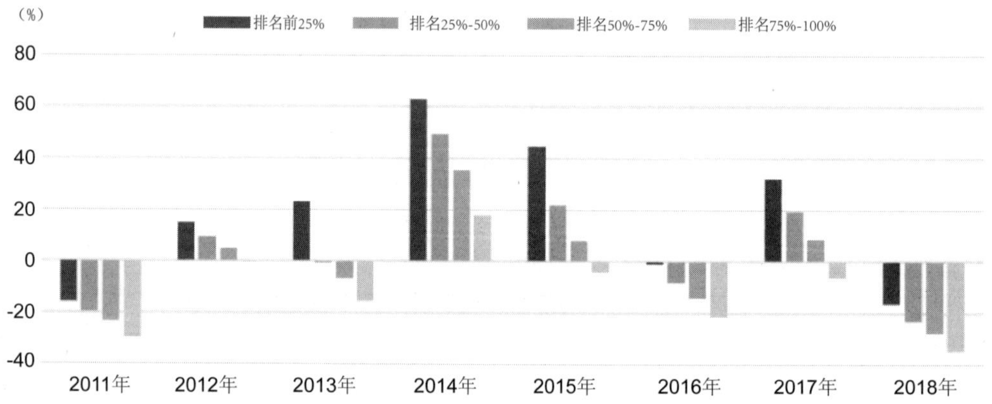

年度数据均截至当年12月31日
数据来源：Wind、招商证券

图10　不同排名区间的指数型基金算术平均收益

（三）风险指标

从风险控制的角度来看，由于指数型基金主要通过跟踪各类市场指数进行投资，整体波动率表现与市场指数较为一致。

表4 指数型基金的平均年化波动率与市场主流指数的对比

（单位：%）

	2005年	2006年	2007年	2008年	2009年	2010年	2011年
上证综指	21.25	25.41	29.80	43.24	28.98	21.87	16.79
沪深300	20.77	23.81	33.77	48.13	32.30	23.99	18.78
中证500	25.03	27.76	41.80	55.13	35.73	27.93	24.70
指数型基金平均波动率	16.97	20.09	29.50	40.65	28.32	21.77	17.61

	2012年	2013年	2014年	2015年	2016年	2017年	2018年
上证综指	16.87	17.47	18.33	37.27	20.83	8.13	20.19
沪深300	20.37	20.73	20.79	35.39	19.97	9.31	22.15
中证500	24.12	20.98	17.71	46.88	27.14	13.61	25.50
指数型基金平均波动率	19.32	20.08	19.18	38.74	22.83	12.40	24.33

年度数据均截至当年12月31日
数据来源：Wind、招商证券

第三章 混合型基金发展与业绩评价

一、发展历史

首批封闭式基金发行时，《证券投资基金管理暂行办法》（1997颁布）仅规定股票、债券仓位比例不超过80%，对于基金分类没有明确规定。2004年7月发布的《证券投资基金运作管理办法》规定：投资于股票、债券和货币市场工具，未规定60%以上基金资产投资于股票或80%以上基金资产投资于债券的，为混合型基金。

修订《证券投资基金运作管理办法》时，由于股票型基金仓位下限的提高，混合型基金的范围也相应进行了修改。2015年5月发布的《公开募集证券投资基金运作管理办法》规定：投资于股票、债券、货币市场工具或其他基金份额，未规定80%以上基金资产投资于股票、债券、基金的，为混合型基金。

混合型基金的规模演变规律与股票市场基本同步，在2015年二季度，该类基金达到规模的最高值，总规模超过30000亿元；随着股票市场的回撤，该类基金在2015年三季度规模回撤到17000亿元水平，之后又重新上涨。2018年全年，由于权益市场表现一般，混合型基金规模进一步萎缩，年底规模为14828.8亿元。

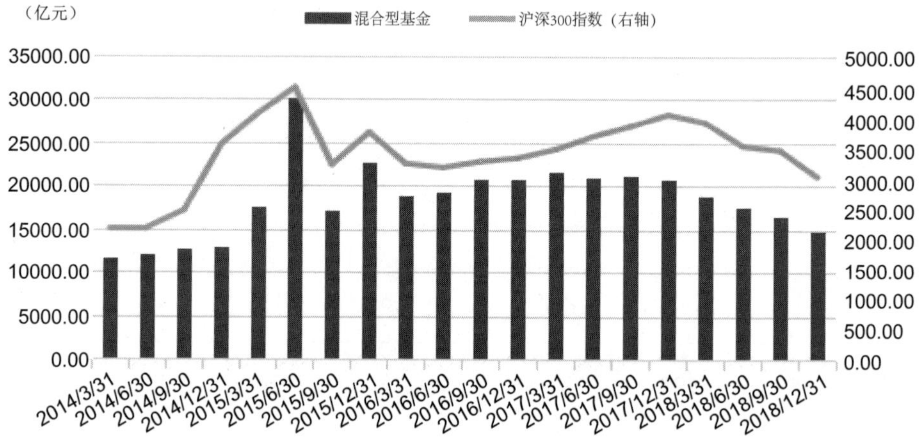

数据来源：Wind、招商证券

图1 混合型基金规模演变

二、细分类别

（一）投资仓位限制

从投资仓位限制来看，混合型基金还可以进一步分为偏股混合型基金、偏债混合型基金、平衡混合型基金/灵活配置型基金等类型，各家基金评价机构划分不同。

偏股混合型基金：大类资产配置上偏重权益资产投资，一般权益资产仓位上限超过50%，而固定收益资产仓位上限不到50%。

偏债混合型基金：大类资产配置上偏重固定收益资产投资，一般权益资产仓位上限不到50%，而固定收益资产仓位上限超过50%。

平衡混合型基金/灵活配置型基金：大类资产配置未体现出对权益资产、固定收益资产的偏重，权益资产与固定收益资产的仓位限制基本一致。有些机构将这类基金分为两类，平衡混合型基金仓位选择范围较小，如权益资产、固定收益资产投资范围均为20%～60%；灵活配置型基金仓位选择范围较大，如权益资产、固定收益资产投资范围均为0%～95%。

（二）投资范围及主题

从投资范围及主题来看，与股票型基金相同，有的混合型基金全市场选股，有的有所偏重。行业/主题基金重点投资特定行业或主题的基金，有些基金在契约中规定80%以上股票资产投资特定行业或主题个股。

（三）投资策略

从投资策略来看，由于混合型基金仓位调整空间大，各种特定产品策略的基金均以混合型基金发行。

打新基金：打新基金积极参与新股申购，配置部分权益仓位作为打新底仓，持有权益资产以蓝筹个股为主，市值超过打新门槛，其余仓位进行现金管理或配置债券资产。打新基金在2015年兴起，由于当时打新需要全额缴款，基金在有新股上市时进行打新，其余时间进行现金管理；2016年打新新规取消了预缴款制度后，打新基金普遍进行债券投资，提高资金利用效率。由于公募基金打新存在制度优势，中签率较高，且债券资产带来一定收益，打新基金受到投资者的欢迎。2018年以来，蓝筹股下跌、IPO节奏放缓，权益底仓带来损失，打新收益降低，打新基金吸引力下降。

定增基金：定增基金积极参与上市公司定向增发，定增价格低于股票的市场价格，定增锁定期一年，基金将股票持有至锁定期结束后卖出，定增折扣能为持股提供安全垫。定增类股票的估值方法较为保守，导致定增基金的净值并不等同于当前持有股票的市场价值，存在估值折价的现象。定增基金以LOF形式为主，封闭期长于定增锁定期。由于个人投资者无法参与定增，2016年定增基金迎来发行热潮。2017年随着市场大幅调整，定增破发现象频发；之后根据2017年5月发布的减持新规，定增基金在锁定期结束后一年多才能完全卖出股票，定增基金吸引力大幅下降。

保本基金（避险策略基金）：保本基金通过一定的保本投资策略进行运作，同时引入保本保障机制，以保证基金份额持有人在保本周期到期时可以获得投资本金。保本基金只对持有基金经历一个完整保本周期的资金进行保本，对提前赎回的资金不进行保本。2015年股灾后的震荡市中，基金投资者风险偏好保持低位，保本基金规模快速增长。2017年证监会发布《关于避险策略基金的指导意见》，将保本基金改为“避险策略基金”，规定稳健资产投资比例高于80%，同时提高了保本担保的成本。由于避险策略基金收益预期较低，目前尚未发行避险策略基金；保本基金在保本周期到期后，也纷纷转型成为非避险策略的基金。

绝对收益基金：绝对收益基金以获得稳定正收益为目标，不与市场指数进行比较，业绩比较基准一般为银行定期存款利率加固定年化收益率，如“一年期银行定期存款利率(税后)+3%”。绝对收益基金采用绝对收益策略进行投资，通过控制权益仓位、股指期货对冲等方式控制风险。其中，采用股指期货对冲，同时持有股票多头与空头的绝对收益基金被称为股票多空基金。

（四）特殊投资标的

随着产品创新与监管支持，参与国企改革、投资未上市公司股权的嘉实元和与首只公募REITs鹏华前海万科REITs成为混合型基金中的特殊成员。

2014年9月发行的嘉实元和基金是国内首只直接投资未上市公司股权的公募基金。嘉实元和不超过基金资产的50%将参与中石化销售公司增资扩股，剩余资产投资于固定收益类资产。后续中石化销售公司上市后，嘉实元和持有的股份为限售股，在其上市满一年解禁。嘉实元和采用封闭式运作，封闭期5年，上市交易，由于基金封闭期将要结束、中石化销售公司仍在筹备上市，目前基金有一定折价。

REITs（房地产信托投资基金）是一种专门投资于房地产业的证券化的产业投资基金。该类基金对房地产项目进行投资和经营，获取交易溢价、租赁租金、抵押贷款/MBS利息等综合收益。2015年6月发行的鹏华前海万科REITs是国内首只投资REITs项目的公募基金，不超过50%的资产投资位于深圳前海的万科企业公馆，以项目未来8年的租金收益权作为产品收益，剩余资产投资权益类、固定收益类资产。

三、数据概览

（一）发行概况

从发行情况来看，混合型基金在2007年与2015年迎来两个发行高潮期，其中，2015年总发行规模6775.2亿元，为历史最高值；在发行数量上，2016年单年354只混合型基金发行，为历史最高；2018年上半年，发行总数量122只，发行总规模1156.2亿元，整体发行情况较2017年有所改善。

从发行类型来看，早期发行的基金主要以偏股混合型为主，2013年以来，灵活配置型基金成为发行的主流选择，而偏债混合型基金发行较晚，近两年开始有较大规模的发行。

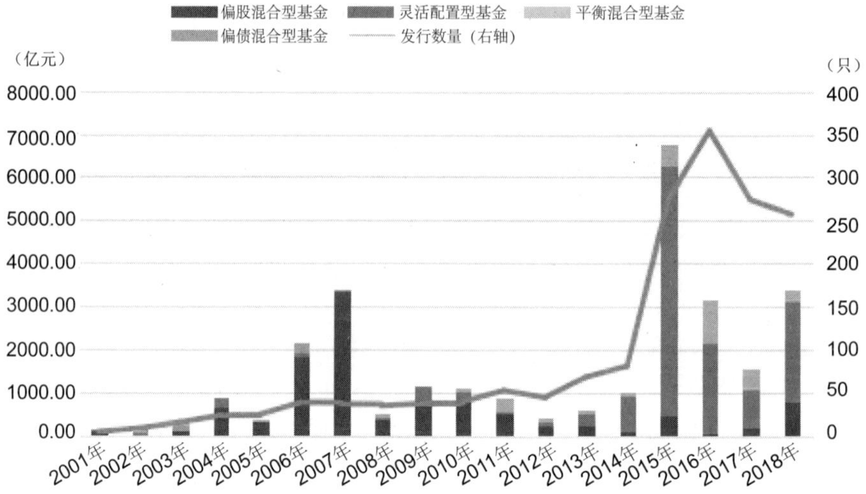

数据来源：Wind、招商证券

图2　混合型基金历年发行情况

根据2014年以来的季度发行情况可以看到，混合型基金整体发行在2015年二季度出现明显跳涨，单季度发行规模达到3622.8亿元，同时2015年三季度发行也达到1529.8亿元，为次高规模；除此之外，单季度发行规模均低于1000亿元；2015年下半年开始，混合型基金整体发行规模逐渐下降，到2017年一季度规模仅为198.2亿元；之后随着市场逐渐回暖，发行规模逐渐回升，2018年一季度达到861.3亿元；但在二季度，发行规模又重新迅速下滑到300亿元以下，仅295.4亿元。

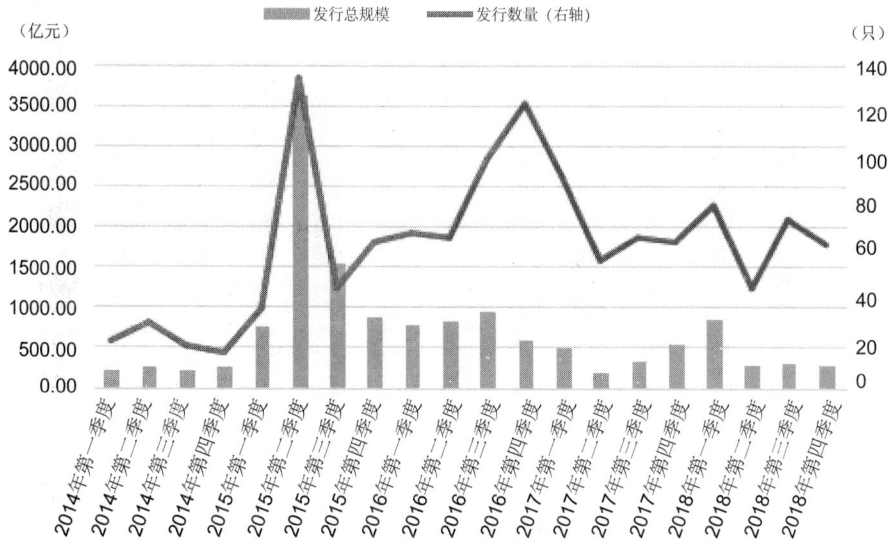

数据来源：Wind、招商证券

图3　混合型基金近5年季度发行情况

（二）机构占比

2018年12月31日，投资者中个人投资者占比75%，机构投资者占比25%。

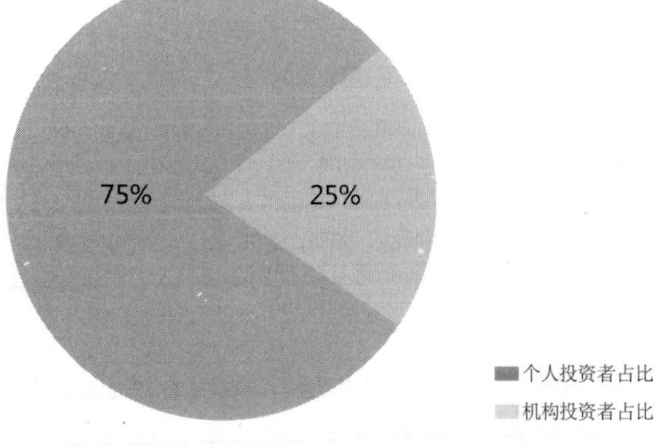

数据来源：Wind、招商证券

图4　混合型基金投资者结构（2018年12月31日）

从投资者结构来看，2015年以前，机构投资者占比较低，不足20%；但2015年上半年，机构投资者比例迅速提高到50%，达到历史峰值。而2015年之后，机构投资者比例显现下滑趋势，占比逐渐回落到30%的水平。

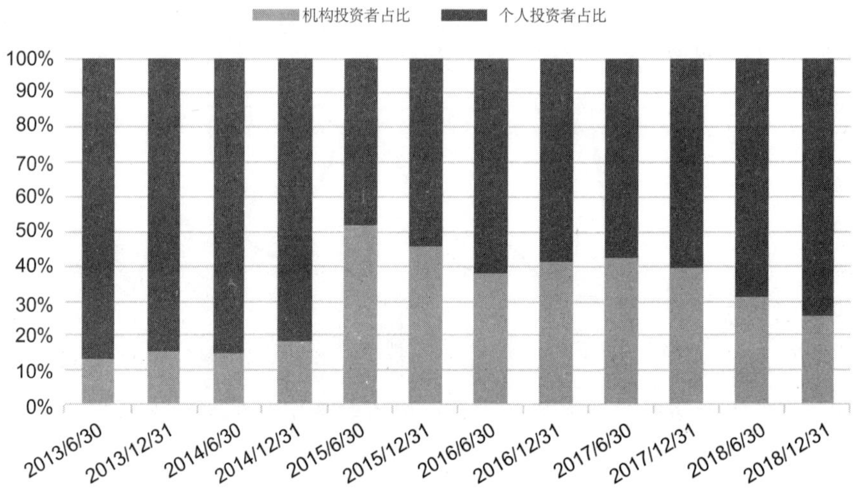

数据来源：Wind、招商证券

图5 混合型基金历史投资者结构（半年度）

（三）基金申赎与分红

从历史上看，除去2006年下半年到2007年，以及2015年上半年出现明显的净申购现象，混合型基金单季度赎回份额数均高于申购份额数，显现净赎回现象。其中，申购份额数最多的是2015年上半年，达到12668.1亿份，而赎回份额数最多的是2015年下半年，赎回总份额16055.6亿份；从2018年情况看，下半年申购数量回落至近年新低，赎回份额也处于近期低点，整体市场热度较低。

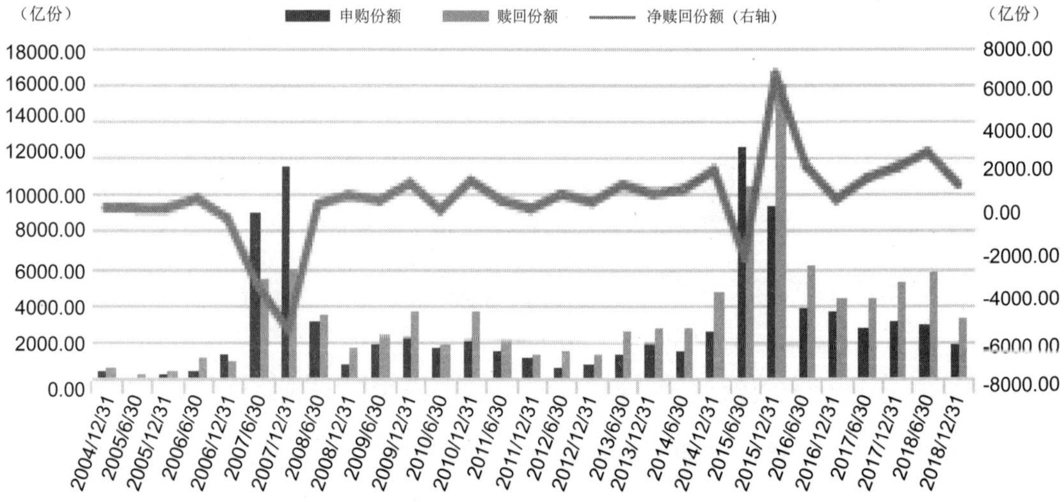

数据来源：Wind、招商证券

图6 混合型基金历史申赎情况

对比发行份额与净赎回份额，可以看到，大多数时间内，赎回份额均高于发行份额，仅在2015年上半年与2016年下半年出现发行份额高于净赎回份额的现象。

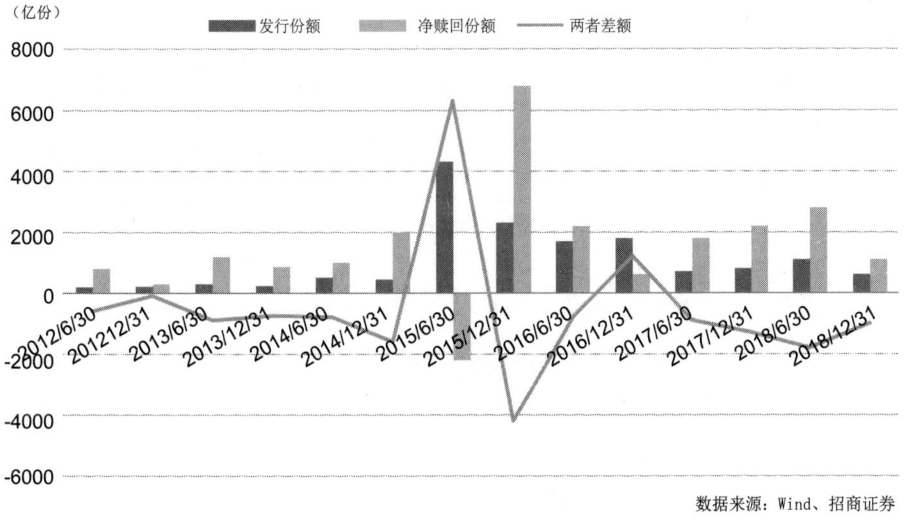

图7　混合型基金历史申赎与发行情况比较

从分红情况来看，混合型基金的分红总额最高值出现在2007年，高达1954.7亿元，2016年达到1414.0亿元；2018年分红总额度426.1亿元，较2017年全年有所回升。

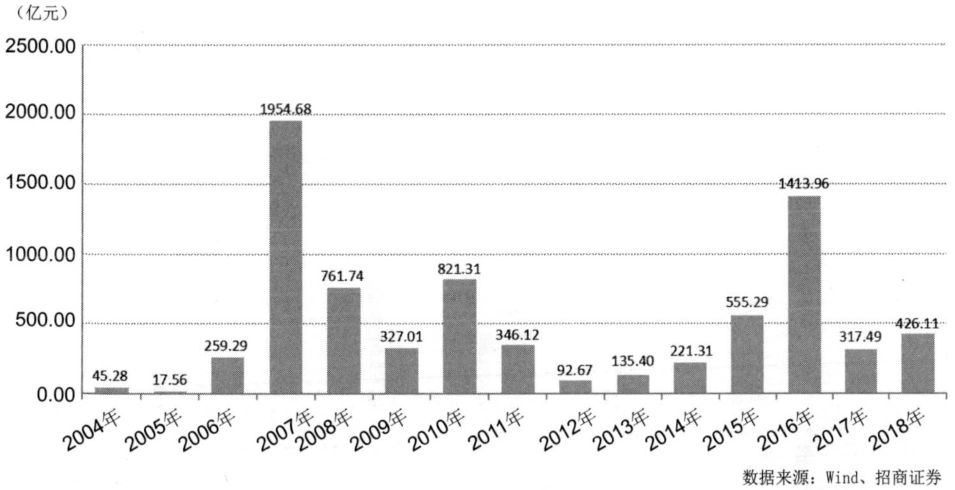

图8　混合型基金历史分红规模

四、基金的业绩与评价

（一）整体业绩

混合型基金细分类别丰富，可以同时投资于股票和债券资产，投资比例不一，各细分类型的业绩表现也有较大差异。就整体业绩而言，在过往15年中，混合型基金的整体算术平均业绩表现优秀。

表1 混合型基金的平均业绩表现与市场主流指数的对比

（单位：%）

	2004年	2005年	2006年	2007年	2008年	2009年	2010年	2011年
上证综指	−15.40	−8.33	130.43	96.66	−65.39	79.98	−14.31	−21.68
沪深300	−16.30	−7.65	121.02	161.55	−65.95	96.71	−12.51	−25.01
中证500	——	−12.85	100.68	186.63	−60.80	131.27	10.07	−33.83
混合型基金平均收益	0.14	3.73	107.81	114.34	−47.91	63.11	3.78	−23.37

	2012年	2013年	2014年	2015年	2016年	2017年	2018年
上证综指	3.17	−6.75	52.87	9.41	−12.31	6.56	−24.59
沪深300	7.55	−7.65	51.66	5.58	−11.28	21.78	−25.31
中证500	0.28	16.89	39.01	43.12	−17.78	−0.20	−33.32
混合型基金平均收益	4.91	15.11	23.94	43.56	−9.85	11.26	−15.43

年度数据均截至当年12月31日
“混合型基金平均收益”：采用算术平均值
数据来源：Wind、招商证券

注：本文“基金的业绩与评价”部分中，计算“混合型基金”相关的区间业绩等指标时，均选用建仓期（基金成立6个月后）结束日期早于该年度首日、且到期日晚于该年度末日的基金为样本进行计算。

自2011年以来，混合型基金的整体业绩表现与主动管理股票型基金较为类似，在大多数年份中均能跑赢市场指数，尤其是在市场下行期，表现更优秀。

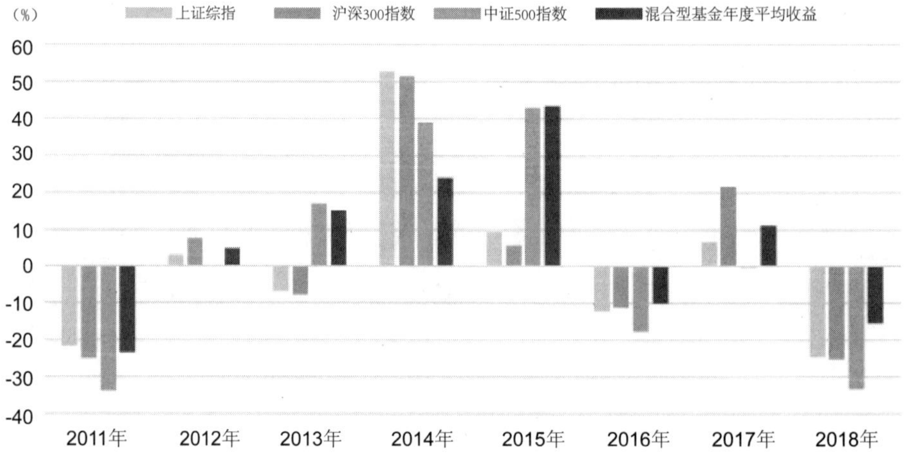

年度数据均截至当年12月31日
“混合型基金平均收益”：采用算术平均值
数据来源：Wind、招商证券

图9 混合型基金与市场指数收益对比

从中证混合型基金指数的业绩表现来看，自2005年1月1日至2018年12月31日，混合型基金对于几只市场主流指数均产生一定的超额收益。

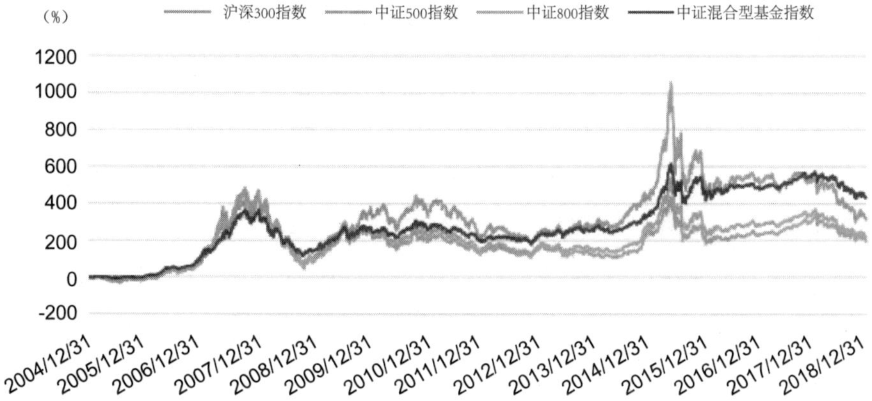

数据来源：Wind、招商证券

图10 中证混合型基金指数收益表现

细分来看，混合型基金主要包括5个类别：偏股混合型基金、平衡混合型基金、灵活配置型基金、偏债混合型基金和股票多空基金。这几类基金各自的算术平均业绩如下表：

表2 混合型基金细分类别的算术平均业绩

（单位：%）

	2004年	2005年	2006年	2007年	2008年	2009年	2010年	2011年
偏股混合型基金	2.76	2.88	120.42	123.07	−50.33	67.72	3.42	−24.73
平衡混合型基金	−2.30	5.48	102.73	105.53	−42.10	51.12	1.64	−18.77
灵活配置型基金	−3.35	0.34	108.46	108.87	−48.63	55.35	6.68	−21.06
偏债混合型基金	1.05	7.34	57.53	68.95	−26.21	30.68	3.78	−12.29
股票多空基金	——	——	——	——	——	——	——	——

	2012年	2013年	2014年	2015年	2016年	2017年	2018年
偏股混合型基金	5.23	16.38	24.25	46.91	−14.54	14.75	−24.04
平衡混合型基金	3.52	10.68	18.82	37.51	−10.84	14.70	−16.77
灵活配置型基金	3.93	14.03	25.91	43.21	−6.91	10.36	−13.73
偏债混合型基金	4.41	5.53	18.58	20.66	−0.20	4.36	−0.64
股票多空基金	——	——	——	12.89	0.84	1.52	−0.31

年度数据均截至当年12月31日
数据来源：Wind、招商证券

综合上述几类基金的业绩表现来看，其平均业绩的表现基本与其投资股票资产的比例范围相一致。例如：偏股混合型基金对股票仓位的要求最高，整体波动幅度更大。在市场整体上行时，其平均投资收益通常最高；在市场整体下行时，其平均投资收益通常亏损最大。

（二）业绩统计特征

从混合型基金业绩的数据统计特征来看，每年度混合型基金业绩的中位数与平均值的一致性较高。

表3 混合型基金年度业绩数据的统计特征

（单位：%）

	2004年	2005年	2006年	2007年	2008年	2009年	2010年	2011年
最大值	17.09	14.84	182.27	226.24	−5.66	116.19	37.77	1.41
最小值	−10.10	−9.40	17.91	26.91	−66.42	1.56	−24.04	−41.78
中位数	0.60	3.51	109.81	114.63	−49.55	64.48	3.73	−23.71
算术平均值	0.14	3.73	107.81	114.34	−47.91	63.11	3.78	−23.37

	2012年	2013年	2014年	2015年	2016年	2017年	2018年
最大值	29.34	80.38	80.11	171.78	40.24	58.81	16.31
最小值	−14.25	−28.73	−15.52	−17.75	−42.49	−28.18	−45.19
中位数	4.37	13.62	21.73	42.18	−9.37	8.76	−17.64
算术平均值	4.91	15.11	23.94	43.56	−9.85	11.26	−15.43

年度数据均截至当年12月31日
数据来源：Wind、招商证券

将混合型基金每年度的业绩从高到低进行排序，从各个排名区间的平均业绩来看，在大多数年份，存在一定的业绩分化情况，且当市场变动幅度越大时，业绩分化程度也越高。

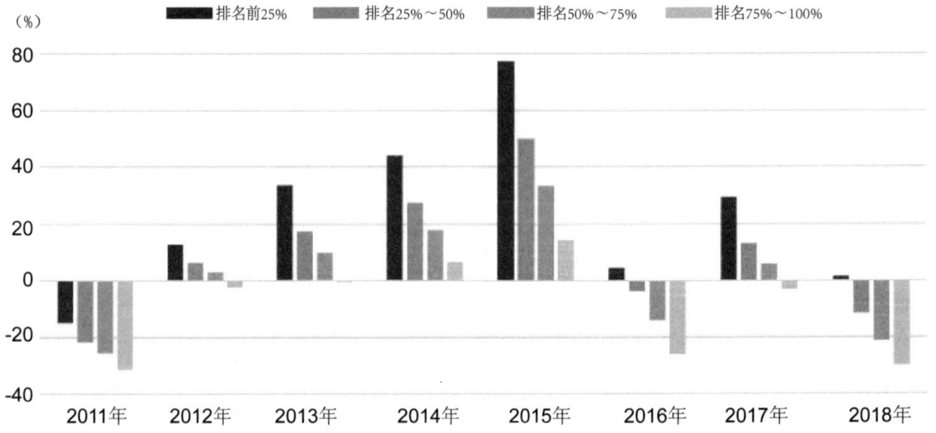

年度数据均截至当年12月31日
数据来源：Wind、招商证券

图11 不同排名区间的混合型基金算术平均收益

（三）风险指标

从风险控制的角度来看，在2011年及之前，混合型基金的平均年化波动率均低于各类市场主流指数（上证综指、沪深300和中证500）；2011年之后，混合型基金的平均年化波动率有所上升，开始超过部分指数。

表4 混合型基金的平均年化波动率与市场主流指数的对比

（单位：%）

	2004年	2005年	2006年	2007年	2008年	2009年	2010年	2011年
上证综指	20.15	21.25	25.41	29.80	43.24	28.98	21.87	16.79
沪深300	20.12	20.77	23.81	33.77	48.13	32.30	23.99	18.78
中证500	——	25.03	27.76	41.80	55.13	35.73	27.93	24.70
混合型基金平均波动率	13.88	14.26	20.39	26.44	31.82	23.50	19.23	16.67

	2012年	2013年	2014年	2015年	2016年	2017年	2018年
上证综指	16.87	17.47	18.33	37.27	20.83	8.13	20.19
沪深300	20.37	20.73	20.79	35.39	19.97	9.31	22.15
中证500	24.12	20.98	17.71	46.88	27.14	13.61	25.50
混合型基金平均波动率	17.03	17.86	16.04	38.81	19.43	9.50	16.84

年度数据均截至当年12月31日
数据来源：Wind、招商证券

第四章 债券型基金发展与业绩评价

一、发展历史

第一批封闭式基金发行时，《证券投资基金管理暂行办法》（1997颁布）仅规定股票、债券仓位比例不超过80%，对于基金分类并没有明确规定。2004年7月发布的《证券投资基金运作管理办法》规定，80%

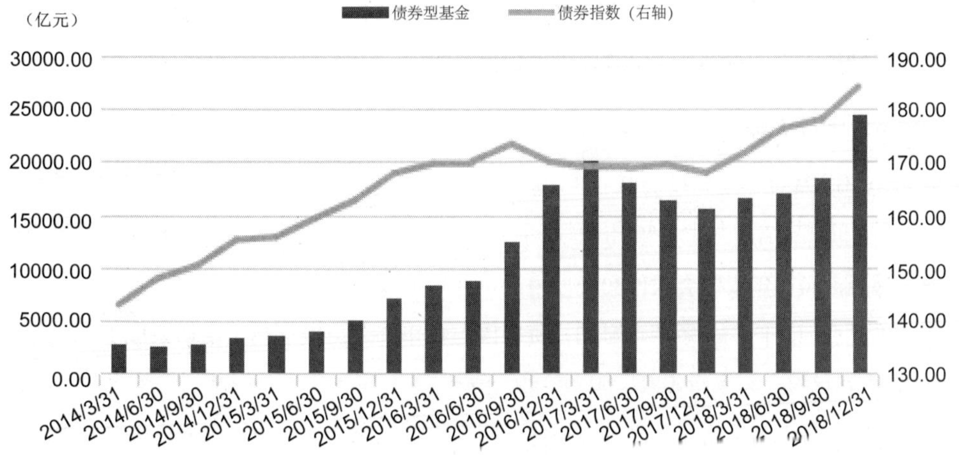

数据来源：Wind、招商证券

图1 债券型基金规模演变

以上的基金资产投资于股票的基金为债券基金。2015年5月发布的《公开募集证券投资基金运作管理办法》延续了之前的投资范围规定。

债券型基金的规模自2014年到2017年一季度经历了较快上涨的“趋势期”，从不足5000亿元提高到20000亿元规模之上，但随着债券市场的回调，市场规模萎缩到15000亿元规模。2018年，受债券市场回升的影响，债券型基金整体规模快速回升，规模约为24520.9亿元。

二、细分类别

（一）投资仓位限制

从投资仓位限制来看，债券型基金可以进一步细分为纯债型基金、一级债基金、二级债基金等类型，各家基金评价机构划分不同。

纯债型基金：仅投资债券与现金管理工具，不直接买入股票，也不参与新股申购。有的纯债型基金投资可转债，可以持有可转债转股形成的股票。

一级债基金：投资债券与现金管理工具，可以参与新股申购。2012年证监会停止一级债基金参与新股配售的资格，之后一级债基金与纯债型基金投资范围相同。

二级债基金：投资债券与现金管理工具，参与新股申购，也投资股票。由于股票市场价格波动较大，二级债基金的波动率与风险普遍高于纯债、一级债基金。

可转债基金：主要投资可转债，设置可转债投资比例下限。由于可转债转股前价格与股价紧密联系、波动较大，而且可转债基金可能持有一定仓位转换来的股票，因此可转债基金收益弹性较大，股票持仓可能产生亏损。

（二）投资方式

从投资方式来看，债券型基金可以分为主动投资基金与债券指数基金。债券指数基金为跟踪债券指数的指数基金。债券指数基金2018下半年迎来发行高峰，目前债券指数基金（含ETF联接基金）管理规模占债券基金总规模近5%，占指数基金合计管理规模近20%。

（三）投资范围及主题

信用债（产业债）基金：主要投资信用债，设置信用债投资比例下限。适合不看好利率债后市，希望专注于投资信用债的投资者。其中有些信用债基金为中高等级信用债基金，专注于投资中高等级信用债。

短期理财基金：2011年银监会叫停30天以内的银行短期理财产品后，公募短期理财基金迅速发展，满足了投资者的短期理财需求。短期理财的投资范围与货币基金类似，也采用摊余成本法进行估值，封闭运行期限为7天、14天、28天、30天、60天、90天等。

短期理财基金与货币基金相比，收益率未体现明显优势而流动性较差。因此随着货币基金的发展，短期理财基金规模逐渐缩水。2017年货币基金发展受到监管限制后，短期理财基金管理规模大幅提升。2018年7月监管部门对短期理财基金进行规范整改，提高债券投资比例限制、延长封闭运行期限，随着流动性进一步降低，难以继续满足投资者的短期理财需求。

短债、超短债基金：主要投资剩余期限较短的债券资产，设置短债投资比例下限。由于短债基金具备风险低、流动性好的特点，2018年二季度以来随着货币基金收益下行、短期理财基金封闭期延长，短债、超短债基金被投资者视为“货币基金增强版”与短期理财基金的替代品，规模迅速增长。

（四）运作方式

封闭式债基：封闭运作1—5年，在封闭期内不开放申购、赎回，封闭期结束后转为开放式运作或LOF。2014年7月发布的《公开募集证券投资基金运作管理办法》2016年7月正式实施，封闭式债基杠杆上限为200%，开放式债基杠杆上限为140%。与开放式债基相比，封闭式债基更有利于基金经理管理：在封闭期内基金经理无需应付赎回压力，资金利用效率较高；同时杠杆空间更大，可以提高杠杆增强收益。

开放式债基：每个工作日开放申购、赎回，适用于资金流动性需求较高的客户。为了应对赎回需求，开放式债基仓位较低以保持一定流动性，对基金经理的投资形成一定限制。

定期开放债基：以固定的封闭周期运作，封闭周期在3个月到5年之间，主要为3个月、6个月、1年，封闭期之间的开放期开放申购、赎回。定期开放债基在封闭期内杠杆上限为200%，开放期内杠杆上限为140%。定期开放债基兼具了封闭式债基与开放式债基的优势，封闭期内利于基金经理管理，定期开放满足投资者资金流动性需求。

（五）份额结构

2007年分级基金登陆中国市场，最初母基金主要为股票型、混合型基金。2010年首只债券分级基金“富国汇利分级”将这一创新型结构应用到债券型基金。2011—2015年，股票型、混合型、债券型分级基金共同发展；2015年牛市启动后，以股票指数基金为母基金的分级基金开始独占鳌头，规模迅速膨胀。

与股票型、混合型分级基金相比，由于债券型基金母基金净值波动较小，进取型份额在博取较高受益的同时，风险更为可控。

（六）投资者范围

机构定制债基：2015年下半年以来，出现一批不对个人投资者开放的债券型基金，仅向境内外机构投资者开放，这些基金主要对接银行等金融机构的委托投资业务需求。随着银行理财产品规模扩张，银行将资金委托给外部机构管理人进行管理，由基金公司承接的委外资金部分成立专户产品进行管理，部分成立机构定制基金，以债券基金为主。由于机构定制的债基投资中遵循机构设定的投资要求，同时发生大额申购、赎回的可能性较大，因此不适合普通投资者进行投资。

三、数据概览

（一）发行概况

债券型基金的发行高峰期在2013年、2016年、2017年、2018年，其中2016年发行规模3699.1亿元，

2018年发行规模4004.5亿元，达到历史高值。从类型来看，早期的债券型基金依然可以部分参与股票一级、二级市场，但随着政策出台实施等原因，近期发行的产品主要是限定于债券资产投资的中长期纯债型基金；除此之外，债券的指数基金往期发行规模总体较小，但在2018年下半年出现较大规模的发行。

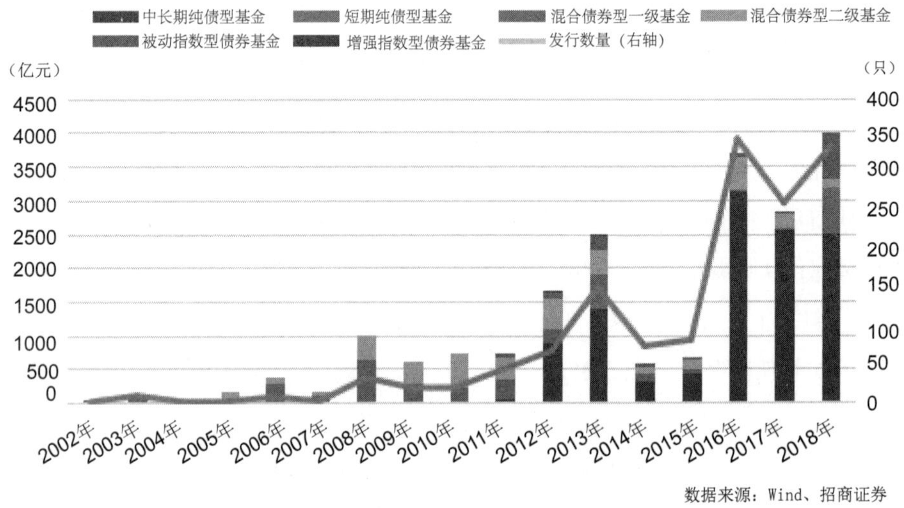

图2 债券型基金历年发行情况(年度)

2014—2016年，债券型基金的发行数量与规模均逐渐提高，2016年四季度，单季度发行145只，发行规模1939.6亿元，为历史之最；2017年债券型基金发行数量逐渐下降，规模也明显萎缩。而在2018年四季度，债券型基金发行规模出现大幅提升，达到历史次高的1747.9亿元。

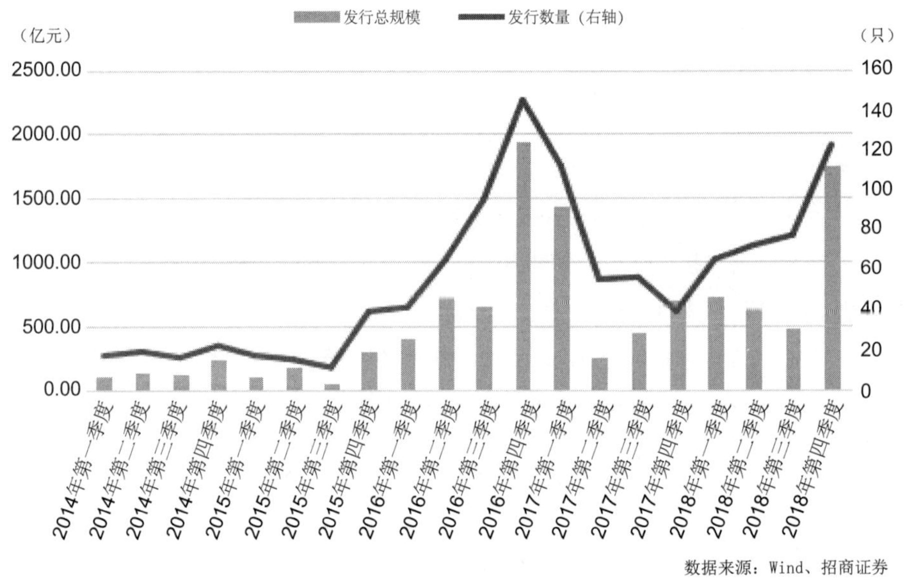

图3 债券型基金近5年发行情况（季度）

（二）机构占比

2018年12月31日，投资者中个人投资者占比9%，机构投资者占比91%。

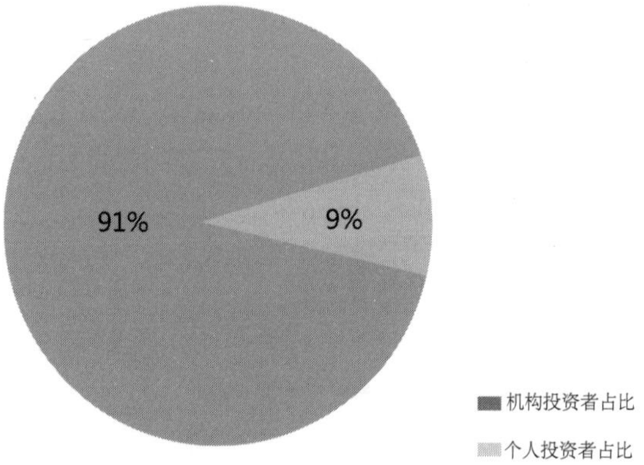

数据来源：Wind、招商证券

图4　债券型基金投资者结构（2018年12月31日）

2013年以来，债券型基金的机构投资者比例不断提高，从2013年末的40%上升到2017年末的91%，2018年上半年末，该比例达到94%。

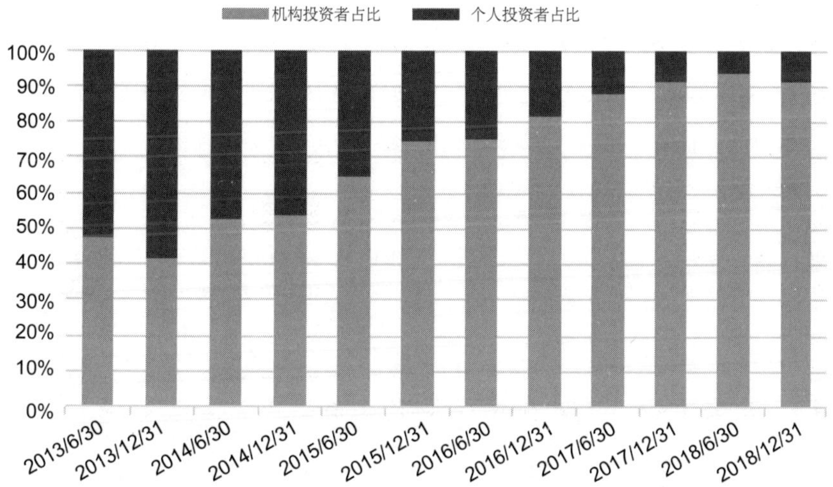

数据来源：Wind、招商证券

图5　债券型基金投资者历史结构（半年度）

（三）基金申赎与分红

债券型基金的申购赎回互有高低，申购数额最高值出现在2016年下半年，半年度申购总份额数为9643.5亿份，而赎回高峰则是2017年下半年，赎回规模达到6825.1亿份。2018年下半年，总申购份额7656.6亿份，而总赎回份额3970.0亿份。

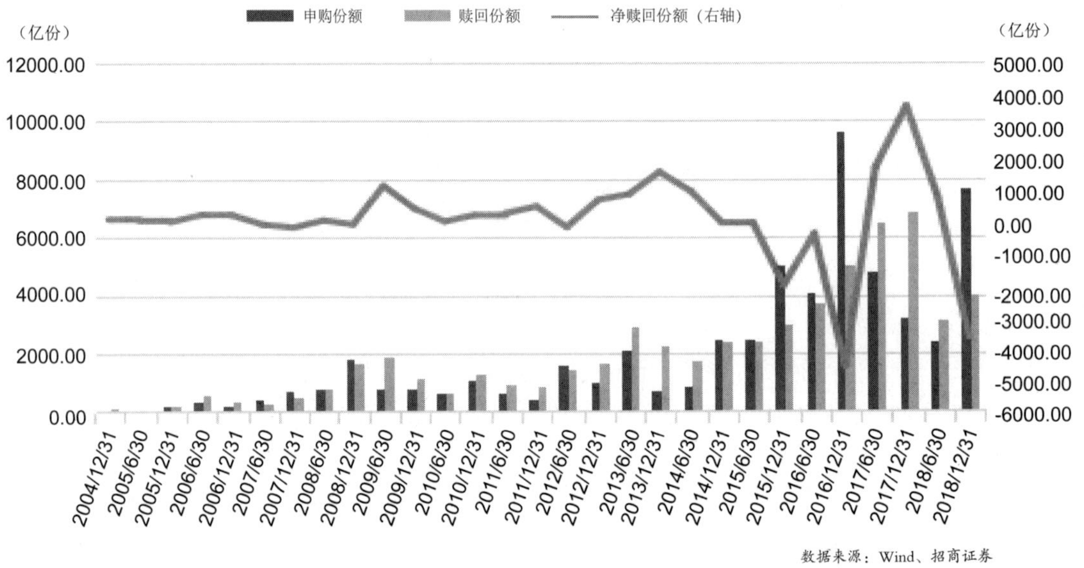

图6　债券型基金历史申赎情况

比较发行规模与赎回份额，过去一段时间半年度发行规模均低于净赎回份额。但在2018年下半年，发行规模达到新高，而同时净赎回份额为负值，整体与2016年底情况比较相似。

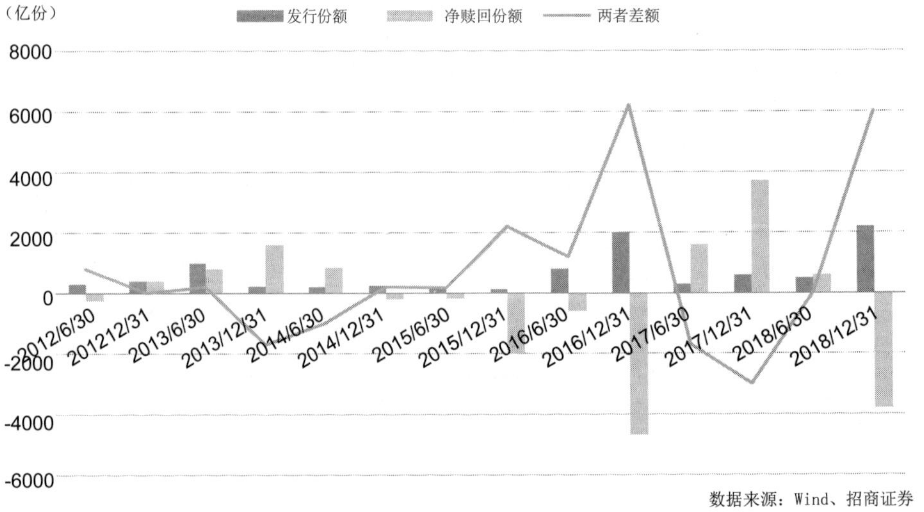

图7　债券型基金历史申赎与发行情况比较

债券型基金分红在2015年以来出现明显增长，从不足百亿元提升到200亿元以上，最大值出现在2016年，单年分红达到493.1亿元，而2018年则达到历史次高490.7亿元。

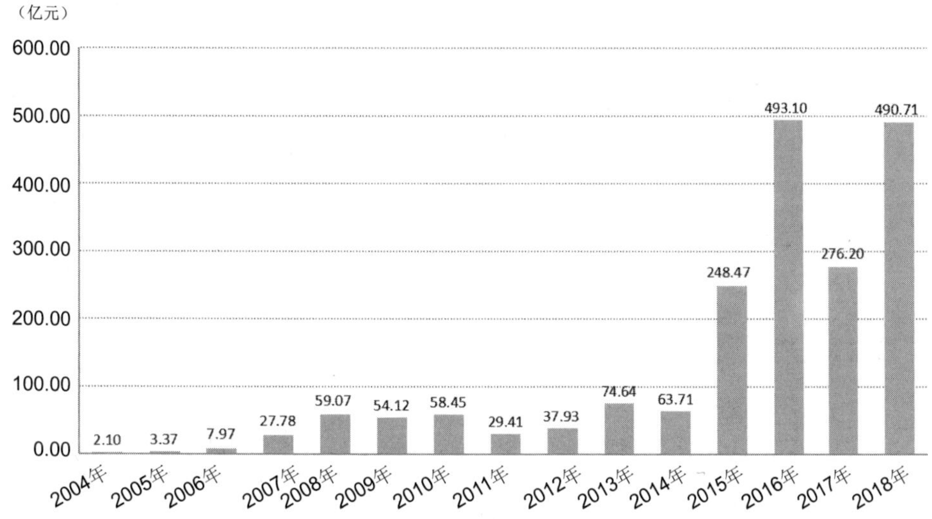

数据来源：Wind、招商证券

图8　债券型基金历史分红规模

四、基金的业绩与评价

（一）整体业绩

债券型基金主要投资于债券类资产，但由于某些混合债券型二级基金同时也投资于股票类资产，其整体业绩表现与债券市场类指数的表现一致性较低。

表1　债券型基金的平均业绩表现与市场主流指数对比

（单位：%）

	2005年	2006年	2007年	2008年	2009年	2010年	2011年
中债-总财富(总值)指数	10.55	2.62	-1.81	14.89	-1.24	1.92	5.72
中债-国债总全价(总值)指数	——	-0.56	-4.70	12.50	-5.50	-1.70	3.30
中债-信用债总全价(总值)指数	——	0.00	-4.70	9.12	-1.73	0.70	0.89
债券型基金平均收益	8.96	16.27	18.33	5.37	5.45	7.11	-2.90

	2012年	2013年	2014年	2015年	2016年	2017年	2018年
中债-总财富(总值)指数	2.51	-2.10	11.23	8.03	1.30	-1.19	9.63
中债-国债总全价(总值)指数	-0.75	-6.22	6.95	4.39	-1.20	-4.96	5.30
中债-信用债总全价(总值)指数	2.70	-1.96	5.95	4.06	-2.45	-2.94	3.62
债券型基金平均收益	7.02	0.89	19.54	10.20	0.29	1.66	4.48

年度数据均截至当年12月31日
“债券型基金平均收益”：采用算术平均值
数据来源：Wind、招商证券

注：本文“基金的业绩与评价”部分中，计算“债券型基金”相关的区间业绩等指标时，均选用建仓期（基金成立6个月后）结束日期早于该年度首日、且到期日晚于该年度末日的基金为样本进行计算。

自2012年以来，债券型基金的整体业绩每年均为正值。在2014年和2015年中，与债券市场主流指数相比，债券型基金整体获取了较高的超额收益，或是受益于区间股票市场的大幅上涨。

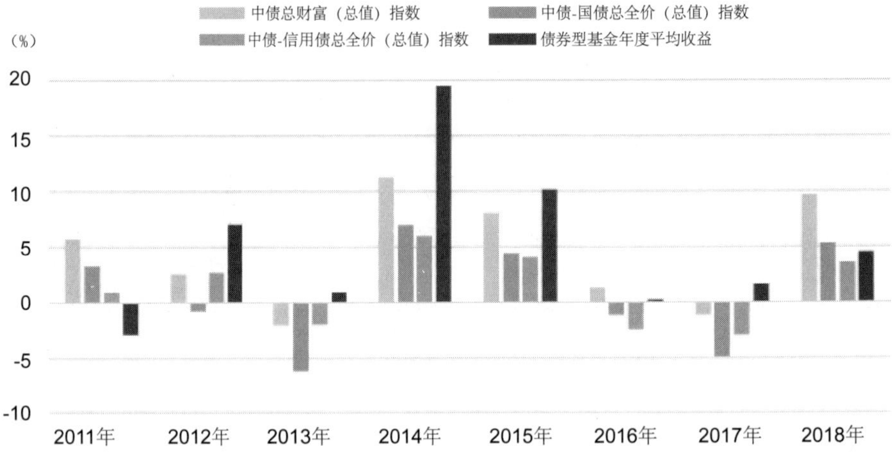

年度数据均截至当年12月31日
“债券型基金年度平均收益”：采用算术平均值
数据来源：Wind、招商证券

图9 债券型基金与市场指数收益对比

从中证债券型基金指数的业绩表现来看，在较长的时间区间（2005—2018年）内，与中债总财富（总值）指数相比，债券型基金整体获取了较高的超额收益，为投资者带来稳健的正回报。

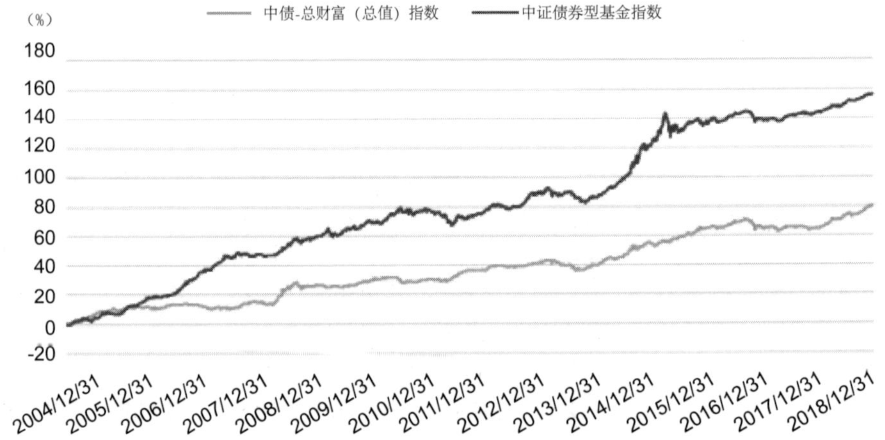

数据来源：Wind、招商证券

图10 中证债券型基金指数收益表现

细分来看，债券型基金主要包括6个类别：短期纯债型基金、中长期纯债型基金、混合债券型一级基金、混合债券型二级基金、被动指数型债券基金和增强指数型债券基金。这几类基金各自的算术平均业绩如下表：

表2 债券型基金细分类别的算术平均业绩

（单位：%）

	2005年	2006年	2007年	2008年	2009年	2010年	2011年
短期纯债型基金	——	——	4.01	5.41	0.65	1.57	3.56
中长期纯债型基金	8.34	9.33	14.88	8.75	1.83	4.71	-0.02
混合债券型一级基金	8.91	15.70	17.52	7.35	4.81	8.48	-2.25
混合债券型二级基金	——	17.75	19.24	1.19	7.66	6.12	-4.23
被动指数型债券基金	——	——	——	——	——	——	——
增强指数型债券基金	10.59	32.71	42.43	-2.08	7.79	4.63	-6.28

	2012年	2013年	2014年	2015年	2016年	2017年	2018年
短期纯债型基金	3.63	2.67	6.09	5.65	1.32	3.09	3.93
中长期纯债型基金	5.99	1.62	12.74	9.93	1.84	1.53	6.31
混合债券型一级基金	7.79	1.16	17.00	10.26	1.04	0.96	4.74
混合债券型二级基金	6.65	0.51	28.97	11.66	-2.09	2.41	-0.13
被动指数型债券基金	2.48	-0.85	8.45	3.16	-0.03	-1.41	6.22
增强指数型债券基金	-0.43	1.16	21.39	-12.08	-6.73	-1.35	-4.01

年度数据均截至当年12月31日
数据来源：Wind、招商证券

综合这几类基金的业绩表现来看，其平均业绩表现受其投资债券资产和股票资产的比例范围的影响。其中，短期纯债型基金自2005年以来，在每一个自然年度中均为投资者获取了正收益。

（二）业绩统计特征

从债券型基金业绩的数据统计特征来看，在某些年度（2007年、2014年），债券型基金业绩的中位数与平均值的差距较大，或是由于在这些年份中，股票市场表现出色，使得可以投资于股票资产的混合二级债券型基金业绩大幅高于其他债券型基金，拉高了整体业绩的平均水平。

表3 债券型基金年度业绩数据的统计特征

（单位：%）

	2005年	2006年	2007年	2008年	2009年	2010年	2011年
最大值	13.14	32.71	68.24	12.72	22.25	16.27	6.20
最小值	2.30	4.91	2.32	-25.16	-0.90	0.02	-11.57
中位数	9.16	13.75	9.68	7.24	4.46	6.82	-2.44
算术平均值	8.96	16.27	18.33	5.37	5.45	7.11	-2.90

（续上表）

	2012年	2013年	2014年	2015年	2016年	2017年	2018年
最大值	16.18	11.49	97.24	33.30	8.36	11.75	35.94
最小值	−0.52	−15.35	2.41	−39.64	−25.78	−8.60	−32.86
中位数	7.32	1.33	15.05	10.66	1.23	1.90	5.94
算术平均值	7.02	0.89	19.54	10.20	0.29	1.66	4.48

年度数据均截至当年12月31日
数据来源：Wind、招商证券

将债券型基金每年度的业绩从高到低排序，从各个排名区间的平均业绩来看，在股票市场大幅上涨时，业绩分化程度也越高。

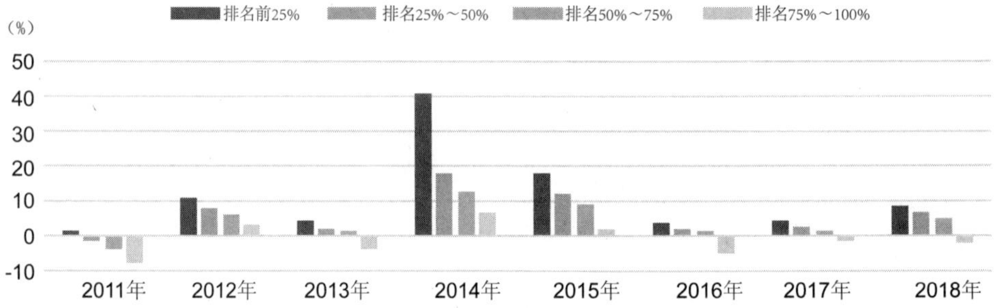

年度数据均截至当年12月31日
数据来源：Wind、招商证券

图11　不同排名区间的债券型基金算术平均收益

（三）风险指标

从风险控制的角度来看，由于部分债券基金投资于股票市场，波动率较高，带动债券型基金的平均年化波动率上升，基本均高于各类债券市场的主流指数。

表4　债券型基金的平均年化波动率与市场主流指数的对比

（单位：%）

	2005年	2006年	2007年	2008年	2009年	2010年	2011年
中债-总财富(总值)指数	2.41	1.52	1.91	4.93	2.46	2.26	2.19
中债-国债总全价(总值)指数	——	1.42	2.21	6.46	3.17	2.95	2.79
中债-信用债总全价(总值)指数	——	——	1.76	2.99	1.44	1.67	2.27
债券型基金平均波动率	4.29	4.59	4.50	3.96	4.41	4.20	4.65

	2012年	2013年	2014年	2015年	2016年	2017年	2018年
中债-总财富(总值)指数	1.57	2.47	3.26	2.06	2.69	1.52	2.06
中债-国债总全价(总值)指数	2.06	3.02	3.56	2.33	3.17	1.65	2.33
中债-信用债总全价(总值)指数	1.57	1.80	2.24	1.58	1.99	1.30	0.99
债券型基金平均波动率	2.83	4.40	5.14	6.76	3.26	1.93	2.40

年度数据均截至当年12月31日
数据来源：Wind、招商证券

第五章 货币市场基金发展与业绩评价

一、发展历史

根据《证券投资基金管理暂行办法》（1997年颁布）规定，仅投资于货币市场工具的基金为货币市场基金。2015年5月发布的《公开募集证券投资基金运作管理办法》延续了之前的投资范围规定。

货币市场工具，指期限小于或等于1年的债务工具，主要包括短期国债、大额可转让存单、商业票据、银行承兑汇票、回购协议等。货币市场工具流动性较高，风险较低。因此，与各类型基金相比较，货币基金风险低于股票型、混合型、债券型及QDII基金。

2003年，国内首只货币市场基金成立，采用摊余成本法计算净值，成为个人投资者获取银行间市场收益的工具。由于流动性好、收益高于银行存款，货币基金逐渐替代银行存款成为投资者的现金管理工具。

2013年5月，天弘基金和支付宝合作的天弘增利宝基金（后更名天弘余额宝）成立，支付宝使用者可以用支付宝余额便利地申购天弘增利宝。凭借支付宝积累的客户基础及APP交易的便利，天弘增利宝基金在年末跃升成为市场中规模最大的货币市场基金，并保持至今。

随着货币市场基金规模的高速扩张，其流动性风险隐患也受到监管机构的高度重视。2015年发布的《货币市场基金监督管理办法》与2017年发布的《公开募集开放式证券投资基金流动性风险管理规定》《流动性新规》对货币市场基金的估值方式、投资范围、组合期限与基金公司货币基金管理规模等进行了针对性监管。

货币市场基金的规模在过去5年内显现了迅速增长的趋势，总体规模从2014年初的15000亿元左右上升到2018年的超过80000亿元，规模增长幅度超过450%。而受到政策影响，2018年下半年产品规模出现较为明显的萎缩。

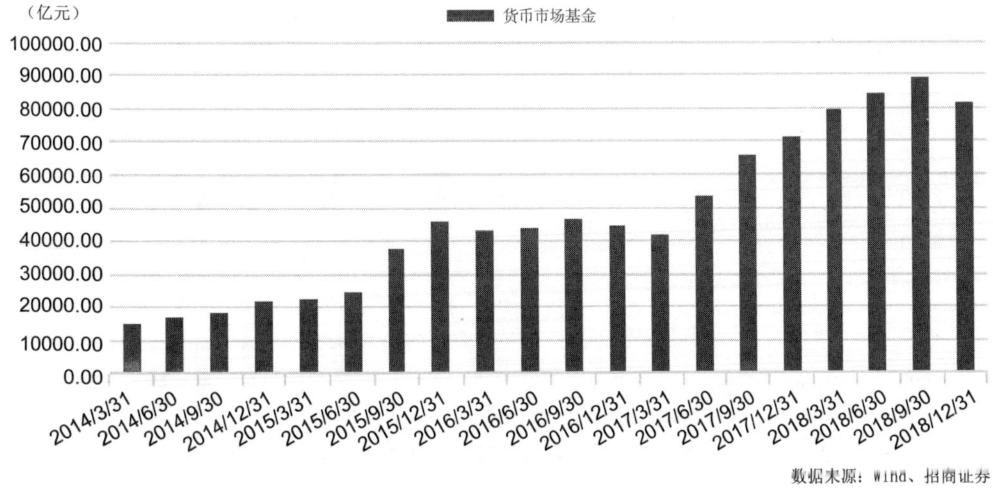

数据来源：Wind、招商证券

图1 货币市场基金规模演变

二、细分类别

（一）估值方式

过往货币市场基金均以摊余成本法计算净值，基于持有到期假设对持有的资产组合进行估值：为了平滑市场波动，给投资者呈现稳定正收益，基金管理人提前将尚未实现的收益反映在基金每日收益中。摊余成本法货币基金的净值保持在1元，每日对收益进行分红。

当摊余成本法计算的基金资产估值高于基金资产实际的可交易价值，偏离达到一定程度时，基金管理人需要以风险准备金或自有资金来补上这个差额。2017年发布的“流动性新规”根据基金公司计提的风险保证金金额，限制了基金公司所能管理的摊余成本法货币基金的规模。

目前，已有多家基金公司申报市值法货币基金，市值法货币基金采用公允价值估值，不再维持1元净值，净值反映了基金资产的实际价值，单日基金收益将会出现波动，在某些交易日产生亏损。

（二）投资者范围

机构集中持有的货币基金：由于机构资金趋同性高，同时每个机构的货币基金持有量大，当机构集中赎回货币基金时，赎回金额可能超出货币基金持有的流动性资产总额，因此机构资金占比高的货币基金更容易出现流动性风险事件。因此，对机构资金持有集中（前10名份额持有人持有比例高）的货币基金，监管提高了流动性要求。

三、数据概览

（一）发行概况

货币市场基金发行高峰期在2012年，发行数量从之前的单年10只左右上升到单年50只以上。2012年发行总规模接近3000亿元，为历史之最；而2014年发行数量达到86只，为历史最高。2018年以来，受政策影响，货币市场基金发行迅速下降，全年仅有1只发行，发行规模仅有18亿元。

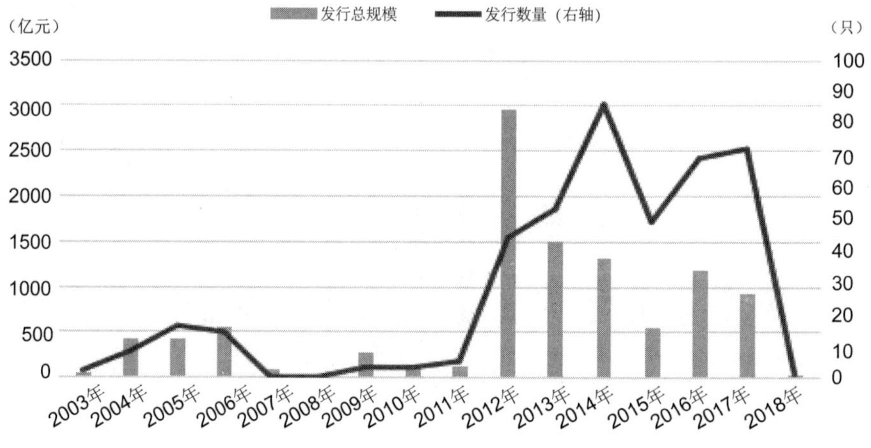

数据来源：Wind、招商证券

图2　货币市场基金历年发行情况

近5年来看，货币市场基金发行一般在四季度均会达到一个较高值，其中2016年四季度达到最高（778.7亿元）。但在2017年四季度，由于货币基金存量规模较大，累积了一定风险，单季度没有新货币基金发行。2018年受政策影响，整体发行处于停滞状态，下半年也没有新的货币基金发行。

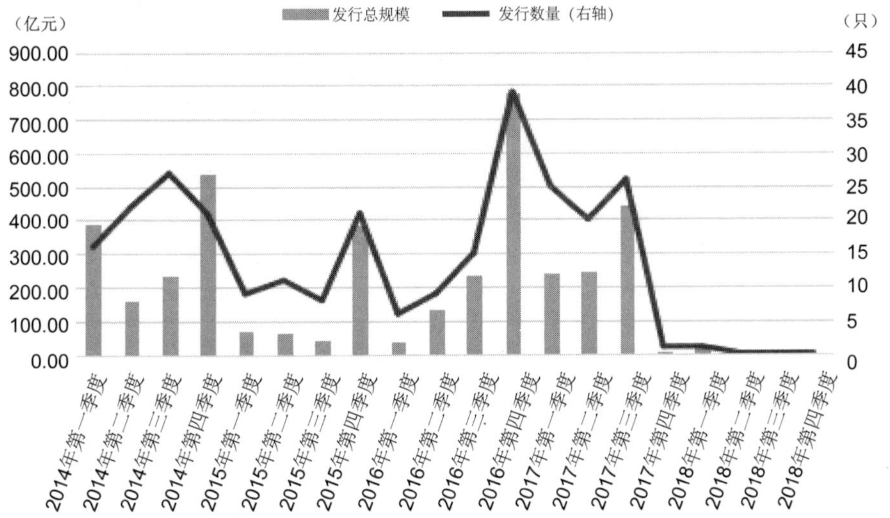

数据来源：Wind、招商证券

图3　货币市场基金近5年季度发行情况

（二）机构占比

2018年12月31日，投资者中个人投资者占比61%，机构投资者占比39%。

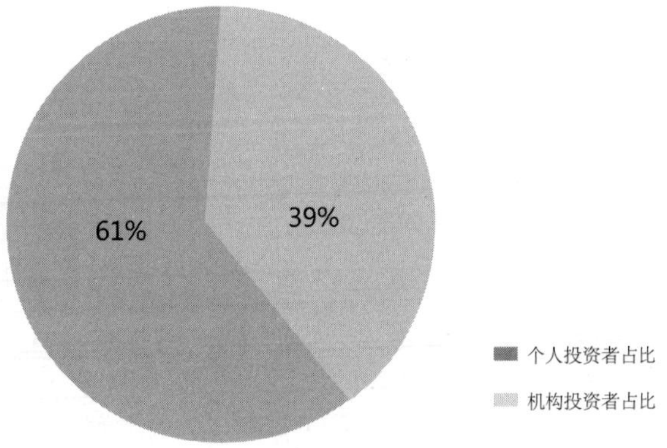

数据来源：Wind、招商证券

图4　货币市场基金投资者结构（2018年12月31日）

货币市场基金中，机构投资者占比在2015年下半年出现明显提升，从不足40%提升到60%以上，但之后又逐渐下降，2018年全年比例接近40%水平。

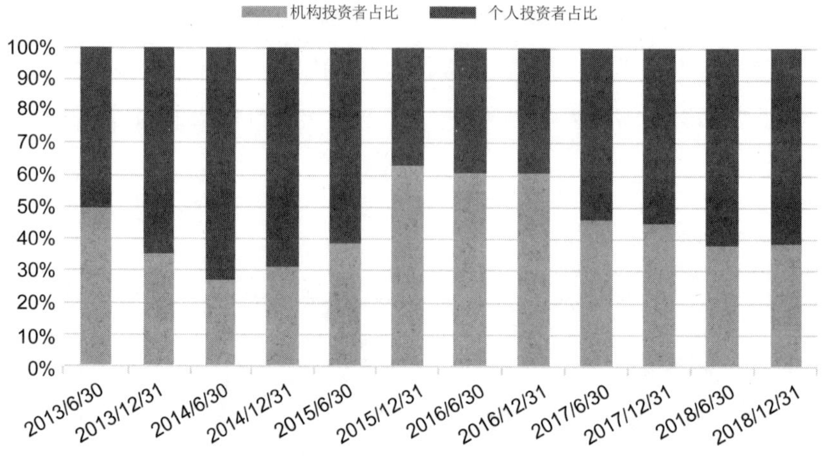

数据来源：Wind、招商证券

图5 货币市场基金历史投资者结构（半年度）

（三）基金申赎与分红

从基金的申购赎回情况来看，2013年以来，货币市场基金的申赎均显现明显上升的态势。2018年上半年货币市场基金的申购份额233831.1亿份，赎回份额220641.6亿份，基本与2017年下半年持平，处于历史峰值。而2018年下半年，申赎份额均有所萎缩。

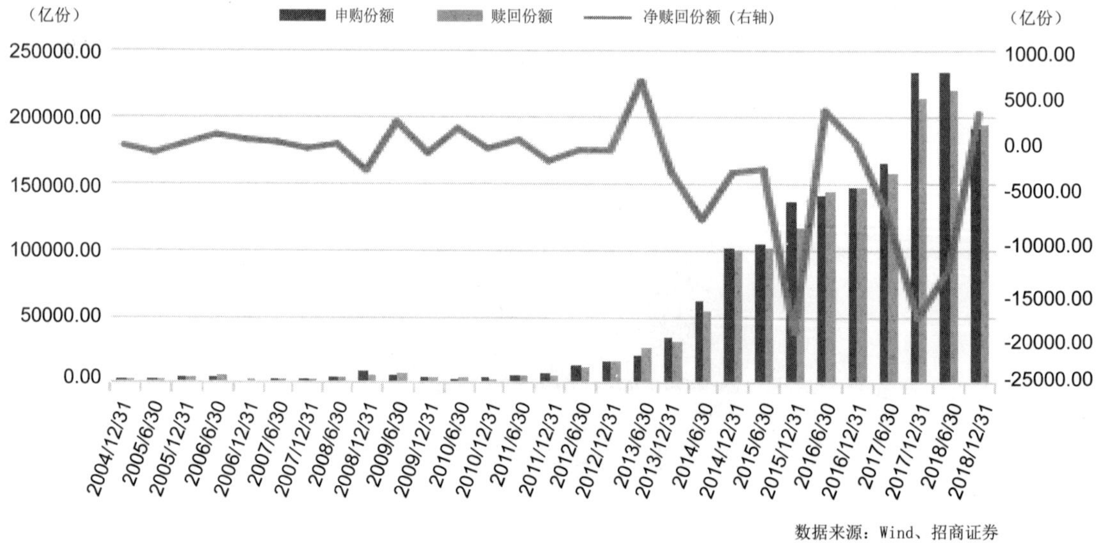

数据来源：Wind、招商证券

图6 货币市场基金历史申赎情况

由于货币市场基金的特殊性质与产品定位，其流动性较强，所以与申购赎回份额相比，发行份额数相对会小若干个量级。

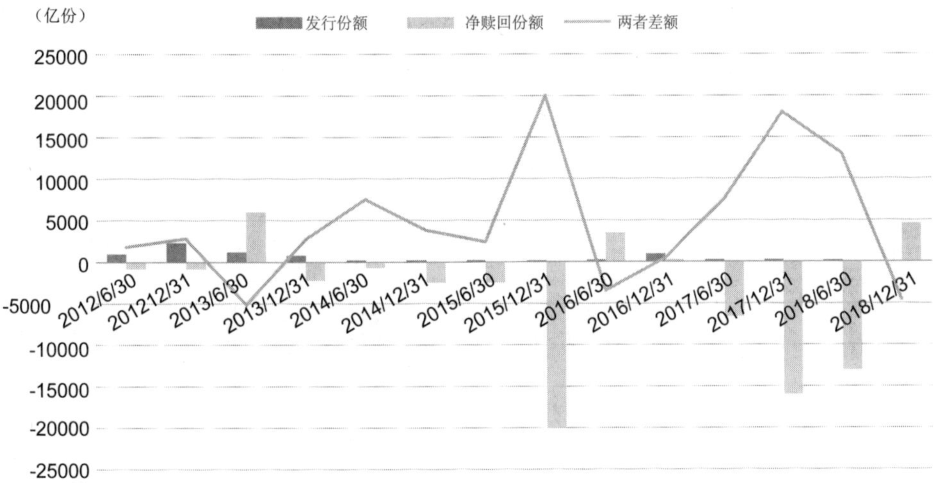

数据来源：Wind、招商证券

图7　货币市场基金历史申赎与发行情况比较

货币市场基金的分红较少，2017年全年分红31.71亿元，2018年分红22.49亿元，相对其整体规模，分红比例较低。

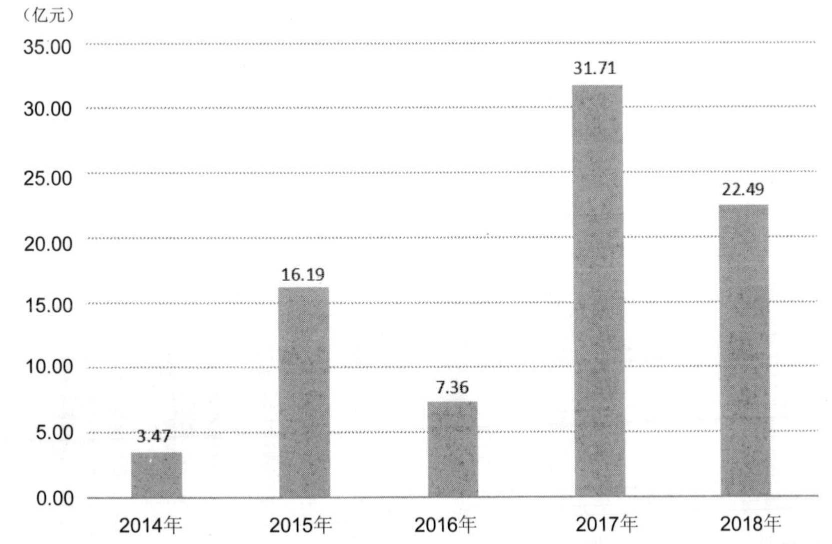

数据来源：Wind、招商证券

图8　货币市场基金历史分红规模

四、基金的业绩与评价

（一）整体业绩

货币市场基金流动性强，收益稳定，风险较低。在过往10多年中，货币市场基金在自然年度内的每日七日年化收益的均值与区间内的七日Shibor均值以及区间内的七天逆回购利率均值较为一致，并在大多数年份中，表现更佳。

表1 货币市场基金的平均业绩表现与市场拆借利率的对比

（单位：%）

	2005年	2006年	2007年	2008年	2009年	2010年	2011年
七日Shibor均值	——	——	2.75	2.92	1.23	2.14	4.03
七天逆回购利率均值	——	——	0.00	2.91	1.24	2.14	4.04
货币基金七日年化收益区间均值	2.34	1.88	3.25	3.51	1.42	1.79	3.43

	2012年	2013年	2014年	2015年	2016年	2017年	2018年
七日Shibor均值	3.49	4.08	3.58	2.87	2.37	2.80	2.74
七天逆回购利率均值	3.50	4.12	3.63	2.92	2.55	3.35	3.02
货币基金七日年化收益区间均值	3.89	3.87	4.48	3.70	2.55	3.75	3.57

年度数据均截至当年12月31日
以上数据均为采用区间内每天的对应七日年化值进行平均所得到的
数据来源：Wind、招商证券

注：本文“基金的业绩与评价”部分中，计算“货币市场基金”相关的区间业绩等指标时，均选用建仓期（基金成立6个月后）结束日期早于该年度首日、且到期日晚于该年度末日的基金为样本进行计算。

自2011年以来，区间内的七日Shibor均值和七天逆回购利率均值差异较小，在大多数年份中，货币市场基金七日年化收益均值相较更高。

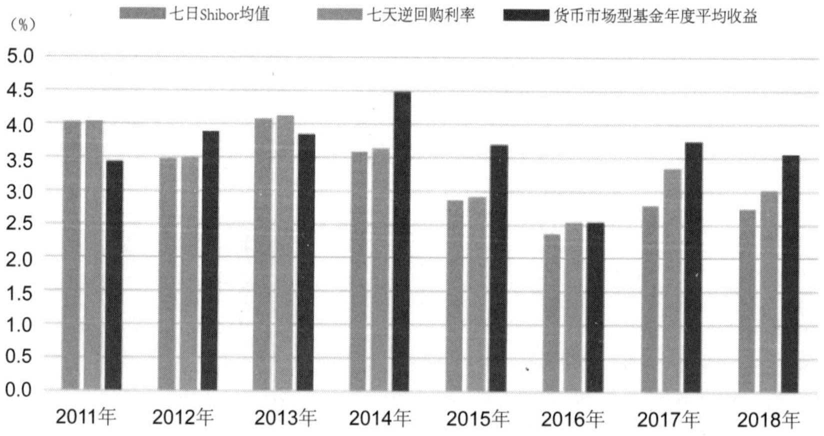

年度数据均截至当年12月31日
以上数据均为采用区间内每天的对应七日年化值进行平均所得到的
数据来源：Wind、招商证券

图9 货币市场基金与市场拆借利率对比

从中证货币型基金指数的业绩表现来看，自2005年1月1日至2018年12月31日，货币型基金产生超过50%的收益，为投资者带来稳定优秀的投资回报。

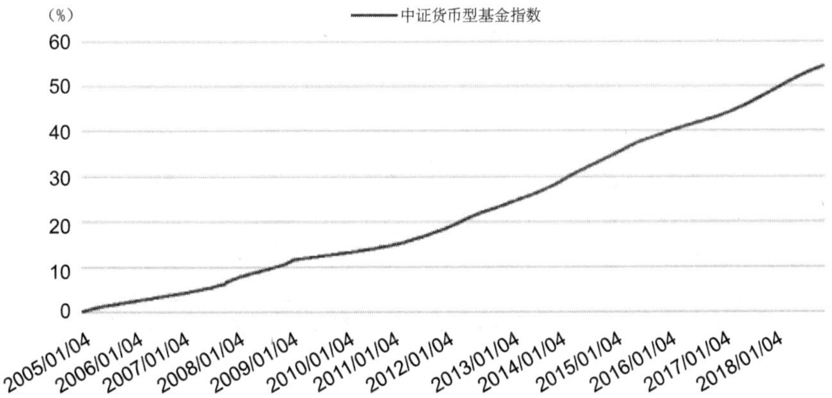

数据来源：Wind、招商证券

图10　中证货币型基金指数收益表现

（二）业绩统计特征

从货币市场基金业绩的数据统计特征来看，每年度货币市场基金的七日年化收益均值的中位数与平均值基本一致。

表2　货币市场基金年度业绩数据的统计特征

（单位：%）

	2005年	2006年	2007年	2008年	2009年	2010年	2011年
最大值	2.45	2.06	3.99	4.75	2.24	2.30	4.06
最小值	1.91	1.47	2.59	2.64	0.67	0.85	1.91
中位数	2.40	1.90	3.22	3.44	1.47	1.81	3.55
算术平均值	2.34	1.88	3.25	3.51	1.42	1.79	3.43

	2012年	2013年	2014年	2015年	2016年	2017年	2018年
最大值	4.39	4.63	6.23	5.82	3.46	4.47	4.40
最小值	2.59	2.95	2.55	1.03	1.28	2.59	1.93
中位数	4.01	3.93	4.59	3.70	2.55	3.77	3.59
算术平均值	3.89	3.87	4.48	3.70	2.55	3.75	3.57

年度数据均截至当年12月31日
以上均根据货币型基金的七日年化收益进行计算
数据来源：Wind、招商证券

将货币市场基金每年度的七日年化收益均值从高到低进行排序，各个排名区间的平均业绩差距较为稳定。

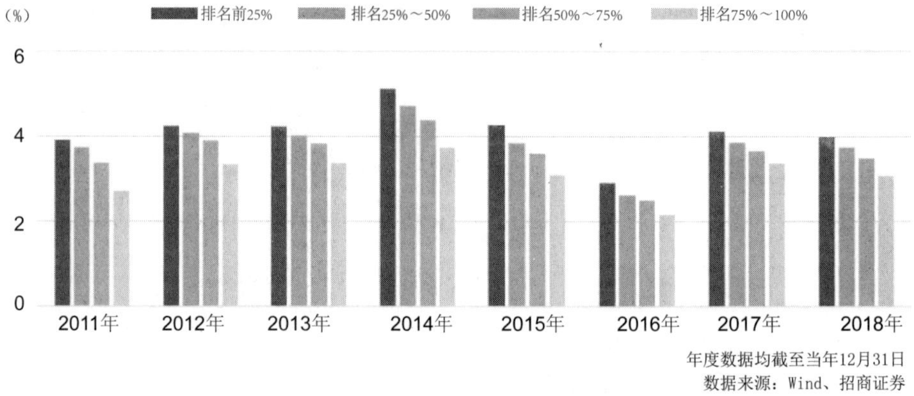

图11　不同排名区间的货币市场基金算术平均七日年化收益均值

第六章　QDII基金发展与业绩评价

一、发展历史

2016年中国人民银行第5号公告，允许符合条件的基金公司集合境内机构和个人的自有外汇进行境外组合证券投资。合格境内机构投资者投资境外证券的基金称为QDII基金（Qualified Domestic Institutional Investor）。华安基金率先发行了中国首只QDII基金——华安国际配置QDII混合型基金。

2007年《合格境内机构投资者境外证券投资管理试行办法》实施，南方、华夏、嘉实、上投摩根等基金公司积极响应政策，于2007年9月、10月分别发行两只QDII股票型基金、两只QDII混合型基金，募集规模均在300亿元左右。

受到2008年金融危机的影响，这一批QDII基金亏损较大，净值均跌到0.5元以下；华安国际配置也由于投资雷曼兄弟公司承担保本责任的结构性票据，在漫长的诉讼拉锯后保本清盘。

后续发行的QDII基金扩展了投资领域，除股票型、混合型QDII基金外，2010年10月，首只QDII债券型基金“富国全球债券”发行；2010年12月，首只QDII另类投资基金“银华抗通胀主题”发行。QDII另类投资基金覆盖了能源类大宗商品、贵金属、大宗商品、房地产、海外基金等多种投资标的，为投资者进行大类资产配置提供了品类丰富的投资工具。

QDII基金规模相对较小，保持在500亿元～1000亿元之间。其中2015年二季度，该类基金规模从500亿元迅速暴涨至接近800亿元，但在三季度又回落到不足500亿元水平，之后该类基金2015年三季度到2017年一季度保持了较为匀速的规模增长，总规模达到峰值948.6亿元。从之后几个季度来看，QDII基金规模小幅回落，2018年年末总规模为681.8亿元。

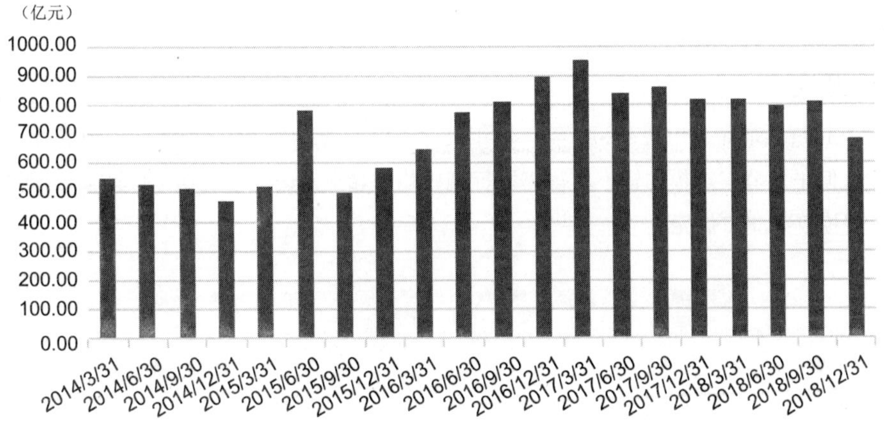

数据来源：Wind、招商证券

图1 QDII基金规模演变

二、细分类别

（一）QDII偏股型基金（QDII股票型基金、QDII混合型基金）

QDII股票型基金与QDII混合型基金主要投资我国香港、台湾及国际市场股票，仓位限制有所差异，但风险收益性质较为相似。从投资地区来看，QDII偏股型基金重点投资中国香港、美国、亚太、“金砖四国”、德国、印度等全球市场。从投资主题来看，QDII偏股型基金投资海外中国股、海外中国互联网股、全球消费股、全球医疗股等主题。

（二）QDII债券型基金

QDII债券型基金主要投资中国香港、台湾及国际市场债券。美元债、全球市场债、亚洲债QDII基金规模较大，中国企业海外债与新兴市场债QDII基金规模较小。

（三）QDII另类投资基金

QDII另类基金主要投资海外贵金属、大宗商品、房地产、基金等资产。

贵金属：目前投资贵金属的QDII另类基金有4只，均投资于海外黄金ETF。

大宗商品：目前投资能源类大宗商品的QDII另类基金有7只，通过投资海外能源类指数基金、主题基金以及能源行业相关个股，获取能源类大宗商品收益及能源产业股票收益。2只QDII另类基金投资海外大宗商品基金，方便国内投资者配置能源、贵金属、基础金属、农产品等一篮子大宗商品。

房地产(REITs)：目前投资房地产的QDII另类基金有5只，3只投资全球或美国REITs，两只被动跟踪REITs指数。

海外基金：2只抗通胀主题QDII另类基金主要投资海外抗通胀主题基金；3只QDII另类基金对海外多种主题基金进行投资。

三、数据概览

（一）发行概况

QDII基金发行规模最高点出现在2007年，单年发行规模达到1300.9亿元。在2010年之后，尽管发行数量有所上升，但平均募集规模均较小，每年发行规模均未超过200亿元。2018年全年共有11只QDII基金发行，募集规模仅有38.7亿元。

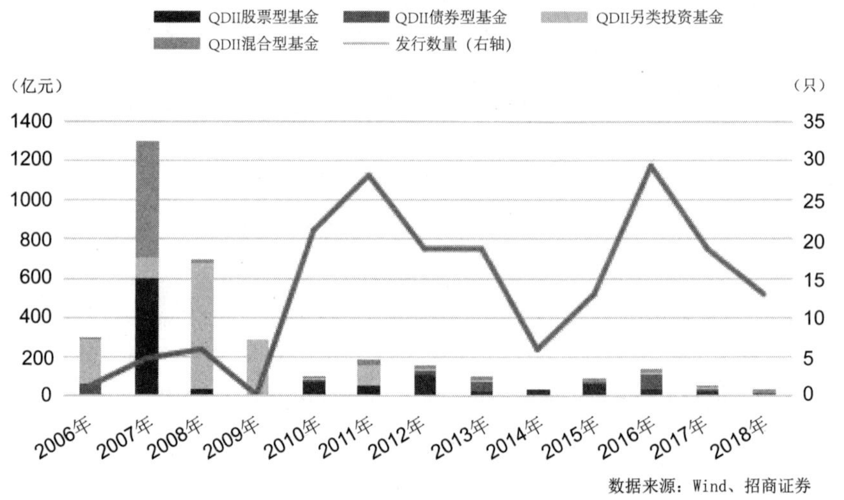

图2 QDII基金历年发行情况

从近5年来看，QDII基金发行节奏比较平稳，仅在2015年二季度、2016年四季度有较明显的跳升，规模分别为44.1亿元、56.33亿元。2018年一季度，发行规模处于近期最低谷，仅有1只QDII基金发行，规模仅有2.44亿元。

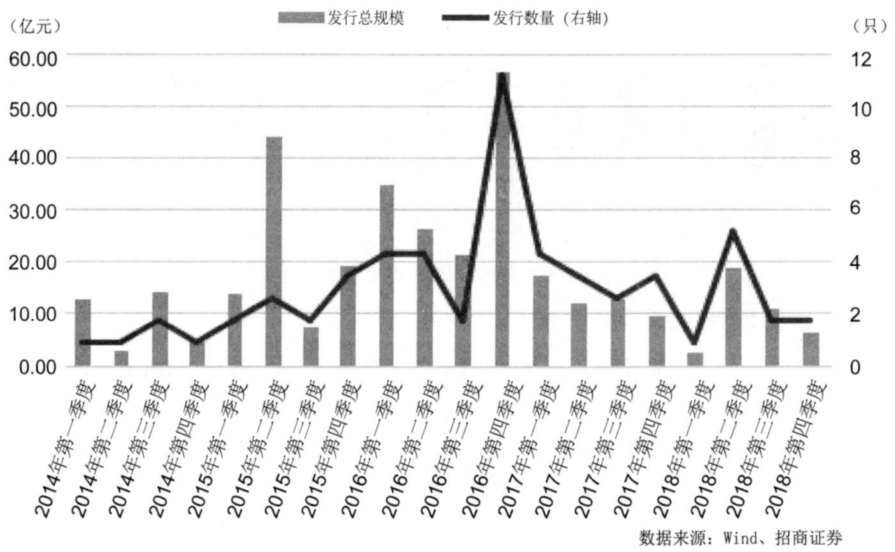

图3 QDII基金近5年季度发行情况

（二）机构占比

2018年12月31日，投资者中个人投资者占比69%，机构投资者占比31%。

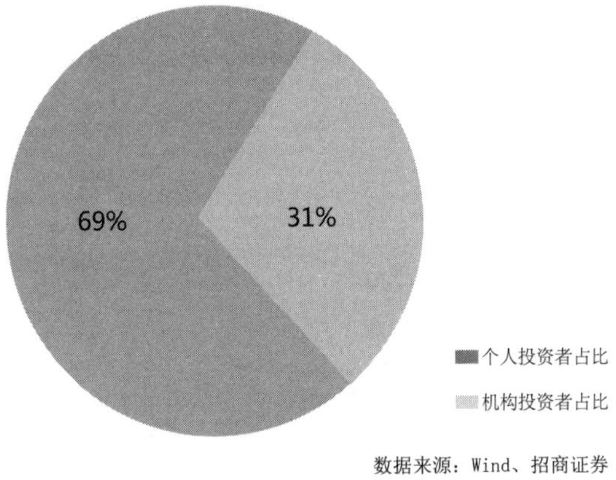

图4　QDII基金投资者结构（2018年12月31日）

机构投资者在QDII基金中的占比在2015年以前均在10%以下，而在2015年上半年，机构投资者占比突升到30%以上，且从近年来看，该比例也一直在20%～40%之间浮动。

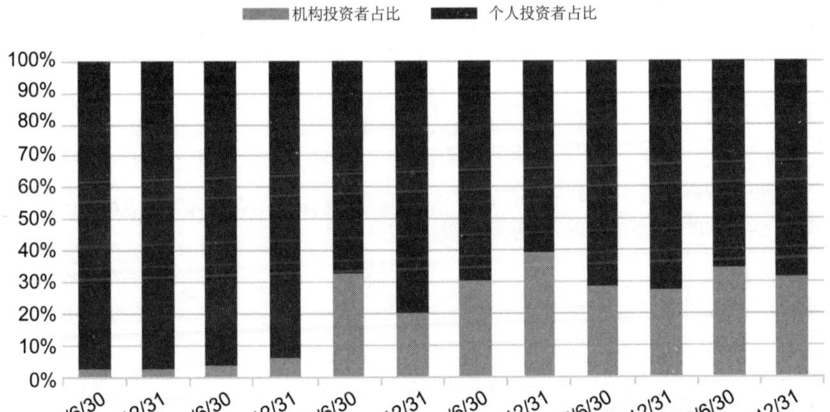

图5　QDII基金投资者历史结构（半年度）

（三）基金申赎与分红

QDII基金的申赎最高峰出现在2015年上半年，申购份额数达到990.7亿份，赎回则达到736.2亿份，2017年下半年以来QDII基金的申赎活跃度均逐年下降，2018年下半年申购份额为196.4亿份，而赎回份额261.3亿份。除去2015年上半年与2016年上半年，QDII基金的份额数均呈现净赎回现象。

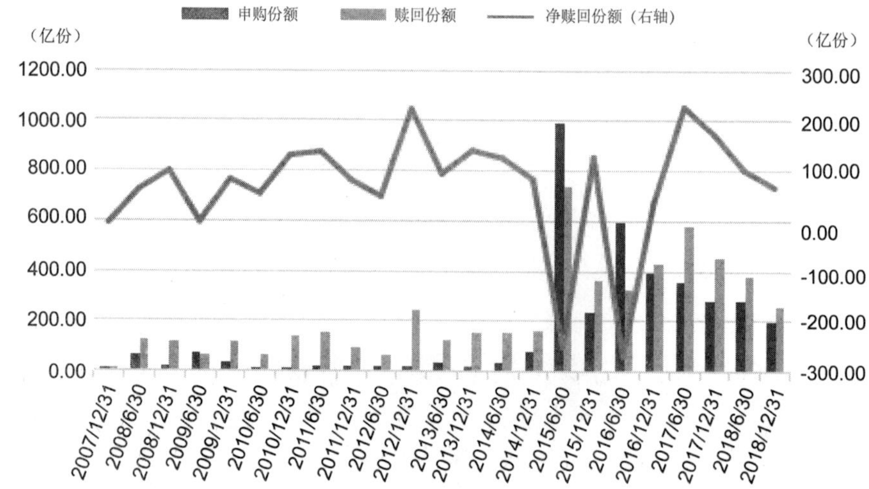

数据来源：Wind、招商证券

图 6　QDII基金历史申赎情况

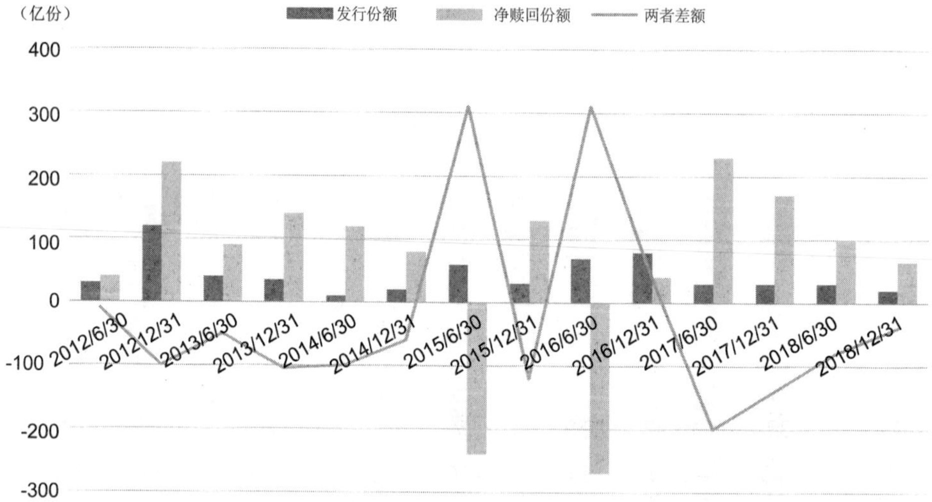

数据来源：Wind、招商证券

图7　QDII基金历史申赎与发行情况比较

从分红来看，QDII基金的分红自2016年以来出现较大提升，从1亿元左右提升至5亿元以上。2018年QDII基金分红达到9.1亿元，超过历史上任何一年的分红数据。

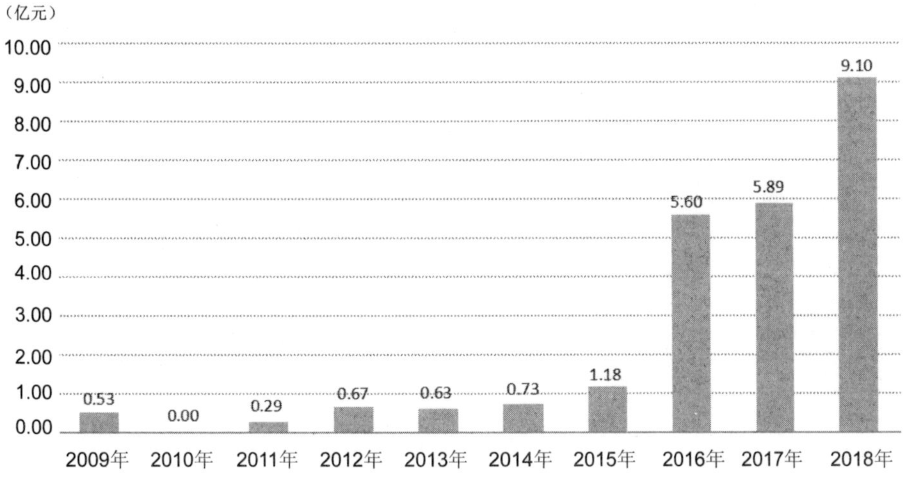

数据来源：Wind、招商证券

图 8　QDII基金历史分红规模

四、基金的业绩与评价

（一）整体业绩

QDII基金主要投资于海外市场，整体业绩表现与A股市场的各类指数的相似程度较低，往往介于A股市场指数与海外市场指数的业绩之间。

表1　QDII基金的平均业绩表现与市场主流指数的对比

（单位：%）

	2010年	2011年	2012年	2013年	2014年	2015年	2016年	2017年	2018年
沪深300	−12.51	−25.01	7.55	−7.65	51.66	5.58	11.28	21.70	−25.31
恒生指数	5.32	−19.97	22.91	2.87	1.28	−7.16	0.39	35.99	−13.61
标普500	12.78	−0.00	13.41	29.60	11.39	−0.73	9.54	19.42	−6.24
QDII基金平均收益	3.40	−20.77	11.93	5.13	0.87	−4.29	8.41	16.37	−8.36

年度数据均截至当年12月31日
“QDII基金平均收益”：采用算术平均值
数据来源：Wind、招商证券

注：本文“基金的业绩与评价”部分中，计算“QDII型基金”相关的区间业绩等指标时，均选用建仓期（基金成立6个月后）结束日期早于该年度首日、且到期日晚于该年度末日的基金为样本进行计算。

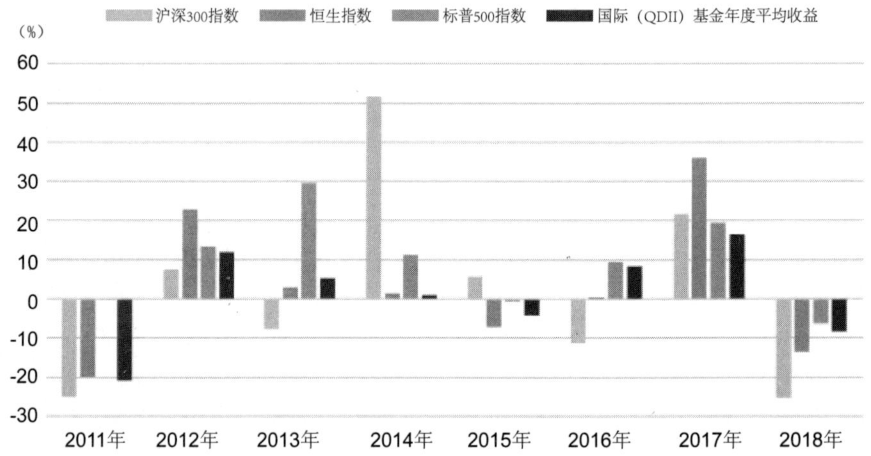

年度数据均截至当年12月31日
“（QDII）基金平均收益”：采用算术平均值
数据来源：Wind、招商证券

图9　QDII基金与市场指数收益对比

从中证QDII基金指数的业绩表现来看，自2008年以来，相较而言，QDII基金的整体业绩走势与恒生指数相似度较高。

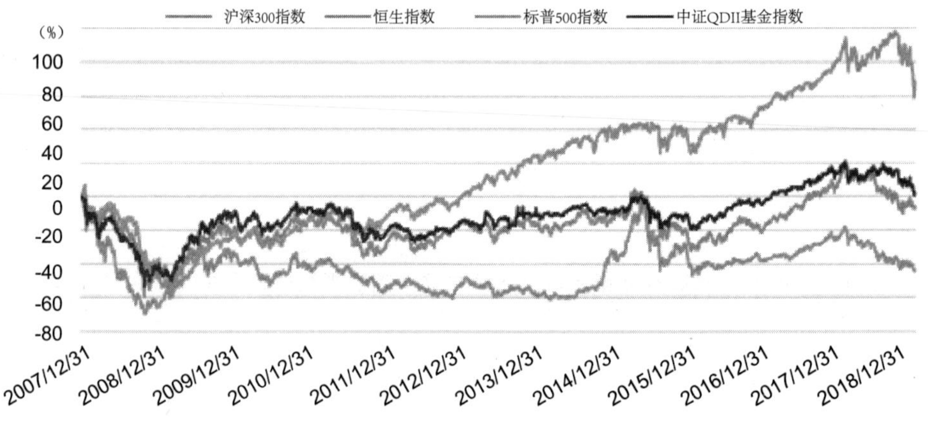

数据来源：Wind、招商证券

图10　中证QDII基金指数收益表现

细分来看，QDII基金主要包括4个类别：QDII股票型基金、QDII混合型基金、QDII债券型基金和QDII另类投资基金。这几类基金各自的算术平均业绩如下表：

表2　QDII基金细分类别的算术平均业绩

（单位：%）

	2010年	2011年	2012年	2013年	2014年	2015年	2016年	2017年	2018年
QDII股票型基金	5.82	−18.64	12.54	11.84	2.02	−2.75	8.58	20.62	2.43
QDII混合型基金	1.79	−23.52	15.10	7.14	0.35	−9.21	4.30	26.51	−14.83
QDII债券型基金	—	—	6.06	−6.80	1.65	12.62	13.62	−0.11	1.28
QDII另类投资基金	—	—	−0.29	−17.91	−2.29	−10.12	11.64	−0.35	−6.82

年度数据均截至当年12月31日
数据来源：Wind、招商证券

综合这几类基金的业绩表现来看，其平均业绩的表现差异较大，在不同年度中，业绩表现最优的基金类型也不同。QDII股票型基金在2012年、2013年和2017年业绩表现最佳，QDII混合型基金在2012年和2017年业绩表现最佳，QDII债券型基金在2015年和2016年业绩表现最佳。

（二）业绩统计特征

从QDII基金业绩的数据统计特征来看，每年度QDII基金业绩的中位数与平均值较为一致。

表3　QDII基金年度业绩数据的统计特征

（单位：%）

	2010年	2011年	2012年	2013年	2014年	2015年	2016年	2017年	2018年
最大值	14.00	−3.08	25.97	43.43	29.52	17.19	47.98	54.16	7.30
最小值	−3.17	−26.96	−3.19	−31.46	−32.23	−39.62	−17.21	−15.41	−29.38
中位数	1.84	−21.93	13.81	7.33	0.75	−3.35	7.64	17.03	−8.37
算术平均值	3.40	−20.77	11.93	5.13	0.87	−4.29	8.41	16.37	−8.36

年度数据均截至当年12月31日
数据来源：Wind、招商证券

将QDII基金每年度的业绩从高到低排序，从各个排名区间的平均业绩来看，在大多数年份业绩分化程度较高。

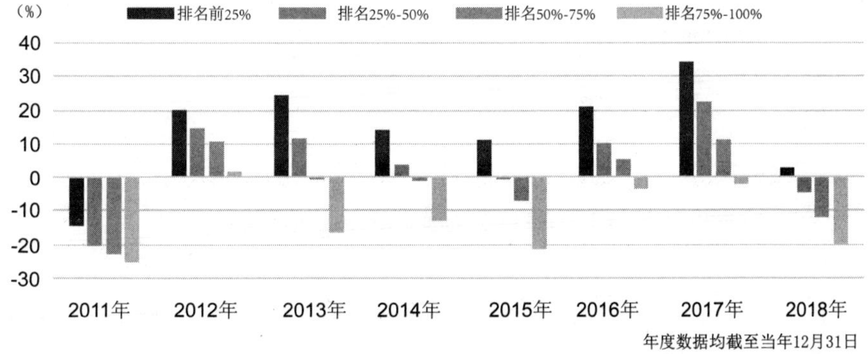

年度数据均截至当年12月31日
数据来源：Wind、招商证券

图11　不同排名区间的QDII基金算术平均收益

（三）风险指标

从风险控制的角度来看，QDII基金的平均年化波动率的表现与其平均业绩表现较为类似，同样介于几个市场的指数波动率之间。

表4 QDII基金平均年化波动率与市场主流指数的对比

（单位：%）

	2010年	2011年	2012年	2013年	2014年	2015年	2016年	2017年	2018年
沪深300	23.99	18.78	20.37	20.73	20.79	35.39	19.97	9.31	22.15
恒生指数	18.55	24.93	15.94	14.41	14.30	18.23	19.39	11.13	20.47
标普500	17.33	21.64	11.82	9.24	11.33	13.75	12.43	5.57	18.23
QDII基金平均波动率	17.03	23.88	12.45	12.13	12.44	19.13	15.63	9.97	18.38

年度数据均截至当年12月31日
数据来源：Wind、招商证券

第七章 FOF发展

一、发展历史

2016年9月23日，证监会发布《公开募集证券投资基金运作指引第2号——基金中基金指引》，揭开了FOF产品在中国实践的序幕。

该指引规定，FOF需将80%以上的基金资产投资于经中国证监会依法核准或注册的基金份额，但不得持有具有复杂、衍生品性质的基金份额，也不得持有其他基金中基金。同时规定FOF持有单只基金的市值不得高于FOF资产净值的20%，且被投资基金（子基金）的运作期限不得少于1年、最近定期报告披露的规模应当高于1亿元。

2017年4月，《基金中基金（FOF）审核指引》发布，对FOF的注册审核进行明确规定，并对FOF类型进行细分；随后《基金中基金估值业务指引（试行）》出台，对FOF所投资的各类标的基金的估值提出具体方法，为FOF的正式推出扫清障碍。

二、细分类别

（一）标的基金种类

根据《基金中基金（FOF）审核指引》，FOF分为股票型FOF、债券型FOF、货币型FOF、混合型FOF、其他类型FOF等5种类型。

股票型FOF，将80%以上的基金资产投资于股票型基金份额（包括股票指数基金）；**债券型FOF**，80%以上的基金资产投资于债券型基金份额（包括债券指数基金）；**货币型FOF**，80%以上的基金资产投资于货币市场基金份额，且剩余基金资产的投资范围和要求应当与货币基金一致。

首批发行的6只FOF基金均为混合型FOF。**混合型FOF**投资于股票型基金份额、债券型基金份额、货币市场基金份额以及其他基金份额，且不符合股票型基金中基金、债券型基金中基金、货币型基金中基金等相关要求。

其他类型FOF将80%以上的基金资产投资于其他某一类型的基金，如FOF将80%以上的基金资产投资于商品期货基金份额的，为商品期货基金中基金。

（二）投资策略

FOF主要采用风险平价、目标风险、目标期限（生命周期）、基金精选、主动大类资产配置等投资策略。

风险平价投资策略：风险平价策略是在经典的均值—方差模型之外，给管理人提供了另一种思路的资产配置方法。它本质上是基于风险均衡而不是资产均衡来确定投资组合中各资产的权重，广泛应用在FOF和其他金融产品中。

在构建一个由股票和债券组成的投资组合时，若用等权策略则两类资产占比均为50%，但从风险的角度来看，股票资产的风险远大于债券资产，这个投资组合的风险仍集中在股票上，并没有起到很好的分散化投资的效果。而用风险平价策略后，将会使组合中股票和债券资产均对投资组合贡献相同的风险值，从而更好起到分散风险的作用。

首批发行的6只FOF产品中，嘉实领航资产配置与泰达宏利全能优选采用风险平价投资策略，南方全天候策略采用以风险平价理念为基础的全天候投资策略；**全天候投资策略**基于各类资产在各个经济周期中的风险与收益，运用风险平价理念，构建适用于中长周期的投资组合。

目标风险投资策略：是指在风险一定的情况下，选取适当的风险测度指标和方法，设定相应的风险目标值，并在此基础上，以最大化收益为追求，通过优化求解，得到组合中各类资产的最优配置权重，采用该策略的基金产品是目前美国的401（K）养老金计划的另一主要投资对象。首批发行的6只FOF产品中，建信福泽安泰与华夏聚惠稳健目标风险采用目标风险投资策略。

目标期限投资策略：又称为生命周期投资策略，采用该策略的基金将按照投资者各个生命阶段的风险收益特征，自动调整其资产配置比例，是目前美国的401（K）养老金计划的两大主投基金品种之一。

采用该策略的FOF早期主要投资于股票型基金，风险收益水平较高；随着时间的流逝，其投资于股票型基金的比例不断减少，投资于固定收益类基金的比例不断增加，风险收益水平逐步降低。目标日期以后，最终演变为低风险收益水平的混合偏债型FOF，为投资者带来更为稳定的收入。

基金精选投资策略：定性分析与定量分析相结合，在合理控制投资组合风险的前提下，优选基金投资组合。长期配置穿越牛熊、发挥稳定的股票型、混合型基金，阶段性配置超额收益明显、适应阶段性市场风格的股票型、混合型基金。首批发行的6只FOF中，海富通聚优精选基金采用基金精选投资策略进行投资。

主动大类资产配置投资策略：采用美林投资时钟、Black-Litterman模型等大类资产配置策略，在不同的经济、市场周期阶段配置不同类别的资产，主要配置代表类别资产平均收益的指数基金。主动资产配置投资策略需要FOF基金经理具有较强的大类资产配置能力。

（三）养老目标FOF

2018年3月发布施行的《养老目标证券投资基金指引（试行）》，推动了养老目标FOF的发展。2018年8月，首只养老目标FOF“华夏养老目标日期2040”发行。

与其他FOF相比，**养老目标FOF**以满足养老资金理财需求为投资目的，采用目标日期、目标风险等成熟稳健的资产配置策略，控制基金下行风险，追求基金长期稳健增值。养老目标FOF采用定期开放的运作方式或设置投资人最短持有期限，与基金的投资策略相匹配，同时通过优惠的基金费率及差异化费率安排鼓励投资人长期持有。

（四）标的基金

根据FOF挑选标的基金的范围，可以分为内部FOF与非内部FOF。

内部FOF：主要投资该公司旗下的公募基金。由于采用该投资方式需要发行FOF的基金公司具备较齐全的各类型基金供FOF进行选择，内部FOF通常出自产品线较为齐全的大型基金公司。按规定，FOF对同一管理人旗下的标的基金不收取管理费，因此可以解决双重收费的问题，降低费率；同时内部FOF调研更加方便。首批发行的6只FOF基金中，南方全天候策略为内部FOF。

非内部FOF：从市场上所有公募基金中择优投资，标的基金选择范围更大，利于FOF基金经理充分发挥投资管理能力。首批发行的6只FOF产品中，除南方全天候策略外，其余5只均为非内部FOF。

第八章 商品型基金发展与业绩评价

一、发展历史

商品型基金指主要投资于商品现货、期货、期权的基金。目前国内仅有投资黄金和白银标的的商品型基金，但已上报审核的商品基金投资标的涵盖了铁矿石、农产品、铜、饲料豆粕、白糖等类别。

2016年以来，商品型基金的规模迅速增长，从不足20亿元增至120亿元以上；2018年二季末，该类基金规模179.2亿元，处于历史最高值，而至年底规模有所下降，回落到135.3亿元。

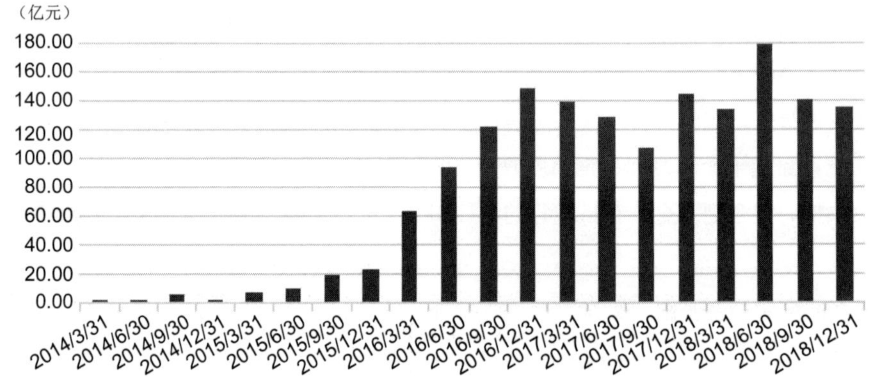

数据来源：Wind、招商证券

图1 商品型基金历史规模演变

二、细分类别

黄金：目前投资黄金的商品型基金有8只，4只ETF主要投资上海黄金交易所挂盘交易的黄金现货合约，另外4只为ETF联接基金。

白银：目前投资白银的商品型基金有1只，国投瑞银白银期货主要投资交易所挂牌交易的白银期货合约。

三、基金的业绩与评价

商品型基金主要投资于黄金、白银等贵金属，价格变动与经济周期相反，具有较好的抗通胀、保值的特性。从近几年的平均业绩来看，商品型基金的平均业绩与市场主流指数的走势基本相反，与贵金属的属性相一致。

表1　商品型基金的平均业绩表现与市场主流指数的对比

（单位：%）

	2015年	2016年	2017年	2018年
上证综指	9.41	−12.31	6.56	−24.59
沪深300指数	5.58	−11.28	21.78	−25.31
中证500指数	43.12	−17.78	−0.20	−33.32
商品型基金平均收益	−7.30	18.22	1.36	2.20

年度数据均截至当年12月31日
“商品型基金平均收益”：采用算术平均值
数据来源：Wind、招商证券

注：本文“基金的业绩与评价”部分中，计算“商品型基金”相关的区间业绩等指标时，均选用建仓期（基金成立6个月后）结束日期早于该年度首日、且到期日晚于该年度末日的基金为样本进行计算。

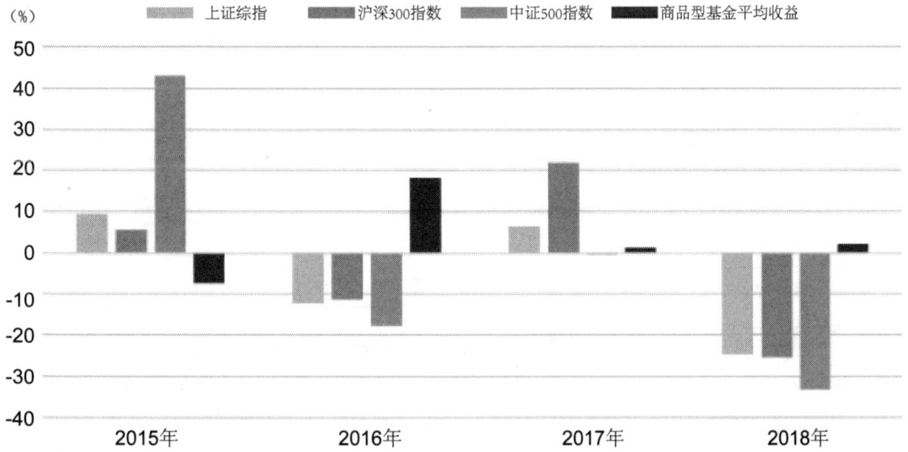

年度数据均截至当年12月31日
“商品型基金平均收益”：采用算术平均值
数据来源：Wind、招商证券

图2　商品型基金与市场指数收益对比

第四部分 数据统计篇

Part IV Data Statistics

相关说明：

1. 《数据统计篇》相关数据依据公开披露信息加以汇总，包括基金年报、中报、季报、基金招募说明书、基金合同生效公告、基金清算报告等相关法律文件及各基金公司官网；部分内容参考了相关行业监管单位对外公开信息。
2. 基金产品统计口径为全市场基金，包括货币市场基金、短期理财债券基金，不含停止运作基金；清盘基金以进入清算期为统计口径；新设立基金不含转型基金；期末存续基金指年末正常运作基金。
3. 《年鉴》所载基金产品数据仅供参考，历史业绩不代表未来表现，不作为投资建议。市场有风险，投资需谨慎。

第一章　证券投资基金市场20年发展概貌

证券投资基金市场20年发展

年 度	基金数量（只）	资产规模（亿元）	份额规模（亿份）	持有人户数（万户）	基金分红（亿元）	管理人（家）	托管人（家）	代销机构（家）
1998	5	107.42	100.00	——	——	6	5	——
1999	23	576.85	505.00	——	3.28	10	5	——
2000	41	869.80	560.00	——	52.72	10	5	——
2001	52	820.58	801.26	——	164.75	15	5	6
2002	71	1185.58	1310.30	——	28.52	21	7	19
2003	110	1715.61	1614.66	——	18.27	32	8	36
2004	161	3246.40	3308.72	——	77.80	44	10	65
2005	218	4691.16	4736.78	——	76.20	52	12	75
2006	307	8564.60	6220.70	1173.27	332.37	57	12	77
2007	345	32755.90	22336.03	9957.27	3556.75	58	12	79
2008	438	19388.67	25740.81	9659.86	1770.22	60	14	101
2009	556	26760.80	24534.94	9790.51	506.58	60	17	118
2010	703	25194.49	24234.38	9492.69	1152.21	62	18	136
2011	914	21918.40	26509.47	9123.18	636.72	69	18	154
2012	1174	28667.31	31709.92	8862.98	453.53	73	19	181
2013	1552	30024.91	31185.89	12398.08	663.83	90	22	227
2014	1892	45377.34	42125.31	27218.62	1342.79	101	38	268
2015	2686	84050.16	76864.79	37847.06	2461.62	111	42	332
2016	3819	91695.02	88669.99	50938.14	3838.15	122	42	410
2017	4688	116154.37	110360.53	80236.20	4007.02	130	43	422
2018	**5146**	**130045.37**	**128692.53**	**118839.25**	**4455.13**	**141**	**46**	**425**

注：1）以上数据截至当年12月31日；2）管理人以当年成立时间统计；3）托管机构及代销机构以当年获批业务资格时间计算

证券投资基金数量增长（1998—2018）

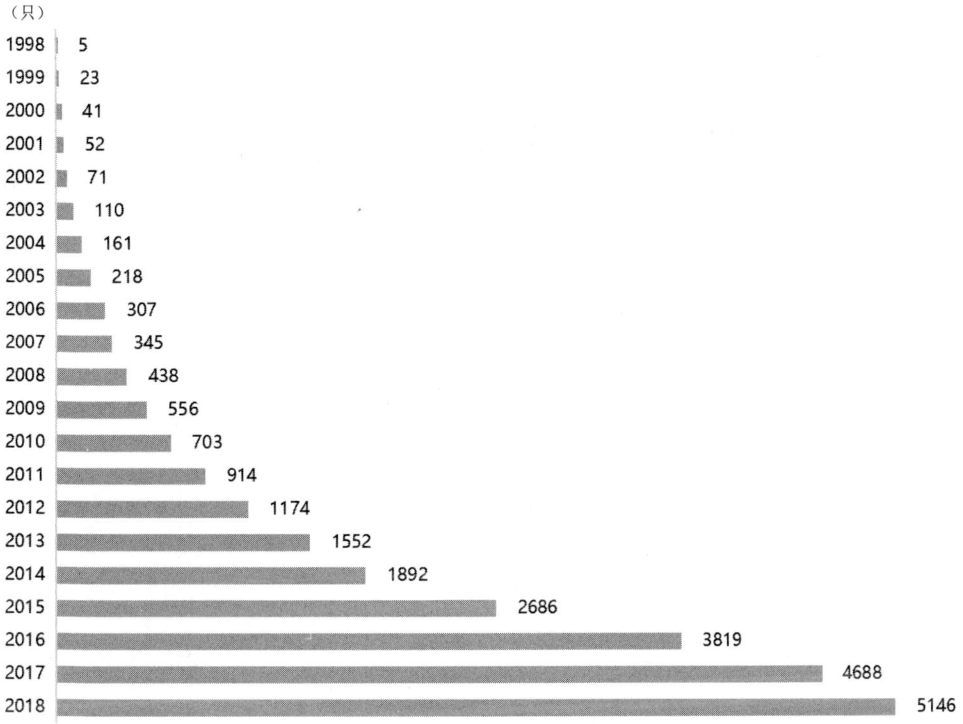

证券投资基金资产净值增长（1998—2018）

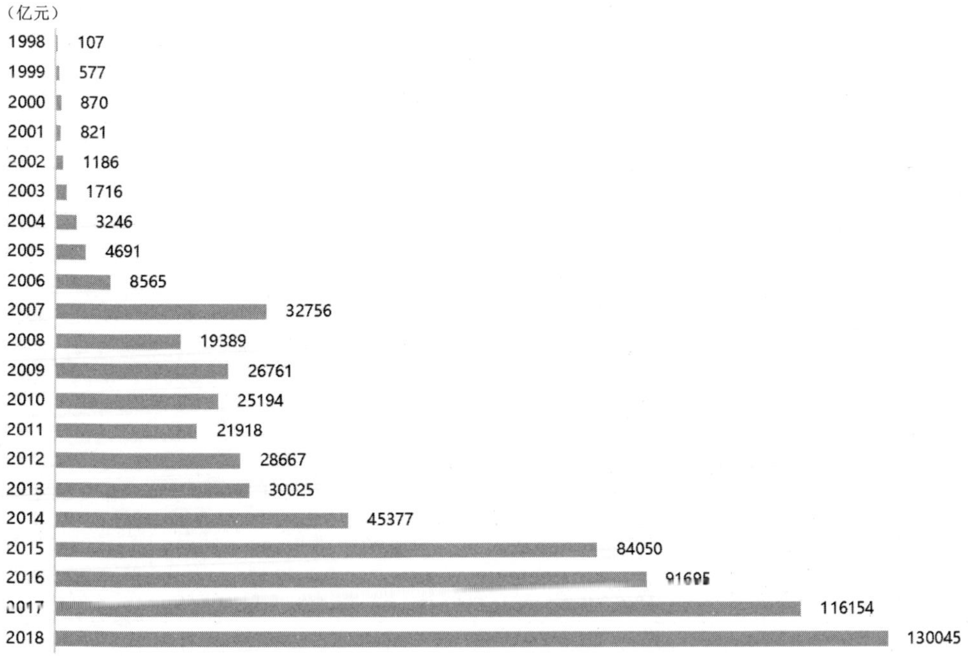

第二章 证券投资基金产品数据统计

表2-1 证券投资基金历年数量增长（1998—2018）

年 度	期初基金（只）	新设立基金（只）	清盘基金（只）	期末存续基金（只）	增长率（%）
1998	—	5	—	5	—
1999	5	18	—	23	360.00
2000	23	18	—	41	78.26
2001	41	11	—	52	26.83
2002	52	19	—	71	36.54
2003	71	39	—	110	54.93
2004	110	51	—	161	46.36
2005	161	57	—	218	35.40
2006	218	89	—	307	40.83
2007	307	39	—	345	12.38
2008	345	93	—	438	26.96
2009	438	118	—	556	26.94
2010	556	147	—	703	26.44
2011	703	211	—	914	30.01
2012	914	260	—	1174	28.45
2013	1174	378	—	1552	32.20
2014	1552	347	7	1892	21.91
2015	1892	824	30	2686	41.97
2016	2686	1152	19	3819	42.18
2017	3819	974	105	4688	22.75
2018	**4688**	**855**	**397**	**5146**	**9.77**

注：1）清盘基金包含停止运作基金；2）新设立基金不含转型基金；3）期末存续基金指年末正常运作基金

表2-2 证券投资基金历年规模增长（1998—2018）

年 度	年末净值规模（亿元）	增长率（%）	年末份额规模（亿份）	增长率（%）
1998	107.42	——	100.00	——
1999	576.85	437.00	505.00	405.00
2000	869.80	50.78	560.00	10.89
2001	820.58	−5.66	801.26	43.08
2002	1185.58	44.48	1310.30	63.53
2003	1715.61	44.71	1614.66	23.23
2004	3246.40	89.23	3308.72	104.92
2005	4691.16	44.50	4736.78	43.16
2006	8564.60	82.57	6220.70	31.33
2007	32755.90	282.46	22336.03	259.06
2008	19388.67	−40.81	25740.81	15.24
2009	26760.80	38.02	24534.94	−4.68
2010	25194.49	−5.85	24234.38	−1.23
2011	21918.40	−13.00	26509.47	9.39
2012	28667.31	30.79	31709.92	19.62
2013	30024.91	4.74	31185.89	−1.65
2014	45377.34	51.13	42125.31	35.08
2015	84050.16	85.22	76864.79	82.47
2016	91695.02	9.10	88669.99	15.36
2017	116154.37	26.67	110360.53	24.46
2018	**130045.37**	**11.96**	**128692.53**	**16.61**

注：以上数据统计截至当年末；年末规模不含停止运作基金的规模

表2-3 证券投资基金历年数量构成（1998—2018）

（单位：只）

年 度	基金总数	股票型	混合型	债券型	货币型	QDII	商品类	FOF
1998	5	——	5	——	——	——	——	——
1999	23	——	23	——	——	——	——	——

（续上表）

年 度	基金总数	股票型	混合型	债券型	货币型	QDII	商品类	FOF
2000	41	—	41	—	—	—	—	—
2001	52	—	52	—	—	—	—	—
2002	71	2	67	2	—	—	—	—
2003	110	10	85	13	2	—	—	—
2004	161	20	117	14	10	—	—	—
2005	218	43	133	16	26	—	—	—
2006	307	87	157	23	40	—	—	—
2007	345	148	129	24	40	4	—	—
2008	438	163	166	60	40	9	—	—
2009	556	239	184	81	43	9	—	—
2010	703	332	192	106	46	27	—	—
2011	914	439	217	156	51	51	—	—
2012	1174	536	246	263	62	67	—	—
2013	1552	611	309	451	94	83	4	—
2014	1892	697	407	523	171	89	5	—
2015	2686	563	1226	579	215	97	6	—
2016	3819	629	1794	983	283	121	9	—
2017	4688	754	2210	1234	341	134	9	6
2018	**5146**	**867**	**2302**	**1471**	**331**	**142**	**9**	**24**

注：以上数据截至当年末；不含停止运作基金

表2-4 证券投资基金历年资产净值构成（1998—2018）

（单位：亿元）

年 度	总资产净值	股票型	混合型	债券型	货币型	QDII	商品类	FOF
1998	107.42	—	107.42	—	—	—	—	—
1999	576.85	—	576.85	—	—	—	—	—
2000	869.80	—	869.80	—	—	—	—	—
2001	820.58	—	820.58	—	—	—	—	—
2002	1185.58	44.97	1103.36	37.25	—	—	—	—
2003	1715.61	111.25	1442.68	119.14	42.54	—	—	—

（续上表）

年 度	总资产净值	股票型	混合型	债券型	货币型	QDII	商品类	FOF
2004	3246.40	307.27	2266.47	39.39	633.27	——	——	——
2005	4691.16	421.10	2178.66	223.50	1867.90	——	——	——
2006	8564.60	3017.65	4617.94	134.13	794.88	——	——	——
2007	32755.90	18676.81	11215.44	671.40	1110.46	1081.79	——	——
2008	19388.67	7365.49	5738.06	1877.31	3891.74	516.08	——	——
2009	26760.80	13944.01	8645.59	839.99	2595.27	735.94	——	——
2010	25194.49	13309.97	8091.42	1531.12	1532.77	729.20	——	——
2011	21918.40	10484.95	6256.07	1652.45	2948.95	575.99	——	——
2012	28667.31	11559.03	6292.62	4460.82	5722.40	632.43	——	——
2013	30024.91	10970.08	6277.30	4707.99	7475.92	588.02	5.59	——
2014	45377.34	13066.00	6512.62	4440.66	20868.41	486.74	2.91	——
2015	84050.16	7440.67	23219.00	7946.45	44822.20	597.87	23.96	——
2016	91695.02	6897.56	21136.29	19217.13	43322.28	948.34	173.41	——
2017	116154.37	7295.78	20781.49	19255.07	67661.51	844.37	185.85	130.30
2018	**130045.37**	**8096.20**	**14875.25**	**30183.78**	**75888.86**	**709.25**	**183.97**	**108.07**

注：以上数据截至当年末；不含停止运作的基金

表2-5 证券投资基金历年发行统计（2001—2018）

年 度	新设立基金（只）	首募规模（亿份）	有效认购户数（户）
2001	3	117.26	136418
2002	14	447.98	770653
2003	39	678.51	1448717
2004	51	1821.40	3019866
2005	57	1002.79	1136445
2006	90	3906.19	7108695
2007	58	5939.75	29437668
2008	99	1772.65	2514163
2009	120	3852.72	5001053

（续上表）

年 度	新设立基金（只）	首募规模（亿份）	有效认购户数（户）
2010	147	3099.84	3830598
2011	211	2762.46	3159542
2012	260	6446.63	2999684
2013	378	5435.52	3043543
2014	347	4074.01	2640454
2015	824	16465.65	12613238
2016	1152	10843.57	3750102
2017	974	7847.76	3812674
2018	**855**	**9030.63**	**8562455**

注：新设立基金不包括转型基金

表2-6 证券投资基金历年新基金数量构成（2001—2018）

（单位：只）

年 度	新设立基金	股票型	混合型	债券型	货币型	QDII	商品类	FOF
2001	3	—	3	—	—	—	—	—
2002	14	10	3	1	—	—	—	—
2003	39	18	10	9	2	—	—	—
2004	51	28	14	—	8	—	—	—
2005	57	35	4	2	16	—	—	—
2006	90	42	26	6	14	—	—	—
2007	58	34	16	2	—	4	—	—
2008	99	36	21	35	—	5	—	—
2009	120	72	20	20	3	—	—	—
2010	147	81	8	15	3	18	—	—
2011	211	89	26	35	5	24	—	—
2012	260	98	25	110	11	16	—	—
2013	378	72	66	188	32	16	4	—
2014	347	85	101	79	75	6	1	—
2015	824	240	446	78	48	11	1	—

（续上表）

年 度	新设立基金	股票型	混合型	债券型	货币型	QDII	商品类	FOF
2016	1152	78	572	408	66	25	3	—
2017	974	127	456	307	62	16	—	6
2018	**855**	**132**	**336**	**358**	—	**11**	—	**18**

注：新设立基金不含转型基金

表2-7 证券投资基金历年新基金募集规模构成（2001—2018）

（单位：亿份）

年 度	首募规模	股票型	混合型	债券型	货币型	QDII	商品类	FOF
2001	117.26	—	117.26	—	—	—	—	—
2002	447.98	254.65	141.98	51.33	—	—	—	—
2003	678.51	257.58	239.69	133.91	47.27	—	—	—
2004	1821.40	753.05	594.10	—	419.82	—	—	—
2005	1002.79	401.93	22.45	160.37	418.04	—	—	—
2006	3906.19	1742.79	1374.82	271.33	426.00	—	—	—
2007	5939.75	3134.55	1443.38	61.33	—	1193.76	—	—
2008	1772.65	457.67	160.22	1037.82	—	50.53	—	—
2009	3852.72	2478.02	598.17	442.62	76.28	—	—	—
2010	3099.84	1522.67	373.97	594.56	134.25	105.08	—	—
2011	2762.46	1055.29	455.25	601.29	125.57	188.41	—	—
2012	6446.63	1126.48	350.23	4448.34	361.60	159.97	—	—
2013	5435.52	574.76	539.07	3672.80	537.32	86.26	25.30	—
2014	4074.01	925.63	1183.62	642.27	1281.84	37.72	2.92	—
2015	16465.65	3647.14	11530.82	637.04	560.40	86.77	3.47	—
2016	10843.57	465.04	4553.77	4493.94	1177.24	139.74	13.86	—
2017	7847.76	673.25	2346.49	3864.70	744.64	52.33	—	166.36
2018	**9030.63**	**1355.09**	**3506.00**	**4075.53**	—	**35.16**	—	**58.84**

注：基金募集规模仅指首次发行募集规模

表2-8 股票型基金历年发行募集情况（2002—2018）

年 度	新设立数量（只）	首募规模（亿份）	有效认购户数（户）
2002	10	254.65	445153
2003	18	257.58	613387
2004	28	753.05	1280901
2005	35	401.93	731973
2006	42	1742.79	4119750
2007	34	3134.55	16474249
2008	36	457.67	1056122
2009	72	2478.02	3543613
2010	81	1522.67	2426060
2011	89	1055.29	1465536
2012	98	1126.48	757710
2013	72	574.76	583792
2014	85	925.63	896483
2015	240	3647.14	5185349
2016	78	465.04	391227
2017	127	673.25	637082
2018	**132**	**1355.09**	**988584**

注：首只股票型基金于2002年设立；新设立基金不包括转型基金

表2-9 混合型基金历年发行募集情况（2001—2018）

年 度	新设立数量（只）	首募规模（亿份）	有效认购户数（户）
2001	3	117.26	136418
2002	3	141.98	254271
2003	10	239.69	466134
2004	14	594.10	1123161
2005	4	22.45	47640
2006	26	1374.82	2647499

（续上表）

年 度	新设立数量（只）	首募规模（亿份）	有效认购户数（户）
2007	16	1443.38	5623183
2008	21	160.22	212612
2009	20	598.17	933409
2010	8	373.97	484054
2011	26	455.25	656704
2012	25	350.23	265974
2013	66	539.07	447152
2014	101	1183.62	957993
2015	446	11530.82	6987010
2016	572	4553.77	2511469
2017	456	2346.49	2259823
2018	**336**	**3506.00**	**6442214**

注：首只混合型基金于2001年设立；新设立基金不包括转型基金

表2-10 债券型基金历年发行募集情况（2002—2018）

年 度	新设立数量（只）	首募规模（亿份）	有效认购户数（户）
2002	1	51.33	71229
2003	9	133.91	224270
2005	2	160.37	81420
2006	6	271.33	83070
2007	2	61.33	141006
2008	35	1037.82	941215
2009	20	442.62	337253
2010	15	594.56	456706
2011	35	601.29	360079
2012	110	4448.34	1782044
2013	188	3672.80	1784177

（续上表）

年 度	新设立数量（只）	首募规模（亿份）	有效认购户数（户）
2014	79	642.27	386805
2015	78	637.04	240632
2016	408	4493.94	563823
2017	307	3864.70	327791
2018	**358**	**4075.53**	**325285**

注：首只债券基金于2002年设立；新设立基金不包括转型基金

表2-11　货币市场基金历年发行募集情况（2003—2018）

年 度	新设立数量（只）	首募规模（亿份）	有效认购户数（户）
2003	2	47.27	126926
2004	8	419.82	578537
2005	16	418.04	275412
2006	14	426.00	133824
2009	3	76.28	49966
2010	3	134.25	60671
2011	5	125.57	20296
2012	11	361.60	77115
2013	32	537.32	152332
2014	75	1281.84	359386
2015	48	560.40	69473
2016	66	1177.24	189618
2017	62	744.64	55196
2018	—	—	—

注：首只货币市场基金于2003年设立；新设立基金不包括转型基金

表2-12 QDII基金历年发行募集情况（2007—2018）

年 度	新设立数量（只）	首募规模（亿份）	有效认购户数（户）
2007	4	1193.76	7016664
2008	5	50.53	184932
2010	18	105.08	180224
2011	24	188.41	281389
2012	16	159.97	116841
2013	16	86.26	57544
2014	6	37.72	37257
2015	11	86.77	127374
2016	25	139.74	73049
2017	16	52.33	44073
2018	**11**	**35.16**	**102428**

注：首只QDII基金于2007年设立；新设立基金不包括转型基金

表2-13 ETF历年发行募集情况（2004—2018）

年 度	新设立数量（只）	首募规模（亿份）	有效认购户数（户）
2004	1	54.35	37267
2006	2	91.24	124552
2009	4	110.77	111288
2010	11	117.77	104981
2011	17	87.65	102341
2012	13	646.96	234440
2013	34	341.67	273762
2014	18	199.02	100098
2015	22	247.76	176575
2016	19	480.03	134845
2017	26	357.26	112182
2018	**38**	**920.18**	**235664**

注：首只ETF于2004年设立；新设立基金不包括转型基金

表2-14 商品类基金历年发行募集情况（2013—2016）

年 度	新设立数量（只）	首募规模（亿份）	有效认购户数（户）
2013	4	25.30	18546
2014	1	2.92	2530
2015	1	3.47	3400
2016	3	13.86	20916

注：首只商品类基金于2013年设立；新设立基金不包括转型基金，2017、2018年未设立商品类基金

表2-15 FOF历年发行募集情况（2017—2018）

年 度	新设立数量（只）	首募规模（亿份）	有效认购户数（户）
2017	6	166.36	488709
2018	**18**	**58.84**	**703944**

注：首只FOF2017年设立

表2-16 养老目标基金发行募集情况（2018）

年 度	获批数量（只）	成立数量（只）	首募规模（亿份）	有效认购户数（户）
2018	**40**	**12**	**39.36**	**673777**

表2-17 证券投资基金历年清盘统计（2014—2018）

（单位：只）

年 度	清盘基金数量	清盘基金构成				
		股票型	混合型	债券型	货币型	QDII
2014	7	—	1	5	1	—
2015	30	3	2	18	5	2
2016	19	9	3	6	—	1
2017	105	3	37	58	4	3
2018	**397**	**29**	**225**	**130**	**10**	**3**

注：清盘基金以“进入清算期”为统计口径

表2-18 传统封闭式基金历年转型统计

传统封闭式基金					到期转型情况	
基金代码	基金简称	基金份额	设立日期	封闭期	转型日期	转型基金
500001	基金金泰	20	1998-03-27	15	2012-12-24	国泰金泰平衡混合 现为国泰金泰灵活配置
184688	基金开元	20	1998-03-27	15	2013-02-18	南方开元沪深300ETF
500008	基金兴华	20	1998-04-28	15	2013-04-12	华夏兴华混合
500003	基金安信	20	1998-06-22	15	2013-05-23	华安安信消费股票 现为华安安信消费混合
500006	基金裕阳	20	1998-07-25	15	2013-07-15	博时内需增长混合
184689	基金普惠	20	1999-01-06	15	2013-12-23	鹏华消费领先混合
500002	基金泰和	20	1999-04-08	15	2014-04-04	嘉实泰和混合
184690	基金同益	20	1999-04-08	15	2014-04-04	长盛同益成长回报混（LOF）
184691	基金景宏	20	1999-05-04	15	2014-04-10	大成中小盘（LOF） 现为大成中小盘混合（LOF）
500005	基金汉盛	20	1999-05-10	15	2014-04-30	富国天盛灵活配置混合
500009	基金安顺	30	1999-06-15	15	2014-05-12	华安安顺灵活配置
184692	基金裕隆	30	1999-06-15	15	2014-06-03	博时裕隆混合
184706	基金天华	25	1999-07-12	10	2009-07-01	银华内需精选股票（LOF） 现为银华内需精选混合（LOF）
500018	基金兴和	30	1999-07-14	15	2014-05-30	华夏兴和混合
184693	基金普丰	30	1999-07-14	15	2014-06-10	鹏华策略优选混合
184698	基金天元	30	1999-08-25	15	2014-07-03	南方天元新产业股票
500016	基金裕元	15	1999-09-19	15	2007-04-12	博时第三产业股票 现为博时第三产业成长混合
500011	基金金鑫	30	1999-10-21	15	2014-09-15	国泰金鑫股票
184699	基金同盛	30	1999-11-05	15	2014-11-05	长盛同盛成长优选混合
184696	基金裕华	5	1999-11-10	15	2007-07-06	博时新兴成长股票 现为博时新兴成长混合
184695	基金景博	10	1999-11-12	15	2007-06-12	大成创新成长混合
500007	基金景阳	10	1999-11-12	15	2007-12-11	大成景阳领先股票 现为大成景阳领先混合
500015	基金汉兴	30	1999-12-30	15	2014-12-12	富国消费主题混合
184701	基金景福	30	1999-12-30	15	2014-12-26	大成产业升级股票（LOF）
184702	基金同智	5	2000-03-08	15	2007-01-05	长盛同智优势混合（LOF）
184705	基金裕泽	5	2000-03-27	15	2011-04-22	博时卓越品牌股票（LOF） 现为博时卓越品牌混合（LOF）
500010	基金金元	5	2000-03-28	15	2007-05-14	南方成份精选股票 现为南方成份精选混合

（续上表）

传统封闭式基金					到期转型情况	
基金代码	基金简称	基金份额	设立日期	封闭期	转型日期	转型基金
184708	基金兴科	5	2000-04-08	15	2007-04-24	华夏蓝筹混合（LOF）
184703	基金金盛	5	2000-04-26	10	2009-10-19	国泰中小盘成长股（LOF） 现为国泰中小盘成长混合（LOF）
500021	基金金鼎	5	2000-05-16	10	2007-04-11	国泰金鼎价值混合
500025	基金汉鼎	5	2000-06-30	15	2008-11-20	富国天鼎中证指数增强 现为富国中证红利指数增强
184709	基金安久	5	2000-07-04	10	2007-08-02	华安策略优选股票 现为华安策略优选混合
500035	基金汉博	5	2000-07-12	15	2007-04-27	富国天博创新股票 现为富国天博创新混合
500013	基金安瑞	5	2000-07-18	15	2007-04-10	华安中小盘成长股票 现为华安中小盘成长混合
184718	基金兴安	5	2000-07-20	15	2007-11-22	华夏行业股票（LOF） 现为华夏行业混合（LOF）
184710	基金隆元	5	2000-07-24	15	2007-11-09	南方隆元产业主题股票 现为南方隆元产业主题混合
184711	基金普华	5	2000-07-31	15	2007-04-25	鹏华优质治理股（LOF） 现为鹏华优质治理混合（LOF）
500019	基金普润	5	2000-07-31	15		
500017	基金景业	5	2000-08-15	5	2007-01-16	大成积极成长股票 现为大成积极成长混合
500028	基金兴业	5	2000-08-18	15	2006-08-09	华夏稳增混合
500039	基金同德	5	2000-10-20	15	2007-10-25	长盛同德主题股票 现为长盛同德主题混合
184738	基金通宝	5	2001-05-16	15	2007-04-30	融通领先成长股（LOF） 现为融通领先成长混合（LOF）
184700	基金鸿飞	5	2001-05-18	15	2008-04-15	宝盈资源优选股票 现为宝盈资源优选混合
500029	基金科讯	8	2001-05-25	15	2007-12-18	易方达科讯股票 现为易方达科讯混合
184712	基金科汇	8	2001-05-25	15	2008-10-09	易方达科汇灵活配置混合
184713	基金科翔	8	2001-05-25	15	2008-11-13	易方达科翔股票 现为易方达科翔混合
500038	基金通乾	20	2001-08-29	15	2016-08-12	融通通乾研究精选灵活配置混合
184728	基金鸿阳	20	2001-12-10	15	2017-01-04	宝盈消费主题混合
184720	基金久富	5	2001-12-18	15	2007-02-12	长城久富股票（LOF） 现为长城久富混合（LOF）
500056	基金科瑞	30	2002-03-12	15	2017-01-03	易方达科瑞混合
184721	基金丰和	30	2002-03-22	15	2017-03-20	嘉实丰和灵活配置混合
184719	基金融鑫	8	2002-06-13	15	2008-01-10	国投瑞银成长优选股票 现为国投瑞银成长优选混合
184722	基金久嘉	20	2002-07-05	15	2017-07-05	长城久嘉创新成长混合
500058	基金银丰	30	2002-08-15	15	2017-07-27	银河研究精选混合

注：仅统计首次转型情况；鹏华普华封闭和鹏华普润封闭合并转型为鹏华优质治理股票（LOF）；单位：基金份额（亿份）；封闭期（年）

表2-19 开放式基金历年资金净流动统计（2002—2018）

（单位：亿元）

年 度	总申购金额	总赎回金额	总流量	净流量
2002	40.52	37.07	77.59	3.45
2003	145.28	346.24	491.51	-200.96
2004	878.63	870.44	1749.07	8.19
2005	6568.27	6164.74	12733.01	403.53
2006	8815.32	10541.10	19356.42	-1725.79
2007	29540.79	20347.36	49888.15	9193.43
2008	21766.33	19833.12	41599.45	1933.21
2009	22730.00	26832.01	49562.02	-4102.01
2010	18362.28	21151.41	39513.68	-2789.13
2011	18198.46	17760.97	35959.44	437.49
2012	34244.21	32632.30	66876.51	1611.91
2013	52281.64	57557.07	109838.71	-5275.43
2014	132800.19	127215.50	260015.69	5584.69
2015	293194.59	275294.90	568489.49	17899.69
2016	311666.21	314621.77	626287.98	-2955.56
2017	409579.45	397462.83	807042.28	12116.62
2018	**475298.66**	**463625.94**	**938924.60**	**11672.72**

注：根据各年度基金年报披露数据汇总；总流量=总申购金额+总赎回金额；净流量=总申购金额-总赎回金额

表2-20 开放式（股票型）基金历年资金净流动情况（2003—2018）

（单位：亿元）

年 度	总申购金额	总赎回金额	总流量	净流量
2003	18.28	40.98	59.26	-22.70
2004	110.53	102.23	212.76	8.30
2005	147.07	227.43	374.50	-80.36
2006	800.22	828.06	1628.28	-27.84
2007	13064.17	8496.93	21561.1	4567.24
2008	3705.46	4270.91	7976.36	-565.45

（续上表）

年 度	总申购金额	总赎回金额	总流量	净流量
2009	4423.70	5440.99	9864.69	−1017.29
2010	3950.50	5107.73	9058.23	−1157.23
2011	2470.33	2791.90	5262.23	−321.57
2012	2244.58	2456.71	4701.29	−212.13
2013	6275.31	7941.51	14216.82	−1666.20
2014	8903.72	10861.03	19764.75	−1957.31
2015	29181.56	31083.77	60265.33	−1902.21
2016	6116.37	5857.73	11974.10	258.64
2017	5640.20	6324.07	11964.27	−683.87
2018	**8414.17**	**6567.37**	**14981.54**	**1846.80**

注：根据各年度基金年报披露数据汇总；总流量=总申购金额+总赎回金额；净流量=总申购金额-总赎回金额

表2-21 开放式（混合型）基金历年资金净流动情况（2002—2018）

（单位：亿元）

年 度	总申购金额	总赎回金额	总流量	净流量
2002	40.52	37.07	77.59	3.45
2003	112.75	256.42	369.17	−143.67
2004	331.94	374.60	706.53	−42.66
2005	302.29	540.78	843.07	−238.49
2006	1161.54	1455.91	2617.45	−294.37
2007	11080.74	7159.01	18239.75	3921.73
2008	2387.64	2974.88	5362.52	−587.24
2009	1696.31	2255.17	3951.48	−558.85
2010	2055.08	2535.84	4590.92	−480.76
2011	944.92	1174.23	2119.15	−229.31
2012	543.50	1051.06	1594.56	−507.57
2013	1102.52	2031.87	3134.39	−929.35
2014	2043.80	3457.24	5501.04	−1413.44
2015	22604.60	27449.84	50054.44	−4845.24
2016	10122.51	13070.93	23193.44	−2948.42
2017	9689.51	12681.80	22371.31	−2992.29
2018	**6564.28**	**8412.88**	**14977.16**	**−1848.60**

注：根据各年度基金年报披露数据汇总；总流量=总申购金额+总赎回金额；净流量=总申购金额-总赎回金额

表2-22 开放式（债券型）基金历年资金净流动情况（2003—2018）

（单位：亿元）

年 度	总申购金额	总赎回金额	总流量	净流量
2003	14.25	48.83	63.08	−34.59
2004	16.62	95.13	111.75	−78.52
2005	19.30	37.72	57.02	−18.42
2006	453.56	605.29	1058.86	−151.73
2007	1190.53	847.81	2038.35	342.72
2008	1995.71	1811.61	3807.31	184.10
2009	1549.13	2745.03	4294.16	−1195.90
2010	1847.48	1811.19	3658.67	36.29
2011	1011.33	1382.04	2393.37	−370.72
2012	2643.07	2602.60	5245.67	40.47
2013	8450.07	10339.41	18789.48	−1889.34
2014	8688.60	9927.78	18616.38	−1239.18
2015	11430.59	8963.83	20394.42	2466.76
2016	14920.39	12019.28	26939.67	2901.11
2017	12927.83	16480.71	29408.54	−3552.88
2018	**15417.90**	**11891.74**	**27309.64**	**3526.16**

注：根据各年度基金年报披露数据汇总；总流量=总申购金额+总赎回金额；净流量=总申购金额-总赎回金额

表2-23 货币市场基金历年资金净流动情况（2004—2018）

（单位：亿元）

年 度	总申购金额	总赎回金额	总流量	净流量
2004	419.55	298.48	718.02	121.07
2005	5979.35	5248.97	11228.32	730.38
2006	6336.43	7542.60	13879.03	−1206.17
2007	3602.27	3251.78	6854.05	350.50
2008	12472.72	9691.44	22164.16	2781.28
2009	10433.20	11809.13	22242.33	−1375.93
2010	7110.04	8249.94	15359.98	−1139.90

（续上表）

年度	总申购金额	总赎回金额	总流量	净流量
2011	12701.97	11316.69	24018.66	1385.28
2012	27604.71	25199.54	52804.25	2405.16
2013	36413.56	37083.14	73496.70	-669.58
2014	113073.22	102743.88	215817.10	10329.34
2015	229029.23	206996.02	436025.25	22033.21
2016	279403.72	282826.63	562230.35	-3422.91
2017	380276.61	360653.96	740930.57	19622.65
2018	**443819.30**	**435544.64**	**879363.94**	**8274.66**

注：根据各年度基金年报披露数据汇总；总流量=总申购金额+总赎回金额；净流量=总申购金额-总赎回金额

表2-24 QDII基金历年资金净流动情况（2008—2018）

（单位：亿元）

年度	总申购金额	总赎回金额	总流量	净流量
2008	60.38	60.38	212.24	-91.48
2009	73.40	73.40	197.82	-51.01
2010	17.02	17.02	130.57	-96.53
2011	18.50	18.50	126.54	-89.54
2012	27.94	27.94	114.46	-58.57
2013	40.18	161.15	201.33	-120.97
2014	85.48	217.02	302.50	-131.54
2015	897.99	772.08	1670.07	125.91
2016	657.52	533.50	1191.02	124.02
2017	428.68	708.57	1137.25	-279.89
2018	**447.75**	**499.75**	**947.50**	**-52.00**

注：根据各年度基金年报披露数据汇总；总流量=总申购金额+总赎回金额；净流量=总申购金额-总赎回金额

表2-25 ETF历年资金净流动情况（2005—2018）

（单位：亿元）

年 度	总申购金额	总赎回金额	总流量	净流量
2005	120.26	109.85	230.11	10.41
2006	63.57	109.24	172.80	–45.67
2007	603.07	591.83	1194.91	11.24
2008	1144.43	932.43	2076.86	212.00
2009	4552.17	4455.20	9007.37	96.98
2010	3382.15	3333.15	6715.30	49.01
2011	2001.28	1818.53	3819.81	182.74
2012	1180.41	1235.86	2416.28	–55.45
2013	2460.29	2679.97	5140.26	–219.68
2014	5116.83	4995.96	10112.79	120.87
2015	23135.89	22085.73	45221.62	1050.16
2016	7171.80	7518.13	14689.93	–346.33
2017	8988.96	8901.09	17890.05	87.87
2018	**13367.45**	**11241.13**	**24608.58**	**2126.32**

注：根据各年度基金年报披露数据汇总；总流量=总申购金额+总赎回金额；净流量=总申购金额-总赎回金额

表2-26 商品类基金历年资金净流动情况（2014—2018）

（单位：亿元）

年 度	总申购金额	总赎回金额	总流量	净流量
2014	5.37	8.55	13.92	–3.18
2015	50.62	29.36	79.98	21.26
2016	445.69	313.69	759.38	132.00
2017	616.62	613.73	1230.35	2.89
2018	**630.19**	**640.30**	**1270.49**	**–10.11**

注：根据各年度基金年报披露数据汇总；总流量=总申购金额+总赎回金额；净流量=总申购金额-总赎回金额

表2-27 FOF资金净流动情况（2018）

（单位：亿元）

年 度	总申购金额	总赎回金额	总流量	净流量
2018	5.06	69.26	74.32	-64.20

注：根据各年度基金年报披露数据汇总；总流量=总申购金额+总赎回金额；净流量=总申购金额-总赎回金额

表2-28 证券投资基金历年分红统计（1999—2018）

年 度	分红金额（亿元）	变动额（亿元）	增长率（%）
1999	3.28	——	——
2000	52.72	49.44	1507.32
2001	164.75	112.03	212.50
2002	28.52	-136.23	-82.68
2003	18.27	-10.25	-35.94
2004	77.80	59.53	325.85
2005	76.20	-1.60	-2.06
2006	332.37	256.17	336.18
2007	3556.75	3224.38	970.12
2008	1770.22	-1786.53	-50.23
2009	506.58	-1263.64	-71.38
2010	1152.21	645.63	127.45
2011	636.72	-515.49	-44.69
2012	453.53	-183.19	-28.83
2013	663.83	210.30	46.37
2014	1342.79	678.96	102.28
2015	2461.62	1118.83	83.32
2016	3838.15	1376.53	55.92
2017	4007.02	168.87	4.40
2018	**4455.13**	**448.11**	**11.18**

数据来源：中国银河证券基金研究中心

表2-29 各类型证券投资基金历年分红情况（1999—2018）

（单位：亿元）

年 度	各类型基金分红金额					
	股票型	混合型	债券型	货币型	商品类	QDII
1999	—	3.28	—	—	—	—
2000	—	52.76	—	—	—	—
2001	—	164.75	—	—	—	—
2002	—	28.51	—	—	—	—
2003	0.94	16.81	0.52	0.01	—	—
2004	3.24	63.88	1.77	8.96	—	—
2005	0.09	31.27	2.81	42.12	—	—
2006	11.64	282.08	6.68	30.31	—	—
2007	222.98	2786.86	35.79	21.24	—	—
2008	19.43	1609.61	57.49	58.81	—	—
2009	29.03	409.53	40.74	27.15	—	1.38
2010	30.58	1036.17	63.10	22.38	—	—
2011	14.29	528.83	40.34	58.00	—	0.87
2012	78.28	146.16	76.40	163.32	—	0.88
2013	59.45	228.56	146.58	228.35	—	0.88
2014	66.87	340.21	148.54	786.28	—	0.89
2015	85.70	955.93	409.48	1009.45	0.01	1.03
2016	176.86	1843.11	650.17	1161.87	0.03	6.10
2017	181.68	972.75	701.39	2142.03	0.02	9.13
2018	**95.26**	**474.02**	**884.08**	**2991.16**	—	**10.62**

数据来源：中国银河证券基金研究中心

表2-30 股票型基金10年期复权净值增长率前50名

基金简称	基金代码	成立日期	复权单位净值（元）	复权单位净值增长率（%）	排 名
兴全全球视野	340006	2006-09-20	4.8404	141.31	1
光大核心	360001	2004-08-27	3.2728	94.39	2
泰达宏利首选企业	162208	2006-12-01	1.5541	63.70	3

注：存续期不足10年的基金、跨类别转型的基金不在统计范畴； 数据来源：招商证券研发部基金评价组

表2-31 股票型基金5年期复权净值增长率前50名

基金简称	基金代码	成立日期	复权单位净值(元)	复权单位净值增长率(%)	排名
汇丰晋信大盘A	540006	2009-06-24	2.7794	134.49	1
国富中小盘	450009	2010-11-23	2.0307	110.44	2
申万菱信量化小盘	163110	2011-06-16	2.0212	91.04	3
易方达消费行业	110022	2010-08-20	1.7840	86.22	4
嘉实研究阿尔法	000082	2013-05-28	1.6861	66.78	5
南方新兴消费增长	160127	2012-03-13	1.7170	54.72	6
大摩品质生活精选	000309	2013-10-29	1.4340	47.84	7
建信双利策略主题	165310	2011-05-06	1.4503	36.57	8
景顺长城成长之星	000418	2013-12-13	1.3690	35.14	9
兴全全球视野	340006	2006-09-20	4.8404	23.14	10
上投摩根大盘蓝筹	376510	2010-12-20	1.2420	19.19	11
汇丰晋信消费红利	540009	2010-12-08	1.0849	17.42	12
光大核心	360001	2004-08-27	3.2728	8.99	13
汇丰晋信中小盘	540007	2009-12-11	0.9240	7.31	14
鹏华价值精选	206012	2012-04-16	0.9730	1.78	15
汇丰晋信科技先锋	540010	2011-07-27	1.3461	-1.88	16
泰达宏利首选企业	162208	2006-12-01	1.5541	-2.74	17
汇丰晋信低碳先锋	540008	2010-06-08	1.0043	-22.76	18

注：存续期不足5年的基金、跨类别转型的基金不在统计范畴；数据来源：招商证券研发部基金评价组

表2-32 股票指数型基金10年期复权净值增长率前50名

基金简称	基金代码	成立日期	复权单位净值(元)	复权单位净值增长率(%)	排名
富国中证红利指数增强①	100032	2008-11-20	2.9581	162.55	1
易方达上证50指数A	110003	2004-03-22	3.7172	133.25	2
博时裕富沪深300A	050002	2003-08-26	3.7276	131.59	3
华泰柏瑞红利ETF	510880	2006-11-17	2.1490	122.94	4

（续上表）

基金简称	基金代码	成立日期	复权单位净值（元）	复权单位净值增长率（%）	排名
申万菱信沪深300指数增强A	310318	2004-11-29	3.7488	107.44	5
长盛中证100	519100	2006-11-22	1.7019	93.88	6
华夏上证50ETF	510050	2004-12-30	3.4788	93.06	7
长城久泰沪深300A	200002	2004-05-21	3.5167	90.48	8
华安上证180ETF	510180	2006-04-13	3.0113	89.86	9
嘉实沪深300ETF联接(LOF)A	160706	2005-08-29	3.3368	88.16	10
国泰沪深300A②	020011	2007-11-11	0.9568	78.24	11
华安MSCI中国A股指数增强	040002	2002-11-08	3.7058	76.94	12
广发沪深300ETF联接A	270010	2008-12-30	1.7494	75.12	13
万家上证180	519180	2003-03-15	3.0355	75.11	14
大成沪深300A	519300	2006-04-06	2.3984	73.15	15
华夏中小板ETF	159902	2006-06-08	2.4062	70.65	16
融通巨潮100A / B	161607	2005-05-12	3.3619	69.07	17
易方达深证100ETF	159901	2006-03-24	3.2457	67.63	18
银华道琼斯88精选A	180003	2004-08-11	4.1020	56.45	19
融通深证100A / B	161604	2003-09-30	3.0354	51.90	20

注：存续期不足10年的基金、跨类别转型的基金不在统计范畴；数据来源：招商证券研发部基金评价组
转型说明：①系基金汉鼎转型，转型类型封闭转开放；②系国泰金象保本增值转型，转型类别保本转股票

表2-33 股票指数型基金5年期复权净值增长率前50名

基金简称	基金代码	成立日期	复权单位净值（元）	复权单位净值增长率（%）	排名
嘉实基本面50指数(LOF)A	160716	2009-12-30	1.3558	116.41	1
万家上证50ETF①	510680	2013-10-31	1.9262	100.71	2
富国中证红利指数增强②	100032	2008-11-20	2.9581	98.74	3
大成中证红利A	090010	2010-02-02	1.5500	97.45	4
易方达上证50指数A	110003	2004-03-22	3.7172	95.25	5
建信深证基本面60ETF	159916	2011-09-08	1.5915	94.84	6
华宝上证180价值ETF	510030	2010-04-23	1.5049	92.13	7

（续上表）

基金简称	基金代码	成立日期	复权单位净值（元）	复权单位净值增长率（%）	排名
银河沪深300价值	519671	2009-12-28	1.3670	91.73	8
申万菱信沪深300价值A	310398	2010-02-11	1.3975	91.52	9
兴全沪深300指数增强A	163407	2010-11-02	1.5272	89.74	10
富国沪深300增强	100038	2009-12-16	1.5218	88.58	11
建信深证基本面60ETF联接A	530015	2011-09-08	1.5366	88.29	12
泰达宏利沪深300指数增强A③	162213	2010-04-23	1.6393	86.88	13
景顺长城沪深300增强	000311	2013-10-29	1.9027	86.72	14
工银瑞信深证红利ETF	159905	2010-11-05	1.2806	84.58	15
汇添富中证主要消费ETF	159928	2013-08-23	1.8173	83.12	16
申万菱信沪深300指数增强A	310318	2004-11-29	3.7488	83.04	17
华夏上证主要消费ETF	510630	2013-03-28	1.9551	81.31	18
华宝上证180价值ETF联接	240016	2010-04-23	1.5835	81.08	19
博时裕富沪深300A	050002	2003-08-26	3.7276	79.91	20
工银瑞信深证红利ETF联接A	481012	2010-11-09	1.2558	79.58	21
汇丰晋信恒生A股A	540012	2012-08-01	1.6182	78.55	22
万家中证红利	161907	2011-03-17	1.4166	76.66	23
嘉实深证基本面120ETF	159910	2011-08-01	1.3487	75.02	24
华泰柏瑞红利ETF	510880	2006-11-17	2.1490	73.76	25
国投瑞银沪深300金融地产ETF	159933	2013-09-17	1.6236	72.74	26
易方达沪深300量化增强	110030	2012-07-05	1.8445	72.11	27
建信上证社会责任ETF	510090	2010-05-28	1.6635	71.51	28
嘉实深证基本面120ETF联接A	070023	2011-08-01	1.3618	69.06	29
华夏上证金融地产ETF	510650	2013-03-28	1.5374	67.58	30
宝盈中证100指数增强A	213010	2010-02-08	1.1820	67.42	31
诺安中证100	320010	2009-10-27	1.1010	66.82	32
国投瑞银沪深300金融地产ETF联接④	161211	2013-11-05	1.3272	66.78	33
建信央视财经50	165312	2013-03-28	1.6533	66.36	34
建信上证社会责任ETF联接	530010	2010-05-28	1.5479	65.37	35
中银中证100指数增强	163808	2009-09-04	1.1363	65.20	36
华富中证100	410008	2009-12-30	1.1138	65.15	37

（续上表）

基金简称	基金代码	成立日期	复权单位净值(元)	复权单位净值增长率(%)	排 名
国泰上证180金融ETF	510230	2011-03-31	1.4868	65.09	38
中海上证50指数增强	399001	2010-03-25	1.0550	63.06	39
华宝中证100A	240014	2009-09-29	1.1023	61.01	40
工银上证央企50ETF	510060	2009-08-26	1.0374	60.79	41
浦银安盛沪深300指数增强	519116	2010-12-10	1.2000	59.79	42
招商央视财经50A	217027	2013-02-05	1.6001	59.21	43
长盛中证100	519100	2006-11-22	1.7019	59.06	44
国泰上证180金融ETF联接	020021	2011-03-31	1.4432	58.76	45
华夏上证50ETF	510050	2004-12-30	3.4788	58.38	46
海富通中证100	162307	2009-10-30	1.0680	57.75	47
博时创业板ETF⑤	159908	2011-06-10	1.0819	56.01	48
华宝中证银行ETF联接A⑥	240019	2011-08-09	1.4623	55.23	49
华安沪深300量化增强A	000312	2013-09-27	1.5056	54.90	50

注：存续期不足5年的基金、跨类别转型的基金不在统计范畴；数据来源：招商证券研发部基金评价组
转型说明：①系万家上证380ETF转型。转型类别：②系基金汉鼎转型，转型类别是封闭转开放；③系泰达宏利中证财富大盘A转型；④系国投瑞银沪深300金融转型；⑤系博时深证基本面200ETF转型；⑥系华宝上证180成长ETF联接转型

表2-34 混合型基金10年期复权净值增长率前50名

基金简称	基金代码	成立日期	复权单位净值(元)	复权单位净值增长率(%)	排 名
华夏策略精选	002031	2008-10-23	4.0460	292.06	1
富国天合稳健优选	100026	2006-11-15	5.1120	279.56	2
易方达中小盘	110011	2008-06-19	3.7679	278.34	3
兴全社会责任	340007	2008-04-30	2.9046	273.34	4
汇添富成长焦点	519068	2007-03-12	3.1206	262.12	5
银华富裕主题	180012	2006-11-16	4.5086	260.27	6
华夏大盘精选	000011	2004-08-11	19.1938	254.63	7
银河竞争优势成长	519668	2008-05-26	3.3592	254.10	8
大成策略回报	090007	2008-11-26	3.5492	253.51	9

（续上表）

基金简称	基金代码	成立日期	复权单位净值（元）	复权单位净值增长率（%）	排 名
华泰柏瑞价值增长	460005	2008-07-16	3.1912	245.56	10
汇添富蓝筹稳健	519066	2008-07-08	3.4933	239.16	11
诺安灵活配置	320006	2008-05-20	3.0249	236.85	12
博时主题行业	160505	2005-01-06	10.6186	235.87	13
国泰金鹰增长	020001	2002-05-08	9.9883	234.82	14
南方优选价值A	202011	2008-06-18	3.2112	233.11	15
富国天惠精选成长A	161005	2005-11-16	8.3778	229.44	16
华商盛世成长	630002	2008-09-23	3.2801	223.96	17
中欧新蓝筹A	166002	2008-07-25	3.1853	223.88	18
景顺长城优选	260101	2003-10-24	8.1506	221.79	19
国泰金牛创新成长	020010	2007-05-18	2.0034	220.58	20
嘉实增长	070002	2003-07-09	11.5643	219.61	21
易方达科翔[①]	110013	2008-11-13	4.1261	209.71	22
兴全趋势投资	163402	2005-11-03	12.0738	203.59	23
中银收益A	163804	2006-10-11	4.0730	200.82	24
汇丰晋信龙腾	540002	2006-09-27	4.2513	199.85	25
嘉实研究精选A	070013	2008-05-27	3.0845	199.76	26
中信保诚盛世蓝筹	550003	2008-06-04	3.0350	199.02	27
富国天瑞强势精选	100022	2005-04-05	7.1015	193.72	28
国投瑞银稳健增长	121006	2008-06-11	2.6757	184.95	29
富国天源沪港深	100016	2002-08-16	4.8147	184.86	30
银河稳健	151001	2003-08-04	8.5271	184.77	31
汇丰晋信动态策略A	540003	2007-04-09	2.1908	182.76	32
广发稳健增长	270002	2004-07-26	8.0932	182.66	33
中银动态策略	163805	2008-04-03	2.3148	182.50	34
富国天成红利	100029	2008-05-28	2.2313	180.28	35
景顺长城内需增长	260104	2004-06-25	7.9890	180.06	36
嘉实成长收益A	070001	2002-11-05	8.8788	177.68	37
广发核心精选	270008	2008-07-16	2.6812	176.13	38
国富弹性市值	450002	2006-06-14	6.1110	173.47	39

（续上表）

基金简称	基金代码	成立日期	复权单位净值（元）	复权单位净值增长率（%）	排名
景顺长城内需增长贰号	260109	2006-10-11	3.7306	173.10	40
华安核心优选	040011	2008-10-22	2.7547	172.93	41
长盛成长价值	002031	2002-09-18	6.6786	171.82	42
景顺长城鼎益	162605	2005-03-16	7.7317	171.01	43
长盛创新先锋	080002	2008-06-04	2.3296	169.51	44
华安策略优选②	002031	2007-08-02	3.3639	167.89	45
农银汇理行业成长A	660001	2008-08-04	2.6894	167.84	46
东方策略成长	400007	2008-06-03	2.2524	163.78	47
汇添富优势精选	519008	2005-08-25	8.9712	162.89	48
交银稳健配置A	519690	2006-06-14	4.8417	161.72	49
中银中国精选	163801	2005-01-04	7.1874	161.51	50

注：存续期不足10年的基金、跨类别转型的基金不在统计范畴；数据来源：招商证券研发部基金评价组
转型说明：①系基金科翔转型，转型类别为封闭转开放；②系基金安久转型，转型类别为封闭转开放

表2-35　混合型基金5年期复权净值增长率前50名

基金简称	基金代码	成立日期	复权单位净值（元）	复权单位净值增长率（%）	排名
交银优势行业①	519697	2009-01-21	3.5358	192.20	1
兴全轻资产	163412	2012-04-05	3.8689	176.94	2
新华行业轮换配置A	519156	2013-06-05	2.5668	159.01	3
交银阿尔法	519712	2012-08-03	2.6109	157.23	4
交银定期支付双息平衡	519732	2013-09-04	2.5750	154.20	5
工银瑞信金融地产	000251	2013-08-26	2.6601	144.94	6
诺德成长优势	570005	2009-09-22	2.6020	142.27	7
汇添富消费行业	000083	2013-05-03	2.7390	140.47	8
汇添富价值精选A	519069	2009-01-23	4.5749	140.12	9
交银主题优选	519700	2010-06-30	1.8928	139.33	10
益民服务领先	000410	2013-12-13	2.3850	138.02	11
诺安中小盘精选	320011	2010-04-28	2.6833	135.04	12

(续上表)

基金简称	基金代码	成立日期	复权单位净值(元)	复权单位净值增长率(%)	排名
嘉实优化红利	070032	2012-06-26	2.3438	133.22	13
银华中小盘精选	180031	2012-06-20	3.1089	129.45	14
兴全合润分级	163406	2010-04-22	2.6622	128.02	15
易方达中小盘	110011	2008-06-19	3.7679	125.26	16
兴全商业模式优选	163415	2012-12-18	2.3417	124.51	17
民生加银策略精选	000136	2013-06-07	2.2219	121.31	18
华安科技动力	040025	2011-12-20	3.1713	120.38	19
长盛量化红利策略	080005	2009-11-25	2.0719	118.64	20
新华泛资源优势	519091	2009-07-13	2.4440	117.63	21
交银先进制造	519704	2011-06-22	2.5031	117.09	22
国投瑞银策略精选	000165	2013-09-27	2.1769	117.04	23
华安逆向策略	040035	2012-08-16	2.9174	115.08	24
汇添富成长焦点	519068	2007-03-12	3.1206	113.78	25
汇添富蓝筹稳健	519066	2008-07-08	3.4933	112.28	26
景顺长城能源基建	260112	2009-10-20	2.1881	112.17	27
富安达策略精选	710002	2012-04-25	2.1750	111.42	28
国金国鑫灵活配置	762001	2012-08-28	2.2251	111.13	29
华安策略优选②	040008	2007-08-02	3.3639	108.01	30
银华富裕主题	180012	2006-11-16	4.5086	107.49	31
交银趋势优先	519702	2010-12-22	1.6457	105.97	32
农银汇理行业领先	000127	2013-06-25	1.8949	104.32	33
大成优选③	160916	2012-07-27	1.7484	104.19	34
中欧价值发现A	166005	2009-07-24	2.2630	103.32	35
南方优选成长A	202023	2011-01-30	2.1090	102.98	36
兴全有机增长	340008	2009-03-25	2.6394	102.93	37
华商红利优选	000279	2013-09-17	1.9825	101.88	38
博时主题行业	160505	2005-01-06	10.6186	101.74	39
长信量化先锋A	519983	2010-11-18	1.7024	100.51	40
国泰价值经典	160215	2010-08-13	1.7090	99.88	41
华泰柏瑞量化增强A	000172	2013-08-02	2.0454	98.39	42

（续上表）

基金简称	基金代码	成立日期	复权单位净值（元）	复权单位净值增长率（%）	排 名
兴全趋势投资	163402	2005-11-03	12.0738	97.80	43
诺德周期策略	570008	2012-03-21	2.0755	97.10	44
长城核心优选④	000030	2013-04-18	1.9324	96.38	45
中欧新动力A	166009	2011-02-10	2.2684	95.72	46
建信创新中国	000308	2013-09-24	1.9740	95.45	47
民生加银城镇化	000408	2013-12-12	1.9549	95.10	48
富国天合稳健优选	100026	2006-11-15	5.1120	94.70	49
华商优势行业	000390	2013-12-11	1.9511	94.53	50

注：存续期不足5年的基金、跨类别转型的基金不在统计范畴；数据来源：招商证券研发部基金评价组
转型说明：①系交银保本混合转型，转型类别：保本转混合；②系基金安久转型，转型类别为封闭转开放；③系大成优选转型，转型类别为封闭转开放；④系长城久利保本转型，转型类别为保本转混合

表2-36 债券型基金10年期复权净值增长率前50名

基金简称	基金代码	成立日期	复权单位净值（元）	复权单位净值增长率（%）	排 名
华富收益增强A	410004	2008-05-28	2.3965	121.80	1
易方达增强回报A	110017	2008-03-19	2.3720	114.85	2
易方达稳健收益A	110007	2005-09-19	2.3744	110.05	3
长信利丰C	519989	2008-12-29	2.0181	101.81	4
大成债券A / B	090002	2003-06-12	2.9113	94.19	5
建信稳定增利C	530008	2008-06-25	2.1644	93.52	6
招商安心收益C	217011	2008-10-22	1.9608	88.00	7
天治稳健双盈	350006	2008-11-05	1.8780	84.96	8
富国天利增长债券	100018	2003-12-02	3.5170	76.26	9
国投瑞银稳定增利	121009	2008-01-11	1.9275	75.75	10
中银稳健增利	163806	2008-11-13	1.7660	74.68	11
宝盈增强收益A / B	213007	2008-05-15	1.8833	74.32	12
农银汇理恒久增利A	660002	2008-12-23	1.7409	73.83	13
银华增强收益	180015	2008-12-03	1.7549	73.76	14

(续上表)

基金简称	基金代码	成立日期	复权单位净值(元)	复权单位净值增长率(%)	排 名
工银瑞信信用添利A	485107	2008-04-14	1.9299	73.16	15
华安稳定收益A	040009	2008-04-30	1.8887	72.43	16
泰达宏利集利A	162210	2008-09-26	1.7846	71.70	17
鹏华普天债券A	160602	2003-07-12	2.2896	71.69	18
诺安优化收益①	320004	2006-07-17	1.8987	70.23	19
国富强化收益A	450005	2008-10-24	1.7569	70.16	20
博时稳定价值B	050006	2005-08-24	2.0842	69.74	21
富国天丰强化收益②	161010	2008-10-24	1.7612	69.02	22
鹏华丰收	160612	2008-05-28	1.8198	68.63	23
长盛积极配置	080003	2008-10-08	1.7301	68.56	24
工银瑞信增强收益A	485105	2007-05-11	2.0904	68.31	25
嘉实多元收益A	070015	2008-09-10	1.7501	66.53	26
招商安本增利	217008	2006-07-11	2.0647	64.32	27
交银增利债券A	519680	2008-03-31	1.8563	64.22	28
信诚三得益债券A	550004	2008-09-27	1.7187	63.40	29
招商安泰债券A	217003	2003-04-28	2.4718	63.36	30
汇丰晋信2016	540001	2006-05-23	2.9202	61.64	31
华夏稳定双利债券C	288102	2006-07-20	2.3007	61.58	32
万家增强收益③	161902	2004-09-28	2.6174	61.56	33
南方多利增强C④	202102	2006-03-27	1.8635	61.00	34
广发增强债券	270009	2008-03-27	1.7939	60.89	35
中海稳健收益	395001	2008-04-10	1.7837	59.56	36
嘉实债券	070005	2003-07-09	2.7729	58.08	37
华夏希望债券A	001011	2008-03-10	1.7443	56.83	38
汇添富增强收益A	519078	2008-03-06	1.7075	55.86	39
融通债券AB	161603	2003-09-30	2.3203	54.48	40
银河银信添利B	519666	2007-03-14	1.8692	54.43	41
浦银安盛优化收益A	519111	2008-12-30	1.5357	53.57	42
国泰金龙债券A	020002	2003-12-05	2.1637	53.43	43
长城稳健增利	200009	2008-08-27	1.6443	51.69	44

（续上表）

基金简称	基金代码	成立日期	复权单位净值（元）	复权单位净值增长率（%）	排 名
华宝宝康债券A	240003	2003-07-15	2.5705	49.20	45
天弘永利债券A	420002	2008-04-18	1.5997	49.00	46
长盛全债指数增强	510080	2003-10-25	3.1715	48.55	47
光大收益A	360008	2008-10-29	1.5010	47.15	48
海富通稳健添利C	519023	2008-10-24	1.4846	43.99	49
华夏债券A / B	001001	2002-10-23	2.3017	43.64	50

注：存续期不足10年的基金、跨类别转型的基金不在统计范畴；数据来源：招商证券研发部基金评价组
转型说明：①系诺安中短期债券转型，转型类别为债券转债券；②系富国天丰强化收益转型，转型类别为封闭转开放；③系万家保本增值转型，转型类别为保本转债券；④系南方多利中短期债券转型，转型类别为债券转债券

表2-37 债券型基金5年期复权净值增长率前50名

基金简称	基金代码	成立日期	复权单位净值（元）	复权单位净值增长率（%）	排 名
易方达安心回报A	110027	2011-06-21	2.5521	128.19	1
博时信用债券A	050011	2009-06-10	2.4635	123.38	2
长信可转债A	519977	2012-03-30	2.2689	112.13	3
建信转债增强A	530020	2012-05-29	2.1220	108.86	4
诺安双利	320021	2012-11-29	1.9440	88.55	5
海富通一年定期开放A	519051	2013-10-24	1.8757	85.71	6
易方达岁丰添利①	161115	2010-11-09	2.0693	85.69	7
国投瑞银优化增强A/B	121012	2010-09-08	1.8201	74.84	8
博时稳定价值B	050006	2005-08-24	2.0842	72.17	9
兴全磐稳增利债券	340009	2009-07-23	1.7676	72.02	10
银河久益回报6个月定开A②	519662	2013-08-09	1.7320	71.14	11
易方达裕丰回报	000171	2013-08-23	1.6410	69.52	12
易方达稳健收益A③	110007	2005-09-19	2.3744	69.15	13
华安强化收益A	040012	2009-04-13	2.0015	68.27	14
广发聚鑫A	000118	2013-06-05	1.5887	66.88	15
大成债券A / B	090002	2003-06-12	2.9113	66.10	16
大摩多元收益A	233012	2012-08-28	1.7410	65.65	17
银河增利A	519660	2013-07-17	1.6730	65.64	18

（续上表）

基金简称	基金代码	成立日期	复权单位净值（元）	复权单位净值增长率（%）	排名
新华安享惠金A	519160	2013-11-13	1.6397	65.29	19
富国可转债	100051	2010-12-08	1.3220	64.22	20
华富强化回报④	164105	2010-09-08	1.7893	63.04	21
华富收益增强A	410004	2008-05-28	2.3965	62.48	22
广发聚利A⑤	162712	2011-08-05	1.8892	62.15	23
大成景兴信用债A	000130	2013-06-04	1.5707	62.10	24
招商安瑞进取	217018	2011-03-17	1.6240	61.75	25
工银瑞信添福A	000184	2013-10-31	1.6206	61.26	26
易方达增强回报A	110017	2008-03-19	2.3720	60.56	27
工银瑞信添颐A	485114	2011-08-10	1.9730	60.41	28
广发聚财信用A	270029	2012-03-13	1.6029	60.33	29
泰达宏利集利A	162210	2008-09-26	1.7846	60.08	30
工银瑞信双利A	485111	2010-08-16	1.8601	58.85	31
国投瑞银双债增利A⑥	161216	2011-03-29	1.8012	58.71	32
招商产业A	217022	2012-03-21	1.7181	58.37	33
长信利丰C	519989	2008-12-29	2.0181	58.20	34
信诚增强收益⑦	165509	2010-09-29	1.7229	57.76	35
建信双息红利A	530017	2011-12-13	1.7362	57.18	36
民生加银增强收益A	690002	2009-07-21	1.9434	56.89	37
博时双月薪	000277	2013-10-22	1.5774	56.80	38
华安双债添利A	000149	2013-06-14	1.5294	56.70	39
汇添富多元收益A	470010	2012-09-18	1.6291	56.61	40
中银稳健添利A	380009	2013-02-04	1.5485	56.10	41
大成景丰⑧	160915	2013-10-16	1.5368	55.17	42
诺安纯债A	163210	2013-03-27	1.5238	54.54	43
大摩纯债稳定增利	000064	2013-06-25	1.5629	54.34	44
天治稳健双盈	350006	2008-11-05	1.8780	53.70	45
招商信用添利⑨	161713	2010-06-25	1.8622	53.67	46
工银瑞信产业债A	000045	2013-03-29	1.4880	53.40	47
中银转债增强A	163816	2011-06-29	1.7160	52.53	48
鹏华丰融	000345	2013-11-19	1.5171	52.32	49
招商安心收益C	217011	2008-10-22	1.9608	52.22	50

注：存续期不足5年的基金、跨类别转型的基金不在统计范畴；数据来源：招商证券研发部基金评价组

转型说明：①系易方达岁丰添利转型，转型类别为封闭转开放；②系银河岁岁回报转型，转型类别为债券转债券；③系易方达月月收益中短期债券转型，转型类别为债券转债券；④系华富强化回报转型，转型类别为封闭转开放；⑤系广发聚利转型，转型类别为封闭转开放；⑥系国投瑞银双债增利转型，转型类别为封闭转开放；⑦系信诚增强收益转型，转型类别为封闭转开放；⑧系大成景丰分级转型，转型类别为分级转LOF；⑨系招商信用添利转型，转型类别为封闭转开放

表2-38 货币市场基金10年期复权净值收益率前50名

基金简称	基金代码	成立日期	复权单位净值（元）	复权单位净值收益率（%）	排 名
南方现金增利A	202301	2004-03-05	1.6163	41.14	1
华夏货币A	288101	2005-04-20	1.5791	41.01	2
华夏现金增利A	003003	2004-04-07	1.6178	40.98	3
嘉实货币A	070008	2005-03-18	1.5801	40.15	4
东方金账簿货币A	400005	2006-08-02	1.5021	39.79	5
万家货币A	519508	2006-05-24	1.5329	39.77	6
广发货币A	270004	2005-05-20	1.5335	39.58	7
华富货币A	410002	2006-06-21	1.5118	39.56	8
工银瑞信货币	482002	2006-03-20	1.5246	39.46	9
博时现金收益A	050003	2004-01-16	1.5985	39.33	10
长盛货币A	080011	2005-12-12	1.5184	38.94	11
长城货币A	200003	2005-05-30	1.5301	38.82	12
海富通货币A	519505	2005-01-04	1.5619	38.81	13
兴全货币A	340005	2006-04-27	1.4987	38.78	14
招商现金增值A	217004	2004-01-14	1.5682	38.50	15
建信货币A	530002	2006-04-25	1.5064	38.14	16
泰达宏利货币A	162206	2005-11-10	1.4958	38.05	17
中银货币A	163802	2005-06-07	1.5227	37.99	18
易方达货币A	110006	2005-02-02	1.5297	37.90	19
长信利息收益A	519999	2004-03-19	1.5770	37.78	20
天治天得利货币	350004	2006-07-05	1.4770	37.72	21
华宝现金宝A	240006	2005-03-31	1.5122	37.53	22
融通易支付货币A	161608	2006-01-19	1.4924	37.26	23
汇添富货币A	519518	2006-03-23	1.4872	36.91	24
华安现金富利A	040003	2003-12-30	1.5663	36.86	25
富国天时货币A	100025	2006-06-05	1.4675	36.84	26
鹏华货币A	160606	2005-04-12	1.5124	36.81	27
泰信天天收益A	290001	2004-02-10	1.5456	36.37	28
银河银富货币A	150005	2004-12-20	1.5293	36.32	29

（续上表）

基金简称	基金代码	成立日期	复权单位净值(元)	复权单位净值收益率(%)	排名
国泰货币	020007	2005-06-21	1.4859	36.19	30
银华货币A	180008	2005-01-31	1.4976	35.98	31
诺安货币A	320002	2004-12-06	1.5111	35.96	32
光大货币	360003	2005-06-09	1.4896	35.90	33
大成货币A	090005	2005-06-03	1.4987	35.72	34
交银货币A	519588	2006-01-20	1.4563	34.21	35
申万菱信货币A	310338	2006-07-07	1.4162	32.84	36
景顺长城货币A①	260102	2005-07-16	1.4419	31.50	37
上投摩根货币A	370010	2005-04-13	1.3945	28.64	38
益民货币	560001	2006-07-17	1.3728	27.04	39

注：存续期不足10年的基金、跨类别转型的基金不在统计范畴；数据来源：招商证券研发部基金评价组
转型说明：①系景顺长城恒丰转型，转型类别为封闭转开放

表2-39　货币市场基金5年期复权净值收益率前50名

基金简称	基金代码	成立日期	复权单位净值(元)	复权单位净值收益率(%)	排名
大成月月盈A①	090023	2012-11-29	1.2899	23.81	1
易方达月月利A	110050	2012-11-26	1.2941	23.31	2
民生加银家盈月度A	000089	2013-04-25	1.2659	22.96	3
广发理财30天A	270046	2013-01-14	1.2753	22.58	4
工银瑞信60天理财A	485122	2013-01-28	1.2717	22.50	5
南方理财60天A	202305	2012-10-19	1.2874	22.38	6
大成月添利理财A	090021	2012-09-20	1.2922	22.09	7
广发理财7天A	000037	2013-06-20	1.2501	22.08	8
南方理财14天A	202303	2012-08-14	1.2892	21.96	9
易方达易理财	000359	2013-10-24	1.2316	21.87	10
嘉实活期宝	000464	2013-12-18	1.2208	21.76	11
华夏理财30天A	001057	2012-10-24	1.2832	21.73	12
兴全货币A	340005	2006-04-27	1.4987	21.64	13

（续上表）

基金简称	基金代码	成立日期	复权单位净值（元）	复权单位净值收益率（%）	排名
汇添富全额宝	000397	2013-12-13	1.2193	21.60	14
汇添富理财30天A	470030	2012-05-09	1.2951	21.49	15
建信月盈安心理财A	530028	2012-12-20	1.2643	21.47	16
嘉实理财宝7天A	070035	2012-08-29	1.2670	21.38	17
中银理财7天A	380007	2012-12-24	1.2662	21.34	18
华夏财富宝A	000343	2013-10-25	1.2259	21.29	19
民生加银现金宝A	000371	2013-10-18	1.2242	21.09	20
汇添富现金宝	000330	2013-09-12	1.2294	21.03	21
工银瑞信14天理财A	485120	2012-10-26	1.2721	21.00	22
中加货币A	000331	2013-10-21	1.2214	20.95	23
易方达天天A	000009	2013-03-04	1.2488	20.84	24
建信双周安心理财A	530014	2012-08-28	1.2738	20.83	25
长盛货币A	080011	2005-12-12	1.5184	20.72	26
广发天天红A	000389	2013-10-22	1.2194	20.62	27
汇添富理财7天A	471007	2013-05-29	1.2419	20.57	28
工银瑞信货币	482002	2006-03-20	1.5246	20.54	29
中银理财30天A	380010	2013-01-31	1.2491	20.47	30
方正富邦货币A	730003	2012-12-26	1.2492	20.46	31
中银理财14天A	380001	2012-09-24	1.2704	20.45	32
嘉实货币A	070008	2005-03-18	1.5801	20.38	33
交银理财21天A	519716	2012-11-05	1.2602	20.37	34
光大添天盈A	360019	2012-10-25	1.2613	20.36	35
农银汇理7天理财A	660016	2013-02-05	1.2475	20.35	36
金鹰货币A	210012	2012-12-07	1.2497	20.26	37
宝盈货币A	213009	2009-08-05	1.3689	20.26	38
建信双月安心A	530029	2013-01-29	1.2503	20.24	39
工银瑞信7天理财A	485118	2012-08-22	1.2702	20.19	40
平安日增利	000379	2013-12-03	1.2062	20.18	41
华夏现金增利A	003003	2004-04-07	1.6178	20.07	42
农银汇理14天理财A	000322	2013-12-18	1.2011	20.05	43

（续上表）

基金简称	基金代码	成立日期	复权单位净值（元）	复权单位净值收益率（%）	排 名
信诚理财7日盈A	550012	2012-11-27	1.2542	19.93	44
南方现金增利A	202301	2004-03-05	1.6163	19.92	45
长城货币A	200003	2005-05-30	1.5301	19.91	46
泰达宏利货币A	162206	2005-11-10	1.4958	19.87	47
长安货币A	740601	2013-01-25	1.2418	19.85	48
华安日日鑫A	040038	2012-11-26	1.2499	19.81	49
华夏货币A	288101	2005-04-20	1.5791	19.78	50

注：存续期不足5年的基金、跨类别转型的基金不在统计范畴；数据来源：招商证券研发部基金评价组
转型说明：①系大成理财21天转型，转型类别为货币基金转型

表2-40 QDII基金10年期复权净值增长率前50名

基金简称	基金代码	成立日期	复权单位净值（元）	复权单位净值增长率（%）	排 名
工银瑞信全球配置	486001	2008-02-14	1.7759	219.40	1
交银环球精选	519696	2008-08-22	2.3307	139.54	2
华宝海外中国成长	241001	2008-05-07	1.4580	98.10	3
海富通海外精选	519601	2008-06-27	1.9122	93.54	4
上投摩根亚太优势	377016	2007-10-22	0.6930	80.94	5
嘉实海外中国股票	070012	2007-10-12	0.7630	73.41	6
华夏全球精选	000041	2007-10-09	0.9080	72.62	7
南方全球精选	202801	2007-09-19	0.8360	57.44	8
银华全球核心优选	183001	2008-05-26	1.0920	48.57	9

注：存续期不足10年的基金、跨类别转型的基金不在统计范畴；数据来源：招商证券研发部基金评价组

表2-41 QDII基金5年期复权净值增长率前50名

基金简称	基金代码	成立日期	复权单位净值（元）	复权单位净值增长率（%）	排名
国泰纳斯达克100	160213	2010-04-29	3.1957	97.58	1
广发纳斯达克100指数A人民币(QDII)	270042	2012-08-15	2.3920	93.37	2
国泰纳斯达克100ETF	513100	2013-04-25	2.2770	93.29	3
华安纳斯达克100人民币	040046	2013-08-02	1.9570	81.54	4
工银瑞信全球精选	486002	2010-05-25	1.9950	63.12	5
博时标普500ETF	513500	2013-12-05	1.6019	59.23	6
工银瑞信全球配置	486001	2008-02-14	1.7759	56.08	7
博时标普500ETF联接A	050025	2012-06-14	2.0526	55.31	8
广发全球医疗保健人民币	000369	2013-12-10	1.5388	52.50	9
嘉实美国成长人民币	000043	2013-06-14	1.6770	48.93	10
广发美国房地产人民币	000179	2013-08-09	1.4339	45.14	11
大成标普500等权重	096001	2011-03-23	1.8115	41.63	12
博时亚洲票息人民币	050030	2013-02-01	1.4923	41.21	13
诺安全球收益不动产	320017	2011-09-23	1.3950	40.06	14
华夏恒生ETF	159920	2012-08-09	1.4492	38.25	15
鹏华全球高收益债人民币	000290	2013-10-22	1.3867	37.44	16
华夏恒生ETF联接A(人民币)	000071	2012-08-21	1.3986	35.92	17
华夏海外收益A人民币	001061	2012-12-07	1.4321	34.98	18
国泰境外高收益	000103	2013-04-26	1.3560	33.46	19
银华全球核心优选	183001	2008-05-26	1.0920	32.20	20
长信标普100等权重指数增强	519981	2011-03-30	1.7368	31.74	21
南方金砖四国	160121	2010-12-09	1.0552	30.52	22
广发亚太中高收益人民币	000274	2013-11-28	1.3037	29.98	23
交银环球精选	519696	2008-08-22	2.3307	29.77	24
广发全球精选人民币	270023	2010-08-18	1.7699	29.76	25
嘉实全球房地产	070031	2012-07-24	1.2741	29.05	26
富国中国中小盘	100061	2012-09-04	1.9947	27.46	27
建信全球机遇	539001	2010-09-14	1.2920	27.04	28
招商标普金砖四国	161714	2011-02-11	0.9360	20.31	29

(续上表)

基金简称	基金代码	成立日期	复权单位净值(元)	复权单位净值增长率(%)	排名
上投摩根亚太优势	377016	2007-10-22	0.6930	20.10	30
易方达恒生H股ETF	510900	2012-08-09	1.1579	17.03	31
鹏华美国房地产人民币	206011	2011-11-25	1.2224	16.37	32
嘉实海外中国股票	070012	2007-10-12	0.7630	15.78	33
易方达恒生国企联接A	118002	2012-06-04	1.6380	15.76	34
富国全球债券人民币①	100050	2010-10-20	1.0920	15.43	35
景顺长城大中华	262001	2011-09-22	1.5085	14.16	36
华宝海外中国成长	241001	2008-05-07	1.4580	13.82	37
华安香港精选	040018	2010-09-19	1.2070	13.01	38
易方达恒生国企联接A	110031	2012-08-21	1.1154	11.21	39
易方达黄金主题A人民币	161116	2011-05-06	0.7120	10.39	40
诺安全球黄金	320013	2011-01-13	0.8734	10.25	41
海富通大中华精选	519602	2011-01-27	1.0080	9.68	42
嘉实黄金(QDII-FOF-LOF)	160719	2011-08-04	0.7150	9.33	43
南方全球精选	202801	2007-09-19	0.8360	9.28	44
长盛环球景气行业	080006	2010-05-26	1.1885	9.14	45
海富通海外精选	519601	2008-06-27	1.9122	6.65	46
华安大中华升级	040021	2011-05-17	1.1870	5.32	47
华夏全球精选	000041	2007-10-09	0.9080	3.89	48
易方达亚洲精选	118001	2010-01-21	0.8170	2.64	49
嘉实H股指数(QDII-LOF)	160717	2010-09-30	0.7666	1.94	50

注：存续期不足10年的基金、跨类别转型的基金不在统计范畴；数据来源：招商证券研发部基金评价组
转型说明：①系富国全球债券人民币转型，转型类别为债券转债券

表2-42 上市基金历年交易情况（1998—2018）

年度	上市基金合计			上海证券交易所			深圳证券交易所		
	数量（只）	成交总量（亿份）	成交总金额（亿元）	上市基金（只）	成交量（亿份）	成交金额（亿元）	上市基金（只）	成交量（亿份）	成交金额（亿元）
1998	29	555.33	555.33	19	329.58	605.28	10	225.75	411.61
1999	42	1623.12	1623.12	26	827.95	1365.82	16	795.17	1119.66
2000	36	2180.62	2180.62	18	995.32	1334.18	18	1185.30	1467.66
2001	48	2208.62	2208.62	23	1148.35	1348.92	25	1060.27	1212.96
2002	54	1218.60	1218.60	25	573.69	556.77	29	644.91	609.85
2003	54	849.18	849.18	25	441.62	362.16	29	407.56	320.49
2004	54	589.72	589.72	25	297.78	249.10	29	291.94	230.37
2005	65	1098.40	1098.40	26	778.73	567.78	39	319.67	196.37
2006	72	2058.16	2058.16	26	1042.85	1024.35	46	1015.31	978.30
2007	65	4330.52	4330.52	17	1981.36	4298.24	48	2349.16	4321.85
2008	64	3742.28	3742.28	16	2001.43	3700.23	48	1740.85	2130.82
2009	73	6531.40	6531.40	18	3690.94	6549.06	55	2840.46	3790.96
2010	118	6582.01	6582.01	25	3580.37	4771.71	93	3001.64	4224.73
2011	187	6125.90	6125.90	36	2370.84	2901.41	151	3755.06	3464.40
2012	269	9375.05	9375.05	41	2541.17	3171.36	228	6833.88	4952.49
2013	347	11260.12	11260.12	56	3723.37	6938.38	291	7536.75	5796.68
2014	403	13472.77	13472.77	64	4277.60	10335.68	339	9195.17	9753.40
2015	555	48146.69	48146.69	79	9826.58	29582.15	476	38320.11	48884.71
2016	604	23224.75	23224.75	93	3192.70	6810.28	511	20032.05	22085.09
2017	630	12778.37	12778.37	95	4924.73	11000.68	535	7853.64	19882.32
2018	**677**	**17305.65**	**17305.65**	**160**	**8261.95**	**16711.40**	**517**	**9043.70**	**31053.13**

数据来源：上海证券交易所、深圳证券交易所统计年报

表2-43 LOF历年交易情况（2004—2018）

年度	LOF合计			深圳证券交易所			上海证券交易所		
	数量（只）	成交总量（亿份）	成交总金额（亿元）	LOF数量（只）	成交量（亿份）	成交金额（亿元）	LOF数量（只）	成交量（亿份）	成交金额（亿元）
2004	1	1.08	1.05	1	1.08	1.05	—	—	—
2005	10	11.33	11.14	10	11.33	11.14		—	—
2006	15	28.36	36.32	15	28.36	36.32	—	—	—

（续上表）

年度	LOF合计			深圳证券交易所			上海证券交易所		
	数量（只）	成交总量（亿份）	成交总金额（亿元）	LOF数量（只）	成交量（亿份）	成交金额（亿元）	LOF数量（只）	成交量（亿份）	成交金额（亿元）
2007	25	651.53	919.52	25	651.53	919.52	—	—	—
2008	28	378.71	415.29	28	378.71	415.29	—	—	—
2009	33	365.10	324.73	33	365.10	324.73	—	—	—
2010	55	324.26	307.07	55	324.26	307.07	—	—	—
2011	78	238.34	214.16	78	238.34	214.16	—	—	—
2012	97	213.19	186.12	97	213.19	186.12	—	—	—
2013	116	185.32	173.02	116	185.32	173.02	—	—	—
2014	130	183.47	184.47	130	183.47	184.47	—	—	—
2015	158	1817.45	1607.21	156	1810.17	1599.61	2	7.28	7.60
2016	216	952.62	678.50	202	864.99	591.86	14	87.63	86.64
2017	249	578.68	503.78	242	518.19	443.34	7	60.49	60.44
2018	**285**	**412.13**	**385.10**	**236**	**373.23**	**347.04**	**49**	38.90	38.06

数据来源：上海证券交易所、深圳证券交易所统计年报

表2-44　ETF历年交易情况（2005—2018）

年度	ETF合计			上海证券交易所			深圳证券交易所		
	数量（只）	成交总量（亿份）	成交总金额（亿元）	ETF数量（只）	成交量（亿份）	成交金额（亿元）	ETF数量（只）	成交量（亿份）	成交金额（亿元）
2005	1	525.01	420.92	1	525.01	420.92	—	—	—
2006	4	306.21	339.97	2	228.28	247.00	2	77.93	92.97
2007	5	475.88	1544.62	3	367.63	1197.74	2	108.25	346.88
2008	5	1411.50	3178.58	3	1251.28	2739.07	2	160.22	439.51
2009	7	3452.19	7652.13	5	2866.79	5758.76	2	585.40	1893.37
2010	15	4020.86	6450.80	12	3068.75	4201.81	3	952.11	2248.99
2011	37	3933.13	4213.25	23	2176.54	2699.13	14	1756.59	1514.12
2012	47	4766.86	4781.75	29	2363.18	3026.59	18	2403.68	1755.16
2013	79	5956.32	8962.32	47	3480.64	6706.52	32	2475.68	2255.80
2014	98	5878.95	13247.02	61	4086.99	10142.68	37	1791.96	3104.34
2015	119	11979.64	40302.88	73	9261.32	28890.51	46	2718.32	11412.37

（续上表）

年度	ETF合计			上海证券交易所			深圳证券交易所		
	数量（只）	成交总量（亿份）	成交总金额（亿元）	ETF数量（只）	成交量（亿份）	成交金额（亿元）	ETF数量（只）	成交量（亿份）	成交金额（亿元）
2016	124	4200.22	14470.97	76	2907.09	6510.84	48	1293.13	7960.13
2017	139	5795.08	25897.58	87	4761.65	10828.32	52	1033.43	15069.26
2018	**164**	**12941.51**	**44591.95**	**110**	**8135.48**	**16586.78**	**54**	**4806.03**	**28005.17**

数据来源：上海证券交易所、深圳证券交易所统计年报

表2-45 证券投资基金历年管理费统计（1998—2018）

年度	参与统计基金（只）	基金管理费（亿元）	增长率（%）
1998	5	1.62	——
1999	23	6.78	318.52
2000	41	11.06	63.13
2001	52	10.96	-0.90
2002	71	14.30	30.47
2003	110	19.70	37.76
2004	161	35.41	79.75
2005	218	41.63	17.57
2006	307	56.97	36.85
2007	341	281.47	394.07
2008	424	306.60	8.93
2009	531	285.52	-6.88
2010	656	302.34	5.89
2011	872	288.64	-4.53
2012	1110	260.45	-9.77
2013	1466	278.17	6.80
2014	1808	294.32	5.81
2015	2515	474.60	61.25
2016	3422	498.42	5.02
2017	4510	551.95	10.74
2018	**4948**	**611.98**	**10.88**

数据来源：各年度基金年报；转型基金按照转型前、转型后合并统计

表2-46 各类型证券投资基金管理费构成（2018）

基金类型	参与统计基金（只）	基金管理费（亿元）	市场占比（%）
货币型	331	225.42	36.83
混合型	2257	225.11	36.78
债券型	1363	82.97	13.56
股票型	832	67.27	10.99
QDII	141	10.01	1.64
商品类	9	0.74	0.12
FOF	15	0.47	0.08
合计	**4948**	**611.98**	**100.00**

数据来源：2018年度基金年报；转型基金按照转型前、转型后合并统计

表2-47 证券投资基金历年托管费统计（1998—2018）

年 度	参与统计基金（只）	基金托管费（亿元）	增长率（%）
1998	5	0.16	——
1999	23	0.77	381.25
2000	41	1.87	142.86
2001	52	1.89	1.07
2002	71	2.45	29.63
2003	110	3.44	40.41
2004	161	6.19	79.94
2005	218	8.01	29.40
2006	307	10.53	31.46
2007	341	48.00	355.84
2008	424	53.65	11.77
2009	531	50.40	–6.06
2010	656	53.31	5.77
2011	872	51.56	–3.28
2012	1110	48.77	–5.41
2013	1466	53.87	10.46

（续上表）

年 度	参与统计基金（只）	基金托管费（亿元）	增长率（%）
2014	1808	59.27	10.02
2015	2515	96.70	63.15
2016	3422	110.90	14.68
2017	4516	122.90	10.82
2018	**4948**	**137.13**	**11.58**

数据来源：各年度基金年报；转型基金按照转型前、转型后合并统计

表2-48 各类型证券投资基金托管费构成（2018）

基金类型	参与统计基金（只）	基金托管费（亿元）	占总托管费之比（%）
货币型	331	59.03	43.04
混合型	2257	37.93	27.66
债券型	1363	25.36	18.49
股票型	832	12.36	9.01
QDII	141	2.19	1.60
商品类	9	0.15	0.11
FOF	15	0.12	0.09
合计	**4948**	**137.13**	**100.00**

数据来源：2018年度基金年报；转型基金按照转型前、转型后合并统计

表2-49 证券投资基金历年销售服务费统计（2005—2018）

年 度	销售服务费（亿元）	基金管理费（亿元）	占当期管理费之比（%）
2005	0.57	41.63	1.37
2006	0.81	56.97	1.42
2007	0.61	281.47	0.22
2008	1.18	306.60	0.38
2009	1.77	285.52	0.62

（续上表）

年 度	销售服务费（亿元）	基金管理费（亿元）	占当期管理费之比（%）
2010	3.55	302.34	1.17
2011	4.67	288.64	1.62
2012	10.15	260.45	3.90
2013	14.61	278.17	5.25
2014	38.46	294.32	13.07
2015	57.11	474.60	12.03
2016	69.06	498.42	13.86
2017	86.65	551.95	15.70
2018	**137.51**	**611.98**	**22.47**

数据来源：各年度基金年报；销售服务费从2005年年报开始披露

表2-50 证券投资基金历年客户维护费统计（2009—2018）

年 度	客户维护费（亿元）	增长率（%）	占当期管理费之比（%）
2009	41.21	—	14.43
2010	46.03	11.70	15.22
2011	47.41	3.00	16.43
2012	43.77	-7.68	16.80
2013	49.17	12.34	17.68
2014	49.90	1.48	16.95
2015	87.33	75.01	18.40
2016	87.79	0.53	17.61
2017	98.76	12.50	17.89
2018	**127.32**	**28.92**	**20.80**

数据来源：各年度基金年报；客户维护费从2009年年报开始披露

表2-51 证券投资基金历年经营利润收入（1998—2018）

年 度	参与统计基金（只）	利润总额（亿元）	增长率（%）
1998	5	7.42	—
1999	23	65.46	782.21
2000	41	269.22	311.27
2001	52	−122.37	−145.45
2002	71	−100.26	−18.07
2003	110	235.48	−334.87
2004	161	−67.73	−128.76
2005	218	118.12	−274.40
2006	307	2841.37	2305.49
2007	341	11056.02	289.11
2008	424	−15042.77	−236.06
2009	531	9083.42	−160.38
2010	656	51.96	−99.43
2011	872	−5004.47	−9731.39
2012	1110	1269.67	−125.37
2013	1466	1729.86	36.24
2014	1808	5211.37	201.26
2015	2515	6812.75	30.73
2016	3422	−1739.53	−125.53
2017	4516	5616.21	−422.86
2018	**4948**	**−1229.61**	**−121.89**

数据来源：各年度基金年报，转型基金按照转型前、转型后合并统计

表2-52 证券投资基金历年持有人户数及占比（2005—2018）

年 度	参与统计基金（只）	持有人总户数（万户）	机构投资者		个人投资者	
			持有份额（亿份）	占比（%）	持有份额（亿份）	占比（%）
2005	218	710.47	1910.32	47.48	2113.10	52.52
2006	307	1050.22	1453.34	30.46	3317.91	69.54
2007	341	9957.27	2325.50	10.42	19999.21	89.58
2008	424	9659.86	3896.55	15.29	21591.67	84.71
2009	531	9790.51	4711.63	19.67	19236.40	80.33
2010	656	9492.69	4745.68	20.55	18350.92	79.45
2011	872	9123.18	6258.65	24.00	19820.31	76.00
2012	1110	8862.98	8164.50	27.25	21798.70	72.75
2013	1466	12398.08	7662.30	25.28	22647.68	74.72
2014	1808	27218.62	11977.64	29.21	29025.65	70.79
2015	2515	37847.06	42828.02	57.26	31963.27	42.74
2016	3422	50938.14	48430.10	57.47	35837.50	42.53
2017	4516	80236.20	53804.44	49.56	54752.36	50.44
2018	**4948**	**118839.25**	**60003.05**	**47.55**	**66188.24**	**52.45**

数据来源：各年度基金年报披露数据；基金持有人结构从2004年年报开始披露

表2-53 开放式基金历年账户情况（2004—2018）

（单位：万户）

年 度	基金投资者总账户数	基金投资者有效账户数	其中：个人有效账户数
2004	543	399	——
2005	792	574	——
2006	2050	1087	——
2007	14777	9091	9087
2008	16847	8459	8454
2009	18641	8092	8084
2010	19533	7495	7491
2011	21637	7974	7968

（续上表）

年 度	基金投资者总账户数	基金投资者有效账户数	其中：个人有效账户数
2012	22717	7636	7630
2013	28773	8697	8691
2014	46409	12742	12735
2015	67917	18759	18751
2016	94304	26955	26946
2017	134903	41892	41880
2018	**212637**	**61728**	**61716**

数据来源：基金业协会中国证券投资基金业年报

表2-54 香港互认基金基本情况

序 号	香港互认基金名称	获批日期	基金管理人	基金代理人
1	行健宏扬中国基金	2015-12-18	行健资产管理有限公司	天弘基金
2	恒生中国H股指数基金	2015-12-18	恒生投资管理有限公司	建设银行
3	摩根亚洲总收益债券基金	2015-12-18	摩根基金（亚洲）有限公司	上投摩根基金
4	摩根太平洋证券基金	2016-02-15	摩根基金（亚洲）有限公司	上投摩根基金
5	建银国际一国策主导基金	2016-02-17	建银国际资产管理有限公司	建设银行
6	中银香港全天候中国高息债券基金	2016-02-18	中银香港资产管理有限公司	中银基金
7	施罗德亚洲高息股债基金	2017-05-24	施罗德投资管理（香港）有限公司	交银施罗德基金
8	东方汇理香港组合—亚太新动力股息基金	2017-06-28	东方汇理资产管理（香港）有限公司	农银汇理基金
9	中银香港环球股票基金	2017-12-21	中银国际英国保诚资产管理有限公司	中银基金
10	东亚联丰亚洲债券及货币基金	2017-12-22	东亚联丰投资管理有限公司	天弘基金
11	东亚联丰亚太区多元收益基金	2018-02-01	东亚联丰投资管理有限公司	南方基金
12	中银香港全天候香港股票基金	2018-04-23	中银香港资产管理有限公司	中银基金
13	恒生指数基金	2018-04-23	恒生投资管理有限公司	建设银行
14	中银香港股票基金	2018-05-04	中银国际英国保诚资产管理有限公司	中银基金
15	东方汇理香港组合—灵活配置增长基金	2018-05-17	东方汇理资产管理（香港）有限公司	农银汇理基金
16	汇丰亚太股票（日本除外）专注波幅基金	2018-10-09	汇丰投资基金（香港）有限公司	汇丰晋信基金
17	惠理价值基金	2018-12-06	惠理基金管理香港有限公司	天弘基金

数据来源：国家外汇管理局网站；截至2018年末

表2-55 内地基金香港发行销售资金汇出入情况

（单位：万元）

年 度	累计汇入金额	累计汇出金额	累计净汇入金额
2016	15243.43	5617.80	9625.63
2017	66403.85	32795.70	33608.15
2018	**104198.92**	**60935.36**	**43263.56**

数据来源：国家外汇管理局网站

表2-56 香港基金内地发行销售资金汇出入情况

（单位：万元）

年 度	累计汇出金额	累计汇入金额	累计净汇出金额
2016	1022136.38	244895.97	777240.41
2017	2137402.88	891373.29	1246029.59
2018	**2547238.28**	**1644847.92**	**902390.36**

数据来源：国家外汇管理局网站

第三章 行业机构经营数据统计

表3-1 基金管理人历年基金业务开展情况（1998—2018）

项目	1998	1999	2000	2001	2002	2003	2004
管理人数量／家	6	10	10	15	21	32	44
存续基金数量／只	5	23	41	52	71	110	161
年末基金资产规模／亿元	107.42	576.85	869.80	820.58	1185.58	1715.61	3246.40
新设立基金／只	5	18	18	11	19	39	51
首募规模／亿份	100.00	435.00	85.00	196.26	565.98	678.51	1821.40

项目	2005	2006	2007	2008	2009	2010	2011
管理人数量／家	52	57	58	60	60	62	69
存续基金数量／只	218	307	345	438	556	703	914
年末基金资产规模／亿元	4691.16	8564.60	32755.90	19388.67	26760.80	25194.49	21918.40
新设立基金／只	57	90	58	99	120	147	211
首募规模／亿份	1002.79	3906.19	5939.75	1772.65	3852.72	3099.84	2762.46

项目	2012	2013	2014	2015	2016	2017	2018
管理人数量／家	73	90	101	111	122	130	141
存续基金数量／只	1174	1552	1892	2686	3819	4688	5146
年末基金资产规模／亿元	28667.31	30024.91	45377.34	84050.16	91695.02	116154.37	130045.37
新设立基金／只	260	378	347	824	1152	974	855
首募规模／亿份	6446.63	5435.52	4074.01	16465.65	10843.57	7847.76	9030.63

数据来源：各年度基金年报、基金合同生效公告等；数据统计包括15家具有公募资格的其他资产管理机构；存续基金数量与期末基金资产规模均为当年末数据，不含停止运作基金；新设立基金不含转型基金

注：2009年中信基金被华夏基金合并，管理人数量减少1家

表3-2 基金管理公司历年获批开业统计（1998—2018）

年 度	管理人获批开业情况			
	获批数量（家）	开业数量（家）	初始注册资本（亿元）	注册地区分布
1998	6	6	5.1	北京、上海、深圳各2家
1999	4	4	3.4	上海、深圳各2家
2001	5	5	5.45	深圳4家；广州1家
2002	6	6	6	上海、深圳各2家；北京、广州各1家
2003	12	11	10.88	上海7家；深圳3家；珠海1家
2004	11	12	12.7	上海8家；北京、重庆、天津、南宁各1家
2005	8	8	12	上海4家；北京3家；重庆1家
2006	5	5	5.7	上海3家；北京、深圳各1家
2007	1	1	2	上海1家
2008	2	2	4	上海、深圳各1家
2010	3	2	3	上海、杭州各1家
2011	6	7	13.2	上海3家；北京、深圳各2家
2012	8	4	6.4	上海2家；北京、深圳各1家
2013	12	15	35.58	北京、上海各5家；深圳、福州各2家；宁波1家
2014	6	7	9.4	北京3家；深圳2家；上海、厦门各1家
2015	6	5	6.2	上海、深圳、珠海、拉萨、乌鲁木齐各1家
2016	8	9	11.7	北京、上海各3家；深圳、广州、宁波各1家
2017	7	6	6	上海4家；深圳2家
2018	**10**	**11**	**13.2**	上海6家；深圳、拉萨各2家；西安1家
汇 总	1998年至2018年末期间，证监会累计批复126家机构设立基金管理公司，全部获批开业；126家基金公司初始注册资本金合计171.91亿元；初始注册地分别分布在上海56家；深圳28家；北京22家，广州、拉萨各3家；珠海、重庆、福州、宁波各2家；天津、南宁、杭州、厦门、乌鲁木齐、西安各1家。			

资料来源：证监会批复文件、基金管理公司成立公告；其他资产管理机构（公募基金牌照）不在统计范畴（单位：亿元）

注：2009年中信基金被华夏基金合并，管理人数量减少1家；

表3-3 各类基金管理人经营基金业务情况

派系	基金管理人		管理基金业务			
	公司数量（家）	行业占比（%）	基金数量（只）	行业占比（%）	基金资产规模（亿元）	行业占比（%）
券商系	65	46.10	2650	51.50	51033.30	39.24
信托系	25	17.73	1152	22.39	25902.68	19.92
银行系	15	10.64	887	17.24	33166.80	25.50
保险系	6	4.25	140	2.72	2974.13	2.29
个人系	15	10.64	67	1.30	618.55	0.48
其他	15	10.64	250	4.85	16349.91	12.57
合计	**141**	**100.00**	**5146**	**100.00**	**130045.37**	**100.00**

数据来源：基金年报等公告，数量截至2018年末；基金数量与基金资产规模不含停止运作基金

表3-4 合资基金管理公司历年发展情况（2002—2018）

年度	公司数量（家）	行业占比（%）	基金数量（只）	行业占比（%）	基金资产规模（亿元）	行业占比（%）
2002	1	4.76	—	—	—	—
2003	7	21.88	20	18.18	243.37	14.19
2004	13	29.55	32	19.88	670.55	20.66
2005	20	38.46	68	31.19	1209.62	25.79
2006	25	43.86	118	38.44	3498.15	40.84
2007	28	48.28	159	46.09	13254.40	40.46
2008	33	55.00	220	50.23	8814.07	45.46
2009	34	56.67	301	54.14	12445.41	46.51
2010	36	58.06	396	56.33	11812.79	46.89
2011	39	56.52	547	59.85	12145.16	55.41
2012	41	56.16	709	60.39	16724.52	58.34
2013	47	52.22	901	58.05	16497.03	54.94
2014	46	45.54	1070	56.55	23768.15	52.38
2015	45	40.54	1409	52.46	42969.44	51.12
2016	45	36.89	1892	49.54	44631.29	48.67
2017	44	33.85	2260	47.99	51537.28	44.37
2018	**44**	**31.21**	**2384**	**46.33**	**61652.36**	**47.41**

数据来源：基金年报等公告、公司网站；历年发展包括因股票变动而变化的；基金数量与基金资产规模均为年末数据，不含停止运作基金

表3-5 券商系基金管理公司历年发展情况（1998—2018）

年 度	公司数量（家）	行业占比（%）	管理基金数量（只）	行业占比（%）	基金资产规模（亿元）	行业占比（%）
1998	5	83.33	4	80.00	85.27	79.38
1999	7	70.00	16	69.57	417.33	72.35
2000	7	70.00	31	75.61	648.77	74.59
2001	10	66.67	36	69.23	567.00	69.10
2002	16	76.19	48	67.61	857.32	72.31
2003	24	75.00	78	70.91	1214.65	70.80
2004	32	72.73	112	69.57	2307.97	71.09
2005	34	65.38	152	69.72	3039.85	64.80
2006	34	59.65	195	63.52	4773.10	55.54
2007	31	53.45	189	54.78	18758.37	57.27
2008	31	51.67	234	53.42	10548.10	54.40
2009	30	50.00	292	52.52	14686.51	54.88
2010	32	51.61	361	51.35	13765.27	54.64
2011	37	53.62	461	50.44	11625.89	53.04
2012	39	53.42	588	50.09	14396.58	50.22
2013	48	53.33	772	49.74	14272.13	47.53
2014	54	53.47	936	49.47	18780.28	41.39
2015	60	54.05	1380	51.38	36856.44	43.85
2016	62	50.82	2000	52.37	40077.67	43.71
2017	64	49.23	2463	52.54	42745.56	36.80
2018	**65**	**46.10**	**2650**	**51.50**	**51033.30**	**39.24**

数据来源：基金年报等公告、公司网站；公司数量包括13家具有公募资格的券商和券商资管公司，基金数量与基金资产规模均为年末数据，不含停止运作基金

注：2015年信达澳银基金和新华基金因股东变动新增入券商系；2004年国投瑞银基金、2006年泰达宏利和中海基金、2007年国泰基金、招商基金和中银基金、2016年太平基金、2018年国联安基金，因股东变动转为其他派系；2009年中信基金被华夏基金合并，券商系公司减少1家。

表3-6 信托系基金管理公司历年发展情况（1998—2018）

年 度	公司数量（家）	行业占比（%）	管理基金数量（只）	行业占比（%）	基金资产规模（亿元）	行业占比（%）
1998	1	16.67	1	20.00	22.14	20.61
1999	3	30.00	7	30.43	159.52	27.65
2000	3	30.00	10	24.39	221.03	25.41
2001	5	33.33	16	30.77	253.58	30.90
2002	5	23.81	23	32.39	414.19	34.94
2003	9	28.13	32	29.09	500.98	29.20
2004	13	29.55	49	30.43	938.41	28.91
2005	16	30.77	63	28.90	1524.39	32.49
2006	18	31.58	101	32.90	3148.40	36.63
2007	18	31.03	113	32.75	10785.25	32.93
2008	18	30.00	142	32.42	6063.20	31.27
2009	18	30.00	175	31.47	8489.75	31.72
2010	18	29.03	221	31.44	8194.70	32.53
2011	20	28.99	288	31.51	7003.49	31.95
2012	22	30.14	360	30.66	8925.11	31.13
2013	24	26.67	467	30.09	10384.65	34.59
2014	26	25.74	552	29.18	11285.72	24.87
2015	26	23.42	715	26.62	20379.12	24.25
2016	26	21.31	919	24.06	18688.68	20.38
2017	26	20.00	1086	23.17	23174.09	19.95
2018	**25**	**17.73**	**1152**	**22.39**	**25902.68**	**19.92**

数据来源：基金年报等公告、公司网站；基金数量与基金资产规模均为年末数据，不含停止运作基金

注：2004年国投瑞银基金、2006年泰达宏利基金和中海基金，因股东变动新增入信托系；2004年天弘基金、2015年新华基金、2018年英大基金，因股东变化转为其他派系

表3-7 银行系基金管理公司历年发展情况（2005—2018）

年 度	公司数量（家）	行业占比（%）	管理基金数量（只）	行业占比（%）	基金资产规模（亿元）	行业占比（%）
2005	3	5.77	3	1.38	126.87	2.70
2006	4	7.02	11	3.58	643.10	7.51
2007	7	12.07	28	8.12	2309.32	7.05
2008	9	15.00	45	10.27	2368.20	12.21
2009	9	15.00	66	11.87	2845.38	10.63
2010	9	14.52	93	13.23	2646.20	10.50
2011	9	13.04	130	14.22	2758.88	12.59
2012	9	12.33	178	15.16	4696.54	16.38
2013	14	15.56	252	16.24	4851.54	16.16
2014	14	13.86	315	16.65	8578.50	18.90
2015	14	12.61	443	16.49	18122.98	21.56
2016	15	12.30	666	17.44	22062.82	24.06
2017	15	11.54	800	17.06	28222.34	24.30
2018	**15**	**10.64**	**887**	**17.24**	**33166.80**	**25.50**

数据来源：基金年报等公告、公司网站；首批银行系公司成立于2005年，历年发展包括因股东变动而变化的；基金数量与基金资产规模均为年末数据，不含停止运作基金

表3-8 银行系基金管理公司基本情况

序号	公司名称	成立日期	注册资本金（亿元）	控股股东 / 持股比例（%）	基金数量（只）	基金资产规模（亿元）
1	招商基金①	2002-12-27	13	招商银行 / 55	137	3833.04
2	中银基金②	2004-08-12	1	中国银行 / 83.5	102	4011.44
3	工银瑞信基金	2005-06-21	2	中国工商银行 / 80	122	6044.93
4	交银施罗德基金	2005-08-04	2	交通银行 / 65	76	1551.30
5	建信基金	2005-09-19	2	中国建设银行 / 65	104	6331.39
6	中欧基金	2006-07-19	2	意大利意联银行 / 25	67	1885.99
7	浦银安盛基金	2007-08-05	19	浦发银行 / 51	43	1249.60
8	农银汇理基金	2008-03-18	18	中国农业银行 / 51.67	46	2318.94

（续上表）

序号	公司名称	成立日期	注册资本金（亿元）	控股股东／持股比例（%）	基金数量（只）	基金资产规模（亿元）
9	民生加银基金	2008-11-03	3	中国民生银行 / 63.33	44	1341.11
10	中加基金	2013-03-27	5	北京银行 / 44	28	698.68
11	兴业基金	2013-04-17	12	兴业银行 / 90	50	1647.69
12	鑫元基金	2013-08-29	17	南京银行 / 80	29	313.50
13	上银基金	2013-08-30	3	上海银行 / 90	9	723.61
14	永赢基金	2013-11-07	9	宁波银行 / 71.49	28	1213.27
15	恒生前海基金	2016-07-01	2	恒生银行 / 70	2	2.34

数据来源：基金年报等公告、公司网站，数据截至2018年末；首批银行系公司成立于2005年，历年发展包括因股东变动而变化的（2007年招商基金、中银基金因股权变动引入银行股东，变为银行系公司）；基金数量与基金资产规模不含停止运作基金

表3-9 保险系基金管理公司基本情况

序号	公司名称	成立日期	注册资本金（亿元）	控股股东／持股比例（%）	基金数量（只）	基金资产规模（亿元）
1	国联安基金	2003-04-03	1.5	太保资产 / 51	39	320.25
2	太平基金	2013-01-23	4	太平资产 / 83	5	140.60
3	国寿安保基金	2013-10-29	12.88	国寿资产 / 85.03	43	1566.76
4	华泰保兴基金	2016-07-26	1.8	华泰保险 / 80	12	101.05
5	泰康资产	2006-02-21	10	泰康保险 / 99.41	27	416.58
6	人保资产	2003-07-16	12.98	中国人民保险 / 100	14	428.90

数据来源：基金年报等公告、公司网站；数据截至2018年末；历年发展包括因股东变化变动的，其中2016太平基金、2018国联安基金因股东变动变为保险系公司）；基金数量与基金资产规模不含停止运作基金

表3-10 个人系基金管理公司基本情况

序号	公司名称	成立日期	注册资本金（亿元）	控股股东／持股比例（%）	基金数量（只）	基金资产规模（亿元）
1	泓德基金	2015-03-03	1.43	王德晓 / 26.0120	22	207.88
2	中庚基金	2015-11-13	2	孟　辉 / 26	1	8.94

（续上表）

序号	公司名称	成立日期	注册资本金（亿元）	控股股东 / 持股比例（%）	基金数量（只）	基金资产规模（亿元）
3	汇安基金	2016-04-25	1	何　斌 / 40.6	22	94.24
4	鹏扬基金	2016-07-06	1.0518	杨爱斌 / 52.291	13	279.33
5	凯石基金	2017-05-10	1	陈继武 / 65	3	4.53
6	博道基金	2017-06-12	1	莫泰山 / 35	2	8.97
7	东方阿尔法基金	2017-07-04	1	刘　明 / 39.96	1	10.57
8	合煦智远基金	2017-08-21	1	郑　旭 / 32.9	1	2.01
9	恒越基金	2017-09-14	1	李曙军 / 65	2	2.30
10	蜂巢基金	2018-05-18	1	唐　煌 / 60.4	——	——
11	惠升基金	2018-09-28	1.2	张金锋 / 36	——	——
12	同泰基金	2018-10-11	1	刘文灿 / 38.2	——	——
13	睿远基金	2018-10-29	1	陈光明 / 55	——	——
14	淳厚基金	2018-11-03	1	邢　媛 / 31.2	——	——
15	博远基金	2018-12-12	1	钟鸣远 / 45.03	——	——

数据来源：基金年报等公告、公司网站；数据截至2018年末，基金数量与基金资产规模不含停止运作基金

表3-11　前十大基金管理人历年市场集中度（2001—2018）

年　度	前十大基金管理人		
	基金数量（只）	基金资产规模（亿元）	市场集中度（%）
2001	44	742.62	90.50
2002	56	958.42	80.84
2003	68	1200.92	70.00
2004	76	1960.83	60.40
2005	87	2927.28	62.40
2006	105	4903.10	57.25
2007	118	16307.01	49.78
2008	139	9774.99	50.42
2009	169	13310.67	49.74
2010	214	12118.95	48.10

（续上表）

年度	前十大基金管理人		
	基金数量（只）	基金资产规模（亿元）	市场集中度（%）
2011	265	10721.10	48.91
2012	333	14377.31	50.15
2013	430	14808.16	49.32
2014	489	24060.39	53.02
2015	696	41412.76	49.27
2016	1017	43340.30	47.27
2017	1216	58455.46	50.33
2018	**1348**	**61710.97**	**47.45**

数据来源：基金年报等公告、公司网站，数据截至当年年末；基金数量与基金资产规模不包括停止运作基金

表3-12 基金管理人近3年发行新基金情况（2016—2018）

● 基金管理公司

2018年			2017年			2016年		
基金公司	设立基金（只）	首募规模（亿份）	基金公司	设立基金（只）	首募规模（亿份）	基金公司	设立基金（只）	首募规模（亿份）
广发基金	35	583.68	南方基金	37	252.87	博时基金	79	507.62
华夏基金	28	593.83	广发基金	36	144.07	招商基金	54	345.37
南方基金	28	523.52	博时基金	34	107.97	鹏华基金	41	469.69
富国基金	27	173.59	嘉实基金	30	330.99	广发基金	38	260.68
平安基金	26	208.45	华夏基金	29	219.82	华夏基金	35	300.94
银华基金	24	289.08	国泰基金	29	166.68	嘉实基金	32	254.71
汇添富基金	23	531.48	招商基金	25	314.79	南方基金	31	293.57
易方达基金	21	442.81	鹏华基金	25	174.85	工银瑞信基金	25	578.27
永赢基金	20	44.60	易方达基金	22	209.43	融通基金	25	117.65
招商基金	18	616.14	汇添富基金	22	188.14	建信基金	22	1,195.04
国泰基金	18	84.85	银华基金	22	93.33	中银基金	22	676.11
工银瑞信基金	17	272.12	中信保诚基金	21	88.86	华安基金	20	261.06
银河基金	17	125.45	富国基金	20	143.98	兴业基金	20	135.58
华安基金	16	109.84	前海开源基金	19	69.55	国泰基金	20	107.83

（续上表）

2018年			2017年			2016年		
基金公司	设立基金（只）	首募规模（亿份）	基金公司	设立基金（只）	首募规模（亿份）	基金公司	设立基金（只）	首募规模（亿份）
建信基金	15	77.33	长盛基金	18	91.40	交银施罗德基金	20	94.61
中欧基金	14	85.95	平安基金	17	96.50	前海开源基金	19	130.49
前海开源基金	14	72.55	中银基金	16	352.86	易方达基金	18	198.90
中金基金	14	50.27	中欧基金	16	165.15	平安基金	18	137.23
博时基金	13	444.54	民生加银基金	16	99.08	万家基金	18	84.01
中银基金	12	254.87	工银瑞信基金	15	969.60	汇添富基金	17	537.48
国投瑞银基金	12	185.19	国寿安保基金	15	130.85	银华基金	17	106.53
创金合信基金	12	19.78	建信基金	15	78.50	长信基金	17	101.58
嘉实基金	11	290.86	万家基金	14	53.45	中信保诚基金	17	91.59
鹏华基金	11	87.63	海富通基金	13	77.31	创金合信基金	17	67.27
中融基金	11	80.24	泰达宏利基金	13	73.47	大成基金	16	135.29
中加基金	11	47.08	中融基金	13	35.27	中欧基金	16	78.52
上投摩根基金	11	40.47	银河基金	11	135.27	长盛基金	15	138.11
万家基金	11	31.18	光大保德信基金	11	110.47	中融基金	14	47.03
海富通基金	10	93.77	华泰柏瑞基金	11	93.13	安信基金	13	73.32
浦银安盛基金	9	125.87	金鹰基金	11	62.67	民生加银基金	12	74.00
安信基金	9	71.04	长信基金	11	47.90	泰达宏利基金	12	65.93
汇安基金	9	50.81	新华基金	11	29.07	东方基金	12	50.98
长信基金	9	23.26	华安基金	10	129.32	富国基金	11	158.63
富荣基金	9	16.37	申万菱信基金	10	49.95	西部利得基金	11	57.83
兴业基金	8	85.81	景顺长城基金	10	47.37	新华基金	11	49.65
鹏扬基金	8	70.67	华宝基金	10	36.04	海富通基金	11	46.59
华泰柏瑞基金	8	56.17	兴业基金	9	79.18	华泰柏瑞基金	11	33.64
融通基金	8	39.45	大成基金	9	66.86	长城基金	10	165.77
华宝基金	8	25.55	交银施罗德基金	9	59.15	农银汇理基金	10	143.95
鑫元基金	8	18.41	西部利得基金	9	20.87	国投瑞银基金	10	78.27
新疆前海联合基金	7	60.38	上投摩根基金	8	34.07	国联安基金	10	70.14
交银施罗德基金	7	57.52	创金合信基金	8	26.48	景顺长城基金	10	57.68
景顺长城基金	7	55.02	安信基金	8	24.41	华宝基金	10	40.16
诺安基金	7	31.24	华商基金	8	22.27	银河基金	10	33.87
中信保诚基金	6	71.06	汇安基金	8	20.30	浦银安盛基金	9	86.02

（续上表）

2018年			2017年			2016年		
基金公司	设立基金（只）	首募规模（亿份）	基金公司	设立基金（只）	首募规模（亿份）	基金公司	设立基金（只）	首募规模（亿份）
国海富兰克林基金	6	46.06	融通基金	7	27.61	德邦基金	9	77.85
农银汇理基金	6	39.22	长安基金	7	17.34	华富基金	9	39.16
民生加银基金	6	32.67	德邦基金	7	16.26	金鹰基金	9	39.11
财通基金	6	23.64	圆信永丰基金	6	93.24	九泰基金	8	91.13
华泰保兴基金	6	19.68	华泰保兴基金	6	67.00	中邮创业基金	8	49.87
国联安基金	5	111.86	浦银安盛基金	6	44.08	泓德基金	8	34.80
圆信永丰基金	5	59.32	农银汇理基金	6	33.10	天弘基金	8	31.36
光大保德信基金	5	53.53	国联安基金	6	32.41	中加基金	8	28.56
华富基金	5	33.24	中邮创业基金	6	24.67	诺安基金	7	174.34
申万菱信基金	5	16.33	中金基金	6	12.90	国寿安保基金	7	51.62
国寿安保基金	5	16.10	新疆前海联合基金	5	108.41	光大保德信基金	7	32.76
诺德基金	5	13.37	兴银基金	5	57.31	浙商基金	7	17.21
			鹏扬基金	5	54.64	新疆前海联合基金	7	15.81
			国投瑞银基金	5	50.11	鑫元基金	7	14.02
			天弘基金	5	32.61	上投摩根基金	6	34.03
			鑫元基金	5	18.77	金信基金	6	4.89
			东方基金	5	18.32	华商基金	5	45.93
			泓德基金	5	17.68	中信建投基金	5	25.72
			北信瑞丰基金	5	16.97	东吴基金	5	14.99
			摩根士丹利华鑫基金	5	13.05	兴银基金	5	14.64
			永赢基金	5	10.00	汇安基金	5	11.98

● **其他资产管理机构**（公募基金牌照）

2018年			2017年			2016年		
基金公司	设立基金（只）	首募规模（亿份）	基金公司	设立基金（只）	首募规模（亿份）	基金公司	设立基金（只）	首募规模（亿份）
人保资产	12	77.22	泰康资产	8	45.09	东证资管	11	153.03
财通证券资管	8	59.85	中银国际证券	6	169.02	泰康资产	10	44.91
泰康资产	6	48.70	东证资管	4	57.70	中银国际证券	4	125.98
中银国际证券	6	41.01	国都证券	4	6.36	浙商资管	4	9.06
东证资管	5	171.79	华泰证券资管	3	161.10	东兴证券	3	44.57

（续上表）

2018年			2017年			2016年		
基金公司	设立基金（只）	首募规模（亿份）	基金公司	设立基金（只）	首募规模（亿份）	基金公司	设立基金（只）	首募规模（亿份）
长江资管	4	14.66	长江资管	3	65.19	山西证券	3	18.89
浙商资管	2	8.19	渤海汇金资管	3	24.73	财通证券资管	2	138.03
华泰证券资管	2	5.49	人保资产	2	50.54	长江资管	2	43.09
东兴证券	2	5.36	财通证券资管	2	11.02	国都证券	1	3.97
渤海汇金资管	2	5.20	东兴证券	1	3.42			
中泰资管	1	9.57						
国都证券	1	2.89						
山西证券	1	2.14						

数据来源：基金合同生效公告

表3-13 基金管理人管理基金数量构成情况（2018）

（单位：只）

基金管理人	管理基金数量	各类型基金数量						
		股票型	混合型	债券型	货币型	FOF	商品类	QDII
国泰基金	98	22	45	19	4	—	2	6
南方基金	176	46	73	38	8	2	—	9
华夏基金	136	32	48	33	11	3	—	9
华安基金	105	24	48	18	4	—	2	9
博时基金	180	23	50	89	11	—	2	5
鹏华基金	146	37	55	40	9	1	—	4
嘉实基金	140	41	47	33	10	1	—	8
长盛基金	55	10	32	10	2	—	—	1
大成基金	81	12	38	18	8	—	—	5
富国基金	124	28	53	35	4	1	—	3
易方达基金	149	29	62	32	10	1	2	13
宝盈基金	25	4	17	3	1	—	—	—
融通基金	65	7	28	25	3	—	—	2
银华基金	110	21	50	29	6	1	—	3
长城基金	42	2	29	8	3	—	—	—

（续上表）

基金管理人	管理基金数量	各类型基金数量						
		股票型	混合型	债券型	货币型	FOF	商品类	QDII
泰达宏利基金	50	7	26	11	3	2	—	1
国投瑞银基金	70	9	35	20	4	—	1	1
银河基金	61	4	35	20	2	—	—	—
万家基金	61	6	29	20	5	1	—	—
金鹰基金	45	4	23	16	2	—	—	—
招商基金	137	27	47	51	9	—	—	3
华宝基金	63	18	34	5	2	—	—	4
摩根士丹利华鑫基金	25	5	13	7	—	—	—	—
国联安基金	39	7	25	6	1	—	—	—
海富通基金	56	9	21	20	2	1	—	3
长信基金	64	8	26	25	2	1	—	2
泰信基金	21	2	14	4	1	—	—	—
天治基金	11	—	7	3	1	—	—	—
景顺长城基金	69	19	30	16	3	—	—	1
广发基金	176	48	64	45	7	1	—	11
兴全基金	22	2	11	6	3	—	—	—
诺安基金	59	12	27	13	4	—	—	3
申万菱信基金	34	16	14	3	1	—	—	—
中海基金	31	2	20	8	1	—	—	—
华富基金	36	2	19	12	3	—	—	—
光大保德信基金	45	3	24	15	3	—	—	—
上投摩根基金	63	12	30	10	3	1	—	7
东方基金	40	—	28	9	3	—	—	—
中银基金	102	7	46	41	5	—	—	3
东吴基金	29	3	16	8	2	—	—	—
天弘基金	45	13	16	12	4	—	—	—
国海富兰克林基金	32	5	13	8	2	—	—	4
华泰柏瑞基金	57	11	36	6	3	—	—	1
新华基金	45	4	27	12	2	—	—	—
汇添富基金	120	34	43	28	7	1	—	7

（续上表）

基金管理人	管理基金数量	各类型基金数量						
		股票型	混合型	债券型	货币型	FOF	商品类	QDII
工银瑞信基金	122	36	37	35	7	1	—	6
交银施罗德基金	76	9	34	23	7	—	—	3
建信基金	104	31	36	27	6	1	—	3
中信保诚基金	65	10	27	23	3	—	—	2
汇丰晋信基金	19	10	7	1	1	—	—	—
益民基金	9	1	6	1	1	—	—	—
华商基金	45	2	33	9	1	—	—	—
中邮创业基金	39	2	26	9	2	—	—	—
信达澳银基金	21	3	11	5	2	—	—	—
诺德基金	18	1	15	1	1	—	—	—
中欧基金	67	5	39	19	3	1	—	—
金元顺安基金	15	—	7	6	2	—	—	—
浦银安盛基金	43	3	16	20	4	—	—	—
农银汇理基金	46	4	26	12	4	—	—	—
民生加银基金	44	3	21	17	3	—	—	—
西部利得基金	29	5	12	9	3	—	—	—
浙商基金	16	1	5	8	2	—	—	—
平安基金	66	12	23	27	4	—	—	—
富安达基金	10	—	8	1	1	—	—	—
财通基金	20	2	12	5	1	—	—	—
方正富邦基金	11	3	2	4	2	—	—	—
长安基金	18	1	14	2	1	—	—	—
国金基金	13	3	5	2	3	—	—	—
安信基金	43	8	20	12	3	—	—	—
德邦基金	15	2	7	4	2	—	—	—
红塔红土基金	9	—	6	2	1	—	—	—
华宸未来基金	1	—	—	1	—	—	—	—
英大基金	8	1	5	1	1	—	—	—
华润元大基金	11	2	3	4	2	—	—	—
前海开源基金	78	14	48	11	3	2	—	—

（续上表）

基金管理人	管理基金数量	各类型基金数量						
		股票型	混合型	债券型	货币型	FOF	商品类	QDII
太平基金	5	—	2	1	2	—	—	—
江信基金	9	—	2	6	1	—	—	—
东海基金	6	1	3	2	—	—	—	—
中加基金	28	—	5	22	1	—	—	—
兴业基金	50	1	16	28	5	—	—	—
中融基金	46	7	16	19	3	1	—	—
国开泰富基金	4	—	2	1	1	—	—	—
鑫元基金	29	1	5	21	2	—	—	—
上银基金	9	—	2	4	3	—	—	—
中信建投基金	16	1	7	5	3	—	—	—
兴银基金	18	—	5	9	4	—	—	—
国寿安保基金	43	7	18	11	7	—	—	—
永赢基金	28	—	2	24	2	—	—	—
圆信永丰基金	17	1	9	6	1	—	—	—
中金基金	24	6	11	6	1	—	—	—
北信瑞丰基金	16	1	11	2	2	—	—	—
红土创新基金	7	1	3	1	2	—	—	—
九泰基金	16	—	14	1	1	—	—	—
创金合信基金	39	17	9	12	1	—	—	—
嘉合基金	6	—	3	2	1	—	—	—
泓德基金	22	1	11	8	2	—	—	—
金信基金	10	—	7	2	1	—	—	—
新疆前海联合基金	20	1	9	8	2	—	—	—
新沃基金	3	—	1	1	1	—	—	—
中科沃土基金	6	—	3	2	1	—	—	—
中庚基金	1	—	1	—	—	—	—	—
富荣基金	12	—	6	5	1	—	—	—
汇安基金	22	3	12	7	—	—	—	—
先锋基金	7	—	4	1	2	—	—	—
中航基金	5	—	3	1	1	—	—	—

（续上表）

基金管理人	管理基金数量	各类型基金数量						
		股票型	混合型	债券型	货币型	FOF	商品类	QDII
恒生前海基金	2	1	1	—	—	—	—	—
鹏扬基金	13	—	4	8	1	—	—	—
华泰保兴基金	12	—	6	5	1	—	—	—
格林基金	4	—	2	1	1	—	—	—
南华基金	5	1	3	1	—	—	—	—
凯石基金	3	—	3	—	—	—	—	—
博道基金	2	—	2	—	—	—	—	—
国融基金	2	—	2	—	—	—	—	—
东方阿尔法基金	1	—	1	—	—	—	—	—
合煦智远基金	1	—	1	—	—	—	—	—
恒越基金	2	—	2	—	—	—	—	—
弘毅远方基金	1	—	1	—	—	—	—	—
东证资管	35	—	27	7	1	—	—	—
华融证券	3	—	2	—	1	—	—	—
山西证券	4	—	2	1	1	—	—	—
国都证券	6	—	6	—	—	—	—	—
浙商资管	8	1	4	3	—	—	—	—
渤海汇金资管	5	—	2	2	1	—	—	—
东兴证券	8	—	6	1	1	—	—	—
泰康资产	27	1	17	7	2	—	—	—
中银国际证券	16	—	8	7	1	—	—	—
财通证券资管	12	—	6	5	1	—	—	—
长江资管	9	—	1	6	2	—	—	—
华泰证券资管	5	2	—	1	2	—	—	—
人保资产	14	1	5	7	1	—	—	—
中泰资管	1	—	1	—	—	—	—	—
合 计	5146	867	2302	1471	331	24	9	142

数据来源：基金年报等公告，数据截至2018年末，不包括停止运作基金

表3-14　基金管理人管理基金资产规模构成情况（2018）

（单位：亿元）

基金管理人	基金资产总规模	各类型基金资产规模						
		股票型	混合型	债券型	货币型	FOF	商品类	QDII
国泰基金	2098.07	235.92	311.70	436.38	1090.98	——	5.59	17.50
南方基金	5633.25	564.16	728.35	833.09	3425.68	16.18	——	65.78
华夏基金	4505.60	1162.46	777.57	594.23	1846.12	17.69	——	107.53
华安基金	2756.06	330.85	424.65	258.56	1620.99	——	94.29	26.72
博时基金	5600.15	347.53	323.30	1704.82	3128.46	——	64.12	31.92
鹏华基金	3230.84	199.15	296.51	440.50	2279.02	2.60	——	13.05
嘉实基金	4305.81	782.35	671.60	770.47	1991.83	13.11	——	76.45
长盛基金	268.25	16.46	92.52	55.06	103.74	——	——	0.46
大成基金	1538.29	30.85	216.18	639.07	647.36	——	——	4.83
富国基金	1972.71	430.76	430.32	364.25	717.64	8.83	——	20.90
易方达基金	6540.28	712.87	1004.54	1039.55	3651.84	2.28	17.48	111.71
宝盈基金	268.27	4.60	119.73	8.53	135.41	——	——	——
融通基金	957.31	55.00	176.93	228.42	496.64	——	——	0.33
银华基金	2504.23	161.54	316.23	484.69	1510.73	2.11	——	28.94
长城基金	741.62	7.34	181.76	99.36	453.16	——	——	——
泰达宏利基金	319.99	8.25	64.21	110.66	130.39	5.62	——	0.85
国投瑞银基金	772.52	17.53	99.71	273.30	378.21	——	2.49	1.29
银河基金	900.24	14.10	128.50	363.49	394.15	——	——	——
万家基金	845.16	16.20	181.55	256.78	388.43	2.20	——	——
金鹰基金	601.09	6.17	94.87	193.48	306.57	——	——	——
招商基金	3833.04	191.49	412.93	1183.96	2043.70	——	——	0.95
华宝基金	1674.58	59.97	144.10	90.10	1344.31	——	——	36.09
摩根士丹利华鑫基金	175.70	9.14	41.75	124.81	——	——	——	——
国联安基金	320.25	19.65	57.22	131.12	112.25	——	——	——
海富通基金	746.92	6.60	101.98	199.33	427.19	8.95	——	2.86
长信基金	358.86	11.18	119.71	114.57	112.68	0.19	——	0.53
泰信基金	22.74	0.78	17.24	1.58	3.13	——	——	——
天治基金	14.37	——	5.86	3.77	4.74	——	——	——
景顺长城基金	1449.49	208.35	281.33	126.24	831.85	——	——	1.71

（续上表）

基金管理人	基金资产总规模	各类型基金资产规模						
		股票型	混合型	债券型	货币型	FOF	商品类	QDII
广发基金	4684.28	299.27	461.46	1939.70	1944.22	5.20	——	34.42
兴全基金	1876.77	31.39	682.76	313.80	848.83	——	——	——
诺安基金	1082.20	28.34	129.64	269.28	648.07	——	——	6.86
申万菱信基金	261.58	116.70	46.72	5.28	92.88	——	——	——
中海基金	107.01	12.34	55.37	13.27	26.03	——	——	——
华富基金	394.52	0.96	22.12	44.23	327.21	——	——	——
光大保德信基金	937.52	32.91	104.32	548.24	252.06	——	——	——
上投摩根基金	1190.90	80.68	171.13	78.14	801.17	0.47	——	59.31
东方基金	181.53	——	67.48	63.14	50.92	——	——	——
中银基金	4011.44	28.10	196.88	2326.42	1455.99	——	——	4.05
东吴基金	232.14	3.02	25.03	38.24	165.84	——	——	——
天弘基金	13420.65	83.07	74.03	202.39	13061.16	——	——	——
国海富兰克林基金	282.43	24.74	67.15	87.92	93.23	——	——	9.39
华泰柏瑞基金	980.05	389.89	205.64	53.94	330.49	——	——	0.10
新华基金	400.51	6.47	64.27	102.52	227.25	——	——	——
汇添富基金	4644.64	382.09	814.79	1217.93	2210.31	2.52	——	17.00
工银瑞信基金	6044.93	346.30	202.48	1024.34	4455.17	2.32	——	14.31
交银施罗德基金	1551.30	23.40	386.29	518.90	610.94	——	——	11.76
建信基金	6331.39	126.89	126.46	1220.99	4846.09	9.66	——	1.30
中信保诚基金	946.73	18.50	116.77	396.68	414.44	——	——	0.33
汇丰晋信基金	243.43	55.22	85.80	0.64	101.77	——	——	——
益民基金	13.60	0.06	11.07	1.31	1.16	——	——	——
华商基金	186.13	5.61	158.80	13.06	8.67	——	——	——
中邮创业基金	298.75	0.90	163.94	91.34	42.57	——	——	——
信达澳银基金	142.69	13.24	18.09	29.05	82.32	——	——	——
诺德基金	168.01	0.05	37.98	0.13	129.85	——	——	——
中欧基金	1885.99	30.61	508.43	204.75	1138.76	3.43	——	——
金元顺安基金	198.03	——	3.57	60.03	134.43	——	——	——
浦银安盛基金	1249.60	2.05	52.03	479.91	715.61	——	——	——
农银汇理基金	2318.94	33.13	116.09	889.64	1280.08	——	——	——

（续上表）

基金管理人	基金资产总规模	各类型基金资产规模						
		股票型	混合型	债券型	货币型	FOF	商品类	QDII
民生加银基金	1341.11	3.89	48.81	859.85	428.56	——	——	——
西部利得基金	293.79	3.52	13.94	76.17	200.15	——	——	——
浙商基金	213.60	0.55	10.66	104.48	97.92	——	——	——
平安基金	2878.80	81.37	41.97	619.14	2136.32	——	——	——
富安达基金	27.55	——	20.83	0.45	6.26	——	——	——
财通基金	175.85	3.22	67.85	16.10	88.68	——	——	——
方正富邦基金	137.47	8.59	0.78	28.02	100.08	——	——	——
长安基金	89.02	0.47	16.63	6.49	65.43	——	——	——
国金基金	339.30	0.87	5.61	4.12	328.71	——	——	——
安信基金	338.76	79.16	45.26	115.66	98.68	——	——	——
德邦基金	79.45	2.03	12.85	19.45	45.12	——	——	——
红塔红土基金	16.73	——	2.40	3.03	11.30	——	——	——
华宸未来基金	0.29	——	——	0.29	——	——	——	——
英大基金	18.68	0.36	5.12	4.39	8.81	——	——	——
华润元大基金	27.51	4.13	0.96	2.82	19.61	——	——	——
前海开源基金	369.25	37.10	101.60	80.64	146.14	3.77	——	——
太平基金	140.60	——	14.70	27.13	98.77	——	——	——
江信基金	19.11	——	0.88	11.12	7.11	——	——	——
东海基金	9.03	0.38	6.03	2.62	——	——	——	——
中加基金	698.68	——	17.44	471.18	210.05	——	——	——
兴业基金	1647.69	0.58	33.91	630.44	982.76	——	——	——
中融基金	607.35	12.16	10.52	174.51	409.20	0.95	——	——
国开泰富基金	6.41	——	2.40	2.12	1.89	——	——	——
鑫元基金	313.50	0.15	2.94	173.93	136.48	——	——	——
上银基金	723.61	——	2.93	180.25	540.43	——	——	——
中信建投基金	142.65	1.26	3.97	27.77	109.65	——	——	——
兴银基金	312.97	——	14.69	179.59	118.69	——	——	——
国寿安保基金	1566.76	20.71	33.34	427.77	1084.94	——	——	——
永赢基金	1213.27	——	7.96	706.28	499.02	——	——	——
圆信永丰基金	179.66	10.47	88.20	62.49	18.49	——	——	——
中金基金	152.19	3.24	8.78	49.72	90.45	——	——	——

（续上表）

基金管理人	基金资产总规模	各类型基金资产规模						
		股票型	混合型	债券型	货币型	FOF	商品类	QDII
北信瑞丰基金	105.00	0.29	12.07	8.46	84.17	——	——	——
红土创新基金	81.95	0.16	2.85	2.10	76.85	——	——	——
九泰基金	59.76	——	45.88	0.13	13.74	——	——	——
创金合信基金	150.47	15.34	16.19	99.40	19.54	——	——	——
嘉合基金	193.90	——	21.18	5.85	166.87	——	——	——
泓德基金	207.66	5.38	106.52	84.32	11.44	——	——	——
金信基金	24.40	——	13.36	8.05	2.99	——	——	——
新疆前海联合基金	311.87	0.47	20.97	235.97	54.46	——	——	——
新沃基金	25.10	——	0.13	0.54	24.43	——	——	——
中科沃土基金	3.18	——	1.14	1.05	0.99	——	——	——
中庚基金	8.94	——	8.94	——	——	——	——	——
富荣基金	66.91	——	2.19	36.89	27.83	——	——	——
汇安基金	94.24	2.89	11.38	79.97	——	——	——	——
先锋基金	34.80	——	1.59	2.18	31.04	——	——	——
中航基金	6.78	——	0.53	3.13	3.12	——	——	——
恒生前海基金	2.34	1.69	0.64	——	——	——	——	——
鹏扬基金	279.33	——	15.61	205.42	58.30	——	——	——
华泰保兴基金	101.05	——	10.90	16.88	73.27	——	——	——
格林基金	14.74	——	0.57	2.62	11.55	——	——	——
南华基金	41.28	4.90	0.27	36.11	——	——	——	——
凯石基金	4.53	——	4.53	——	——	——	——	——
博道基金	8.97	——	8.97	——	——	——	——	——
国融基金	2.76	——	2.76	——	——	——	——	——
东方阿尔法基金	10.57	——	10.57	——	——	——	——	——
合煦智远基金	2.01	——	2.01	——	——	——	——	——
恒越基金	2.30	——	2.30	——	——	——	——	——
弘毅远方基金	4.91	——	4.91	——	——	——	——	——
东证资管	856.40	——	743.63	92.38	20.39	——	——	——
华融证券	10.83	——	1.14	——	9.69	——	——	——
山西证券	34.61	——	1.73	9.81	23.07	——	——	——
国都证券	5.33	——	5.33	——	——	——	——	——

（续上表）

基金管理人	基金资产总规模	各类型基金资产规模						
		股票型	混合型	债券型	货币型	FOF	商品类	QDII
浙商资管	13.56	0.32	4.31	8.93	——	——	——	——
渤海汇金资管	4.84	——	0.81	0.20	3.83	——	——	——
东兴证券	74.15	——	1.48	0.07	72.60	——	——	——
泰康资产	416.58	0.26	92.10	101.97	222.25	——	——	——
中银国际证券	581.60	——	22.53	497.34	61.74	——	——	——
财通证券资管	257.32	——	12.14	66.85	178.32	——	——	——
长江资管	139.73	——	0.57	80.42	58.74	——	——	——
华泰证券资管	58.64	1.96	——	8.28	48.40	——	——	——
人保资产	428.90	1.11	7.91	55.05	364.82	——	——	——
中泰资管	9.18	——	9.18	——	——	——	——	——
行业合计	130045.37	8096.16	14875.22	30183.77	75888.86	108.08	183.97	709.23

数据来源：基金年报等公告，数据截至2018年末，不包括停止运作基金

表3-15 基金管理公司近3年经营利润情况（2016—2018）

（单位：亿元）

基金管理人	成立日期	2018年		2017年	2016年
		营业收入	净利润	净利润	净利润
天弘基金	2004-11-08	101.25	30.69	26.50	15.34
工银瑞信基金	2005-06-21	——	14.96	18.39	16.41
易方达基金	2001-04-17	53.04	13.65	14.02	13.4
建信基金	2005-09-19	——	11.46	10.17	9.13
华夏基金	1998-04-09	37.33	11.40	13.67	14.58
汇添富基金	2005-02-03	35.59	10.29	12.26	10.41
中银基金	2004-08-12	——	9.73	9.80	10.09
博时基金	1998-07-13	31.65	9.03	9.39	7.02
招商基金	2002-12-27	25.87	8.94	8.03	6.28
南方基金	1998-03-06	35.57	8.39	9.42	8.26
兴全基金	2003-09-30	24.15	7.26	5.53	5.42
富国基金	1999-04-13	23.81	7.04	7.26	7.52
交银施罗德基金	2005-08-04	——	4.78	5.38	4.52

（续上表）

基金管理人	成立日期	2018年		2017年	2016年
		营业收入	净利润	净利润	净利润
鹏华基金	1998-12-22	20.61	4.56	5.81	5
广发基金	2003-08-05	22.68	4.54	9.48	7.77
农银汇理基金	2008-03-18	——	4.39	2.23	2.24
华安基金	1998-06-04	16.76	4.21	4.07	——
兴业基金	2013-04-17	10.97	4.14	5.70	4.22
银华基金	2001-05-28	17.09	3.97	4.01	3.26
诺安基金	2003-12-09	9.09	3.13	2.77	2.6
浦银安盛基金	2007-08-05	7.74	3.01	2.51	1.71
景顺长城基金	2003-06-12	10.22	2.60	1.81	1.95
鑫元基金	2013-08-29	5.44	2.54	1.69	1.42
中欧基金	2006-07-19	14.53	2.39	2.32	2.35
大成基金	1999-04-12	10.10	2.32	2.23	1.39
国投瑞银基金	2002-06-13	6.17	1.95	2.47	——
华泰柏瑞基金	2004-11-18	7.22	1.76	1.77	2
光大保德信基金	2004-04-22	6.31	1.74	1.57	1.11
海富通基金	2003-04-18	6.63	1.72	2.55	1.35
中邮创业基金	2006-05-08	6.53	1.65	2.42	3.74
长信基金	2003-05-09	5.57	1.62	2.64	2.48
兴银基金	2013-10-25	3.29	1.50	1.95	1.27
民生加银基金	2008-11-03	——	1.48	2.33	4.68
长城基金	2001-12-27	5.92	1.31	2.15	2.23
永赢基金	2013-11-07	3.58	1.20	0.77	0.38
上银基金	2013-08-30	——	1.00	1.05	2.05
万家基金	2002-08-23	6.09	0.83	1.35	0.73
长盛基金	1999-03-26	3.92	0.81	1.54	1.4
申万菱信基金	2004-01-15	3.55	0.79	1.63	1.67
金鹰基金	2002-12-25	3.61	0.63	0.60	0.41
国海富兰克林基金	2004-11-15	2.68	0.63	0.95	0.9
华富基金	2004-04-19	2.54	0.51	0.70	0.67
安信基金	2011-12-06	3.40	0.39	0.57	0.29
国联安基金	2003-04-03	——	0.34	0.38	1.34

（续上表）

基金管理人	成立日期	2018年		2017年	2016年
		营业收入	净利润	净利润	净利润
东吴基金	2004-09-02	2.30	0.29	0.38	0.31
中信建投基金	2013-09-09	1.93	0.26	0.89	1.09
创金合信基金	2014-07-09	3.39	0.12	0.42	0.32
富安达基金	2011-04-27	0.93	0.06	0.23	——
西部利得基金	2010-07-20	1.67	0.05	0.04	-0.24
益民基金	2005-12-12	0.61	0.02	——	——
先锋基金	2016-05-16	0.75	-0.04	-0.23	-0.03
摩根士丹利华鑫基金	2003-03-14	1.82	-0.10	0.30	——
江信基金	2013-01-28	0.39	-0.12	0.01	0.09
方正富邦基金	2011-07-08	1.04	-0.17	-0.47	0.05
东海基金	2013-02-25	0.47	-0.19	-0.01	-0.49
浙商基金	2010-10-21	0.93	-0.22	0.10	0.07
东方基金	2004-06-11	2.55	-0.23	0.60	0.66
九泰基金	2014-07-03	1.52	-0.45	0.01	-0.03
国金基金	2011-11-02	1.70	-0.70	-0.22	0.5
财通基金	2011-06-21	6.64	-0.71	5.13	5.44

数据来源：上市公司年报，仅统计基金公司股东为上市公司的

表3-16 基金管理人历年管理费收入情况 (1998—2018)

年 度	管理人数量（家）	管理费收入（亿元）	变动额（亿元）	增长率（%）
1998	6	1.62	——	——
1999	10	6.78	5.16	318.52
2000	10	11.06	4.28	63.13
2001	15	10.96	-0.10	-0.90
2002	21	14.30	3.34	30.47
2003	34	19.70	5.40	37.76
2004	45	35.41	15.71	79.75
2005	52	41.63	6.22	17.57
2006	57	56.97	15.34	36.85

（续上表）

年 度	管理人数量（家）	管理费收入（亿元）	变动额（亿元）	增长率（%）
2007	59	281.47	224.50	394.07
2008	61	306.60	25.13	8.93
2009	60	285.52	-21.08	-6.88
2010	62	302.34	16.82	5.89
2011	69	288.64	-13.70	-4.53
2012	73	260.45	-28.19	-9.77
2013	90	278.17	17.72	6.80
2014	101	294.32	16.15	5.81
2015	111	474.60	180.28	61.25
2016	122	498.42	23.82	5.02
2017	130	551.95	53.53	10.74
2018	**141**	**611.98**	60.03	**10.88**

数据来源：基金年度报告，未披露年报基金不纳入统计

表3-17 基金管理公司QDII业务开展情况

基金公司	获批QDII资格时间	管理QDII数量（只）	QDII资产规模（亿元）	累计批准QDII额度（亿美元）
华夏基金	2007-07-25	9	107.53	36.50
南方基金	2007-07-25	9	65.78	27.50
嘉实基金	2007-07-27	8	76.45	34.00
上投摩根基金	2007-08-01	7	59.31	27.00
海富通基金	2007-08-21	3	2.86	5.00
华宝基金	2007-08-21	4	36.09	10.50
华安基金	2007-09-10	9	26.72	13.50
长盛基金	2007-09-29	1	0.46	3.70
工银瑞信基金	2007-09-29	6	14.31	3.00
汇添富基金	2007-10-26	7	17.00	4.00
银华基金	2007-10-31	3	28.94	6.00
交银施罗德基金	2007-11-21	3	11.76	9.30
易方达基金	2007-12-13	13	111.71	28.50

（续上表）

基金公司	获批QDII资格时间	管理QDII数量（只）	QDII资产规模（亿元）	累计批准QDII额度（亿美元）
招商基金	2007-12-20	3	0.95	10.50
国投瑞银基金	2007-12-27	1	1.29	18.00
富国基金	2008-01-03	3	20.90	8.80
大成基金	2008-01-10	5	4.83	3.50
博时基金	2008-03-13	5	31.92	16.00
国泰基金	2008-03-24	6	17.50	5.50
鹏华基金	2008-04-25	4	13.05	9.00
诺安基金	2008-04-30	3	6.86	3.00
景顺长城基金	2008-05-23	1	1.71	4.50
华泰柏瑞基金	2008-07-18	1	0.10	3.80
建信基金	2008-08-22	3	1.30	1.00
国海富兰克林基金	2008-08-28	4	9.39	7.00
广发基金	2009-01-16	11	34.42	10.00
中银基金	2009-02-09	3	4.05	7.00
泰达宏利基金	2009-04-23	1	0.85	1.00
中信保诚基金	2009-07-21	2	0.33	7.80
长信基金	2009-09-27	2	0.53	4.50
融通基金	2011-09-20	2	0.33	9.00

注：仅统计31家开展QDII业务的公司经营情况；截至2018年末，国内43家基金管理公司获批QDII业务资格

表3-18 基金管理公司及其子公司专户业务开展情况（2013—2018）

年 度	基金管理公司		基金子公司	
	专户产品（只）	专户规模（亿元）	专户产品（只）	专户规模（亿元）
2013	1604	4574	3094	9707
2014	3104	12240	9389	37390
2015	5105	28509	16092	85713
2016	7147	51043	14494	105031
2017	6402	49632	9999	73099
2018	**5962**	**43702**	**7592**	**52470**

数据来源：中国证券投资基金业协会；数据截至当年末

表3-19　基金管理公司近3年专户月均规模前20名（2016—2018）

（单位：亿元）

排名	2018年		2017年		2016年	
	基金公司	专户月均规模	基金公司	专户月均规模	基金公司	专户月均规模
1	建信基金	3911.95	创金合信基金	3681.28	华夏基金	4433.13
2	创金合信基金	3710.02	建信基金	3633.48	建信基金	4133.16
3	中银基金	2676.15	华夏基金	3383.47	中银基金	3574.28
4	华夏基金	2508.71	中银基金	3074.43	创金合信基金	3156.18
5	嘉实基金	2068.23	易方达基金	2180.61	易方达基金	2465.13
6	易方达基金	2050.93	嘉实基金	2174.92	天弘基金	2291.85
7	工银瑞信基金	1912.98	工银瑞信基金	2006.21	嘉实基金	2149.36
8	广发基金	1726.44	天弘基金	1920.21	工银瑞信基金	2042.80
9	博时基金	1596.20	南方基金	1436.18	广发基金	1331.14
10	南方基金	1484.12	广发基金	1396.27	南方基金	1292.02
11	汇添富基金	1409.00	汇添富基金	1304.72	中信建投基金	1241.28
12	银华基金	1112.95	博时基金	1287.00	银华基金	1178.68
13	天弘基金	906.67	中信建投基金	1247.11	汇添富基金	1172.25
14	中欧基金	868.65	银华基金	1060.99	博时基金	1154.07
15	鹏华基金	868.50	中欧基金	963.46	中邮创业基金	1014.77
16	浦银安盛基金	858.36	鹏华基金	959.56	财通基金	936.71
17	中邮创业基金	846.46	中邮创业基金	938.37	鹏华基金	928.86
18	融通基金	837.06	富国基金	926.18	交银施罗德基金	863.66
19	富国基金	835.03	融通基金	819.10	富国基金	848.70
20	中信建投基金	768.95	浦银安盛基金	779.93	浦银安盛基金	805.68

数据来源：中国证券投资基金业协会；月均规模指当年各月末基金公司专户管理规模的算术平均

表3-20　基金子公司近3年专户月均规模前20名（2016—2018）

（单位：亿元）

排名	2018年		2017年		2016年	
	基金子公司	专户月均规模	基金子公司	专户月均规模	基金子公司	专户月均规模
1	建信资本	4616.93	招商财富	5584.46	招商财富	6777.21
2	招商财富	4519.14	浦银安盛资管	4753.2	平安汇通	6605.12
3	浦银安盛资管	3845.56	平安汇通	4457.71	民生加银资产	5614.59

（续上表）

排名	2018年		2017年		2016年	
	基金子公司	专户月均规模	基金子公司	专户月均规模	基金公司	专户月均规模
4	农银汇理资产	3252.93	建信资本	4398.04	浦银安盛资管	5179.66
5	工银瑞投	3047.9	博时资本	3822.94	博时资本	4988.36
6	平安汇通	2910.75	民生加银资产	3381.44	建信资本	4162.13
7	交银施罗德资产	2181.51	工银瑞投	3319.88	兴业财富	3256.49
8	博时资本	2117.91	农银汇理资产	3166.57	交银施罗德资产	3252.36
9	兴业财富	2108.9	交银施罗德资产	3012.96	鑫沅资产	3231.37
10	鑫沅资产	1956.89	兴业财富	2940.69	工银瑞投	3013.5
11	易方达资产	1909.75	鑫沅资产	2685.89	农银汇理资产	2928.94
12	南方资本	1564.57	易方达资产	2319.51	南方资本	2782.06
13	民生加银资产	1528.42	南方资本	2283.93	天弘创新	2327.37
14	兴瀚资管	1439.09	融通资本	2185.89	融通资本	2299.88
15	中银资产	1371.08	中银资产	1813.97	易方达资产	2149.37
16	融通资本	1347.16	兴瀚资管	1798.78	北银丰业	2148.06
17	银华资本	1102.12	北银丰业	1769.07	中银资产	2065.97
18	万家共赢	1093.37	万家共赢	1512.69	中信信诚资产	1903.15
19	北银丰业	972.37	银华资本	1477.62	银华资本	1896.71
20	鹏华资产	941.99	天弘创新	1308.14	万家共赢	1800.56

数据来源：中国证券投资基金业协会；月均规模指当年各月末基金子公司专户管理规模的算术平均

表3-21 基金管理公司受托管理社保基金规模情况

年 度	管理社保基金规模（亿元）	社保基金委托投资规模（亿元）	占委托投资规模的比例（%）	社保基金总规模（亿元）	占社保基金总规模的比例（%）
2011	3017.25	3647.08	82.73	8688.20	34.73
2012	3777.71	4553.70	82.96	11060.37	34.16
2013	4519.25	5717.90	79.04	12415.64	36.40
2014	6085.17	7638.27	79.67	15356.39	39.63
2015	8111.32	10356.44	78.32	19138.21	42.38
2016	8651.00	11029.72	78.43	20423.28	42.36
2017	9972.27	12816.33	77.81	22231.24	44.86
2018	**8853.00**	**12438.38**	**71.17**	**22353.78**	**39.60**

数据来源：中国证券投资基金业协会；数据统计截至当年年末

表3-22 基金管理公司受托管理基本养老保险基金情况

年度	管理基本养老保险基金规模（亿元）	基本养老保险基金委托投资规模（亿元）	占委托投资规模的比例（%）	基本养老保险基金总规模（亿元）	占养老保险基金总规模的比例（%）
2017	1478	2221	66.56	3155	46.84
2018	**2713**	**4577**	**59.28**	**7033**	**38.58**

数据来源：中国证券投资基金业协会；数据统计截至当年年末

表3-23 基金管理公司受托管理企业年金情况

年度	管理企业年金规模（亿元）	企业年金委托投资规模（亿元）	占委托投资规模的比例（%）	企业年金总规模（亿元）	占企业年金总规模的比例（%）
2011	1445.26	3325.48	43.46	3570.00	40.48
2012	1886.33	4451.62	42.37	4821.04	39.13
2013	2444.97	5783.60	42.27	6034.71	40.52
2014	2972.75	7402.75	40.16	7688.95	38.66
2015	3641.98	9260.30	39.33	9525.51	38.23
2016	4055.11	10673.04	37.99	11074.62	36.62
2017	4570.91	12391.30	36.89	12879.67	35.49
2018	**5169.70**	**14229.90**	**36.33**	**14770.38**	**35.00**

数据来源：中国证券投资基金业协会；数据统计截至当年年末

表3-24 基金管理公司企业年金管理基本情况

序号	基金公司	获批企业年金资格时间	2018年		2017年		2016年	
			组合数（个）	组合资产净值（亿元）	组合数（个）	组合资产净值（亿元）	组合数（个）	组合资产净值（亿元）
1	南方基金	2005-08	135	567.55	109	476.86	87	390.73
2	博时基金	2005-08	101	407.27	103	389.60	103	349.64
3	华夏基金	2005-08	196	943.78	192	901.76	188	814.12
4	嘉实基金	2005-08	105	524.80	109	542.21	111	530.88
5	易方达基金	2005-08	126	626.80	108	560.98	92	492.41

（续上表）

序号	基金公司	获批企业年金资格时间	2018年		2017年		2016年	
			组合数（个）	组合资产净值（亿元）	组合数（个）	组合资产净值（亿元）	组合数（个）	组合资产净值（亿元）
6	招商基金	2005-08	40	214.16	32	150.82	23	125.69
7	富国基金	2005-08	72	364.85	65	307.71	62	280.44
8	海富通基金	2005-08	76	410.00	78	376.04	77	370.04
9	银华基金	2005-08	40	75.13	44	85.49	50	80.71
10	国泰基金	2007-11	40	102.39	41	98.21	40	88.98
11	工银瑞信基金	2007-11	146	932.96	123	681.23	117	531.48
	合 计		1077	5169.69	1004	4570.91	950	4055.12

表3-25 基金托管人历年托管基金情况（1998—2018）

年 度	托管人数量（家）	新增托管人（家）	托管基金数量（只）	托管基金资产规模（亿元）	托管费收入（亿元）
1998	5	5	5	107.42	0.16
1999	5	——	23	576.85	0.77
2000	5	——	41	869.80	1.87
2001	5	——	52	820.58	1.89
2002	7	2	71	1185.58	2.45
2003	8	1	110	1715.61	3.44
2004	10	2	161	3246.40	6.19
2005	12	2	218	4691.16	8.01
2006	12	——	307	8564.60	10.53
2007	12	——	345	32755.90	48.00
2008	14	2	438	19388.67	53.65
2009	17	3	556	26760.80	50.40
2010	18	1	703	25194.49	53.31
2011	18	——	914	21918.40	51.56
2012	19	1	1174	28667.31	48.77
2013	22	3	1552	30024.91	53.87
2014	38	16	1892	45377.34	59.27

（续上表）

年 度	托管人数量（家）	新增托管人（家）	托管基金数量（只）	托管基金资产规模（亿元）	托管费收入（亿元）
2015	42	4	2686	84050.16	96.70
2016	42	——	3819	91695.02	110.90
2017	43	1	4688	116154.37	122.90
2018	**46**	**3**	**5146**	**130045.37**	**137.13**

注：按托管人获批托管资格时间统计

表3-26 基金托管人托管基金业务构成情况（2018）

类 别	托管人数量（家）	托管基金数量（只）	行业占比（%）	托管基金资产净值（亿元）	行业占比（%）	托管费收入（亿元）	行业占比（%）
银行系托管人	28	5033	97.80	128650.29	98.93	135.92	99.12
券商系托管人	16	113	2.20	1395.08	1.07	1.21	0.88
其他	2	——	——	——	——	——	——
合计	**46**	**5146**	**100.00**	**130045.37**	**100.00**	**137.13**	**100.00**

数据来源：各年度基金年报；数据截至2018年末；基金数量和基金资产规模不含停止运作基金；托管人不含中国结算和中证金融

表3-27 前五大基金托管人市场集中度情况（2003—2018）

年 度	前五大基金托管人		托管人数量（家）	托管基金总资产净值（亿元）	市场集中度（%）
	托管基金数量（只）	托管基金资产净值（亿元）			
2003	104	1645.07	8	1715.61	95.89
2004	146	2917.30	10	3246.40	89.87
2005	191	4197.19	12	4691.16	89.47
2006	259	8076.78	12	8564.60	94.30
2007	292	29924.31	12	32755.90	91.36
2008	378	17571.85	14	19388.67	90.63
2009	491	24505.31	17	26760.80	91.57
2010	622	22911.54	18	25194.49	90.94
2011	788	19526.89	18	21918.40	89.09

（续上表）

年度	前五大基金托管人		托管人数量（家）	托管基金总资产净值（亿元）	市场集中度（%）
	托管基金数量（只）	托管基金资产净值（亿元）			
2012	998	25021.78	19	28667.31	87.28
2013	1221	24592.33	22	30024.91	81.91
2014	1460	37107.74	38	45377.34	81.78
2015	1886	61410.01	42	84050.16	73.06
2016	2283	60874.11	42	91695.02	66.39
2017	2751	76654.32	43	116154.37	65.99
2018	**2973**	**79981.56**	**46**	**130045.37**	**61.50**

数据来源：各年度基金年报；托管基金数量及基金资产净值不含停止运作基金；市场集中度指前五大托管人托管基金资产净值占托管基金总资产净值的比例

表3-28　基金代销机构历年发展情况（2001—2018）

（单位：家）

年度	总数量	银行代销机构数量	券商代销机构数量	期货代销机构数量	保险代销机构数量	第三方代销机构数量
2001	6	6	—	—	—	—
2002	19	11	8	—	—	—
2003	36	12	24	—	—	—
2004	65	14	50	—	—	1
2005	75	16	58	—	—	1
2006	77	17	59	—	—	1
2007	79	17	61	—	—	1
2008	101	25	75	—	—	1
2009	118	32	85	—	—	1
2010	136	42	93	—	—	1
2011	154	58	95	—	—	1
2012	181	65	97	—	—	19
2013	227	90	101	2	—	34
2014	268	101	102	5	6	54
2015	332	122	103	14	8	85
2016	410	150	104	24	9	123
2017	422	154	105	27	9	127
2018	**425**	**155**	**105**	**27**	**9**	**129**

数据来源：中国证监会网站

表3-29 各类代销机构历年销售基金规模

（单位：亿元）

年 度	基金销售总规模	直销渠道销售规模	银行渠道销售规模	券商渠道销售规模
2002	487.24	212.73	266.08	8.43
2003	848.59	413.76	375.43	59.40
2004	3859.70	1651.52	1621.75	586.43
2005	9297.99	5293.73	2231.23	1773.04
2006	13633.86	5199.39	6165.70	2268.77
2007	36128.77	4087.76	27951.97	4089.04
2009	20245.22	6170.74	12317.19	1757.29
2010	16346.89	9492.64	5652.75	1201.50
2012	38516.86	11832.93	21429.88	5254.05
2013	51782.24	23385.66	21910.35	6486.23
2015	273278.41	183365.66	44700.91	45211.84
2016	284086.52	23164.54	238712.94	22209.04
2017	**400362.24**	**30230.55**	**316879.32**	**53252.38**

数据来源：基金业协会中国证券投资基金业年报

表3-30 基金代销机构近年销售基金情况

代销机构	2018基金销售规模（亿元）	2017基金销售规模（亿元）	增长率（%）
中国工商银行	7681	9232	−16.80
中国农业银行	5017	3373	48.70
中国银行	3146	2724	15.50
中国建设银行	13200	7190	83.60
交通银行	1852	981	88.75
中国邮储银行	1033	889	16.16
招商银行	7679	7055	8.84
*中国民生银行	701	495	41.45
浦发银行	409	316	29.43
兴业银行	313	242	29.17
天天基金网	5252	4124	27.34

数据来源：年报公告、机构提供；销售规模包括（认购、申购、定投规模）；带*不含直销银行销售规模

第四章　行业发展数据统计

表4-1　证券投资基金资产净值占GDP的比重（1998—2018）

年 度	基金总资产净值（万亿元）	GDP（万亿元）	占 比（%）
1998	0.01	8.52	0.13
1999	0.06	9.06	0.64
2000	0.09	10.03	0.87
2001	0.08	11.09	0.74
2002	0.12	12.03	0.99
2003	0.17	13.58	1.26
2004	0.32	15.99	2.03
2005	0.47	18.39	2.55
2006	0.86	21.63	3.96
2007	3.28	26.58	12.32
2008	1.94	31.40	6.17
2009	2.68	34.09	7.85
2010	2.52	40.15	6.27
2011	2.19	47.31	4.63
2012	2.87	51.95	5.52
2013	3.00	58.80	5.11
2014	4.54	63.59	7.14
2015	8.41	68.91	12.20
2016	9.17	74.36	12.33
2017	11.62	82.08	14.15
2018	**13.00**	**91.93**	**14.15**

数据来源：国家统计局官网、基金年鉴

表4-2 证券投资基金资产净值占城乡居民储蓄存款余额的比重（1998—2018）

年度	基金总资产净值（万亿元）	城乡居民储蓄存款余额（万亿元）	占比（%）
1998	0.01	5.34	0.20
1999	0.06	5.96	0.97
2000	0.09	6.43	1.35
2001	0.08	7.38	1.11
2002	0.12	8.69	1.36
2003	0.17	10.36	1.66
2004	0.32	11.96	2.72
2005	0.47	14.11	3.33
2006	0.86	16.16	5.30
2007	3.28	17.25	18.99
2008	1.94	21.79	8.90
2009	2.68	26.08	10.26
2010	2.52	30.33	8.31
2011	2.19	34.33	6.38
2012	2.87	39.96	8.20
2013	3.00	44.76	6.71
2014	4.54	48.53	9.35
2015	8.41	52.63	15.97
2016	9.17	56.91	16.11
2017	11.62	59.60	19.49
2018	**13.00**	**63.12**	**20.60**

数据来源：中国人民银行官网、基金年鉴

表4-3 证券投资基金资产净值占M2的比重（1998—2018）

年度	基金总资产净值（万亿元）	M2（万亿元）	占比（%）
1998	0.01	10.45	0.10
1999	0.06	11.99	0.48

（续上表）

年 度	基金总资产净值（万亿元）	M2（万亿元）	占 比（%）
2000	0.09	13.46	0.65
2001	0.08	15.83	0.52
2002	0.12	18.50	0.64
2003	0.17	22.12	0.78
2004	0.32	25.41	1.28
2005	0.47	29.88	1.57
2006	0.86	34.56	2.48
2007	3.28	40.34	8.12
2008	1.94	47.52	4.08
2009	2.68	61.02	4.39
2010	2.52	72.59	3.47
2011	2.19	85.16	2.57
2012	2.87	97.41	2.94
2013	3.00	110.65	2.71
2014	4.54	122.84	3.69
2015	8.41	139.23	6.04
2016	9.17	155.01	5.92
2017	11.62	169.02	6.87
2018	**13.00**	**182.67**	**7.12**

数据来源：中国人民银行官网、基金年鉴

表4-4 证券投资基金资产净值占A股流通市值的比重（1998—2018）

年 度	基金总资产净值（万亿元）	A股流通市值（万亿元）	占 比（%）
1998	0.01	0.56	1.94
1999	0.06	0.79	7.27
2000	0.09	1.55	5.60
2001	0.08	1.33	6.15

（续上表）

年 度	基金总资产净值（万亿元）	A股流通市值（万亿元）	占 比（%）
2002	0.12	1.17	10.12
2003	0.17	1.23	13.94
2004	0.32	1.10	29.51
2005	0.47	1.06	44.13
2006	0.86	2.50	34.25
2007	3.28	9.31	35.20
2008	1.94	4.44	43.66
2009	2.68	14.17	18.89
2010	2.52	19.31	13.05
2011	2.19	16.49	13.29
2012	2.87	18.17	15.78
2013	3.00	19.79	15.17
2014	4.54	31.39	14.46
2015	8.41	41.57	20.22
2016	9.17	39.15	23.42
2017	11.62	44.75	25.96
2018	**13.00**	**35.24**	**36.90**

数据来源：中国证监会官网、基金年鉴

表4-5 证券投资基金资产净值占债券余额的比重（2005—2018）

年 度	基金总资产净值（万亿元）	债券余额（万亿元）	占 比（%）
2005	0.47	6.82	6.88
2006	0.86	9.25	9.26
2007	3.28	12.33	26.57
2008	1.94	10.30	18.82
2009	2.68	13.30	20.12
2010	2.52	16.30	15.46

（续上表）

年 度	基金总资产净值（万亿元）	债券余额（万亿元）	占 比（%）
2011	2.19	22.10	9.92
2012	2.87	26.00	11.03
2013	3.00	29.60	10.14
2014	4.54	35.00	12.96
2015	8.41	47.90	17.55
2016	9.17	63.70	14.39
2017	11.62	74.00	15.70
2018	**13.00**	**86.40**	**15.05**

数据来源：中国人民银行官网、基金年鉴

表4-6 各金融机构历年资产管理规模对比（2012—2018）

（单位：万亿元）

年 度	公募基金管理资产总额	保险业资金运用余额	银行理财资金总额	信托资产管理总额	证券公司受托管理本金总额
2012	3.62	6.85	7.10	7.47	1.89
2013	5.50	7.69	10.24	10.91	5.20
2014	10.42	9.33	15.02	13.98	7.97
2015	20.99	11.18	17.43	16.30	11.89
2016	26.05	13.39	23.11	20.22	17.58
2017	25.34	14.92	22.17	26.25	16.88
2018	**24.32**	**16.41**	**22.04**	**22.70**	**13.36**

数据来源：基金业协会官网、证券业协会官网、银行业协会官网、保险业协会官网、信托业协会官网（公募基金管理资产总额包括公募基金资产规模、基金公司专户及专户子公司规模以及社保基金、企业年金规模；银行理财资金总额仅含银行非保本理财产品规模）

表4-7 证券期货经营机构历年资产管理规模统计（2012—2018）

（单位：亿元）

年度	公募基金资产净值规模	基金公司专户及子公司专户业务规模	管理社保基金、企业年金规模
2012	28661	1900	5664
2013	30012	15948	6964
2014	45354	49790	9058
2015	83972	114222	11753
2016	91593	156074	12787
2017	115997	122724	14650
2018	**130347**	**96172**	**16735**

年度	证券公司及子公司资管业务规模	私募基金资产规模	期货公司及子公司资管业务规模
2012	13000	—	—
2013	51978	2050	19
2014	79463	21295	125
2015	118948	52095	1045
2016	175782	102442	2792
2017	168843	111003	2428
2018	**133569**	**127064**	**1276**

数据来源：基金业协会中国证券投资基金业年报；2018年公募基金管理社保基金规模含基本养老金规模

第五部分 经营机构篇

Part V Operating Institutions

第一章

基金管理人及业务发展

Fund Managers and Their Businesses

相关说明：

1. 本章所载基金管理人及旗下基金数据来源于相关信息披露、公司官网及公司提供稿件，并经审阅确认。
2. 产品统计口径为全市场基金，包括货币市场基金和短期理财债券基金，不含清盘基金；基金资产规模特指基金资产净值。
3. 《年鉴》所载基金管理人及管理产品信息仅供研究参考，不作为投资建议。

国泰基金管理有限公司

官方微信服务号：gt4008888688

公司性质：合资　客服电话：400-888-8688

董事长：陈勇胜　总经理：周向勇

基本情况

成立时间：1998年3月5日

注册资本：1.1亿元

注册地点：上海

员工总数：265人

管理资产总规模：2953亿元

股东结构

股东名称	持股比例（%）
中国建银投资有限责任公司	60.00
意大利忠利集团	30.00
中国电力财务有限公司	10.00

注：以上数据截至2018年12月31日；管理总资产规模含公募基金、专户产品及子公司管理规模

发展概况

国泰基金管理有限公司（简称国泰基金）是国内首批成立的基金管理公司之一，总部设在上海，在北京、深圳设有分公司，在上海、香港设有子公司——国泰元鑫资产管理有限公司、国泰全球投资管理有限公司。

国泰基金旗下业务牌照齐全，拥有全国社保基金境内委托投资管理人、企业年金投资管理人、专户资产管理人、特定客户资产管理子公司、QDII基金管理人等业务资格。

20年来，国泰基金和中国基金业共成长，已发展成为能够提供齐全产品线，满足不同风险偏好投资者需求的综合性、多元化的大型资产管理公司。截至2018年12月31日，国泰基金旗下共管理着98只公募基金，3只养老金产品和包括专户、年金、社保、投资咨询在内85个资产委托组合；管理各类资产管理规模2953亿元，其中公募基金规模2098亿元；服务基金持有人1778.5万户，累计为持有人分红约402亿元。

历年管理公募基金

基金数量（只）

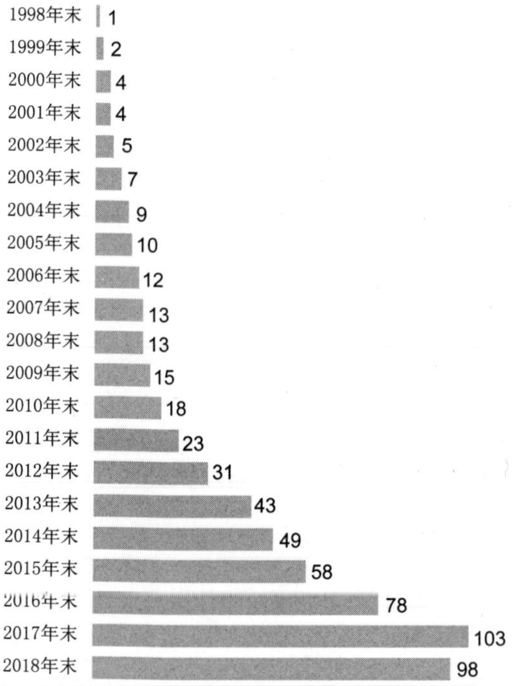

基金资产规模（亿元）

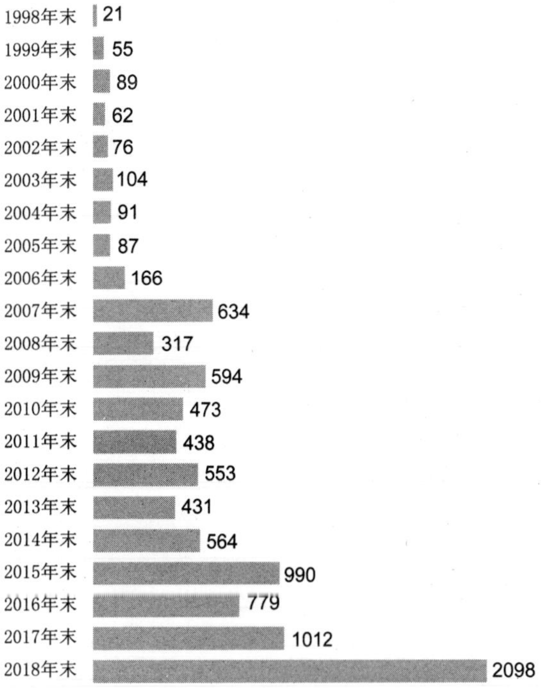

南方基金管理股份有限公司

官方微信服务号：NF4008898899

公司性质：内资　　**客服电话：400-889-8899**

董事长：张海波　　**总经理**：杨小松

基本情况

成立时间：1998年3月6日

注册资本：3亿元

注册地点：深圳

员工总数：710人

管理资产总规模：9987亿元

股东结构

股东名称	持股比例(%)
华泰证券股份有限公司	45.00
深圳市投资控股有限公司	30.00
厦门国际信托有限公司	15.00
兴业证券股份有限公司	10.00

注：以上数据截至2018年12月31日；管理总资产规模含公募基金、专户、子公司

发展概况

南方基金是国内首批基金管理公司之一。公司在北京、上海、合肥、成都、深圳等地设有分公司，在香港和深圳前海设有子公司——南方东英资产管理有限公司和南方资本管理有限公司。

公司全牌照经营，历经20年发展，南方基金已经发展成为国内产品种类最丰富、业务领域最全面、经营业绩优秀、资产管理规模最大的基金管理公司之一。

截至2018年12月31日，南方基金母子公司合并资产管理规模9987亿元。南方基金母公司资产管理总规模8293亿元，位居行业前列；旗下管理公募基金178只，产品涵盖股票型、混合型、债券型、避险策略型、货币型、指数型、另类投资型、QDII、FOF等，其中公募基金资产管理规模5634亿元，累计向客户分红超过1046亿元，拥有客户数量超过6925万人；南方基金非公募业务管理规模2659亿元，在行业中持续保持领先地位。南方资本专户子公司资产管理规模1289亿元，南方东英香港子公司资产管理规模390亿元。

历年管理公募基金

基金数量（只）

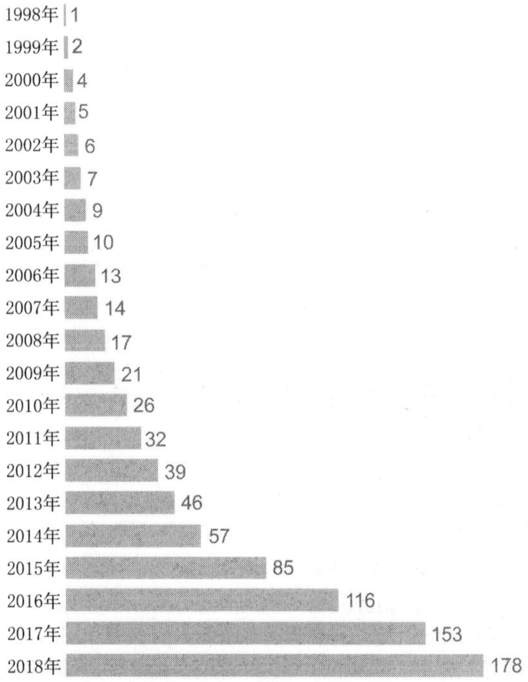

基金资产规模（亿元）

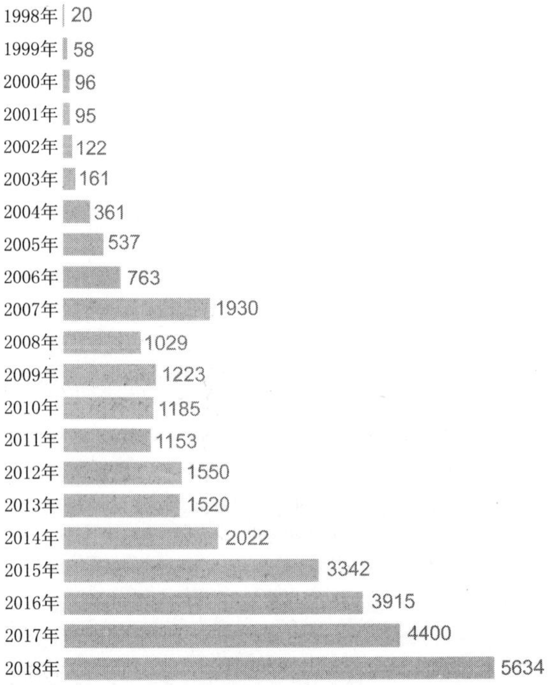

华夏基金管理有限公司

官方微信服务号：chinaamc_weixin

公司性质：合资　　**客服电话**：400-818-6666

董事长：杨明辉　　**总经理**：李一梅

基本情况

成立时间：1998年4月9日

注册资本：2.38亿元

注册地点：北京

员工总数：772人

管理资产总规模：10067亿元

股东结构

股东名称	持股比例(%)
中信证券股份有限公司	62.20
MACKENZIE FINANCIAL CORPORATION	13.90
POWER CORPORATION OF CANADA	13.90
天津海鹏科技咨询有限公司	10.00

注：以上数据截至2018年12月31日；管理总资产规模含公募基金、机构产品（专户）和全资子公司

发展概况

华夏基金是国内首批基金管理公司之一，公司总部设在北京，在北京、上海、深圳、成都、南京、杭州、广州和青岛设有分公司，在香港、深圳、上海设有子公司——华夏基金(香港)有限公司、华夏资本管理有限公司和上海华夏财富投资管理有限公司。

华夏基金定位于综合性、全能化的资产管理公司，服务范围覆盖多个资产类别、行业和地区。2002年华夏基金首批入选全国社保基金管理人，2005年首批入选企业年金基金管理人，2007年首批获得QDII基金管理人资格，2008年获得特定客户资产管理业务资格，2011年12月首批获得RQFII业务资格，2016年获得基本养老保险投资管理人业务资格。

截至2018年12月31日，华夏基金旗下管理基金136只，基金资产管理规模4506亿元，非货币公募基金（不含短期理财）规模行业排名第2；机构业务资产管理规模42920亿元（不含投资咨询等业务），机构业务规模保持行业前列。截至2018年12月底，华夏基金服务机构客户4.4万户，服务公众持有人7311.6万户，累计为持有人分红1498.31亿元。

经过20多年发展，华夏基金成为国内管理资产规模最大、业务领域最广泛的基金管理公司之一。

历年管理公募基金

基金数量（只）

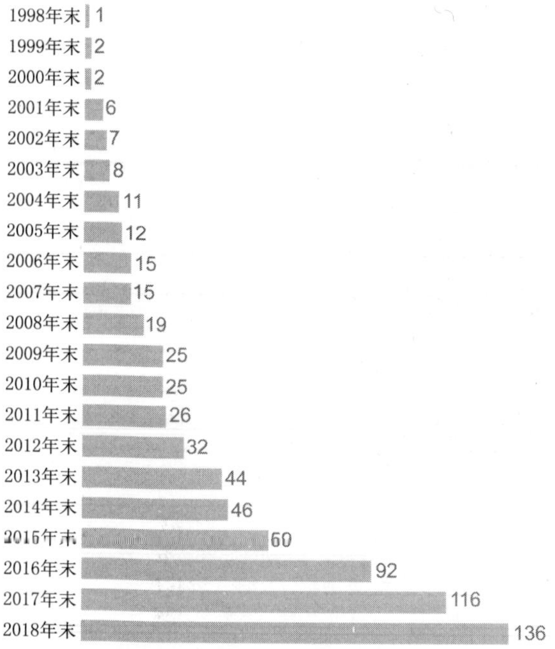

基金资产规模（亿元）

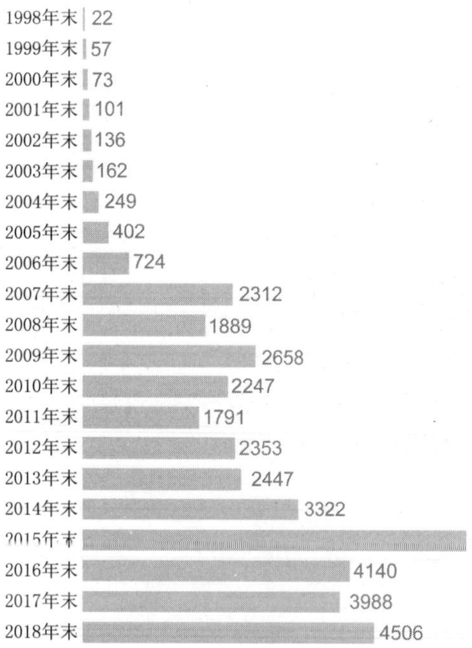

华安基金管理有限公司

官方微信服务号：HA4008850099

公司性质：内资　　客服电话：400-885-0099

董事长：朱学华　　总经理：童　威

基本情况

成立时间：1998年6月4日

注册资本：1.5亿元

注册地点：上海

员工总数：403人（含子公司）

管理资产总规模：3523亿元

注：以上数据截至2018年12月31日；管理总资产规模含公募基金、专户（含子公司）

股东结构

股东名称	持股比例（%）
国泰君安证券股份有限公司	20.00
上海工业投资（集团）有限公司	20.00
上海上国投资产管理有限公司	20.00
上海锦江国际投资管理有限公司	20.00
国泰君安投资管理股份有限公司	20.00

发展概况

华安基金管理有限公司是中国证监会批准成立的首批5家基金管理公司之一，业务发展多元，于2007年获得QDII基金管理人资格，2008年获得专户理财业务资格，2011年获RQFII业务资格。

截至2018年12月31日，华安基金管理公募基金共计108只，公募基金资产管理规模达到2756亿元，专户资产管理规模达到767亿元（含子公司）。

在中国基金行业发展20年中，华安基金开创了开放式基金、开放式指数基金、货币市场基金、QDII基金、ETF联接基金、短期理财基金、黄金ETF等7大类基金产品。随着持续不断的创新，华安基金拥有业内较全的基金产品线，公募基金覆盖了从权益投资到固定收益、从主动管理到被动管理、从国内市场到国外市场等不同类型的产品，可以充分满足不同风险收益特征投资人的需求。

截至2018年12月31日，华安基金为超过3690万个人基金持有人和累计超过26000家机构客户提供服务，累计为投资者实现分红超过641亿元。

华安基金拥有广泛的分支机构，在北京、西安、成都、广州设有4家分公司，并在深圳、沈阳等多地设有业务部，在香港和上海设有子公司—华安（香港）资产管理有限公司（香港子公司）、华安未来资产管理有限公司（上海子公司）。

历年管理公募基金

基金数量（只）

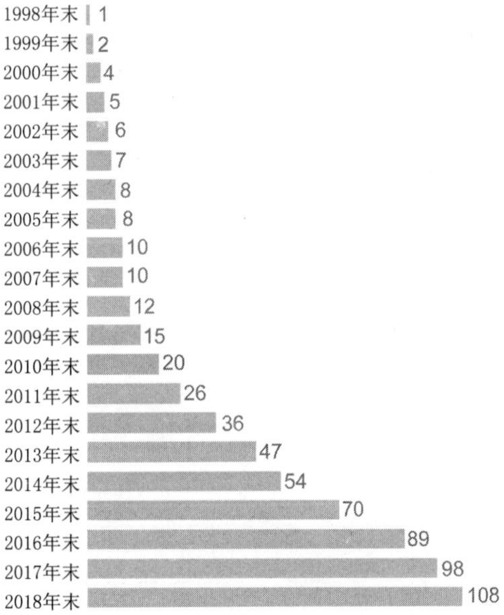

基金资产规模（亿元）

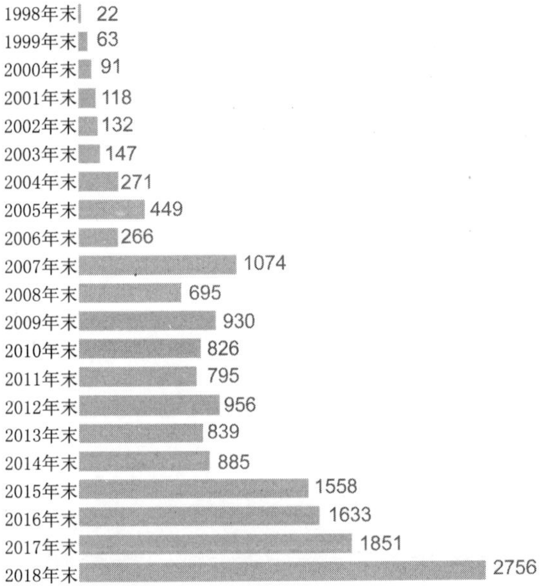

博时基金管理有限公司

官方微信服务号：BOSERA_FUNDS

公司性质：内资　　客服电话：95105568

董事长：张光华　　总经理：江向阳

基本情况

成立时间：1998年7月13日

注册资本：2.5亿元

注册地点：深圳

员工总数：568人

管理资产总规模：8638亿元

注：以上数据截至2018年12月31日；总资产规模包含公募基金，专户，养老金

股东结构

股东名称	持股比例（%）
招商证券股份有限公司	49.00
中国长城资产管理公司	25.00
上海汇华实业有限公司	12.00
天津港（集团）有限公司	6.00
上海盛业股权投资基金有限公司	6.00
广厦建设集团有限责任公司	2.00

发展概况

博时基金是我国首批成立的五家基金管理公司之一，总部设在深圳，在北京、上海等地设有分公司，同时拥有博时基金（国际）有限公司和博时资本管理有限公司两家全资子公司。

博时基金全牌照业务经营，是首批全国社保基金投资管理人、首批企业年金基金投资管理人、首批基本养老保险基金证券投资管理人、首单职业年金投资管理人；中国基金业协会官方发布的2018年末数据显示，博时养老金资产管理规模在同业中名列前茅。

经过20年发展，博时基金成长为目前国内资产管理规模最大的基金公司之一。截至2018年12月31日，博时基金共管理181只开放式基金，并受全国社会保障基金理事会委托管理部分社保基金，以及多个企业年金账户，管理资产总规模逾8638亿元人民币。其中，剔除货币基金与短期理财债券基金后的公募资产管理规模逾2439亿元人民币，累计分红逾916亿元人民币。截至2018年末，博时基金累计服务客户数超过8000万(数据来源：博时基金)。

历年管理公募基金

基金数量（只）

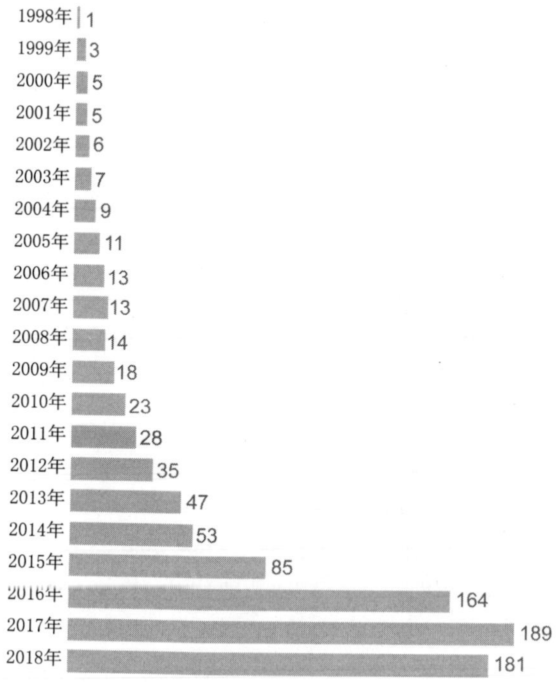

基金资产规模（亿元）

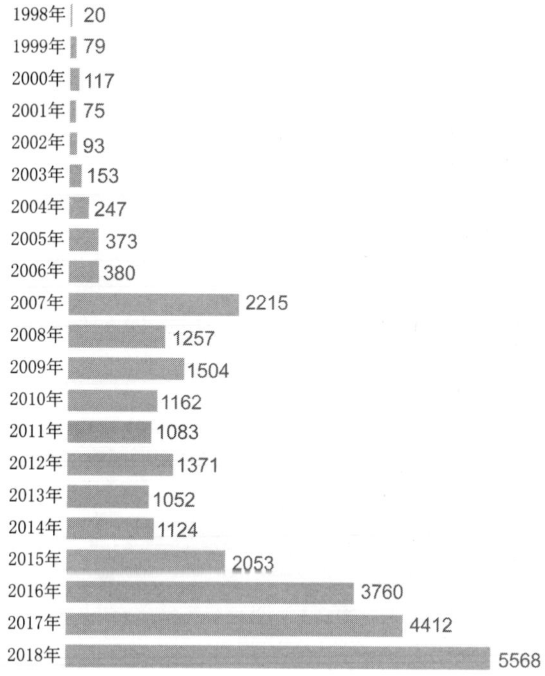

鹏华基金管理有限公司

官方微信服务号：penghuajijin

公司性质：合资　**客服电话**：400-678-8999

董事长：何　如　**总经理**：邓召明

基本情况

成立时间：1998年12月22日

注册资本：1.5亿元

注册地点：深圳

员工总数：445人

管理资产总规模：5164.62亿元

注：以上数据截至2018年12月31日；管理资产规模包括公募基金、社保、专户

股东结构

股东名称	持股比例（%）
国信证券股份有限公司	50.00
意大利欧利盛资本资产管理股份公司	49.00
深圳市北融信投资发展有限公司	1.00

发展概况

鹏华基金总部设在深圳，在北京、上海、广州、武汉设有分公司，2013年1月，在深圳前海设立控股子公司——鹏华资产管理有限公司。

2002年12月首批入选全国社保基金投资管理人，2008年2月获得专户理财业务资格，2008年获得QDII业务资格，2012年10月获得保险资金投资管理人资格，2016年首批获得养老金管理人资格。

截至2018年12月31日，鹏华基金管理146只公募基金、10只全国社保投资组合、4只基本养老保险投资组合；累计分红总额310.42亿元，服务基金持有人总户数98562722户。

历年管理公募基金

基金数量（只）

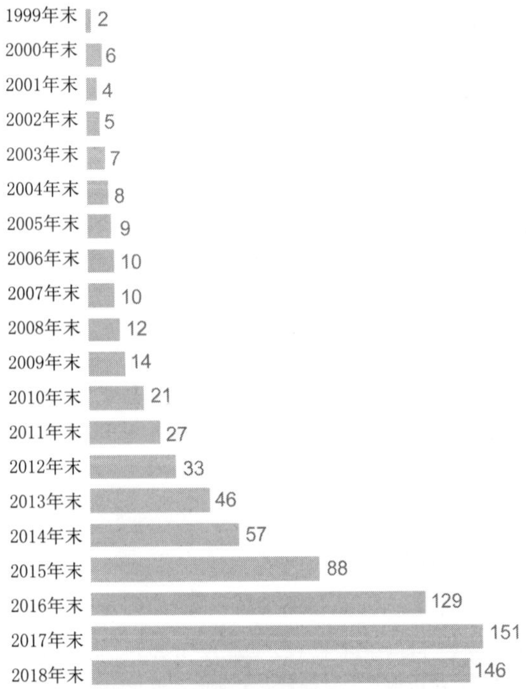

基金资产规模（亿元）

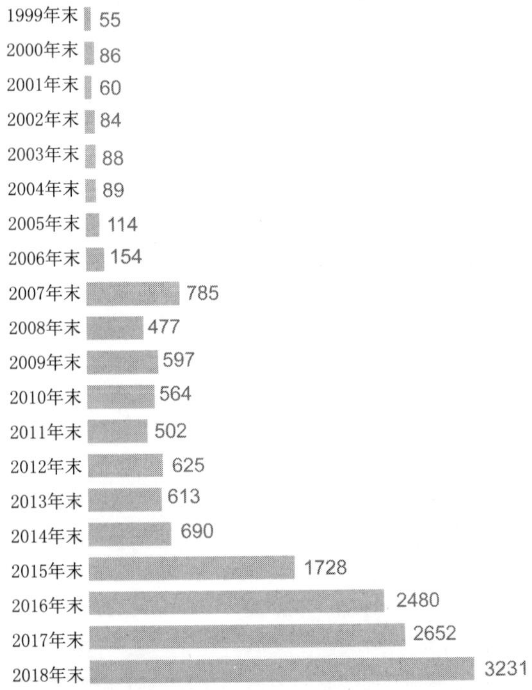

嘉实基金管理有限公司

官方微信服务号：js65215588

公司性质：合资　　**客服电话**：400-600-8800

董事长：赵学军　　**总经理**：经　雷

基本情况

成立时间：1999年3月25日

注册资本：1.5亿元

注册地点：上海

员工总数：1300人

管理资产总规模：近10000亿元

股东结构

股东名称	持股比例（%）
中诚信托有限责任公司	40.00
DWS Investments Singapore Limited	30.00
立信投资有限责任公司	30.00

注：以上数据截至2018年12月31日；管理总资产规模含公募基金、社保、企业年金、专户及子公司

发展概况

嘉实基金注册地上海，总部设在北京，在深圳、成都、杭州、青岛、南京、福州、广州、北京怀柔、武汉设有分公司，设有子公司——嘉实国际资产管理有限公司（香港子公司）、嘉实财富管理有限公司、嘉实资本管理有限公司。

2002年12月获得首批全国社会保障基金管理人资格、2005年8月获得首批企业年金管理人资格、2007年8月获得QDII业务资格、2008年2月获得专户管理人资格、2011年获RQFII业务资格、2016年12月获首批基本养老保险基金投资管理人资格。

截至2018年12月31日，嘉实基金共管理142只基金，管理公募基金资产规模4307亿元（数据来源：wind）；旗下基金累计分红868.49亿元，累计服务基金持有人总户数超1亿户。同时，管理多个全国社保基金、企业年金、特定客户资产投资组合。

历年管理公募基金

基金数量（只）

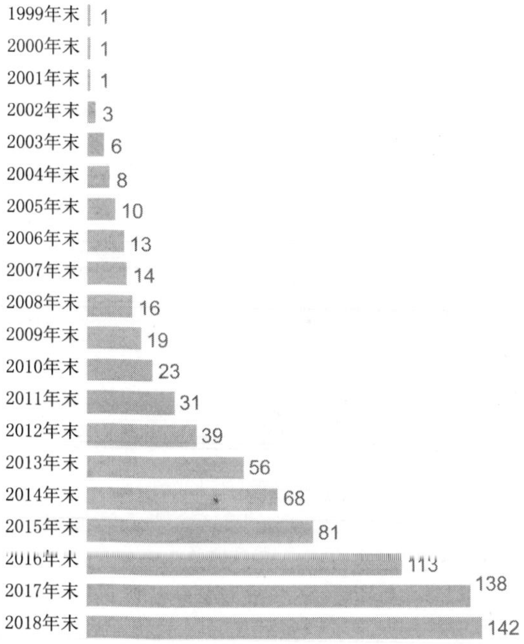

基金资产规模（亿元）

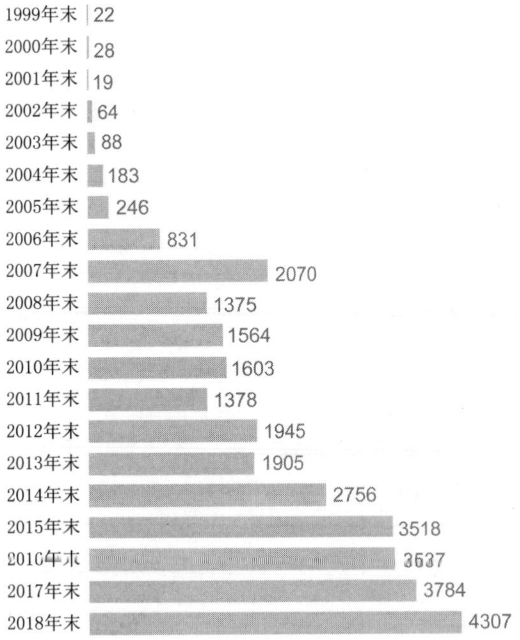

长盛基金管理有限公司

官方微信服务号：csfunds

公司性质：合资　　**客服电话**：400-888-2666

董事长：周　兵　　**总经理**：林培富

基本情况

成立时间：1999年3月26日

注册资本：1.89亿元

注册地点：深圳

员工总数：约200人

管理资产总规模：约600亿元

股东结构

股东名称	持股比例（%）
国元证券股份有限公司	41.00
新加坡星展银行有限公司	33.00
安徽省投资集团控股有限公司	13.00
安徽省信用担保集团有限公司	13.00

注：以上数据截至2018年12月31日；管理总资产规模包括公募基金、专户、社保及子公司管理规模

发展概况

长盛基金（以下简称公司）是国内首批成立的十家基金管理公司之一。公司总部设在北京，并在北京、上海、成都设有分公司，在深圳设有营销中心，并拥有长盛基金（香港）有限公司、长盛创富资产管理有限公司两家全资子公司。

公司拥有公募基金、全国社保基金、特定客户资产管理、合格境内机构投资者（QDII）、合格境外机构投资者（QFII）、保险资产管理人等业务资格。截至2018年12月31日，长盛基金管理58只基金，管理基金资产规模268亿元；旗下基金累计分红367亿元，服务持有人1000万户。

历年管理公募基金

基金数量（只）

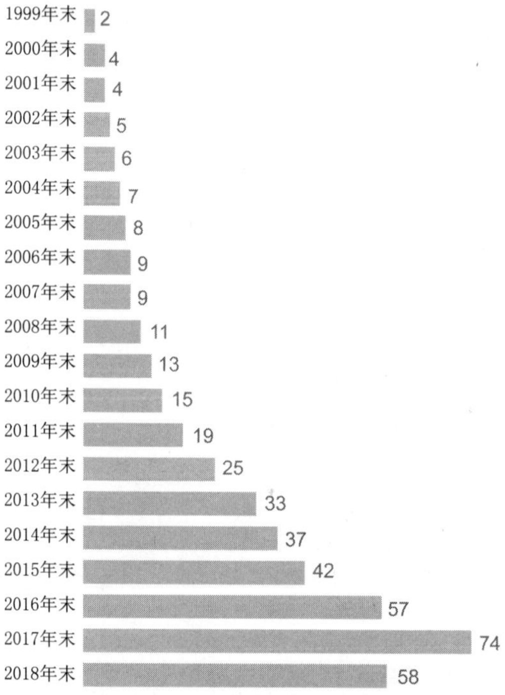

基金资产规模（亿元）

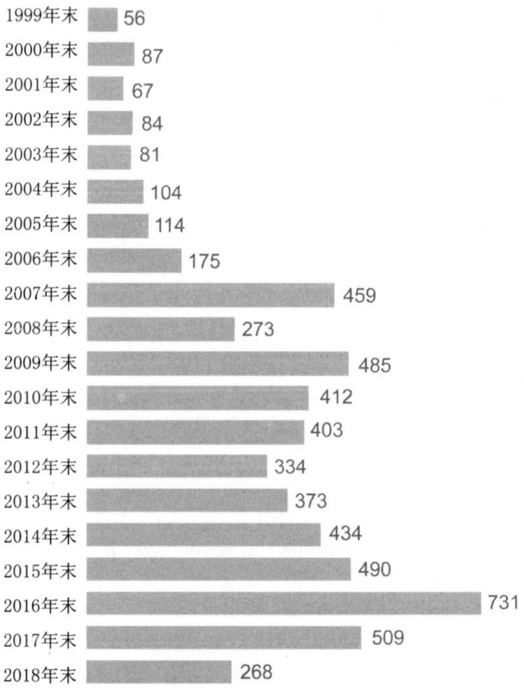

大成基金管理有限公司

官方微信服务号：dachengfund

公司性质：内资　　客服电话：400-888-5558

董事长：刘　卓　　总经理：谭晓冈

基本情况

成立时间：1999年4月12日

注册资本：2亿元

注册地点：深圳

员工总数：304人

管理资产总规模：2090.70亿元

股东结构

股东名称	持股比例（%）
中泰信托有限责任公司	50.00
中国银河投资管理有限公司	25.00
光大证券股份有限公司	25.00

注：以上数据截至2018年12月31日；管理总资产规模包括公募基金、一般专户、社保基金、基本养老金；谭晓冈自2019年7月6日起担任总经理职务

发展概况

公司总部设在深圳，同时设置了北方、华东和南方营销总部，在北京、上海、广州、武汉、南京、沈阳、成都设有7家分公司，在香港、深圳设有子公司——大成国际资产管理有限公司（香港子公司）、大成创新资本管理有限公司（深圳子公司）。

2008年1月获得QDII业务资格，2008年3月获得专户理财业务资格，2010年12月获得全国社保基金投资管理人资格，2011年获得RQFII业务资格，2012年9月获得保险资金管理资格，2016年12月获得养老金管理人资格。

截至2018年12月31日，公司共管理79只基金，管理基金资产规模1538.29亿元。

截至2018年12月31日，累计分红总额402亿元，服务基金持有人总户数1677万户。

历年管理公募基金

基金数量（只）

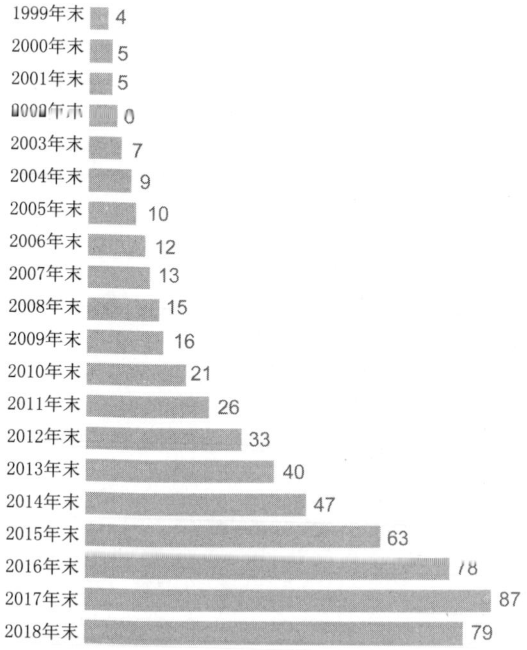

基金资产规模（亿元）

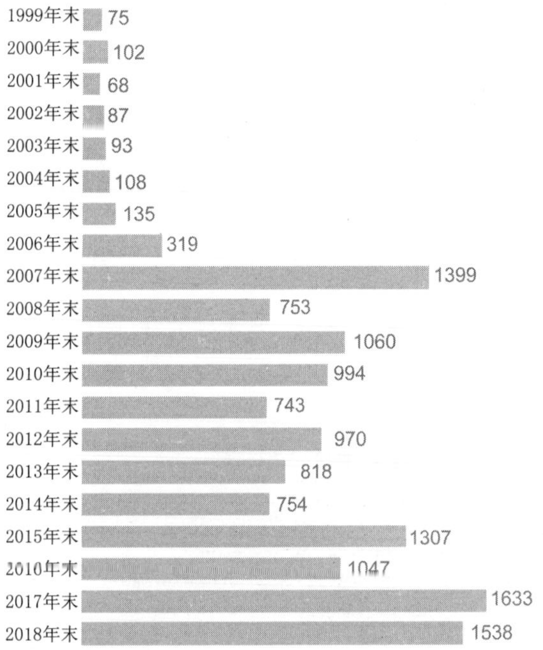

富国基金管理有限公司

官方微信服务号：FullgoalWeFund

公司性质：合资　　客服电话：4008-880-688

董事长：裴长江　　总经理：陈　戈

基本情况

成立时间：1999年4月13日

注册资本：5.2亿元

注册地点：上海

员工总数：425人

管理资产总规模：3535亿元

股东结构

股东名称	持股比例(%)
海通证券股份有限公司	27.775
加拿大蒙特利尔银行	27.775
申万宏源证券有限公司	27.775
山东省国际信托股份有限公司	16.675

注：以上数据截至2018年12月31日；管理总资产规模含公募、非公募（专户、社保年金）

发展概况

富国基金总部设于上海，在北京、广州、成都设有3家分公司，在香港和上海设有子公司——富国资产管理（香港）有限公司和富国资产管理（上海）有限公司。

2005年8月获首批企业年金基金投资管理人资格，2008年获得QDII业务资格，2008年获得专户理财业务资格，2010年12月获得全国社保基金投资管理人资格，2012年获得RQFII业务资格，2016年12月获得养老金管理人资格。

截至2018年12月31日，富国基金管理124只基金，管理基金资产规模1972亿元，累计分红总额339亿元，服务基金持有人总户数约1500万户。

历年管理公募基金

基金数量（只）

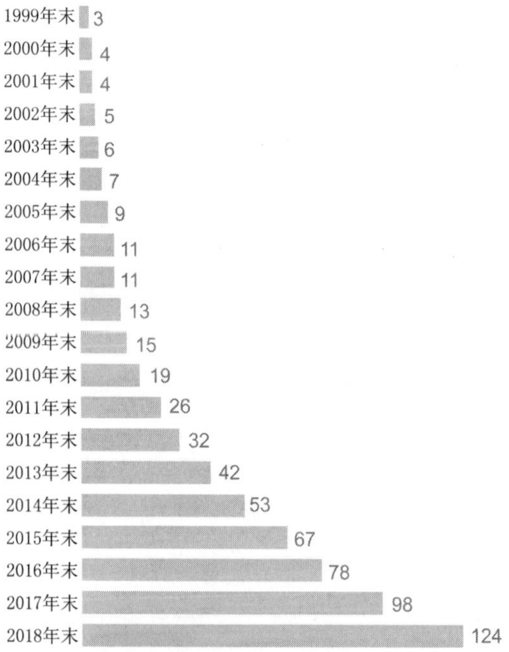

基金资产规模（亿元）

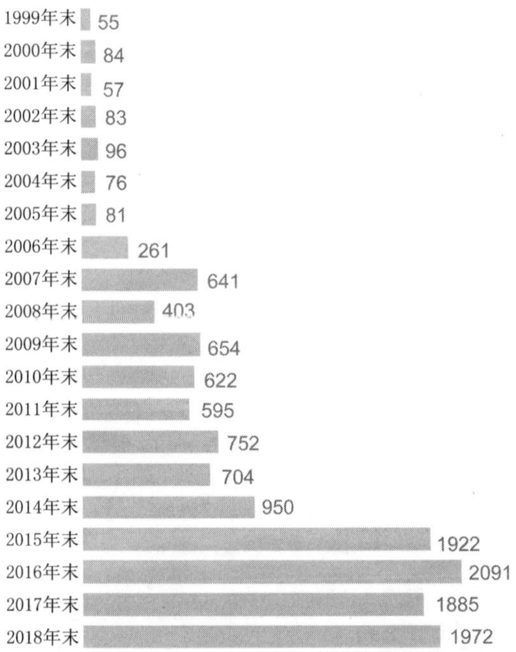

易方达基金管理有限公司

官方微信服务号：YFD-4008818088

公司性质：内资　　客服电话：400-881-8088

董事长：詹余引　　总经理：刘晓艳

基本情况

成立时间：2001年4月17日

注册资本：1.2亿元人民币

注册地点：广东珠海

员工总数：838人

管理资产总规模：1.2万亿元

注：以上数据截至2018年12月31日；管理资产总规模包含公募、非公募基金规模及旗下子公司的资产管理规模

股东结构

股东名称	持股比例(%)
广东粤财信托有限公司	25.00
广发证券股份有限公司	25.00
盈峰投资控股集团有限公司	25.00
广东省广晟资产经营有限公司	16.67
广州市广永国有资产经营有限公司	8.33

发展概况

易方达基金成立于2001年，是一家领先的综合型资产管理公司，通过市场化、专业化的运作，为境内外投资者提供专业的资产管理解决方案，努力实现投资者资产持续稳定的保值增值。公司总部设在广州，在北京、上海、香港等地设有分公司或子公司。

公司自成立以来，始终专注于资产管理业务，是国内基金行业为数不多的“全牌照”公司之一，拥有公募、社保、年金、特定客户资产管理、QDII、QFII、RQFII、基本养老保险基金投资等业务资格，在主动权益、固定收益、指数投资、量化投资、混合资产投资、海外投资、多资产投资、另类投资等领域全面布局。

截至2018年12月31日，易方达基金总资产管理规模超过1.2万亿元，其中公募基金管理规模6540.28亿元，旗下公募基金产品149只。公司自成立以来累计服务基金持有人总户数近8000万户，仅公募基金累计分红超过1150亿元。

历年管理公募基金

基金数量（只）

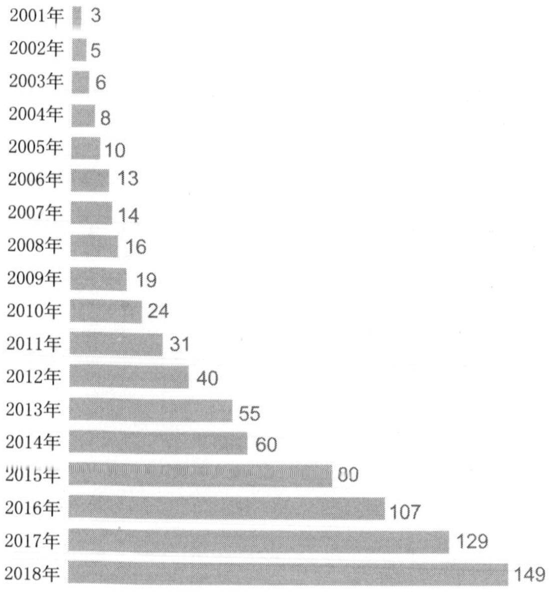

基金资产规模（亿元）

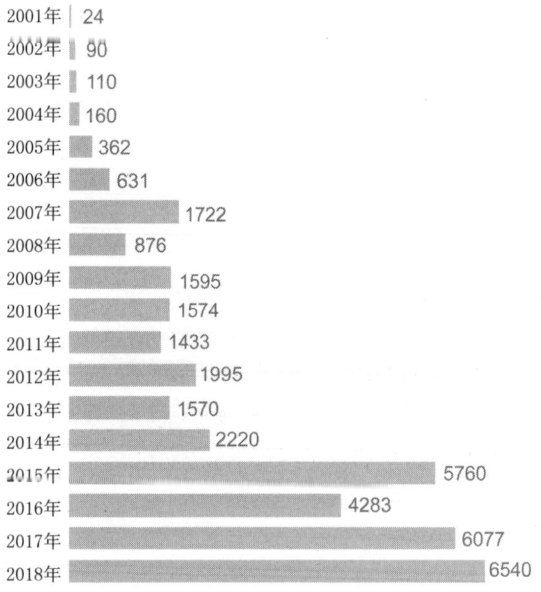

宝盈基金管理有限公司

官方微信服务号：byfunds

公司性质：内资　　客服电话：400-8888-300

董事长：马永红　　总经理：杨　凯

基本情况

成立时间：2001年5月18日

注册资本：1亿元

注册地点：深圳

员工总数：156人

管理资产总规模：287.54亿元

注：以上数据截至2018年12月31日；管理总资产规模含公募基金、专户

股东结构

股东名称	持股比例（%）
中铁信托有限责任公司	75.00
中国对外经济贸易信托有限公司	25.00

发展概况

宝盈基金总部设在深圳，在北京、上海、成都设有业务部，在深圳设有子公司——中铁宝盈资产管理有限公司。2008年3月获得专户理财业务资格。

截至2018年12月31日，宝盈基金管理25只基金，管理基金资产规模268.27亿元；旗下基金累计分红总额149.95亿元，服务基金持有人5266389户。

历年管理公募基金

基金数量（只）

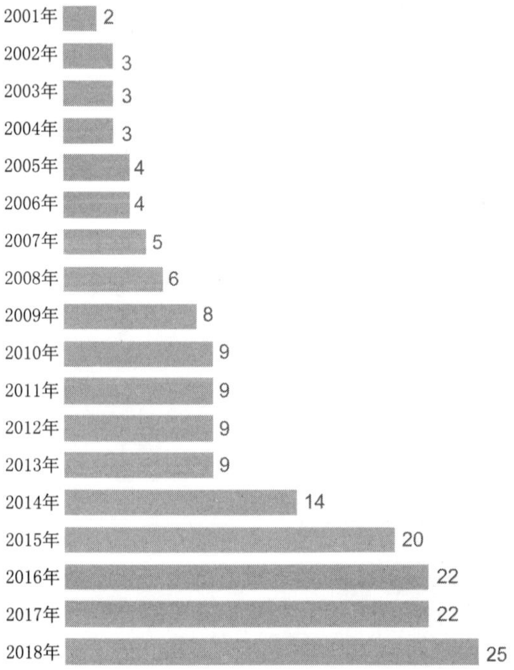

基金资产规模（亿元）

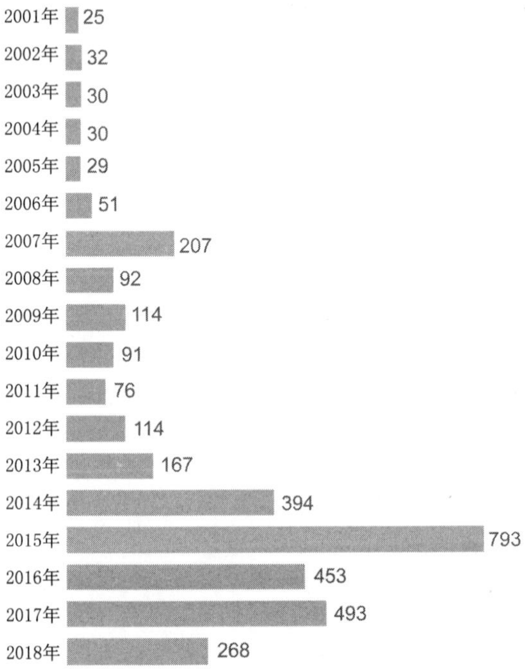

融通基金管理有限公司

官方微信服务号：rtfund2014

公司性质：合资　　**客服电话**：400-883-8088

董事长：高　峰　　**总经理**：张　帆

基本情况

成立时间：2001年5月22日

注册资本：1.25亿元

注册地点：深圳

员工总数：260人

管理资产总规模：1772.28亿元

股东结构

股东名称	持股比例(%)
新时代证券有限责任公司	60.00
日兴资产管理有限公司	40.00

注：以上数据截至2018年12月31日；管理总资产规模包括公募基金、专户

发展概况

公司总部设在深圳，在北京、上海、成都设有分公司，在深圳和香港设有子公司—融通资本管理股份有限公司（深圳子公司）和融通国际资产管理有限公司（香港子公司）。

2009年获得专户理财业务资格，2014年获得RQFII业务资格。

截至2018年12月31日，公司共管理65只基金，管理基金资产规模957.31亿元。

截至2018年12月31日， 累计分红总额274.31亿元，服务基金持有人总户数1391.8万户。

历年管理公募基金

基金数量（只）

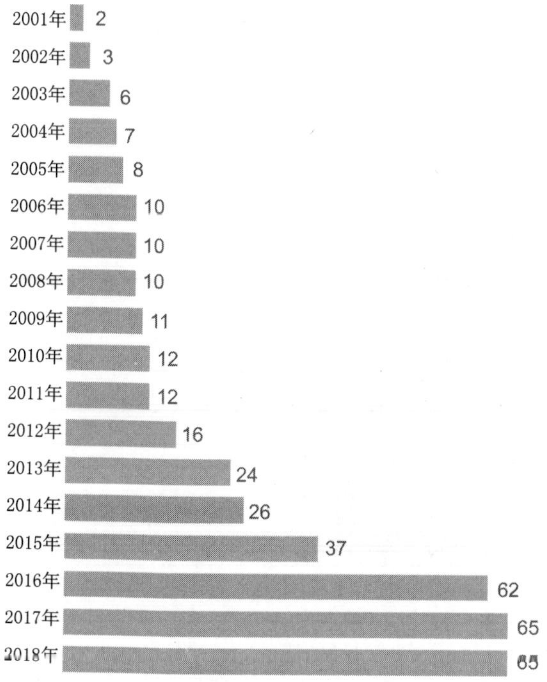

基金资产规模（亿元）

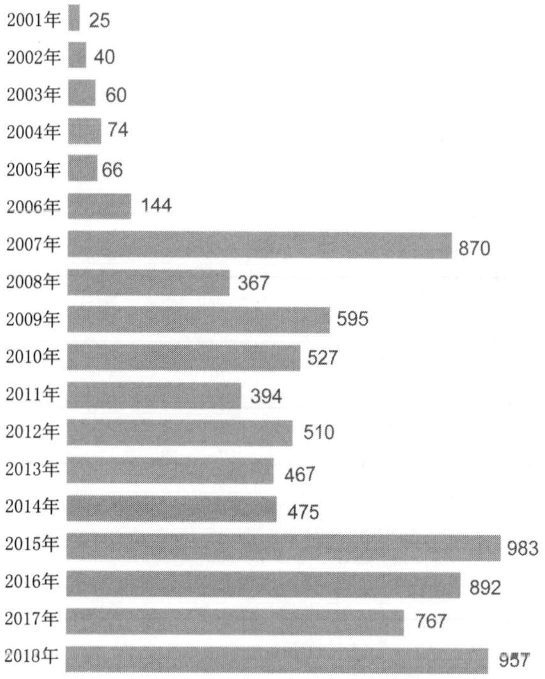

银华基金管理股份有限公司

官方微信服务号：yhfund

公司性质：内资　　客服电话：400-678-3333

董事长：王珠林　　总经理：王立新

基本情况

成立时间：2001年5月28日

注册资本：2.222亿元

注册地点：深圳

员工总数：470人

管理资产总规模：5500亿元

注：以上数据截至2018年12月31日；管理总资产规模含公募基金、社保、企业年金、专户及子公司

股东结构

股东名称	持股比例（%）
西南证券股份有限公司	44.10
第一创业证券股份有限公司	26.10
东北证券股份有限公司	18.90
珠海银华聚义投资合伙企业（有限合伙）	3.57
珠海银华汇玥投资合伙企业（有限合伙）	3.22
珠海银华致信投资合伙企业（有限合伙）	3.20
山西海鑫实业股份有限公司	0.90

发展概况

银华基金总部设在北京，在北京、上海、青岛设有分公司，另设有银华资本管理（珠海横琴）有限公司、银华国际资本（香港）两家子公司。

公司以严格的管理、优良的业绩和一流的服务，凭借诚信、规范、稳健、务实的运作风格，在业内树立了良好的品牌形象，赢得了投资者和业界的广泛认可。银华基金业务涵盖公募基金管理、社保资金投资管理、特定客户资产管理、企业年金管理、养老金管理、境外投资管理等多个领域，建立了权益产品、固收产品、货币产品、指数产品、QDII、量化被动等各类公募基金及专户产品的全系列产品线，是一家全牌照、综合型资产管理公司。

截至2018年12月31日，银华基金资产管理总规模超过5500亿元，其中公募基金规模2504.24亿元，专户规模1036.17亿元，累计为投资者实现分红450多亿元，服务两千多万持有人。作为一家专业的资产管理公司，为持有人提供长期稳健的回报是银华基金的核心价值所在。成立19年来，银华旗下管理的多只基金业绩排名同类产品前列，并获得多项业内大奖，多次赢得独立专业机构的高度评价，六次获得“金牛基金管理公司”奖。

历年管理公募基金

基金数量（只）

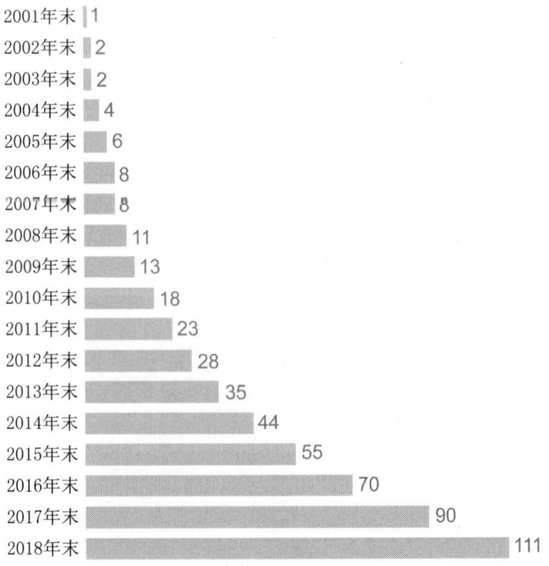

基金资产规模（亿元）

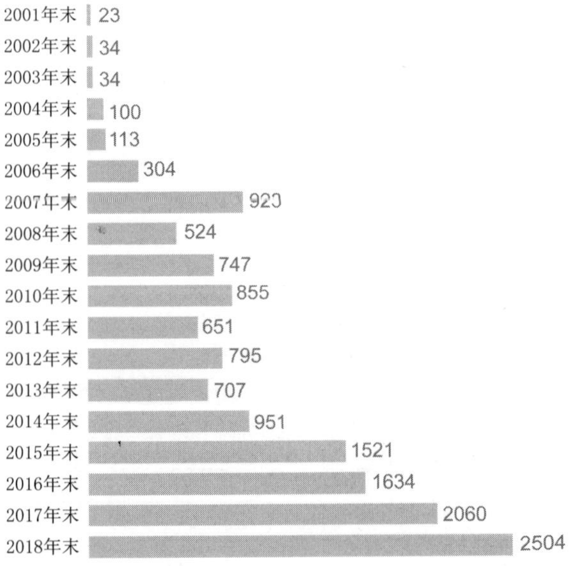

长城基金管理有限公司

官方微信服务号：changchengfund

公司性质：内资　　**客服电话**：400-886-8666

董事长：王　军　　**总经理**：熊科金

基本情况

成立时间：2001年12月27日

注册资本：1.5亿元

注册地点：深圳

员工总数：175人

管理基金资产规模：742亿元

注：以上数据截至2018年12月31日

股东结构

股东名称	持股比例（%）
长城证券股份有限公司	47.059
北方国际信托股份有限公司	17.647
东方证券股份有限公司	17.647
中原信托有限公司	17.647

发展概况

长城基金是国内成立的第15家基金公司，公司总部设在深圳，在深圳、北京、上海设有分公司。2008年3月获得专户理财业务资格。2013年8月公司设有子公司——长城嘉信资产管理有限公司。截至2018年12月31日，长城基金旗下管理42只公募基金产品，管理基金资产规模742亿元。

历年管理公募基金

基金数量（只）

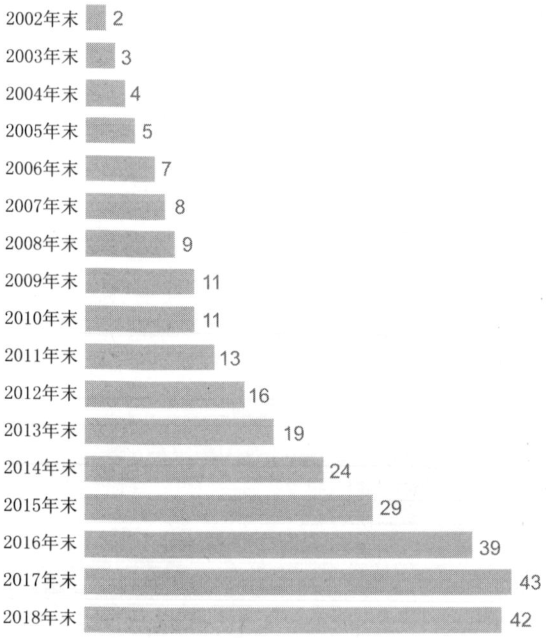

基金资产规模（亿元）

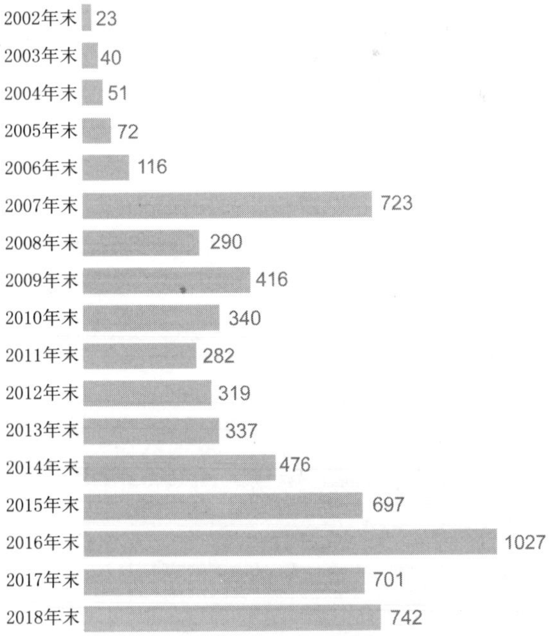

泰达宏利基金管理有限公司

官方微信服务号：mfcteda_BJ

公司性质：合资　　**客服电话**：4006988888

董事长：弓劲梅　　**总经理**：傅国庆

基本情况

成立时间：2002年6月6日

注册资本：1.8亿元

注册地点：北京

员工总数：167人

管理资产总规模：582.74亿元

注：以上数据截至2018年12月31日；管理总资产规模包括公募基金、专户

股东结构

股东名称	持股比例（%）
天津市泰达国际控股（集团）有限公司	51.00
宏利投资管理（香港）有限公司	49.00

发展概况

泰达宏利基金总部设在北京，在北京、上海、广州分别设有分公司。

2008年3月获得专户理财业务资格，2009年4月获得QDII基金管理人资格。

截至2018年12月31日，泰达宏利基金管理52只公募基金，管理基金资产规模320.20亿元。

历年管理公募基金

基金数量（只）

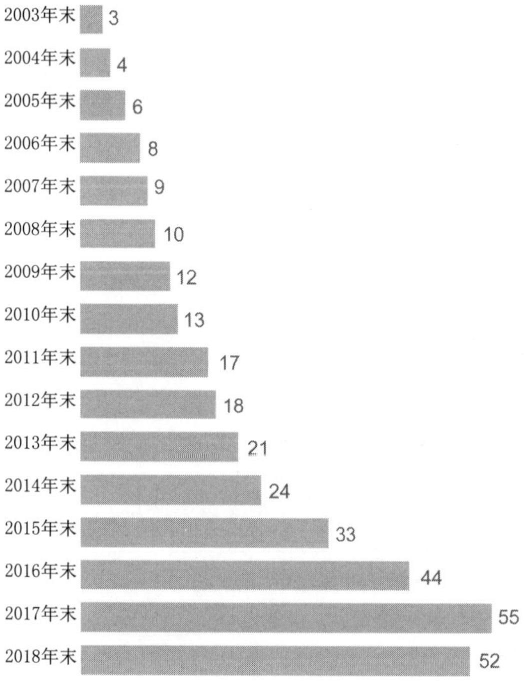

基金资产规模（亿元）

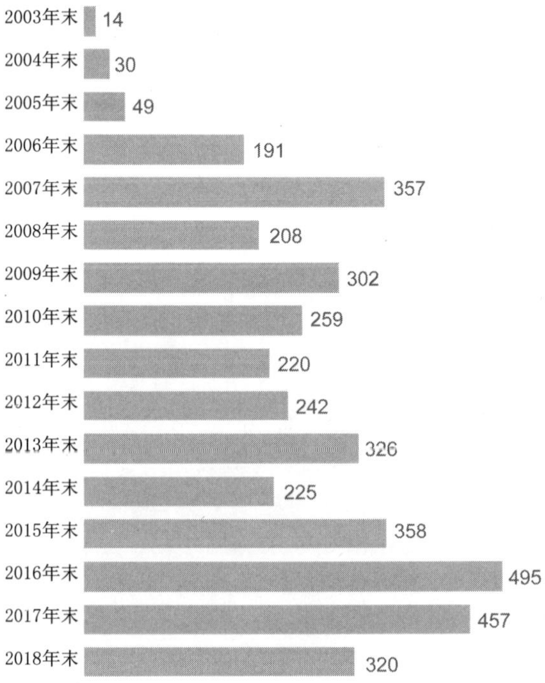

国投瑞银基金管理有限公司

官方微信服务号：GTRY88

公司性质：合资　客服电话：400-880-6868

董事长：叶柏寿　总经理：王彦杰

基本情况

成立时间：2002年6月13日

注册资本：1亿元

注册地点：上海

员工总数：246人

管理资产总规模：1347亿元

股东结构

股东名称	持股比例(%)
国投泰康信托有限公司	51.00
瑞银集团	49.00

注：以上数据截至2018年12月31日；管理总资产规模含公募基金、专户、投顾、香港子公司、专户子公司；王彦杰自2019年10月28日起担任总经理职务。

发展概况

国投瑞银基金总部在上海，办公地点包括上海、深圳、北京、香港四地，在深圳、香港设有两家全资子公司——国投瑞银资本管理有限公司和国投瑞银资产管理（香港）有限公司。

国投瑞银基金2007年12月获得QDII资格；国投瑞银香港子公司2012年12月获得RQFII业务资格，2014年12月获得QFII业务资格。目前国投瑞银基金业务范围已涵盖公募基金、专户产品、专项资产管理，并已获得QDII、RQFII、QFII、QDIE等业务资格。

截至2018年12月31日，公司共管理70只基金，管理基金资产规模772.52亿元；累计分红总额257亿元，服务持有人超过840万户。

历年管理公募基金

基金数量（只）

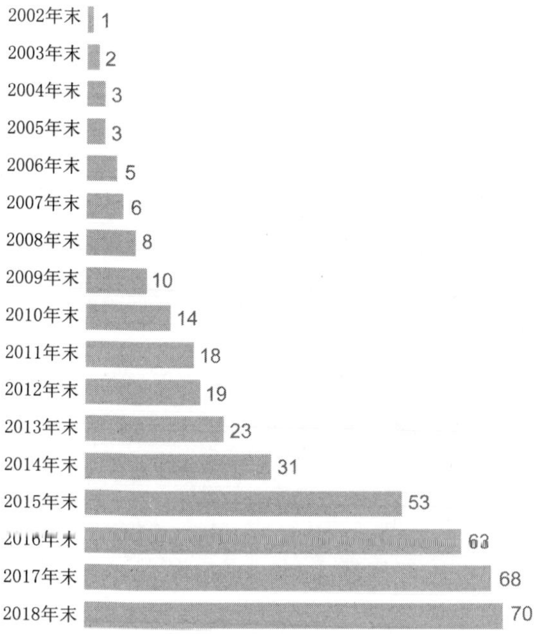

基金资产规模（亿元）

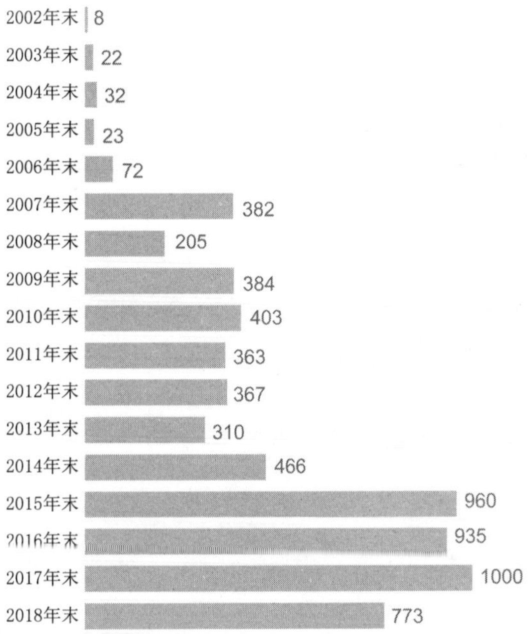

银河基金管理有限公司

官方微信服务号：yinhejijin

公司性质：内资　　**客服电话**：400-820-0860

董事长：刘立达　　**总经理**：范永武

基本情况

成立时间：2002年6月14日

注册资本：2亿元

注册地点：上海

员工总数：167人

管理资产总规模：1011.14亿元

注：管理总资产包括公募基金规模900.24亿元，其中非货币型基金506亿元，货币型基金394.24亿元；专户业务净值规模110.9亿元

股东结构

股东名称	持股比例（%）
中国银河金融控股有限责任公司	50.00
中国石油天然气集团公司	12.50
上海城投（集团）有限公司	12.50
首都机场集团公司	12.50
湖南电广传媒股份有限公司	12.50

发展概况

银河基金是按照市场化机制批准成立的首家基金管理公司，是中央汇金公司旗下专业资产管理机构。公司在北京、广州、深圳、南京、哈尔滨设有分公司，在上海设有子公司——银河资本资产管理有限公司。2011年12月公司获得专户理财业务资格。

截至2018年12月31日，银河基金管理61只公募基金，管理基金资产规模900.24亿元。累计分红总额263.45亿元，服务持有人510万户。

历年管理公募基金

基金数量（只）

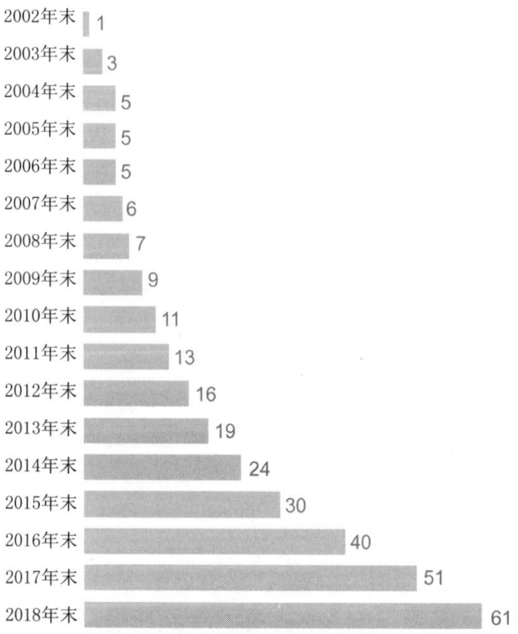

基金资产规模（亿元）

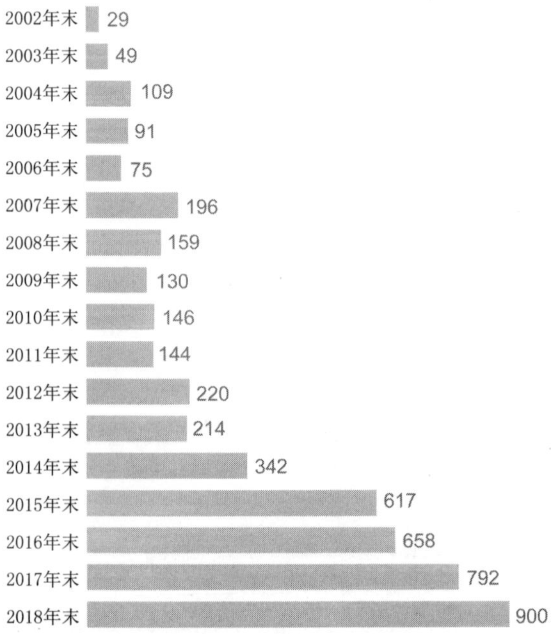

万家基金管理有限公司

官方微信服务号：wjfund

公司性质：内资　　客服电话：021-38909600

董事长：方一天　　总经理：经晓云

基本情况

成立时间：2002年8月23日

注册资本：1亿元

注册地点：上海

员工总数：174人

管理资产总规模：895.91亿元

股东结构

股东名称	持股比例（%）
中泰证券股份有限公司	49.00
新疆国际实业股份有限公司	40.00
山东省国有资产投资控股有限公司	11.00

注：以上数据截至2018年12月31日；股票型基金16.2亿元，混合型基金172.12亿元，债券型基金256.78亿元，货币型基金388.43亿元，其他11.63亿元

发展概况

万家基金原名为天同基金。2006年2月20日正式更名为万家基金。公司总部位于上海，在上海、天津设有子公司——万家共赢资产管理有限公司（专户子公司）和万家财富基金销售（天津）有限公司。2011年公司获得专户理财业务资格。

截至2018年12月31日，万家基金共管理61只基金，管理基金资产规模845.16亿元；累计分红总额154.33亿元，服务持有人505.45万户。

历年管理公募基金

基金数量（只）

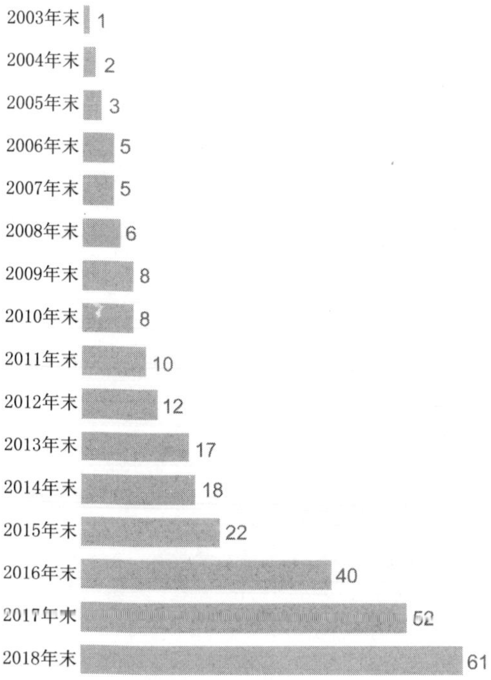

基金资产规模（亿元）

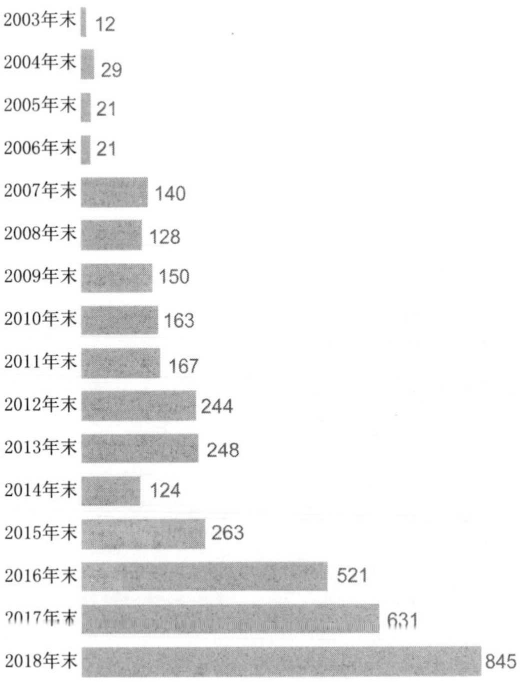

金鹰基金管理有限公司

官方微信服务号：licaibaowx

公司性质：内资　　**客服电话**：020-83282855

董事长：李兆廷　　**总经理**：刘志刚

基本情况

成立时间：2002年12月25日

注册资本：5.102亿元

注册地点：广州

员工总数：175人

管理资产总规模：739.62亿元

注：以上数据截至2018年12月31日；管理总资产规模包括公募基金、专户

股东结构

股东名称	持股比例(%)
东旭集团有限公司	66.19
广州证券股份有限公司	24.01
广州白云山医药集团股份有限公司	9.80

发展概况

金鹰基金总部设在广州，在北京、上海、广州、深圳、成都设有5个分公司，在广州设有子公司——广州金鹰资产管理有限公司。2011年获得专户理财业务资格。

截至2018年12月31日，金鹰基金共管理45只基金，管理基金资产规模601.09亿元，累计分红总额153.45亿元，服务持有人69.44户。

历年管理公募基金

基金数量（只）

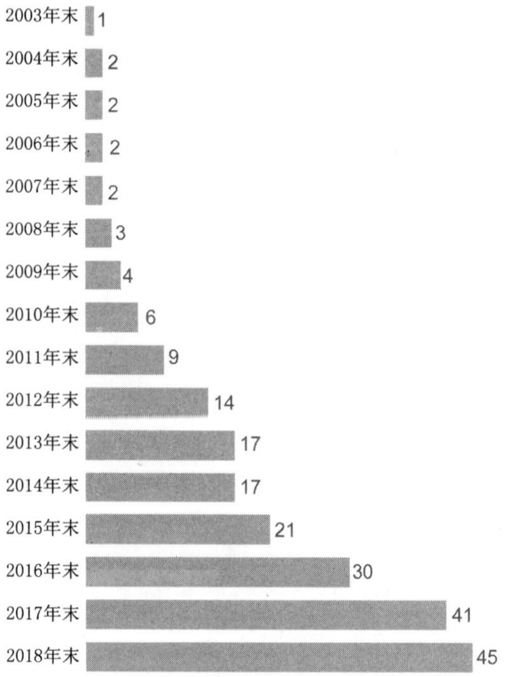

基金资产规模（亿元）

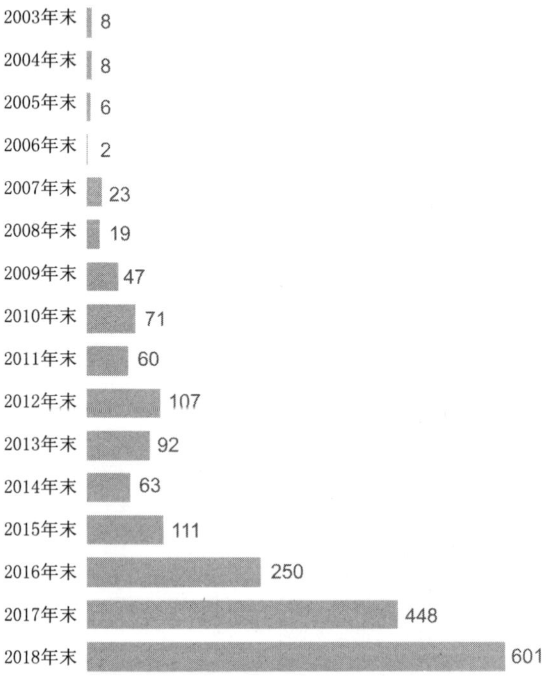

招商基金管理有限公司

官方微信服务号：CMF4008879555

公司性质：内资　　客服电话：400-887-9555

董事长：刘　辉　　总经理：金　旭

基本情况

成立时间：2002年12月27日

注册资本：13.1亿元

注册地点：深圳

员工总数：397人（不含子公司）

管理资产总规模：4938亿元（不含子公司）

股东结构

股东名称	持股比例（%）
招商银行股份有限公司	55.00
招商证券股份有限公司	45.00

注：以上数据截至2018年12月31日；管理资产总规模包括公募基金、专户；刘辉自2019年10月31日起担任董事长职务

发展概况

招商基金管理有限公司于2002年12月27日经中国证监会（2002）100号文批准设立，是中国第一家中外合资基金管理公司。公司的经营范围包括发起设立基金、基金管理业务和中国证监会批准的其他业务。

目前，本公司的股东股权结构为：招商银行股份有限公司持有公司全部股权的55%，招商证券股份有限公司持有公司全部股权的45%。公司注册资本金为13.1亿元人民币。目前，招商基金拥有两家全资子公司，分别为招商财富资产管理有限公司和招商资产管理（香港）有限公司。

招商基金以“为投资者创造更多价值”为使命，秉承诚信、理性、专业、协作、成长的核心价值观，努力成为中国资产管理行业具有差异化竞争优势、一流品牌的资产管理公司。

截至2018年12月31日，公司共管理137只基金，管理公募基金资产规模3833亿元。

截至2018年12月31日，累计分红总额超390亿元，服务基金持有人总户数4661万人。

历年管理公募基金

基金数量（只）

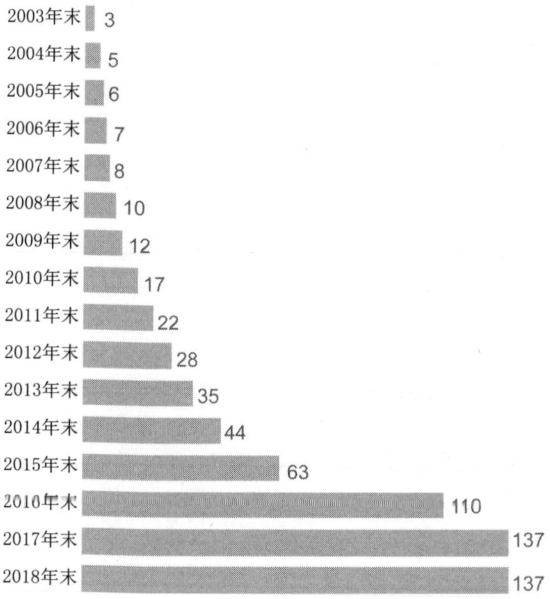

基金资产规模（亿元）

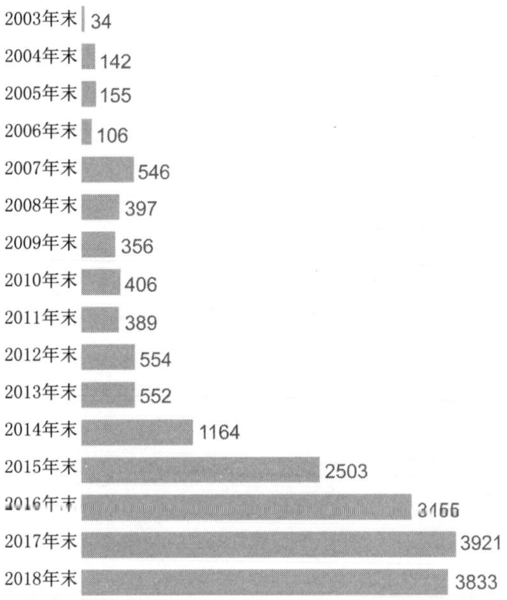

华宝基金管理有限公司

官方微信服务号：hbxyfund

公司性质：合资　　客服电话：400-700-5588

董事长：孔祥清　　总经理：黄小薏

基本情况

成立时间：2003年3月7日

注册资本：1.5亿元

注册地点：上海

员工总数：255人

管理基金资产规模：1673亿元

注：以上数据截至2018年12月31日；管理基金资产规模包括货币型基金1344亿元；股票型基金58亿元；混合型基金139亿元；债券型基金90亿元；QDII基金36亿元；另类投资基金6亿元

股东结构

股东名称	持股比例(%)
华宝信托有限责任公司	51.00
美国华平投资集团	49.00

发展概况

华宝基金是国内首家由信托公司和外方资产管理公司发起设立的合资基金管理公司。公司总部设在上海，在北京、深圳设有分公司，在香港设有子公司—华宝资产管理（香港）有限公司。

2007年获得QDII业务资格，2008年3月获得专户理财业务资格，2014年获得RQFII业务资格。目前已发展成为一家提供国内公募基金产品、海外投资基金产品、专户理财服务和投资顾问的综合性资产管理公司。

截至2018年12月31日，华宝基金旗下共管理63只基金产品，管理基金资产规模1673亿元；累计分红总额3亿元；服务持有人984万户。

历年管理公募基金

基金数量（只）

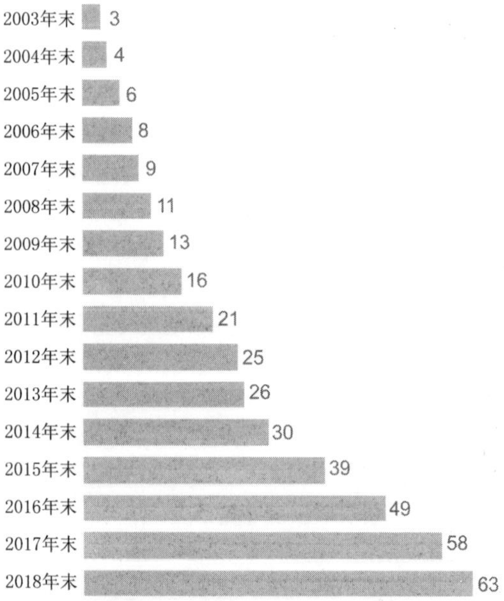

基金资产规模（亿元）

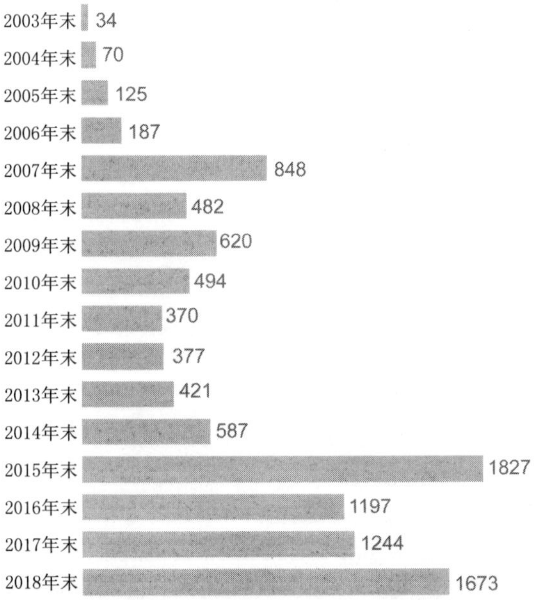

摩根士丹利华鑫基金管理有限公司

官方微信订阅号：MSFUNDS

公司性质：合资　　**客服电话**：400-8888-668

董事长：周　熙　　**总经理**：王鸿嫔

基本情况

成立时间：2003年3月14日

注册资本：2.275亿元

注册地点：深圳

员工总数：122人

管理资产总规模：178.15亿元

注：以上数据截至2018年12月31日；管理总资产规模含公募基金、专户

股东结构

股东名称	持股比例(%)
华鑫证券有限责任公司	39.56
摩根士丹利国际控股公司	37.363
深圳市招融投资控股有限公司	10.989
深圳市基石创业投资有限公司	6.593
深圳市中技实业(集团)有限公司	5.495

发展概况

摩根士丹利华鑫基金总部设于深圳，在北京、上海设有分公司。

2011年获得专户理财业务资格。

截至2018年12月31日，摩根士丹利华鑫基金管理25只公募基金，管理基金资产规模175.70亿元；累计分红总额61.33亿元，服务持有人2739385户。

历年管理公募基金

基金数量（只）

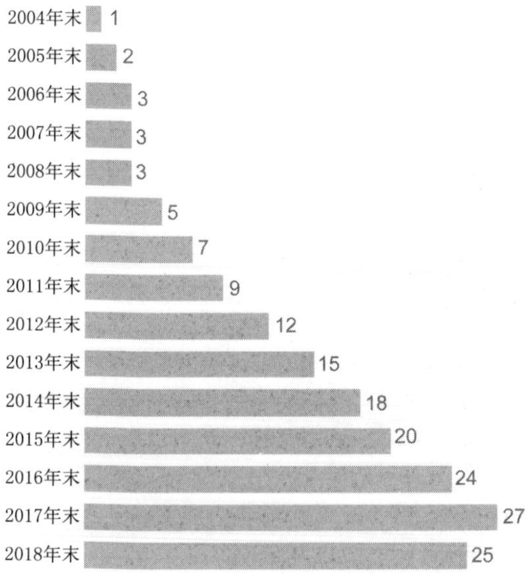

基金资产规模（亿元）

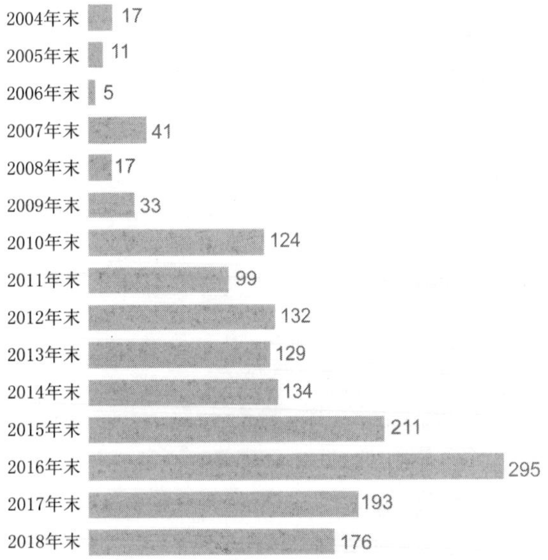

国联安基金管理有限公司

官方微信订阅号：神基太保

公司性质：合资　　客服电话：400-700-0365

董事长：于业明　　总经理：孟朝霞

基本情况

成立时间：2003年4月3日

注册资本：1.5亿元

注册地点：上海

员工总数：148人

管理资产总规模：338.76亿元

注：以上数据截至2018年12月31日；管理总资产规模包括公募基金、专户

股东结构

股东名称	持股比例（%）
太平洋资产管理有限责任公司	51.00
德国安联集团	49.00

发展概况

国联安基金总部设在上海，在北京设有办事处。2011年获得专户理财业务资格。

截至2018年12月31日，国联安基金管理39只公募基金，管理基金资产规模320.25亿元；旗下基金累计分红199.54亿元，服务持有人超过200万户。

历年管理公募基金

基金数量（只）

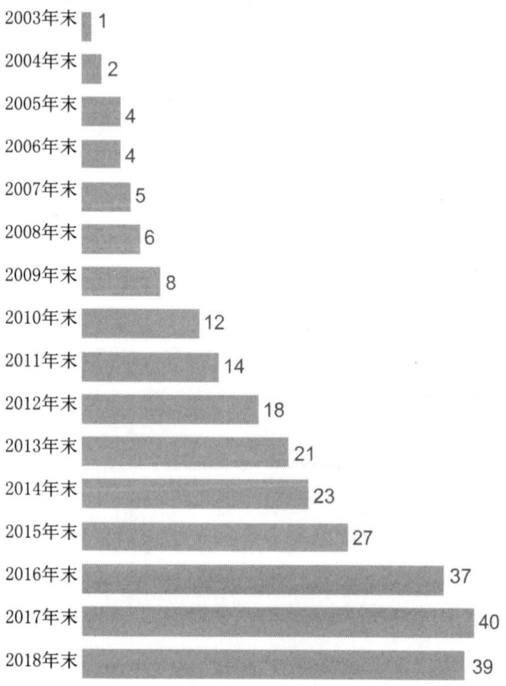

基金资产规模（亿元）

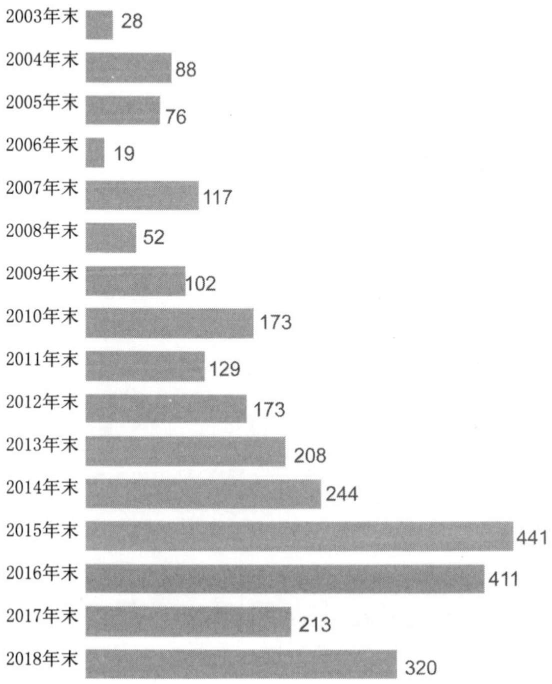

海富通基金管理有限公司

官方微信服务号：fund_hft

公司性质：合资　　客服电话：40088-40099

董事长：杨仓兵　　总经理：任志强

基本情况

成立时间：2003年4月18日

注册资本：3.0亿元

注册地点：上海

员工总数：272人

管理资产总规模：2120亿元

股东结构

股东名称	持股比例（%）
海通证券股份有限公司	51.00
法国巴黎资产管理BE控股公司	49.00

注：以上数据截至2018年12月31日；员工总数包含子公司；管理资产总规模包含公募基金、社保基金、基本养老保险基金、企业年金、母子公司专户、子公司ABS、子公司PPP项目规模

发展概况

海富通基金管理有限公司（简称海富通基金）总部设于上海，在北京、深圳设有分公司，在香港和上海设有子公司——海富通资产管理（香港）有限公司（简称海富通香港）和上海富诚海富通资产管理有限公司。

海富通基金于2003年4月获得基金管理资格，2005年8月获得企业年金基金管理机构资格，2007年8月获得合格境内机构投资者（QDII）业务资格，2008年3月获得特定客户资产管理业务资格，2010年12月获得全国社会保障基金境内委托投资管理人资格，2012年9月获得保险资金委托投资管理人资格，2016年12月获得基本养老保险基金投资管理人资格。

海富通香港于2011年12月获批RQFII资格，2013年5月获批QFII资格。

截至2018年12月31日，海富通基金管理56只公募基金，管理基金资产规模746.92亿元；累计分红总额374亿元，服务持有人444万户。

历年管理公募基金

基金数量（只）

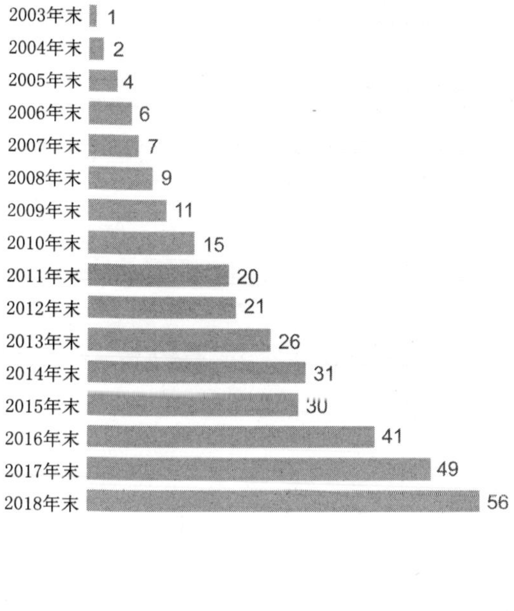

基金资产规模（亿元）

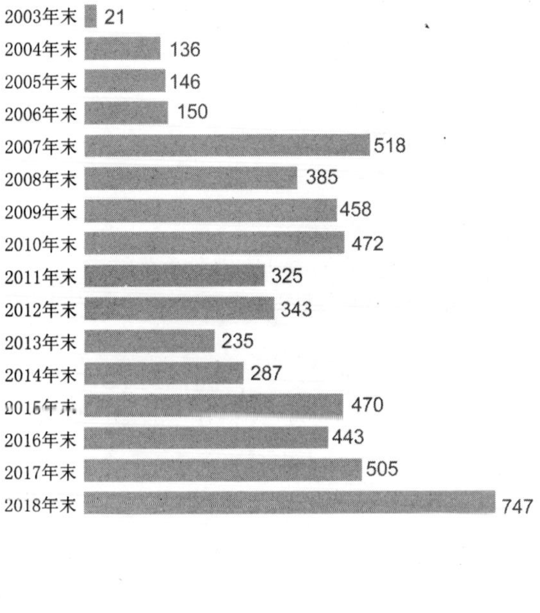

长信基金管理有限责任公司

官方微信服务号：cxfund

公司性质：内资　　客服电话：400-700-5566

董事长：成善栋　　总经理：覃　波

基本情况

成立时间：2003年5月9日

注册资本：1.65亿元

注册地点：上海

员工总数：210人

管理资产总规模：514.29亿元

注：以上数据截至2018年12月31日；管理总资产规模包括公募基金、专户

股东结构

股东名称	持股比例（%）
长江证券股份有限公司	44.55
上海海欣集团股份有限公司	31.21
武汉钢铁股份有限公司	15.15
上海彤胜投资管理中心（有限合伙）	4.55
上海彤骏投资管理中心（有限合伙）	4.54

发展概况

长信基金总部在上海，在北京、深圳、武汉设有分公司，在上海设有子公司——上海长江财富资产管理有限公司。

2009年2月获得专户理财业务资格，2009年获得QDII业务资格。

截至2018年12月31日，长信基金管理64只公募基金，管理基金资产规模473.03亿元。

历年管理公募基金

基金数量（只）

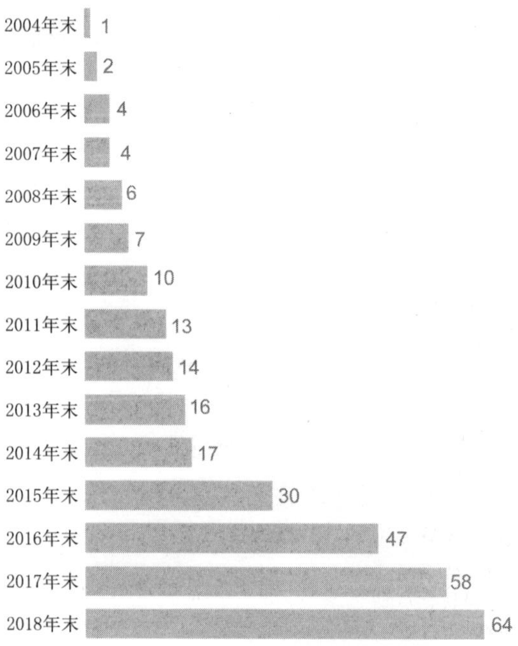

基金资产规模（亿元）

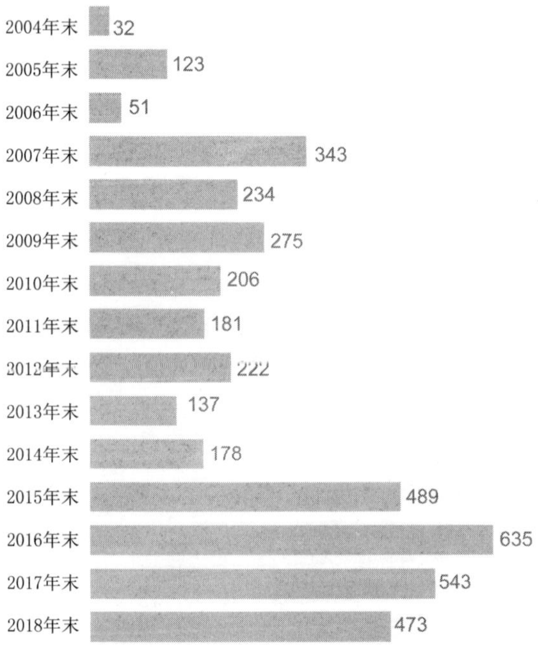

泰信基金管理有限公司

官方微信服务号：ft_fund

公司性质：内资　　客服电话：400-888-5988

董事长：万　众　　总经理：葛　航

基本情况

成立时间：2003年5月23日

注册资本：2亿元

注册地点：上海

员工总数：100人

管理资产总规模：34.52亿元

股东结构

股东名称	持股比例（%）
山东省国际信托股份有限公司	45.00
江苏省投资管理有限责任公司	30.00
青岛国信实业有限公司	25.00

注：以上数据截至2018年12月31日；管理总资产规模包括公募基金、专户

发展概况

泰信基金是实施“好人举手”承诺自律制度后，第一家以信托公司为主发起人的基金管理公司。公司总部位于上海，在北京、深圳设有分公司，在上海设有子公司——上海锐懿资产管理有限公司。2011年获得专户理财业务资格。

截至2018年12月31日，泰信基金管理21只公募基金，管理基金资产规模22.74亿元；旗下基金累计分红32.32亿元，服务基金持有人117495户。

历年管理公募基金

基金数量（只）

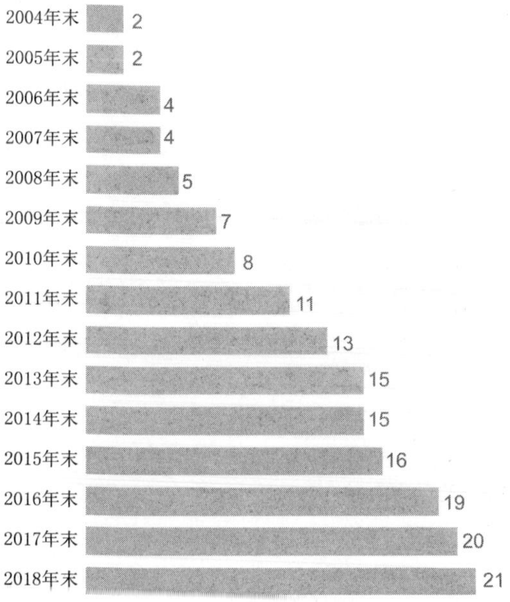

基金资产规模（亿元）

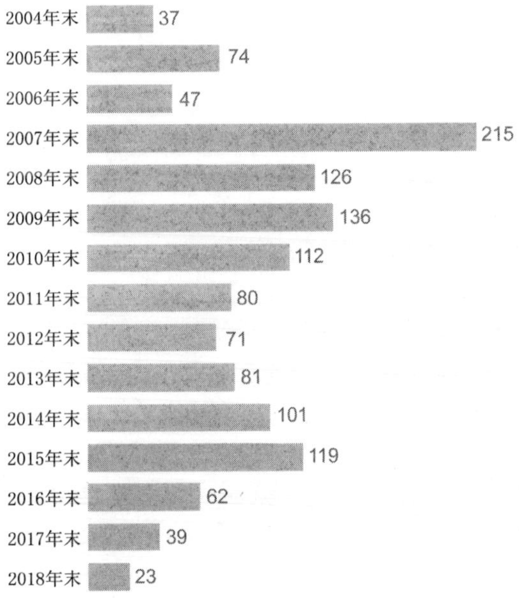

天治基金管理有限公司

官方微信订阅号：tianzhijijin

公司性质：内资　　客服电话：400-098-4800

董事长：单　宇　　总经理：徐克磊

基本情况

成立时间：2003年5月27日

注册资本：1.6亿元

注册地点：上海

员工总数：69人

管理资产总规模：19.86亿元

注：以上数据截至2018年12月31日；管理总资产规模包括公募基金、专户

股东结构

股东名称	持股比例(%)
吉林省信托有限责任公司	61.25
中国吉林森林工业集团有限责任公司	38.75

发展概况

天治基金总部在上海，在北京设有分公司，在北京设有子公司——天治北部资产管理有限公司。2011年获得专户理财业务资格。

截至2018年12月31日，天治基金管理11只公募基金，管理基金资产规模14.37亿元；旗下基金累计分红13.86亿元，服务持有人1538621户。

历年管理公募基金

基金数量（只）

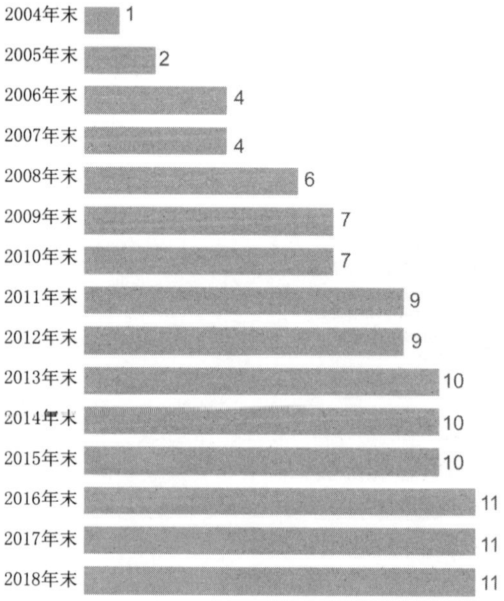

基金资产规模（亿元）

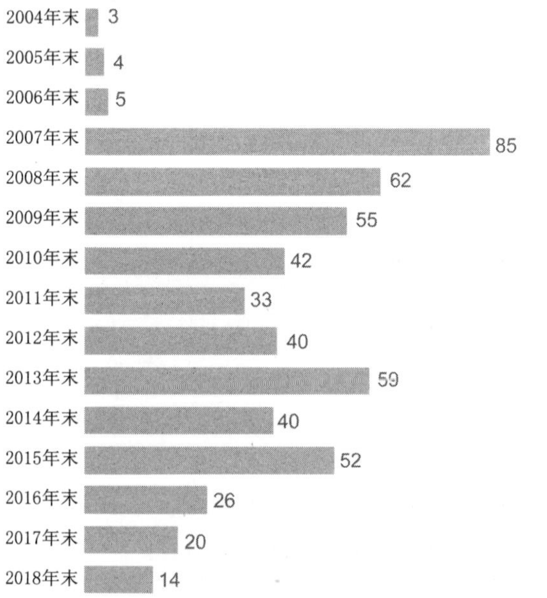

景顺长城基金管理有限公司

官方微信服务号：IGWfund

公司性质：合资　**客服电话**：400-8888-606

董事长：丁　益　**总经理**：康　乐

基本情况

成立时间：2003年6月12日

注册资本：1.3亿元

注册地点：深圳

员工总数：223人

管理资产总规模：1841.76亿元

股东结构

股东名称	持股比例（%）
景顺资产管理有限公司	49.00
长城证券股份有限公司	49.00
大连实德集团有限公司	1.00
开滦（集团）有限责任公司	1.00

注：以上数据截至2018年12月31日；管理总资产规模包括公募基金、专户

发展概况

公司总部在深圳，在北京、上海、广州设有分公司，在深圳设有子公司—景顺长城资产管理（深圳）有限公司。

2008年4月获得专户理财业务资格，2008年5月获得QDII业务资格。

截至2018年12月31日，公司共管理69只基金，管理基金资产规模1449.49亿元。累计分红总额278亿元，服务基金持有人总户数27450041户。

历年管理公募基金

基金数量（只）

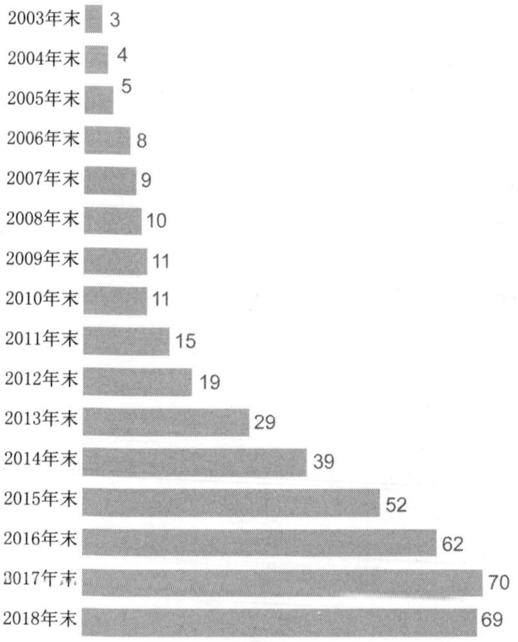

基金资产规模（亿元）

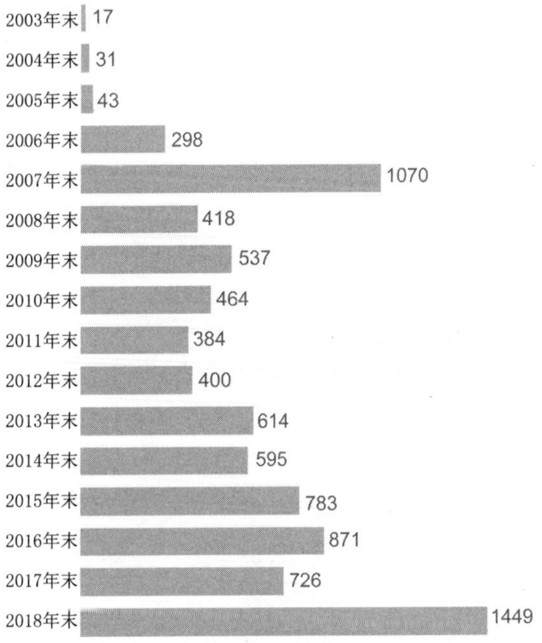

广发基金管理有限公司

官方微信服务号：gffunds2003

公司性质：内资　　客服电话：95105828

董事长：孙树明　　总经理：林传辉

基本情况

成立时间：2003年8月5日

注册资本：1.2688亿元

注册地点：广东珠海

员工总数：508人

管理资产总规模：7244.8亿元

注：以上数据截至2018年12月31日；管理总资产规模包括公募、非公募（含专户、社保、养老金等）

股东结构

股东名称	持股比例（%）
广发证券股份有限公司	60.593
烽火通信科技股份有限公司	15.763
深圳市前海香江金融控股集团有限公司	15.763
广州科技金融创新投资控股有限公司	7.881

发展概况

广发基金总部设在广州，在北京、上海、广州设有分公司，并设立了子公司——广发国际资产管理有限公司（香港子公司）和瑞元资本管理有限公司（专户子公司）。

2008年2月获得专户理财业务资格，2009年1月获得QDII业务资格，2010年12月获得全国社保基金投资管理人资格，2012年获得RQFII业务资格，2016年12月获得养老金管理人资格。

截至2018年12月31日，广发基金管理181只基金及多个特定客户资产管理投资组合、社保基金投资组合、养老基金投资组合，资产管理规模超7200亿，长期位居行业前列；公司累计向6600万持有人分红超796亿元，为持有人赚取盈利超645亿元。

历年管理公募基金

基金数量（只）

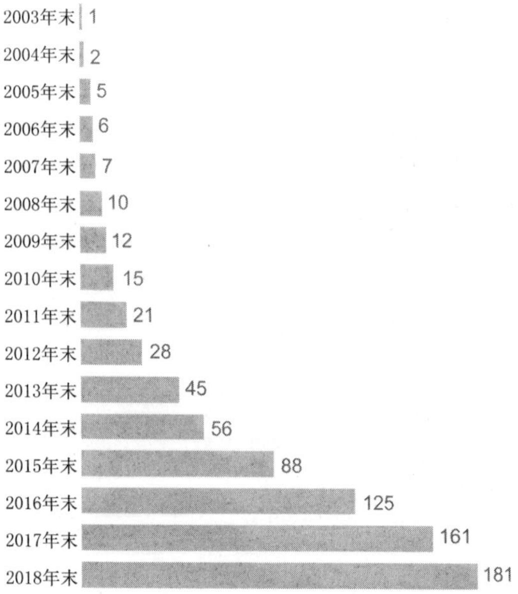

基金资产规模（亿元）

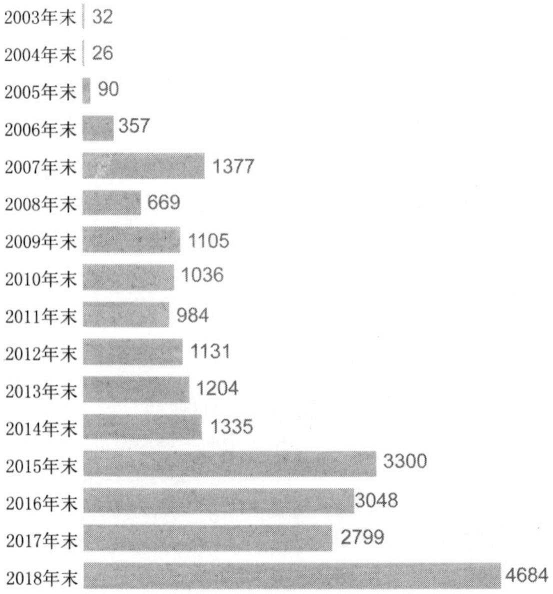

兴全基金管理有限公司

官方微信服务号：xqfunds

公司性质：合资　　客服电话：400-678-0099

董事长：兰　荣　　总经理：庄园芳

基本情况

成立时间：2003年9月30日

注册资本：1.5亿元

注册地点：上海

员工总数：258人

管理资产总规模：2597.52亿元

注：以上数据截至2018年12月31日；管理总资产规模包括公募1876.77亿元，专户（含子公司）720.75亿元

股东结构

股东名称	持股比例（%）
兴业证券股份有限公司	51.00
全球人寿保险国际公司	49.00

发展概况

兴全基金总部位于上海，在北京、深圳、厦门设有分公司，在上海设有子公司——上海兴全睿众资产管理有限公司。2008年12月获得专户理财业务资格。

截至2018年12月31日，兴全基金管理22只公募基金，管理公募基金资产规模1876.77亿元；旗下基金累计分红总额385.31亿元，服务基金持有人712.18万户。

历年管理公募基金

基金数量（只）

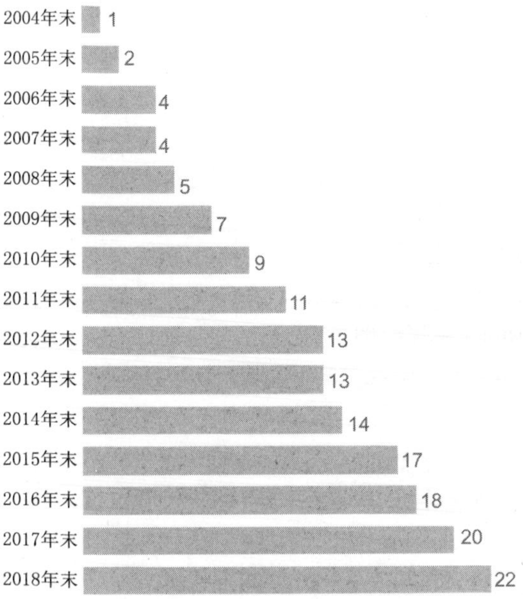

基金资产规模（亿元）

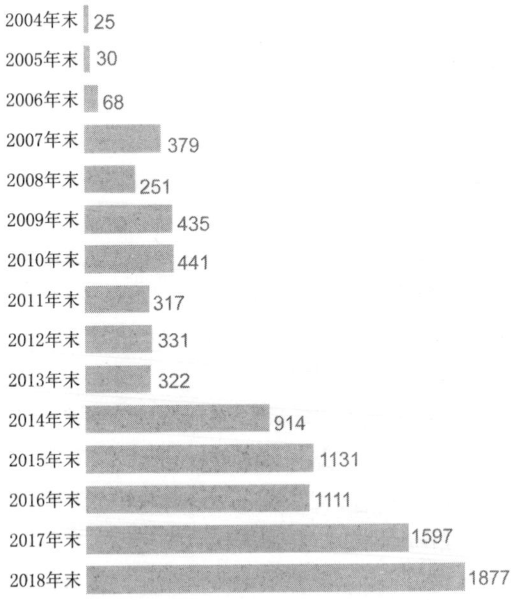

（数据来源：兴全基金、wind）

诺安基金管理有限公司

官方微信服务号：lionfund

公司性质：内资　　客服电话：400-888-8998

董事长：秦维舟

基本情况

成立时间：2003年12月9日

注册资本：1.5亿元

注册地点：深圳

员工总数：209人

管理基金资产规模：1082.20亿元

注：以上数据来源wind，截至2018年12月31日

股东结构

股东名称	持股比例（%）
深圳市捷隆投资有限公司	40.00
中国对外经济贸易信托有限公司	40.00
大恒新纪元科技股份有限公司	20.00

发展概况

诺安基金总部设在深圳，在北京、上海、广州设有分公司，在香港、北京设有子公司——诺安基金（香港）有限公司和诺安资产管理有限公司。

2008年2月获得专户理财业务资格，2008年5月获得QDII业务资格，2013年获得RQFII业务资格。

截至2018年12月31日，诺安基金管理59只基金，公募基金管理规模1082.20亿元；旗下基金累计分红243.29亿元。

历年管理公募基金

基金数量（只）

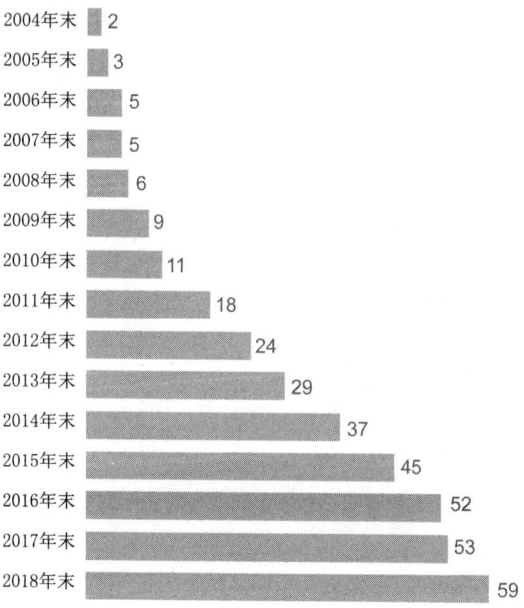

基金资产规模（亿元）

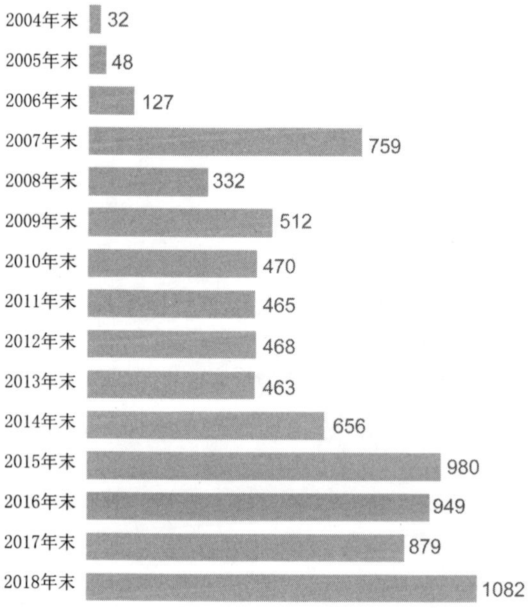

申万菱信基金管理有限公司

官方微信服务号：SW_SMU

公司性质：合资　**客服电话**：400-880-8588

董事长：刘　郎　**总经理**：来肖贤

基本情况

成立时间：2004年1月15日

注册资本：1.5亿元

注册地点：上海

员工总数：173人

管理资产总规模：522亿元

注：以上数据截至2018年12月31日；管理总规模包括公募基金与专户，其中公募基金规模261.58亿元

股东结构

股东名称	持股比例（%）
申万宏源证券有限公司	67.00
三菱UFJ信托银行株式会社	33.00

发展概况

申万菱信基金总部设在上海，在北京、广州设立了分公司；2014年3月，在上海成立了全资子公司一申万菱信（上海）资产管理有限公司。

2011年12月获得专户理财业务资格，2016年1月获得QDII业务资格。

截至2018年12月31日，申万菱信基金旗下共管理34只公募基金，管理基金资产规模261.58亿元；累计分红总额111.36亿元，服务持有人586万户。

历年管理公募基金

基金数量（只）

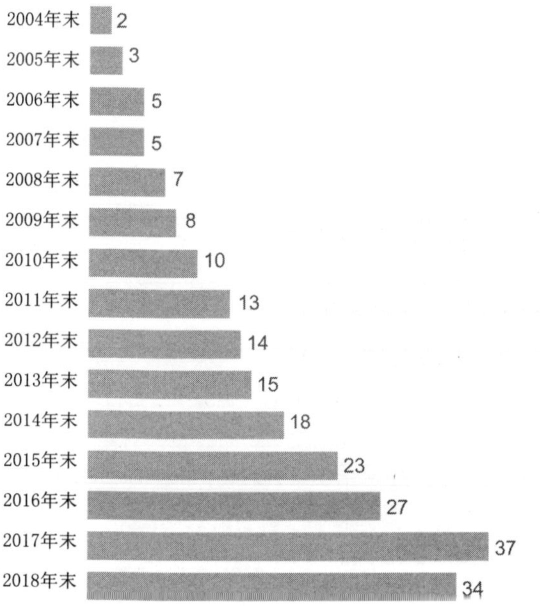

基金资产规模（亿元）

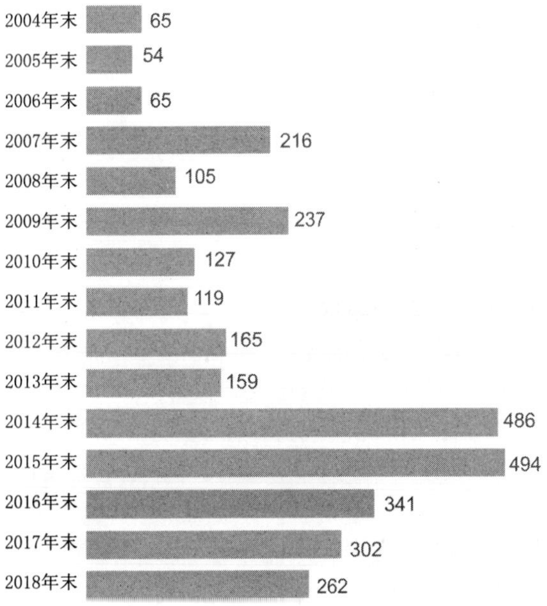

中海基金管理有限公司

官方微信服务号：zh-fund

公司性质：合资　　客服电话：400-888-9788

董事长：黄晓峰　　总经理：杨皓鹏

基本情况

成立时间：2004年3月18日

注册资本：1.47亿元

注册地点：上海

员工总数：121人

管理基金资产规模：107.17亿元

注：以上数据截至2018年12月31日

股东结构

股东名称	持股比例(%)
中海信托股份有限公司	41.591
国联证券股份有限公司	33.409
法国爱德蒙得洛希尔银行股份有限公司	25.000

发展概况

中海基金总部位于上海浦东陆家嘴金融圈，在北京设有分公司，在上海设有子公司——中海恒信资产管理（上海）有限公司。2008年2月获得专户理财业务资格。

截至2018年12月31日，中海基金管理33只公募基金，管理基金资产规模107.17亿元；旗下基金累计分红199.16亿元，服务基金持有人4087631户。

历年管理公募基金

基金数量（只）

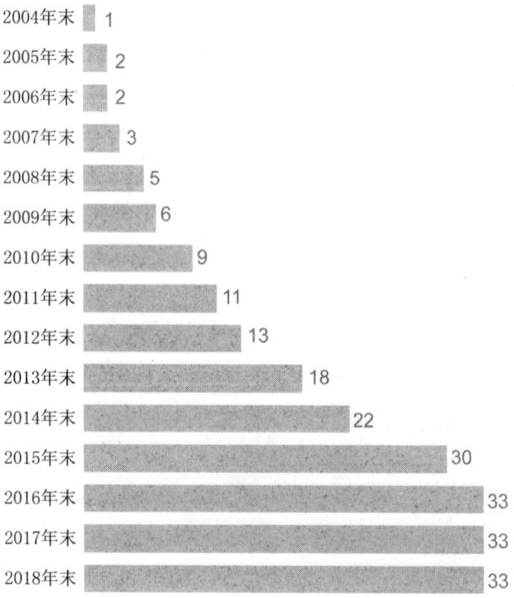

基金资产规模（亿元）

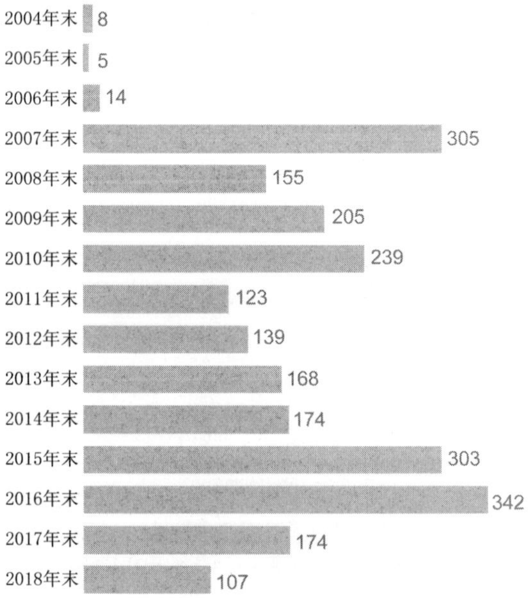

华富基金管理有限公司

官方微信服务号：hffund100031

公司性质：内资　　客服电话：4007008001

董事长：章宏韬　　总经理：余海春

基本情况

成立时间：2004年4月19日

注册资本：2.5亿元

注册地点：上海

员工总数：119人

管理基金资产规模：394.52亿元

注：以上数据截至2018年12月31日

股东结构

股东名称	持股比例(%)
华安证券股份有限公司	49.00
安徽省信用担保集团有限公司	27.00
合肥兴泰金融控股(集团)有限公司	24.00

发展概况

公司总部设在上海，在北京设有办事处，在上海设有子公司—上海华富利得资产管理有限公司。2011年12月获得专户理财业务资格。

截至2018年12月31日，华富基金管理36只公募基金，管理基金资产规模394.52亿元。累计分红总额18.7亿元，服务持有人102802户。

历年管理公募基金

基金数量（只）

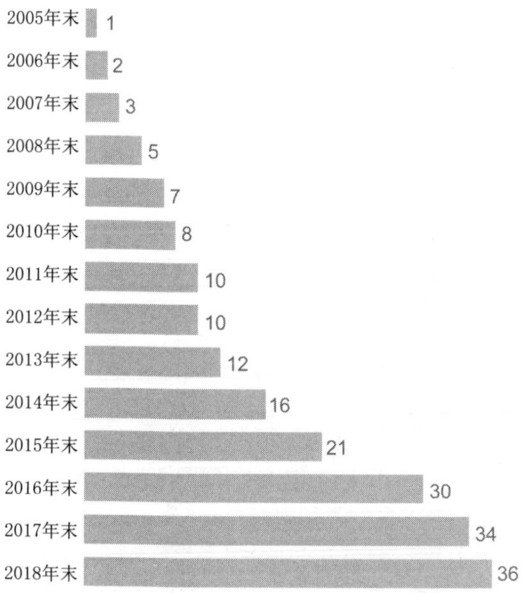

基金资产规模（亿元）

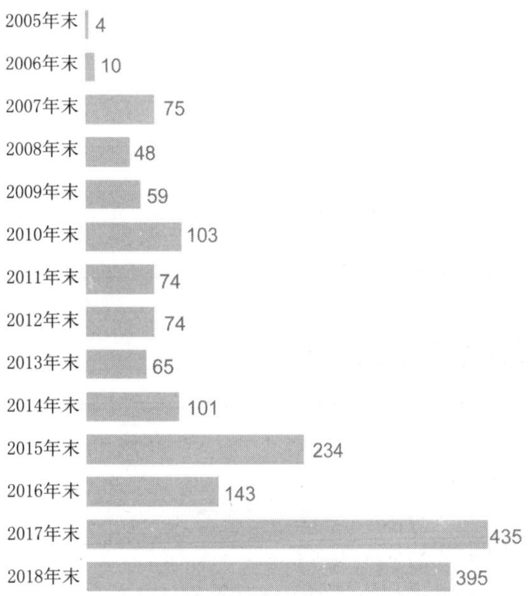

光大保德信基金管理有限公司

官方微信服务号：EPF-4008202888

公司性质：合资　　**客服电话**：4008-202-888

董事长：林　昌　　**总经理**：包爱丽

基本情况

成立时间：2004年4月22日

注册资本：1.6亿元

注册地点：上海

员工总数：191人

管理基金资产规模：938亿元

注：以上数据截至2018年12月31日

股东结构

股东名称	持股比例（%）
光大证券股份有限公司	55.00
美国保德信投资管理有限公司	45.00

发展概况

光大保德信基金总部设在上海，在北京和广州设有分公司，在上海设有子公司——光大保德信资产管理有限公司。

2008年8月获得专户理财业务资格，2008年获得QDII业务资格。

截至2018年12月31日，光大保德信基金管理45只公募基金，管理公募基金资产规模938亿元；旗下基金累计分红174亿元，服务基金持有人6089538户。

历年管理公募基金

基金数量（只）

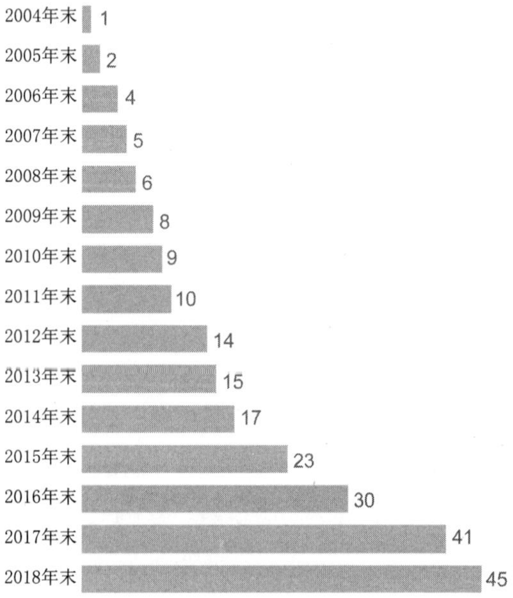

基金资产规模（亿元）

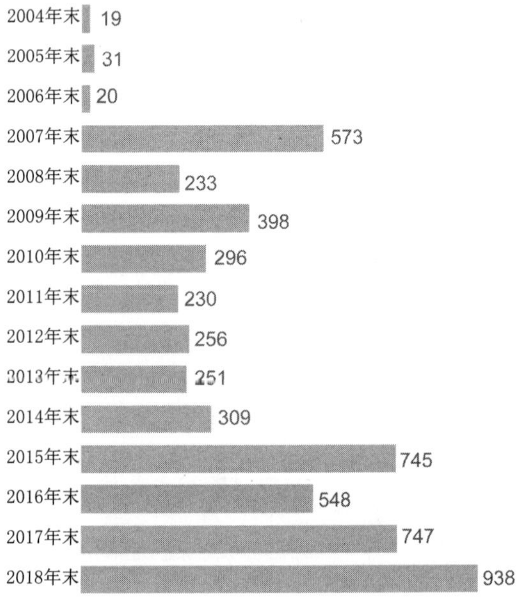

上投摩根基金管理有限公司

官方微信服务号：stmgfund

公司性质：合资　**客服电话**：400-889-4888

董事长：陈　兵　**总经理**：王大智

基本情况

成立时间：2004年5月12日

注册资本：2.5亿元

注册地点：上海

员工总数：300人

管理资产总规模：1600亿元

注：以上数据截至2018年12月31日；管理总资产规模包括公募基金、专户、互认基金资产规模

股东结构

股东名称	持股比例(%)
上海国际信托有限公司	51.00
摩根资产管理(英国)有限公司	49.00

发展概况

上投摩根基金总部设在上海，在北京、深圳、厦门设有分公司，在上海和香港设有子公司——尚腾资本管理有限公司和上投摩根资产管理（香港）有限公司。

2009年8月获得专户理财业务资格，2012年获得RQFII业务资格。

截至2018年12月31日，上投摩根基金管理63只公募基金，管理基金资产规模1250.19亿元；旗下基金累计分红503.65亿元，服务基金持有人总户数2000万户。

历年管理公募基金

基金数量（只）

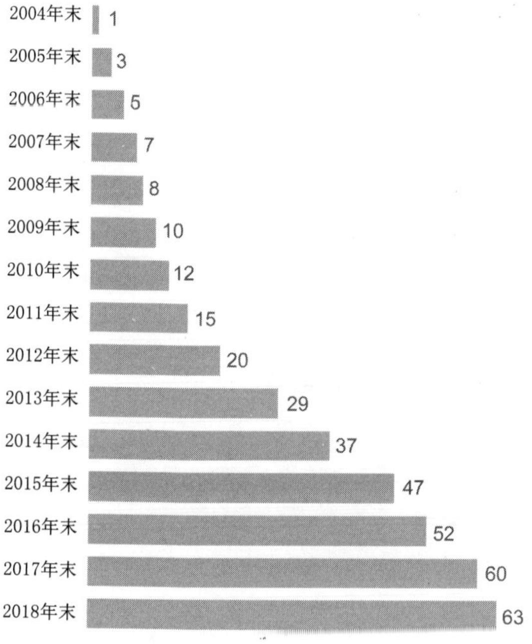

基金资产规模（亿元）

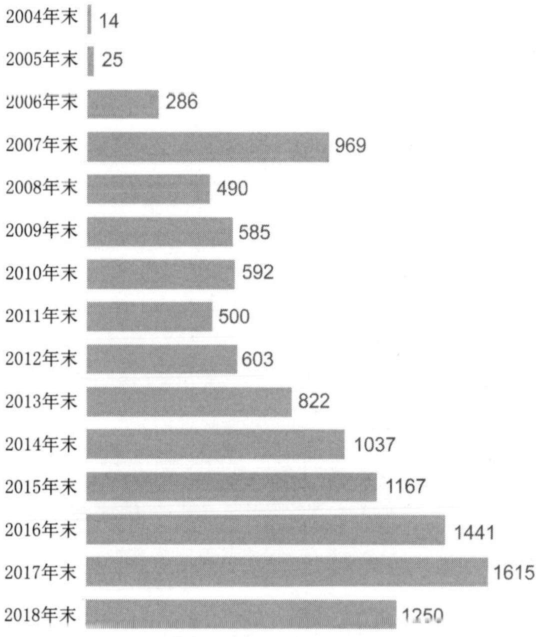

东方基金管理有限责任公司

官方微信服务号：orient_fund

公司性质：内资　　**客服电话**：400-628-5888

董事长：崔　伟　　**总经理**：刘鸿鹏

基本情况

成立时间：2004年6月11日

注册资本：3亿元

注册地点：北京

员工总数：155人

管理资产总规模：299.14亿元

注：以上数据截至2018年12月31日；管理总资产规模包括公募基金、专户

股东结构

股东名称	持股比例(%)
东北证券股份有限公司	64.00
河北省国有资产控股运营有限公司	27.00
渤海国际信托股份有限公司	9.00

发展概况

东方基金是东北证券股份有限公司控股的基金管理公司，在北京、上海、广州、成都设有4个分公司，在深圳设有子公司——东方汇智资产管理有限公司。

2011年12月获得专户理财业务资格，2015年8月获得QDII业务资格。

截至2018年12月31日，东方基金管理40只公募基金，管理基金资产规模181.53亿元；旗下基金累计分红0.7亿元，服务基金持有人344万户。

历年管理公募基金

基金数量（只）

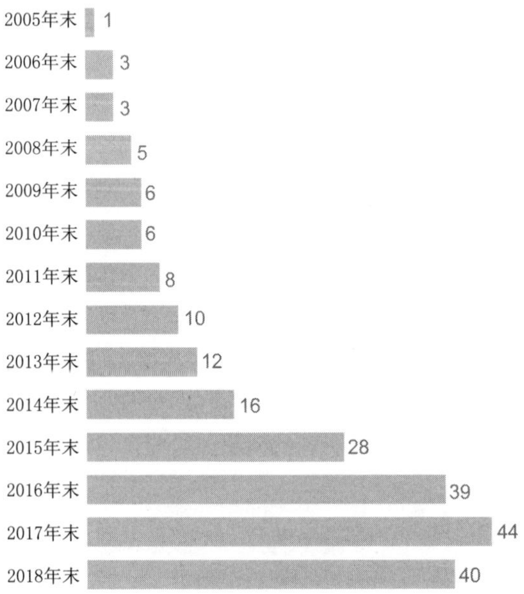

基金资产规模（亿元）

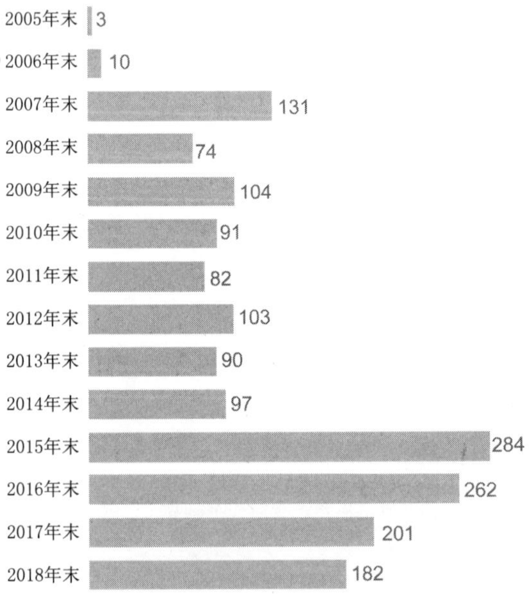

中银基金管理有限公司

官方微信服务号：bocfund

公司性质：合资　　客服电话：400-888-5566

董事长：章　砚　　总经理：李道滨

基本情况

成立时间：2004年8月12日

注册资本：1亿元

注册地点：上海

员工总数：330人

管理资产总规模：7692亿元

注：以上数据截至2018年12月31日；管理总资产规模包括公募基金、专户

股东结构

股东名称	持股比例(%)
中国银行股份有限公司	83.50
贝莱德投资管理(英国)有限公司	16.50

发展概况

中银基金是中国银行控股的基金管理公司，公司总部位于上海，在北京、华南设有分公司，在上海设有子公司中银资产管理有限公司。

2008年9月获得专户理财业务资格，2009年获得QDII业务资格。

截至2018年12月31日，中银基金管理102只基金，管理基金资产规模4011亿元。

历年管理公募基金

基金数量（只）

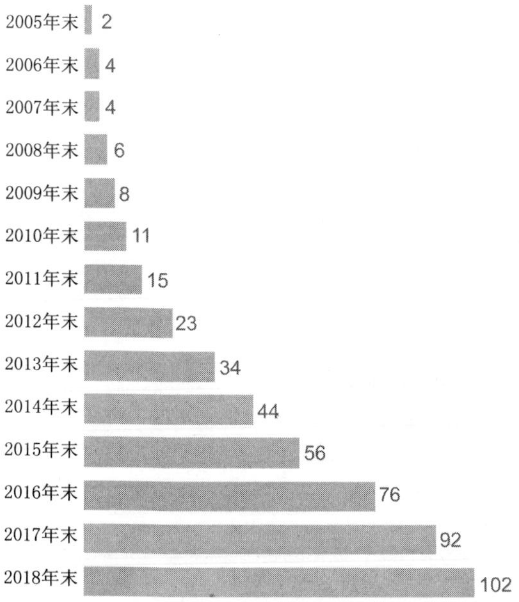

基金资产规模（亿元）

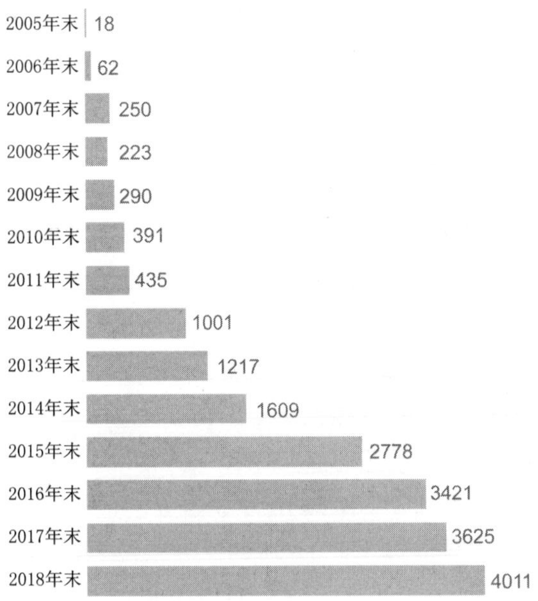

东吴基金管理有限公司

官方微信服务号：sc-fund

公司性质：内资　　客服电话：400-821-0588

董事长：马震亚　　总经理：邓　晖

基本情况

成立时间：2004年9月2日

注册资本：1亿元

注册地点：上海

员工总数：138人

管理资产总规模：587.35亿元

股东结构

股东名称	持股比例(%)
东吴证券股份有限公司	70.00
海澜集团有限公司	30.00

注：以上数据截至2018年12月31日；管理总资产规模包括公募基金232.14亿元、专户业务310.24亿元、子公司44.97亿元；
邓晖先生自2019年11月29日起担任总经理职务

发展概况

东吴基金是东吴证券控股的基金管理公司。公司总部设在上海，在苏州设有分公司；2011年12月获得专户理财业务资格。2013年1月成立子公司——上海新东吴优胜资产管理有限公司。截至2018年底，东吴基金管理69只存续专户资产管理计划和24项存续专项资产管理计划（子公司）。

截至2018年底，东吴基金旗下管理29只公募基金，管理基金资产规模232亿元。

历年管理公募基金

基金数量（只）

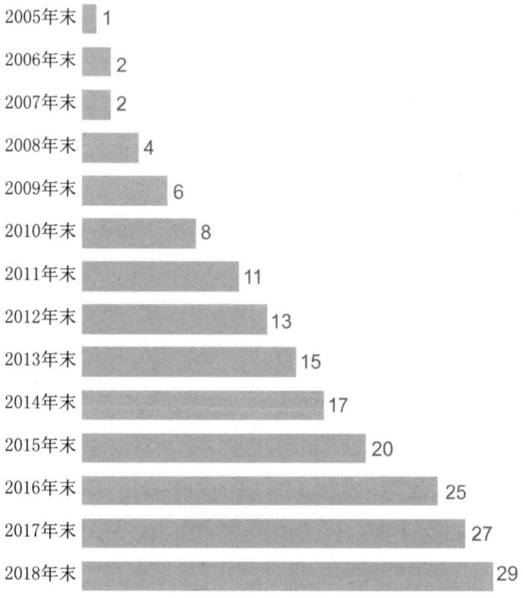

基金资产规模（亿元）

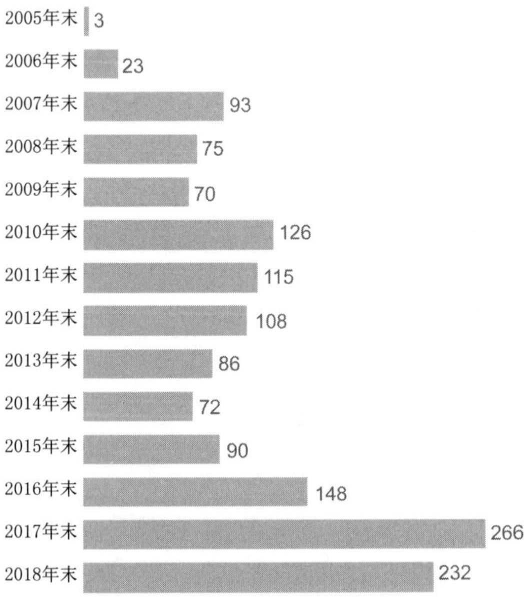

天弘基金管理有限公司

官方微信服务号：tianhongjijin

公司性质：内资　　客服电话：95046

董事长：胡晓明　　总经理：郭树强

基本情况

成立时间：2004年11月8日

注册资本：5.143亿元

注册地点：天津

员工总数：600人

管理基金资产规模：1.3万亿元

注：以上数据截至2018年12月31日

股东结构

股东名称	持股比例（%）
浙江蚂蚁小微金融服务集团股份有限公司	51.00
天津信托有限责任公司	16.80
内蒙古君正能源化工集团股份有限公司	15.60
芜湖高新投资有限公司	5.60
新疆天聚宸兴股权投资合伙企业（有限合伙）	3.50
新疆天瑞博丰股权投资合伙企业（有限合伙）	3.50
新疆天阜恒基股权投资合伙企业（有限合伙）	2.00
新疆天惠新盟股权投资合伙企业（有限合伙）	2.00

发展概况

天弘基金总部设在天津，在北京、上海、广州、深圳、四川设有办公地点，在北京设有子公司——天弘创新资产管理有限公司。

2012年天弘基金获得专户理财业务资格，2015年获得QDII业务资格。

截至2018年12月31日，天弘基金管理45只公募基金，管理基金资产规模13420.7亿元，旗下基金累计分红1842亿元，服务基金持有人6亿户。

历年管理公募基金

基金数量（只）

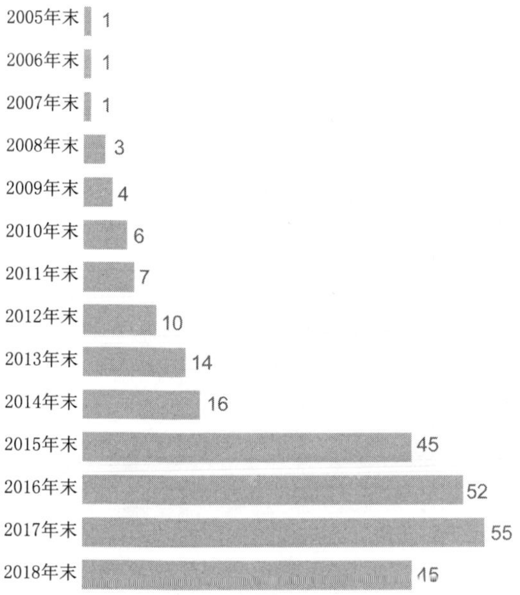

基金资产规模（亿元）

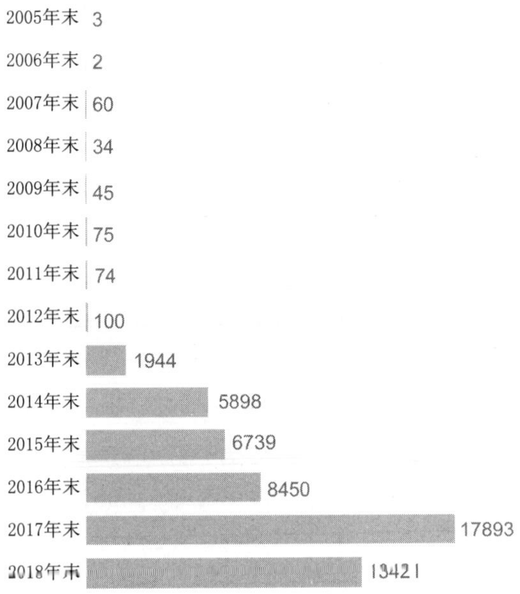

国海富兰克林基金管理有限公司

官方微信服务号：ftsfund

公司性质：合资　　客服电话：400-700-4518

董事长：吴显玲　　总经理：林　勇

基本情况

成立时间：2004年11月15日

注册资本：2.2亿元

注册地点：广西南宁

员工总数：127人

管理资产总规模：290.41亿元

注：以上数据截至2018年12月31日；管理总资产规模包括公募基金、专户

股东结构

股东名称	持股比例（%）
国海证券股份有限公司	51.00
邓普顿国际股份有限公司	49.00

发展概况

国海富兰克林基金是首家注册在广西的基金公司，在上海、北京、深圳设有分公司，在上海设有子公司——国海富兰克林资产管理（上海）有限公司。

2008年4月获得专户理财业务资格，2008年8月获得QDII业务资格。

截至2018年12月31日，国海富兰克林基金旗下共管理32只公募基金，管理基金资产规模282.43亿元；累计分红总额211.73亿元，服务持有人2915393户。

历年管理公募基金

基金数量（只）

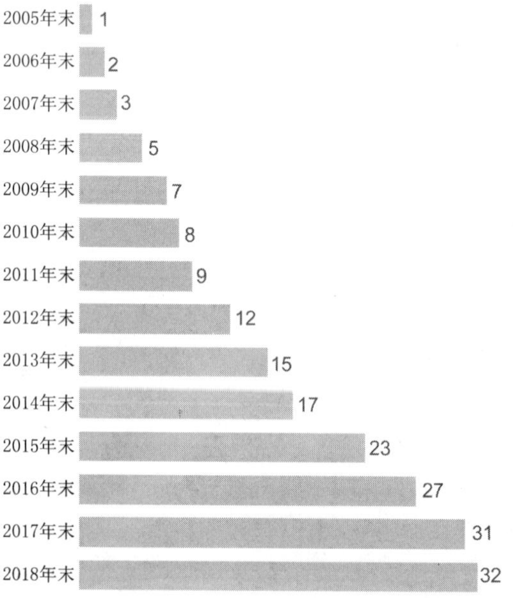

基金资产规模（亿元）

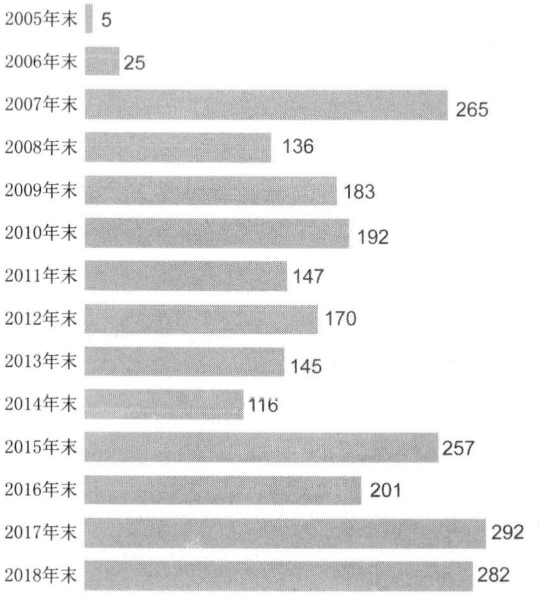

华泰柏瑞基金管理有限公司

官方微信服务号：huatai-pinebridge

公司性质：合资　**客服电话**：400-888-0001

董事长：贾　波　**总经理**：韩　勇

基本情况

成立时间：2004年11月18日

注册资本：2亿元

注册地点：上海

员工总数：220人

管理资产总规模：1075.32亿元

股东结构

股东名称	持股比例（%）
柏瑞投资有限责任公司	49.00
华泰证券股份有限公司	49.00
苏州新区高新技术产业股份有限公司	2.00

注：以上数据截至2018年12月31日；管理总资产规模包括公募基金、专户（不含投顾）

发展概况

华泰柏瑞基金总部设在上海，在北京、深圳设有分公司，在上海设有子公司—柏瑞爱建资产管理（上海）有限公司。2008年5月公司获得专户理财业务资格，2008年7月获得QDII业务资格，2012年9月获得保险资金投资管理资格。

2012年，公司在量化领域引入海归精英，建立起较为完整的量化产品线，旗下产品覆盖沪深300、中证500、创业板及全市场风格，独具特色。

截至2018年12月31日，华泰柏瑞基金旗下共管理57只公募基金，管理基金资产规模979.79亿元；累计分红总额84.90亿元，服务持有人486万户。

历年管理公募基金

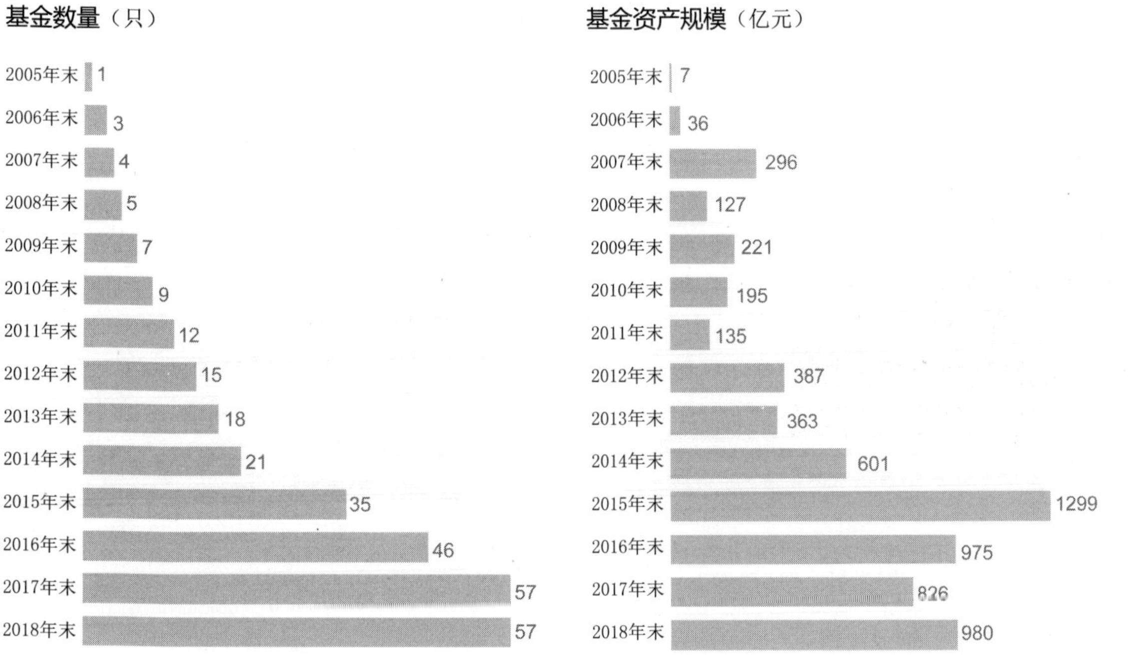

新华基金管理股份有限公司

官方微信服务号：ncfund

公司性质：内资　　客服电话：400-819-8866

董事长：张宗友　　总经理：刘全胜

基本情况

成立时间：2004年12月9日

注册资本：2.175亿元

注册地点：重庆

员工总数：168人

管理资产总规模：1248.96亿元

股东结构

股东名称	持股比例(%)
恒泰证券股份有限公司	58.62
新华信托股份有限公司	35.31
杭州永原网络科技有限公司	6.07

注：以上数据截至2018年12月31日；管理总资产规模包括公募管理规模400.51亿元；专户管理规模507.44亿元；子公司管理规模341.01亿元

发展概况

新华基金经营管理中心在北京。2013年4月，公司设立全资子公司——深圳新华富时资产管理有限公司（更名为“北京新华富时资产管理有限公司”）；2011年12月获得专户理财业务资格。

截至2018年12月31日，新华基金管理45只公募基金，管理基金资产规模400.51亿元；累计分红总额159亿元，服务持有人539357户。

历年管理公募基金

基金数量（只）

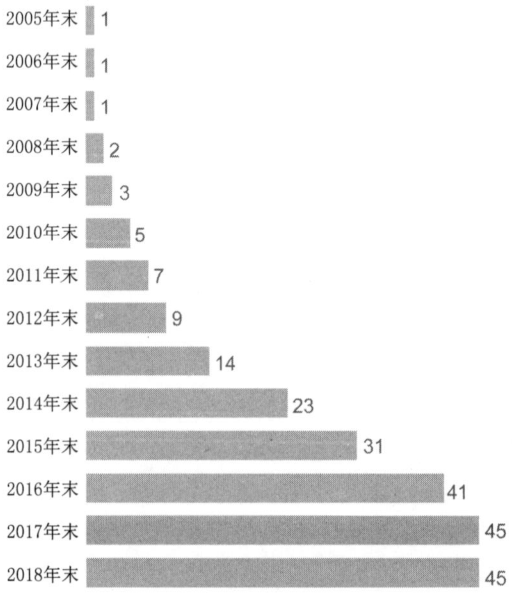

基金资产规模（亿元）

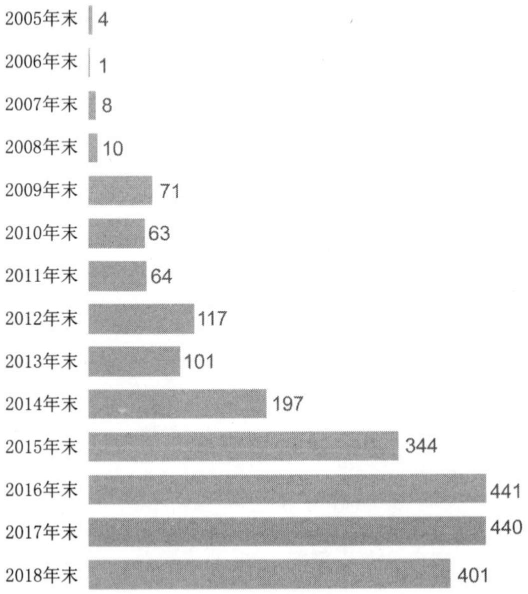

汇添富基金管理股份有限公司

官方微信服务号：htffund

公司性质：内资　　客服电话：400-888-9918

董事长：李　文　　总经理：张　晖

基本情况

成立时间：2005年2月3日

注册资本：1.327亿元

注册地点：上海

员工总数：超600人

管理资产总规模：6600亿元

股东结构

股东名称	持股比例(%)
东方证券股份有限公司	35.412
上海菁聚金投资管理合伙企业(有限合伙)	24.656
东航金控有限责任公司	19.966
上海上报资产管理有限公司	19.966

注：以上数据截至2018年12月31日；管理总资产规模包括公募、专户、养老金、子公司

发展概况

汇添富基金总部设在上海，在北京、上海、广州、成都等地设有分公司，在香港、上海设有子公司——汇添富资产管理(香港)有限公司、汇添富资本管理有限公司。

2007年获得QDII业务资格，2008年2月获得专户理财业务资格，2010年12月获得全国社保基金投资管理人资格，2011年获得RQFII业务资格，2016年12月获得养老金管理人资格。

截至2018年12月31日，汇添富基金管理120只基金，管理基金资产规模4644.64亿元。有效客户数约2500万户，资产管理规模在行业内名列前茅；旗下基金累计分红233.13亿元，服务基金持有人总户数8600万户。

历年管理公募基金

基金数量（只）

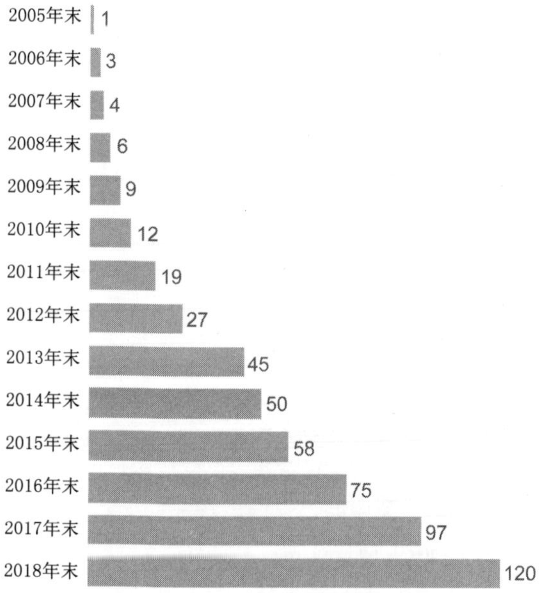

基金资产规模（亿元）

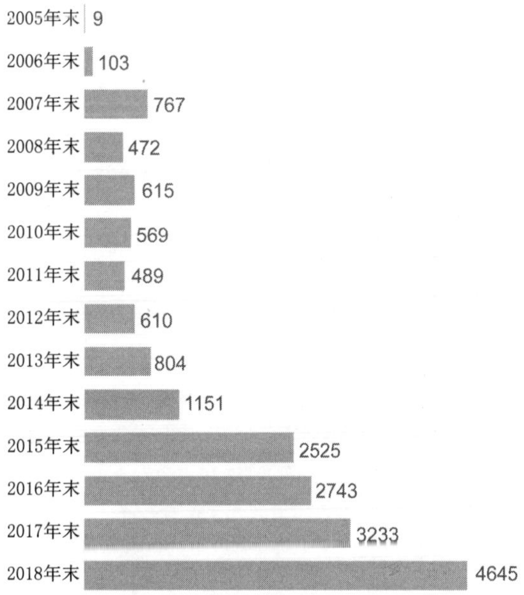

工银瑞信基金管理有限公司

官方微信服务号：gyrx_20050621

公司性质：合资　　客服电话：400-811-9999

董事长：郭特华　　总经理：王海璐

基本情况

成立时间：2005年6月21日

注册资本：2亿元

注册地点：北京

员工总数：648人

管理资产总规模：13085亿元

注：以上数据截至2018年12月31日；管理总资产规模包括公募、专户、子公司

股东结构

股东名称	持股比例(%)
中国工商银行股份有限公司	80.00
瑞士信贷银行股份有限公司	20.00

发展概况

工银瑞信基金是国内首批银行系基金管理公司。公司在北京、上海、深圳等地设有分公司，在香港和上海设有子公司——工银瑞信资产管理（国际）有限公司（香港子公司）、工银瑞信投资管理有限公司（上海子公司）。

2007年获得QDII业务资格，2007年11月获得企业年金基金投资管理人资格，2008年2月获得专户理财业务资格，2010年12月获得全国社保基金投资管理人资格，2012年获得RQFII业务资格，2016年12月获得养老金管理人资格。

截至2018年12月31日，工银瑞信基金管理122只基金，管理基金资产规模6045亿元；旗下基金累计分红868亿元，服务基金持有人2200万户。

历年管理公募基金

基金数量（只）

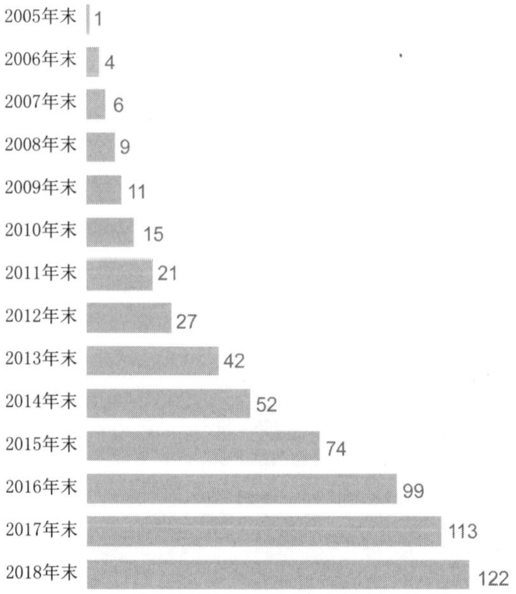

基金资产规模（亿元）

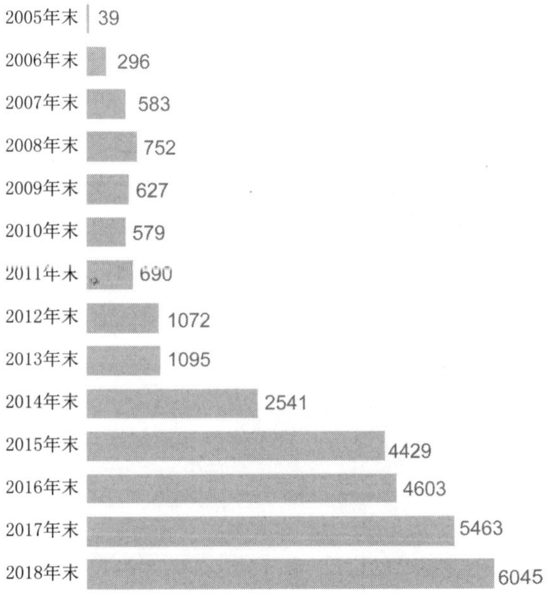

交银施罗德基金管理有限公司

官方微信服务号：jyfund001

公司性质：合资　　**客服电话**：400-700-5000

董事长：阮　红　　**总经理**：谢　卫

基本情况

成立时间：2005年8月4日

注册资本：2亿元

注册地点：上海

员工总数：287人

管理资产总规模：4379.13亿元

股东结构

股东名称	持股比例(%)
交通银行股份有限公司	65.00
施罗德投资管理有限公司	30.00
中国国际海运集装箱(集团)股份有限公司	5.00

注：以上数据截至2018年12月31日；管理总资产规模包括公募基金、非公募、子公司

发展概况

交银施罗德基金是国内首批银行系基金公司之一。总部位于上海，在北京、广州、成都等地设有分公司；并在香港、上海设有子公司——交银施罗德资产管理（香港）有限公司、交银施罗德资产管理有限公司。

2007年获得QDII业务资格，2008年2月获得专户理财业务资格，2014年获得RQFII业务资格。

截至2018年12月31日，交银施罗德基金管理76只公募基金，管理基金资产规模1551.30亿元；累计服务持有人总户数1073万户。

历年管理公募基金

基金数量（只）

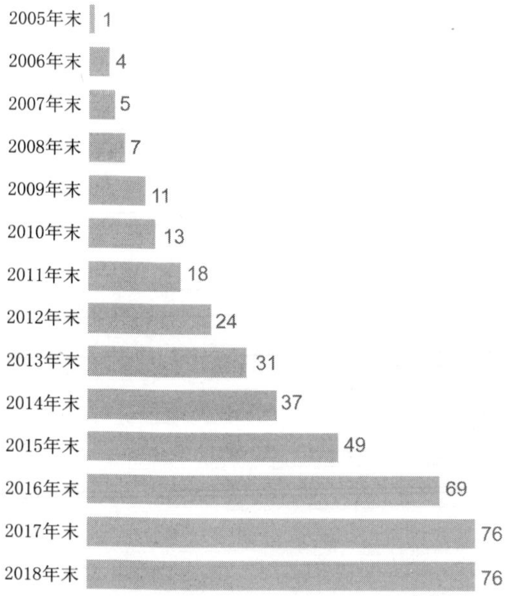

基金资产规模（亿元）

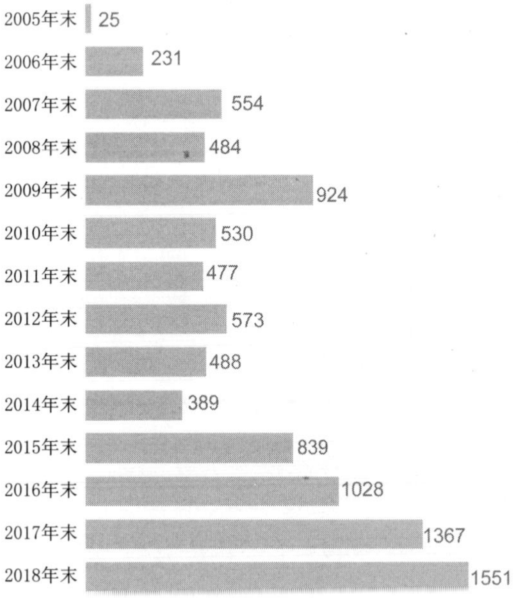

建信基金管理有限责任公司

官方微信服务号：ccbfund

公司性质：合资　　**客服电话**：400-819-5533

董事长：孙志晨　　**总经理**：张军红

基本情况

成立时间：2005年9月19日

注册资本：2亿元

注册地点：北京

员工总数：461人

管理资产总规模：1.62万亿元

股东结构

股东名称	持股比例(%)
中国建设银行股份有限公司	65.00
美国信安金融集团	25.00
中国华电集团资本控股有限公司	10.00

注：以上数据截至2018年12月31日；管理总资产规模包括公募基金、专户、子公司

发展概况

建信基金是国内首批银行系基金公司之一。公司总部设在北京，在深圳、成都、上海、北京、广州设有5家分公司，在华东、西北、东北、武汉、南京设有5个营销中心，同时设有1家子公司——建信资本管理有限责任公司，注册地在上海。

2008年2月获得专户理财业务资格，2008年8月获得QDII业务资格。

截至2018年12月31日，建信基金管理104只公募基金，管理公募资产规模6331亿元；旗下基金累计分红682.07亿，服务基金持有人总户数超2200万户。

历年管理公募基金

基金数量（只）

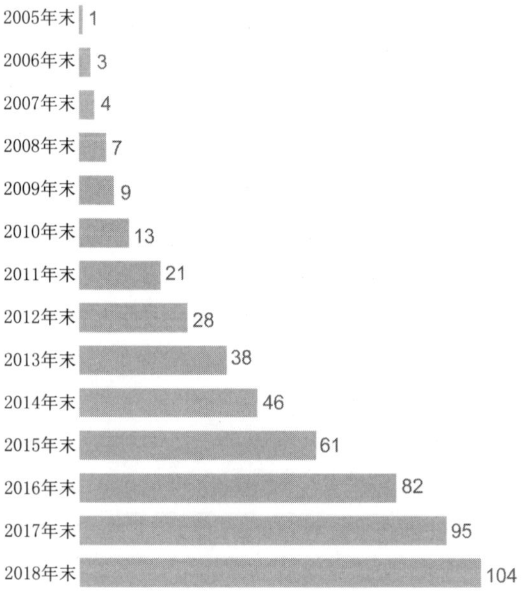

基金资产规模（亿元）

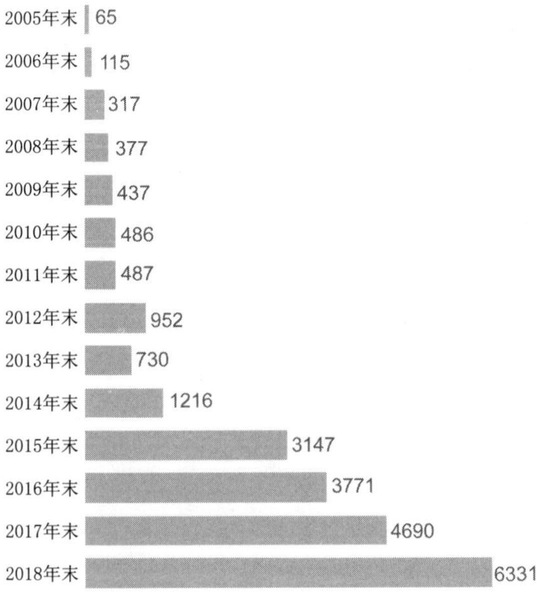

中信保诚基金管理有限公司

官方微信服务号：gh_e64b2070a9be

公司性质：合资　　客服电话：400-666-0066

董事长：张翔燕　　总经理：唐世春

基本情况

成立时间：2005年9月30日

注册资本：2亿元

注册地点：上海

员工总数：184人

管理资产总规模：1104亿元

股东结构

股东名称	持股比例(%)
中信信托有限责任公司	49.00
英国保诚集团股份有限公司	49.00
中新苏州工业园区创业投资有限公司	2.00

注：以上数据截至2018年12月31日；管理总资产规模包括公募基金、专户

发展概况

中信保诚基金总部设在上海，在上海设有子公司——中信信诚资产管理有限公司。

2009年7月21日获得QDII业务资格，2011年12月27日获得专户理财业务资格。

截至2018年12月31日，中信保诚基金管理65只基金，管理基金资产规模947亿元，旗下基金累计分红220亿元，服务持有人555万个人和15000家机构。

历年管理公募基金

基金数量（只）

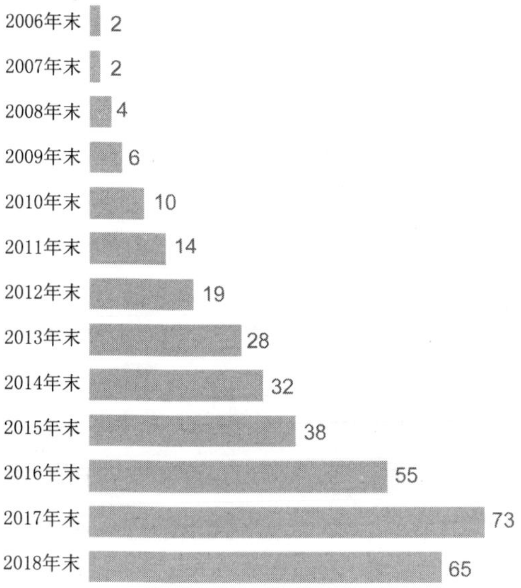

基金资产规模（亿元）

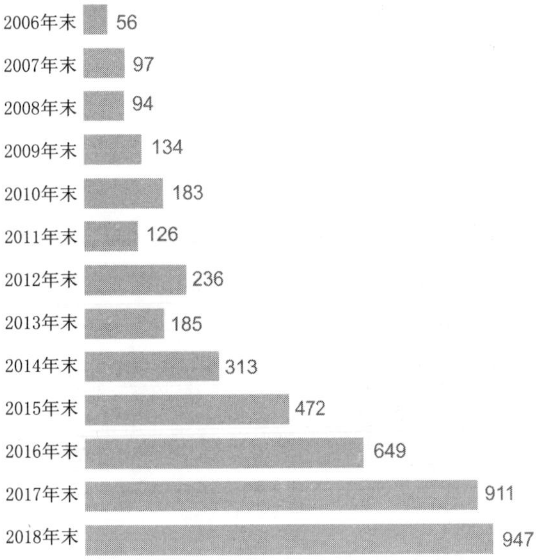

汇丰晋信基金管理有限公司

官方微信订阅号：hsbcjt-fund

公司性质：合资　　客服电话：021-20376888

董事长：杨小勇　　总经理：王　栋

基本情况

成立时间：2005年11月16日

注册资本：2亿元

注册地点：上海

员工总数：158人

管理资产总规模：247亿元

注：以上数据截至2018年12月31日；管理总资产规模包括公募基金、专户

股东结构

股东名称	持股比例(%)
山西信托股份有限公司	51.00
汇丰环球投资管理(英国)有限公司	49.00

发展概况

汇丰晋信基金总部设在上海。2013年5月获得专户理财业务资格。

截至2018年12月31日，汇丰晋信基金管理19只公募基金，管理基金资产规模243亿元。累计分红总额67亿元，服务持有人24万户。

历年管理公募基金

基金数量（只）

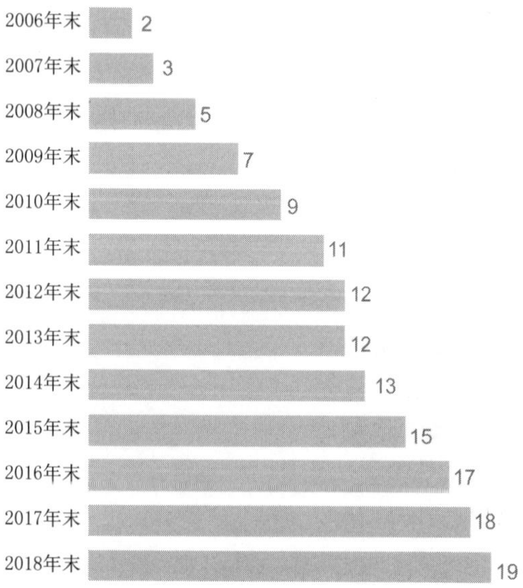

基金资产规模（亿元）

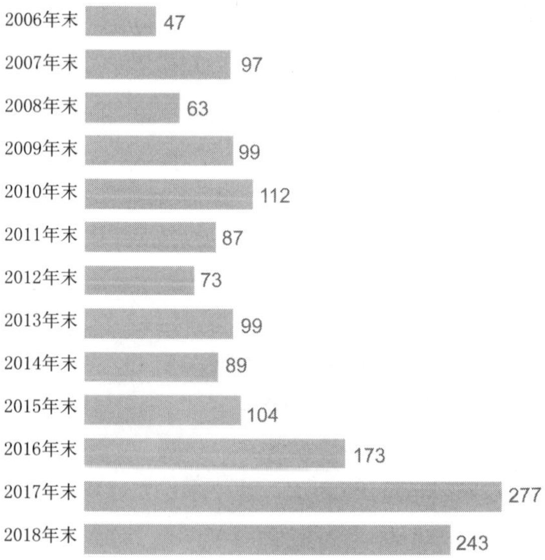

益民基金管理有限公司

官方微信服务号：gh_5ef3102b8be4

公司性质：内资　　客服电话：400-650-8808

总经理：康　健

基本情况

成立时间：2005年12月12日

注册资本：1亿元

注册地点：重庆

员工总数：54人

管理基金资产规模：13.60亿元

注：以上数据截至2018年12月31日；管理总资产为公司旗下所有公募基金资产规模

股东结构

股东名称	持股比例（%）
重庆国际信托股份有限公司	49.00
中国新纪元有限公司	31.00
中山证券有限责任公司	20.00

发展概况

益民基金是首家注册在西南地区的基金公司。公司在北京、上海、深圳等地设有分公司，在北京设有专户子公司——国泓资产管理有限公司。

截至2018年12月31日，益民基金管理9只公募基金，管理基金资产规模13.60亿元；服务基金持有人99397户。

历年管理公募基金

基金数量（只）

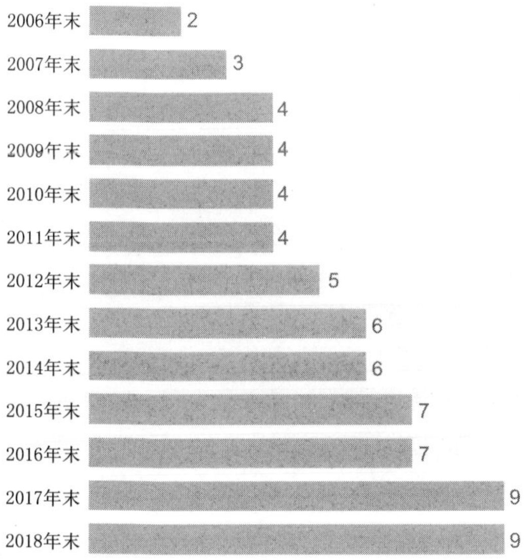

基金资产规模（亿元）

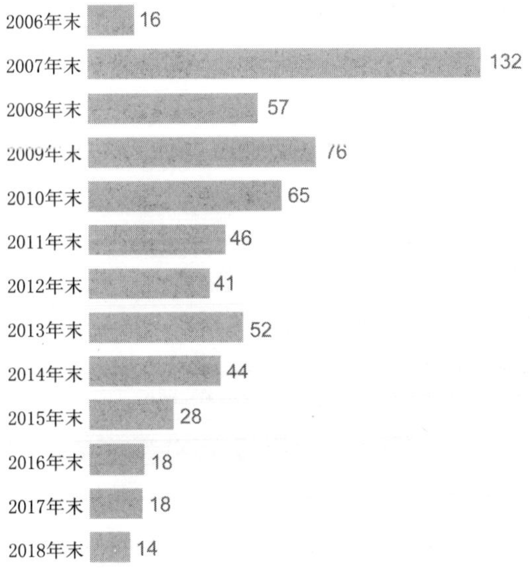

华商基金管理有限公司

官方微信服务号：hsfund

公司性质：内资　　客服电话：400-700-8880

董事长：李晓安　　总经理：王小刚

基本情况

成立时间：2005年12月20日

注册资本：1亿元

注册地点：北京

员工总数：168人

管理基金资产规模：186.13亿元

注：以上数据截至2018年12月31日

股东结构

股东名称	持股比例（%）
华龙证券股份有限公司	46.00
深圳市五洲协和投资有限公司	34.00
济钢集团有限公司	20.00

发展概况

华商基金总部设在北京，在上海、深圳设有分公司。2011年6月20日获得特定客户资产管理业务资格，2014年9月10日获得受托管理保险资金业务资格。

截至2018年12月31日，华商基金管理45只基金，管理基金资产规模186.13亿元；旗下基金累计分红139.06亿元，服务基金持有人总户数496万户。

历年管理公募基金

基金数量（只）

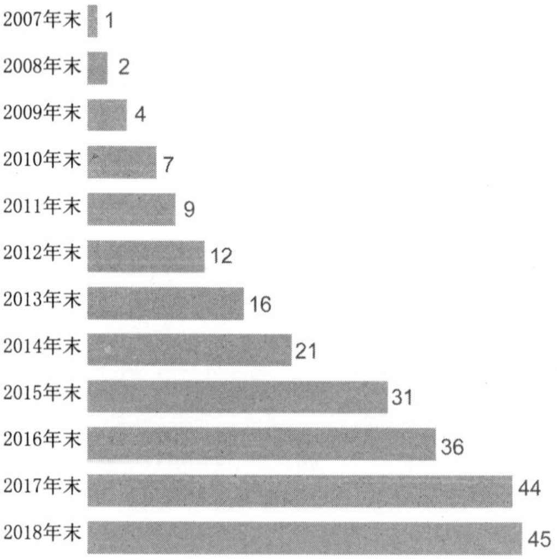

基金资产规模（亿元）

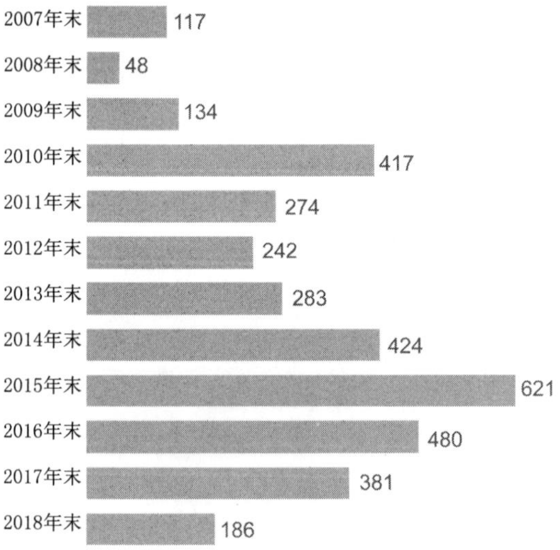

中邮创业基金管理股份有限公司

官方微信服务号：zyjjfwh

公司性质：合资　　客服电话：400-880-1618

董事长：曹　均　　总经理：孔　军

基本情况

成立时间：2006年5月8日

注册资本：3.041亿元

注册地点：北京

员工总数：182人

管理资产总规模：966.89亿元

注：以上数据截至2018年12月31日；管理总资产规模包括公募基金、专户产品及子公司的管理规模

股东结构

股东名称	持股比例（%）
首创证券有限责任公司	46.37
中国邮政集团公司	28.61
三井住友银行股份有限公司	23.67
华创证券有限责任公司	0.60
财富证券有限责任公司	0.31
天风证券股份有限公司	0.23
国金证券股份有限公司	0.07
恒泰证券股份有限公司	0.07
华金证券股份有限公司	0.07

发展概况

中邮创业基金管理股份有限公司（简称中邮基金）由原中邮创业基金管理有限公司变更而来。公司总部设在北京，在深圳和香港设有子公司——首誉资产管理有限公司和中邮创业国际资产管理有限公司。

2015年8月，中邮基金完成股份制改造；同年11月24日在新三板挂牌，成为首家在新三板挂牌的公募基金公司。

截至2018年末，中邮基金旗下管理40只公募基金，管理基金净值规模约300亿元；首誉光控子公司受托客户资产管理规模620亿元，存续产品132只；中邮国际子公司管理ETF产品8只，规模14.15亿元；公募基金3只，规模33.99亿元。（来源中邮基金2018年年报）

历年管理公募基金

基金数量（只）

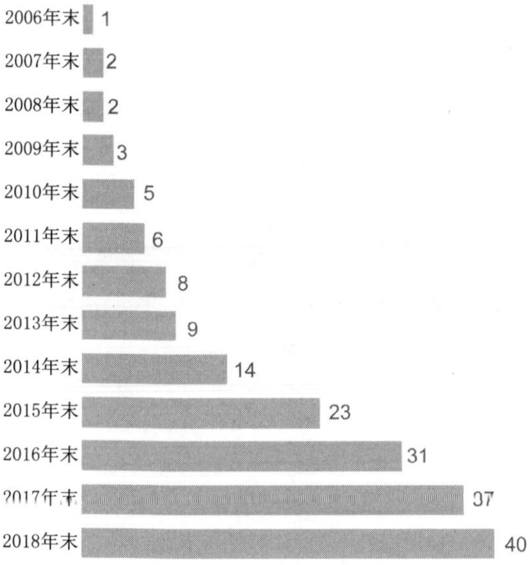

基金资产规模（亿元）

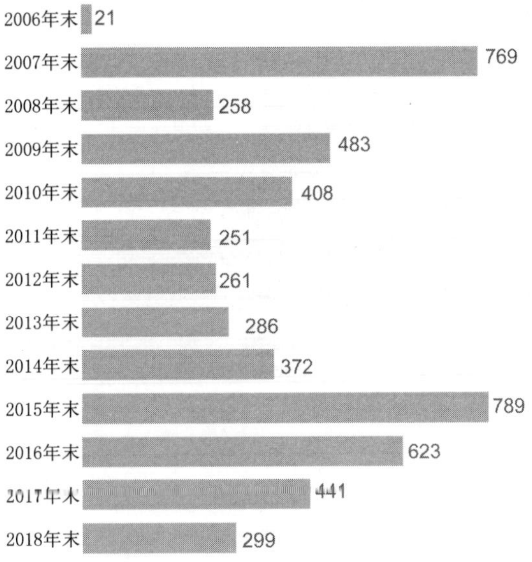

信达澳银基金管理有限公司

官方微信服务号：fscinda

公司性质：合资　客服电话：400-888-8118

董事长：于　帆　总经理：朱永强

基本情况

成立时间：2006年6月5日

注册资本：1亿元

注册地点：深圳

员工总数：118人

管理资产总规模：274.88亿元

注：以上数据截至2018年12月31日；管理总资产规模包括公募基金、专户；
朱永强先生自2019年12月31日起担任总经理职务

股东结构

股东名称	持股比例(%)
信达证券股份有限公司	54.00
澳大利亚康联首域集团有限公司	46.00

发展概况

信达澳银基金是国内首家由国有资产管理公司控股的基金管理公司，也是澳洲在中国合资设立的首家基金管理公司。公司总部设在深圳，在北京设有分公司。

2012年5月17日公司获得专户理财业务资格。

截至2018年12月31日，信达澳银基金管理21只公募基金产品，管理基金资产规模143亿元；旗下基金累计分红3.66亿元，服务基金持有人115033户。

历年管理公募基金

基金数量（只）

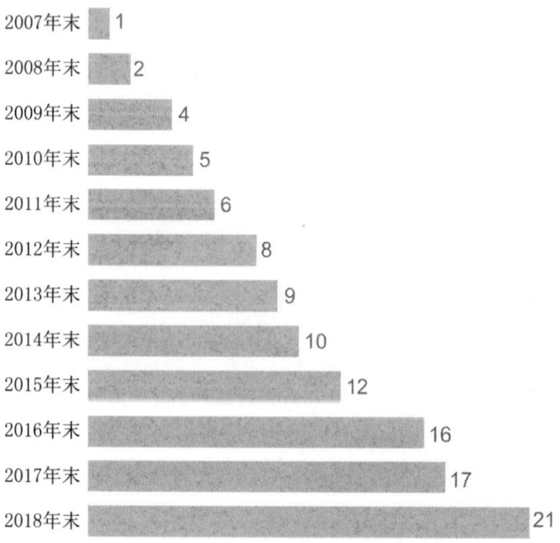

基金资产规模（亿元）

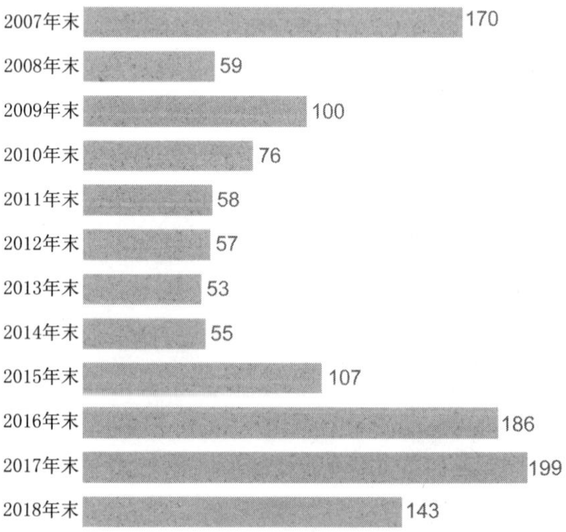

诺德基金管理有限公司

官方微信服务号：nuodefund_2013

公司性质：内资　　客服电话：400-888-0009

董事长：潘福祥　　总经理：罗　凯

基本情况

成立时间：2006年6月8日

注册资本：1亿元

注册地点：上海

员工总数：125人

管理资产总规模：247.54亿元

注：以上数据截至2018年12月31日；管理总资产规模包括公募基金168亿元、专户产品79.54亿元

股东结构

股东名称	持股比例（%）
清华控股有限公司	51.00
宜信惠民投资管理(北京)有限公司	49.00

发展概况

诺德基金是国内首家高校背景的基金管理公司，公司总部位于上海陆家嘴。

2011年12月诺德基金获得专户理财业务资格。

截至2018年12月31日，诺德基金管理18只公募基金，管理基金资产规模168亿元；旗下基金累计分红91.17亿元，服务基金持有人160.13万户。

历年管理公募基金

基金数量（只）

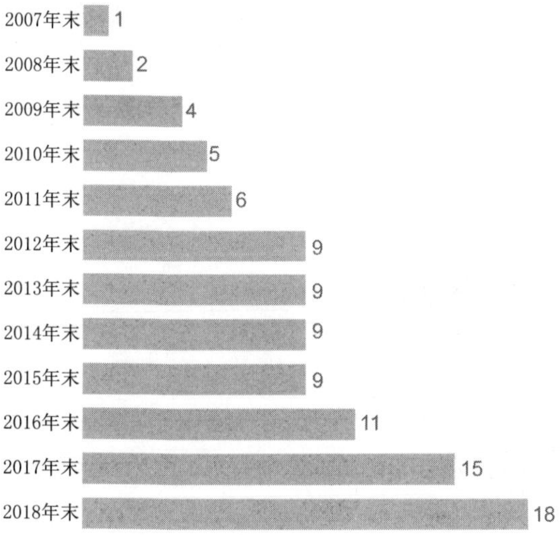

基金资产规模（亿元）

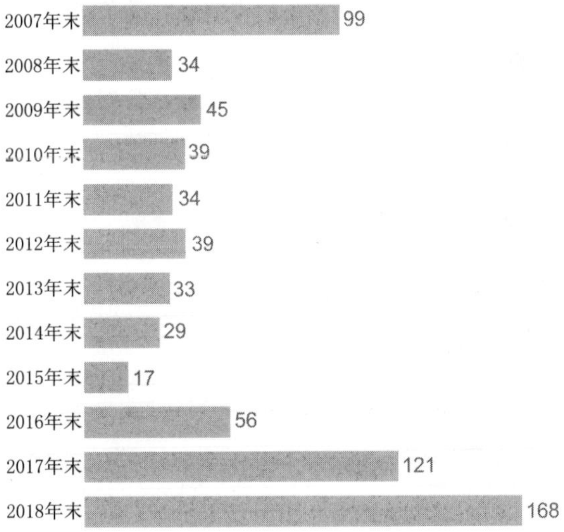

中欧基金管理有限公司

官方微信服务号：lc_funds

公司性质：合资　**客服电话**：400-700-9700

董事长：窦玉明　**总经理**：刘建平

基本情况

成立时间：2006年7月19日

注册资本：1.88亿元

注册地点：上海

员工总数：282人

管理资产总规模：2632.36亿元

注：以上数据截至2018年12月31日；管理资产总规模包括公募基金及专户产品

股东结构

股东名称	持股比例(%)
意大利意联银行股份有限公司	25.00
国都证券股份有限公司	20.00
北京百骏投资有限公司	20.00
上海睦亿投资管理合伙企业(有限合伙)	20.00
窦玉明	5.00
万盛基业投资有限责任公司	3.30
周玉雄	1.4925
卢纯青	0.7447
于洁	0.7447
赵国英	0.7447
方伊	0.5319
关子阳	0.5319
卞玺云	0.4203
曲径	0.3989
魏博	0.3989
郑苏丹	0.3989
黎忆海	0.2926

发展概况

中欧基金是国内首批员工持股的公募基金管理公司之一。公司总部设在上海，在北京设有分公司，在上海分别设有专户子公司中欧盛世资产管理（上海）有限公司和销售子公司中欧钱滚滚基金销售（上海）有限公司。2011年12月公司获得专户理财业务资格。

截至2018年12月31日，中欧基金管理71只基金，管理基金资产规模1886.05亿元；旗下基金累计分红160.61亿元，服务持有人10704003户。

历年管理公募基金

基金数量（只）

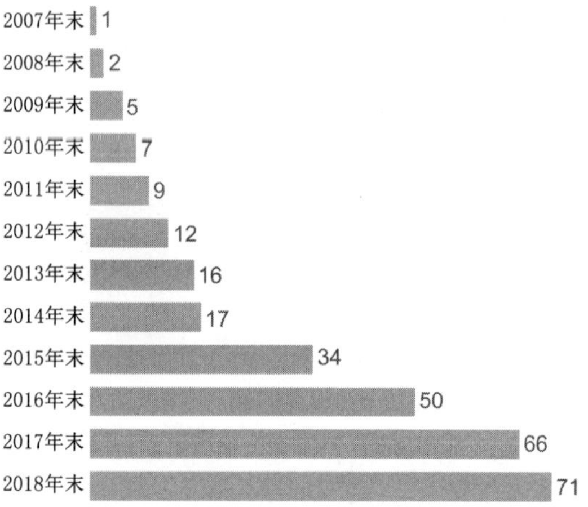

基金资产规模（亿元）

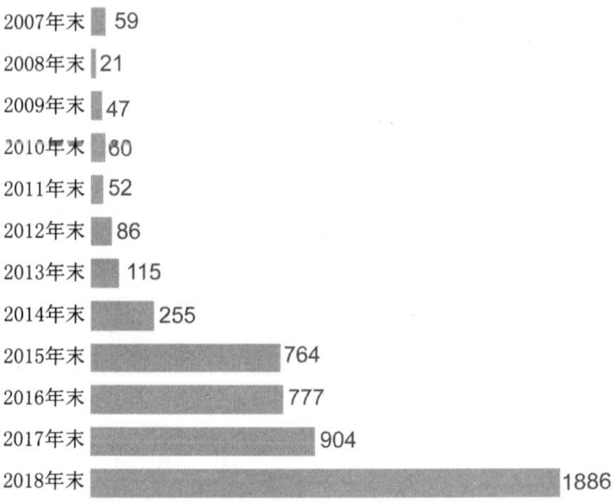

金元顺安基金管理有限公司

官方微信服务号：金元顺安基金

公司性质：内资　　客服电话：400-666-0666

董事长：任开宇　　总经理：邝晓星

基本情况

成立时间：2006年11月13日

注册资本：3.4亿元

注册地点：上海

员工总数：94人

管理资产总规模：1132亿元

股东结构

股东名称	持股比例（%）
金元证券股份有限公司	51.00
上海泉意金融信息服务有限公司	49.00

注：以上数据截至2018年12月31日；管理总资产规模包含公募基金管理规模198亿元、专户产品管理规模469亿元、子公司管理规模465亿元

发展概况

金元顺安基金总部设在上海，拟在北京筹备分公司，设有华东营销中心、华南营销中心、华北营销中心；在上海设有子公司——上海金元百利资产管理有限公司。

2012年2月公司获得专户理财业务资格。截至2018年12月31日，金元顺安基金管理16只公募基金，管理基金资产规模198.04亿元；旗下基金累计分红26.08亿元（含货币基金），服务持有人797659户。

历年管理公募基金

基金数量（只）

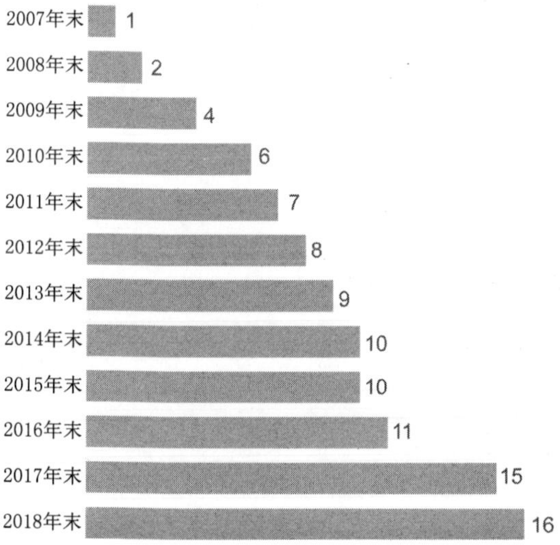

基金资产规模（亿元）

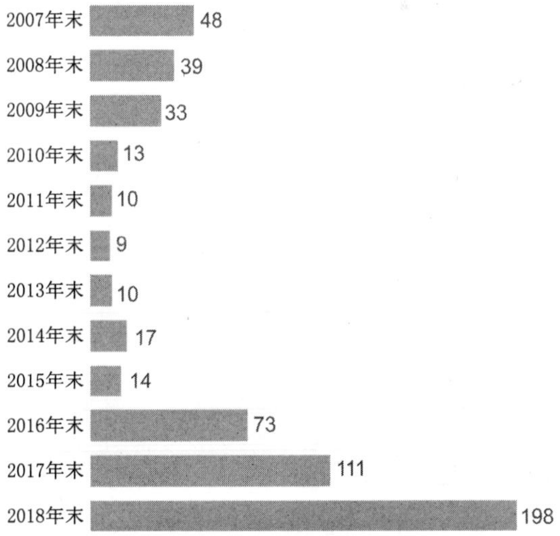

浦银安盛基金管理有限公司

官方微信服务号：AXASPDB

公司性质：合资　　**客服电话**：400-8828-999

董事长：谢　伟　　**总经理**：郁蓓华

基本情况

成立时间：2007年8月5日

注册资本：19.1亿元

注册地点：上海

员工总数：180人

管理资产总规模：5334亿元

注：以上数据截至2018年12月31日；管理总资产规模包括公募基金、专户

股东结构

股东名称	持股比例(%)
上海浦东发展银行股份有限公司	51.00
法国安盛投资管理公司	39.00
上海国盛集团资产有限公司	10.00

发展概况

浦银安盛基金是一家中法合资的银行系基金管理公司。公司总部设在上海，在北京、深圳设有分公司；另设有全资子公司——上海浦银安盛资产管理有限公司。

2013年11月获得专户理财业务资格，2015年11月获得QDII业务资格。

截至2018年12月31日，浦银安盛基金管理43只基金，管理基金资产规模1249.60亿元；旗下基金累计分红12.48亿元，服务持有人152.60万户。

历年管理公募基金

基金数量（只）

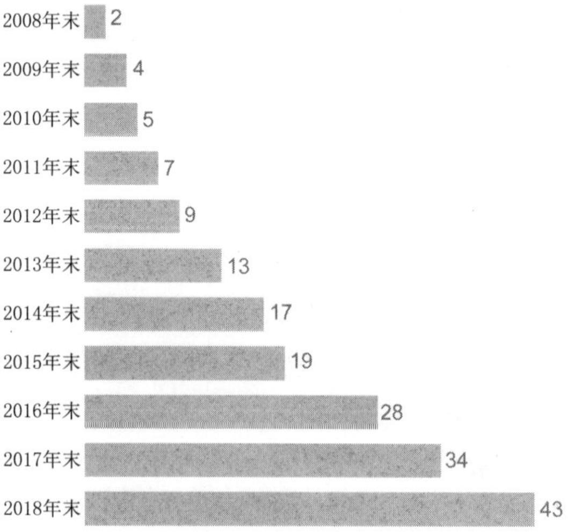

基金资产规模（亿元）

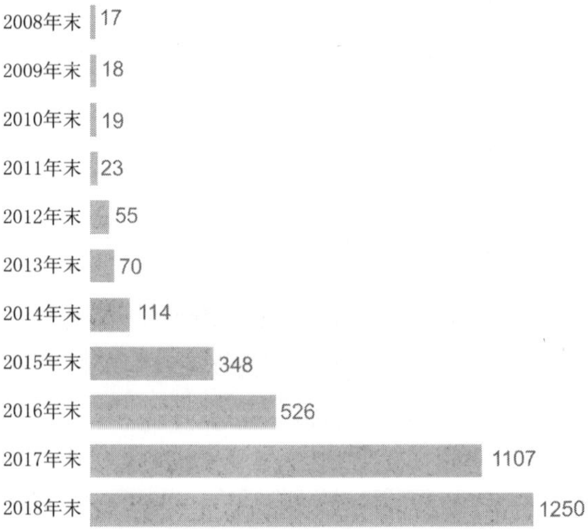

农银汇理基金管理有限公司

官方微信服务号：abccafund

公司性质：合资　　客服电话：40068-95599

董事长：许金超　　总经理：施　卫

基本情况

成立时间：2008年3月18日

注册资本：175000.0001万元

注册地点：上海

员工总数：199人

管理资产总规模：5723亿元

股东结构

股东名称	持股比例（%）
中国农业银行股份有限公司	51.67
东方汇理资产管理公司	33.33
中铝资本控股有限公司	15.00

注：以上数据截至2018年12月31日；管理总资产规模包括公募基金、专户

发展概况

农银汇理基金总部设在上海，设有子公司——农银汇理资产管理有限公司。

2011年12月公司获得专户理财业务资格。截至2018年12月31日，农银汇理基金管理46只基金，管理基金资产规模2319亿元（含货币基金）；旗下基金累计分红19.16亿元，服务持有人7911976户。

历年管理公募基金

基金数量（只）

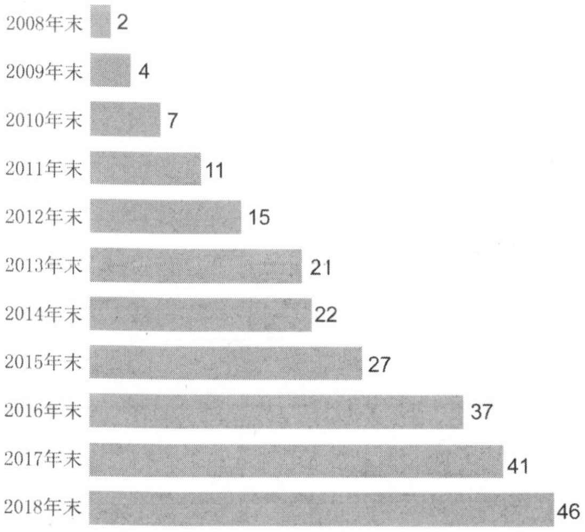

基金资产规模（亿元）

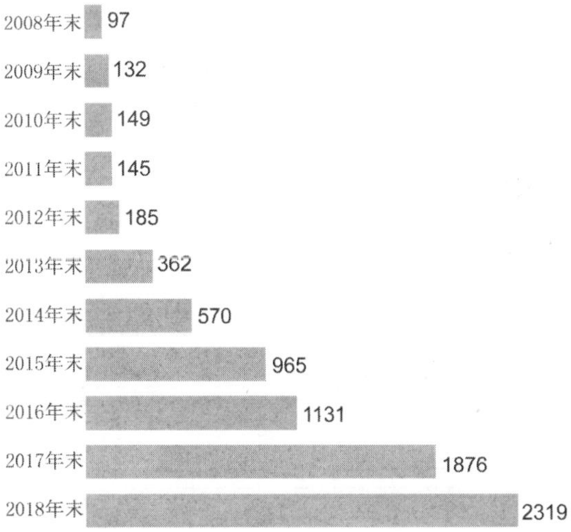

民生加银基金管理有限公司

官方微信服务号：msjyfund

公司性质：合资　　客服电话：400-8888-388

董事长：张焕南　　总经理：李操纲

基本情况

成立时间：2008年11月3日

注册资本：3亿元

注册地点：深圳

员工总数：214人

管理资产总规模：1746亿元

股东结构

股东名称	持股比例（%）
中国民生银行股份有限公司	63.33
加拿大皇家银行	30.00
三峡财务有限责任公司	6.67

注：以上数据截至2018年12月31日；管理总资产规模包括公募基金、专户

发展概况

民生加银基金管理有限公司（以下简称民生加银基金）于2008年11月3日成立，总部设在深圳，在北京设有子公司—民生加银资产管理有限公司。

历经10年，民生加银基金已发展成为一家业务齐全、产品丰富、规模领先的基金管理公司。截至2018年末，公司旗下管理44只公募基金，基金产品涵盖股票型、债券型、指数型、混合型以及货币型等多种产品类型，为投资者提供丰富的选择，资产管理总规模1746亿元，其中公募资产管理规模1341亿元，旗下公募基金累计分红168.86亿元，服务基金持有人1291.64万户；根据银河证券基金研究中心数据显示，截至2018年末，公司过去3年债券投资主动管理能力在68家基金中排名第5；过去5年股票投资主动管理能力在68家基金中排名第7。

历年管理公募基金

基金数量（只）

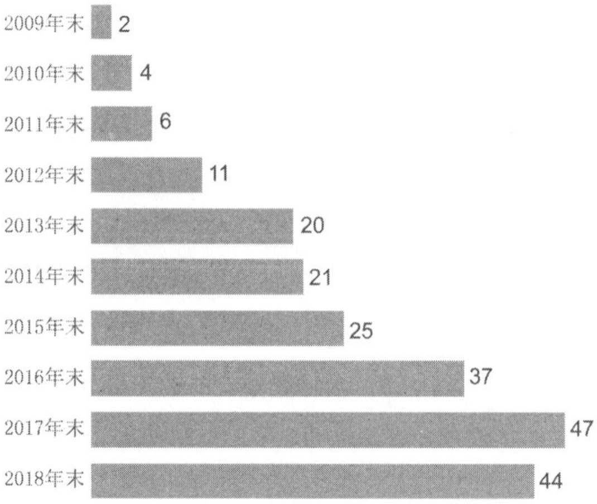

基金资产规模（亿元）

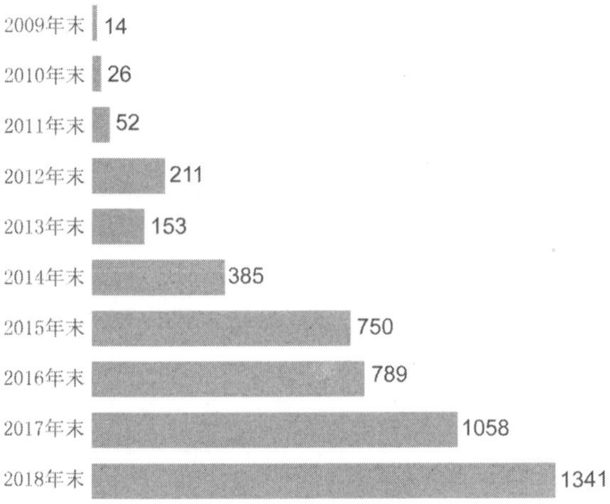

西部利得基金管理有限公司

官方微信服务号：xbldfund

公司性质：内资　　客服电话：400-700-7818

董事长：何　方　　总经理：贺燕萍

基本情况

成立时间：2010年7月20日

注册资本：3.5亿元

注册地点：上海

员工总数：139人

管理资产总规模：430.14亿元

注：以上数据截至2018年12月31日；管理总资产规模包括公募基金、专户

股东结构

股东名称	持股比例(%)
西部证券股份有限公司	51.00
利得科技有限公司	49.00

发展概况

西部利得基金总部设在上海，在北京设有分公司。

2011年12月获得专户理财业务资格，2018年1月获得受托管理保险资金等资格。

截至2018年12月31日，西部利得基金管理29只基金，管理基金资产规模293.79亿元；旗下基金累计分红66.07亿元，服务持有人26751户。

历年管理公募基金

基金数量（只）

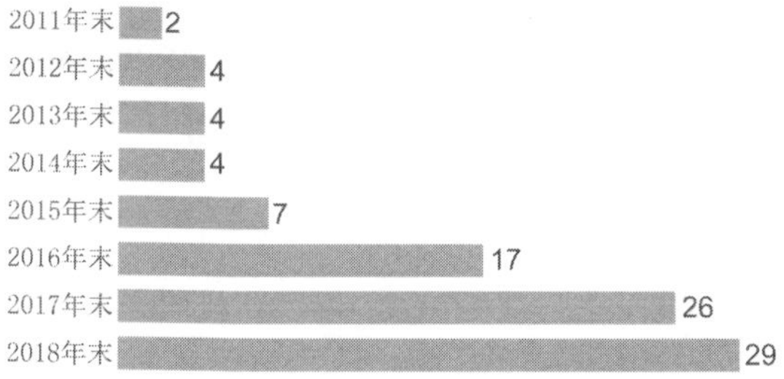

基金资产规模（亿元）

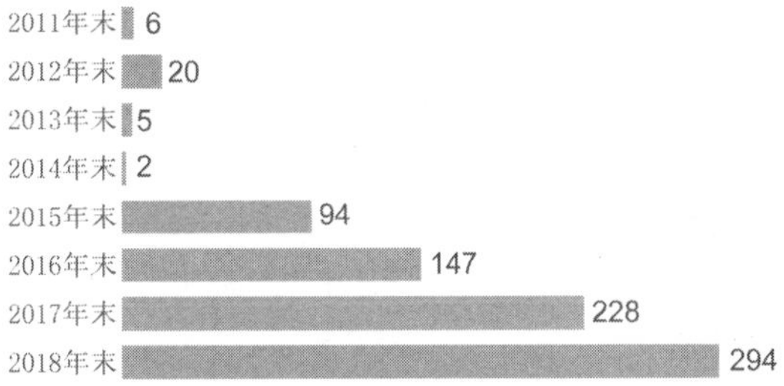

浙商基金管理有限公司

官方微信服务号：zsfund_weixin

公司性质：内资　　客服电话：400-067-9908

董事长：肖　风　　总经理：聂挺进

基本情况

成立时间：2010年10月21日

注册资本：3亿元

注册地点：浙江杭州

员工总数：95人

管理资产总规模：481.09亿元

注：以上数据截至2018年12月31日；管理总资产规模包括公募基金、专户

股东结构

股东名称	持股比例(%)
通联资本管理有限公司	25.00
养生堂有限公司	25.00
浙江浙大网新集团有限公司	25.00
浙商证券股份有限公司	25.00

发展概况

浙商基金总部设在杭州，在上海设有分公司，设有专户子公司——上海聚潮资产管理有限公司。2011年12月公司获得专户理财业务资格。

截至2018年12月31日，浙商基金管理16只基金，管理基金资产规模213.60亿元；旗下基金累计分红24.6143亿元，服务持有人21104户。

历年管理公募基金

基金数量（只）

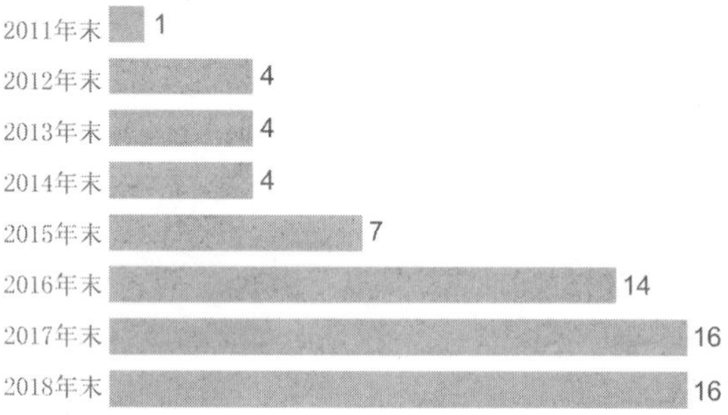

基金资产规模（亿元）

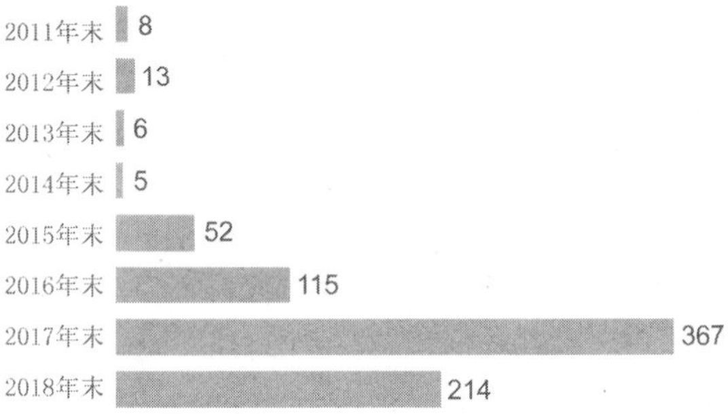

平安基金管理有限公司

官方微信服务号：pingandahua

公司性质：合资　**客服电话**：400-800-4800

董事长：罗春风　**总经理**：肖宇鹏

基本情况

成立时间：2011年1月7日

注册资本：13亿元

注册地点：深圳

员工总数：383人

管理资产总规模：5334亿元

股东结构

股东名称	持股比例（%）
平安信托有限责任公司	68.19
新加坡大华资产管理公司	17.51
三亚盈湾旅业有限公司	14.30

注：以上数据截至2018年12月31日；管理总资产规模包括公募基金、专户

发展概况

平安基金是中国平安集团旗下成员，公司总部位于深圳，在北京、上海设有分公司，在深圳设有全资子公司——深圳平安汇通投资管理有限公司。2011年12月公司获得专户理财业务资格。

截至2018年12月31日，平安基金管理66只基金，管理基金资产规模2879亿元；旗下基金累计分红6.94亿元，服务持有人30748098户。

历年管理公募基金

基金数量（只）

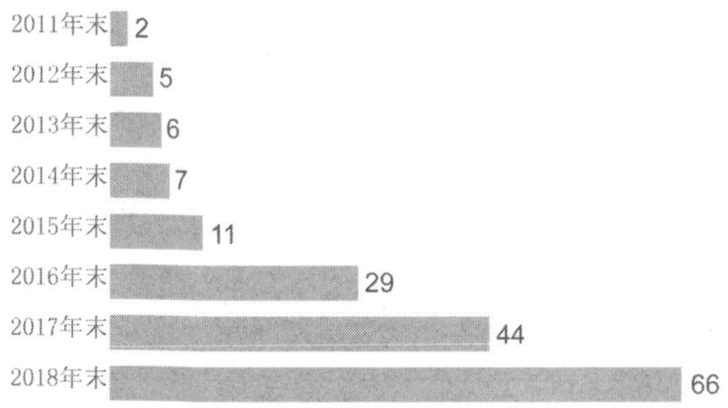

基金资产规模（亿元）

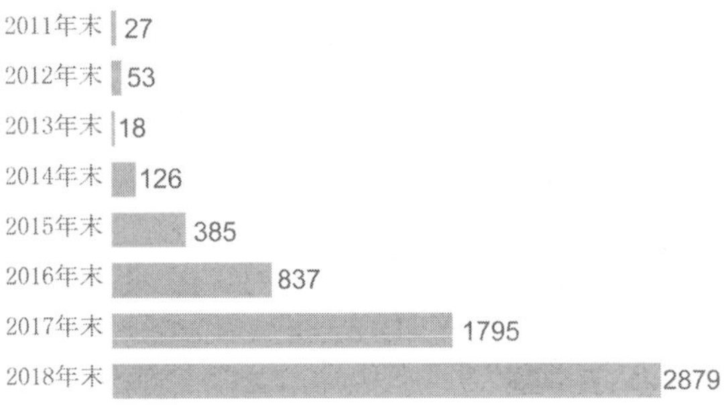

富安达基金管理有限公司

官方微信服务号：fuandafund

公司性质：内资　　客服电话：400-630-6999

董事长：蒋晓刚　　总经理：胥　海

基本情况

成立时间：2011年4月27日

注册资本：8.18亿元

注册地点：上海

员工总数：61人

管理资产总规模：45.48亿元

股东结构

股东名称	持股比例(%)
南京证券股份有限公司	49.00
江苏交通控股有限公司	26.00
南京市河西新城区国有资产经营控股(集团)有限责任公司	25.00

注：以上数据截至2018年12月31日；管理总资产规模包括公募基金、专户

发展概况

富安达基金总部设在上海，在上海设有子公司——富安达资产管理（上海）有限公司。2011年12月获得专户理财业务资格。

截至2018年12月31日，富安达基金管理10只公募基金产品，管理基金资产规模27.55亿元；旗下基金累计分红1023.81万元，服务持有人112127户。

历年管理公募基金

基金数量（只）

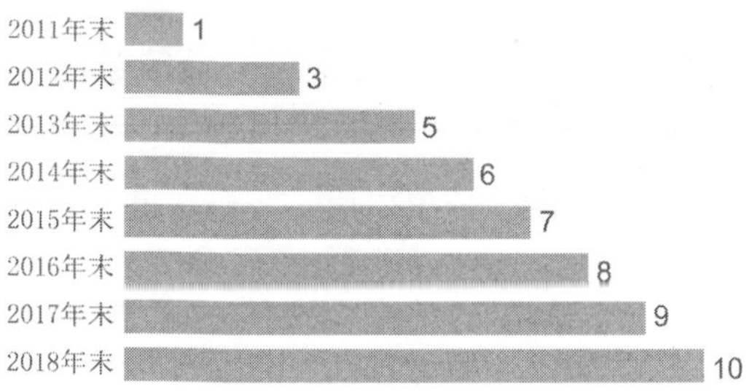

基金资产规模（亿元）

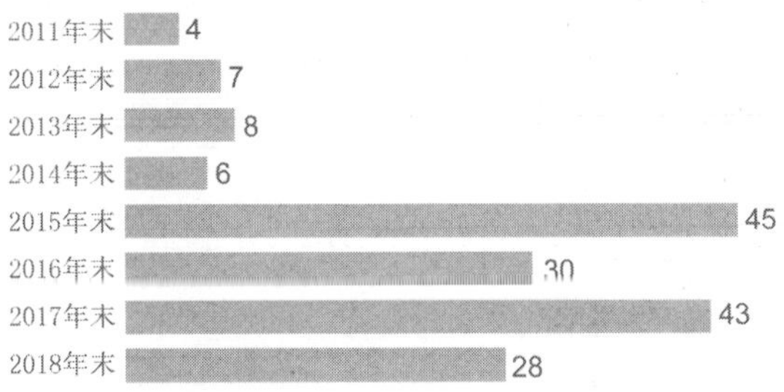

财通基金管理有限公司

官方微信服务号：caitongfund

公司性质：内资　　客服电话：400-820-9888

董事长：夏理芬　　总经理：王家俊

基本情况

成立时间：2011年6月21日

注册资本：2亿元

注册地点：上海

员工总数：184人

管理资产总规模：523.35亿元

股东结构

股东名称	持股比例(%)
财通证券股份有限公司	40.00
杭州市实业投资集团有限公司	30.00
浙江瀚叶股份有限公司	30.00

注：以上数据截至2018年12月31日；管理总资产规模包括公募基金、专户

发展概况

财通基金总部设在上海，在北京、广州设有分公司；设有子公司—上海财通资产管理有限公司。2011年12月获得专户理财业务资格，2016年5月获得QDII业务资格。

截至2018年12月31日，财通基金管理20只基金，管理基金资产规模175.85亿元；旗下基金累计分红9.35亿元，服务持有人999843户。

历年管理公募基金

基金数量（只）

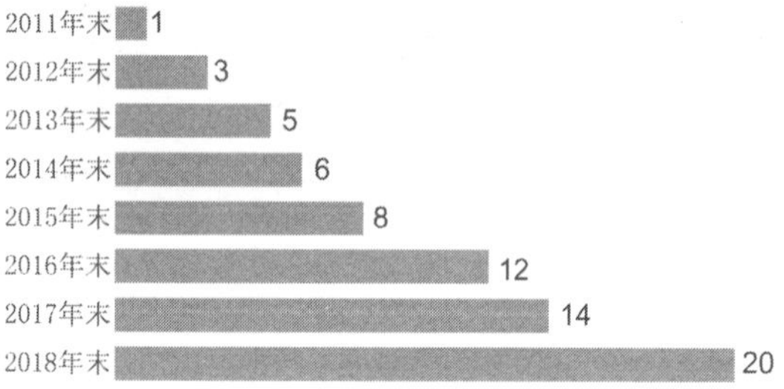

基金资产规模（亿元）

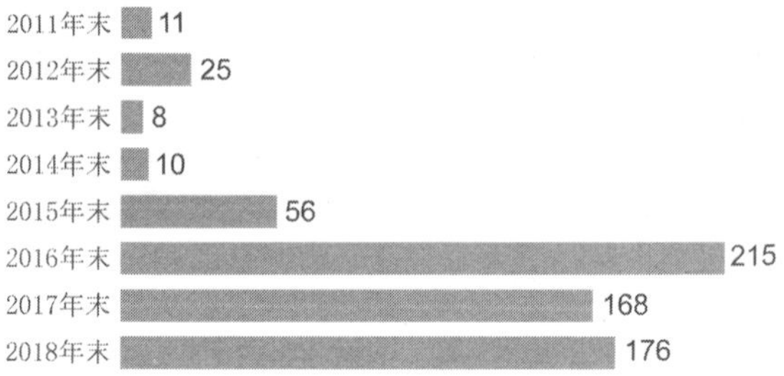

方正富邦基金管理有限公司

官方微信服务号：FF-Fund

公司性质：合资　　客服电话：400-818-0990

董事长：何亚刚　　总经理：李长桥

基本情况

成立时间：2011年7月8日

注册资本：6.6亿元

注册地点：北京

员工总数：84人

管理资产总规模：148.78亿元

股东结构

股东名称	持股比例(%)
方正证券股份有限公司	66.70
富邦证券投资信托股份有限公司	33.30

注：以上数据截至2018年12月31日；管理总资产规模包括公募基金、专户

发展概况

方正富邦基金是首家获批的陆台合资基金管理公司。公司总部设在北京，设有专户子公司——北京方正富邦创融资产管理有限公司。2011年12月获得专户理财业务资格。

截至2018年12月31日，方正富邦基金管理11只基金，管理基金资产规模137.47亿元；旗下基金累计分红28.11亿元，服务持有人4633618户。

历年管理公募基金

基金数量（只）

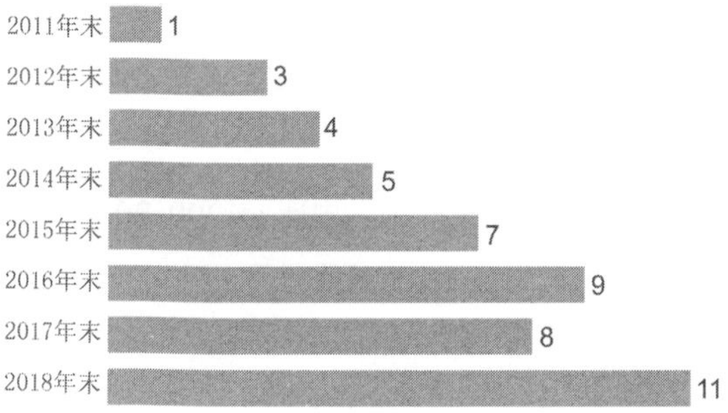

基金资产规模（亿元）

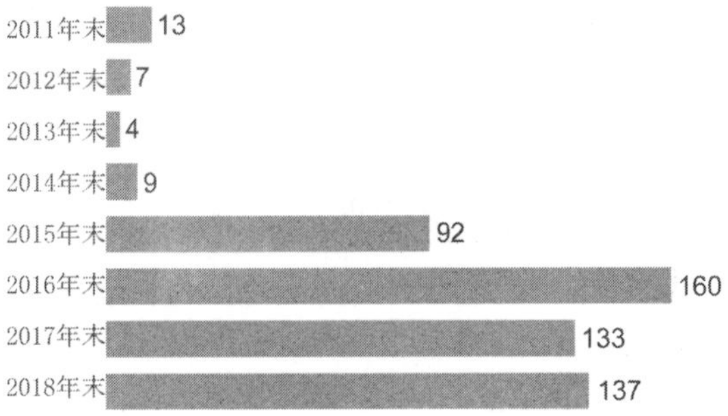

长安基金管理有限公司

官方微信服务号：CAFUNDS4008209688

公司性质：内资　**客服电话**：400-820-9688

董事长：万跃楠　**总经理**：袁丹旭

基本情况

成立时间：2011年9月5日

注册资本：2.7亿元

注册地点：上海

员工总数：83人

管理资产总规模：270.05亿元

注：以上数据截至2018年12月31日；管理总资产规模包括公募金及专户产品，不含子公司

股东结构

股东名称	持股比例（%）
长安国际信托股份有限公司	29.63
杭州景林投资管理合伙企业(有限合伙)	25.93
上海恒嘉美联发展有限公司	24.44
五星控股集团有限公司	13.33
兵器装备集团财务有限责任公司	6.67

发展概况

长安基金总部设在上海，另设有子公司——长安财富资产管理有限公司。子公司于2012年12月获得特定客户资产管理业务资格。

截至2018年12月31日，长安基金管理18只基金，管理基金资产规模89.02亿元；旗下基金累计分红764548.14万元，服务持有人402472户。

历年管理公募基金

基金数量（只）

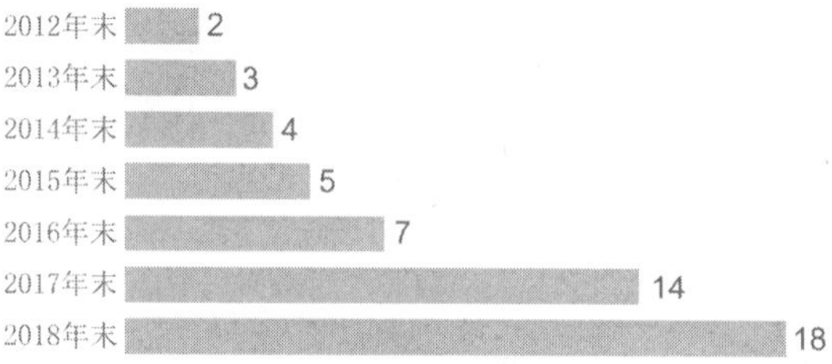

基金资产规模（亿元）

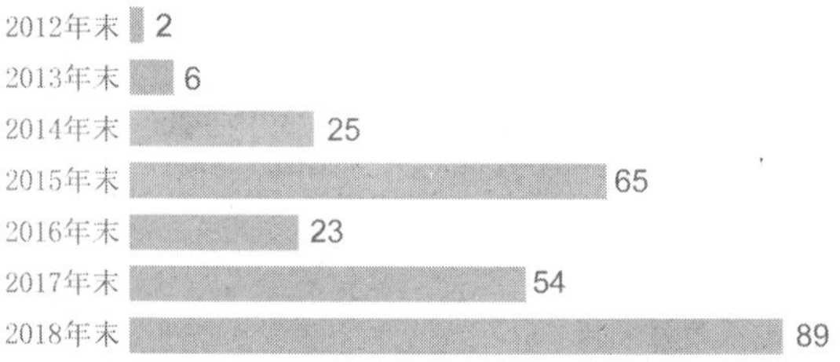

国金基金管理有限公司

官方微信服务号：gjtyfund

公司性质：内资　　**客服电话**：4000-2000-18

董事长：纪　路　　**总经理**：尹庆军

基本情况

成立时间：2011年11月2日

注册资本：3.6亿元

注册地点：北京

员工总数：126人

管理资产总规模：349.41亿元

股东结构

股东名称	持股比例(%)
国金证券股份有限公司	49.00
苏州工业园区兆润投资控股集团有限公司	19.50
广东宝丽华新能源股份有限公司	19.50
涌金投资控股有限公司	12.00

注：以上数据截至2018年12月31日；管理总资产规模包括公募基金、专户

发展概况

国金基金总部在北京，在北京和上海分别设有专户子公司——北京千石创富资本管理有限公司和销售子公司——上海国金理益财富基金销售有限公司。

截至2018年12月31日，国金基金管理26只基金产品，管理基金资产规模349.41亿元；旗下基金累计分红20.30亿元，服务持有人3082537户。

历年管理公募基金

基金数量（只）

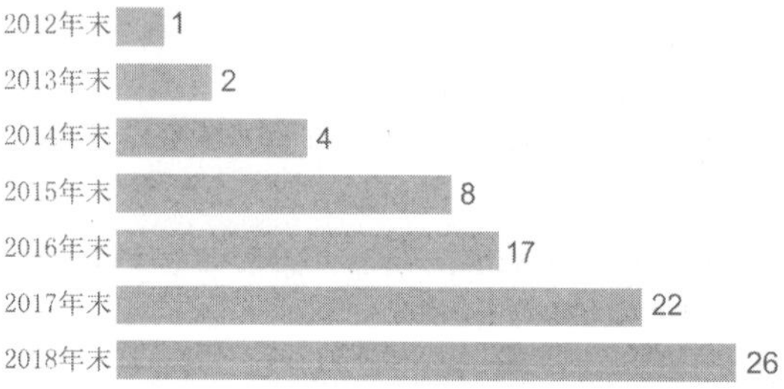

基金资产规模（亿元）

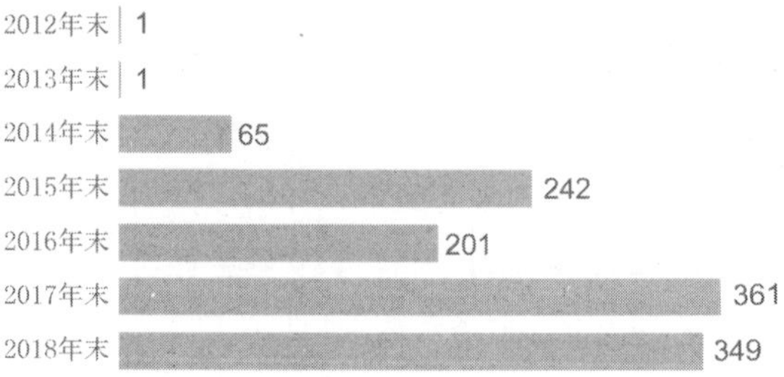

安信基金管理有限责任公司

官方微信服务号：essencefund_weixin

公司性质：内资　　客服电话：4008-088-088

董事长：王连志　　总经理：刘入领

基本情况

成立时间：2011年12月6日

注册资本：5.0625亿元

注册地点：深圳

员工总数：197人

管理资产总规模：614.42亿元

注：以上数据截至2018年12月31日；管理总资产规模包括公募基金、专户

股东结构

股东名称	持股比例（%）
五矿资本控股有限公司	39.84
安信证券股份有限公司	33.95
佛山市顺德区新碧贸易有限公司	20.28
中广核财务有限责任公司	5.93

发展概况

安信基金总部设在深圳，在北京、上海设有分公司，在深圳设有子公司——安信乾盛财富管理（深圳）有限公司。

截至2018年12月31日，安信基金管理45只基金，管理基金资产规模338.77亿元；旗下基金累计分红49.99亿元，服务持有人672183户。

历年管理公募基金

基金数量（只）

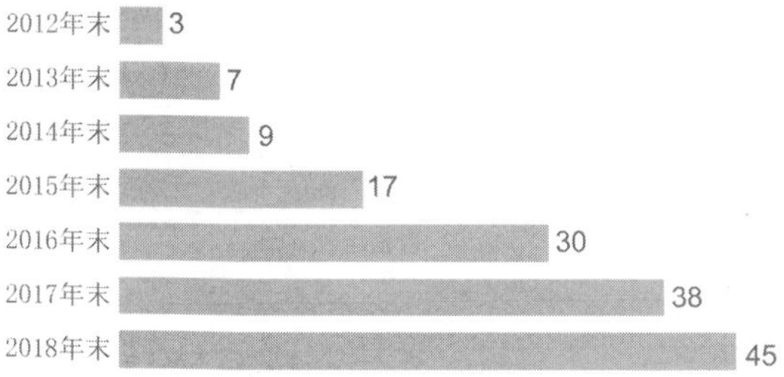

基金资产规模（亿元）

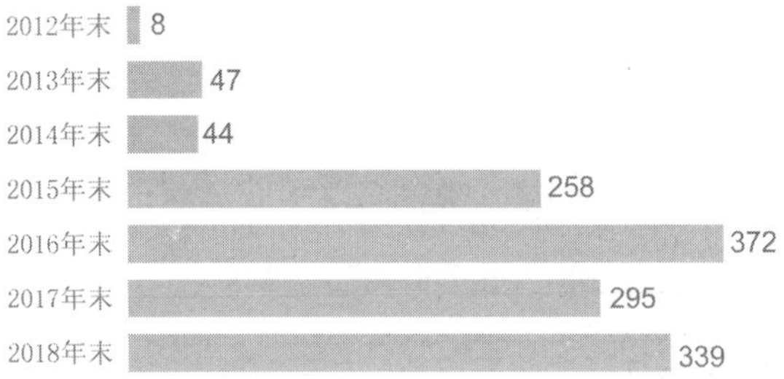

德邦基金管理有限公司

官方微信服务号：DBfund0229

公司性质：内资　　客服电话：400-821-7788

董事长：左　畅　　总经理：陈星德

基本情况

成立时间：2012年3月27日

注册资本：5.9亿元

注册地点：上海

员工总数：110人

管理资产总规模：255.62亿元

注：以上数据截至2018年12月31日；管理总资产规模包括公募基金、专户

股东结构

股东名称	持股比例（%）
德邦证券股份有限公司	70.00
浙江省土产畜产进出口集团有限公司	20.00
西子联合控股有限公司	10.00

发展概况

德邦基金总部设在上海，2013年3月成立子公司——德邦创新资本有限责任公司。

截至2018年12月31日，德邦基金管理15只基金，管理基金资产规模79.45亿元；旗下基金累计分红8.61亿元，服务持有人77万户。

历年管理公募基金

年　度	管理基金数量（只）	管理基金资产规模（亿元）
2012年末	1	3.23
2013年末	3	7.2
2014年末	3	46.4
2015年末	11	242.22
2016年末	20	192.69
2017年末	23	129.61
2018年末	15	79.45

红塔红土基金管理有限公司

官方微信服务号：gh_7bb9e531d845

公司性质：内资　　客服电话：4001-666-916

董事长：饶　雄　　总经理：刘　辉

基本情况

成立时间：2012年6月12日

注册资本：4.96亿元

注册地点：深圳

员工总数：52人

管理资产总规模：32.02亿元

股东结构

股东名称	持股比例(%)
红塔证券股份有限公司	59.27
北京市华远集团有限公司	30.24
深圳市创新投资集团有限公司	10.49

注：以上数据截至2018年12月31日；管理总资产规模包括公募基金、专户

发展概况

红塔红土基金总部设在深圳，在深圳设有子公司——深圳市红塔资产管理有限公司。

截至2018年12月31日，公司管理9只公募基金产品，管理基金资产规模16.73亿元；旗下基金累计分红1.30亿元，服务持有人6468户。

历年管理公募基金

年 度	管理基金数量（只）	管理基金资产规模（亿元）
2014年末	1	0.97
2015年末	3	21.62
2016年末	6	9.77
2017年末	9	18.84
2018年末	9	16.73

华宸未来基金管理有限公司

官方微信服务号：hcmirae

公司性质：合资　　**客服电话**：400-920-0699

董事长：赵澍堂　　**总经理**：宋小龙

基本情况

成立时间：2012年6月20日

注册资本：2亿元

注册地点：上海

员工总数：42人

管理资产总规模：0.49亿元

股东结构

股东名称	持股比例(%)
华宸信托有限责任公司	40.00
咸阳长涛电子科技有限公司	35.00
韩国未来资产基金管理公司	25.00

注：以上数据截至2018年12月31日；管理总资产规模包括1只公募基金0.29亿元、2只专户产品0.20亿元

发展概况

华宸未来基金总部设在上海；2013年3月设立子公司——深圳华宸未来资产管理有限公司（现变更为上海华宸未来资产管理有限公司）。

截至2018年12月31日，华宸未来基金管理1只公募基金，公募基金资产规模0.29亿元。

历年管理公募基金

年 度	管理基金数量（只）	管理基金资产规模（亿元）
2013年末	2	1.67
2014年末	2	0.62
2015年末	2	0.37
2016年末	1	0.18
2017年末	1	0.15
2018年末	1	0.29

英大基金管理有限公司

官方微信服务号：ydamc0817

公司性质：内资　　客服电话：010-57835666

董事长：孔　旺　　总经理：朱　志

基本情况

成立时间：2012年8月17日

注册资本：3.16亿元

注册地点：北京

员工总数：62人

管理资产总规模：20.43亿元

股东结构

股东名称	持股比例(%)
国网英大国际控股集团有限公司	67.70
中国交通建设股份有限公司	22.80
航天科工财务有限责任公司	9.50

注：以上数据截至2018年12月31日；管理总资产规模包括公募基金、专户

发展概况

英大基金管理有限公司（简称英大基金）总部设在北京，设有一家子公司——北京英大资本管理有限公司。2015年9月获得专户理财业务资格。

截至2018年12月31日，英大基金管理8只基金产品，管理基金资产规模18.68亿元；旗下基金累计分红0.39亿元，服务持有人36232户。

历年管理公募基金

年　度	管理基金数量（只）	管理基金资产规模（亿元）
2013年末	1	3.72
2014年末	3	4.38
2015年末	5	50.48
2016年末	7	21.28
2017年末	7	18.55
2018年末	8	18.68

华润元大基金管理有限公司

官方微信服务号：cryuantafund

公司性质：合资　　客服电话：4000-1000-89

董事长：李巍巍　　总经理：李　仆

基本情况

成立时间：2013年1月17日

注册资本：6亿元

注册地点：深圳

员工总数：61人

管理资产总规模：53.57亿元

股东结构

股东名称	持股比例(%)
华润深国投信托有限公司	51.00
元大证券投资信托股份有限公司	24.50
华润金控投资有限公司	24.50

注：以上数据截至2018年12月31日；管理总资产规模包括公募基金、专户

发展概况

华润元大基金总部位于深圳，并设有子公司——深圳华润元大资产管理有限公司。2013年11月获得专户理财业务资格。

截至2018年12月31日，华润元大基金管理12只基金产品，管理基金资产规模27.51亿元；旗下基金累计分红8.64亿元，服务持有人48929户。

历年管理公募基金

年　度	管理基金数量（只）	管理基金资产规模（亿元）
2013年末	2	9.66
2014年末	5	13.66
2015年末	8	38.53
2016年末	10	23.43
2017年末	11	31.44
2018年末	12	27.51

前海开源基金管理有限公司

官方微信服务号：qhkyfund

公司性质：内资　**客服电话**：4001-666-998

董事长：王兆华　**总经理**：蔡　颖

基本情况

成立时间：2013年1月23日

注册资本：2亿元

注册地点：深圳

员工总数：184人

管理资产总规模：505.92亿元

股东结构

股东名称	持股比例(%)
开源证券股份有限公司	25.00
北京市中盛金期投资管理有限公司	25.00
北京长和世纪资产管理有限公司	25.00
深圳市和合投信资产管理合伙企业(有限合伙)	25.00

注：以上数据截至2018年12月31日；管理总资产规模包括公募基金、专户

发展概况

前海开源基金管理有限公司（简称前海开源基金）总部在深圳，在北京、上海设有分公司，在深圳设有子公司——前海开源资产管理有限公司。

2013年9月获得特定客户资产管理业务资格，2015年7月获得QDII业务资格。

截至2018年12月31日，前海开源基金共管理78只基金，管理基金资产规模369.25亿元；旗下基金累计分红130.89亿元，服务持有人696552户。

历年管理公募基金

年　度	管理基金数量（只）	管理基金资产规模（亿元）
2013年末	1	1.29
2014年末	7	25.32
2015年末	26	224.20
2016年末	45	607.23
2017年末	64	529.27
2018年末	78	369.25

太平基金管理有限公司

官方微信服务号：taipingfund

公司性质：合资　　客服电话：021-61560999

董事长：汤海涛　　总经理：吴　东

基本情况

成立时间：2013年1月23日

注册资本：4亿元

注册地点：上海

员工总数：96人

管理资产总规模：217.04亿元

股东结构

股东名称	持股比例(%)
太平资产管理有限公司	83.00
中原证券股份有限公司	8.50
安石投资管理有限公司	8.50

注：以上数据截至2018年12月31日；管理总资产规模包括公募基金、专户

发展概况

太平基金管理有限公司原名中原英石基金管理有限公司，总部在上海。

截至2018年12月31日，太平基金管理5只基金产品，管理基金资产规模140.6亿元；旗下基金累计分红8.47亿元，服务持有人29283户。

历年管理公募基金

年　度	管理基金数量（只）	管理基金资产规模（亿元）
2014年末	1	0.76
2015年末	1	0.13
2016年末	2	151.65
2017年末	4	114.03
2018年末	5	140.60

江信基金管理有限公司

官方微信服务号：jxfund

公司性质：内资　　客服电话：400-622-0583

董事长：孙桢磉　　总经理：初　英

基本情况

成立时间：2013年1月28日

注册资本：1.8亿元

注册地点：北京

管理基金资产规模：19.11亿元

注：以上数据截至2018年12月31日

股东结构

股东名称	持股比例（%）
国盛证券有限责任公司	30.00
安徽恒生阳光控股有限公司	17.50
金麒麟投资有限公司	17.50
鹰潭聚福投资管理有限合伙企业	17.50
鹰潭红石投资管理有限合伙企业	17.50

发展概况

江信基金总部在北京。截至2018年12月31日，江信基金管理9只基金产品，管理基金资产规模19.11亿元。

历年管理公募基金

年　度	管理基金数量（只）	管理基金资产规模（亿元）
2014年末	1	8.93
2015年末	2	29.19
2016年末	6	33.45
2017年末	9	28.27
2018年末	9	19.11

东海基金管理有限责任公司

官方微信服务号：donghaifunds

公司性质：内资　　客服电话：40095-95531

董事长：赵　俊　　总经理：邓升军

基本情况

成立时间：2013年2月25日

注册资本：1.5亿元

注册地点：上海

员工总数：69人

管理资产总规模：76.75亿元

注：以上数据截至2018年12月31日；管理总资产规模包括公募基金、专户

股东结构

股东名称	持股比例（%）
东海证券股份有限公司	45.00
深圳鹏博实业集团有限公司	30.00
苏州市相城区江南化纤集团有限公司	25.00

发展概况

东海基金是东海证券控股的基金公司。公司总部设在上海，在北京设有分公司；2013年8月设立子公司——东海瑞京资产管理（上海）有限公司（现为上海瑞京资产管理有限公司）。

截至2018年12月31日，东海基金管理6只公募基金产品，管理基金资产规模9.03亿元。

历年管理公募基金

年　度	管理基金总数量（只）	管理基金资产规模（亿元）
2014年末	1	2.02
2015年末	2	2.65
2016年末	4	10.28
2017年末	4	9.25
2018年末	6	9.03

中加基金管理有限公司

公司性质：合资　　客服电话：400-00-95526

官方微信服务号：bobbns

董事长：夏　英　　总经理：宗　喆

基本情况

成立时间：2013年3月27日

注册资本：4.65亿元

注册地点：北京

员工总数：114人

管理资产总规模：1898.56亿元

注：以上数据截至2018年12月31日；管理总资产规模包括公募基金、专户产品及子公司的管理规模

股东结构

股东名称	持股比例(%)
北京银行股份有限公司	44.00
加拿大丰业银行	28.00
北京乾融投资（集团）有限公司	12.00
中地种业（集团）有限公司	6.00
有研科技集团有限公司	5.00
绍兴越华开发经营有限公司	5.00

发展概况

中加基金管理有限公司（简称中加基金）是第三批银行系试点中首家获批成立的基金公司。公司总部设在北京，在北京、香港设有子公司——北银丰业资产管理有限公司、中加国际资产管理有限公司。

2013年8月获得专户理财业务资格，2016年8月获得合格境内机构投资者（QDII）资格，2018年获得RQFII业务资格。

截至2018年12月31日，中加基金管理28只公募基金产品，管理基金资产规模698.68亿元；旗下基金累计分红24.29亿元，服务持有人262393户。

历年管理公募基金

年　度	管理基金数量（只）	管理基金资产规模（亿元）
2013年末	1	36.05
2014年末	3	41.4
2015年末	5	174.88
2016年末	13	413.59
2017年末	17	492.17
2018年末	28	698.68

兴业基金管理有限公司

官方微信服务号：cibfund

公司性质：内资　　**客服电话**：400-009-5561

董事长：官恒秋　　**总经理**：胡　斌

基本情况

成立时间：2013年4月17日

注册资本：12亿元

注册地点：福州

管理资产总规模：3788.33亿元

股东结构

股东名称	持股比例(%)
兴业银行股份有限公司	90.00
中海集团投资有限公司	10.00

注：以上数据截至2018年12月31日；管理总资产规模包括公募基金、专户、子公司

发展概况

兴业基金管理有限公司（简称兴业基金）是兴业银行控股的全国性基金管理公司。公司总部设在福建福州，并在北京、上海、深圳、福州设立了分公司，2015年11月获得QDII业务资格。

2013年6月，公司成立全资子公司——兴业财富资产管理有限公司。

截至2018年12月31日，兴业基金旗下管理51只公基金产品，管理基金资产规模1647.69亿元；公募基金持有人户数已超200万。

历年管理公募基金

年　度	管理基金数量（只）	管理基金资产规模（亿元）
2014年末	2	143.77
2015年末	15	734.81
2016年末	35	1320.82
2017年末	44	1736.26
2018年末	51	1647.69

中融基金管理有限公司

官方微信服务号：zrfund2013

公司性质：内资　　客服电话：400-160-6000

董事长：王　瑶　　总经理：黄　震

基本情况

成立时间：2013年5月31日

注册资本：11.5亿元

注册地点：深圳

员工总数：167人

管理资产总规模：725.67亿元

股东结构

股东名称	持股比例(%)
中融国际信托有限公司	51.00
上海融晟投资有限公司	49.00

注：以上数据截至2018年12月31日；管理总资产规模包括公募基金、专户

发展概况

中融基金总部在北京，设有子公司——中融（北京）资产管理有限公司。2016年6月获得QDII业务资格。

截至2018年12月31日，中融基金管理46只公募基金，管理基金资产规模607.35亿元；旗下基金累计分红63.31亿，服务持有人1307108户。

历年管理公募基金

年　度	管理基金数量（只）	管理基金资产规模（亿元）
2013年末	1	4.47
2014年末	3	174.06
2015年末	16	391.31
2016年末	29	419.98
2017年末	40	513.25
2018年末	46	607.35

国开泰富基金管理有限责任公司

官方微信服务号：gh_88bb114c956b

公司性质：合资　客服电话：010-59363299

董事长：郑文杰　总经理：朱　瑜

基本情况

成立时间：2013年7月16日

注册资本：3.6亿元

注册地点：北京

员工总数：55人

管理资产总规模：32.6亿元

股东结构

股东名称	持股比例(%)
国开证券股份有限公司	66.70
国泰证券投资信托股份有限公司	33.30

注：以上数据截至2018年12月31日；管理总资产规模包括公募基金、专户

发展概况

国开泰富基金总部在北京，设有子公司——北京国开泰富资产管理有限公司。

2014年4月公司获得专户理财业务资格。

截至2018年12月31日，国开泰富基金管理5只基金，管理基金资产规模6.41亿元；旗下基金累计分红1.77亿元，服务持有人91085户。

历年管理公募基金

年　度	管理基金数量（只）	管理基金资产规模（亿元）
2013年末	1	5.17
2014年末	1	4.21
2015年末	2	11.81
2016年末	3	17.76
2017年末	4	7.50
2018年末	5	6.41

鑫元基金管理有限公司

官方微信服务号：xyamc_ebuy

公司性质：内资　客服电话：400-606-6188

董事长：肖　炎　总经理：张乐赛

基本情况

成立时间：2013年8月29日

注册资本：17亿元

注册地点：上海

员工总数：115人

管理资产总规模：2573亿元

股东结构

股东名称	持股比例(%)
南京银行股份有限公司	80.00
南京高科股份有限公司	20.00

注：以上数据截至2018年12月31日；管理总资产规模包括鑫元基金及旗下公司鑫沅资产、鑫沅股权的管理规模

发展概况

鑫元基金管理有限公司（简称鑫元基金）经中国证监会批准，于2013年8月29日在上海正式成立。由南京银行股份有限公司发起，与南京高科股份有限公司联合组建。注册资本金17亿元，总部设在上海，旗下子公司包括鑫沅资产管理有限公司和鑫沅股权管理有限公司。

2013年8月获得专户理财业务资格。

截至2018年12月31日，鑫元基金共管理29只基金，管理公募基金资产规模313亿元。

历年管理公募基金

年　度	管理基金数量（只）	管理基金资产规模（亿元）
2013年末	1	24.55
2014年末	7	107.71
2015年末	9	141.26
2016年末	16	250.67
2017年末	21	363.34
2018年末	29	313.50

上银基金管理有限公司

官方微信服务号：shangyinjijin

公司性质：内资　**客服电话**：021-60231999

董事长：汪　明　**总经理**：刘小鹏

基本情况

成立时间：2013年8月30日

注册资本：3亿元

注册地点：上海

员工总数：71人

管理资产总规模：1025.90亿元

股东结构

股东名称	持股比例(%)
上海银行股份有限公司	90.00
中国机械工业集团有限公司	10.00

注：以上数据截至2018年12月31日；管理总资产规模包括公募基金、专户

发展概况

上银基金是上海银行控股的公募基金管理公司。公司总部在上海，2014年3月成立全资子公司——上银瑞金资本管理有限公司。

截至2018年12月31日，上银基金管理9只公募基金，管理基金资产规模723.61亿元；旗下基金累计分红15.16亿元，服务持有人553429户。

历年管理公募基金

年 度	管理基金数量（只）	管理基金资产规模（亿元）
2014年末	2	33.09
2015年末	2	435.53
2016年末	4	534.11
2017年末	7	559.88
2018年末	9	723.61

中信建投基金管理有限公司

官方微信服务号：cfund108_service

公司性质：内资　**客服电话**：4009-108-108

董事长：蒋月勤　**总经理**：邱黎强

基本情况

成立时间：2013年9月9日

注册资本：3亿元

注册地点：北京

员工总数：145人

管理资产总规模：943.81亿元

股东结构

股东名称	持股比例(%)
中信建投证券股份有限公司	55.00
航天科技财务有限责任公司	25.00
江苏广传广播传媒有限公司	20.00

注：以上数据截至2018年12月31日；管理总资产规模包括公募基金、专户产品及子公司专户产品的管理规模

发展概况

中信建投基金是中信建投证券控股的公募基金管理公司。公司总部在北京，2015年6月成立全资子公司——元达信资本管理（北京）有限公司。

截至2018年12月31日，中信建投基金管理16只公募基金产品，管理基金资产规模142.65亿元；旗下基金累计分红7.08亿元，服务持有人26万余户。

历年管理公募基金

年 度	管理基金数量（只）	管理基金资产规模（亿元）
2014年末	3	13.27
2015年末	7	57.43
2016年末	12	94.51
2017年末	16	86.28
2018年末	16	142.65

兴银基金管理有限责任公司

官方微信服务号：hffunds

公司性质：内资　　客服电话：400-009-6326

董事长：张贵云　　总经理：张　力

基本情况

成立时间：2013年10月25日

注册资本：1.43亿元

注册地点：福建省平潭

员工总数：116人(其中子公司22人)

管理资产总规模：1539.80亿元

注：以上数据截至2018年12月31日；管理总资产包括公募基金、专户产品及子公司的规模

股东结构

股东名称	持股比例(%)
华福证券有限责任公司	76.00
国脉科技股份有限公司	24.00

发展概况

兴银基金是华福证券控股的公募基金管理公司。公司在上海、北京设有分公司，在上海设有子公司——上海兴瀚资产管理有限公司。2013年10月获得专户理财业务资格。

截至2018年12月31日，兴银基金管理18只基金，管理基金资产规模312.97亿元；旗下基金累计分红178786.04万元，服务基金持有人16335户。

历年管理公募基金

年　度	管理基金数量（只）	管理基金资产规模（亿元）
2014年末	1	55.92
2015年末	9	722.66
2016年末	14	652.92
2017年末	18	524.76
2018年末	18	312.97

国寿安保基金管理有限公司

官方微信服务号：gsfunds

公司性质：合资　　客服电话：4009-258-258

董事长：王军辉　　总经理：左季庆

基本情况

成立时间：2013年10月29日

注册资本：12.88亿元

注册地点：上海

员工总数：188人

管理资产总规模：2017.49亿元

注：以上数据截至2018年12月31日；管理总资产规模包括公募基金、专户

股东结构

股东名称	持股比例(%)
中国人寿资产管理有限公司	85.03
安保资本投资有限公司	14.97

发展概况

国寿安保基金管理有限公司（简称国寿安保基金）是中国保险业成立的首家基金管理公司。公司在北京、深圳设有分公司，在上海设有子公司——国寿财富管理有限公司。

2013年12月获得专户理财业务资格，2016年8月获得QDII业务资格。

截至2018年12月31日，国寿安保基金管理43只基金产品，管理基金资产规模1570.15亿元；旗下基金累计分红50.24亿元，服务基金持有人4458041户（按总开户数计算）、1935016户（按持有份额户数计算）。

历年管理公募基金

年　度	管理基金数量（只）	管理基金资产规模（亿元）
2014年末	5	187.62
2015年末	18	570.03
2016年末	25	785.16
2017年末	40	1397.38
2018年末	43	1570.15

永赢基金管理有限公司

官方微信服务号：yongyingjijin

公司性质：合资　**客服电话**：021-51690111

董事长：马宇晖　**总经理**：芦特尔

基本情况

成立时间：2013年11月7日

注册资本：9亿元

注册地点：浙江宁波

员工总数：122人

管理基金资产规模：1213.27亿元（剔除货币市场基金的资产净值714.24亿元）

注：以上数据截至2018年12月31日

股东结构

股东名称	持股比例(%)
宁波银行股份有限公司	71.49
利安资金管理公司	28.51

发展概况

永赢基金是国内目前15家银行系基金管理公司之一，公司总部设在上海。2014年3月，公司成立从事特定客户资产管理业务的全资子公司——永赢资产管理有限公司。

截至2018年12月31日，永赢基金旗下管理28只公募基金，管理基金资产规模1213.27亿元；旗下基金累计分红66.44亿元，服务持有人近17万户。

历年管理公募基金

年　度	管理基金数量（只）	管理基金资产规模（亿元）
2014年末	1	3.65
2015年末	4	112.61
2016年末	5	43.04
2017年末	10	867.51
2018年末	28	1213.27

圆信永丰基金管理有限公司

官方微信服务号：gtsfund4006070088

公司性质：合资　　**客服电话**：400-607-0088

董事长：洪文瑾　　**总经理**：蔡炎坤

基本情况

成立时间：2014年1月2日

注册资本：2亿元

注册地点：福建厦门

员工总数：98人

管理资产总规模：205.32亿元

注：以上数据截至2018年12月31日；管理总资产包括公募基金、专户产品的规模

股东结构

股东名称	持股比例（%）
厦门国际信托有限公司	51.00
台湾永丰证券投资信托股份有限公司	49.00

发展概况

圆信永丰基金管理有限公司（简称圆信永丰基金）是厦门首家公募基金管理公司。公司总部位于厦门，在上海设有分公司，主要业务经营团队位于上海。

截至2018年12月31日，圆信永丰基金管理17只基金，管理公募基金资产规模179.66亿元；旗下基金累计分红15.23亿元，服务持有人202923户。

历年管理公募基金

年　度	管理基金数量（只）	管理基金资产规模（亿元）
2014年末	2	12.22
2015年末	4	14.19
2016年末	6	80.98
2017年末	12	199.53
2018年末	17	179.66

中金基金管理有限公司

官方微信服务号：CICCFund

公司性质：内资　客服电话：400-868-1166

董事长：林寿康　总经理：孙　菁

基本情况

成立时间：2014年2月10日

注册资本：3亿元

注册地点：北京

管理基金资产规模：153亿元

注：以上数据截至2018年12月31日

股东结构

股东名称	持股比例（%）
中国国际金融股份有限公司	100.00

发展概况

中金基金管理有限公司（简称中金基金）是国内首家单一股东发起设立的基金管理公司，中国国际金融股份有限公司全资持股。公司总部位于北京。

截至2018年12月31日，中金基金管理27只公募基金，管理基金资产规模153.48亿元。

历年管理公募基金

年　度	管理基金数量（只）	管理基金资产规模（亿元）
2014年末	2	9.98
2015年末	4	51.43
2016年末	8	35.64
2017年末	14	78.30
2018年末	27	153.48

数据来源：基金年鉴

北信瑞丰基金管理有限公司

官方微信服务号：bxrfund

公司性质：内资　客服电话：400-061-7297

董事长：周瑞明　总经理：朱　彦

基本情况

成立时间：2014年3月17日

注册资本：1.7亿元

注册地点：北京

员工总数：111人

管理资产总规模：313.84亿元

注：以上数据截至2018年12月31日；管理总资产规模包括公募基金、专户

股东结构

股东名称	持股比例（%）
北京国际信托有限公司	60.00
莱州瑞海投资有限公司	40.00

发展概况

北信瑞丰基金管理有限公司（简称北信瑞丰基金）总部设在北京，设有专户子公司——上海北信瑞丰资产管理有限公司。2015年6月获得专户理财业务资格。

截至2018年12月31日，北信瑞丰基金管理16只基金，管理基金资产规模104.97亿元，旗下基金累计分红0.56亿元。

历年管理公募基金

年　度	管理基金数量（只）	管理基金资产规模（亿元）
2014年末	3	13.79
2015年末	7	34.35
2016年末	11	73.84
2017年末	15	60.44
2018年末	16	104.97

红土创新基金管理有限公司

官方微信服务号：htcx-fund

公司性质：内资　　客服电话：400-060-3333

总经理：高　峰

基本情况

成立时间：2014年6月18日

注册资本：1.5亿元

注册地点：深圳

员工总数：76人

管理资产总规模：127亿元

注：以上数据截至2018年12月31日；管理总资产规模包括公募基金、专户

股东结构

股东名称	持股比例(%)
深圳市创新投资集团有限公司	100.00

发展概况

红土创新基金是国内首家创投系的公募基金管理公司，总部位于深圳。

截至2018年12月31日，红土创新基金管理7只公募基金产品，管理基金资产规模81.95亿元；旗下基金累计分红0.02亿元，服务持有人10990户。

历年管理公募基金

年　度	管理基金数量（只）	管理基金资产规模（亿元）
2015年末	1	1.82
2016年末	3	3.55
2017年末	5	40.77
2018年末	7	81.95

九泰基金管理有限公司

微信官方订阅号：jtjj5858

公司性质：内资　　**客服电话**：400-628-0606

董事长：吴　强　　**总经理**：卢伟忠

基本情况

成立时间：2014年7月3日

注册资本：3亿元

注册地点：北京

员工总数：185人

管理资产总规模：198.66亿元

注：以上数据截至2018年12月31日；管理总资产规模包括公募基金、专户

股东结构

股东名称	持股比例(%)
昆吾九鼎投资管理有限公司	26.00
同创九鼎投资管理集团股份有限公司	25.00
拉萨昆吾九鼎产业投资管理有限公司	25.00
九州证券股份有限公司	24.00

发展概况

九泰基金是国内首家PE系公募基金管理公司，总部设在北京，在深圳、上海设有分公司，在北京设有子公司——九泰基金销售（北京）有限公司。

截至2018年12月31日，九泰基金管理16只基金，管理基金资产规模59.76亿元；旗下基金累计分红4.43亿元。

历年管理公募基金

年　度	管理基金数量（只）	管理基金资产规模（亿元）
2015年末	5	79.01
2016年末	13	119.00
2017年末	17	143.97
2018年末	16	59.76

创金合信基金管理有限公司

官方微信服务号：CJKeFu

公司性质：内资　　客服电话：400-868-0666

董事长：刘学民　　总经理：苏彦祝

基本情况

成立时间：2014年7月9日

注册资本：2.33亿元

注册地点：深圳

员工总数：273人

管理资产总规模：3721.63亿元

注：以上数据截至2018年12月31日；管理总资产规模包括公募基金、专户

股东结构

股东名称	持股比例（%）
第一创业证券股份有限公司	51.0729
深圳市金合信投资合伙企业（有限合伙）	21.8884
深圳市金合中投资合伙企业（有限合伙）	4.50645
深圳市金合华投资合伙企业（有限合伙）	4.50645
深圳市金合振投资合伙企业（有限合伙）	4.50645
深圳市金合兴投资合伙企业（有限合伙	4.50645
深圳市金合同投资合伙企业（有限合伙）	4.50645
深圳市金合荣投资合伙企业（有限合伙）	4.50645

发展概况

创金合信基金管理有限公司成立于2014年7月，是第一家成立时实现员工持股的基金公司，团队前身是第一创业证券创金资产团队，团队由总经理苏彦祝于2010年初组建。

创金合信基金倡导合伙文化，坚持以人为本，成立以来坚持公募和专户双轮驱动的发展战略，探索出一条差异化的发展之路，专户规模稳居行业前列，公募业务则聚焦在固定收益、量化策略、权益投资等方面。

创金合信基金坚持“以客户为中心，以奋斗者为本”，致力于为客户提供优质的金融产品和金融服务，努力成为优秀的资产管理金融服务专家。

截至2018年12月31日，创金合信基金管理39只公募基金，其中混合型产品9只、指数型产品8只、债券型产品12只、股票型产品9只、货币型产品1只；管理公募基金规模150.47亿元。

历年管理公募基金

年　度	管理基金数量（只）	管理基金资产规模（亿元）
2015年末	7	44.22
2016年末	24	142.74
2017年末	29	149.41
2018年末	39	150.47

嘉合基金管理有限公司

官方微信服务号：jyahasset

公司性质：内资　　客服电话：400-0603-299

董事长：郝艳芬　　总经理：蔡　奕

基本情况

成立时间：2014年7月30日

注册资本：3亿元

注册地点：上海

员工总数：107人

管理资产总规模：416.62亿元

注：以上数据截至2018年12月31日；管理总资产规模含公募基金、专户

股东结构

股东名称	持股比例（%）
中航信托股份有限公司	27.27
上海慧弘实业集团有限公司	27.27
广东万和集团有限公司	22.73
福建圣农控股集团有限公司	18.18
北京智勇仁信投资咨询有限公司	4.55

发展概况

嘉合基金总部位于上海，在北京、深圳、山东设有分公司。截至2018年12月31日，公司管理6只公募基金，管理基金资产规模193.90亿元；旗下基金累计分红0.9亿元，服务持有人17万户。

历年管理公募基金

年　度	管理基金数量（只）	管理基金资产规模（亿元）
2015年末	2	121.23
2016年末	2	30.87
2017年末	2	118.62
2018年末	6	193.90

泓德基金管理有限公司

官方微信服务号：hdfund

公司性质：内资　**客服电话**：400-910-0888

董事长：胡康宁　**总经理**：王德晓

基本情况

成立时间：2015年3月3日

注册资本：1.43亿元

注册地点：西藏拉萨

员工总数：95人

管理资产总规模：368.26亿元

注：以上数据截至2018年12月31日；管理总资产规模包括公募基金、专户

股东结构

股东名称	持股比例(%)
王德晓	25.9129
阳光资产管理股份有限公司	20.9790
泓德基业控股股份有限公司	20.0000
珠海市基业长青股权投资基金（有限合伙）	11.2613
南京民生租赁股份有限公司	9.3750
江苏岛村实业发展有限公司	9.3750
上海捷朔信息技术有限公司	3.0968

发展概况

泓德基金总部位于北京，2015年2月获得特定客户资产管理业务资格。

截至2018年12月31日，泓德基金管理22只公募基金，公司管理总资产管理规模368.26亿元，其中公募基金管理规模207.66亿元，专户产品管理规模160.60亿元。

截至2018年12月31日，泓德基金旗下基金累计分红21.52亿元，服务持有人123282人。

历年管理公募基金

年　度	管理基金数量（只）	管理基金资产规模（亿元）
2015年末	7	104.65
2016年末	15	179.56
2017年末	20	167.85
2018年末	22	207.66

金信基金管理有限公司

官方微信服务号：jinxinjijin

公司性质：内资　**客服电话**：400-866-2866

董事长：张　彦　**总经理**：殷克胜

基本情况

成立时间：2015年7月3日

注册资本：1亿元

注册地点：深圳

员工总数：40人

管理资产总规模：69.23亿元

股东结构

股东名称	持股比例(%)
深圳市卓越创业投资有限责任公司	34.00
安徽国元信托有限责任公司	31.00
深圳市巨财汇投资有限公司	28.50
殷克胜	6.50

注：以上数据截至2018年12月31日；管理总资产规模包括公募基金、专户

发展概况

金信基金总部位于深圳。截至2018年12月31日，公司管理10只公募基金，管理基金资产规模30亿元；旗下基金累计分红13.76亿元，服务基金持有人105000户。

历年管理公募基金

年　度	管理基金数量（只）	管理基金资产规模（亿元）
2016年末	6	5.18
2017年末	10	11.40
2018年末	10	30.10

新疆前海联合基金管理有限公司

官方微信服务号：qhlhfund

公司性质：内资　**客服电话**：400-640-0099

董事长：黄　炜　**总经理**：王晓耕

基本情况

成立时间：2015年8月7日

注册资本：2亿元

注册地点：新疆乌鲁木齐

员工总数：102人

管理资产总规模：355亿元

股东结构

股东名称	持股比例(%)
深圳市钜盛华股份有限公司	30.00
深圳市深粤控股股份有限公司	25.00
深圳粤商物流有限公司	25.00
凯信恒有限公司	20.00

注：以上数据截至2018年12月31日；管理总资产规模包括公募基金、专户

发展概况

前海联合基金总部位于广东省深圳市，在上海设有分公司。

截至2018年12月31日，前海联合基金管理20只基金，管理基金资产规模311.77亿元，旗下基金累计分红20.66亿元(货币基金10.23亿元)，服务持有人50419户。

历年管理公募基金

年　度	管理基金数量（只）	管理基金资产规模（亿元）
2015年末	1	134.21
2016年末	8	138.26
2017年末	13	336.53
2018年末	20	311.77

新沃基金管理有限公司

官方微信订阅号：vofundinfo

公司性质：内资　　客服电话：400-698-9988

董事长：朱　灿　　总经理：易　勇

基本情况

成立时间：2015年8月19日

注册资本：1亿元

注册地点：上海

员工总数：47人

管理资产总规模：70.55亿元

注：以上数据截至2018年12月31日；管理总资产规模包括公募基金、专户

股东结构

股东名称	持股比例(%)
新沃资本控股集团有限公司	70.00
新沃联合资产管理有限公司	30.00

发展概况

新沃基金总部位于北京。截至2018年12月31日，新沃基金管理3只公募基金，管理基金资产规模25.09亿元；旗下基金累计分红5.37亿元，服务持有人29.5万户。

历年管理公募基金

年　度	管理基金数量（只）	管理基金资产规模（亿元）
2015年末	1	22.47
2016年末	3	52.34
2017年末	3	42.21
2018年末	3	25.09

中科沃土基金管理有限公司

官方微信服务号：zkwtfund

公司性质：内资　　客服电话：400-018-3610

董事长：胡冬辉　　总经理：程文卫

基本情况

成立时间：2015年9月6日

注册资本：1.42亿元

注册地点：广东珠海

员工总数：60人

管理资产总规模：7.32亿元

注：以上数据截至2018年12月31日；管理总资产规模包括公募基金、专户

股东结构

股东名称	持股比例(%)
广东中科科创创业投资管理有限责任公司	49.711
广东省粤科金融集团有限公司	14.085
广东普瑞投资发展合伙企业（有限合伙）	4.577
珠海横琴沃智投资合伙企业（有限合伙）	4.486
珠海横琴沃富投资合伙企业（有限合伙）	4.486
珠海横琴西拓投资合伙企业（有限合伙）	4.486
珠海横琴沃泽投资合伙企业（有限合伙）	4.225
珠海横琴沃信投资合伙企业（有限合伙）	3.873
珠海横琴沃土创业投资有限公司	3.451
珠海横琴沃海投资合伙企业（有限合伙）	3.451
广东中广投资管理有限公司	3.169

发展概况

中科沃土基金是国内成立的第100家公募基金管理公司，也是一家拥有PE背景的公募基金管理公司。公司总部位于广州。

截至2018年12月31日，中科沃土基金管理6只基金，管理基金资产规模3.18亿元；旗下基金累计分红1.056亿元，服务持有人3.8万户。

历年管理公募基金

年　度	管理基金数量（只）	管理基金资产规模（亿元）
2016年末	2	1.25
2017年末	4	2.04
2018年末	6	3.18

中庚基金管理有限公司

官方微信服务号：zgfunds

公司性质：内资　**客服电话**：021-53549999

董事长：闫　炘　**总经理**：孟　辉

基本情况

成立时间：2015年11月13日

注册资本：2亿元

注册地点：上海

员工总数：43人

管理基金资产规模：8.94亿元

注：以上数据截至2018年12月31日

股东结构

股东名称	持股比例（%）
孟　辉	26.00
中庚地产实业集团有限公司	25.00
大连汇盛投资有限公司	25.00
闫　炘	10.00
大连海博教育发展有限公司	8.00
福建海龙威投资发展有限公司	4.00
福建瑞闽投资有限公司	2.00

发展概况

中庚基金总部在上海。截至2018年12月31日，中庚管理1只公募基金，管理基金资产规模8.94亿元。

富荣基金管理有限公司

官方微信服务号：frfund

公司性质：内资　**客服电话**：400-685-5600

董事长：刘志军　**总经理**：郭容辰

基本情况

成立时间：2016年1月25日

注册资本：2亿元

注册地点：广州

注：以上数据截至2018年12月31日

股东结构

股东名称	持股比例（%）
广州科技金融创新投资控股有限公司	50.00
深圳嘉年实业股份有限公司	45.10
湖南省典勤投资开发有限公司	4.90

发展概况

富荣基金注册地为广州市南沙区，办公地位于深圳市福田区，在北京设有分公司。截至2018年12月31日，富荣管理12只公募基金，管理基金资产规模66.91亿元；服务基金持有人8429户。

历年管理公募基金

年　度	管理基金数量（只）	管理基金资产规模（亿元）
2016年末	1	31.08
2017年末	3	27.32
2018年末	12	66.91

数据来源：基金年鉴

汇安基金管理有限责任公司

官方微信服务号：huianfund

公司性质：内资　**客服电话**：010-56711690

董事长：何　斌　**总经理**：秦　军

基本情况

成立时间：2016年4月25日

注册资本：1亿元

注册地点：上海

员工总数：84人

管理资产总规模：357.01亿元

注：上数据截至2018年12月31日；管理总资产规模包括公募基金、专户

股东结构

股东名称	持股比例(%)
何　斌	35.70
秦　军	35.50
戴新华、郭小峰、赵　毅	4.90
郭兆强、刘　强	4.50
尹喜杰	3.30
王福德	1.80

发展概况

汇安基金是业内首家全自然人、由内部核心专业人士控股的公募基金管理公司。公司设北京、上海双总部。

截至2018年12月31日，汇安基金管理20只公募基金，管理基金资产规模89.90亿元；旗下基金累计分红4.65亿元，服务持有人3269户。

历年管理公募基金

年　度	管理基金数量（只）	管理基金资产规模（亿元）
2016年末	5	10.60
2017年末	13	66.39
2018年末	20	89.90

先锋基金管理有限公司

官方微信服务号：vfund_service

公司性质：内资　**客服电话**：400-815-9998

董事长：张松孝　**总经理**：齐靠民

基本情况

成立时间：2016年5月16日

注册资本：1.5亿元

注册地点：深圳

员工总数：71人

管理资产总规模：98.30亿元

注：以上数据截至2018年12月31日；管理总资产规模包括公募基金、专户

股东结构

股东名称	持股比例(%)
联合创业集团有限公司	34.2076
大连先锋投资管理有限公司	33.3074
北京鹏康投资有限公司	22.505
齐靠民	4.99
张松孝	4.99

发展概况

先锋基金总部位于深圳。截至2018年12月31日，公司共管理7只公募基金，管理基金资产规模34.80亿元；服务持有人12643户。

历年管理公募基金

年　度	管理基金数量（只）	管理基金资产规模（亿元）
2016年末	2	10.71
2017年末	5	63.02
2018年末	7	34.80

中航基金管理有限公司

官方微信服务号：avicfund

公司性质：内资　**客服电话**：400-666-2186

董事长：洪正华　**总经理**：陈四汝

基本情况

成立时间：2016年6月16日

注册资本：1亿元

注册地点：北京

员工总数：52人

管理资产总规模：12.90亿元

注：以上数据截至2018年12月31日；管理总资产规模包括公募基金、专户

股东结构

股东名称	持股比例(%)
中航证券有限公司	100.00

发展概况

中航基金系中航证券全资控股的公募基金管理公司，总部设在北京。

截至2018年12月31日，中航基金管理5只公募基金，管理基金资产规模6.77亿元；旗下基金累计分红0.1亿元，服务持有人5206户。

历年管理公募基金

年　度	管理基金数量（只）	管理基金资产规模（亿元）
2017年末	2	5.85
2018年末	5	6.77

恒生前海基金管理有限公司

官方微信服务号：hsqhfunds

公司性质：合资　**客服电话**：400-620-6608

董事长：李剑峰　**总经理**：刘　宇

基本情况

成立时间：2016年7月1日

注册资本：2亿元

注册地点：深圳

员工总数：59人（不含外包人员3人）

管理资产总规模：3.63亿元

注：以上数据截至2018年12月31日；管理总资产规模包括公募基金、专户

股东结构

股东名称	持股比例（%）
恒生银行有限公司	70.00
前海金融控股有限公司	30.00

发展概况

恒生前海基金管理有限公司成立于2016年7月1日，注册地在前海深港现代服务业合作区。

截至2018年12月31日，恒生前海基金管理2只公募基金，管理基金资产规模2.34亿元；服务持有人3385户。

历年管理公募基金

年　度	管理基金数量（只）	管理基金资产规模（亿元）
2017年末	1	1.88
2018年末	2	2.34

鹏扬基金管理有限公司

官方微信服务号：PengyangAMC

公司性质：内资　　客服电话：400-968-6688

董事长：范勇宏　　总经理：杨爱斌

基本情况

成立时间：2016年7月6日

注册资本：1.0518亿元

注册地点：上海

员工总数：103人

管理资产总规模：526亿元

注：以上数据截至2018年12月31日；管理总资产规模包括公募基金、专户、投顾、咨询

股东结构

股东名称	持股比例(%)
杨爱斌	52.291
上海华石投资有限公司	42.784
宏实资本管理有限公司	4.925

发展概况

鹏扬基金系国内首家“私转公”基金管理公司，主要办公地设在北京，同时在北京、上海、深圳成立了分公司。

截至2018年12月31日，鹏扬基金管理13只公募基金，管理公募基金规模279亿元，其中非货币基金规模221.03亿元；旗下基金累计分红4.27亿元，服务持有人14.5万户。

历年管理公募基金

年　度	管理基金数量（只）	管理基金资产规模（亿元）
2017年末	5	72.35
2018年末	13	279.33

华泰保兴基金管理有限公司

官方微信服务号：htbxjj99

公司性质：内资　　客服电话：400-632-9090

董事长：杨　平　　总经理：王冠龙

基本情况

成立时间：2016年7月26日

注册资本：1.8亿元

注册地点：上海

员工总数：72人

管理资产总规模：170.69亿元

注：以上数据截至2018年12月31日；管理总资产规模包括公募基金和资产管理计划

股东结构

股东名称	持股比例(%)
华泰保险集团股份有限公司	80.00
上海飞恒资产管理中心(有限合伙)	4.40
上海旷正资产管理中心(有限合伙)	4.40
上海泰颐资产管理中心(有限合伙)	4.40
上海哲昌资产管理中心(有限合伙)	4.40
上海志庄资产管理中心(有限合伙)	2.40

发展概况

华泰保兴基金是境内首家保险集团控股的基金管理公司，总部设在上海。

截至2018年12月31日，华泰保兴基金旗下管理12只公募基金，管理基金资产规模101.05亿元；旗下基金累计分红0.22亿元，服务持有人13018户。

历年管理公募基金

年　度	管理基金数量（只）	管理基金资产规模（亿元）
2017年末	6	63.07
2018年末	12	101.05

格林基金管理有限公司

官方微信服务号：greenfund

公司性质：内资　**客服电话**：400-1000-501

董事长：王拴红　**总经理**：高永红

基本情况

成立时间：2016年11月1日

注册资本：1亿元

注册地点：北京

管理基金资产规模：14.74亿元

注：以上数据截至2018年12月31日

股东结构

股东名称	持股比例(%)
河南省安融房地产开发有限公司	100.00

发展概况

格林基金是国内首家期货、地产背景的公募基金管理公司，总部设在北京金融街，在上海、深圳设有分公司。

截至2018年12月31日，格林基金管理4只公募基金，管理基金资产规模14.74亿元。

历年管理公募基金

年　度	管理基金数量（只）	管理基金资产规模（亿元）
2017年末	1	15.85
2018年末	4	14.74

南华基金管理有限公司

官方微信服务号：Nanhua-Fund

公司性质：内资　客服电话：400-810-5599

董事长：叶　柯　总经理：朱　坚

基本情况

成立时间：2016年11月17日

注册资本：1.5亿元

注册地点：浙江省东阳市

员工总数：59人

管理资产总规模：74.50亿元

注：以上数据截至2018年12月31日；管理总资产规模包括公募基金及专户产品规模

股东结构

股东名称	持股比例(%)
南华期货股份有限公司	100.00

发展概况

南华基金是国内首家由期货公司全资控股的公募基金管理公司，办公地设在北京。

截至2018年12月31日，南华基金旗下管理5只公募基金，管理基金资产规模41.28亿元；服务基金持有人12583户。

历年管理公募基金

年　度	管理基金数量（只）	管理基金资产规模（亿元）
2017年末	3	6.03
2018年末	5	41.28

凯石基金管理有限公司

官方微信服务号：vstone-fund

公司性质：内资　客服电话：021-60431122

董事长：陈继武　总经理：李　琛

基本情况

成立时间：2017年5月10日

注册资本：1.5亿元

注册地点：上海

员工总数：61人

管理基金资产规模：4.53亿元

注：以上数据截至2018年12月31日

股东结构

股东名称	持股比例(%)
陈继武	65.00
李　琛	18.66
陈　敏	4.90
朱亲来	4.90
王广国	3.27
李国林	3.27

发展概况

凯石基金是国内首家全自然人持股的“私转公”基金管理公司。

截至2018年12月31日，公司管理3只公募基金，管理基金资产规模4.53亿元。

博道基金管理有限公司

官方微信服务号：Broadfund

公司性质：内资　　客服电话：400-085-2888

董事长：莫泰山　　总经理：沈　斌

基本情况

成立时间：2017年6月12日

注册资本：1亿元

注册地点：上海

员工总数：54人

管理资产总规模：28.84亿元

注：以上数据截至2018年12月31日；管理总资产规模包括公募基金8.97亿元、基金专户3.29亿元、担任投顾管理的私募产品约16.57亿元

股东结构

股东名称	持股比例(%)
莫泰山	35.00
上海博道投资管理有限公司	25.50
沈　斌	8.25
史　伟	6.75
上海博道如见投资合伙企业(有限合伙)	4.50
上海博道如思投资合伙企业(有限合伙)	4.50
上海博道如知投资合伙企业(有限合伙)	4.50
上海博道相形投资合伙企业(有限合伙)	4.50
陈芳菲	3.25
何晓彬	3.25

发展概况

博道基金为全国第3家“私转公”基金公司，公司总部在上海。博道基金团队和成员均源自上海博道投资管理有限公司（简称博道投资）；2018年2月，博道基金获得《经营证券期货业务许可证》，博道投资的人员和产品迁移至博道基金。

截至2018年12月31日，博道基金管理2只公募基金，管理基金资产规模8.97亿元；服务持有人2.6万余户。

国融基金管理有限公司

官方微信服务号：Gowinamc

公司性质：内资　　客服电话：400-819-0098

董事长：丁险峰　　总经理：李宇龙

基本情况

成立时间：2017年6月20日

注册资本：1亿元

注册地点：上海

员工总数：38人

管理基金资产规模：2.76亿元

注：以上数据截至2018年12月31日

股东结构

股东名称	持股比例(%)
国融证券股份有限公司	51.00
上海谷若投资中心(有限合伙)	49.00

发展概况

国融基金总部设在北京，在上海设有分公司。

截至2018年12月31日，国融基金管理2只公募基金，管理基金资产规模2.76亿元；服务持有人4883户。

东方阿尔法基金管理有限公司

官方微信服务号：东方阿尔法基金

公司性质：内资　　客服电话：400-930-6677

董事长：肖　冰　　总经理：刘　明

基本情况

成立时间：2017年7月4日

注册资本：1亿元

注册地点：深圳

员工总数：24人

管理资产总规模：15.52亿元

注：以上数据截至2018年12月31日；管理总资产规模包括公募基金、专户

股东结构

股东名称	持股比例(%)
刘　明	39.96
珠海共同成长股权投资基金合伙企业(有限合伙)	39.56
肖　冰	13.98
雷振锋	4.50
曾　健	2.00

发展概况

东方阿尔法基金是华南地区首家纯员工持股的公募基金管理公司，总部设在深圳。

截至2018年12月31日，东方阿尔法基金管理1只公募基金，管理基金资产规模10.57亿元；服务持有人5251户。

合煦智远基金管理有限公司

官方微信服务号：uvasset_service

公司性质：内资　　客服电话：400-983-5858

董事长：郑　旭　　总经理：赵新宇

基本情况

成立时间：2017年8月21日

注册资本：1亿元

注册地点：深圳

员工总数：40人

管理基金资产规模：2.01亿元

注：以上数据截至2018年12月31日

股东结构

股东名称	持股比例(%)
郑　旭	32.90
赵新宇	29.10
林　琦	28.10
吴　伟	4.95
梁　涛	4.95

发展概况

合煦智远基金（原青松基金），公司股东由5位自然人构成。总部在深圳，北京设有办公地。截至2018年12月31日，公司管理1只公募基金，管理基金资产规模2.01亿元。

恒越基金管理有限公司

官方微信服务号：FocusBridge

公司性质：内资　　客服电话：021-38987000

董事长：葛　丰　　总经理：黄　鹏

基本情况

成立时间：2017年9月14日

注册资本：1亿元

注册地点：上海

员工总数：30人

管理基金资产规模：2.3亿元

注：以上数据截至2018年12月31日

股东结构

股东名称	持股比例(%)
李曙军	65.00
江苏今创投资经营有限公司	15.00
上海恒辩企业管理合伙企业(有限合伙)	4.00
上海恒见企业管理合伙企业(有限合伙)	4.00
上海恒求企业管理合伙企业(有限合伙)	4.00
上海恒问企业管理合伙企业(有限合伙)	4.00
上海恒专企业管理合伙企业(有限合伙)	4.00

发展概况

恒越基金总部在上海，由挚信资本创始人李曙军先生、公募基金团队以及江苏今创投资经营有限公司共同发起设立。

截至2018年12月31日，恒越基金管理2只公募基金，管理基金资产规模2.3亿元。

弘毅远方基金管理有限公司

官方微信服务号：hyyf4009208800

公司性质：内资　　客服电话：400-920-8800

董事长：赵令欢　　总经理：郭　文

基本情况

成立时间：2018年1月31日

注册资本：1.7亿元

注册地点：上海

员工总数：38人

管理基金资产规模：4.91亿元

注：以上数据截至2018年12月31日

股东结构

股东名称	持股比例(%)
弘毅投资（北京）有限公司	100

发展概况

弘毅远方基金是弘毅投资旗下专事二级市场投资及管理业务的公募基金管理公司，总部位于上海。

截至2018年12月31日，公司管理1只公募基金，管理基金资产规模4.91亿元；服务持有人4549户。

蜂巢基金管理有限公司

官方微信服务号：hexaamc

公司性质：内资　　客服电话：400-100-3783

董事长：唐　煌　　总经理：陈世涌

基本情况

成立时间：2018年5月18日

注册资本：1亿元

注册地点：上海

员工总数：37人

注：以上数据截至2018年12月31日

股东结构

股东名称	持股比例（%）
唐　煌	60.40
廖新昌	20.00
上海攀赢投资管理有限公司	4.90
横琴懿天资本管理中心（有限合伙）	4.90
横琴懿辰资本管理中心（有限合伙）	4.90
横琴懿嘉资本管理企业（有限合伙）	4.90

发展概况

蜂巢基金管理有限公司（简称蜂巢基金）是一家由银行业资产管理专业人士发起设立的公募基金管理公司，2018年5月在上海注册成立。截至2018年末，公司尚未设立管理公募基金产品。

湘财基金管理有限公司

官方微信服务号：XiangCaiFund

公司性质：内资　　客服电话：400-9200-759

董事长：王小平　　总经理：程　涛

基本情况

成立时间：2018年7月13日

注册资本：1亿元

注册地点：上海

员工总数：34人

注：以上数据截至2018年12月31日

股东结构

股东名称	持股比例（%）
湘财证券股份有限公司	100

发展概况

湘财基金是湘财证券全资控股的公募基金公司，2018年7月在上海成立，同年8月6日取得中国证监会颁发的《经营证券期货业务许可证》。截至2018年末，公司尚未设立管理公募基金产品。

惠升基金管理有限责任公司

官方微信服务号：risingamc

公司性质：内资　　客服电话：400-000-5588

董事长：蒋　宁　　总经理：张金锋

基本情况

成立时间：2018年9月28日

注册资本：1.2亿元

注册地点：西藏自治区拉萨市

员工总数：20人

注：以上数据截至2018年12月31日

股东结构

股东名称	持股比例(%)
张金锋	36.00
孙　庆	29.00
西藏宁算科技集团有限公司	19.00
西藏佰骏昌宁企业管理合伙企业(有限合伙)	4.00
西藏乾龙康宁企业管理合伙企业(有限合伙)	4.00
西藏翔凤惠宁企业管理合伙企业(有限合伙)	4.00
西藏梓牛益宁企业管理合伙企业(有限合伙)	4.00

发展概况

惠升基金于2018年9月28日成立，办公地设在北京；截至2018年末，公司尚未设立管理公募基金产品。

同泰基金管理有限公司

官方微信服务号：TongtaiAMC

公司性质：内资　　客服电话：400-830-1666

董事长：刘文灿　　总经理：马俊生

基本情况

成立时间：2018年10月11日

注册资本：1亿元

注册地点：深圳

员工总数：25人

注：以上数据截至2018年12月31日

股东结构

股东名称	持股比例(%)
刘文灿	38.20
刘韫芬	32.00
上海蓝尚投资管理中心(有限合伙)	20.00
马俊生	4.90
王雪梅	4.90

发展概况

同泰基金是一家由证券公司前高管与公募基金资深人士联合创立的公募基金管理公司，2018年10月在深圳注册成立。截至2018年末，公司尚未设立管理公募基金产品。

朱雀基金管理有限公司

官方微信服务号：RosefinchFund

公司性质：内资　　**客服电话**：400-921-7211

董事长：梁跃军　　**总经理**：王　欢

基本情况

成立时间：2018年10月25日

注册资本：1.5亿元

注册地点：陕西西安

员工总数：60人

注：以上数据截至2018年12月31日

股东结构

股东名称	持股比例（%）
朱雀股权投资管理有限公司	65.00
上海朱雀辛酉投资中心（有限合伙）	35.00

发展概况

朱雀基金是家“私转公”的基金管理公司。公司于2018年10月在西安注册成立，办公地设在上海。截至2018年末，公司尚未设立管理公募基金产品。

西藏东财基金管理有限公司

官方微信服务号：

公司性质：内资　　**客服电话**：400-9210-107

董事长：徐伟琴　　**总经理**：乐　嵘

基本情况

成立时间：2018年10月26日

注册资本：2亿元

注册地点：西藏自治区拉萨市

员工总数：26人

注：以上数据截至2018年12月31日

股东结构

股东名称	持股比例（%）
西藏东方财富证券股份有限公司	100

发展概况

东财基金系由东方财富证券全资控股的公募基金公司，于2018年10月成立，公司办公地设在上海。截至2018年末，公司尚未设立管理公募基金产品。

睿远基金管理有限公司

官方微信服务号：RYfund

公司性质：内资　　客服电话：400-920-1000

董事长：刘桂芳　　总经理：陈光明

基本情况

成立时间：2018年10月29日

注册资本：1亿元　　注册地点：上海

员工总数：46人

注：以上数据截至2018年12月31日

股东结构

股东名称	持股比例（%）
陈光明	55.00
傅鹏博	32.51
刘桂芳	7.50
林　敏	4.99

发展概况

睿远基金系由资管行业标杆人物陈光明控股的公募基金公司，也是国内设立的第11家个人系公募基金公司，2018年10月在上海成立。截至2018年末，公司尚未设立管理公募基金产品。

淳厚基金管理有限公司

官方微信服务号：purekindfund

公司性质：内资　　客服电话：400-000-9738

董事长：李雄厚　　总经理：邢　媛

基本情况

成立时间：2018年11月3日

注册资本：1亿元

注册地点：上海

员工总数：21人

注：以上数据截至2018年12月31日

股东结构

股东名称	持股比例（%）
邢　媛	31.20
柳志伟	26.00
李雄厚	21.00
董卫军	10.00
李文忠	10.00
聂日明	1.80

发展概况

淳厚基金成立于2018年11月。截至2018年末，公司尚未设立管理公募基金产品。

博远基金管理有限公司

官方微信服务号：boyuanfund

公司性质：内资　　客服电话：0755-29395858

董事长：胡　隽　　总经理：钟鸣远

基本情况

成立时间：2018年12月12日

注册资本：1亿元

注册地点：深圳

员工总数：19人

注：以上数据截至2018年12月31日

股东结构

股东名称	持股比例（%）
钟鸣远	45.03
深圳博远协创投资中心（有限合伙）	40.00
胡　隽	4.99
黄军锋	4.99
姜　俊	4.99

发展概况

博远基金成立于2018年12月。截至2018年末，公司尚未设立管理公募基金产品。

上海东方证券资产管理有限公司

官方微信服务号：dfh_zcgl

公司性质：内资　　客服电话：400-920-0808

董事长：潘鑫军　　总经理：任　莉

基本情况

成立时间：2010年7月28日

注册资本：3亿元

注册地点：上海

员工总数：220人

管理资产总规模：超2000亿元

注：以上数据截至2018年12月31日；管理总资产规模包括公募基金管理规模和证券公司私募资产管理规模。

股东结构

股东名称	持股比例(%)
东方证券股份有限公司	100.00

发展概况

上海东方证券资产管理有限公司（简称东方红资产管理）前身为东方证券资产管理业务总部，自1998年开始从事资产管理业务，2002年首批获得从事客户资产管理业务资格，2005年首批开展券商集合理财业务，2010年首家获批设立券商系资产管理公司，2012年首批获得可受托管理保险资金投资管理人资格，2013年成为业内首家获得公开募集证券投资基金业务资格的证券公司。

东方红资产管理一直专注于核心竞争力的培养，以追求绝对收益为根本理念，致力于寻找满意客户，以专业化投资为基石，让客户满意。公司主要业务范围包括证券资产管理业务和公开募集证券投资基金管理业务，其中，证券资产管理业务包括集合资产管理业务、定向资产管理业务和专项资产管理业务。

截至2018年12月31日，东方红资产管理共管理35只公募基金，管理基金资产规模856亿元；服务机构和公众持有人总户数超过170余万户，为持有人累计分红总额超98亿元。

历年管理公募基金

年　度	管理基金数量（只）	管理基金资产规模（亿元）
2014年末	3	30.62
2015年末	15	275.26
2016年末	26	362.73
2017年末	30	753.33
2018年末	35	856.40

财通证券资产管理有限公司

官方微信服务号：CaiTongZiGuan

公司性质：内资　　客服电话：400-869-6336

董事长：马晓立　　总经理：马晓立

基本情况

成立时间：2014年12月15日

注册资本：2亿元

注册地点：杭州

员工总数：202人

管理基金资产规模：256.73亿元

注：以上数据截至2018年12月31日

股东结构

股东名称	持股比例(%)
财通证券股份有限公司	100.00

发展概况

财通证券资产管理有限公司（简称财通证券资管）系财通证券股份有限公司的全资子公司，前身为财通证券资产管理部。2014年11月，经证监会证监许可〔2014〕1177号批准，并于同年12月正式注册成立。2015年12月，财通证券资管获准开展公募基金管理业务。2016年1月，发行成立首只公募产品——财通资管积极收益债券型发起式基金，正式进军公募领域。

截至2018年12月31日，财通证券资管旗下管理12只公募基金，基金资产规模256.73亿元；基金累计分红8.95亿元，服务机构和公众持有人总户数53414万户。

历年管理公募基金

年　度	管理基金数量（只）	管理基金资产规模（亿元）
2016年末	2	51.01
2017年末	4	88.56
2018年末	12	256.73

渤海汇金证券资产管理有限公司

官方微信服务号：bhhjamc

公司性质：内资　　客服电话：400-651-5988

董事长：徐海军　　总经理：盛　况

基本情况

成立时间：2016年5月18日

注册资本：11亿元

注册地点：深圳

员工总数：137人

管理资产总规模：1652.36亿元

股东结构

股东名称	持股比例(%)
渤海证券股份有限公司	100.00

注：以上数据截至2018年12月31日；管理总资产规模包括公募基金4.85亿元、大集合30.04亿元、小集合48.69亿元、定向1491.56亿元、专项77.22亿元

发展概况

渤海汇金证券资产管理有限公司（简称渤海汇金资管）是渤海证券全资子公司，前身为渤海证券资产管理总部，自2010年开始先后开展券商集合、定向、专项资产管理业务；2014年成为业内第6家获得公开募集证券投资基金业务资格的证券公司；2016年正式获批设立券商资产管理机构。根据证监会2018证券公司分类结果，渤海汇金资管和母公司渤海证券合并评价，B类BBB级。

截至2018年12月31日，渤海汇金资管旗下管理5只公募基金，管理基金资产规模4.85亿元；旗下基金累计分红0.01亿元，服务基金持有人4233户。

历年管理公募基金

年　度	管理基金数量（只）	管理基金资产规模（亿元）
2017年末	3	3.74
2018年末	5	4.85

浙江浙商证券资产管理有限公司

官方微信服务号：zszqzxzbh

公司性质：内资　　客服电话：95345

董事长：盛建龙　　总经理：盛建龙

基本情况

成立时间：2013年4月18日

注册资本：12亿元

注册地点：杭州

员工总数：149人

管理资产总规模：1402.26亿元

股东结构

股东名称	持股比例(%)
浙商证券股份有限公司	100.00

注：以上数据截至2018年12月31日；管理总资产规模包括公募基金规模13.56亿元、私募基金规模1388.7亿元

发展概况

浙江浙商证券资产管理有限公司（简称浙商资管）是浙商证券全资设立的子公司。2013年4月，经证监许可〔2012〕1431号批准成立。2014年8月获准开展公募基金管理业务资格。公司主要经营范围涉及证券资产管理业务和公开募集证券投资基金管理业务。

截至2018年12月31日，浙商资管管理8只基金，管理基金资产规模13.56亿元；服务基金持有人总户数1.3964万户。

历年管理公募基金

年　度	管理基金数量（只）	管理基金资产规模（亿元）
2014年末	1	15.69
2015年末	2	13.96
2016年末	6	14.38
2017年末	6	9.44
2018年末	8	13.56

长江证券（上海）资产管理有限公司

官方微信服务号：cjsczcgl

公司性质：内资　　客服电话：4001-166-866

董事长：周　纯　　总经理：唐吟波

基本情况

成立时间：2014年9月16日

注册资本：10亿元

注：以上数据截至2018年12月31日

股东结构

股东名称	持股比例（%）
长江证券股份有限公司	100.00

发展概况

长江证券（上海）资产管理有限公司（简称长江资管）是长江证券全资子公司，前身为长江证券资产管理总部，自2001年开始从事资产管理业务，2002年获得从事客户资产管理业务资格，2012年获得受托管理保险资金投资管理人资格，2014年9月获批设立券商系资产管理公司（证监许可〔2014〕871号），2016年1月获准开展公募基金管理业务（证监许可〔2016〕30号）。截至2018年12月31日，长江资管旗下管理9只公募基金，管理基金资产规模139.73亿元。

历年管理公募基金

年　度	管理基金数量（只）	管理基金资产规模（亿元）
2016年末	2	36.19
2017年末	5	128.46
2018年末	9	139.73

华泰证券（上海）资产管理有限公司

官方微信服务号：htsc-am

公司性质：内资　　客服电话：400-889-5597

董事长：崔　春

基本情况

成立时间：2014年10月16日

注册资本：26亿元

员工总数：200余人

管理资产总规模：7826亿元

股东结构

股东名称	持股比例(%)
华泰证券股份有限公司	100.00

注：以上数据截至2018年12月31日；管理总资产规模包括公募基金、集合、单一、专项的管理业务规模

发展概况

华泰证券（上海）资产管理有限公司（简称华泰证券资管）是华泰证券全资子公司，前身为华泰证券资产管理总部。自1999年开展客户资产管理业务，2014年获批设立券商系资产管理公司，2016年7月，经证监会证监许可〔2016〕1682号文批准，公司获准开展公募基金管理业务。

截至2018年12月31日，华泰证券资管旗下管理5只公募基金，管理基金资产规模58.64亿元。

历年管理公募基金

年　度	管理基金数量（只）	管理基金资产规模（亿元）
2017年末	3	52.19
2018年末	5	58.64

中泰证券(上海)资产管理有限公司

官方微信服务号：ztzqzg

公司性质：内资　　客服电话：400-820-7999

董事长：章　飚　　总经理：徐建东

基本情况

成立时间：2014年8月13日

注册资本：1.6666亿元

员工总数：138人

管理资产总规模：1552亿元

注：以上数据截至2018年12月31日，管理总资产规模包括私募资产管理业务规模1542.82亿元、公募基金业务规模9.18亿元

股东结构

股东名称	持股比例(%)
中泰证券股份有限公司	60.00
深圳派特纳投资管理企业(有限合伙)	24.00
深圳前海山小投资管理企业(有限合伙)	16.00

发展概况

中泰证券（上海）资产管理有限公司（简称中泰资管）是中泰证券旗下专注资产管理业务的子公司。2014年8月，经证监会证监许可〔2014〕355号文批准，由齐鲁证券（现为中泰证券）出资设立的资产管理子公司。2017年12月，经证监会证监许可〔2017〕2342号文批准，获准开展公募基金管理业务。

中泰资管成立4年来，服务客户数量268万户，为客户赚取收益505亿元。截至2018年末，公司主动管理资产月均规模1142.64亿元，排名行业第9名；旗下管理1只公募基金，基金资产规模9.18亿元；服务机构客户2611户、公众持有人2911874户。

国都证券股份有限公司

官方微信服务号：gdzqwx

公司性质：内资　　客服电话：400-818-8118

董事长：翁振杰（拟任）　　总经理：赵远峰

基金管理部基本情况

成立时间：2014年8月19日

部门负责人：廖晓东

部门员工总数：12人

注：以上数据截至2018年12月31日

发展概况

国都证券股份有限公司（简称国都证券）是由国都证券有限责任公司整体变更而来。2015年12月31日，公司注册资本增至530000.0009万元。

2014年8月，经证监会证监许可〔2014〕854号文批准，国都证券获批公募基金管理业务资格，成为国内首批取得公募基金业务资格的券商之一。国都证券基金管理部负责公募基金业务，下设投资部、研究部、运营部和中央交易室4个二级部门。

截至2018年12月31日，国都证券管理6只公募基金，管理基金资产规模5.33亿元；旗下基金累计分红0.048亿元；服务基金持有人3044户。

历年管理公募基金

年　度	管理基金数量（只）	管理基金资产规模（亿元）
2015年末	1	3.82
2016年末	2	5.18
2017年末	6	8.55
2018年末	6	5.33

泰康资产管理有限责任公司

官方微信服务号：泰康资产微基金

公司性质：内资　　客服电话：400-18-95522

董事长：陈东升　　总经理：段国圣

公募事业部负责人：金志刚

基本情况

成立时间：2006年2月21日

注册资本：10亿元

注册地点：上海

员工总数：超1000人（公募事业部员工119人）

管理资产总规模：超14000亿元（公募基金规模416亿元）

注：以上数据截至2018年12月31日

股东结构

股东名称	持股比例(%)
泰康保险集团股份有限公司	99.41
中诚信托有限责任公司	0.59

发展概况

泰康资产管理有限责任公司（简称泰康资产）成立于2006年，前身为1996年成立的泰康人寿投资中心，公司注册资本金10亿元。截至2018年12月31日，泰康资产管理资产总规模超过14000亿元。其中，第三方业务总规模突破7500亿元，另类投资管理规模超过3300亿元，退休金管理规模超过2500亿元，是中国市场最大的退休金管理人。

泰康资产具有丰富的多资产配置经验，投资范围涵盖固收、权益、境外、基础设施及不动产、公募基金、股权、金融产品等；泰康资产是国内资管行业信用风险管理经验最丰富的机构之一，是国内首家通过全球投资业绩标准（GIPS）验证的保险资产管理公司。2015年4月获得公募基金管理业务资格，成为首家获得该业务资格的保险资产管理公司；2016年12月，入选21家基本养老保险基金证券投资管理机构之一。

泰康资产蝉联《21世纪经济报道》中国资产管理金贝奖——2013-2017年度最佳保险资产管理公司；荣获《证券时报》“2016和2017年度明星基金公司成长奖”称号、“2018年度十大明星基金公司”称号；荣获《上海证券报》“2018年度金基金·成长基金管理公司奖”。

自2015年获得公募基金管理业务资格以来，截至2018年12月31日，泰康资产公募管理27只基金，管理基金资产规模416亿元；旗下基金累计分红5.66亿元，服务持有人191万户。

历年管理公募基金

年　度	管理基金数量（只）	管理基金资产规模（亿元）
2015年末	3	33.19
2016年末	13	85.77
2017年末	21	253.76
2018年末	27	416.58

中国人保资产管理有限公司

官方微信服务号：人保资产基金

公司性质：内资　　客服电话：400-820-7999

董事长：缪建民　　总经理：曾北川（拟任）

基本情况

成立时间：2003年7月16日

注册资本：12.98亿元

注册地点：上海

员工总数：66人

管理基金资产规模：428.89亿元

注：以上数据截至2018年12月31日

股东结构

股东名称	持股比例（%）
中国人民保险集团股份有限公司	100.00

发展概况

中国人保资产管理有限公司（简称人保资产）是境内第一家保险资产管理公司，于2017年1月11日获批公募基金管理业务资格。

截至2018年12月31日，人保资产管理14只公募基金，管理公募基金资产总规模428.89亿元。

历年管理公募基金

年　度	管理基金数量（只）	管理基金资产规模（亿元）
2017年末	2	167.04
2018年末	14	428.89

第二章

基金托管人及业务发展

Custodians and Their Businesses

相关说明：

1. 本章所载基金托管人及托管产品数据来源于相关信息披露、公司提供稿件，并经审阅确认。
2. 产品统计口径为全市场基金，包括货币市场基金和短期理财债券基金，不含清盘基金；基金资产规模特指基金资产净值。
3. 《年鉴》所载托管人及托管产品信息仅供研究参考，不作为投资建议。

中国工商银行股份有限公司

资产托管部基本情况

获批基金托管资格：1998年2月24日（证监基字〔1998〕3号）

部门总经理：李 勇

部门员工总数：210人

托管资产总规模：16.30万亿元

办公地点：北京市西城区复兴门内大街55号

注：以上数据截至2018年12月31日；托管资产总规模包括公募基金、保险资产、养老金、银行理财、基金专户、券商资管计划等

托管业务概况

1998年2月，经中国证券监督管理委员会、中国人民银行核准，中国工商银行成为国内第一家托管银行。近年来，中国工商银行持续推进托管业务创新，优化产品体系和业务结构，保持了良好的发展势头，业务规模持续领先。截至2018年末，工商银行托管资产规模突破16.3万亿元，连续20年保持市场份额第一的优势，是中国大陆开办业务最早、品种最多、份额最大的托管银行之一。

截至2018年末，工商银行保险资产托管规模42663亿元，银行理财托管规模42097亿元，公募基金托管规模20524亿元，养老金托管规模9537亿元，全球资产（QFII、QDII）托管规模1903亿元。保险资产托管规模、银行理财托管规模和养老金托管规模均居银行同业首位。

历年托管公募基金

基金数量（只）

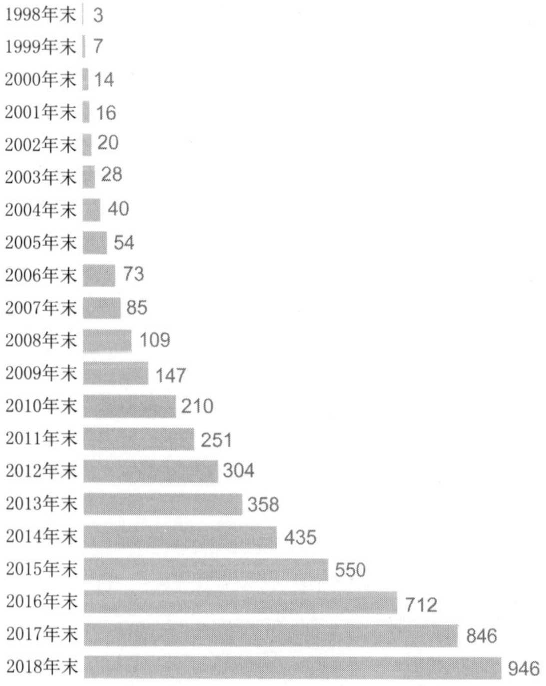

基金资产规模（亿元）

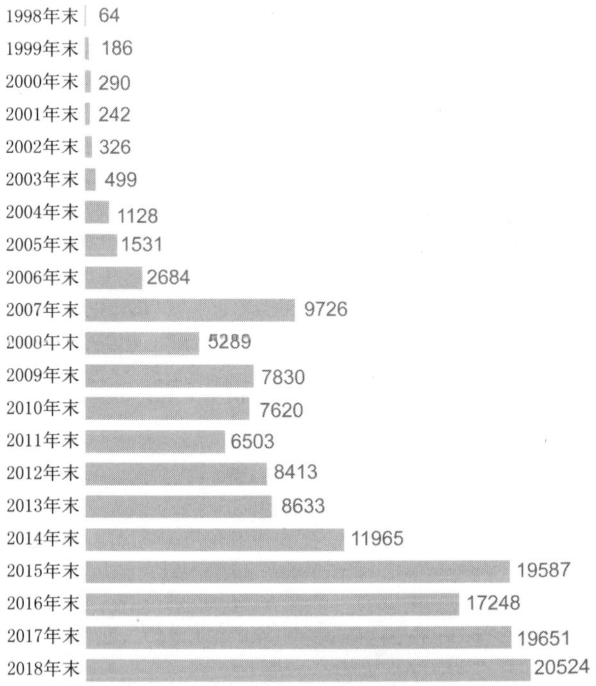

中国农业银行股份有限公司

托管业务部基本情况

获批基金托管资格：1998年5月29日（证监基字〔1998〕23号）

部门总经理：王全刚

部门员工总数：280人

托管资产总规模：9.22万亿元

办公地点：北京市西城区复兴门内大街28号凯晨世贸中心东座F9

客服电话：95599

注：以上数据截至2018年12月31日；托管资产总规模包括公募基金、养老金、理财、企业年金、私募基金等

发展概况

中国农业银行基金托管部于1998年5月经中国证监会和中国人民银行批准成立，2014年更名为托管业务部。目前，部门内设综合管理部、业务管理部、客户部、风险合规部、产品研发与信息技术部、营运部等处室，拥有先进的安全防范设施和基金托管业务系统。

作为国内首批开展托管业务的商业银行，中国农业银行以丰富的产品线、强大的创新研发能力、优质高效的服务、先进前沿的科技系统，获得世界五百强企业、大型证券基金公司等机构投资者、国际货币基金组织等国际性组织等大客户的认可和好评，并多次获得上海清算所颁发的“托管银行优秀奖”、中国债券市场“优秀托管机构奖”和中国银行业协会授予的“养老金业务最佳发展奖”等荣誉。

截至2018年末，中国农业银行托管证券投资基金422只，托管基金资产规模8274亿元。

历年托管公募基金

基金数量（只）

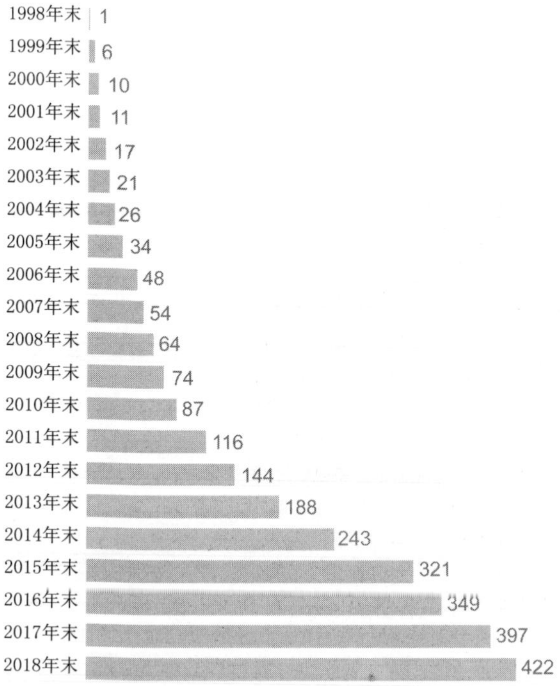

基金资产规模（亿元）

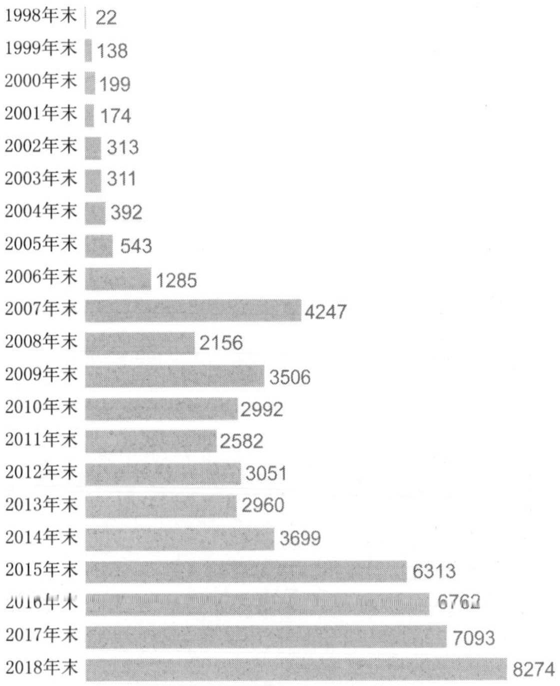

中国银行股份有限公司

托管业务部基本情况

获批基金托管资格：1998年7月7日（证监基字〔1998〕24号）

部门总经理：郭德秋

部门员工总数：106人

托管资产总规模：9.66万亿元

办公地点：北京市西城区复兴门内大街1号

注：以上数据截至2018年12月31日；托管资产总规模包括境内托管资产规模8.15万亿元，以及海外托管资产规模1.51亿元

托管业务概况

中国银行基金托管部设立于1998年，2014年2月更名为托管业务部。

作为国内首批开展基金托管业务的商业银行，中国银行拥有证券投资基金、基金公司客户资产管理、证券公司客户资产管理、私募基金、保险资金、养老金、信托财产、银行理财、客户资金及其他、QDII类、QFII类等门类齐全、产品丰富的托管业务体系。在国内首家开展绩效评估、风险分析等增值服务，为各类客户提供个性化的托管增值服务，是国内领先的大型中资托管银行。

2018年，中国银行以“做大公募基金托管、做强养老金托管、做精跨境托管、做优银行理财托管”为主线，全面提升托管业务市场竞争力。截至2018年末，集团托管资产规模近10万亿元，跨境托管资产规模位居中资同业首位；托管公募基金700只，其中境内基金662只、QDII基金38只，覆盖了股票型、债券型、混合型、货币型、指数型、FOF等多种类型的基金，满足了不同客户多元化的投资理财需求，基金托管规模位居同业前列。

历年托管公募基金

基金数量（只）

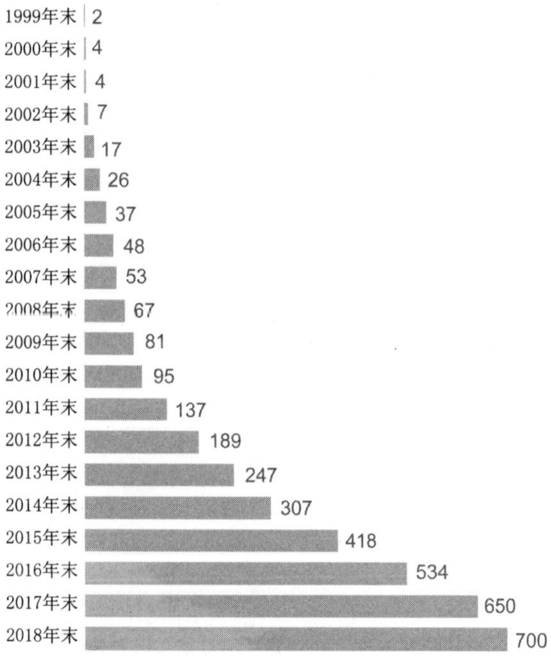

基金资产规模（亿元）

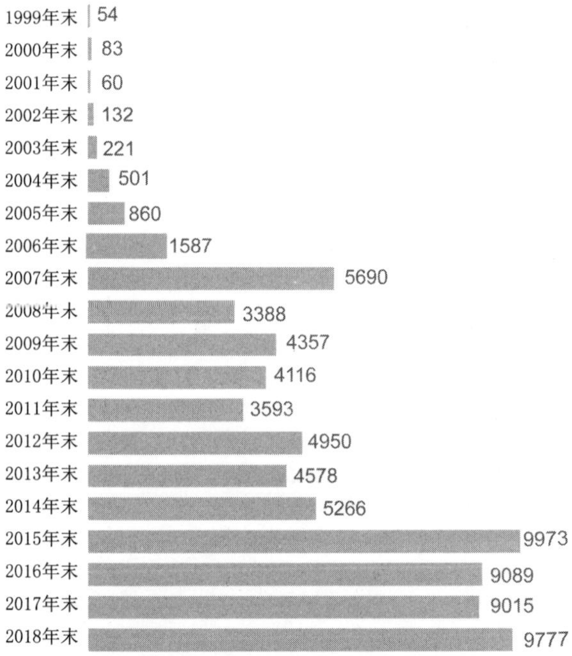

中国建设银行股份有限公司

资产托管业务部基本情况

获批基金托管资格：1998年3月18日（证监基字〔1998〕12号）

部门总经理：蔡亚蓉

部门员工总数：315余人

托管资产总规模：12.22万亿元

办公地点：北京市西城区闹市口大街1号院1号楼

注：以上数据截至2018年12月31日；托管资产总规模包括公募基金、保险资产、养老金、银行理财、基金专户等

托管业务概况

1998年3月，中国建设银行获准开展基金托管业务，成为国内第2家具有证券投资基金托管资格人的商业银行。经过20年稳步发展，中国建设银行托管资产规模不断扩大，托管业务品种不断增加，已形成包括证券投资基金、社保基金、保险资金、基本养老个人账户、(R)QFII、(R)QDII、企业年金等产品在内的托管业务体系，是目前国内托管业务品种最齐全的商业银行之一。

2018年，建设银行多策并举推动托管业务拓展，加强托管产品创新，优化运营模式，强化风控合规管理，托管运营能力极大增强。成功中标中央单位职业年金计划主托管人资格，与全球大型资产管理公司开展托管与外包业务合作；中港基金互认代理业务和养老目标公募基金托管保持市场领先。

截至2018年末，建设银行托管资产规模达到12.22万亿元，同比上年增幅5.91%。其中，托管证券投资基金863只，托管基金资产规模1.87万亿元。

历年托管公募基金

基金数量（只）

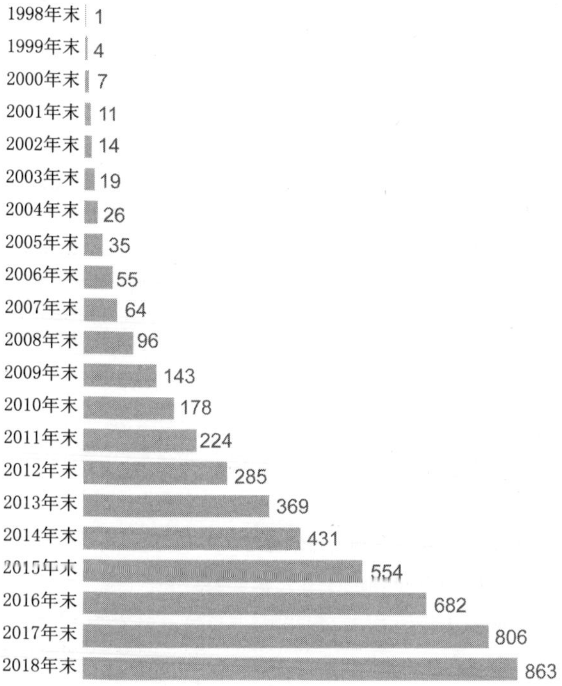

基金资产规模（亿元）

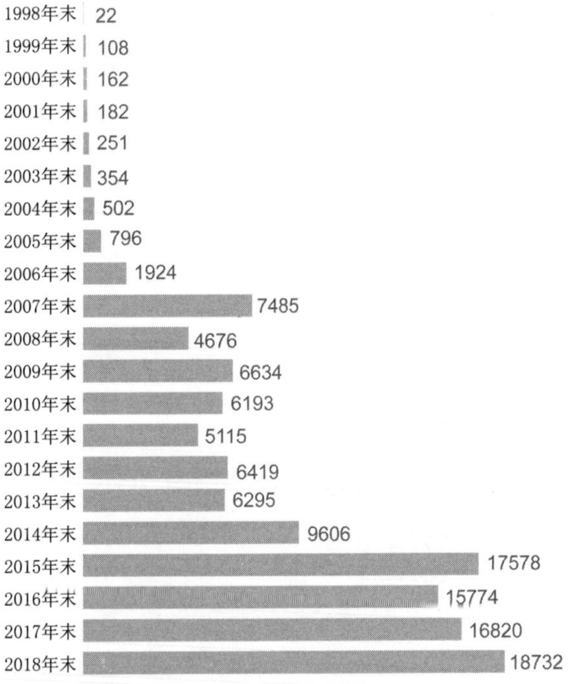

中国邮政储蓄银行股份有限公司

托管业务部基本情况

获批基金托管资格：2009年7月23日（证监许可〔2009〕673号）

部门总经理：田东辉

部门员工总数：27人（总部）

托管资产总规模：4.04万亿元

办公地点：北京市西城区金融大街3号

注：以上数据截至2018年12月31日；托管资产总规模包括公募基金托管规模1455亿元、基金专户托管规模827亿元、私募托管规模19092、银行理财托管规模9284亿元、券商资管托管规模3037亿元、保险资金托管规模4442亿元、信托财产托管规模2239亿元、资金托管21亿元

托管业务概况

2009年7月23日，中国邮政储蓄银行经中国证监会和中国银监会联合批准，获得证券投资基金托管资格，是国内第16家托管银行。2012年7月19日，中国邮政储蓄银行经中国保监会批准，获得保险资金托管资格。该行坚持以客户为中心、以服务为基础的经营理念，依托专业的托管团队、灵活的托管业务系统、规范的托管管理制度、健全的内控体系、运作高效的业务处理模式，为广大基金份额持有人和众多资产管理机构提供安全、高效、专业、全面的托管服务，并获得了合作伙伴一致好评。

至今，中国邮政储蓄银行已形成涵盖证券投资基金、基金公司特定客户资产管理计划、信托计划、银行理财产品（本外币）、私募基金、证券公司资产管理计划、保险资金、保险资产管理计划等多种资产类型的托管产品体系，截至2018年12月31日，中国邮政储蓄银行托管规模达4.04万亿元，其中累计托管证券投资基金达98只。

2018年，中国邮政储蓄银行积极应对资管新规发布带来的挑战及机遇，深化行内业务板块联动，以公募基金、保险资金及资产证券化等业务为重点，持续推进业务转型发展。同时，该行通过ISAE 3402内部控制国际认证，强化风险管理，保障托管业务平稳运行。在金融界网站举办的“2018金融界领航中国年度评选”中，邮储银行获得“杰出资产托管银行奖”，该奖项体现了业界对邮储托管十载耕耘，坚持专业服务“初心”、牢记托管职责“使命”的充分肯定。

历年托管公募基金

基金数量（只）

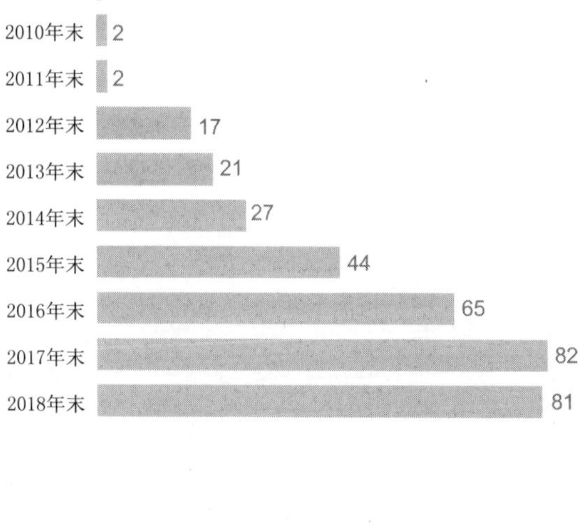

基金资产规模（亿元）

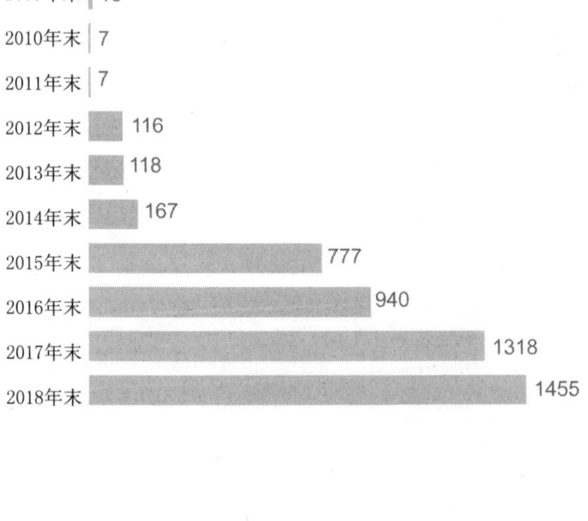

中国民生银行股份有限公司

资产托管部基本情况

获批基金托管资格：2004年7月9日（证监基金字〔2004〕101号）

部门总经理：张 庆

部门员工总数：72人

托管资产总规模：87147.50亿元

办公地点：北京西城区复兴门内大街2号

客服电话：010-58560666

注：以上数据截至2018年12月31日；托管资产总规模包括证券投资基金托管5275.21亿元、基金公司客户资产管理托管6601.09亿元、证券公司客户资产管理托管10157.96亿元、银行理财托管12952.05亿元、信托财产保管15282.16亿元、私募投资基金6308.23亿元、保险资金托管4005.91亿元、养老金托管2439.90亿元、其他资产托管24124.99亿元

托管业务概况

中国民生银行自2004年取得基金托管业务牌照，获准开展资产托管业务以来，坚持以客户为中心，开拓进取，不断创新，走出了一条有特色的快速发展之路。经过多年坚持不懈的努力，民生银行托管业务已经建立了覆盖基金、信托、券商、保险、银行同业、私募机构、互联网企业等客户群体的完整托管产品线，形成完备的托管业务服务体系，积累丰富的托管业务经验，树立良好的托管品牌形象，成为一家有特色的托管银行。目前，民生银行已成为国内托管业务资质最全、托管业务服务领域最广的托管银行之一。特别是近两年在市场环境发生重大转折变化的情况下民生银行托管业务仍保持了良好的发展态势，托管规模增量及增幅均位居国内同行业第2位。

民生银行在重点发展公募基金的同时，坚持多元化发展战略，践行政策导向，立足市场前沿，在单用途预售资金存管、保险资金不动产投资计划托管、网贷资金存管、互联网金融资金存管、私募投资基金募集监督等多个业务领域不断研究创新，创造了多项市场第一，包括全行业首单保险资管机构公募基金托管，首家互联网金融资金存管银行等等。近两年，民生银行高度重视跨境托管业务，服务范围涵盖各类QDII及QFII产品，突破QDIE、跨境质押保管、跨境资金监管多类产品。

秉承“专业、优质、高效”的服务理念，以及长期良好的市场口碑，民生银行在行业内树立了自己独特的品牌形象，2018年，民生银行总结提炼过去10多年来业务积淀下来产品服务内涵和差异化市场形象，在同业中率先发布“爱托管”服务品牌。同时也多次获得行业殊荣，荣获21世纪经济报道评选的“最佳托管银行”、金融理财杂志社评选的“金牌最稳健托管银行奖”“金牌创新力托管银行”“金牌托管银行”、清科集团颁发的“中国VC/PE基金托管银行5强”等多项荣誉。

历年托管公募基金

基金数量（只）

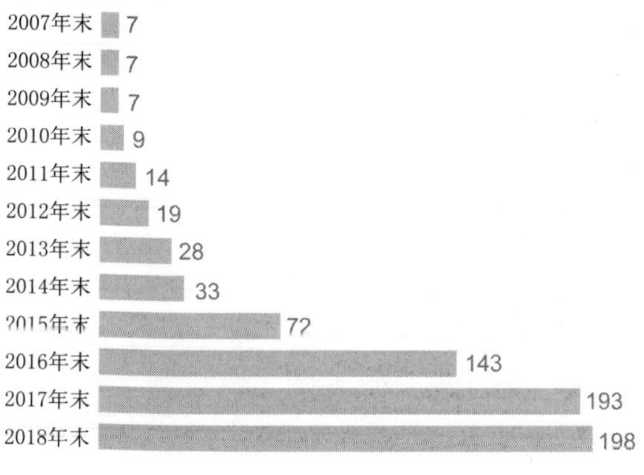

基金资产规模（亿元）

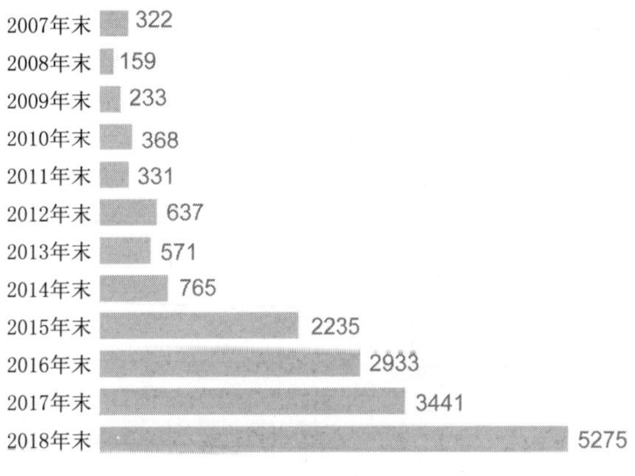

兴业银行股份有限公司

资产托管部基本情况

获批基金托管资格：2005年4月26日（证监基金字〔2005〕74号）

部门总经理：叶文煌

部门员工总数：148人

托管资产总规模：116065.78亿元

办公地点：上海市浦东新区银城路167号4楼

客服电话：021-52629999-212001

注：以上数据截至2018年12月31日；托管资产总规模包括基金、证券、信托、理财、保险、私募等

托管业务概况

2005年，兴业银行获得证券投资基金托管资格，成为国内第12家开办托管业务的银行。起步于公募基金，发力于信托保管业务，目前兴业银行资产托管业务已覆盖基金、证券、银行理财、信托、保险、股权基金、QDII、QFII&RQFII、账户监管类资产、资产证券化资金等多个领域，形成了全方位、多层次、宽领域的托管金融服务体系。

多年来，兴业银行秉承“以客户为中心”的服务理念，坚持“专业致胜、科技引领、合规致胜”的发展思路，以专业、高效、优质的服务回馈投资者与管理人，并在发展实践中总结提出“托管+”服务理念，旨在以托管为平台，整合行内外资源为客户提供更多增值服务，实现共同成长的托管业务发展模式。

截至2018年末，兴业银行资产托管规模达11.61万亿元，从2005年开展托管业务至今，年均复合增长率达90.58%，托管规模位列全行业第5位，同类股份制银行第3位；在线运营产品数量从2014年起连续5年保持全行业首位，至2018年末已超过2.2万只。

历年托管公募基金

基金数量（只）

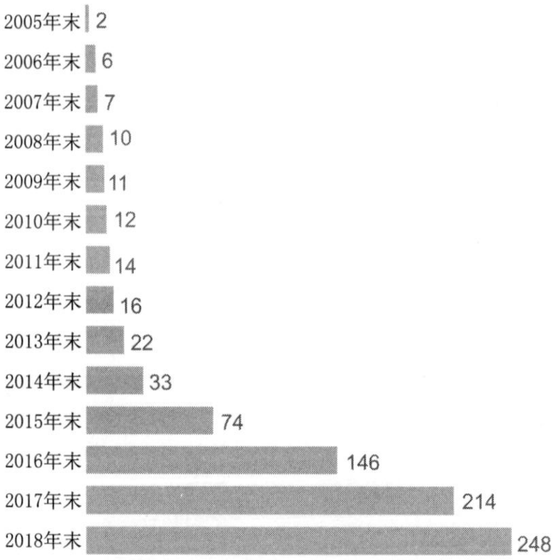

基金资产规模（亿元）

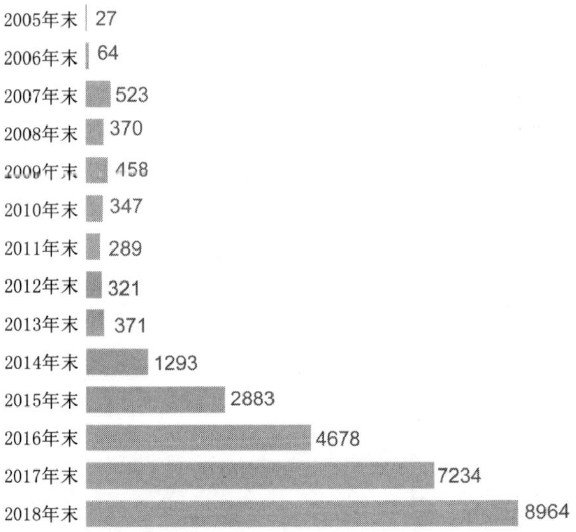

上海浦东发展银行股份有限公司

资产托管部基本情况

获批基金托管资格：2003年9月10日（证监基金字〔2003〕105号）

部门总经理：孔　建

部门员工总数：280人

托管资产总规模：11.93万亿元

办公地点：上海市中山东一路12号

注：数据截至2018年12月31日，托管规模组成包括：证券投资基金、券商资管、基金专户、信托、银行理财、私募基金、客户资金、保险产品、养老金产品、互联网产品、跨境托管业务、期货产品和私募外包业务

托管业务概况

上海浦东发展银行自2003年开展资产托管业务，历经10余年发展，现已成为国内托管业务资格最全、产品线最长、托管运作经验最丰富的银行之一。随着资产托管业务的不断深耕，截至2018年末，浦发银行资产托管规模排名同业第4位，保持行业领先地位。

浦发银行以“五星托管、全心服务”为理念，着力提升4大服务能力。**一是高效的清算支付能力**。建立“对外系统直通式处理、对内线上全流程管理”的智能化运营模式，确保托管账户实时查询、清算结果即刻反馈。**二是领先的创新研发能力**。自主研发新一代托管业务系统，采用“面向服务”的全新设计理念，打造面向各类客户、联结各类市场、横跨境内外的全周期、全产品、智能化托管服务平台，为客户提供全天候系统保障。**三是优质的客户服务能力**。设立托管业务客户服务团队，快速响应客户需求，提供一对一定制服务，打造“一站式”托管专属服务体验。**四是可靠的风险管控能力**。秉承“全覆盖、全流程”的风险管理理念，借助数字化风险控制手段，形成“事前识别，事中预警，事后监督”的全方位风险控制机制。有效防范托管业务风险，守护托管资产安全。

浦发银行资产托管业务坚持以服务基础金融、实体经济为己任，持续加强数字化、集约化运营管理，深化服务品质与内涵，保持行业领先的创新研发能力和客户服务水平，用专业能力为投资者利益保驾护航。

历年托管公募基金

基金数量（只）

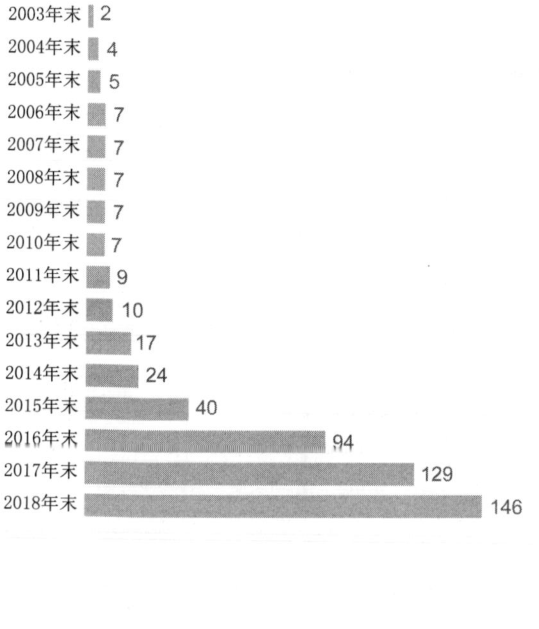

基金资产规模（亿元）

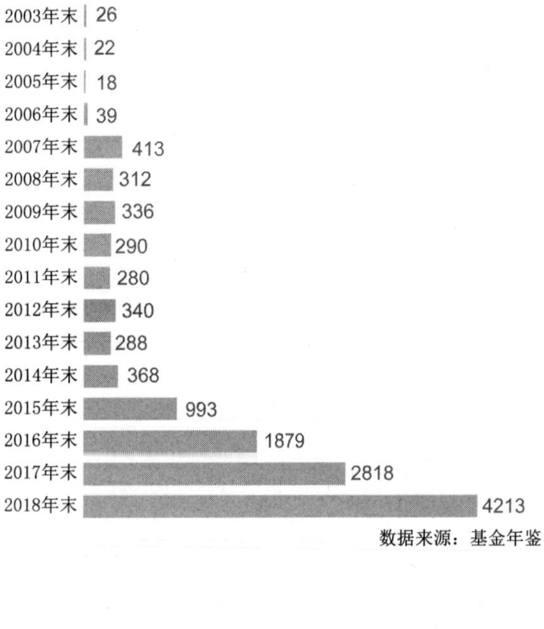

数据来源：基金年鉴

平安银行股份有限公司

资产托管事业部基本情况

获批基金托管资格：2008年8月6日（证监许可〔2008〕1037号）

部门总经理：陈正涛

部门员工总数：63人

托管资产总规模：55900亿元

办公地点：深圳市深南东路5047号平安银行大厦27楼

注：以上数据截至2018年12月31日；托管资产总规模包括证券投资基金托管、基金服务、基金公司客户资产管理托管、证券公司客户资产管理托管、期货公司客户资产管理托管、银行理财托管、信托财产保管、客户资金托管、私募投资基金、保险资金托管、其他资产托管

托管业务概况

平安银行于2008年1月4日经报备深圳市银监局核准，获得运营信托保管业务资格；2008年8月6日经中国证监会及银监会核准，获得证券投资基金托管资格；2010年1月2日经中国银监会及全国社保基金理事会核准，获得全国社会保障基金托管资格；2013年3月29日经中国保监会及银监会核准，获得保险资金托管资格。目前该行已开展涵盖证券投资基金、基金公司（含子公司）客户资产管理、信托财产、商业银行理财产品、私募投资基金、全国社会保障基金、保险资金、跨境资产、其他创新产品等二十余种资产托管产品和服务，与众多基金公司、证券公司、信托公司、商业银行、PE公司等紧密合作。平安银行已建立起“平安托管家”和“平安基金服务云”两大主品牌，借助平安集团综合金融优势，基于托管和基金服务生态圈，通过科技引领、创新驱动、营销前置、高效服务，关注监管政策、聚焦市场创新、拓展合作机构、提升服务水准，打造集“专心、精心、省心、贴心、核心、创新”于一体的全方位“六星托管服务”，为客户提供贯穿资管产业链的全流程托管+基金服务，最大限度帮助每一位投资管理人减轻后台运营处理压力，助您“拂去繁杂，专注价值”。

历年托管公募基金

基金数量（只）

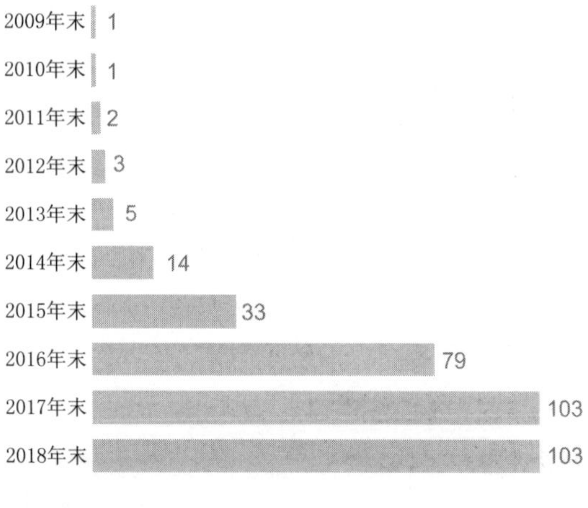

基金资产规模（亿元）

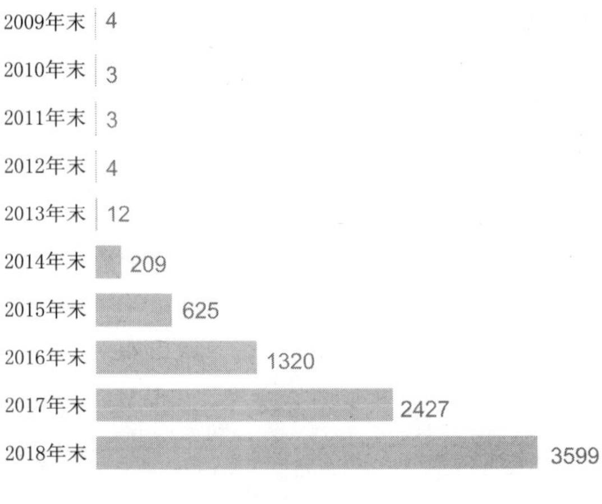

广发银行股份有限公司

资产托管部基本情况

获批基金托管资格：2009年5月4日（证监许可〔2009〕363号）

部门总经理：蒋　柯

部门员工总数：45人

托管资产总规模：26036.38亿元

办公地点：北京市西城区菜市口大街1号院2号楼中融信托大厦

客服电话：400-830-8003

注：以上数据截至2018年12月31日；托管资产总规模包括证券投资基金，基金公司资管产品，券商资管产品，保险产品，理财，全球托管产品，信托，私募基金，企业资金托管以及外包业务

托管业务概况

广发银行于2009年5月经中国证监会、中国银监会联合批准开展托管业务。截至2018年末，该行托管资产规模2.6万亿元，托管产品涵盖证券投资基金及专户、券商资产管理计划、期货资产管理计划、客户特定用途资金、私募投资基金、信托、银行理财产品、保险资金等多个品种，建立了较为完备的产品体系，合作客户机构超过300余家。

近年来，广发银行托管业务发展呈现新亮点："托管+"概念不断衍生丰富，获客手段加强；基金销售监督银行业务、约期业务、互联网平台资金监管业务、基金服务业务等创新产品相继落地，盈利增长点扩大；资产托管综合业务平台上线，管理工具优化；完成ISAE3402国际标准内控鉴证项目，服务能力提升；QDII托管业务连续4年在股份制银行排名第一，品牌形象持续巩固等。

2019年，广发银行将推出"慧托管"品牌，继续向客户提供智慧化、人性化、高科技的托管服务。

历年托管公募基金

基金数量（只）

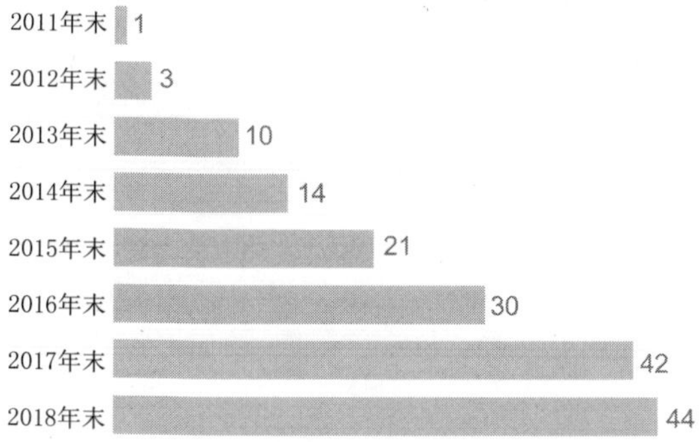

基金资产规模（亿元）

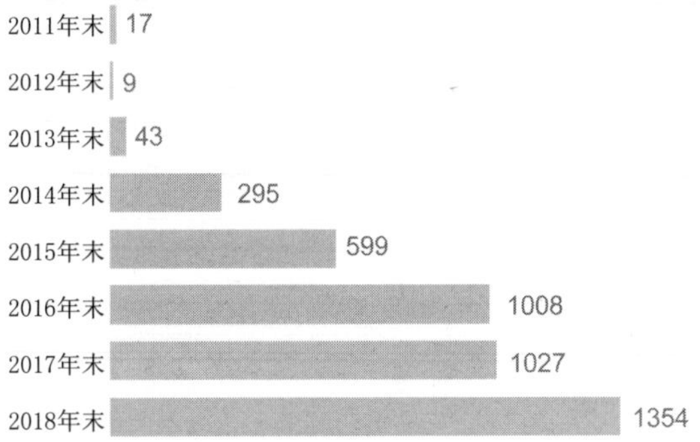

第六部分　20年大事篇

Part VI　Chronicles of the Public Offering of Fund Industry over the Past 20 Years

1997年：启程

10月6日

中国证监会监管部成立。年底，首届基金培训班在广东举办，首批基金从业人员诞生。

11月14日

国务院证券委员会颁布《证券投资基金管理暂行办法》，这是中国首次发布有关证券投资基金的法规性文件。此办法确立了基金行业制度和监管架构，拉开了中国基金业规范发展的序幕。

12月12日

证监会发布《关于申请设立基金管理公司有关问题的通知》《关于申请设立证券投资基金有关问题的通知》，规定申请设立基金管理公司、证券投资基金的程序、申报材料的内容及格式。

12月18日

证监会发布《证券投资基金管理暂行办法》实施准则1-4号：《证券投资基金基金契约的内容与格式》《证券投资基金托管协议的内容与格式》《证券投资基金招募说明书的内容与格式》《基金管理公司章程必备条款指引》。至此，证券投资基金业底层运行法规框架基本搭建完成。

1998年行业大事记

2月5日

国内首批基金管理人亮相：证监会发布（证监基字〔1998〕1号文），批复同意由国泰证券发起筹建国泰基金管理公司；同日发出2号文，批复同意南方证券发起筹建南方基金管理公司。3月5日和6日，国泰基金管理公司和南方基金管理公司分别成立，拉开了中国基金管理人发展序幕。

2月24日

国内首家基金托管人亮相：经人民银行和证监会批准，中国工商银行成为国内首家获准基金托管人资格的商业银行。同年3月，工商银行托管了首批封闭式基金“基金金泰、基金开元”，拉开了国内托管业务发展序幕。

3月27日

国内首批证券投资基金诞生：基金金泰、基金开元宣告成立，规模均为20亿元，均为契约型封闭式，存续期15年。4月7日，基金金泰、基金开元分别在沪、深交易所上市交易。

8月8日

财政部、国税总局联合发布《关于证券投资基金税收问题的通知》，明确封闭式基金税收问题。

8月12日

证监会发布《关于证券投资基金配售新股有关问题的通知》。

9月23日

证监会召集国泰基金、南方基金、华夏基金、博时基金和华安基金召开第一次“基金联席会议”

10月12日

证券投资基金开始每周公布一次资产净值。

1998年是中国基金业发展元年：首批6家基金管理人、5家基金托管人成立；首批5只封闭式基金设立，发行总规模100亿元，认购资金5366亿元，中签率1.5%～2.5%。

1999年行业大事记

3月12日

证监会发布《证券投资基金管理暂行办法》实施准则第5号《证券投资基金信息披露指引》。

3月30日

全国人大财经委召开《投资基金法》起草组成立大会，《投资基金法》列入全国人大常委会的立法规划。

5月19日

上证综指大涨4.64%，“5·19”行情爆发，“基金”抓住行情，成为市场的新生力量。

6月25日

沪深两市成交量达到830亿元，创历史新高。

6月30日

上证综指突破6年高点，最高1756点，创下10年新高。

7月1日

《中华人民共和国证券法》正式实施，中国证券市场进入规范发展新时代。

8月27日

证监会转发人民银行《基金管理公司进入银行同业市场管理规定》，基金公司获准进入银行间同业市场。

10月15日

证监会发布《证券投资基金管理暂行办法》实施准则第6号《基金从业人员资格管理暂行规定》。

10月25日

经国务院批准，保险公司获准通过证券投资基金间接进入证券市场。

11月9日

《投资基金法》起草小组在深圳召开“中国投资基金立法国际研讨会”，首次公开讨论《投资基金法（草案第一稿）》。

11月22日

证监会下发《关于进一步做好证券投资基金配售新股工作的补充通知》，调整基金配售新股政策。

12月30日

10家基金公司和5家银行基金托管部共同制定《证券投资基金行业公约》。

至1999年年末，包括南方、国泰、华夏、华安、博时、鹏华、嘉实、长盛、大成和富国“老十家”基金公司全部成立；熊双文、陈勇胜、范勇宏、韩方河、肖风、负瑞恒、洪磊、张佑君、龙小波、李建国分别被任命为“老十家”基金公司的首任总经理，成为中国基金行业首批探索者与创业者。

开放式基金研究工作启动：1999年11月至2001年1月，证监会基金部、各基金公司、托管银行先后两次在深圳和北京召开“开放式基金研讨会”。

2000年行业大事记

5月18日

证监会发布《关于〈调整证券投资基金认购新股事项〉的通知》，规定新股发行不再单独向基金配售，逐步实现股票发行机制市场化。

5月23日

时任证监会主席周小川在“基金发展国际研讨会”表示，要采用超常规、具有创造性的思路发展投资基金；开放式基金推出被提上议事日程。

6月7日

老基金“淄博基金”合并为汉博证券投资基金，富国基金担任管理人。作为老基金代表，淄博基金谢幕具有历史意义。

6月18日

证监会举办首届基金从业资格考试。

8月1日

全国社会保障基金理事会设立。

10月8日

证监会发布《开放式证券投资基金试点办法》。

10月16日

2000年10月《财经》杂志刊登《基金黑幕——关于基金行为的研究报告解析》一文，引发“基金黑幕”事件。该事件掀起中国基金业的整改，对基金投资交易规范化发挥了重要作用，影响深远。

2001年行业大事记

1月16日

证监会发布《关于完善基金管理公司董事人选制度的通知》，完善基金管理公司治理结构，促进公司规范、独立运作。

2月26日

证监会发布《关于规范证券投资基金运作中证券交易行为的通知》，首次把证券交易行为列入基金监管的框架中。

3月25日

华安基金成为国内首家发行和管理开放式基金试点单位。

3月30日

中国结算成立，并于4月11日开始建设开放式基金登记结算系统。

4月17日

易方达基金获批设立，成为国内第二批首家获批的基金管理公司，同时也是国内首家注册在广州的基金公司。

5月8日

中国建设银行获得首批开放式基金代销资格，同时获批代销封闭式基金资格，成为国内首家获准代销封闭式基金的商业银行。

5月22日

华安基金召开会议，就筹备中的“华安创新开放式基金”总体设计和发行方案征求意见。

5月25日

证监会发布《关于申请设立基金管理公司若干问题的通知》，放宽基金公司发起人范围，首次引入“好人举手”制度。

5月28日

证监会在北京举办首届基金公司独立董事培训班。

6月12日

银河证券在业内率先成立基金评价中心。

6月14日

上证综指最高探至2245.44点后反转，进入长达4年的熊市。

7月14日

交通银行成为首只开放式基金的托管代销银行，开启国内商业银行代销开放式基金先河。

8月15日

证监会发布《关于改进证券投资基金发行方式的通知》，允许向机构投资者配售一定比例的基金份额，并可采取“回拨”机制。

8月22日

证监会发布《关于申请设立基金管理公司主发起人有关事项的通知》。

8月28日

中国证券业协会基金公会成立。

9月21日

国内首只开放式基金诞生：华安创新混合基金宣告成立，首日50亿元限额被抢购一空，标志中国基金业进入开放式基金时代。

10月11日

《证券投资基金行业公约》《证券投资基金业从业人员守则》公布。

11月11日

财政部发布《证券投资基金会计核算办法》，规范证券投资基金的会计核算。

11月23日

证监会下发《关于代理证券投资基金销售业务的商业银行完善内部合规控制制度和员工行为规范的指导意见》通知。

12月11日

中国正式加入WTO，允许外资持有基金管理公司股权比例不超过33%，3年后不超过49%，开启中国合资基金管理公司发展历程。

12月13日

《全国社会保障基金投资管理暂行办法》发布，社保基金管理运营启动。

12月21日

证监会发布《境外机构参股、参与发起设立基金管理公司暂行规定》(征求意见稿)，中外合资基金管理公司进入实质性启动阶段。

2002年行业大事记

2月28日

易方达旗下首只封闭式基金科瑞基金发行，拉开2002年基金市场扩容序幕。

4月10日

华安基金在业内率先推出基金电子交易业务“华安特快”。

4月22日

南方稳健成长混合基金公告分红方案，每10份派现0.25元，成为国内首只分红的开放式基金。

6月1日

证监会颁布《外资参股基金管理公司设立规则》。

6月14日

银河基金获批成立，成为首家按照市场化机制批准成立的基金公司。

6月26日

华夏基金在业内率先推出基金后端收费模式。

7月1日

上证180指数正式发布。

华夏证券（现为中信建投证券）和国泰君安证券首批获得证券公司代销开放式基金业务资格。

7月12日

证监会出台基金“1+1”政策，每家机构参股基金公司不超过2家，其中控股不超过1家。

7月13日

证监会下发《关于证券公司办理开放式基金代销业务有关问题的通知》。

8月1日

银河基金旗下银丰基金通过中国建设银行网点网下认购，8月8日在上交所上网发行，成为首只引进银行渠道进行网下认购和网上申购发行的封闭式基金。

8月13日

开放式基金登记结算系统投入运行。

8月16日

中国基金净资产规模首次突破1000亿元大关，约占沪深两市流通A股总市值7.2%。

8月22日

财政部、国税总局联合发布《关于开放式证券投资基金有关税收问题的通知》，规定基金管理人运用基金买卖股票、债券的差价收入，2003年底前暂免征收营业税。2004年4月，财政部、国税总局发文明确继续免征营业税，一直执行至今。

8月23日

起草工作历时3年的《证券投资基金法草案》首次提交全国人大常委会审议。

9月20日

国内首只债券型基金南方宝元债券基金成立，首募规模49亿元。

9月24日

证监会发布《证券投资基金销售活动管理暂行规定》，对基金公司、基金代销机构在销售基金中的活动进行规范。

11月8日

国内首只指数型基金华安上证180指数增强型基金（现为华安MSCI中国A增强指数基金）成立，开启中国被动投资新时代。

11月18日

证监会与原对外贸易经济合作部联合发布《关于实施(外资参股基金管理公司设立规则)有关问题的通知》，推进外资参股基金公司设立工作。

11月27日

中国结算发布《开放式基金结算备付金管理暂行办法》《开放式基金结算保证金管理暂行办法》。

12月3日

证监会发布《证券投资基金管理公司内部控制指导意见》。

12月4日

证券业协会证券投资基金业委员会成立，承接原基金公会的职能和任务。

12月18日

南方、博时、华夏、鹏华、长盛和嘉实6家基金公司被选为首批社保基金管理人（截至2018年末共有3批16家基金公司获得社保基金管理资格）

12月19日

中国人民银行发布《关于商业银行申请从事合格境外机构投资者境内证券投资托管业务有关问题的通知》，明确QFII托管业务申请细则。

12月27日

由招商证券和荷兰国际集团等共同发起的招商基金管理有限公司在深圳成立，这是中国首家中外合资基金管理公司。

12月30日

证监会发布《关于规范基金管理公司股东出资转让有关事项的通知》。

2003年行业大事记

2月17日

湘财合丰基金（现为泰达宏利基金）旗下3只行业类别基金同时获准一次性发行，伞型基金登陆中国基金市场。

3月3日

沪深交易所基金交易单位的最小报价单位由“分”改为“厘”。

因清理最后一只老基金而设立的基金公司巨田基金（现为摩根士丹利华鑫基金）在深圳成立。

3月20日

QFII实施细则公布，QFII可以投资基金，且不受比例限制。

4月7日

华安基金推出“华安特快”基金电子交易业务，成为业内首家推出7×24小时全天候服务的基金公司。

4月28日

中国银监会成立，人民银行划转部分金融管理职能，“一行三会”分业监管体系建立。

5月20日

加拿大蒙特利尔银行入股富国基金，富国基金成为“老十家”公司中首家外资参股的合资基金公司。

5月23日

国内首家由信托公司作为主发起人的基金公司泰信基金成立。

6月6日

社保基金理事会将社保资金划拨给首批6家基金管理人，社保基金正式进入证券市场。

6月12日

国内首家中美合资基金公司景顺长城基金在深圳成立，公司由美国景顺集团与长城证券等发起设立。

6月27日

国内首只保本基金南方避险增值基金成立，保本周期3年，中投信用担保公司提供担保，基金产品首次引入担保机构。

8月4日

中国结算实现基金结算模式转换，变为以“托管银行名义”对基金资产进行登记与清算，实现基金结算模式与证券法人结算制度的有效衔接。

8月18日

南方基金开通与工行合作的南方e站网上交易系统，实现基金公司网上直销首次全国联网。

9月5日

国内首只以追求每年较高绝对回报为投资目标的华夏回报基金成立。该基金率先提出“到点分红”运作规则，自成立来至2018年末累计分红超过80次，分红总额超120亿元。

9月9 日

证监会批复荷兰银行通过股权受让方式参股湘财合丰基金（现为泰达宏利基金），成为首家通过向外资转让存量股权方式设立的合资基金公司。

9月16日

证监会发布《证券投资基金信息披露编报规则》第1号《主要财务指标的计算与披露》《证券投资基金信息披露编报规则》第2号《基金净值表现的编制与披露》，标志基金信息披露新体系实施。

9月30日

国内首只跟踪深圳100指数的融通深证100指数基金成立。

10月25日

国内首只指数型债券基金长盛全债指数增强型债券基金成立。

10月28日

第十届全国人大常委会第五次会议表决通过《中华人民共和国证券投资基金法》，以法律形式确认了基金业在资本市场及社会主义市场经济中的地位。

12月10日

国内首批货币市场基金起航：华安现金富利、招商现金增值和博时现金收益同时获批，成为率先切入类储蓄市场的基金产品，实现基金业在低风险、高流通性金融产品市场的重大突破。12月30日华安现金富利投资基金率先募集成立，个人认购比例超过93%。

2003年基金公司和基金规模实现快速增长：截至2003年末，基金公司33家；开放式基金56只首次超过封闭式基金，成为证券投资基金的主流形式。这一年，基金成功抓住“五朵金花”行情，成为市场主角，价值投资理念获市场认可。

2004年行业大事记

1月2日

上证50指数正式发布。

2月1日

《国务院关于推进资本市场改革开放和稳定发展的若干意见》出台，首次确定了以基金为代表的机构投资者在证券市场投资的主导地位。

2月27日

国内首只以“保本”命名的银华保本增值基金成立。随后，天同保本（现为万家增强收益）、国泰金象保本、嘉实浦安保本等保本型基金相继成立，其中嘉实浦安保本为首只由商业银行提供担保的保本型基金。

3月12日

国内首只百亿基金亮相：海富通收益增长基金成立，首募规模130.73亿份。

3月16日

全球知名基金评级机构晨星资讯首次推出国内基金业绩排名。

3月22日

国内首只跟踪上证50指数的易方达上证50指数基金成立，募集规模50.49亿份，成为当时首募规模最大的指数基金。

4月10日

证监会基金部下发《关于调整证券投资基金募集申报材料项目有关问题的通知》《关于严格按照规定对基金募集时间安排进行备案的通知》《关于做好证券投资基金募集工作的通知》，调整和规范基金募集。

4月23日

劳动与社会保障部、原银监会、证监会和原保监会联合发布《企业年金基金管理试行办法》（自5月1日起和《企业年金试行办法》同时施行），企业年金获准直接入市。

5月11日

国内首只可转债投资基金兴业可转债混合型基金成立（现为兴全可转债混合型基金）。

6月1日

《证券投资基金法》正式实施，中国基金业进入以法治业的新时代。随后半年间，证监会相继推出《证券投资基金运作管理办法》《证券投资基金销售管理办法》《基金托管管理办法》《基金信息披露管理办法》《基金公司高管人员管理办法》《基金管理公司管理办法》等6个配套实施细则，完善基金监管体系。

6月29日

证监会、原银监会和原保监会签署备忘录，建立监管联席会议机制。

7月20日

证监会发布关于实施《证券投资基金运作管理办法》《证券投资基金销售管理办法》有关问题的通知，加强对基金销售活动监管。

7月28日

天相投顾获批基金代销业务，成为业内首家获此资格的证券投资咨询机构。

8月11日

国内首只跟踪道琼斯88指数的银华-道琼斯88指数基金成立。

8月16日

证监会与人民银行联合发布实施《货币市场基金管理暂行规定》，规范货币市场基金运作。

8月19日

深交所获准推出上市开放式基金(LOF)。

8月23日

中国结算发布《上市开放式基金登记结算业务实施细则》。

10月14日

国内首只LOF南方积极配置基金成立。该基金首次利用深交所LOF平台发行，实现开放式基金销售与交易渠道融合的创新。

10月24日

原保监会和证监会联合发布《保险机构投资者股票投资管理暂行办法》，允许保险资金直接投资股市。

10月25日

北京市商业银行（现为北京银行）获批基金代销业务，成为国内首家获准开办该业务的城商银行。

11月8日

国内首家注册在天津的基金公司天弘基金成立。

11月10日

劳动保障部与证监会联合发布《关于企业年金基金证券投资有关问题的通知》，首次对企业年金基金证券投资的开户、清算模式、备付金账户管理等进行具体规定，为企业年金入市奠定了重要的制度基础。

11月15日

国内首家注册在广西南宁的基金公司国海富兰克林基金成立。

11月24日

《上海证券交易所交易型开放式指数基金业务实施细则》《中国证券登记结算有限责任公司交易型开放式指数基金登记结算业务实施细则》发布实施。

12月9日

新世纪基金（现为新华基金）在重庆成立，成为国内首家注册在西南地区的基金公司。

12月30日

国内首只ETF——华夏上证50ETF成立（于2005年2月23日在上交所上市）。ETF的推出拉开了中国证券市场产品创新大幕。

2005年行业大事记

1月1日

《证券投资基金托管资格管理办法》实施。新规降低了基金托管业务准入门槛，给城商银行带来机会。

1月6日

国内首只行业主题类基金博时主题行业股票基金成立。

1月23日

公募基金首次对新股定价行使话语权：36家基金公司参与华电国际A股询价，58只基金获配14857.8亿股，占据网下配售总量的52.2%。

1月25日

工商银行联合南方、华安、国联安、广发、融通、申万巴黎（现为申万菱信）6家基金公司开展“基金定投”，这是业内首次由工商银行联合多家基金公司推出的基金理财业务。

1月31日

国内首只实行基金份额分级制度的银华货币市场基金成立，基金费率创新突破。

2月16日

原保监会、证监会发布《关于保险机构投资者股票投资交易有关问题的通知》《保险机构投资者股票投资登记结算业务指南》。保险资金直接入市进入实质性操作阶段。

2月20日

《商业银行设立基金管理公司试点管理办法》颁发实施，商业银行设立基金公司试点工作进入实质性操作阶段。

3月1日

《企业年金基金管理机构资格认定暂行办法》实施。

3月28日

证监会发文，对货币市场基金投资运作、信息披露格式等进行规范。

4月6日

中国工商银行、中国建设银行和交通银行被确定为首批投资设立基金管理公司的试点银行。

4月8日

沪深300指数正式发布，这是沪深交易所联合发布的首只跨市场指数，嘉实基金和大成基金首批获准使用（8月29日首只以沪深300指数为投资标的的嘉实沪深300指数基金成立）。

4月29日

股权分置改革试点工作启动。

5月12日

华夏基金独家入选亚债中国基金管理人。

6月9日

证监会发布《关于基金管理公司运用固有资金进行基金投资有关事项的通知》，允许基金公司用其固有资金投资基金。

6月21日

首批银行系基金公司亮相：由中国工商银行、瑞士信贷第一波士顿和中国远洋运输(集团)总公司发起设立工银瑞信基金获批成立，成为首家由国有商业银行发起设立并控股的合资基金公司；8月4日、9月19日，由交通银行、中国建设银行分别发起设立的交银施罗德基金、建信基金成立。

7月1日

证监会制定《证券投资基金监管职责分工协作指引》，明确证监会基金监管部、各地证监局、沪深交易所和证券业协会等部门之间的分工协作机制。

7月15日

景顺长城基金旗下恒丰债券基金转型为货币市场基金，基金市场首次出现产品转型。

7月18日

国内首只手续费全免的债券基金博时稳定价值债券投资基金获批发行，这也是首只业绩基准为2年期定期存款税后收益率的基金。

7月19日

上交所“上证基金通”业务获准实施，基金统一交易平台成型。银华核心价值优选股票基金成为首只通过“上证基金通”网络发行募集的基金。

8月1日

博时、华夏、南方、富国、银华、易方达、嘉实、招商和海富通基金9家基金公司首批入选企业年金基金管理机构（截至2018年年末共有两批12家基金公司获得企业年金管理资格）

8月8日

深交所开放式基金场内申购赎回业务开通，巨田资源优选混合基金（现为大摩资源优选混合基金）成为首只获准发行的LOF产品；9月12日拓宽到非LOF，鹏华中国50基金、鹏华普天收益基金首批获得开通。

8月16日

证监会发布《关于股权分置改革中证券投资基金投资权证有关问题的通知》，股改成为基金的投资主线。

9月23日

由上交所和深交所共同发起设立的中证指数有限公司在上海成立。

11月4日

国内首个基金投资理事会——“南方高增长基金第一届投资理事会”在深圳召开。

11月21日

证监会发布《关于货币市场基金投资银行存款有关问题的通知》。

12月5日

南方基金和中信银行联手推出国内首张“基金联名信用卡”，货币市场基金首次具有支付功能，这是中国货币市场基金和信用卡发展史上的一次重大变革。

12月21日

证监会颁布实施《证券投资基金信息披露内容与格式准则》第7号《托管协议的内容与格式》，此前1997年颁布的有关文件废止。

12月27日

南方基金公布业内首个交易型开放式指数基金（ETF）产品订制指数方案，2006年1月9日南方中证小康产业指数发布。

2006年行业大事记

1月14日

首届中国证券投资基金业年会在北京举办（截至2018年末，年会连续圆满举办了13届）。

1月21日

华安上证180指数基金跟踪标的变更为MSCI中国A股指数，国内首只MSCI中国A股指数基金面世。

2月5日

公募基金首次入围公开市场业务一级交易商，南方现金增利和招商现金增值两只货币市场基金入选。

2月23日

证监会下发通知，首次明确基金公司按当年基金管理费的20%提取风险准备金。

3月16日

证监会制定发布《证券投资基金产品创新鼓励措施》，对基金公司申报重大创新产品予以系列政策鼓励。

3月24日

深交所首只ETF易方达深证100ETF成立，该基金同时采用现金认购和深证100指数成分股票换购相结合的全新发行方式。

3月27日

2005年基金年报开始披露，权证投资情况首次纳入披露范围。

4月5日

证监会发布《托管银行监督基金运作情况报告的内容与格式指引》，首次对报告内容与格式进行规范。

4月17日

公募基金企业年金业务亮相：南方基金与马钢签订委托投资管理合同，年金合作标的1.5亿元；7月5日嘉实基金与联想集团签约，成为联想集团企业年金计划的唯一投资管理人。

5月1日

《全国社会保障基金境外投资管理暂行规定》实施，中国社保基金正式启动境外投资。

5月15日

证监会下发通知，基金投资资产支持证券开闸。

5月19日

证监会发布《证券投资基金管理公司督察长管理规定》，推行基金公司合规管理制度。

5月23日

国内首只生命周期概念基金汇丰晋信2016生命周期基金成立。

6月19日

证监会下发《关于规范基金投资非公开发行证券行为的紧急通知》；7月21日下发《关于基金投资非公开发行股票等流通受限证券有关问题的通知》，规范基金参与定增行为，严防流动性风险。

7月17日

富国天益价值基金对其份额进行拆分，业内首次基金拆分活动启动。

7月25日

国内首只复制基金南方稳健成长二号混合基金成立。

8月18日

证监会下发通知，要求基金公司每月计提风险准备金，计提比例不低于管理费收入5%。

8月20日

华安基金成为国内首家获得QDII资格试点的基金管理人；11月2日国内首只QDII基金华安国际配置基金成立，中国基金业首次走向海外。

10月9日

首例封闭式基金转型改革试点落地：兴业基金到期终止上市，转型为开放式基金华夏平稳增长混合。

10月27日

证监会发布《基金管理公司投资管理人员管理指导意见》，规范投资管理人员执业行为（2009年3月修订）。

12月12日

嘉实策略增长混合基金提前结束发行成立，首日募集规模419亿元，创下基金发行史上发行时间最短、募集规模最高的2项新纪录。

公募基金抓住牛市机遇实现跨越式发展：截至2006年末基金公司数量增至57家，基金总资产规模8565亿元，同比增长83%；全年新设立基金90只，首募规模3906亿元，同比增长247%；新增开户数突破700万户，比年初增长超过300%。

2007年行业大事记

1月9日

南方基金管理资产规模突破1000亿元，成为国内首家资产管理规模超千亿元的基金公司。

2月2日

证监会下发通知，要求基金公司专列投资者教育资金，加强投资者教育。

3月15日

证监会发布《证券投资基金销售业务信息管理平台管理规定》。

3月30日

截至一季度末基金总资产规模11156亿元，首次突破1万亿元。

4月5日

证监会下发通知，允许股票型基金参与股指期货投资，基金投资股指期货以空头套期保值为主。

4月10日

易方达价值成长基金发行募集规模195亿元，超出拟定110亿元上限，成为首只启动比例配售的基金。

4月25日

基金普华与基金普润两只封闭式基金到期，合并转型为“鹏华优质治理股票型开放式基金”（现为鹏华优质治理混合（LOF）），在业内首创“二合一”方案。

6月6日

证监会召集多家基金公司高管开会，希望基金坚持价值投资，不要短期炒作。

7月5日

《合格境内机构投资者境外证券投资管理试行办法》实施。

7月9日

国内首只创新型封闭式基金大成优选股票型基金获准发行，成为2002年8月基金银丰之后首只获批的封闭式基金。

7月17日

国内首只创新型分级基金国投瑞银瑞福分级股票型基金成立，拉开了分级基金发展帷幕。

7月21日

由《中国证券投资基金年鉴》编辑部发起组织，南方基金、工商银行资产托管部等行业机构共同参与举办的“中国基金投资者服务巡讲大型活动”在北京启动。（该活动为业内首个多方参与面向基金投资者服务的活动，连续举办5年）

7月26日

华夏基金、南方基金获得首批QDII管理人资格，基金QDII业务开闸。

8月29日

《上海证券交易所证券投资基金上市规则（修订稿）》发布实施。

9月19日

国内首只股票型QDII南方全球精选基金宣告成立，中国基金业跨入全球投资新时代。该基金发售当日认购491亿元，远超其300亿元预定规模。

10月12日

证监会颁发《证券投资基金销售机构内部控制指导意见》《证券投资基金销售适用性指导意见》。

10月15日

上投摩根亚太优势QDII发行当日认购资金1163亿元，创下中国基金史上发行募集最高纪录。首批4只股票型QDII基金募集规模达到1200亿元。

10月16日

上证综指创出6124.04点历史高位。

11月4日

证监会下发《关于进一步做好基金行业风险管理工作有关问题的通知》。

12月27日

由证券业协会主办、建设银行承办的“第一次基金代销银行联席会议”在北京召开。

2007年基金行业实现历史性大跨越：截至2007年末基金资产规模首次突破3万亿元，首次超过保险资产规模，基金资产规模占GDP比例攀升至12.32%；基金持股占A股流通市值的35.20%；基金持有人账户总数超过1.1亿户，公募基金成为百姓理财的重要选择。

2008年行业大事记

1月1日

《基金管理公司特定客户资产管理业务试点办法》实施，基金专户理财业务开闸。

1月25日

证监会发布《关于证券投资基金宣传推介材料监管事项的补充规定》，对基金宣传材料进行严格规定。

2月13日

南方、易方达、国泰、嘉实、工银瑞信、鹏华、汇添富、中海、诺安9家基金公司首批获得专户理财业务资格。

汇添富基金加入亚洲公司治理协会(ACGA)，成为境内首家加入的基金公司。

3月23日

证监会发布《证券投资基金管理公司公平交易制度指导意见》，旨在构建由投资决策、交易分配、监控监查和信息披露4个环节组成的完整严密的公平交易制度（2011年8月修订发布）。

3月25日

证监会发布《特定资产管理合同内容与格式指引》。

4月6日

证监会下发通知规定基金分拆不再需要审批，意味着自2006年7月以来实行的基金分拆审批正式终结。

4月8日

证监会制定发布《关于证券投资基金管理公司在香港设立机构的规定》（7月7日，南方基金合资设立的香港分公司南方东英资产管理公司正式挂牌）。

4月11日

易方达基金率先完成首单基金专户理财资金入市。

4月21日

证监会公布首例基金“老鼠仓”处罚结果。

4月22日

证券业协会颁布《证券投资基金销售人员执业守则》。

4月30日

国内首只社会责任基金兴业社会责任股票基金（现为兴全社会责任混合基金）成立。

5月13日

富国天成红利基金率先推出基金分红契约化，成为首只定期定额分红基金。

6月11日

证券业协会发布《2008年度基金销售人员从业考试公告（1）》，并于9月举行首次考试。

8月9日

国内首例基金公司合并案诞生：华夏基金与中信基金的整合方式确定为由华夏基金吸收合并中信基金；2009年1月，中信基金并入华夏基金。

8月26日

证监会发布《基金信息披露XBRL标引规范》《基金信息披露XBRL模板第一号（季度报告）》，标志着XBRL在基金信息披露的应用取得实质性进展。

9月12日

证监会发布《关于进一步规范证券投资基金估值业务的指导意见》，对开放式基金持有的长期停牌股票估值进行调整。

9月22日

证券业协会基金托管专业委员会、基金销售专业委员会成立。

10月6—10日

全球主要股市经历40年来最惨烈的一周。

10月24日

首只创新型封闭式债券基金富国天丰债券基金成立。

10月28日

上证综指跌至1664.93点新低，距历史高点6124.04点下跌72.86%。

11月5日

诺德灵活配置混合基金成立，首募规模2.39亿元，创当时新基金发行最低规模。

12月5日

基金公司风险准备金提取比例下限从管理费收入的5%提高到10%。

12月16日

证监会基金部发布《证券投资基金产品创新的鼓励措施》，对有重大创新的基金产品实行绿色通道审核制度，鼓励基金产品创新。

12月26日

证监会发布《关于授权派出机构审核基金管理公司设立分支机构的决定》，基金公司设立内地分支机构由派出机构直接决定并批复。

2008年上证综指从6124点跌至1664点，A股跌幅全球第一。公募基金也遭受重创，新基金发行困难，迷你型基金比比皆是；年末基金总规模19389亿元，同比上年缩水41%；全年新增基金账户仅为237万户。

2009年行业大事记

2月10日

证监会基金部和中央结算公司签署《监管合作备忘录》，协助建立基金债券投资交易行为监控系统。

3月17日

证券业协会发布《基金经理注册登记规则》。

3月21日

证监会发布《基金管理公司投资管理人员管理指导意见》，基金经理频繁跳槽行为受约束。

4月1日

证监会发布《证券投资基金收益分配条款的审核指引》，规范基金分红行为。

5月5日

证监会发布《关于基金管理公司开展特定多个客户资产管理业务有关问题的规定》，基金专户业务开启“一对多”时代。

国内首只可分离交易基金长盛同庆可分离交易股票型基金成立。单日募集规模147亿元，创2008年以来新基金募集新高。

6月2日

ETF联接基金开闸：证监会发布《交易型开放式指数证券投资基金(ETF)联接基金审核指引》，为推出ETF联接基金扫除法律障碍。

6月22日

中国结算发布《开放式基金全额非担保结算业务指引》。

7月6日

修订《证券投资基金法》工作启动：全国人大财经委召集有关部门专题研究《证券投资基金法》修改（7月23日在北京召开“基金法修订讨论会”，组建基金法修改小组）。

7月20日

证监会基金信息披露网站正式上线，这是自2008年证监会启动基金信息披露可扩展商业报告语言(XBRL)工作以来，首次以网站平台方式对外展示其应用成果。

8月4日

《基金管理公司特定多个客户资产管理合同内容与格式准则》发布实施。

8月17日

华安基金和交银施罗德基金首批获准发行ETF联接基金；9月29日首只ETF联接基金华安上证180交易型开放式指数联接基金成立。

9月1日

首批36只“一对多”基金专户理财产品获批（9月4日，首单“一对多”产品中银专户主题1号资产管理计划成立）。

10月14日

国内首只可配对转换的分级基金国投瑞银瑞和沪深300指数分级基金成立。

10月30日

创业板开板，首批28家创业板公司上市首日平均涨幅106.23%。

11月16日

华夏大盘基金成为基金市场首只净值突破10元的开放式基金。

11月17日

证监会发布《证券投资基金评价业务管理暂行办法》，规范基金评价业务。

12月14日

证监会发布《开放式证券投资基金销售费用管理规定》，鼓励基金实施后端收费模式。

指数基金异军突起，数量和规模均得到突破：2009年发行成立29只指数基金，超过历年发行总数；首募规模1426亿元，占当年新基金募集规模的40%；同时，指数基金的品种也日渐丰富。

2010年行业大事记

1月1日

多通道审批制度开闸：证监会全面推行基金发行分类审核制度（受益此制度，2010年新成立基金147只，创历年基金发行数量最高记录）。

1月11日

证券业协会发布《证券投资基金销售人员从业资质管理规则》《证券投资基金评价业务自律管理规则（试行）》。

2月20日

证监会批复中金所沪深300股指期货合约和业务规则。

3月15日

《开放式证券投资基金销售费用管理规定》修订实施，鼓励投资者长期持有基金。

3月16日

《2009年基金年报》披露，基金支付给销售机构的客户维护费首次披露。

4月9日

国内首只行业指数基金国投瑞银沪深300金融地产行业指数基金成立，该基金覆盖行业以金融地产业为主。

4月16日

国内首个金融期货品种沪深300股指期货在中金所挂牌上市交易。

4月23日

证监会发布《证券投资基金从事股指期货交易指引》，基金参与股指期货通道打开。

4月27日

国投瑞银瑞和300指数分级基金率先创设的配对转换业务开通，开创中国分级基金交易新模式，分级基金进入套利时代。

5月7日

公募基金正式开户参与股指期货交易。

5月17日

国内首批10家基金评价机构名单公布。

6月8日

国内首只低碳经济概念基金汇丰晋信低碳先锋基金成立。

7月1日

境内首只上市型QDII基金国投瑞银全球新兴市场基金在深交所上市交易，场内交易基金投资标的拓宽至海外市场。

7月12日

证监会网站首度公布基金募集申请核准进度情况。

8月19日

国内首只分级债券基金富国汇利分级债券基金获准发行，成为审批通道开启以来，首只通过创新通道获批的基金产品。

9月6日

证监会通报对韩某等3名基金经理违法违规处理情况，韩某成为首位因“老鼠仓”而进入《刑法》程序的基金经理。

9月21日

国内首只医药行业主题基金汇添富医药保健股票基金成立。

10月20日

国内首只投资海外债券市场的富国全球债券基金成立。

10月26日

证监会发布《关于保本基金的指导意见》，降低担保人门槛，促进保本基金发展。

11月18日

上海市基金同业公会成立。

12月3日

国内首只A/B独立募集的分级债券型基金天弘添利债券基金成立。

QDII基金扩容：2010年发行成立18只QDII基金，超过历年QDII基金发行总数。

2011年行业大事记

1月12日

新基金审批第6条通道开通，指数基金从股票型基金通道单独分离出来。

1月13日

国内首只以黄金为标的诺安全球黄金基金成立。

3月17日

国内首只采用等权重编制方法的银华中证等权重90指数分级基金成立。

3月23日

国内首只开放式分级债券基金嘉实多利分级债券基金成立。

3月28日

业内首例外资股东主动退出：金元比联基金（现为金元顺安基金）外方股东“比利时联合资产管理公司”转让其持有公司49%股权。

4月26日

国内首只基金专户转为公募基金：华夏基金旗下“亚债中国债券基金中国子基金”从专户管理转为开放式基金“亚债中国债券指数基金”。

5月6日

国内首只明确提出绿色投资理念的兴全绿色投资混合基金成立。

5月17日

国内首只债券指数基金南方中证50债券指数基金成立（现为南方中债10年期国债指数基金），这也是首只采用LOF模式的债券基金。

6月9日

《证券投资基金销售管理办法》（修订）发布，销售机构准入条件放宽。

7月8日

境内首家陆台合资基金公司方正富邦基金成立，开启两岸基金领域合作新篇章。

7月28日

公募基金业元老肖风卸任博时基金总经理职务。

8月10日

国内首只采用生命周期策略的债券型基金工银添颐债券基金成立。

8月25日

证监会发布《基金管理公司特定客户资产管理业务试点办法》，中小基金公司专户资格审核开闸。

9月29日

证监会发布《证券投资基金销售结算资金管理暂行规定》。

11月1日

证监会发布《基金销售结算资金监督机构数据报送接口规范（试行）》，规范基金销售结算资金监督对账系统。

11月25日

沪深交易所发布《融资融券交易实施细则》，融资融券标的增至285只；7只ETF入选，ETF首次被纳入。

12月22日

RQFII起航：华夏、嘉实、易方达、博时、南方、华安、汇添富、大成、海富通9家基金公司香港子公司获得RQFII业务资格。

12月30日

国内首批RQFII产品获批。

2012年行业大事记

1月10日

证监会基金部下发《分级基金产品审核指引》，对分级基金的产品设计、初始杠杆等做出规定。

2月17日

南方基金和国投瑞银基金获得中金所股指期货交易编码，成为业内首批获得公募基金期指交易编码的基金公司。

3月22日

证监会下发《关于进一步优化基金分类审核工作有关问题的通知》，基金产品审批愈发市场化。

首批第三方基金销售机构亮相：众禄投顾、好买财富、诺亚正行、东方财富4家公司首批获准第三方基金销售业务资格。

3月30日

证监会发布《证券投资基金信息披露XBRL模板第2号》。

5月4日

国内首只跨市场ETF华泰柏瑞沪深300ETF成立，联接沪市、深市、股指期货三大市场的T+0“直通车”开启。

5月9日

国内首批短期理财基金汇添富30天理财和华安月月鑫成立，首募规模超过500亿元，这是继2002年银监会叫停30天以内的银行短期理财产品之后，公募基金率先杀入短期理财市场。

5月10日

华夏基金创始人范勇宏辞去华夏基金总经理职务。至此，“老十家”基金公司首任总经理全部离任。

6月4日

国投瑞银基金商品专户在上海期货交易所开户，基金专户投资商品期货进入实质性运作阶段。

6月6日

中国证券投资基金业协会成立。

6月12日

国内公募基金总数量突破1000只。

6月15日

证监会发布《关于基金从业人员投资证券投资基金有关事项的规定》。

6月20日

证监会修改并发布《证券投资基金运作管理办法》，同时就《证券投资基金管理公司管理办法》及其配套规则修订草案征求意见，全面放松基金业管制。

6月24日

证监会发布《关于增设发起式基金审核通道有关问题的通知》。

7月12日

《证券投资基金法》(修订草案)全文公布，公开征求意见。

7月17日

首只人民币合格境外机构投资者（RQFII）A股ETF华夏沪深300指数ETF在港交所挂牌上市。

7月23日

原保监会发布《保险资金委托投资管理暂行办法》，允许保险资金委托基金公司等进行投资管理（9月26日，博时、嘉实、大成、华安、诺安、华泰柏瑞和海富通7家基金公司首批获准管理保险资金）。

8月8日

易方达和博时两家基金公司首批获得深交所黄金ETF开发资格。

8月9日

境内首批跨境ETF亮相：华夏恒生ETF和易方达恒生中国企业ETF宣告成立（10月22日分别在深、沪交易所上市）。

8月11日

国内首只发起式基金天弘债券型发起式基金成立。

9月26日

证监会发布修订后的《基金管理公司特定客户资产管理业务试点办法》及其配套规则，允许开展专项资产管理业务，进一步放松管制。

10月10日

南方、国泰和汇添富3家基金公司“货币基金网上直销T+0赎回”业务首批获准，首次实现货币市场基金赎回实时到账，基金市场创新向支付时代迈出突破性一步。

10月17日

证监会基金部下发《关于范短期理财基金产品赎回业务工作的通知》，对于投资人赎回失败情况进行系统规范。

11月1日

公募基金资产管理业务开放：《证券投资基金管理公司子公司管理暂行规定》正式实施，允许基金公司设立专业子公司开展专项资产管理业务。

11月16日

工银瑞信、嘉实和平安大华（现为平安基金）3家基金公司首批获准设立专户子公司（截至2018年末共有79家基金专户子公司）。

11月28日

国内首只养老主题基金天弘安康养老混合基金（现为天弘安康颐养混合基金）成立。

12月13日

证监会发布《关于深化基金审核制度改革有关问题的通知》及其配套措施，全面改革基金产品审核制度，取消通道制。

12月21日

国内首只场内T+0货币市场基金汇添富收益快线货币基金成立（2013年1月7日在上交所挂牌上市，首次实现货币市场基金场内实时申赎功能）。

12月25日

商业银行设立基金管理公司的试点范围扩大，城商银行首次进入。

12月27日

《证券投资基金法》（修订）通过，并自2013年6月1日起施行。新基金法拓展了基金业改革创新的空间，并首次将私募基金纳入法律的调整范围。

嘉实基金全资子公司嘉实财富获批独立基金销售牌照，成为国内首家基金销售子公司（截至2018年末共有6家基金销售子公司）。

2013年行业大事记

1月1日

基金产品审核由审批制改为备案制。

1月16日

新三板正式开板。

1月25日

证监会发布《黄金交易型开放式证券投资基金暂行规定》。

1月28日

国内首只上市交易型货币市场基金华宝兴业现金添益交易型货币基金（现为华宝现金添易型货币基金）在上交所挂牌上市。

2月8日

《上海证券交易所债券ETF业务指南》发布实施，债券ETF实行T+0交易破冰。

2月18日

《资产管理机构开展公募证券投资基金管理业务暂行规定》发布，证券公司、保险公司、私募基金获准开展公募基金管理业务，中国基金业步入新的历史时代。

2月27日

公募基金海外业务拓展加速：南方基金香港子公司南方东英RQFII富时A50ETF和华夏基金香港子公司RQFII华夏沪深300ETF在东京证券交易所挂牌上市交易，成为首批在日本推出的RQFII-ETF。

3月5日

国内首只国债ETF产品国泰上证5年期国债ETF成立（于3月16日在上交所上市）。

3月15日

证监会发布《非银行金融机构开展证券投资基金托管业务暂行规定》，对非银行金融机构申请基金托管资格进行规范。

3月16日
证监会发布修订后的《证券投资基金销售管理办法》及配套规则。

3月18日
深圳市投资基金同业公会成立。

3月27日
银行系基金公司扩容：北京银行发起设立的中加基金成立，第三批银行系基金公司亮相（随后，兴业银行、上海银行、南京银行和宁波银行相继成立兴业基金、上银基金、鑫元基金和永赢基金，至2018年末国内银行系基金公司共有15家）。

3月28日
国内首批行业ETF亮相：华夏基金同时发行成立5只行业ETF，覆盖金融地产、消费、能源、医药和原材料五大行业。

4月1日
境内外国人及港澳台居民可开立基金账户。
国内首只采取按年度结转收益的银华交易型货币市场基金成立。

4月2日
证监会和原银监会联合发布《基金托管业务管理办法》，推进基金托管业务开放。

4月25日
国内首只跨时区跨国场内交易基金国泰纳斯达克100(QDII-ETF)成立，标志QDII进入实时交易时代。

6月1日
修订后的《证券投资基金法》正式实施，公募基金迎来改革发展关键之年。

6月7日
证监会发布修订后的《开放式证券投资基金销售费用管理规定》，明确开放式基金销售费用的改革思路和具体措施。

6月13日
国内首只互联网基金天弘增利宝（现为“余额宝”）推出，余额宝的出现给中国金融业带来重大变革，同时也让天弘基金实现逆袭，资产规模一度连续3年保持行业首位，并于2017年一季度首破万亿元。

6月21日
证监会、原保监会联合发布《保险机构投资设立基金管理公司试点办法》，扩宽基金公司股东范围。

7月18日
国内首批黄金ETF亮相，华安黄金ETF和国泰黄金ETF宣布成立（7月29日，同时在上交所上市；黄金作为证券交易品种首次被引入上交所）。

7月30日

招商基金首推投资工作室计划，成为业内首家启动事业部改革的基金公司。此后，国泰基金、前海开源基金、中欧基金相继进行事业部制度改革尝试。

8月26日

券商系公募基金开闸：东方证券全资子公司东证资管获批公募基金业务资格，成为首家获准发行公募基金的资产管理机构（至2018年底共有13家券商或券商子公司获得公募基金牌照）。

9月26日

天弘余额宝系统登录阿里云，成为国内首个基于云计算开发的核心应用系统，天弘基金成为首家核心系统在云上的基金公司。

9月27日

证监会发布《公开募集证券投资基金风险准备金监督管理暂行办法》，完善基金行业风险准备金制度。

10月21日

首只同时投资内地和香港股市的跨境跨市场ETF易方达中华交易服务中国120指数ETF在港交所挂牌上市。

10月31日

淘宝网获批成为互联网首家基金电子商务平台。次日，首批17家基金淘宝店上线，开启基金互联网直销模式。此后2年间，38家基金公司开设淘宝基金店，累计交易用户数近180万（2016年5月，淘宝基金店集体下线转至蚂蚁聚宝）。

11月6日

中国人寿资产管理公司发起的首家保险系基金公司国寿安保基金在北京挂牌成立，保险系公募基金开闸。

11月6日

嘉实香港子公司嘉实国际推出db X-trackers嘉实沪深300中国A股基金，成为美国市场上首只直接投资于中国A股的实物ETF，这也是首只在美国上市的RQFII。

11月30日

IPO新规下首只“打新”基金亮相：国泰基金与第三方销售机构合作推出“打新”定制基金国泰淘新灵活配置基金（此后两年，“打新基金”成为市场热销的低风险产品）。

12月11日

上海汇添富医健股权投资管理公司成立，公募基金公司涉水一级市场。

12月17日

海通证券获批基金托管资格，成为业内首家获得公募基金托管牌照的券商（至2018年末券商托管机构扩容至16家）。

12月27日

中国政府网公布国务院《关于管理公开募集基金的基金管理公司有关问题的批复》，明确自然人可以成为基金公司的主要股东发起设立公募基金。

12月31日

基金业协会发布《基金从业人员证券投资管理指引（试行）》，规范基金从业人员的证券投资行为。

2014年行业大事记

1月9日

欧洲首只RQFII-ETF南方东英-SOURCE富时中国A50 ETF在伦交所挂牌上市。

2月19日

首只中国国债RQFII-ETF南方东英中国5年期国债ETF在港交所挂牌上市，填补了ETF投资在岸人民币国债债券产品空白。

3月14日

基金业协会发布实施《证券投资基金国债期货投资会计核算业务细则（试行）》。

4月10日

中国证监会与香港证监会就开展沪港通试点发布联合公告，沪港通总额度为5500亿元人民币。

4月25日

基金公司股权激励破冰：中欧基金股权激励获批实施，5位核心团队成员通过个人出资形式获得原有股东转让部分股权，成为自新基金法颁布后，首家实施股权激励的基金公司（6月26日，天弘基金通过有限合伙企业形式实现超200名员工的股权激励，成为业内员工持股最多的基金公司；8月20日，永赢基金增资至2亿元，其中4500万元新增资本均由公司员工以现金形式出资）。

4月26日

证监会发布《关于进一步加强基金管理公司及其子公司从事特定客户资产管理业务风险管理的通知》(26号文)，要求通道业务以合同形式明确风险承担主体和通道功能主体。

6月12日

证监会发布《关于大力推进证券投资基金行业创新发展的意见》，明确推进基金行业创新发展的主要任务和具体举措。

7月11日

公募基金注册制落地：证监会发布修订后的《公开募集证券投资基金运作管理办法》及其实施规定，公募基金产品审查由核准制改为注册制，审核期限缩至20天。

7月14日

首只专注欧洲市场的基金华安德国30(DAX)ETF及联接基金获批发行。

9月16日

首只清盘基金亮相：汇添富理财28天债券基金召开持有人大会，拉开主动退市序幕（至2018年底基金市场共有546只基金清盘，基金清盘常态化）。

9月29日

国内首只参与国企混合所有制改革的公募基金嘉实元和封闭式混合型发起式基金成立，公募基金首次获准投资非上市公司股权。

10月15日

《深圳证券交易所证券投资基金交易和申购赎回实施细则》发布，对现行基金交易、认购、申购和赎回业务规则进行系统梳理和整合。

10月20日

国内首只基于互联网大数据应用的广发中证百度百发策略100指数基金亮相，该基金由广发基金、百度和中证指数联合推出。

11月17日

沪港通正式启动：上交所和香港联交所同时举行沪港通开通仪式，沪港两地证券市场成功实现联通。

11月19日

证监会发布《证券公司及基金管理公司子公司资产证券化业务管理规定》及配套文件，资产证券化业务范围扩展至基金子公司。

11月24日

基金业协会发布《基金业务外包服务指引》，首次引入第三方监督保证客户资金安全，并对外包机构实行备案制管理。

12月9日

国内首批3只沪港通基金同时发行，包括南方恒指ETF、华夏沪港通恒生ETF及其联接基金。

12月15日

基金业协会首次制定并发布《基金从业人员执业行为自律准则》，加强基金从业人员行业自律，警示“老鼠仓”道德风险。

12月16日

国内首单资产支持专项计划落户华夏资本。

2015年行业大事记

1月9日

上交所与深交所分别公告，自1月19日起上市的跨境ETF和跨境LOF可在二级市场T+0交易，实现二级市场日内回转。

2月5日

国内首只公募定增基金国投瑞银瑞利混合型基金成立，打破定增高门槛，让普通投资人可以分享股市的定增盛宴。

2月12日

全球首只人民币、港币“双柜台”交易基金嘉实MSCI中国A股指数ETF成立。

2月13日

国内首家由专业人士发起的基金公司泓德基金获批成立。

3月27日

证监会发布《公开募集证券投资基金参与沪港通交易指引》，允许公募基金通过港股通参与港股投资，并明确管理人募集新基金投资，无需具备QDII资格。

3月30日

上交所LOF平台正式上线，易方达上证50分级和西部利得中证500等权分级基金成为首批上线产品。

4月13日

QDII分级基金母基金银华H股母基金份额在深交所上市交易，上市后实行T+0回转交易，成为A股首只上市的分级母基金份额。

4月17日

基金业协会与证券业协会联合发布《基金参与融资融券及转融通证券出借业务指引》，支持公募基金参与融资融券、转融通业务。

5月22日

基金互认开启：中国证监会与香港证监会签署《关于内地与香港基金互认安排的监管合作备忘录》，于7月1日起实施。

6月8日

国内首只公募房地产投资信托基金破冰：鹏华前海万科REITs封闭式混合型发起式基金获批注册（6月26日在深交所挂牌上市交易，成为国内首只真正意义上的公募REITs产品）。

7月9日

国家资金入场：6月15日至7月8日，17个交易日上证综指大幅下跌32%。为稳定市场，证金公司提供资金申购专用公募基金华夏新经济灵活配置基金、嘉实新机遇基金、南方消费活力灵活配置、招商丰庆灵活配置和易方达瑞惠灵活配置，合计规模2000亿元，直接投资A股。

8月8日

受“股票型基金最低持股仓位提升至80%”新规定影响，大批股票型基金集体更名为混合型基金。

8月18日

蚂蚁金服推出移动投资理财应用蚂蚁聚宝。

8月21日

证监会暂缓审批分级基金产品的注册工作。

9月30日

基金公司专户和子公司业务规模合计首破10万亿元大关。

11月5日

全球首只大数据情绪指数余额宝入市意愿情绪指数发布。

11月7日

外管局发布实施《内地与香港证券投资基金跨境发行销售资金管理操作指引》，规范内地与香港两地基金互认业务。

11月16日

中国人民银行、国家外汇管理局联合发布《内地与香港证券投资基金跨境发行销售资金管理操作指引》，支持两地基金互动工作。

11月24日

中邮基金成为首家在新三板挂牌上市的公募基金公司。

11月26日

国内首例超短融违约事件曝光：山东山水水泥集团20亿元超短期融资债券“15山水SCP001”到期未能偿本付息，5只公募基金“踩雷”，涉及资金4.51亿元。

12月4日

华安黄金ETF纳入ETF融资融券标的，成为国内首只纳入融资融券标的黄金ETF。

12月5日

内地与香港基金互认服务平台上线（2016年1月8日正式启动）。

12月12日

最高人民法院对原基金经理马某“老鼠仓”案由缓刑改判3年有期徒刑，处罚金1913万元，追缴违法所得1912万余元。至此，备受关注的最大“老鼠”仓案尘埃落定。

12月18日

证监会与人民银行联合发布《货币市场基金监督管理办法》，自2016年2月1日起施行。

首批3只香港互认基金和首批4只内地互认基金分别获批。

新基金发行创历史新高：2015年全年新发行成立基金824只，首募规模1.65万亿元，其中18只基金首募规模超100亿元；保本基金大扩容，全年新成立37只，超过历年保本基金发行总和。

2016年行业大事记

1月4日

2016年首个交易日，也是熔断机制实施首个交易日，A股暴跌两次触发熔断机制，历史性首次提前收盘，权益类基金净值普遍大幅下跌。

1月11日

易方达保本一号一日售罄，单日认购规模46亿元，创近3年来保本基金发行规模新高。保本基金过热带来的潜在风险引起监管部门关注，随后证监会停止对保本基金申报。

2月4日

国家外汇管理局发布《合格境外机构投资者境内证券投资外汇管理规定》，对QFII外汇管理制度进行改革。

3月10日

国务院发布《全国社会保障基金条例》（3月3日，人民银行、民政部、原银监会、证监会、原保监会五部委发布《关于金融支持养老服务业加快发展的指导意见》；9月28日，人力资源和社会保障部发布《职业年金基金管理暂行办法》。系列文件发布，意味着自2016年起个人养老体系开始建立，并明确基金行业在其中的作用）。

3月23日

财政部、国税总局发布《关于全面推开营业税改征增值税试点的通知》（财税〔2016〕36号），要求金融业纳入“营改增”试点，税率6%，2016年5月1日起执行。12月21日，财政部和国税总局联合发布《关于明确金融、房地产开发、教育辅助服务等增值税政策的通知》（财税〔2016〕140号），要求资管产品需要就运营过程中发生的应税行为缴纳增值税，纳税人为管理人，并自2016年5月1日起追溯缴纳。该规定引发业内高度关注。

4月19日

国内首家全自然人发起的基金公司汇安基金获批成立。

6月28日

私募系公募基金亮相：首家“私转公”基金公司鹏扬基金获批成立。

7月1日

国内首家外资控股的基金公司恒生前海基金在深圳前海成立，注册资金2亿元，恒生银行持股70%。

7月15日

证监会优化基金公司设立审批程序：由现行的申请人先组建公司、证监会实施现场检查后再批准设立，改为证监会先批准设立、申请人组建公司并通过证监会现场检查后再开业。

7月28日

业内首个以上海国企改革为主题的ETF汇添富中证上海国企ETF成立，助力国企改革和转型。

7月29日

保险系公募添新兵：太平资产受让中原英石基金（现为太平基金）66%股权获批，太平资产母公司中国太平保险集团成为中原英石基金实控人。保险机构首次通过并购方式绝对控股一家公募基金。

8月12日

证监会就修订《关于保本基金的指导意见》公开征求意见。旨在适度控制保本基金规模，降低行业风险，并将按照新老划断原则进行过渡安排。

9月5日

人民银行和外管局联合发布《关于人民币合格境外机构投资者（RQFII）境内证券投资管理有关问题的通知》，对RQFII境内证券投资额度、资金账户、资金收付等实施监督、管理和检查。（9月底，证监会取消QFII和RQFII股票投资比例不低于50%的限制）。

9月23日

公募FOF大幕拉开：证监会发布施行《公开募集证券投资基金运作指引第2号-基金中基金指引》，对基金中基金的定义、投资范围、收费模式、信息披露要求等内容作出详细规定。

9月28日

继港交所发布深港通细则后，证监会发布《内地与香港股票市场交易互联互通机制若干规定》（9月30日，深交所发布进一步完善与深港通相关的八大业务规则）。

10月8日

国内首家由房地产公司独资设立的基金公司格林基金获批，基金公司股东日趋多元化。

10月18日

国内首家由期货公司全资控股的基金公司南华基金获批，期货公司正式进军公募基金业。

10月21日

基金业协会发布《关于基金中基金(FOF)的基金经理注册登记有关事项的通知》，一周后首批FOF基金经理资格考试举行。

10月28日

基金重仓股格力电器召开股东大会，表决“格力并购银隆15项议案”，被公募基金等投资机构者否决终止。同年，在万科控制权之争中，公募基金也投出反对票。作为机构投资者代表，公募基金积极参与上市公司治理，保护基金持有人利益。

11月3日

证监会发布《养老目标证券投资基金指引(试行)》(征求意见稿)，支持公募基金行业服务个人投资者养老投资。

11月25日

证监会批复沪深交易所发布《分级基金业务管理指引》，将投资者适当性门槛定为30万元证券类资产门槛，开启分级基金规范化投资。

11月29日

证监会开始接受公募FOF产品申请（12月6日，首批递交材料的22只FOF全部获受理）。

12月2日

证监会发布《基金管理公司子公司管理规定》《基金管理公司特定客户资产管理子公司风险控制指标管理暂行规定》，对基金子公司在净资本、股东资格、业务规范性等方面提出多项要求，子公司的通道业务退出历史舞台，开启“净资本约束”时代。

12月6日

博时、大成、富国、工银瑞信、广发、海富通、华夏、汇添富、嘉实、南方、鹏华、易方达、银华、招商14家基金公司首批获得基本养老保险基金投资管理人资格。

12月12日

证监会发布《证券期货投资者适当性管理办法》及《关于实施〈证券期货投资者适当性管理办法〉的规定》(自2017年7月1日起施行)。

12月19日

易方达原油证券投资基金成立，易方达基金成为业内首家同时布局了黄金和原油两大商品基金的公司。

基金规模与基金发行均创新高：2016年全年新发行设立基金1152只，首次突破1000只；年末基金资产规模首次突破9万亿元大关。

2017年行业大事记

1月10日

财政部、国税总局出台《关于资管产品增值税政策有关问题的补充通知》（6月30日财政部下发《关于资管产品增值税有关问题的通知》（财税〔2017〕56号），规定资管产品管理人运营资管产品过程中发生的增值税应税行为，暂适用简易计税方法，按照3%征收税率缴纳增值税。自2018年1月1日起施行）。

1月24日

保本基金迎来严监管：证监会发布《关于避险策略基金的指导意见》，保本基金名称调整为避险策略基金，取消连带责任担保机制，按“新老划断”原则进行过渡安排，保本基金进入转型和清盘期，退出舞台已成必然。

1月25日

国内首只供给侧基金易方达供给侧改革混合基金成立。

2月6日

各地证监局发文叫停基金销售直销代办业务，主要面向机构客户、严重依赖“直销代办”的第三方销售机构面临转型。

3月15日

国务院总理李克强表示将在香港和内地试行“债券通”（5月16日，央行和香港金管局发表联合公告，同意开展“债券通”，初期先开通“北向通”；6月21日，《债券通管理办法》发布实施；7月3日，“北向通”上线试运行）。

3月17日

证监会下发《机构监管情况通报》，对委外定制基金作出明确规定，加强定制基金监管（随后一周，委外定制基金新规细则相继出台）。

3月31日

天弘基金旗下余额宝托管资金规模达到1.14万亿元（约1656亿美元），成为全球最大的货币市场基金。

4月29日

嘉合睿金定期开放灵活配置混合型基金发布公告，基金合同暂不生效，成为国内首只募集失败的公募基金。

5月1日

《分级基金业务管理指引》实施。受新规影响，分级基金规模再次大幅萎缩，产品数量减少（截至2017年底，147只分级基金总规模1392亿元，较上年同期减少39%）。

5月11日

国内首家基金业法庭在北京基金小镇成立。

5月23日

对超期未募集基金产品，证监会发文允许基金公司自行选择是否延期。

6月2日

沪、深交易所分别修订发布《证券投资基金上市规则(2017年征求意见稿)》，引入上市委员会审议机制，完善基金上市和终止上市审核程序。

6月6日

证监会发布《证券公司和证券投资基金管理公司合规管理办法》，切实提升公司合规管理有效性。

6月14日

证监会发布《通过港股通机制参与香港股票市场交易的公募基金注册审核指引》，对投资港股的基金名字和投研提出明确要求。

7月1日

《证券期货投资者适当性管理办法》《基金募集机构投资者适当性管理实施指引（试行）》正式实施。

7月3日

人民银行发布2017年第7号公告，放开境外评级机构进入银行间债券市场开展业务，同时规范境内外评级机构的业务准入。

7月4日

香港RQFII额度扩大至5000亿元人民币（从2011年试点时200亿元，7年时间，香港RQFII额度增长25倍）。

7月7日

证监会调整基金销售机构审批程序，由过去的先行筹备、证监会实施现场检查后再批准，改为证监会先批准、申请人筹备并通过证监会现场检查后再开展业务。

7月26日

传统封闭式基金退出历史舞台：国内最后一只传统封闭式基金基金银丰结束15年的封闭期交易，终止上市，更名为银河研究精选开放式混合型基金。

9月1日

证监会发布《公开募集开放式证券投资基金流动性风险管理规定》，其中对货币市场基金独立成章进行特别规定，提高流动性，降低收益率。

9月6日

基金业协会养老金专业委员会成立。

9月7日

证监会发布《关于做好基金产品募集、合同修改等有关事项的通知》，对公募基金满足流动性新规要求作出“新老划断”安排。

9月8日

首批6只公募FOF获批，分别来自南方、华夏、嘉实、建信、泰达宏利和海富通6家基金公司。

10月30日

首批FOF全部完成募集，累计募集资金166.36亿元，个人投资者成为认购主力。

11月8日

东方红睿玺3年定期开放式基金首发当日获得有效认购申请资金178亿元，最终配售比例11.22%，成为当年爆款基金。

11月10日

财政部对外宣布，基金公司控股权外资持股比例放宽至51%，三年之后投资比例不受限制。这也是16年之后，基金行业再次向外资放宽持股比例上限。基金业对外开放又迈进一步。

11月17日

人民银行发布《关于规范金融机构资产管理业务的指导意见（征求意见稿）》，资产管理行业顶层设计统一标准出台。备受关注的分级基金发行被叫停，存量分级基金到期退出。

12月4日

货币市场基金迎来严监管：上交所下发《关于加强场内货币市场基金持有人集中度管理函》，加强在上交所上市交易、申购、赎回的货币市场基金的流动性风险管理（12月8日，基金业协会召开基金评价座谈会，要求基金评价机构淡化货币市场基金规模。12月21日，监管会议提出10余条监管要求，要求基金管理机构不得宣传扩大货币市场基金规模）。

12月11日

兴全基金和华夏基金应联合国环境署邀请，参加亚太区金融行动机构圆桌会议，分享中国社会责任投资实践的成果和思考。

12月22日

证监会下发《机构监管情况通报》，对基金分红中存在的不当现象通报批评，并处罚4家基金公司分红信息管控不当行为，并责令整改。

12月29日

人民银行、原银监会、证监会、原保监会联合印发《关于规范债券市场参与者债券交易业务的通知》。

基金规模创新高：至2017年底公募基金总资产规模11.6万亿元，首次突破11万亿元。

基金业协会公布基金行业规模排名首次未将货币市场基金纳入统计，易方达基金、嘉实基金、华夏基金和博时基金排名前四，其非货币基金资产规模均高于2000亿元。

2018年行业大事记

1月1日
资管行业“营改增”落地实施，公募基金买卖股票和债券的价差收入享受免增值税优惠政策。

1月23日
证监会机构监管部下发2018年第1期《机构监管情况通报》，重点关注近期权益类基金热销现象,并对基金热销中出现的“追热点”“捧明星”“过度营销”等非理性因素及潜在风险进行提示。

1月25日
普惠金融定向降准全面实施。

1月30日
原保监会修订发布新版《保险资金运用管理办法》，对资金的运用范围和运用模式作出具体规定。其中，基金管理人门槛降低备受业内关注。

1月31日
人民银行完善货币供应量中货币市场基金部分的统计方法，用非存款机构部门持有的货币市场基金取代货币市场基金存款(含存单)。这是自1994年以来，人民银行第4次调整M2统计口径，也是人民银行首次纳入银行存款以外的项目。

2月1日
《企业年金办法》实施，企业年金适用范围扩大。

3月2日
证监会发布《养老目标证券投资基金指引（试行）》，为养老目标基金发行扫清政策障碍。

3月12日
基金业协会下发《关于养老目标证券投资基金的基金经理注册登记有关事项的通知》。

3月13日
《国务院机构改革方案》公布，银监会和保监会合并组建银保监会，不再保留银监会和保监会。加之2017年11月8日成立的国务院金融稳定发展委员会、原有的人民银行和证监会，中国金融监管体系形成“一委一行两会”新格局。

国内首只MSCI中国A股国际通指数基金招商MSCI中国A股国际通指数基金率先发行。

3月28日
人民银行牵头制定的《关于规范金融机构资产管理业务的指导意见》《关于加强非金融企业投资金融机构监管的指导意见》经中央全面深化改革委员会第一次会议审议通过。

3月29日

“2018第13届中国证券投资基金业年会暨资产管理高层论坛”在京举办。围绕公募基金行业20周年，年会探讨了公募基金20年变迁与发展、资产管理机构竞争力、服务实体经济等议题；年会现场展示了公募基金20年具有代表性的珍贵照片。

4月12日

财政部、税务总局、人社部、银保监会、证监会联合发布《关于开展个人税收递延型商业养老保险试点的通知》，养老金第三支柱建设正式起航，公募基金深度参与其中。

4月27日

资管新规出台：人民银行、银保监会、证监会、国家外汇管理局四部门联合发布《关于规范金融机构资产管理业务的指导意见》，规范金融机构资产管理业务，统一同类资产管理产品监管标准，资管行业步入统一监管新时代。

4月30日

监管层下发浮动净值型货币市场基金内部审核相关文件，提出试点相关要求。

5月4日

“余额宝”平台开放，引入中欧滚钱宝、博时现金收益货币A2只货币市场基金，开启平台化运作2.0时代。

6月1日

证监会和人民银行联合发布《关于进一步规范货币市场基金互联网销售、赎回相关服务的指导意见》，对货币基金快赎业务的垫资主体及快赎额度做出规定，要求12月1日前完成存量货币基金快赎业务的整改。

6月6日

首批战略配售基金亮相：华夏、南方、嘉实、汇添富、招商、易方达6家基金公司旗下战略配售基金全部获批，仅1周时间，创下新基金审批最快速度（7月5日首批战略配售基金募集设立，募集资金合计1049亿元）。

6月14日

首批央企结构调整ETF亮相：华夏、博时、银华3家基金公司申报的央企结构调整ETF及联接基金同时获得批文。

6月15日

工银瑞信基金和平安大华基金（现为平安基金）申报的开元浮动净值型货币市场基金和慧安浮动净值型货币市场基金获批受理，成为首批改名后的市值法货币市场基金。

6月29日
证监会发布实施《证券基金经营机构使用香港机构证券投资咨询服务暂行规定》。

7月4日
国内首家由西藏本地企业参与发起设立，并注册在拉萨的基金公司惠升基金获批，基金管理公司扩容至124家。

7月10日
监管层下发《关于规范理财债券基金业务的通知》，对短期理财债基的产品投资期限、投资比例、净值化转型提出要求，在未完成整改前，存量产品规模只减不增。

7月12日
新一届国务院金融稳定发展委员会成立并召开会议。

7月20日
资管新规细则密集相继发布：人民银行发布《关于进一步明确规范金融机构资产管理业务指导意见有关事项的通知》；银保监会发布针对商业银行理财业务的管理办法；证监会发布针对私募资产管理业务的管理办法，统一标准。

8月3日
证监会发布《公开募集证券投资基金信息披露管理办法》（征求意见稿）及相关配套规则的修订说明。本次修订是证监会结合市场发展状况和监管转型变化基础上对已实施14年的《披露办法》首次修改。

8月6日
首批养老目标基金亮相：富国、华夏、银华、南方、博时、广发、嘉实、万家、中银、中欧、易方达、鹏华、工银瑞信、泰达宏利等14家基金公司申报的养老目标基金获批，公募基金迎来养老投资新时代。

8月13日
百度旗下“百度百盈”获批基金销售牌照，至此，BATJ四巨头全部拿到第三方基金销售牌照。

9月4日
人民银行、证监会联合发布〔2018〕第14号公告，加强对信用评级行业统一监管，推进债券互联互通。

9月15日
朱雀基金和同泰基金获批成立（12月7日博远基金获批成立，至2018年末个人系公募基金公司扩容至15家）。

9月26日
财政部、税务总局联合发布通知：对社保基金会、社保基金投资管理人管理的社保基金转让非上市公司股权，免征印花税。

9月27日
沪股通、深股通看穿监管机制实施。

9月28日

《商业银行理财业务监督管理办法》落地，允许公募理财产品通过投资各类公募基金间接进入股市。

证监会发布《证券公司和证券投资基金管理公司境外设立、收购、参股经营机构管理办法》，规范推动证券基金经营机构走出去。

10月11日

基金业协会下发《关于证券基金经营机构公示债券投资交易相关人员的通知》《关于加强证券基金经营机构债券投资交易监测的通知》，加强对债券交易人员的管理，规范公募和资管业务参与债券交易。

10月12日

国内首只地方债ETF海富通上证10年期地方政府债ETF成立，11月22日在上交所上市交易。

10月22日

基金业协会在北京举办“中国基金业20周年论坛”“国际投资基金业协会(IIFA)2018年年会”。论坛发布并播放中国基金业20年发展宣传片《成长・责任》，同时揭晓中国基金业20周年十大重要事件评选结果。

10月25日

渣打银行成为境内首家外资银行基金托管人。

10月26日

华夏新经济、嘉实新机遇、易方达瑞惠、南方消费活力、招商丰庆A等5只国家队基金同时发布公告，清盘工作启动。

10月31日

中央国家机关事业单位职业年金投资管理人名单公布，南方、易方达、工银瑞信、招商、华夏、博时、海富通、银华、富国等9家基金公司入选。

11月5日

国家主席习近平在首届中国国际进口博览会开幕式上宣布，将在上交所设立科创板并试点注册制。随后，证监会、财政部、上交所相继表态，宣布科创板进入全面推动阶段，资本市场迎来重大改革。

11月12日

广发中债1-3年国开行债券指数基金提前结束募集，发行首日募集资金超过200亿元，创当年固定收益类基金发行首募新高。

11月23日

深交所发布《深圳证券交易所证券投资基金流动性服务业务指引》。

11月27日

人民银行、银保监会、证监会联合印发《关于完善系统重要性金融机构监管的指导意见》，引导大型金融机构稳健经营，防范系统性金融风险。

11月28日
证监会发布《证券公司大集合资产管理业务适用<关于规范金融机构资产管理业务的指导意见>操作指引》，明确400余只大集合产品须对标公募基金进行规范管理。

11月30日
证监会优化公募基金管理人资格、基金托管人资格、合格境内机构投资者资格和保荐机构注册等4项行政许可审批程序。

12月2日
银保监会发布《商业银行理财子公司管理办法》，银行理财市场正式进入独立子公司运作时代，至此，大资管行业的主要监管文件基本发布完毕。

12月6日
鹏华养老目标日期2035三年持有期混合型基金中基金（FOF）提前结束募集，有效认购户数11.19万户，成为首批养老目标基金中认购户数最多的产品。

12月10日
新疆职业年金投资管理人名单揭晓，南方、华夏等7家基金公司被选为国家级、省级职业年金投资管理人。

12月14日
上交所发布《上海证券交易所基金流动性服务业务指引（2018年修订）》，进一步完善ETF做市商制度。

12月17日
财政部、国税总局、证监会联合发文，明确内地与香港基金互认有关个人所得税政策。

12月20日
基金业协会召开基金评价业务座谈会，要求基金评价机构弱化对基金公司管理规模的关注，不再公布包含短期理财债券基金规模的排名数据。

12月21日
证监会发布《证券基金经营机构信息技术管理办法》，自2019年6月1日起实施。

12月25日
首家落户雄安的基金公司华融基金获批。

2018年公募基金成立20周年，行业机构举办系列活动纪念宣传公募基金20年发展。这一年，资管新规发布实施、养老金目标基金推出、职业年金落地、战略配售基金亮相、权益类ETF爆发、基金清盘常态化。在大资管行业新生态与竞争新格局下，公募基金业开启下一个20年新征程。

第七部分 附 录

Part VII Appendices

附录一 基金行业20年发展历程

附录二 基金行业法律法规汇总

附录三 基金行业经营机构名录

附录一　基金行业20年发展历程

1997 年

制度先行

国务院证券委颁布《证券投资基金管理暂行办法》，成为规范基金运作的首部行政法规

证监会基金监管部筹建

1998 年

扬帆启航

首批 6 家基金公司、5 家托管银行、5 只封闭式基金宣告成立，传统封闭式基金问世

1999 年

“老十家”诞生

作为公募基金起点，“老十家”基金公司见证并参与了行业 20 年成长发展，为中国资产管理行业培养了大批人才

2001 年

开放式基金亮相

首只开放式基金华安创新成立，公募基金迎来开放式基金时代

2002 年

多元化发展开启

首只开放式指数基金华安上证 180 指数增强型基金成立

首只债券基金南方宝元成立

6 家基金公司被确定为首批全国社保基金投资管理人

首家中外合资管理公司招商基金成立，成为中国基金业迈向国际化进程的重要里程碑

2003 年

货币市场基金亮相

首只货币市场基金华安现金富利成立

“五朵金花”绽放

公募基金率先发掘以石化、钢铁、汽车、电力和银行为代表的蓝筹股走出大幅上涨行情，公募基金“价值投资”理念首次登场

2004 年

《证券投资基金法》实施

公募基金业进入了一个以法治业的新时代

ETF 亮相

首只交易型开放式指数基金华夏上证 50ETF 成立

2005 年

企业年金管理人亮相

《企业年金基金管理机构资格认定暂行办法》实施，9 家基金公司获得首批企业年金基金管理人资格

银行系基金公司启程

首批 3 家银行系基金公司“工银瑞信基金、交银施罗德基金、建信基金”获批开业

2006 年

百亿基金亮相

2006年牛市行情带来公募基金发行盛况，百亿爆款基金登场

首只试点 QDII 基金——华安国际配置基金出海

封闭式基金首次实施封转开

2007 年

公募基金大发展

2007 年巅峰牛市，基金资产规模暴增，创下 3.27 万亿元首个行业巅峰；基金产品真正走进千家万户百姓家庭，奠定了公募基金在中国资产管理行业的地位

首批 QDII 基金上投摩根亚太优势发行首日认购资金达到 1162.61 亿元，创下基金史上单日认购规模新纪录

2008 年

基金信息披露启动 XBRL 应用全面展开

证监会对基金“老鼠仓”开出处罚首单

基金专户业务开启

2009 年

基金专户开启一对多时代，首批 36 只产品获批

证监会基金信息披露网站正式上线

证券投资基金法修订工作启动

指数基金大发展，指数基金品种日渐丰富

2010 年

多通道审批制度开闸

首批 10 家基金评价机构亮相

QDII 基金扩容

2011 年

新《证券投资基金销售管理办法》发布，

第三方销售牌照放开

2012 年

中国证券投资基金业协会在京成立

《证券投资基金管理公司子公司管理暂行规定》发布，首批基金子公司设立

2013 年

新《证券投资基金法》实施

公募基金牌照开放，券商保险等资管机构进军公募

基金股权激励破冰

余额宝上线，互联网金融时代开启。

2014 年

基金产品注册制落地

首只清盘基金亮相

沪港通开启，首批 3 只沪港通基金发行

2015 年

专业人士持股和发起设立的基金公司亮相。

基金互认开启

首只公募 REITs 基金鹏华前海万科 REIT 面世

2016 年

14 家基金公司成为首批基本养老金保险基金投资管理人

首家“私转公”基金公司鹏扬基金成立

子公司通道业务退出历史舞台，开启“净资本约束”时代

2017 年

首批公募 FOF 获批，公募基金进入资产配置新时代

公募基金资产规模首次突破 10 万亿元

基金银丰结束 15 年封闭期运作，传统封闭式基金退出历史舞台

2018 年

资管新时代开启

公募基金成立 20 周年，行业开启新征程

资管新规出台，资管行业步入统一监管新时代

首批养老目标基金成立，公募基金迎来养老投资新时代

附录二　基金行业法律法规汇总

颁发文件	发文日期	文 号
中华人民共和国证券投资基金法（2015年修正）	2015-04-24	主席令第71号
中华人民共和国证券法（2019年修正）	2019-12-28	主席令第37号
中华人民共和国公司法（2018年修正）	2018-10-26	主席令第15号
证券基金经营机构信息技术管理办法	2018-12-19	证监会令第152号
慈善组织保值增值投资活动管理暂行办法	2018-10-30	民政部令第62号
证券期货经营机构私募资产管理业务管理办法	2018-10-22	证监会令第151号
商业银行理财业务监督管理办法	2018-09-26	银保监会令第6号
关于进一步明确规范金融机构资产管理业务指导意见关事项的通知	2018-07-26	人民银行办公厅
关于加强非金融企业投资金融机构监管的指导意见	2018-04-27	银发〔2018〕107号
关于规范金融机构资产管理业务的指导意见	2018-04-27	银发〔2018〕106号
国务院办公厅关于全面推进金融业综合统计工作的意见	2018-03-18	国办发〔2018〕18号
基金管理公司子公司管理规定	2016-11-29	证监会公告〔2016〕29号
证券、基金、期货业务许可证有关事宜的公告	2016-03-01	证监会公告〔2016〕4号
行政和解金管理暂行办法	2015-02-28	证监会公告〔2015〕4号
关于印发《金融资产管理公司监管办法》的通知	2014-08-14	银监发〔2014〕41号
关于大力推进证券投资基金行业创新发展的意见	2014-06-13	证监发〔2014〕50号
关于进一步完善基金管理公司治理相关问题的意见	2014-03-10	中基协发〔2014〕7号
国务院关于管理公开募集基金的基金管理公司有关问题的批复	2013-12-10	国函〔2013〕132号
基金管理公司固有资金运用管理暂行规定	2013-08-02	证监会公告〔2013〕33号
保险机构投资设立基金管理公司试点办法	2013-06-07	证监会公告〔2013〕27号
资产管理机构开展公募证券投资基金管理业务暂行规定	2013-02-18	证监会公告〔2013〕10号
基金管理公司代表基金对外行使投票表决权工作指引	2012-12-26	中基协发〔2012〕22号
证券投资基金管理公司管理办法	2012-09-20	证监会令第84号
关于实施《证券投资基金管理公司管理办法》有关问题的规定	2012-09-20	证监会公告〔2012〕26号
证券投资基金管理公司公平交易制度指导意见	2011-08-03	证监会公告〔2011〕18号
证券期货经营机构信息系统备份能力标准	2011-04-14	证监会公告〔2011〕10号
证券期货市场统计管理办法	2009-01-08	证监会令第60号
证券投资基金管理公司治理准则（试行）	2006-06-15	证监基金字〔2006〕122号
商业银行设立基金管理公司试点管理办法	2005-02-20	人民银行、银监会、证监会公告〔2005〕第4号
证券投资基金管理公司内部控制指导意见	2002-12-20	证监基金字〔2002〕93号

颁发文件	发文日期	文 号
公开募集证券投资基金信息披露管理办法	2019-7-26	证监会令第158号
关于实施《公开募集证券投资基金信息披露管理办法》有关问题的规定	2019-7-26	证监会公告〔2019〕17号
公开募集证券投资基金信息披露XBRL模板第5号《基金产品资料概要》	2019-7-26	证监会公告〔2019〕18号
中国基金估值标准（2018年版）	2018-12-11	中基协
绿色投资指引(试行)	2018-11-10	中基协
中国证券登记结算有限责任公司证券账户业务指南（2018年修订）	2018-10-31	中国结算
养老目标证券投资基金指引（试行）	2018-02-11	证监会公告〔2018〕2号
关于修订《上市开放式基金登记结算业务实施细则》的通知	2017-10-27	中国结算发字〔2017〕139 号
关于证券投资基金估值业务的指导意见	2017-09-05	证监会公告〔2017〕13号
基金中基金估值业务指引（试行）	2017-05-04	中基协发〔2017〕3号
关于避险策略基金的指导意见	2017-01-24	证监会公告〔2017〕3号
关于实施《货币市场基金监督管理办法》有关问题的规定	2015-12-17	证监会公告〔2015〕30号
货币市场基金监督管理办法	2015-12-17	证监会令第120号
证券期货经营机构参与股票期权交易试点指引	2015-1-9	证监会公告〔2015〕1号
公开募集证券投资基金运作指引第1号——商品期货交易型开放式基金指引	2014-12-16	证监会公告〔2014〕第51号
公开募集证券投资基金运作管理办法	2014-07-07	证监会令第104号
关于实施《公开募集证券投资基金运作管理办法》有关问题的规定	2014-07-07	证监会公告〔2014〕36号
上海证券交易所开放式基金业务管理办法	2014-01-02	上证发〔2014〕1号
基金类产品质押式回购登记结算暂行办法	2013-11-11	中国结算发字〔2013〕99号
公开募集证券投资基金参与国债期货交易指引	2013-09-03	证监会公告〔2013〕37号
上海证券交易所黄金交易型开放式证券投资基金业务指引	2013-07-27	上证基字〔2013〕149号
关于发布《短期理财基金产品业务运作规范》的通知	2013-05-13	中基协发〔2013〕6号
黄金交易型开放式证券投资基金暂行规定	2013-01-23	证监会公告〔2013〕6号
关于公布《证券投资基金信息披露XBRL模板第2号——净值公告》的公告	2012-03-16	证监会公告〔2012〕5号
证券投资基金信息披露XBRL模板第4号——基金合同生效公告及十一类临时公告（试行）	2010-11-18	证监会公告〔2010〕32号
证券投资基金信息披露XBRL模板第3号——年度报告和半年度报告	2010-02-08	证监会公告〔2010〕5号
证券投资基金评价业务管理暂行办法	2009-11-17	证监会令第64号
证券投资基金信息披露XBRL模板第1号——季度报告	2008-08-26	证监会公告〔2008〕36号
证券投资基金信息披露XBRL标引规范	2008-08-26	证监会公告〔2008〕35号
基金管理公司年度报告内容与格式准则	2008-02-18	证监会公告〔2008〕4号
上海证券交易所证券投资基金上市规则(修订稿)	2007-08-29	债券基金部〔2007〕62号

颁发文件	发文日期	文 号
关于基金管理公司租用会员参与者交易业务单元有关事项的通知	2007-05-28	上证会字〔2007〕19号
关于基金管理公司向会员租用交易单元有关事项的通知	2007-03-30	深证会〔2007〕24号
关于完善证券投资基金交易席位制度有关问题的通知	2007-02-16	证监基金字〔2007〕48号
深圳证券交易所证券投资基金上市规则	2006-02-13	深证会〔2006〕3号
证券期货经营机构私募资产管理计划运作管理规定	2018-10-22	证监会公告第131号
上海证券交易所关于签署《资产支持证券挂牌协议》的通知	2018-06-25	上证函〔2018〕617号
上海证券交易所资产支持证券存续期信用风险管理指引（试行）	2018-05-14	上证发〔2018〕28号
深圳证券交易所资产支持证券挂牌条件确认业务指引	2017-06-19	深证上〔2017〕387号
发改委、证监会关于推进传统基础设施领域政府和社会资本合作（PPP）项目资产证券化相关工作的通知	2016-12-21	发改投资〔2016〕2698号
基金管理公司特定客户资产管理子公司风险控制指标管理暂行规定	2016-11-29	证监会公告〔2016〕30号
关于落实《证券期货经营机构私募资产管理业务运作管理暂行规定》有关事项的通知	2016-07-15	中基协
关于加强基金管理公司及专户子公司特定客户资产管理计划备案管理有关事项的通知	2016-06-23	中基协字〔2016〕89号
机构间私募产品报价与服务系统资产证券化业务指引(试行)	2015-02-16	中证协
资产管理计划份额转让登记结算业务指引（暂行）	2015-02-09	中国结算发字〔2015〕18号
资产支持专项计划备案管理办法	2014-12-24	中基协函〔2014〕459 号
证券公司及基金管理公司子公司资产证券化业务尽职调查工作指引	2014-11-19	证监会公告〔2014〕49号
证券公司及基金管理公司子公司资产证券化业务管理规定	2014-11-19	证监会公告〔2014〕49号
证券公司及基金管理公司子公司资产证券化业务信息披露指引	2014-11-19	证监会公告〔2014〕49号
基金管理公司及其子公司特定客户资产管理业务电子签名合同操作指引（试行）	2014-07-07	中基协发〔2014〕16号
基金管理公司特定客户资产管理登记结算业务指南（2013修订）	2013-07-03	中国结算发字〔2013〕60号
基金管理公司特定客户资产管理业务试点办法	2012-09-26	证监会令第83号
关于证券投资基金投资资产支持证券有关事项的通知	2006-05-14	证监基金字〔2006〕93号
证券基金经营机构债券投资交易业务内控指引	2018-12-25	中证协发〔2018〕319号 中基协字〔2018〕524号
关于证券基金经营机构公示债券投资交易相关人员的通知	2018-10-10	中证协发〔2018〕231号
关于加强证券基金经营机构债券投资交易监测的通知	2018-10-10	中证协发〔2018〕230号
关于现金申赎类债券交易型开放式指数基金有关事项的通知	2017-09-08	上证发〔2017〕53号
中国人民银行、中国银监会、中国证监会、中国保监会关于规范债券市场参与者债券交易业务的通知	2017-01-04	银发〔2017〕302号
关于调整银行间债券市场债券交易流通有关管理政策的公告	2015-05-09	人民银行公告〔2015〕第9号
基金参与融资融券及转融通证券出借业务指引	2015-04-17	中基协发〔2015〕4号
关于促进融券业务发展有关事项的通知	2015-04-17	中证协发〔2015〕80号
关于债券类交易型开放式指数基金交易相关事项的通知	2013-03-15	上证基字〔2013〕86号

颁发文件	发文日期	文 号
全国银行间债券市场债券买断式回购业务管理规定	2004-04-12	人民银行令〔2004〕第1号
金融机构加入全国银行间债券市场有关事宜公告	2002-04-03	人民银行公告〔2002〕第5号
全国银行间债券市场债券交易管理办法	2000-04-30	人民银行令〔2000〕第2号
企业年金办法	2017-12-18	人社部、财政部〔2017〕36号
人社部办公厅关于企业年金基金管理机构资格延续有关问题的通知	2017-06-05	人社厅函〔2017〕138号
全国社会保障基金条例	2016-03-10	国务院令第667号
基本养老保险基金投资管理办法	2015-08-17	国发〔2015〕48号
企业年金基金管理办法	2015-04-30	人力资源和社会保障部令第24号
机关事业单位职业年金办法	2015-03-27	国办发〔2015〕18号
关于企业年金养老金产品有关问题的通知	2013-03-19	人社部发〔2013〕24号
关于扩大企业年金基金投资范围的通知	2013-03-19	人社部发〔2013〕23号
关于企业年金计划证券账户有关问题的通知	2011-04-20	人社厅发〔2011〕42号
企业年金基金管理运作流程	2004-12-31	劳社部发〔2004〕32号
企业年金基金管理机构资格认定暂行办法	2004-12-31	劳社部发〔2004〕24号
企业年金基金证券投资登记结算业务指南	2004-09-29	劳社部发〔2004〕25号
全国社会保障基金投资管理暂行办法	2001-12-13	财政部、劳动和社会保障部第12号
证券公司和证券投资基金管理公司境外设立、收购、参股经营机构管理办法	2018-09-25	证监会令第150号
关于为提供港股投资顾问服务的香港机构开展备案的通知	2018-09-19	中基协
证券基金经营机构使用香港机构证券投资咨询服务暂行规定	2018-06-27	证监会公告〔2018〕23号
关于人民币合格境外机构投资者境内证券投资管理有关问题的通知	2018-06-12	银发〔2018〕157号
关于人民币合格境内机构投资者境外证券投资有关事项的通知	2018-06-12	银发〔2018〕157号
合格境外机构投资者境内证券投资外汇管理规定	2018-06-10	外汇管理局公告2018年第1号
中国人民银行办公厅关于进一步明确人民币合格境内机构投资者境外证券投资管理有关事项的通知	2018-05-03	银办发〔2018〕81号
人民币合格境内机构投资者境外证券投资信息报送流程	2018-05-02	人民银行上海总部公告(2018)第1号
香港互认基金在内地销售登记结算业务指引（暂行）	2018-01-03	中国结算
内地互认基金在香港销售登记结算业务指引（暂行）	2017-04-28	中国结算
证券基金经营机构参与内地与香港股票市场交易互联互通指引	2016-10-11	证监会公告〔2016〕24号
关于内地与香港基金互认有关税收政策的通知	2015-12-14	财税〔2015〕125号
内地与香港证券投资基金跨境发行销售资金管理操作指引	2015-11-06	人民银行、外汇管理局公告2015年第36号
香港互认基金管理暂行规定	2015-05-14	证监会公告〔2015〕12号
合格境内机构投资者境外证券投资外汇管理规定	2013-08-21	外汇管理局公告2013年第1号
关于实施《合格境外机构投资者境内证券投资管理办法》有关问题的规定	2012-07-17	证监会公告〔2012〕17号

颁发文件	发文日期	文 号
《合格境内机构投资者境外证券投资管理试行办法》第四十六条境外证券投资定向资产管理业务的适用意见——证券期货法律适用意见第6号	2010-08-16	证监会公告〔2010〕22号
合格境内机构投资者境外证券投资管理试行办法	2007-06-18	证监会令第46号
关于实施《合格境内机构投资者境外证券投资管理试行办法》有关问题的通知	2007-06-18	证监发〔2007〕81号
关于外资参股基金管理公司有关外汇管理问题的通知	2003-03-29	汇发〔2003〕44号
关于进一步规范货币市场基金互联网销售、赎回相关服务的指导意见	2018-05-30	证监会公告〔2018〕10号
非银行金融机构开展证券投资基金托管业务暂行规定	2017-12-07	证监会公告〔2017〕16号
中国银监会关于规范商业银行代理销售业务的通知	2016-05-05	银监发〔2016〕24号
关于证券公司托管证券投资基金所涉及的场内结算业务有关事项的通知	2014-01-13	中国结算
开放式证券投资基金销售费用管理规定	2013-06-06	证监会公告〔2013〕26号
保险机构销售证券投资基金管理暂行规定	2013-06-03	证监会公告〔2013〕25号
中国结算协助托管银行冻结、解冻、划转、划回违约客户证券的业务流程	2013-05-15	中国结算发字〔2013〕52号
证券投资基金托管业务管理办法	2013-04-02	证监会令第92号
证券投资基金销售管理办法	2013-03-15	证监会令第91号
关于实施《证券投资基金销售管理办法》的规定	2013-03-15	证监会公告〔2013〕19号
证券投资基金销售机构通过第三方电子商务平台开展业务管理暂行规定	2013-03-15	证监会公告〔2013〕18号
托管银行证券资金结算协议（格式文本）	2012-12-20	银协发〔2012〕91号
网上基金销售信息系统技术指引	2012-11-20	中基协发〔2012〕13号
证券公司代销金融产品管理规定	2012-11-12	证监会公告〔2012〕34号
证券投资基金销售结算资金管理暂行规定	2011-09-23	证监会公告〔2011〕26号
关于证券投资基金宣传推介材料监管事项的补充规定	2008-01-21	证监会公告〔2008〕2号
证券投资基金销售机构内部控制指导意见	2007-10-12	证监基金字〔2007〕277号
证券投资基金销售业务信息管理平台管理规定	2007-03-15	证监基金字〔2007〕76号
托管银行监督基金运作情况报告的内容与格式指引（试行）	2006-04-30	证监会基金监管部通知〔2006〕13号
证券投资基金信息披露内容与格式准则第7号——托管协议的内容与格式	2005-12-21	证监基金字〔2005〕203号
关于继续执行沪港、深港股票市场交易互联互通机制和内地与香港基金互认有关个人所得税政策的公告	2018-12-04	财政部、税务总局、证监会公告2019年第93号
中国证监会关于证券投资基金估值业务的指导意见	2017-09-05	证监会公告〔2017〕13号
财政部、税务总局关于资管产品增值税有关问题的通知	2017-06-30	财税〔2017〕56号

颁发文件	发文日期	文 号
财政部、国家税务总局关于资管产品增值税政策有关问题的补充通知	2017-01-06	财税〔2017〕2号
证券投资基金港股通投资资金清算和会计核算估值业务指引（试行）	2015-11-11	中基协发〔2015〕17号
证券投资基金参与同业存单会计核算和估值业务指引（试行）	2015-08-28	中基协发〔2015〕12号
证券投资基金国债期货投资会计核算业务细则（试行）	2014-03-14	中基协发〔2014〕9号
证券投资基金参与国债预发行交易会计核算和估值业务指引（试行）	2013-12-05	中基协发〔2013〕24号
黄金交易型开放式证券投资基金及联接基金会计核算和估值业务指引（试行）	2013-07-12	中基协发〔2013〕17号
股息红利差别化纳税会计核算细则	2012-12-31	中基协发〔2012〕21号
证券投资基金会计核算业务指引	2012-11-16	中基协发〔2012〕9号
证券投资基金股指期货投资会计核算业务细则（试行）	2012-11-16	中基协发〔2012〕8号
关于证券投资基金执行《企业会计准则》有关衔接事宜的通知	2007-05-17	证监会计字〔2007〕15号
关于基金管理公司及证券投资基金执行《企业会计准则》的通知	2006-11-27	证监会计字〔2006〕23号
财政部、国家税务总局关于证券投资基金税收政策的通知	2004-04-30	财税〔2004〕78号
关于证券投资基金交易、收费有关问题的通知	1998-04-03	证监基字〔1998〕15号
关于印发《互联网金融从业机构反洗钱和反恐怖融资管理办法（试行）》的通知	2018-09-29	银发〔2018〕230号
证券期货投资者教育基地监管指引	2018-03-13	证监会公告〔2018〕5号
中国人民银行关于加强反洗钱客户身份识别有关工作的通知	2017-10-20	银发〔2017〕235号
证券投资基金管理公司合规管理规范	2017-09-13	中基协发〔2017〕7号
公开募集开放式证券投资基金流动性风险管理规定	2017-08-31	证监会公告〔2017〕12号
证券经营机构投资者适当性管理实施指引（试行）	2017-06-28	中证协发〔2017〕153号
证券公司和证券投资基金管理公司合规管理办法	2017-06-06	证监会令第133号
关于实施《证券期货投资者适当性管理办法》的规定	2016-12-12	证监会公告〔2016〕34号
证券期货投资者适当性管理办法	2016-12-12	证监会令第130号
基金管理公司特定客户资产管理子公司风险控制指标管理暂行规定	2016-11-29	证监会公告〔2016〕30号
公募基金管理公司压力测试指引(试行)	2016-11-15	中基协
关于落实《金融机构反洗钱监督管理办法(试行)》有关事项的通知	2014-12-17	银办发〔2014〕263号
中国证券投资基金业协会投资基金纠纷调解规则（试行）	2014-09-04	中基协
基金管理公司风险管理指引（试行）	2014-06-24	中基协发〔2014〕11号
关于加强专项资产管理业务风险管理有关事项的通知	2013-11-20	中基协发〔2013〕29号
公开募集证券投资基金风险准备金监督管理暂行办法	2013-09-24	证监会令第94号

颁发文件	发文日期	文 号
关于印发《金融机构洗钱和恐怖融资风险评估及客户分类管理指引》的通知	2013-01-05	银发〔2013〕2号
证券投资基金投资人权益须知（2012格式文本）	2012-11-20	中基协发〔2012〕16号
关于发布《基金管理公司反洗钱客户风险等级划分标准指引》的通知	2012-11-16	中基协发〔2012〕11号
关于发布《基金管理公司反洗钱工作指引》的通知	2012-11-16	中基协发〔2012〕10号
基金管理公司开展投资、研究活动防控内幕交易指导意见	2012-11-15	证监会公告〔2012〕38号
律师事务所证券投资基金法律业务执业细则（试行）	2010-10-20	证监会公告〔2010〕34号
关于证券市场交易结算资金监控系统有关事项的公告	2010-02-23	证监会公告〔2010〕6号
证券期货市场监督管理措施实施办法（试行）	2009-03-01	证监会
金融机构客户身份识别和客户身份资料及交易记录保存管理办法	2007-06-21	人民银行、银监会、证监会、保监会令〔2007〕第2号
关于做好大额交易和可疑交易报告及相关反洗钱工作的通知	2007-04-25	证监办发〔2007〕40号
关于证券投资基金行业开展投资者教育活动的通知	2007-02-02	证监基金字〔2007〕32号
金融机构反洗钱规定	2006-11-14	人民银行令〔2006〕第1号
证券投资基金管理公司监察稽核报告内容与格式指引(试行)	2005-10-25	证监基金字〔2005〕175号
证券投资基金监管职责分工协作指引	2005-07-01	证监基金字〔2005〕113号
关于规范证券投资基金运作中证券交易行为的通知	2001-02-26	证监发〔2001〕29号
关于加强证券投资基金监管有关问题的通知（第一条第二款已经废止）	1998-08-24	证监基金字〔1998〕29号
证券期货经营机构及其工作人员廉洁从业规定	2018-06-27	证监会令第145号
证券期货市场诚信监督管理办法	2018-03-28	证监会令第139号
关于基金从业人员资格管理实施有关事项的通知	2017-06-26	中基协字〔2017〕100号
关于基金销售机构从业人员资格管理有关事项的通知	2015-08-14	中基协发〔2015〕11号
基金从业资格考试管理办法（试行）	2015-07-24	中基协
关于基金从业资格考试有关事项的通知	2015-06-16	中基协发〔2015〕112号
关于基金经理及高管注册备案有关事项的通知	2015-05-13	中基协字〔2015〕91号
基金从业人员执业行为自律准则	2014-12-15	中基协发〔2014〕26号
关于基金托管人高级管理人员任职备案事项的通知	2014-08-22	中基协发〔2014〕20号
基金从业人员证券投资管理指引（试行）	2013-12-30	中基协发〔2013〕32号
关于基金经理证券投资法律知识考试有关事项的通知	2012-12-21	中基协发〔2012〕20号
基金经理注册登记规则	2012-12-21	中基协发〔2012〕7号
证券投资基金销售人员职业守则	2012-11-20	中基协发〔2012〕15号
基金行业人员离任审计及审查报告内容准则	2011-07-07	证监会公告〔2011〕16号
基金管理公司投资管理人员管理指导意见	2009-03-17	证监会公告〔2009〕3号

附录三　基金行业经营机构名录

1. 基金管理公司基本情况

公司名称	成立日期	公司性质	注册地点	注册资本（亿元）	基金数量（只）	基金规模（亿元）	员工人数
国泰基金管理有限公司	1998-03-05	合资	上海	1.1	98	2098	265
南方基金管理股份有限公司	1998-03-06	内资	深圳	3	178	5634	710
华夏基金管理有限公司	1998-04-09	合资	北京	2.38	136	4506	772
华安基金管理有限公司	1998-06-04	内资	上海	1.5	108	2756	403
博时基金管理有限公司	1998-07-13	内资	深圳	2.5	181	5568	568
鹏华基金管理有限公司	1998-12-22	合资	深圳	1.5	146	3231	445
嘉实基金管理有限公司	1999-03-25	合资	上海	1.5	142	4307	1300
长盛基金管理有限公司	1999-03-26	合资	深圳	1.89	58	268	200
大成基金管理有限公司	1999-04-12	内资	深圳	2	81	1538	304
富国基金管理有限公司	1999-04-13	合资	上海	5.2	124	1972	425
易方达基金管理有限公司	2001-04-17	内资	广东	1.2	149	6540	838
宝盈基金管理有限公司	2001-05-18	内资	深圳	1	25	268	156
融通基金管理有限公司	2001-05-22	合资	深圳	1.25	65	957	260
银华基金管理股份有限公司	2001-05-28	内资	深圳	2.222	111	2504	470
长城基金管理有限公司	2001-12-27	内资	深圳	1.5	42	742	175
泰达宏利基金管理有限公司	2002-06-06	合资	北京	1.8	52	320	167
国投瑞银基金管理有限公司	2002-06-13	合资	上海	1	70	773	246
银河基金管理有限公司	2002-06-14	内资	上海	2	61	900	167
万家基金管理有限公司	2002-08-23	内资	上海	1	61	845	174
金鹰基金管理有限公司	2002-12-25	内资	广州	5.102	45	601	175
招商基金管理有限公司	2002-12-27	内资	深圳	13.1	137	3833	397
华宝基金管理有限公司	2003-03-07	合资	上海	1.5	63	1673	255
摩根士丹利华鑫基金管理有限公司	2003-03-14	合资	深圳	2.275	25	176	122
国联安基金管理有限公司	2003-04-03	合资	上海	1.5	39	320	148
海富通基金管理有限公司	2003-04-18	合资	上海	3	56	747	272
长信基金管理有限责任公司	2003-05-09	内资	上海	1.65	64	473	210
泰信基金管理有限公司	2003-05-23	内资	上海	2	21	23	100
天治基金管理有限公司	2003-05-27	内资	上海	1.6	11	14	69

公司名称	成立日期	公司性质	注册地点	注册资本（亿元）	基金数量（只）	基金规模（亿元）	员工人数
景顺长城基金管理有限公司	2003-06-12	合资	深圳	1.3	69	1449	223
广发基金管理有限公司	2003-08-05	内资	广东	1.2688	181	4684	508
兴全基金管理有限公司	2003-09-30	合资	上海	1.5	22	1877	258
诺安基金管理有限公司	2003-12-09	内资	深圳	1.5	59	1082	209
申万菱信基金管理有限公司	2004-01-15	合资	上海	1.5	34	262	173
中海基金管理有限公司	2004-03-18	合资	上海	1.4667	33	107	121
华富基金管理有限公司	2004-04-19	内资	上海	2.5	36	395	119
光大保德信基金管理有限公司	2004-04-22	合资	上海	1.6	45	938	191
上投摩根基金管理有限公司	2004-05-12	合资	上海	2.5	63	1250	300
东方基金管理有限责任公司	2004-06-11	内资	北京	3	40	182	155
中银基金管理有限公司	2004-08-12	合资	上海	1	102	4011	330
东吴基金管理有限公司	2004-09-02	内资	上海	1	29	232	138
天弘基金管理有限公司	2004-11-08	内资	天津	5.143	45	13421	600
国海富兰克林基金管理有限公司	2004-11-15	合资	南宁	2.2	32	282	127
华泰柏瑞基金管理有限公司	2004-11-18	合资	上海	2	57	980	220
新华基金管理股份有限公司	2004-12-09	内资	重庆	2.175	45	401	168
汇添富基金管理股份有限公司	2005-02-03	内资	上海	1.327	120	4645	654
工银瑞信基金管理有限公司	2005-06-21	合资	北京	2	122	6045	648
交银施罗德基金管理有限公司	2005-08-04	合资	上海	2	76	1551	287
建信基金管理有限责任公司	2005-09-19	合资	北京	2	104	6331	461
中信保诚基金管理有限公司	2005-09-30	合资	上海	2	65	947	184
汇丰晋信基金管理有限公司	2005-11-16	合资	上海	2	19	243	158
益民基金管理有限公司	2005-12-12	内资	重庆	1	9	14	54
华商基金管理有限公司	2005-12-20	内资	北京	1	45	186	168
中邮创业基金管理股份有限公司	2006-05-08	合资	北京	3.041	40	299	182
信达澳银基金管理有限公司	2006-06-05	合资	深圳	1	21	143	118
诺德基金管理有限公司	2006-06-08	内资	上海	1	18	168	125
中欧基金管理有限公司	2006-07-19	合资	上海	1.88	71	1886	282

公司名称	成立日期	公司性质	注册地点	注册资本（亿元）	基金数量（只）	基金规模（亿元）	员工人数
金元顺安基金管理有限公司	2006-11-13	内资	上海	3.4	16	198	94
浦银安盛基金管理有限公司	2007-08-05	合资	上海	19.1	43	1250	180
农银汇理基金管理有限公司	2008-03-18	合资	上海	17.5	46	2319	199
民生加银基金管理有限公司	2008-11-03	合资	深圳	3	44	1341	214
西部利得基金管理有限公司	2010-07-20	内资	上海	3.5	29	294	139
浙商基金管理有限公司	2010-10-21	内资	杭州	3	16	214	95
平安基金管理有限公司	2011-01-07	合资	深圳	13	66	2879	383
富安达基金管理有限公司	2011-04-27	内资	上海	8.18	10	28	61
财通基金管理有限公司	2011-06-21	内资	上海	2	20	176	184
方正富邦基金管理有限公司	2011-07-08	合资	北京	6.6	11	137	84
长安基金管理有限公司	2011-09-05	内资	上海	2.7	18	89	83
国金基金管理有限公司	2011-11-02	内资	北京	3.6	26	349	126
安信基金管理有限责任公司	2011-12-06	内资	深圳	5.0625	45	339	197
德邦基金管理有限公司	2012-03-27	内资	上海	5.9	15	79	110
红塔红土基金管理有限公司	2012-06-12	内资	深圳	4.96	9	17	52
华宸未来基金管理有限公司	2012-06-20	合资	上海	2	1	0.3	42
英大基金管理有限公司	2012-08-17	内资	北京	3.16	8	19	62
华润元大基金管理有限公司	2013-01-17	合资	深圳	6	11	28	61
前海开源基金管理有限公司	2013-01-23	内资	深圳	2	78	369	184
太平基金管理有限公司	2013-01-23	合资	上海	4	5	141	96
江信基金管理有限公司	2013-01-28	内资	北京	1.8	9	19	——
东海基金管理有限责任公司	2013-02-25	内资	上海	1.5	6	9	69
中加基金管理有限公司	2013-03-27	合资	北京	4.65	28	699	114
兴业基金管理有限公司	2013-04-17	内资	福建	12	50	1648	——
中融基金管理有限公司	2013-05-31	内资	深圳	11.5	46	607	167
国开泰富基金管理有限责任公司	2013-07-16	合资	北京	3.6	5	6	55
鑫元基金管理有限公司	2013-08-29	内资	上海	17	29	314	115
上银基金管理有限公司	2013-08-30	内资	上海	3	9	724	71

公司名称	成立日期	公司性质	注册地点	注册资本（亿元）	基金数量（只）	基金规模（亿元）	员工人数
中信建投基金管理有限公司	2013-09-09	内资	北京	3	16	143	145
兴银基金管理有限责任公司	2013-10-25	内资	福建	1.43	18	313	116
国寿安保基金管理有限公司	2013-10-29	合资	上海	12.88	43	1570	188
永赢基金管理有限公司	2013-11-07	合资	浙江	9	28	1213	122
圆信永丰基金管理有限公司	2014-01-02	合资	福建	2	17	180	98
中金基金管理有限公司	2014-02-10	内资	北京	3	27	153	——
北信瑞丰基金管理有限公司	2014-03-17	内资	北京	1.7	16	105	111
红土创新基金管理有限公司	2014-06-18	内资	深圳	1.5	7	82	76
九泰基金管理有限公司	2014-07-03	内资	北京	3	16	60	185
创金合信基金管理有限公司	2014-07-09	内资	深圳	2.33	39	150	273
嘉合基金管理有限公司	2014-07-30	内资	上海	3	6	194	107
泓德基金管理有限公司	2015-03-03	内资	西藏	1.43	22	208	95
金信基金管理有限公司	2015-07-03	内资	深圳	1	10	30	40
新疆前海联合基金管理有限公司	2015-08-07	内资	新疆	2	20	312	102
新沃基金管理有限公司	2015-08-19	内资	上海	1	3	25	47
中科沃土基金管理有限公司	2015-09-06	内资	珠海	1.42	6	3	60
中庚基金管理有限公司	2015-11-13	内资	上海	2	1	9	43
富荣基金管理有限公司	2016-01-25	内资	广州	2	12	67	——
汇安基金管理有限责任公司	2016-04-25	内资	上海	1	20	90	84
先锋基金管理有限公司	2016-05-16	内资	深圳	1.5	7	35	71
中航基金管理有限公司	2016-06-16	内资	北京	1	5	7	52
恒生前海基金管理有限公司	2016-07-01	合资	深圳	2	2	2	59
鹏扬基金管理有限公司	2016-07-06	内资	上海	1.0518	13	279	103
华泰保兴基金管理有限公司	2016-07-26	内资	上海	1.8	12	101	72
格林基金管理有限公司	2016-11-01	内资	北京	1	4	15	——
南华基金管理有限公司	2016-11-17	内资	浙江	1.5	5	41	59
凯石基金管理有限公司	2017-05-10	内资	上海	1.5	3	5	61
博道基金管理有限公司	2017-06-12	内资	上海	1	2	9	54

公司名称	成立日期	公司性质	注册地点	注册资本（亿元）	基金数量（只）	基金规模（亿元）	员工人数
国融基金管理有限公司	2017-06-20	内资	上海	1	2	3	38
东方阿尔法基金管理有限公司	2017-07-04	内资	深圳	1	1	11	24
合煦智远基金管理有限公司	2017-08-21	内资	深圳	1	1	2	40
恒越基金管理有限公司	2017-09-14	内资	上海	1	2	2	30
弘毅远方基金管理有限公司	2018-01-31	内资	上海	1.7	1	5	38
蜂巢基金管理有限公司	2018-05-18	内资	上海	1	——	——	37
湘财基金管理有限公司	2018-07-13	内资	上海	1	——	——	34
惠升基金管理有限责任公司	2018-09-28	内资	西藏	1.2	——	——	20
同泰基金管理有限公司	2018-10-11	内资	深圳	1	——	——	25
朱雀基金管理有限公司	2018-10-25	内资	陕西	1.5	——	——	60
西藏东财基金管理有限公司	2018-10-26	内资	西藏	2	——	——	26
睿远基金管理有限公司	2018-10-29	内资	上海	1	——	——	46
淳厚基金管理有限公司	2018-11-03	内资	上海	1	——	——	21
博远基金管理有限公司	2018-12-12	内资	深圳	1	——	——	19

数据来源：基金年报、公司网站等；数据截至2018年末；管理基金数量与基金规模不含停止运作基金

2. 取得公募牌照的资产管理机构基本情况

公司名称	获批公募牌照时间	公司性质	注册地点	注册资本（亿元）	基金数量（只）	基金规模（亿元）
上海东方证券资产管理有限公司	2013-08-26	内资	上海	3	35	856
华融证券股份有限公司	2013-12-12	内资	北京	58.4070	3	11
山西证券股份有限公司	2014-03-19	内资	太原	28.2873	4	35
国都证券股份有限公司	2014-08-19	内资	北京	53	6	5
浙江浙商证券资产管理有限公司	2014-08-19	内资	杭州	12	8	14
渤海汇金证券资产管理有限公司	2014-11-05	内资	深圳	11	5	5
东兴证券股份有限公司	2015-01-08	内资	北京	27.5796	8	74
中银国际证券股份有限公司	2015-08-20	内资	上海	25	16	582
财通证券资产管理有限公司	2015-12-21	内资	浙江	2	12	257
长江证券(上海)资产管理有限公司	2016-01-05	内资	上海	10	9	140
华泰证券(上海)资产管理有限公司	2016-07-26	内资	上海	26	5	59
中泰证券(上海)资产管理有限公司	2017-12-18	内资	上海	1.6666	1	9
泰康资产管理有限责任公司	2015-02-06	内资	上海	10	27	417
中国人保资产管理有限公司	2017-01-11	内资	上海	12.98	14	429

数据来源：基金年报、公司网站等；数据截至2018年末；管理基金数量与资产规模不含停止运作基金；高华证券未开展公募基金业务，不纳入统计

3. 基金公司专户子公司基本情况

序号	公司名称	成立日期	注册地点	注册资本（亿元）	管理规模（亿元）	母公司 / 持股比例（%）
1	嘉实资本管理有限公司	2012-11-19	北京	6.221476	599	嘉实基金 / 75
2	工银瑞信投资管理有限公司	2012-11-20	上海	12	2675	工银瑞信基金/100
3	深圳平安汇通投资管理有限公司	2012-12-14	深圳	8	2911	平安基金/100
4	长安财富资产管理有限公司	2012-12-18	上海	1	131	长安基金/80
5	北京方正富邦创融资产管理有限公司	2012-12-21	北京	3.1	223	方正富邦基金/100
6	天弘创新资产管理有限公司	2012-12-24	北京	6	451	天弘基金/100
7	华夏资本管理有限公司	2012-12-27	深圳	3.5	845	华夏基金/100
8	鹏华资产管理有限公司	2013-01-04	深圳	1.5	730	鹏华基金/70
9	深圳市红塔资产管理有限公司	2013-01-07	深圳	3.5	569	红塔红土基金/100
10	上海兴全睿众资产管理有限公司	2013-01-14	上海	0.8	185	兴全基金/100
11	富安达资产管理（上海）有限公司	2013-01-17	上海	6	402	富安达基金 / 100
12	民生加银资产管理有限公司	2013-01-24	上海	6.68	913	民生加银基金/51
13	北京千石创富资本管理有限公司	2013-01-25	北京	1	207	国金基金/94.5
14	上海锐懿资产管理有限公司	2013-02-04	上海	2.2	——	泰信基金/100
15	万家共赢资产管理有限公司	2013-02-17	上海	1.06	1093	万家基金/60
16	招商财富资产管理有限公司	2013-02-21	深圳	17.4	4457	招商基金/100
17	上海新东吴优胜资产管理有限公司	2013-02-25	上海	0.5	45	东吴基金/70
18	博时资本管理有限公司	2013-02-26	深圳	8.5	2118	博时基金/100
19	上海金元百利资产管理有限公司	2013-02-26	上海	1.75572519	465	金元顺安基金/65.5
20	上海聚潮资产管理有限公司	2013-02-28	上海	1.4	12	浙商基金/100
21	德邦创新资本有限责任公司	2013-03-04	上海	2.8	220	德邦基金/53.8
22	首誉光控资产管理有限公司	2013-03-11	北京	9.6	620	中邮创业基金/51
23	银华资本管理（珠海横琴）有限公司	2013-03-11	广东珠海	1.490997714	963	银华基金/100
24	信达新兴财富（北京）资产管理有限公司	2013-03-14	北京	0.8	66	信达澳银基金/100
25	汇添富资本管理有限公司	2013-03-28	上海	3	178	汇添富基金/75
26	上海华宸未来资产管理有限公司	2013-03-29	上海	0.3	21	华宸未来基金/100
27	北京新华富时资产管理有限公司	2013-04-10	北京	3.08	341	新华基金/76.7

序号	公司名称	成立日期	注册地点	注册资本（亿元）	管理规模（亿元）	母公司／持股比例（%）
28	中信信诚资产管理有限公司	2013-04-19	上海	0.5	——	中信保诚基金/55
29	国泓资产管理有限公司	2013-05-16	北京	1	178	益民基金/51
30	深圳市融通资本管理股份有限公司	2013-05-22	深圳	1.27929592	1081	融通基金/51
31	国泰元鑫资产管理有限公司	2013-05-28	上海	1.23483935	286	国泰基金/55.7
32	上海财通资产管理有限公司	2013-06-03	上海	0.2	220	财通基金/80
33	瑞元资本管理有限公司	2013-06-14	广东珠海	0.75	479	广发基金/53.3936
34	建信资本管理有限责任公司	2013-06-26	上海	13.5	4617	建信基金/51
35	易方达资产管理有限公司	2013-06-28	广东珠海	10	1564	易方达基金/100
36	兴业财富资产管理有限公司	2013-06-28	上海	7.8	1820	兴业基金/100
37	上海华富利得资产管理有限公司	2013-07-01	上海	1.168722	251	华富基金/75
38	国投瑞银资本管理有限公司	2013-07-29	深圳	1.8	339	国投瑞银基金/100
39	广州金鹰资产管理有限公司	2013-07-30	广州	2.1	420	金鹰基金/100
40	中海恒信资产管理（上海）有限公司	2013-07-30	上海	0.2	43	中海基金/51
41	天治北部资产管理有限公司	2013-08-07	北京	1	34	天治基金/42
42	富国资产管理（上海）有限公司	2013-08-13	上海	2	741	富国基金/100
43	长城嘉信资产管理有限公司	2013-08-13	深圳	1.782051282	228	长城基金/78
44	上海长江财富资产管理有限公司	2013-08-16	上海	1	96	长信基金/60
45	东海瑞京资产管理（上海）有限公司	2013-09-04	上海	0.2	55	东海基金/51
46	前海开源资产管理有限公司	2013-09-05	深圳	1.8	258	前海开源基金/100
47	东方汇智资产管理有限公司	2013-09-09	深圳	1.8	680	东方基金/52.08
48	农银汇理资产管理有限公司	2013-09-09	上海	19.2	3404	农银汇理基金/100
49	诺安资产管理有限公司	2013-09-10	北京	3.5	362	诺安基金/100
50	中欧盛世资产管理（上海）有限公司	2013-09-12	上海	1.17	300	中欧基金/51
51	景顺长城资产管理（深圳）有限公司	2013-09-26	深圳	1.3	0.49	景顺长城基金/100
52	中融（北京）资产管理有限公司	2013-09-26	北京	3	159	中融基金/100
53	华安未来资产管理（上海）有限公司	2013-10-01	上海	5	——	华安基金/100
54	大成创新资本管理有限公司	2013-10-25	深圳	1.186	195	大成基金/52
55	长盛创富资产管理有限公司	2013-10-30	北京	1	28	长盛基金/100

序号	公司名称	成立日期	注册地点	注册资本（亿元）	管理规模（亿元）	母公司／持股比例（%）
56	南方资本管理有限公司	2013-11-14	深圳	4	1289	南方基金/100
57	中铁宝盈资产管理有限公司	2013-11-29	上海	2.2	100	宝盈基金/100
58	安信乾盛财富管理（深圳）有限公司	2013-12-02	深圳	1	152	安信基金/100
59	上海浦银安盛资产管理有限公司	2013-12-04	上海	14.8	3365	浦银安盛基金/100
60	深圳华润元大资产管理有限公司	2013-12-25	深圳	0.55	159	华润元大基金/100
61	交银施罗德资产管理有限公司	2013-12-30	上海	12	1899	交银施罗德基金/100
62	国海富兰克林资产管理（上海）有限公司	2014-01-08	上海	1.2	——	国海富兰克林基金/100
63	鑫沅资产管理有限公司	2014-02-19	上海	15.5	1795	鑫元基金/100
64	申万菱信（上海）资产管理有限公司	2014-03-13	上海	2	149	申万菱信基金/100
65	上银瑞金资本管理有限公司	2014-03-17	上海	1.3	346	上银基金/100
66	永赢资产管理有限公司	2014-03-28	上海	8	——	永赢基金/100
67	北京国开泰富资产管理有限公司	2014-04-18	北京	1	200	国开泰富基金/100
68	北银丰业资产管理有限公司	2014-04-21	北京	3.111	840	中加基金/75
69	银河资本资产管理有限公司	2014-04-22	上海	1	242	银河基金/70
70	上海富诚海富通资产管理有限公司	2014-08-13	上海	2	254	海富通基金/100
71	柏瑞爱建资产管理（上海）有限公司	2014-09-10	上海	1.5	——	华泰柏瑞基金/51
72	中银资产管理有限公司	2014-09-10	上海	8.5	1227	中银基金/100
73	国寿财富管理有限公司	2014-11-18	上海	2	354	国寿安保基金/52
74	上海兴瀚资产管理有限公司	2015-02-16	上海	3	1121	兴银基金/100
75	尚腾资本管理有限公司	2015-04-02	上海	1.6	——	上投摩根基金/100
76	元达信资本管理（北京）有限公司	2015-06-08	北京	1.3	139	中信建投基金/100
77	上海北信瑞丰资产管理有限公司	2015-07-10	上海	1	165	北信瑞丰基金/65
78	光大保德信资产管理有限公司	2015-08-27	上海	2.5	388	光大保德信基金/100
79	北京英大资本管理有限公司	2015-09-16	北京	1.08	70	英大基金/100

数据来源：公司提供及公司官网、基金业协会官网，数据截至2018年末；平安汇通（原平安大华汇通）、博时资本、建信资本的管理规模为2018年月均规模

4. 基金公司香港分公司/子公司基本情况

序号	公司名称	获批时间	成立日期	母公司
1	易方达资产管理(香港)有限公司	2008-06-27	2008-08-11	易方达基金
2	南方东英资产管理有限公司	2008-06-27	2008-01-31	南方基金
3	嘉实国际资产管理有限公司	2008-07-25	2008-09-23	嘉实基金
4	华夏基金(香港)有限公司	2008-08-22	2008-09-30	华夏基金
5	汇添富资产管理(香港)有限公司	2009-05-13	2009-11-03	汇添富基金
6	大成国际资产管理有限公司	2009-05-13	2009-03-19	大成基金
7	博时基金(国际)有限公司	2009-12-30	2010-03-04	博时基金
8	海富通资产管理(香港)有限公司	2010-02-08	2010-04-14	海富通基金
9	华安资产管理(香港)有限公司	2010-05-26	2010-06-10	华安基金
10	广发国际资产管理有限公司	2010-09-01	2010-12-10	广发基金
11	上投摩根资产管理(香港)有限公司	2010-11-12	2011-04-21	上投摩根基金
12	国投瑞银资产管理(香港)有限公司	2010-12-16	2011-01-14	国投瑞银基金
13	诺安国际资产管理有限公司	2011-01-20	2011-05-04	诺安基金
14	工银瑞信资产管理(国际)有限公司	2011-06-13	2011-07-11	工银瑞信基金
15	华宝资产管理(香港)有限公司	2011-11-14	2011-12-29	华宝基金
16	银华国际资本管理有限公司	2012-03-15	2012-07-12	银华基金
17	富国资产管理(香港)有限公司	2012-05-17	2012-01-12	富国基金
18	融通国际资产管理有限公司	2012-12-19	2013-05-13	融通基金
19	招商资产管理(香港)有限公司	2012-12-20	2013-01-30	招商基金
20	长盛基金(香港)有限公司	2012-12-20	2013-03-25	长盛基金
21	国泰全球投资管理有限公司	2013-02-18	2013-04-18	国泰基金
22	交银施罗德资产管理(香港)有限公司	2013-06-09	2013-07-15	交银施罗德基金
23	中加国际资产管理有限公司	2015-02-13	2015-04-10	中加基金
24	中邮创业国际资产管理有限公司	2015-09-02	2015-09-02	中邮创业基金

数据来源：公司网站等公开信息；数据截至2018年末

5. 基金公司销售子公司基本情况

序号	公司名称	获批日期	成立日期	注册资本（亿元）	母公司 / 持股比例（%）
1	嘉实财富管理有限公司	2012-12-27	2012-03-01	1.3	嘉实基金 / 50.77
2	上海国金理益财富基金销售有限公司	2013-11-22	2014-01-15	0.2	国金基金 / 100
3	中欧钱滚滚基金销售（上海）有限公司	2015-07-13	2015-08-14	0.8	中欧基金 / 85
4	九泰基金销售（北京）有限公司	2015-08-11	2015-08-31	0.2	九泰基金 / 100
5	万家财富基金销售（天津）有限公司	2015-08-11	2015-09-11	0.2	万家基金 / 100
6	上海华夏财富投资管理有限公司	2015-11-05	2016-01-04	0.2	华夏基金 / 100

数据来源：公司网站等公开信息；数据截至2018年末

6. 基金托管机构基本情况

序号	公司名称	机构类别	所属部门	获批基金托管资格时间	托管基金数量（只）	托管基金资产规模（亿元）
1	中国工商银行股份有限公司	商业银行	资产托管部	1998-02-24	946	20524.04
2	中国建设银行股份有限公司	商业银行	资产托管业务部	1998-03-18	863	18732.02
3	中国农业银行股份有限公司	商业银行	托管业务部	1998-05-29	434	8273.86
4	交通银行股份有限公司	商业银行	资产托管部	1998-07-03	357	13505.66
5	中国银行股份有限公司	商业银行	托管业务部	1998-07-07	669	9776.56
6	中国光大银行股份有限公司	商业银行	托管业务部	2002-10-23	124	3090.98
7	招商银行股份有限公司	商业银行	资产托管部	2002-11-06	384	5694.39
8	上海浦东发展银行股份有限公司	商业银行	资产托管部	2003-09-10	146	4213.09
9	中国民生银行股份有限公司	商业银行	资产托管部	2004-07-09	171	5274.85
10	中信银行股份有限公司	商业银行	资产托管部	2004-08-18	138	17443.28
11	华夏银行股份有限公司	商业银行	资产托管部	2005-02-23	34	690.77
12	兴业银行股份有限公司	商业银行	资产托管部	2005-04-26	234	8959.88
13	北京银行股份有限公司	商业银行	资产托管部	2008-06-03	38	264.23
14	平安银行股份有限公司	商业银行	资产托管事业部	2008-08-06	103	3596.31
15	广发银行股份有限公司	商业银行	资产托管部	2009-05-04	42	1354.16

序号	公司名称	机构类别	所属部门	获批基金托管资格时间	托管基金数量（只）	托管基金资产规模（亿元）
16	中国邮政储蓄银行股份有限公司	商业银行	托管业务部	2009-07-16	81	1454.55
17	上海银行股份有限公司	商业银行	托管部	2009-08-18	26	248.99
18	渤海银行股份有限公司	商业银行	托管业务部	2010-06-29	21	279.96
19	宁波银行股份有限公司	商业银行	资产托管部	2012-10-30	53	940.50
20	浙商银行股份有限公司	商业银行	资产托管部	2013-11-29	62	1415.06
21	海通证券股份有限公司	证券公司	基金托管部	2013-12-27	6	10.94
22	国信证券股份有限公司	证券公司	资产托管部	2013-12-31	5	10.51
23	徽商银行股份有限公司	商业银行	托管业务部	2014-01-03	2	31.40
24	广州农村商业银行股份有限公司	商业银行	资产托管中心	2014-01-09	11	90.42
25	招商证券股份有限公司	证券公司	托管部	2014-01-10	31	298.23
26	恒丰银行股份有限公司	商业银行	托管部	2014-02-10	4	90.56
27	包商银行股份有限公司	商业银行	托管部	2014-02-10	12	62.91
28	中国证券登记结算有限责任公司	其他	托管部	2014-03-04	——	——
29	杭州银行股份有限公司	商业银行	托管部	2014-03-17	22	505.74
30	南京银行股份有限公司	商业银行	托管部	2014-04-09	21	446.44
31	广发证券股份有限公司	证券公司	资产托管部	2014-05-20	13	28.83
32	国泰君安证券股份有限公司	证券公司	资产托管部	2014-05-20	21	567.43
33	江苏银行股份有限公司	商业银行	资产托管部	2014-05-20	35	1689.68
34	中国银河证券股份有限公司	证券公司	托管部	2014-04-02	19	19.01
35	华泰证券股份有限公司	证券公司	资产托管部	2014-09-29	3	15.71
36	中信证券股份有限公司	证券公司	托管部	2014-10-10	5	22.40
37	兴业证券股份有限公司	证券公司	资产托管部	2014-11-05	1	11.85
38	中国证券金融股份有限公司	其他	托管部	2014-11-05	——	——
39	中信建投证券股份有限公司	证券公司	托管部	2015-02-06	5	393.47
40	中国国际金融股份有限公司	证券公司	资产托管部	2015-06-30	4	16.70
41	恒泰证券股份有限公司	证券公司	资产托管部	2015-08-24	——	——
42	中泰证券股份有限公司	证券公司	托管部	2015-12-23	——	——
43	国金证券股份有限公司	证券公司	资产托管部	2017-06-22	——	——
44	安信证券股份有限公司	证券公司	资产托管部	2018-09-26	——	——
45	东方证券股份有限公司	证券公司	托管业务总部	2018-10-24	——	——
46	渣打银行（中国）有限公司	外资银行	托管部	2018-10-16	——	——

数据来源：基金年鉴；数据截至2018年末

公募基金行业

20周年

1998-2018

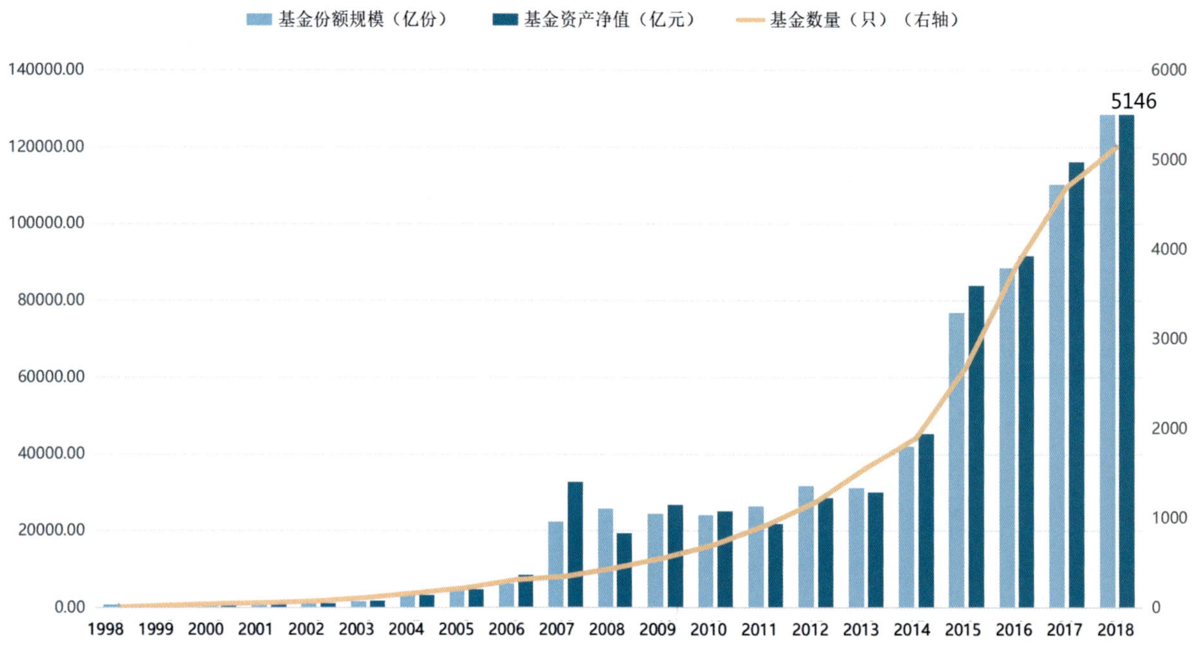

证券投资基金产品20年发展

省区市	公司家数（家）	基金数量（只）	基金资产规模（亿元）
上海	56	1983	43360
深圳	29	1572	33442
北京	21	743	20211
天津	1	45	13421
珠海	3	331	11228
福州	2	68	1961
宁波	1	28	1213
广州	2	57	668
重庆	2	54	414
乌鲁木齐	1	20	312
南宁	1	32	282
杭州	1	16	214
拉萨	3	22	208
厦门	1	17	180
东阳	1	5	41
西安	1	——	——

注：按公司注册地统计；数据截至2018年末，基金数量和基金规模不含停止运作基金

基金管理公司地区分布

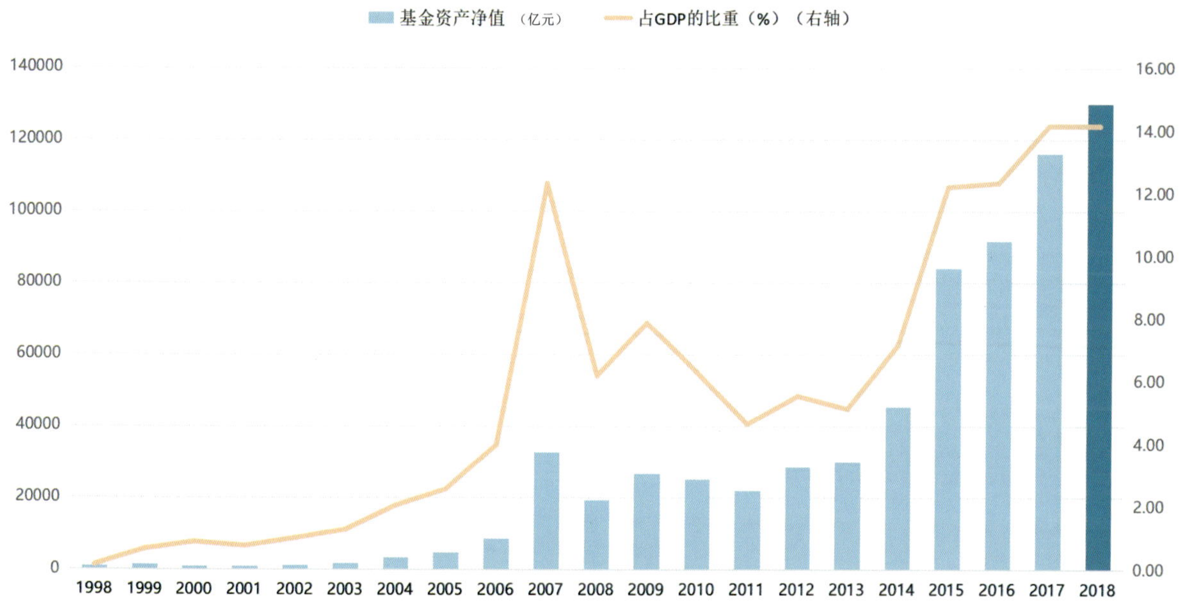

证券投资基金总资产净值占GDP比重

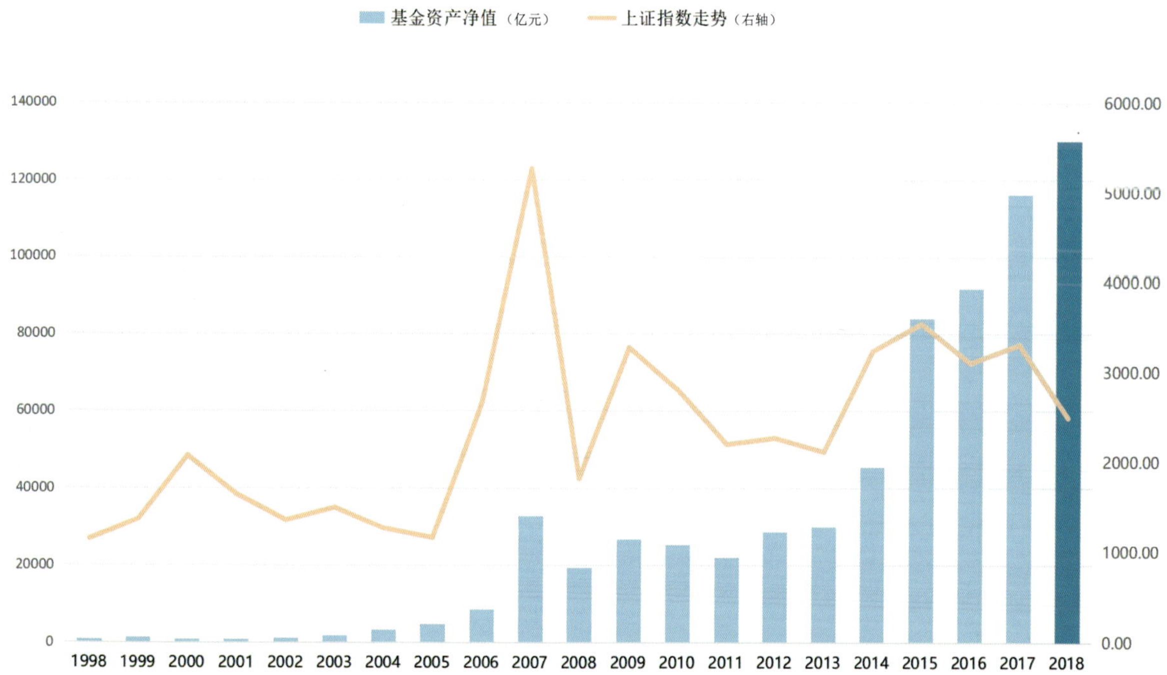

证券投资基金总资产净值与上证指数走势

证券投资基金产品发展

数据截至2018年12月31日
存续基金不含停止运作基金

5146 只	128692.53 亿份	130045.37 亿元
证券投资基金存续数量	证券投资基金份额规模	证券投资基金资产规模

行业经营机构发展

141 家

基金管理人（2018年末）

历经20年，基金管理人呈现多元化发展格局

其中：基金管理公司126 家，公募牌照的其他资产管理机构15家。

44 家 **31.21** %

其中：合资基金管理公司44家，行业占比31.21%

管理基金2384只，基金资产净值61652.36亿元。

20年来，公募基金创新前行，资产管理业务百花齐放。

1820.44 亿元

基金管理公司总资产（2018年末）

1406.66 亿元

基金管理公司净资产（2018年末）

注：基金总资产、净资产未经审计，来源2018证监会年报。

24.32 万亿元

基金管理公司总资产规模（2018年末）

其中：管理公募基金规模13万亿元，基金公司及子公司的专户业务规模9.62万亿元；
受托管理社保基金规模（含基本养老金）11560.89亿元
受托管理企业年金规模5167.11亿元。
（数据来源：基金业协会《中国证券投资基金业年报》）

公募基金20年，也是托管行业发展的20年。

1998年首批5家商业银行获批基金托管业务

46 家

基金托管人（2018年末）

其中：银行系托管人28家，券商系托管人16 家，其他 2 家。

公募基金20年，离不开与销售机构的共赢发展。

2001年首批6家商业银行获批基金代销业务

425 家

基金代销机构（2018年末）

其中：商业银行155家，证券公司105家，期货公司27家，保险公司9家，第三方129家。

数说—公募基金业20年

Digital Interpretation of the Public Offering of Fund Industry over the Past 20 Years

普惠金融实践成果

公募基金20年，是践行普惠金融的20年。

21.26 亿户

公募基金账户总数（2018年末）

其中，有效账户数6.17亿户

个人投资者有效账户数占99.98%

（数据来源：基金业协会《中国证券投资基金业年报》）

20年来，公募基金作为普惠金融的重要载体，为基金持有人带来了良好的业绩回报。帮助老百姓通过资本市场分享了中国改革开放和经济发展的红利。

截至2018年末，公募基金自成立以来累计实现净利润2.11万亿元，实现分红2.51万亿元。

（数据来源：银河证券基金研究中心）

开启公募养老投资新时代

2002年6家基金公司成为首批社保基金管理人，公募基金成为最早服务我国养老金投资运营的管理人。

截至2018年末，中国18家境内社保基金管理人中，基金公司占据16家。

21家养老保险管理人中，基金公司14家；22家企业年金管理人中，基金公司11家。

获得全部养老金投资业务资格的基金公司10家。

2018年，公募养老目标基金启航。这一年，证监会共批复40只养老目标基金，其中12只募集成立，募集资金39.36亿元，持有人户数67.38万户，公募基金服务个人养老踏上新征程。

截至2018年末，中国养老金管理总规模约9.8万亿元，已开展投资运营的养老金约4.4万亿元。

其中，基金公司受托管理养老金规模1.72万亿元。

践行社会责任，公募基金在路上

20年，公募基金在践行社会责任，服务脱贫攻坚国家战略方面取得了积极成效。

4.44 亿元

2010年—2017年基金公司扶贫公益事业捐助总额

200 万人

惠及人群约

截至2018年末，13家基金公司设立基金会，成立以来累计捐款3.46亿元。

15家基金公司设立专项基金进行慈善公益事业的管理和运作，成立以来累计对外捐赠50.83亿元。

（数据来源：基金业协会《公募基金行业社会责任报告》）

CSRC

中国证券监督管理委员会
CHINA SECURITIES REGULATORY COMMISSION

公　　告
OFFICIAL BULLETIN
（1997 年第 11 期）

国务院证券委员会
关于发布《证券投资基金管理
暂行办法》的通知

1997 年 11 月 14 日　证委发［1997］81 号

各省、自治区、直辖市、计划单列市人民政府，国务院各部委、各直属机构：
为了加强对证券投资基金的管理，保护基金当事人的合法权益，培育证券市场机构投资者，促进证券市场健康、稳定发展，根据国家有关法律和规定，国务院证券委员会制定了《证券投资基金管理暂行办法》，并经国务院批准，现予发布。
附件：证券投资基金管理暂行办法

1997 年 11 月 14 日，国务院证券委员会颁布《证券投资基金管理暂行办法》，为中国基金业奠定了规范运作的法制基础。

2003 年 10 月 28 日，第十届全国人大常委会第五次会议审议通过《中华人民共和国证券投资基金法》，明确了中国基金业的法律地位。

2011 年 4 月 21 日，第 33 次基金业联席会暨高管培训班在江苏无锡举行。

2010 年 11 月 18 日，上海市基金同业公会成立。

2013 年 9 月 5 日，香港中资基金业协会成立。

2012 年 6 月 6 日，中国证券投资基金业协会在北京成立，召开了第一次会员大会。

1998 年 3 月 6 日，首批基金管理公司之一“南方基金”在深圳成立。

1998 年 4 月 7 日，首批证券投资基金之一“基金金泰”在上交所挂牌上市。

2005 年 7 月 5 日，由商业银行发起设立的首家基金管理公司——工银瑞信基金在北京举行开业典礼及揭牌仪式。

2003 年 1 月 12 日，首家中外合资基金管理公司——招商基金在深圳开业。

2016 年 7 月 15 日，首家“私转公”基金公司——鹏扬基金在北京举行成立庆典。

2008 年 7 月 7 日，南方基金合资设立的香港分公司——南方东英资产管理有限公司挂牌，成为首家走向海外的基金管理公司。

1999 年 4 月 20 日，嘉实基金旗下首只基金“基金泰和”在上交所挂牌上市。

1999 年 7 月 14 日，国内最早的优化指数型基金之一“华夏兴和基金”成立。图为兴和基金上市纪念锣。

2001 年 9 月 11 日，首只开放式基金“华安创新”在交通银行网点发售。右上图为上海地区近万人排队抢购首只开放式基金盛况。

2004 年 12 月 30 日，首只 ETF——华夏上证 50ETF 在上交所举行设立仪式。

2004 年 8 月 24 日，深交所和南方基金联手推出的首只 LOF——南方积极配置基金公开发行。

2003 年 12 月 30 日，首只货币市场基金华安现金富利成立新闻发布会在上海举办。

2007 年 7 月 5 日，首只创新型封闭式分级基金——国投瑞银瑞福创新基金发行启动新闻发布会在深圳召开。

2013 年 6 月 17 日，首只互联网基金——天弘增利宝货币基金（余额宝）在支付宝上线。

2006 年 7 月 14 日，华夏基金在北京召开兴业基金持有人大会，首例“封转开”方案获通过。

2004 年 8 月 11 日，华夏大盘精选基金成立。截至 2018 年 3 月 26 日，该基金实现 2237.34% 的总回报。图为该基金发行新闻发布会现场。

2007 年 10 月 15 日，首批 QDII 基金——上投摩根亚太优势基金发行当日有效认购申请金额达到 1162.6 亿元人民币，成为基金史上首只认购额突破千亿元的基金。

2012 年 7 月 17 日，首只 RQFII A 股 ETF——华夏沪深 300 指数 ETF 在港交所挂牌上市。

2015 年 9 月 30 日，首只公募 REITs 基金——鹏华前海万科 REITs 在深交所上市，公募基金投资范围拓展到不动产领域。

2015 年 3 月 16 日，首只参与国企混合所有制改革的公募基金——嘉实元和基金挂牌仪式在上交所举行。

2016 年 8 月 29 日，首只以上海国企改革为投资主题的 ETF——汇添富上海国企 ETF 在上交所上市交易。

2004 年 6 月 25 日，首只高持股的股票型基金——景顺长城内需增长基金成立。截至 2017 年 12 月 29 日，该基金实现收益 932.32%。

2014 年 12 月 9 日，首只沪港通 ETF——华夏沪港通恒生 ETF 发行。

2008 年 4 月 30 日，首只社会责任主题投资基金兴业社会责任基金（现为兴全社会责任基金）成立。该基金成立以来创造了稳健的超额回报。

2017年7月25日，中国基金业协会开展“投资者教育保护月”活动，向投资者传递理性的投资理念和科学的投资知识。

2009年1月9日，“2008中国基金投资者服务巡讲大型活动闭幕新闻发布会”在北京召开。该活动首次举办于2007年，由基金年鉴联手行业机构共同组织。

2006年4月25日，中国工商银行与16家基金管理公司在北京举行“网上基金合作推广协议”签字仪式。

2007年9月7日，国泰基金“红蜡烛助教计划”启动仪式暨新闻发布会在北京召开，该活动持续举办，成为业内最早和开展时间最久的公益项目。

2017年6月21日，“2017年财富管理与资产配置高峰论坛暨南方基金 & 晨星中国合作仪式”在北京举办。南方基金与晨星中国开启深度合作，迎战FOF大时代。

2011年11月2日，中国建设银行在广东珠海举办“2011年中国建设银行与基金业高级论坛”，邀请了50余家基金管理公司的高级管理人员参加。

中国证券投资基金业协会养老金专业委员会成立会议

2017.9.6

2017 年 9 月 6 日，中国证券投资基金业协会养老金专业委员会成立会议暨第一次全体会议在北京召开。

2017 年 6 月 13 日，华夏基金与微软亚洲研究院举办战略合作发布会，双方就人工智能在金融服务领域的应用展开战略合作研究。

2001 年 5 月，银华基金成立全体员工合影。

2009 年，中国工商银行在国内首家实施托管业务灾备应急随机演练，灾备应急演练已成为该行一项常规化制度化的内控举措。

2018 年 10 月 22 日，中国证券投资基金业协会在北京举办“中国基金业 20 周年纪念活动”主题论坛。

2018 年 3 月 6 日，南方基金在深圳举办“致敬公募基金 20 周年高峰论坛”，庆祝公司成立 20 周年。

2018 年 3 月 25 日，国泰基金董事长陈勇胜出席第八届北外滩财富与文化论坛暨中国基金业 20 周年纪念活动。

2018 年 3 月 29 日，“2018 第 13 届中国证券投资基金业年会暨资产管理高层论坛”在北京召开，年会围绕“公募基金行业 20 周年”主题，分享公募基金 20 年的变迁与发展。同时现场展出公募基金 20 年发展的珍贵照片。

GROUP
国泰
20周年
暨基金行业二十周年庆

招商基金
CHINA MERCHANTS FUND
2004年
获得全国社会保障基金投资管理机构资格
2005年
首批获得企业年金基金投资管理人资格
2016年
首批获得基本养老保险基金证券投资管理机构资格
招商基金养老金业务
专注投资
以人为本
基本养老金
全国社保基金
企业年金
职业年金
个人养老金
基金投资需谨慎
稳投资|乐生活|爱公益

ICBC 工银瑞信
稳健
创造持久财富

天弘基金
TIANHONG
ASSET MANAGEMENT
天弘基金15年
客户数超6亿，
成立以来累计为客户赚取收益超2000亿元。
数据来源：天弘基金，截至2019.9.30，历史收益不代表未来表现，市场有风险，投资需谨慎。

建信基金
CCB Principal Asset Management
善建财富
相伴成长

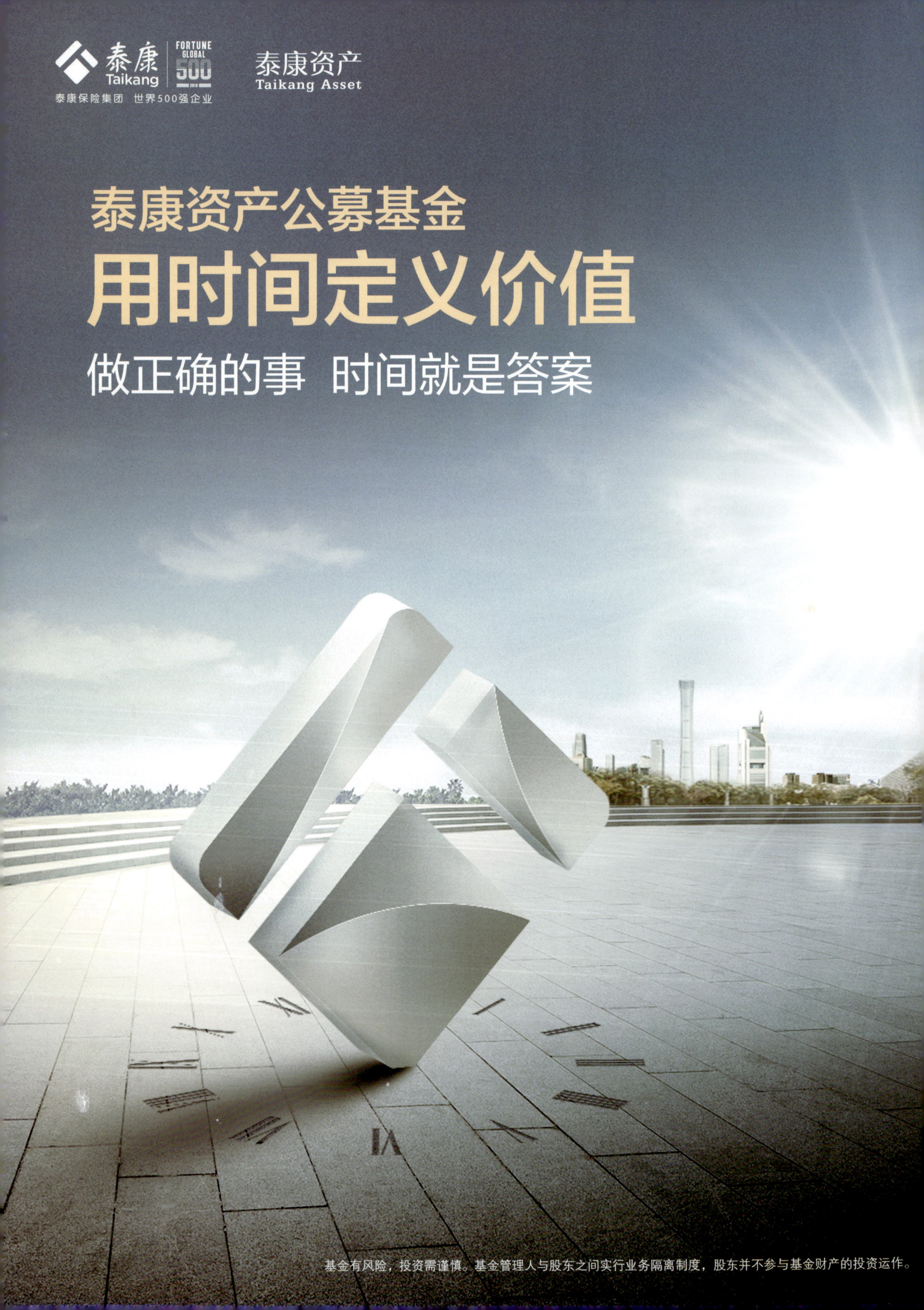
泰康
Taikang
FORTUNE GLOBAL 500
泰康保险集团 世界500强企业
泰康资产
Taikang Asset
泰康资产公募基金
用时间定义价值
做正确的事 时间就是答案
基金有风险，投资需谨慎。基金管理人与股东之间实行业务隔离制度，股东并不参与基金财产的投资运作。

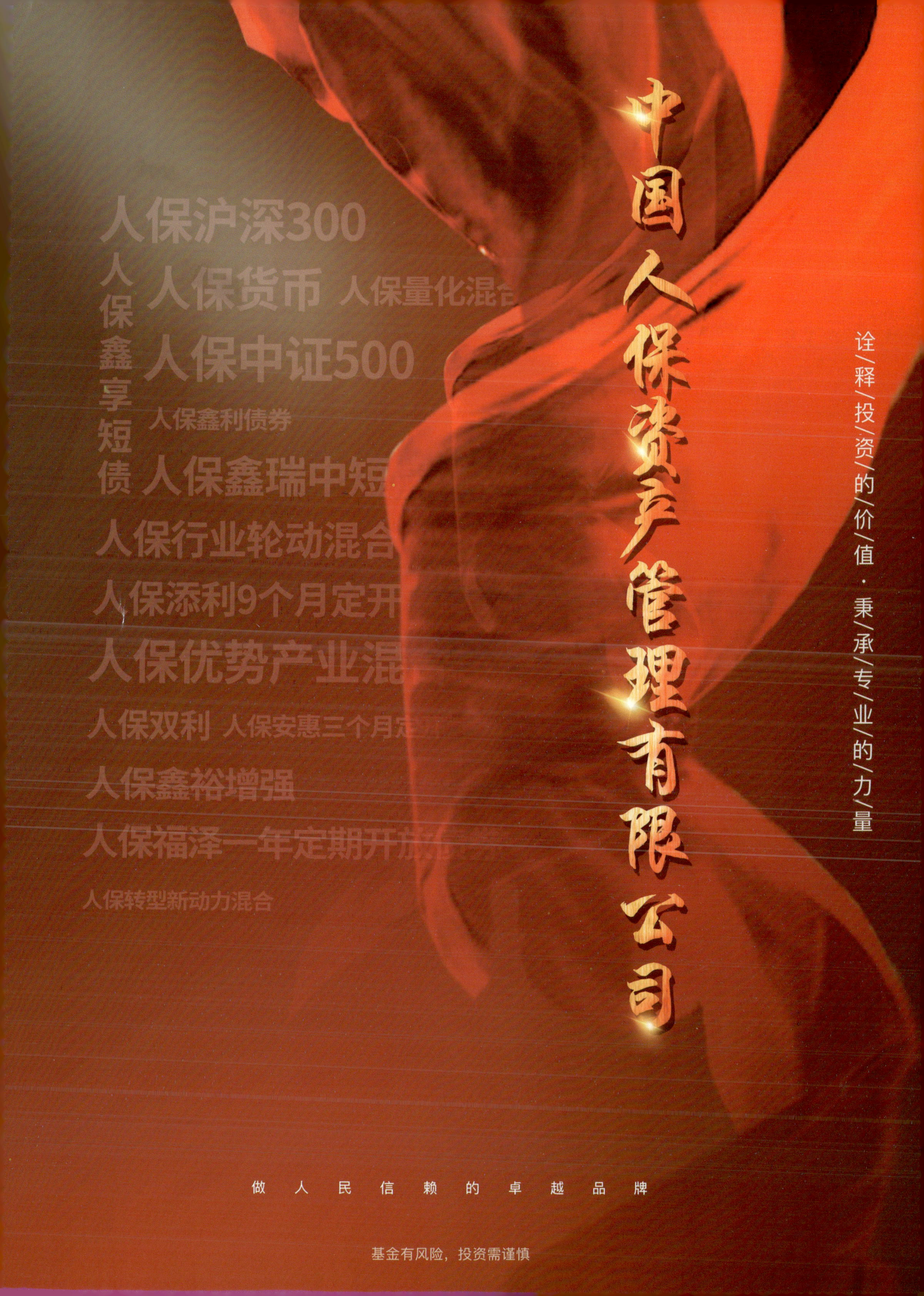
中国人保资产管理有限公司
诠/释/投/资/的/价/值·秉/承/专/业/的/力/量
人保沪深300
人保鑫享短债
人保货币
人保量化混合
人保中证500
人保鑫利债券
人保鑫瑞中短
人保行业轮动混合
人保添利9个月定开
人保优势产业混
人保双利
人保安惠三个月定
人保鑫裕增强
人保福泽一年定期开放
人保转型新动力混合
做 人 民 信 赖 的 卓 越 品 牌
基金有风险，投资需谨慎

财通证券资产管理有限公司
CAITONG SECURITIES ASSET MANAGEMENT CO.,LTD.
实力股东
股东财通证券，省属国有企业，A股上市
风控先行
完善的内控制度和健全的操作流程
群英荟萃
稳健高效的资深团队征战一线，经验创造价值
需求导向
以客户需求为导向，产品多元丰富
财智领航
通达未来
扫一扫，加关注
客服电话：95336　官方网站：www.ctzg.com
杭州地址：杭州市上城区四宜路22号四宜大院B幢
上海地址：上海市浦东新区福山路500号城建国际大厦28层
投资需谨慎

10年托付
合作共赢
— 中国邮政储蓄银行托管业务与您共成长 —
中国邮政储蓄银行
POSTAL SAVINGS BANK OF CHINA
进步 与您同步
客户服务热线：95580
网址：www.psbc.com
股票代码：1658.HK
扫一扫更多惊喜

兴业托管
不止于托管
•资产保管 •资金清算 •核算估值 •投资监督 •信息披露
获取更多精彩
兴业银行资产托管业务凭借专业的人才队伍、全面的服务方案、高效的托管系统向客户提供资产保管、资金清算、核算估值、投资监督、信息披露等优质的基础服务，同时以客户为中心，以托管为平台，通过业务驱动，整合行内外资源为客户提供更多增值服务，实现共同成长。
兴业银行
INDUSTRIAL BANK CO.,LTD.
好银行 助生活更美好
30
1988-2018
热线兴业：95561 在线兴业：www.cib.com.cn 无线兴业：wap.cib.com.cn

正当时 守初心 再展鸿猷
惟笃行"浦"写新篇
共携手"托"付未来
浦发银行资产托管业务
浦发银行
SPD BANK
新思维 心服务

中国平安 PING AN
金融·科技
平安银行
智慧托管 尽在平安

北京农商银行
BEIJING RURAL COMMERCIAL BANK
厚德益众、善行致远

广告
可持续发展驱动成长潜力
《汇丰商贸领航》报告显示，中国企业认为
可持续发展对保持长期竞争力至关重要
《汇丰商贸领航》调查了3,200个12个亚太地区市场的商界决策者，调查由汇丰委托Kantar TNS于2019年8-9月展开
汇丰
与你 成就更多
由汇丰银行（中国）有限公司刊发

每一个你想抵达的远方，
都是我们前行的方向
嘉实基金
Harvest Fund
20th
HARVEST FUND 20th ANNIVERSARY
因思想 行未来

中国证券投资基金年鉴
ALMANAC OF CHINA SECURITIES INVESTMENT FUNDS

创刊于2002年
专注服务公募基金行业

20年我们一路同行